Verantwortungsvolle Steuerung und Leitung öffentlicher Unternehmen

Ulf Papenfuß

Verantwortungsvolle Steuerung und Leitung öffentlicher Unternehmen

Empirische Analyse und Handlungsempfehlungen zur Public Corporate Governance

 Springer Gabler

Ulf Papenfuß
Hamburg, Deutschland

Dissertation, Helmut-Schmidt-Universität Hamburg, 2012

ISBN 978-3-658-00876-5   ISBN 978-3-658-00877-2 (eBook)
DOI 10.1007/978-3-658-00877-2

Die Deutsche Nationalbibliothek verzeichnet diese Publikation in der Deutschen Natio-nalbibliografie; detaillierte bibliografische Daten sind im Internet über http://dnb.d-nb.de abrufbar.

Springer Gabler
© Springer Fachmedien Wiesbaden 2013

Springer Gabler ist eine Marke von Springer DE. Springer DE ist Teil der Fachverlagsgruppe Springer Science+Business Media.
www.springer-gabler.de

Geleitwort

Öffentliche Unternehmen stellen hinsichtlich der Steuerung, Überwachung und Leitung bzw. der Public Corporate Governance eine besondere Herausforderung dar. Einerseits sind sie in die Wirtschaftsordnung der sozialen Marktwirtschaft eingebettet sind und müssen die dort vorgegebenen Regeln beachten, andererseits sind sie der Sphäre der öffentlichen Hand zuzuordnen und haben öffentliche Aufgaben wahrzunehmen. Die strategische Bedeutung öffentlicher Unternehmen für die Wahrnehmung öffentlicher Aufgaben insbesondere auf kommunaler Ebene ist empirisch belegt. Durch eine verantwortungsvolle Public Corporate Governance müssen – verstärkt u.a. durch Haushaltskonsolidierungserfordernisse, Schuldenbremse und demographischen Wandel – alle Chancen umfassend ausgeschöpft werden, die Daseinsvorsorge im demokratischen Gemeinwesen mit knappen Finanzmitteln effektiv und effizient zu gewährleisten.

Jedoch wird an der Ausgestaltung der Corporate Governance in der öffentlichen Wirtschaft in Wissenschaft und Praxis erhebliche Kritik geäußert. Darüber hinaus sind im Vergleich zur Privatwirtschaft gravierende empirische Forschungslücken zu verzeichnen.

Vor diesem Hintergrund besitzt die Arbeit von Herrn Papenfuß ganz besondere Bedeutung. Erstmals werden Problemfelder und Forderungen, die Ausgestaltung von Public Corporate Governance Kodizes sowie die faktischen Governancestrukturen/-praktiken auf breit fundierter Basis systematisch analysiert. Mit Blick auf einschlägige Forschungsforderungen und Handlungserfordernisse in der Praxis werden die passenden Methoden und Aufbereitungswege gewählt. So wird die komplexe wie umfangreiche Stoffmenge mit den sehr verschiedenen Betrachtungsgegenständen bzw. Governancefaktoren überzeugend in ein für die Weiterentwicklungen erforderliches und unterstützendes Gesamtbild zusammengeführt.

Das vorliegende Werk leistet einen substanziellen Beitrag sowohl zur Weiterentwicklung der politischen und betriebswirtschaftlichen Steuerung von öffentlichen Unternehmen durch die öffentliche Hand als auch zur Leitung innerhalb der Unternehmen. Die Forschungsergebnisse können dazu beitragen, die formulierten Ziele zur Erhöhung der Wirksamkeit, Wirtschaftlichkeit, Qualität, Nachhaltigkeit und Transparenz der öffentlichen Aufgabenerfüllung besser zu realisieren. Die erarbeiteten übergreifenden Reformvorschläge sowie die zahlreichen Handlungsempfehlungen zu Einzelfaktoren bieten wertvolle Chancen, die anstehenden Herausforderungen zukunftsfähiger zu bewältigen.

Herr Papenfuß legt mit diesem herausragenden Werk, das die wissenschaftlichen Erkenntnisse im Bereich der Public Corporate Governance deutlich voranbringt, eine überaus fundierte und sowohl Praktikern in Politik, Verwaltung und öffentlicher Wirtschaft als auch Wissenschaftlern sowie Gesetzgebern ausdrücklich zu empfehlende Ausarbeitung vor. Ich wünsche der Arbeit eine hohe Resonanz und weite Verbreitung.

Univ.-Prof. Dr. Stefan Müller

Vorwort

Die vorliegende Arbeit entstand während meiner Zeit am Lehrstuhl für Allgemeine Betriebs-wirtschaftslehre und am Lehrstuhl für Verwaltungswissenschaft, insbesondere Steuerung öffentlicher Organisationen an der Helmut-Schmidt-Universität/Universität der Bundeswehr Hamburg. Sie wurde von der Fakultät für Wirtschafts- und Sozialwissenschaften im September 2012 als Dissertation angenommen.

Zuvorderst danke ich meinem Betreuer Herrn Prof. Stefan Müller für die ausgezeichnete Unterstützung sowie seine offene, konstruktive und menschliche Art. Mein ganz besonderer Dank gilt weiterhin Frau Prof. Christina Schaefer für die Übernahme des Zweitgutachtens sowie den bereichernden wie fördernden Austausch und ihr herzensgutes Gemüt. Gemeinsam danke ich den beiden und der Bundeswehr von Herzen, dass sie mir die Arbeit in der Wissen-schaft ermöglicht haben. Bedanken möchte ich mich auch bei den weiteren Mitgliedern in der Promotionskommission Frau Prof. Matija Denise Mayer-Fiedrich und Herrn Prof. Wenzel Matiaske.

Ausdrücklicher Dank geht an meine Lehrstuhlkollegen Markus Kreipl, Tobias Lange, Jens Reinke, Lena Panzer, Ismael Ergün, Stephanie Warm und Elmar Hinz. Obgleich einige das Rauchen trotz hartnäckigster Bemühungen (bislang) nicht aufgegeben haben und ich mich den Raucherkolloquien widerspenstig entzog, war es ein wunderbares Miteinander. Herrn Markus Kreipl danke ich des Weiteren für die kritische Durchsicht des Manuskripts. Ein Dankeschön für die Zusammenarbeit gebührt ebenfalls den studentischen Hilfskräften von beiden Lehrstühlen.

Meinem Büroflurnachbarn, Herrn Prof. Wilfried Seidel, danke ich für seine konstruktiv pro-vozierenden Fragen und Sticheleien zur Wissenschaftswelt, die für meine Wahrnehmungsfä-higkeit und mein Denken ein großer Gewinn waren. Vom Landesrechnungshof von Berlin soll Herrn Prof. Jens Harms und Herrn Christian Koch mein Dank erreichen, deren Einblicke in ihre reichhaltigen Erfahrungen mir anregende Impulse lieferten. Weiter gilt mein Dank allen Interviewten für die aufgeschlossene Teilnahme und ihre vielfach offene Auskunftsbe-reitschaft, die meine Blickweise erweiterte. Aus dem Bundesministerium der Verteidigung danke ich Herrn Siegfried Zeyer für den fachlich und menschlich lehrreichen Austausch in Bezug auf das Beteiligungsmanagement und Controlling in der Bundeswehr.

Den Professor/Innen der Arbeitsgruppe zur Konzipierung des Studiengangs „Public Adminis-tration and Management" an der Helmut-Schmidt-Universität danke ich für die Diskussionen zu Potenzialen interdisziplinärer Zusammenarbeit, die mir Perspektiven für die wissenschaft-liche Arbeit eröffneten.

Ganz besonders herzlich bedanke ich mich bei meiner Freundin, Marina Hilschenz, für ihren liebevollen, optimistischen Beistand und ihr großes verständnisvolles Herz. Meinen Eltern sage ich Danke für die Unterstützung während meiner gesamten Ausbildungs- und Qualifika-tionszeit.

Ich freue mich auf den weiteren Austausch über Grundsätze und Praktiken verantwortungs-voller Public Corporate Governance in Forschung, Lehre und Praxis.

Ulf Papenfuß

Inhaltsübersicht

Inhaltsverzeichnis

Abbildungsverzeichnis

Tabellenverzeichnis

Abkürzungsverzeichnis

Abb.	Abbildung
Abs.	Absatz
AG	Aktiengesellschaft
AktG	Aktiengesetz
An.	Anregung
AöR	Anstalt des öffentlichen Rechts
Art.	Artikel
AR	Aufsichtsrat
BilMoG	Bilanzrechtsmodernisierungsgesetz
BT	Bundestag
bzw.	beziehungsweise
ca.	circa
DRS	Deutsche Rechnungslegungsstandards
Em.	Empfehlung
etc.	et cetera
f.	folgende (Seite)
ff.	fortfolgende (Seiten)
GG	Grundgesetz
GF	Geschäftsführer
GO	Gemeindeordnung
gGmbH	gemeinnützige Gesellschaft mit beschränkter Haftung
GmbH	Gesellschaft mit beschränkter Haftung
GmbHG	Gesetz betreffend die Gesellschaften mit beschränkter Haftung
GuV	Gewinn- und Verlustrechnung
HGB	Handelsgesetzbuch
HGrG	Haushaltsgrundsätzegesetz
Hrsg.	Herausgeber
i. d. F.	in der Fassung
IDW	Institut der Wirtschaftsprüfer
i. V. m.	in Verbindung mit
JA	Jahresabschluss
Jg.	Jahrgang
k. A.	keine Angabe
KG	Kommanditgesellschaft
MW	Mittelwert
NPO	Nonprofit Organisation
Nr.	Nummer
PCG	Public Corporate Governance
PCGK	Public Corporate Governance Kodex
Rz.	Randziffer
S.	Seite
SD	Standardabweichung
Sp.	Spalte
Tab.	Tabelle
u. a.	unter anderem
vgl.	vergleiche
Ziff.	Ziff.

1 Einführung

1.1 Problemstellung

> *„Denn auch als hoch spezialisierter Forscher bleiben Sie ein Zoon politikon.*
> *Und deshalb ist Wissenschaft heute nicht nur, wie Carl Friedrich von Weizsä-*
> *cker gesagt hat, 'sozial organisierte Erkenntnissuche' – sondern Wissenschaft*
> *ist zugleich eine der sozialen Verantwortung verpflichtete Erkenntnissuche!"*
> *(Helmut Schmidt)[1]*

Wasserversorgung, Krankenhäuser, Personennahverkehr, Energie (Strom, Gas), Theater, Schwimmbäder, Stadtreinigung, Abfallentsorgung, Wohnungsbau, Stadtmarketing – das Leistungsangebot öffentlicher Unternehmen und Beteiligungen besitzt spürbare Auswirkungen für die Bürgerinnen und Bürger. In den letzten Jahrzehnten wurden viele vormals von der sog. Kernverwaltung erfüllte öffentliche Aufgaben auf ausgegliederte Organisationseinheiten übertragen.[2] Insbesondere erfolgten Ausgliederungen auf öffentliche Unternehmen, bei denen die öffentliche Hand die Rolle des Gesellschafters ausfüllen muss. Hierdurch besitzen öffentliche Unternehmen besonders auf kommunaler Ebene große gesellschaftspolitische wie ökonomische Bedeutung für die Erfüllung von öffentlichen Aufgaben.[3] Die „strategische Bedeutung der Kommunalwirtschaft und einzelner Beteiligungen"[4] wird vielfach unterstrichen.

Auf kommunaler Ebene arbeiten im Bundesdurchschnitt etwa 50% der von der öffentlichen Hand Beschäftigten außerhalb der Kernverwaltung in Ausgliederungen; diese tätigen 54% der Sachinvestitionen der öffentlichen Hand.[5] Ferner liegen die Verschuldung bzw. das von ausgegliederten Organisationseinheiten aufgenommene Kreditvolumen etwa gleich hoch oder sogar höher als der Schuldenstand der kommunalen Kernhaushalte.[6] Nach Angaben des statistischen Bundesamts existieren in Deutschland über 14.000 öffentliche Unternehmen, deren Umsatz sich auf mehr als 333 Mrd. Euro beläuft.[7] Die Gewinne in der öffentlichen Wirtschaft verdoppelten sich zwischen 2000 und 2007 von 4,5 Mrd. auf 9,9 Mrd. Euro.[8]

In Folge der jahrzehntelangen Ausgliederungen verfügen sehr viele deutsche Städte und Kommunen über Beteiligungsstrukturen, die mehr Ähnlichkeiten mit privatwirtschaftlichen Konzernstrukturen als mit klassischen Verwaltungsstrukturen aufweisen.[9] Vielfach findet die

---

[1] Schmidt (2011), S.31, Festansprache zum 100. Geburtstag der Max-Planck-Gesellschaft.
[2] Vgl. u. a. Reichard/Röber (2011), S.174f.; Bremeier/Brinkmann/Killian (2006), S.18; Jann (2011), S.107; Bogumil et al. (2007), S.75; Röber (2012), S.15; Budäus/Srocke (2003), S.82.
[3] Vgl. Reichard/Röber (2011).
[4] Weiblein (2011), S.645.
[5] Vgl. Junkernheinrich/Micosatt (2008), S.94. Ähnlich Richter (2007), S.11.
[6] Vgl. Haug (2009), S.205; Bremeier/Brinkmann/Killian (2006), S.18; Junkernheinrich/Micosatt (2008), S.47; Budäus/Srocke (2003), S.83.
[7] Vgl. Statistisches Bundesamt (2011a), S.489ff.; Statistisches Bundesamt (2011b), S.92f.
[8] Vgl. Bardt/Fuest/Lichtblau (2010), S.1f.
[9] Vgl. Baier (2009), S.4.

Metapher vom „Konzern Stadt"[10] Verwendung. „Kaum ein privater Konzern ist in derart unterschiedlichen Märkten engagiert wie eine Kommune."[11] Dies wird bei Betrachtung stellvertretend angeführter Städte verschiedener Größe zusätzlich greifbar. Im Jahr 2010 waren in Hamburg 53.274 Beschäftigte in der Kernverwaltung und 52.509 in den Beteiligungsunternehmen tätig. Die Bilanzsumme der Hamburger Beteiligungsunternehmen belief sich auf 26,9 Mrd. Euro, sie tätigten Investitionen in Höhe von 868.704 Millionen Euro. Leipzig beschäftigte 5.575 Mitarbeiter in der Kernverwaltung und 15.876 in den Beteiligungsunternehmen – die Bilanzsumme lag bei 6,5 Milliarden und die Investitionen summierten sich auf 332.000 Millionen Euro. Auch die Relationen der Beschäftigten zwischen Kernverwaltung/Beteiligungsunternehmen in Hannover (8.176/17.219), Dessau (1.228/2.741) und Neubrandenburg (489/1800) unterstreichen die Bedeutung der Thematik.[12]

Zudem besitzen öffentliche Unternehmen in Zeiten angespannter Haushaltslagen durch die direkte und indirekte Verknüpfung mit dem öffentlichen Haushalt weiter wachsende Relevanz für die in Politik und Gesellschaft formulierten Haushaltskonsolidierungserfordernisse. Haushaltskonsolidierung ist ohne die Unternehmen der Gebietskörperschaft[13] „weder möglich noch sinnvoll."[14] Durch die Anforderung zur Aufstellung eines Konzernabschlusses für die Gebietskörperschaft unter Einbeziehung der öffentlichen Unternehmen werden deren Auswirkungen auf die öffentlichen Haushalte zusätzlich spürbar – so könnten sie noch mehr ins Blickfeld von Politik und Öffentlichkeit gelangen.

Über die bereits durch die angeführten Statistiken belegte Relevanz hinaus, sind seit einiger Zeit sog. „Rekommunalisierungen" zu beobachten. In deren Verläufen werden zusätzliche Unternehmen von der öffentlichen Hand gegründet oder der Gesellschaftsanteil an gemischtwirtschaftlichen Unternehmen erhöht.[15]

Weiterhin sind im Zusammenhang mit Volksinitiativen, Volksbegehren und Volksentscheiden Anzeichen zu beobachten, dass die Bürger Qualität und Kosten öffentlicher Leistungen kritischer als in der Vergangenheit wahrnehmen und Ängste vor Privatisierungen öffentlicher Unternehmen bestehen.[16] Entscheidungsträger in Politik und Verwaltung weisen öffentlichen Unternehmen – u. a. in den Vorworten der Beteiligungsberichte – großes Gewicht für die strukturpolitische Handlungsfähigkeit und die Wettbewerbsfähigkeit einer Kommune bzw. Stadt oder Region zu.

---

[10] Banner (1993), S.57; Bogumil et al. (2007), S.75; Buchholz/Hellenbrand/Lasar (2011), S.227; Katz (2007), S.585; Linhos (2006a); Holtkamp (2010), S.170.

[11] Baier (2009), S.4.

[12] Vgl. Dessau Beteiligungsbericht (2010), S.9; Hamburg Beteiligungsbericht (2010), S.14f.; Hamburg Geschäftsbericht (2010), S.131; Leipzig Beteiligungsbericht (2010), S.11ff.; Hannover Beteiligungsbericht (2010), S.7; Hannover Haushaltsplan (2010), Teil I, S.125ff.; Neubrandenburg Beteiligungsbericht (2010), S.4+7; Neubrandenburg Haushaltsplan/Stellenplan (2012), S.8.

[13] Unter Gebietskörperschaften werden im Folgenden zur Vereinfachung Bund, Länder, Kommunen, Gemeinden, Städte, kreisfreie Städte und Landkreise etc. zusammengefasst.

[14] Institut für den öffentlichen Sektor (2012), S.11. Ebenfalls Geißler (2011), S.113 sowie stellvertretend LRH Sachsen-Anhalt Jahresbericht (2005), Teil B, S.82ff.

[15] Vgl. Deutsches Institut für Urbanistik (2011), S.5; Röber (2009), S.227ff.; Schaefer/Theuvsen (2012), S.11ff.

[16] Vgl. Theuvsen/Zchache (2011), S.20; Röber (2009), S.23; Schaefer (2008), S.102; Schwarting (2004), S.344.

Eine zu starke Fixierung auf den Kernhaushalt liefert ein „Zerrbild" und macht eine strategische Steuerung bei der Bewältigung aktueller wie zukünftiger Herausforderungen unmöglich. Vor diesem Hintergrund wird die Notwendigkeit einer wirksamen Steuerung und Kontrolle öffentlicher Unternehmen bzw. eines leistungsfähigen Beteiligungsmanagements der öffentlichen Hand sowohl inhaltlich als auch rechtlich sehr stark betont.[17] Darüber hinaus ist verantwortungsvolles Management in öffentlichen Unternehmen aufgrund der Erfüllung von Aufgaben der Daseinsvorsorge mit Steuergeldern nicht nur für diese selbst, sondern für die Gesellschaft insgesamt bedeutsam.

Jedoch zeigt sich in der Literatur, dass die Steuerung und das Management sowohl von als auch in öffentlichen Unternehmen seit langem problematisiert werden.[18] Führungsprobleme, kritische Aspekte des Managementverhaltens und der Manageridentität,[19] Sorgfaltspflichten der Überwachungsorgane[20] sowie Weiterentwicklungsmöglichkeiten der Unternehmensverfassung[21] standen schon vor Jahrzehnten im Fokus. Vermehrt wurde die Thematik unter dem Begriff öffentliche Bindung von öffentlichen Unternehmen diskutiert.[22]

Seit ca. 2003 wird die Diskussion in Deutschland weitgehend im Zusammenhang mit dem Begriff Public Corporate Governance (PCG) geführt. PCG bezeichnet den rechtlichen und faktischen Ordnungsrahmen für die Steuerung, Leitung und Überwachung von und in ausgelagerten Organisationseinheiten der öffentlichen Hand.[23] „Die Corporate Governance Debatte hat mit Macht auch den öffentlichen Bereich erfasst"[24] und behandelt „ein für öffentliche Unternehmen in besonderem Maße relevantes Thema."[25] Das Forschungsgebiet wird von verschiedenen Disziplinen aufgegriffen, wie das Thema zur PCG der Jahrestagung der Schweizerischen Gesellschaft für Verwaltungswissenschaften im Jahr 2009 unterstreicht.[26]

Ziel von PCG ist es, die Effektivität (Wirksamkeit), Qualität, Effizienz (Wirtschaftlichkeit) und Nachhaltigkeit von öffentlichen Unternehmen bei ihrer Aufgabenwahrnehmung mittels verbesserter Strukturen, Instrumente und Prozesse sowie einer höheren Rechenschaftslegung (Accountability) und Transparenz kontinuierlich zu steigern.[27] Voggensperger et al. bringen

---

[17] Vgl. Bremeier/Brinkmann/Killian (2006), S.27f.; Budäus/Hilgers (2009), S.892; Hille (2003), S.6ff.; Greiling (1996), S.286; Greiling (1999), S.157; Weiblein (2011); Schwarting (2004); Huffmann (2011), S.381; Katz (2007), S.583; Schedler/Müller/Sonderegger (2011), S.1f.; Geis/Nowak (2011), S.98; Machura (1996), S.27ff.; Bremeier/Brinkmann/Killian (2007), S.68. Schaefer (2000), S.521.

[18] Vgl. Gesellschaft für öffentliche Wirtschaft (1982c); Gerum/Richter/Steinmann (1986); Braun/Jacobi/Paffen (1993); Budäus (1984); Cadel (1994); Diederich (1994); Schuppert (1990); Schuppert (1985); Eichhorn (1977); Gesellschaft für öffentliche Wirtschaft (1982b); Machura (1993); Abromeit (1985). Für frühe Gestaltungsvorschläge zur Steuerung und Kontrolle öffentlicher Unternehmen KGSt (1986a); KGSt (1986b).

[19] Vgl. Münch (1984); Eichhorn (1984); Hofman/Strunz (1991); Friedrich (1977).

[20] Vgl. Püttner (1980).

[21] Vgl. Klaus (1989); Püttner (1989); Eichhorn (1989); Strauss (1983); Picot/Kaulmann (1985).

[22] Vgl. stellvertretend Gesellschaft für öffentliche Wirtschaft (1983).

[23] Vereinfachend wird Corporate Governance auch mit „Spielregeln für gute Unternehmensführung" erklärt.

[24] Schaefer/Theuvsen (2008), S.7.

[25] Schaefer/Theuvsen (2008), S.8. Stellvertretend für viele weitere Budäus/Srocke (2003); Eichhorn (2008); Eichhorn (2003); Bremeier/Brinkmann/Killian (2006), Freidank/Velte/Weber (2010), S.997; Weiblein (2011); Schauer (2010), S.22; Schneider (2005); Schwintowski (2001).

[26] Vgl. Internetauftritt der Gesellschaft, http://www.sgvw.ch/d/dossiers/Seiten/Dossier_28_PCG.aspx, Abruf: 04.03.2011.

[27] Vgl. Weiblein (2011), S.646ff.; Schaefer/Theuvsen (2008), S.7ff.; Henke/Hillebrand/Steltmann (2005), S.34; Wincop (2005), S.226. Für NPO vgl. Helmig/Boenigk (2012), S.62. Grundsätzlich zur Corporate Governance von Werder (2007), Sp.227; von Werder (2011), S.48.

im Titel ihres Herausgeberbandes treffend und motivierend auf den Punkt, worum es im öffentlichen Sektor bei Corporate Governance im Kern geht: „Gutes besser tun."[28] In der Praxis wird PCG im Hinblick auf die sich wandelnde Daseinsvorsorge, wachsenden Wettbewerb sowie neue technische, gesellschaftliche, politische und rechtliche Herausforderungen ebenfalls als bedeutend wahrgenommen.[29] Der Vorsitzende des Bundesverbandes öffentlicher Dienstleistungen und des europäischen Verbandes der öffentlichen Arbeitgeber und Unternehmen (CEEP), Hans Joachim Reck, sieht in seinem Kommentar zur PCG die Notwendigkeit für eine „ständige Anpassung der Unternehmensorganisation und -führung."[30] Politische Entscheidungsträger weisen PCG ebenfalls Nützlichkeit zu.[31] Der Präsident des Bayrischen Obersten Rechnungshofs betonte: „Die Diskussion um eine gute Unternehmensführung und ausreichende Kontrolle ... betrifft auch die öffentlich tätigen Unternehmen. Ich meine, dort muss sie noch intensiver geführt werden."[32]

Im Zuge der Debatten um PCG haben Berlin und Brandenburg im Jahr 2005, Stuttgart 2006 und Bremen 2007 jeweils verschiedene Public Corporate Governance Kodizes (PCGKs) mit dem Ziel eingeführt, die Steuerung, Überwachung, Leitung und Transparenz von öffentlichen Unternehmen zu verbessern. Der Bund hat seinen PCGK am 30. Juni 2009 vorgestellt. Ende 2009 hat der Städtetag Nordrhein-Westfalen (NRW) seinen Mitgliedern einen zusammen mit dem Landkreistag sowie dem Städte- und Gemeindebund von NRW entwickelten PCGK zur Anwendung empfohlen. Mittlerweile besitzen ca. 50 Gebietskörperschaften einen Kodex, in vielen weiteren ist die Etablierung in Vorbereitung. Ein PCGK ist eine Zusammenstellung von bewährten Grundsätzen, Prinzipien und Regeln sowie zentralen gesetzlichen Anforderungen für die verantwortungsvolle Leitung und Überwachung von öffentlichen Unternehmen.

Wissenschaft und Praxis sehen in der Nutzung von PCGKs viele Potenziale, was die Sinnhaftigkeit einer intensiven Auseinandersetzung mit dem Instrument unterstreicht.[33] Übergreifend besitzt die Steuerung durch Selbstregulierung in verschiedenen Wissenschaftsdisziplinen Bedeutung.[34] Der wissenschaftliche Beirat der Gesellschaft für öffentliche Wirtschaft hat im Jahr 1982 lange vor der Corporate Governance Debatte und der Einführung von PCGKs empfohlen: „Angesichts der Vielfalt der Überwachungsaufgaben und der Zusammensetzung der Aufsichtsgremien in der öffentlichen Wirtschaft sollten Grundsätze ordnungsmäßiger Überwachung öffentlicher Unternehmen formuliert werden."[35]

---

[28] Voggensperger et al. (2004).
[29] Vgl. Wilke (2011); Busson/Sahr/Heiling (2009); KGSt (2012); KGSt (2010a); KGSt (2010b); Alsheimer (2003), S.24; Besselmann/Kötzle (2006), S.34ff.; Reck (2008), S.5f.
[30] Reck (2012), S.4.
[31] Vgl. u. a. Zypries (2008), S.19ff.; Föll (2009), S.4.; Mirow (2005), S.111ff.; Zypries (2005), S.5.
[32] Fischer-Heidlberger (2009).
[33] Vgl. hierzu auch die Zitate-Übersicht in Abschnitt 7.1. sowie Budäus/Srocke (2003), S.99; Hammerschmid (2010), S.12; Harms (2008b), S.83; Raiser (2011), S.353; Ruter/Müller-Marqués Berger (2005), S.464; Gemkow (2010), S.70; Seibicke (2005), S.100; Kersting (2008), S.126; Weiblein (2011), S.649; Dietrich/Struwe (2006), S.18; Lenk/Rottmann (2008), S.48; Theuvsen (2012b), S.181; Ellerich/Schult/Radde (2009), S.208; Ruter/Häfele (2007), S.362; Schürnbrand (2010b), S.35; Mühl-Jäckel (2010), S.213; Rieckmann (2008), S.819.
[34] Vgl. Schuppert (2000), S.433; Schuppert (2003), S.447; Töller (2009), S.293ff.
[35] Gesellschaft für öffentliche Wirtschaft (1982a), S.13. Zustimmend Siekmann (1996), S.284.

Wird die Entwicklung von PCGKs von vielen Seiten begrüßt, findet sich zu den von den Gebietskörperschaften in der Praxis implementierten Regelwerken beachtenswerte Kritik.[36] Weiter zeigen erste Vergleichsanalysen, dass zwischen den PCGKs erhebliche Unterschiede in Bezug auf Inhalt, Formulierung und Qualität bestehen. Die Grundsätze verantwortungsvoller Unternehmensleitung/-überwachung driften zwischen den Gebietskörperschaften trotz in der Sache identischer Anforderungen bemerkenswert auseinander – dies ist ebenfalls Gegenstand deutlicher Kritik.[37]

Unabhängig von PCGKs wird darüber hinaus erheblicher Verbesserungsbedarf bei der faktischen Ausgestaltung der Governancestrukturen/-praktiken und im Beteiligungsmanagement konstatiert.[38] Bremeier/Brinkmann/Killian bilanzieren zu einer empirischen Studie: „Die Steuerung der kommunalen Unternehmen und ihrer Aufgabenerfüllung ist zusammenfassend als problematisch zu bezeichnen."[39] Reichard/Röber konstatieren: „Es gibt zahlreiche Hinweise darauf, dass die herkömmlichen Beteiligungsverwaltungen, aber auch die politisch bestimmten Aufsichtsräte, ihren Steuerungsaufgaben nur unzureichend nachkommen."[40] Weiblein stellt heraus, dass die Beteiligungspolitik „zum integralen Bestandteil der Verwaltungsmodernisierung" geworden ist und verdeutlicht: „Die Notwendigkeit zur Optimierung dieser Politik lässt sich … kaum bestreiten."[41] Viele Stimmen artikulieren „ganz erhebliche Corporate Governance Probleme"[42] und „immer wieder Kontrolldefizite."[43] Der Thüringer Rechnungshof stufte die Überarbeitung der Grundsätze für die Verwaltung von Beteiligungen des Freistaates in seinem Jahresbericht 2011 als „dringend geboten"[44] ein.

Neben strukturellen Defiziten verweist die Literatur auf öffentlichkeitswirksame „Skandale" öffentlicher Unternehmen, wie etwa bei der Berliner Bank AG oder bei der HSH Nordbank AG.[45] Ein aktuell in den Medien negativ aufgegriffenes Beispiel für Defizite in der PCG – namentlich u. a. bei Aufsichtsräten – liefert die mehrmals gravierend verschobene Inbetriebnahme des Flughafens „Berlin Brandenburg Willy Brandt" mit den Gesellschaftern Berlin (37%), Brandenburg (37%) und Bund (26%). Als strukturell noch relevanter erweist sich hingegen, dass in vielen weiteren für die Bürger wichtigen Bereichen offensichtlich des Öfteren „Missmanagement mit nicht unerheblichen Auswirkungen auf die öffentlichen Haushalte von

---

[36] Vgl. Röber (2008), S.61; Schürnbrand (2010a), S.1108; Ringleb (2010), Rz.22b; Budäus/Hilgers (2009), S.900; Institut für den öffentlichen Sektor (2009a), S.15; Ellerich/Schult/Radde (2009), S.208.

[37] Vgl. Ellerich/Franz/Radde (2009), S.201f.; Schürnbrand (2010b), S.35; Gemkow (2010), S.70; Ruter/Häfele (2007), S.359.

[38] Vgl. Reichard/Röber (2011), S.176; Weiblein (2011), S.601f.; Bogumil et al. (2007), S.75; Harms (2008b), S.74; Bremeier/Brinkmann/Killian (2006), S.20f.; Hammerschmid (2010), S.7; Röber (2001), S.8; Buchholz/Hellenbrand/Lasar (2011), S.230; Budäus/Srocke (2003), S.99; Budäus/Hilgers (2009), S.901f.; Kolbe (2006), S.61; Fischer/Heidlberger (2006), S.12; Schwarting (2004), S.353f.; Schneider (2005), S.495; Hack (2005), S.4; Dietrich/Struwe (2006), S.18; Röber (2008), S.62; Reichard (2008a), S.137; Seibicke (2005), S.99; Ruter (2004), S.391; Machura (1996), S.330; Diederich (1994), S.217+S.86.

[39] Bremeier/Brinkmann/Killian (2006), S.20.

[40] Reichard/Röber (2011), S.176.

[41] Weiblein (2011), S.657.

[42] Budäus/Srocke (2003), S.99. Vgl. in der gleichen Tonalität für viele weitere auch den Präsidenten des Landesrechnungshofes von Sachsen-Anhalt Seibicke (2005), S.99.

[43] So der damalige Präsident des Landesrechnungshofes Berlins Jens Harms, vgl. Harms (2008b), S.74.

[44] Landesrechnungshof Thüringen Jahresbericht (2011), S.164.

[45] Vgl. Harms (2008b), S.77; Budäus/Hilgers (2009), S.898.

Gebietskörperschaften"[46] auftritt, welches nicht die Aufmerksamkeit einer breiten überregionalen Medienberichterstattung findet.

International ist für zahlreiche Länder desgleichen dokumentiert, dass öffentliche Unternehmen bedeutsam für die Wahrnehmung öffentlicher Aufgaben sind.[47] Hier wird der Corporate Governance öffentlicher Unternehmen ebenfalls sehr hohe Relevanz beigemessen[48] und die Einführung von PCGKs empfohlen.[49] Bei der Organisation for Economic Co-operation and Development (OECD) hat eine Arbeitsgruppe die OECD-Guidelines on Corporate Governance of State-Owned Enterprises entwickelt. Als gemeinsames Muster zur deutschsprachigen Literatur fällt auf, dass im internationalen Kontext ebenso dezidierte Kritik an der PCG zu verzeichnen ist und Forderungen zur Weiterentwicklung erhoben werden.[50]

Für Nonprofit-Organisationen (NPO) wird Corporate Governance national und international genauso hohe Bedeutung zugewiesen und es hat sich hierzu ein Forschungsstrang ausgeprägt.[51] Die Entwicklung von Corporate Governance Kodizes wird gleichfalls als „zentrale Entwicklung"[52] eingestuft, die hinsichtlich verschiedener Fragestellungen analysiert werden.[53] PCG ist ein gewichtiges internationales Thema, welches durch die nationalen Rechtssysteme geprägt wird. Für öffentliche Unternehmen rechtfertigen bzw. erfordern die skizzierten Entwicklungen sowie andauernde Kritik und Reformforderungen bezüglich der Strukturen und Praktiken der Corporate Governance sowie PCGKs eine intensive wissenschaftliche Auseinandersetzung. PCG ist „heute aktueller denn je."[54]

1.2 Intensive Forschung für die Privatwirtschaft: Corporate Governance als wissenschaftliche Disziplin und Einrichtung einer Regierungskommission

Bilanzskandale und Managementverfehlungen, spektakuläre Unternehmenskrisen, gesellschaftpolitische Debatten über die Angemessenheit von unternehmerischen Entscheidungen und die internationale Finanzmarktkrise haben zu einem immensen Interesse für Corporate Governance geführt. Sie erfährt äußerst intensive Behandlung in Wissenschaft und Praxis.[55]

---

[46] Röber (2008), S.59. Vgl. hierzu auch Röber (2001), S.6.

[47] Vgl. OECD (2011a), S.5ff.; Verhoest et al. (2012); OECD (2005a), S.9; Grossi/Marcou/Reichard (2010), S.235; Avenir Suisse (2009); Obermann/Obermair/Weigel (2002); Millward (2011); Matzka et al. (2011); Greiling (2011); Dexia (2004); Pollitt et al. (2001); Proeller (2006); Lane 2005, S.190ff.

[48] Vgl. Florio/Fecher (2011), S.364; IFAC (2001), Ziff. 004; OECD (2005b), S.3; OECD (2011b); OECD (2010); OECD (2006); OECD (2005a); OECD (2005b); Lienhard (2009); Lienhard (2008); Hofmeister (2005); Sonderegger (2004).

[49] Vgl. Matzka et al. (2011), S.4 sowie S.119. Beispielsweise haben in der Schweiz der Kanton Aargau und in Österreich das Land Salzburg einen PCGK etabliert. Für Großbritannien Hodges/Wright/Keasy (1996), S.12.

[50] Vgl. Grossi/Marcou/Reichard (2010), S.236; Whincop (2005), S.6ff.+187ff.; OECD (2010), S.3; OECD (2005a), S.10; Florio/Fecher (2011), S.364f.; Schedler/Kolbe (2004), S.139; IFAC (2001), S.63; Schedler/Müller/Sonderegger (2011), S.1f.; Lienhard (2009), S.45; Schmalhardt (2005), S.287.

[51] Vgl. Helmig/Boenigk (2012), S.60ff.; Meyer/Maier (2012); Bachert (2006); Cornforth (2011); Cornforth (2005); Hopt (2005); Schuhen (2002); Schuhen (2005); Schwarz/Schnurbein (2005).

[52] Theuvsen (2009), S.29.

[53] Vgl. von Schnurbein/Stöckli (2010); Dawson/Dunn (2006); Bachert (2005); Siebart (2006a); Siebart (2006b).

[54] Hammerschmidt (2010), S.5.

[55] Vgl. stellvertretend Ringlet et al. (2010); Schewe (2010), S.221; von Werder (2008), S.1; Tricker (2009); von Werder (2007); Grothe (2006); Dutzi (2005); Theisen (2004); Theisen (2003); Witt (2003); Hachmeister (2002); Witt (2001); Hart (1995).

Für privatwirtschaftliche – vor allem börsennotierte – Unternehmen liegen zahllose theoretische und insbesondere auch empirische Analysen zur Corporate Governance vor.[56] „The last decade has witnessed an explosion in both policy and academic research devoted to corporate governance."[57] In besonderem Maße werden in Deutschland und international die Ausgestaltung und Effekte von Corporate Governance Kodizes erforscht.[58] „Codes of good governance have become a central issue."[59] Brown/Beekes/Verhoeven stellen in ihrem Reviewbeitrag fest: „There is an increasing interest in the diffusion of CG codes across countries."[60] Auch vor der Etablierung von Kodizes standen Grundsätze ordnungsgemäßer Überwachung, Kontrolle und Beratung schon in der Debatte.[61]

Im September 2001 hat die Bundesregierung eine hochrangig besetzte Regierungskommission eingesetzt, welche im Februar 2002 den Deutschen Corporate Governance Kodex (DCGK) für börsennotierte Unternehmen verabschiedet hat.[62] Seitdem wird der DCGK jährlich mit erheblichem Aufwand überprüft und regelmäßig an die Entwicklungen angepasst. Die Überarbeitung einzelner Kodexregelungen wird intensiv erörtert. Im Rahmen der letzten Kodexüberarbeitung im ersten Quartal 2012 wurden im Konsultationsverfahren rund 70 Stellungnahmen zu den von der Regierungskommission vorgesehenen Kodexänderungen eingereicht.[63] Zum DCGK hat sich eine intensive Kodexforschung entwickelt.[64] Die Debatte über Strukturen und Grundsätze der Corporate Governance verdient nach einschlägigen Auffassungen nachhaltige Unterstützung.[65] Überdies werden die Gestaltung und die Wirkungen der Corporate Governance Berichterstattung untersucht.[66] Familienunternehmen sind ebenfalls zunehmend in das Blickfeld der Forschung gerückt.[67]

Hopt charakterisiert die Entwicklungslinien wie folgt: „Corporate Governance ist eines der meist diskutierten Gebiete der Rechts- und Wirtschaftswissenschaften. Die Literatur zur

---

[56] Vgl. die Übersichtsartikel und Bestandsaufnahmen von Brown/Beekes/Verhoeven (2011); Bebchuk/Weisbach (2010); Bassen/Zöllner (2007); Bushman/Smith (2001); Claessens/Fan (2002); Denis/Mc Connel (2003); Gillan (2006); Shleifer/Vishny (1997); Filatotchev/Boyd (2009); Clarke (1998).

[57] Filatotchev/Boyd (2009), S.257.

[58] Vgl. u. a. Kirchner (2002a); Gerum (2005); Littger (2006); Nowland (2008); Zattoni/Cuomo (2008); Schwarz (2005); Aguilera/Cuervo-Cazurra (2004), S.415.

[59] Aguilera/Cuervo-Cazurra (2009), S.384. Hierzu auch Brown/Beekes/Verhoeven (2011), S.109. Vgl. hierzu auch Haxhi/van Ees (2010), S.710ff.; Aguilera/Cuervo-Cazurra (2004), S.415ff.

[60] Brown/Beekes/Verhoeven (2011), S.109. Vgl. hierzu auch Haxhi/van Ees (2010), S.710ff.; Aguilera/Cuervo-Cazurra (2004), S.415ff.

[61] Vgl. stellvertretend Theisen (1996); Theisen (1995); Moxter (1976).

[62] Vgl. http://www.corporate-governance-code.de/index.html, Abruf: 23.04.2012.

[63] Vgl. Regierungskommission Deutscher Corporate Governance Kodex (2012d), S.8 sowie Handelsblatt vom 19.03.2012, http://www.handelsblatt.com/unternehmen/management/strategie/gegen-unabhaengigkeit-plaene-fuer-aufseher-kodex-stossen-auf-widerstand/6344234.html, Abruf: 27.03.2012.

[64] Vgl. stellvertretend von Werder/Bartz (2012), S.869ff.; Kohl/Rapp/Wolff (2011), S.108ff.; von Werder/Talaulicar/Pissarczyk (2010), S.62ff.; von Werder/Böhme (2011), S.1285ff.; Talaulicar/von Werder (2010), S.853ff.; Bassen et al. (2006), S.375ff.; Theisen (2003), S.460.

[65] Vgl. Theisen (2003), S.460.

[66] Vgl. Weber (2011); Stiglbauer (2010); Staub (2005); Abdelsalam/Bryant/Street (2007); Collett/Hrasky (2005); Bauwhede/Willekens (2008); Cormier/Ledoux/Magnan (2009); Healy/Palepu (2001).

[67] Vgl. stellvertretend den Überblick bei Witt (2008); Bettermann/Heneric, (2009), S.849ff. Daneben den Internetauftritt der Kommission zur Entwicklung von Corporate Governance Leitlinien für Familienunternehmen, http://www.kodex-fuer-familienunternehmen.de/index.html, Abruf: 23.04.2012.

Corporate Governance ist schon in den einzelnen Disziplinen und erst recht gebiets- und disziplinübergreifend kaum mehr zu überschauen. Für die Praxis ist die Corporate Governance von großer Bedeutung."[68]

Von Werder sieht Corporate Governance sogar als „neue eigenständige Fachrichtung … dezidiert interdisziplinären Charakters."[69] Auch nach Bassen/Zöller hat sich Corporate Governance zu einer „eigenständigen Disziplin"[70] entwickelt. Einige wissenschaftliche Zeitschriften sind nach ihren Titeln spezifisch auf Corporate Governance ausgerichtet.[71]

Auf dem 64. Deutschen Betriebswirtschafter-Tag der Schmalenbach-Gesellschaft im September 2010 beschrieb das langjährige Mitglied der Regierungskommission Corporate Governance Kodex Axel von Werder die Perspektiven der Corporate Governance für Wissenschaft, Praxis und Politik: „Corporate Governance hat sich … in der Praxis wie in der Lehre fest etabliert … Erste CGOs – Chief Governance Officers – mit direktem Zugang zum Vorstandsvorsitzenden werden ebenfalls schon etabliert. An den deutschen Hochschulen gibt es bereits heute eine Reihe von Lehrstühlen, deren Ausrichtung teilweise oder sogar ganz diesem Fach gewidmet ist. Und auch die Politik hat in den vergangenen Jahren dem Thema Corporate Governance große Aufmerksamkeit geschenkt."[72]

Stellvertretend für andere Beispiele aus der Wissenschaft lässt sich schließlich auf den Call for Papers der wissenschaftlichen Kommission Internationales Management im Verband der Hochschullehrer für Betriebswirtschaft für die Jahrestagung 2010 verweisen. In diesem motiviert die Kommission, dass sich Corporate Governance „in den vergangenen Jahren zu einem zentralen Thema innerhalb der Betriebswirtschafts- und Managementlehre entwickelt" hat und zieht den Schluss: „Obwohl Fragen der Governance bereits vor einigen Jahren im Rahmen einer Kommissionstagung angesprochen wurden, scheint das Thema unsere weitere wissenschaftliche Beschäftigung zu rechtfertigen und sogar zu fordern."[73]

1.3 Forschungsbedarfe und Status Quo der Public Corporate Governance (PCG)

Im deutlichen Gegensatz zur Privatwirtschaft sind hingegen sowohl die faktischen Governancestrukturen/-praktiken öffentlicher Unternehmen als auch die Ausgestaltung und Wirkung von PCGKs trotz der statistisch belegten Relevanz des Gegenstands „öffentliche Unternehmen" bislang empirisch noch kaum erforscht. Zwar werden in Wissenschaft und Praxis wie herausgearbeitet die Bedeutung und die Notwendigkeit zur Verbesserung der PCG betont. Jedoch hat dies bislang nicht zu einem entsprechenden empirischen Forschungsstand geführt.

---

[68] Hopt (2011), S.4.
[69] von Werder (2009), S.26. Ebenso von Werder (2007), S.222.
[70] Bassen/Zöllner (2009), S.43.
[71] Vgl. Corporate Governance – An international Review, Zeitschrift für Corporate Governance, International Journal of Corporate Governance.
[72] von Werder (2011), S.48f.
[73] Call for Paper Jahrestagung 2010 der Wissenschaftlichen Kommission Internationales Management im Verband der Hochschullehrer für Betriebswirtschaft, http://www.escpeurope.eu/uploads/media/ Call_for_ Papers_08.pdf, Abruf: 14.05.2011.

So gelangt Hammerschmid zu dem zusammenfassenden Urteil: „Die Forschung zu PCG ist bisher sowohl im internationalen Vergleich als auch in Deutschland noch gering, was der Bedeutung nicht gerecht wird."[74] Die vorliegende Literatur zur PCG ist geprägt durch zahlreiche Forderungen, den empirisch gesicherten Erkenntnisstand über tatsächlich praktizierte Governancestrukturen/-praktiken zu verbreitern und einen verstärkten Fokus auf die Wirkungen veränderter Governanceregeln zu richten.[75] Schaefer/Theuvsen sehen insbesondere Forschungsbedarf für breite repräsentative Studien: „Systematische, nicht bei der Betrachtung von Einzelfällen verharrende empirische Untersuchungen scheinen geeignet, der Diskussion um die Governance der öffentlichen Wirtschaft neue richtungsweisende Anstöße zu geben und mehr Schub zu verleihen."[76] Weiterhin beobachten Schaefer/Theuvsen in ihrer Bestandsaufnahme: „Studien zu (Verhaltens-) Wirkungen von Public Corporate Governance sind noch rar."[77] Günther/Niepel stellen in ihrer empirischen Studie „ein erhebliches Defizit an betriebswirtschaftlicher Forschung im Bereich der Steuerung kommunaler Beteiligungen" heraus.[78] Charakteristisch für die Literatur sind weitere Plädoyers für eine „stärkere empirische Unterfütterung"[79] sowie Hinweise auf empirische Forschungslücken.[80]

Grundlegend und richtungsweisend empfiehlt Siekmann zu öffentlichen Unternehmen: „Ihre Governance-Strukturen sind von erheblichem Interesse, so wie sie sind … Hier Transparenz zu erzeugen, kann bereits viel bewirken."[81]

Eichhorn bilanzierte auf einem Symposium der Gesellschaft für öffentliche Wirtschaft zur PCG: „Als gemeinsames Ergebnis der Diskussionsbeiträge lässt sich resümierend festhalten, dass … weite Bereiche der öffentlichen Wirtschaft in Deutschland sich damit noch nicht genügend auseinandersetzen. Zahlreiche grundlegende Fragen erfordern den wissenschaftlichen Diskurs."[82]

Neben der Analyse von Goverancestrukturen/-praktiken wird in der Literatur überdies als relevant erachtet, sich intensiver mit der konkreten Ausgestaltung von PCGKs auseinanderzusetzen.[83] Hammerschmid „erscheint es besonders wichtig, sich Einblick in die Substanz solcher Kodizes zu verschaffen."[84] Generell werden auch bezüglich der Umsetzung von Konzepten empirische Forschungslücken in der PCG betont.[85] Ebenso begründet die in der Problemstellung angeführte Kritik an bestehenden PCGKs, sich intensiver mit diesen zu befassen.

---

[74] Hammerschmid (2010), S.14f.
[75] Vgl. Hammerschmid (2010), S.14; Schaefer/Theuvsen (2008), S.13; Siekmann (1996), S.291; Theuvsen (2011), S.252; Whincop (2005), S.4; Florio/Fecher (2011), S.365.
[76] Schaefer/Theuvsen (2008), S.13f.
[77] Schaefer/Theuvsen (2008), S.12.
[78] Günther/Niepel (2006), S.340.
[79] Theuvsen/Frentrup (2008), S.145.
[80] Vgl. Lenk/Rottmann (2008), S.50; Reichard (2002b), S.40.
[81] Siekmann (1996), S.291f. Zur Notwendigkeit Transparenz zu schaffen auch Leitstelle Gemeindeprüfung NRW (2001), S.4.
[82] Eichhorn (2008), S.110.
[83] Vgl. stellvertretend Schürnbrand (2010), S.1105; Ellerich/Schulz/Radde (2009), S.201ff; Theuvsen/Frentrup (2008), S.145. Für Corporate Governance Kodizes von NPO Schnurbein/Stöckli (2010), S.509.
[84] Hammerschmid (2010), S.9f.
[85] Vgl. Reichard (2002b), S.40.

Aufgrund der besonderen Verantwortung öffentlicher Unternehmen und der vielfach unterstrichenen Wichtigkeit ihrer Corporate Governance verdienen die PCGKs der Gebietskörperschaften eine entsprechend intensive Erörterung.

In Ergänzung zu den in der Problemstellung genannten älteren Beiträgen zur Steuerung und Kontrolle öffentlicher Unternehmen mit konzeptioneller Ausrichtung soll ein kurzer Überblick über den empirischen Forschungsstand gegeben werden. Folgende empirische Studien, die Erkenntnisse für diese Arbeit lieferten, liegen für Deutschland speziell zur PCG und zum öffentlichen Beteiligungsmanagement vor (Tab. 1). Zusammenfassend ist festzustellen, dass sie den skizzierten Forschungsbedarf deutlich nicht abdecken.

Kurztitel Studie	Autor	Jahr	Methodik	Analysegrundlage
Kommunaler Gesamtabschluss – die Gestaltung des „Konzerns Kommune"	Institut für den öffentlicher Sektor	2009	Fragebogen	48 Städte, Landkreise, Stadtstaaten
Public Corporate Governance	Kersting	2008	Fragebogen Interviews	36 Kommunen
Instrumente kommunales Beteiligungscontrolling	Günther/ Niepel	2006	Fragebogen	451 Kommunen
Public Governance kommunaler Unternehmen	Bremeier et. al	2006	Fragebogen	255 Kommunen/Kreise mit 10.000-50.000 Einwohnern aus 6 Bundesländern
Kommunales Beteiligungscontrolling unter der Lupe	Hack	2005	Fragebogen	37 Städte (30 Kreisstädte mit 20.000-100.000 + 7 kreisfreie Städte mit über 100.000 Einwohnern)
Kommunale Energieversorgungsunternehmen zwischen Privatwirtschaft und öffent. Verwaltung (DFG-Förderung)	Edeling et. al	2004	Fragebogen Interviews	173 Personen der mittleren Führungsebene aus 11 Stadtwerken
Der Konzern Stadt	Linhos Kommunalwissenschaftliches Institut	2004	Fragebogen	36 Kommunen
Beteiligungsmanagement der 100 größten Städte Deutschlands	Pech/Bahn	2002	Fragebogen	49 der 100 größten Städte Deutschlands
Das Parteibuch – Schattenwirtschaft der besonderen Art? Strategische Steuerung/ Personalmanagement öffentlicher Unternehmen	Röber	2001	Fragebogen Interviews	48 Städte mit mehr als 100.000 Einwohnern+ 16 Unternehmen aus vier Bundesländern
Öffentlicher Auftrag in Geschäftsberichten öffentlicher Unternehmen	Graef	2001	Dokumentenanalyse	Ca. 200 Geschäftsberichte öffentlicher Unternehmen
Vergleichende Untersuchung Beteiligungsverwaltung in NRW	Leitstelle Gemeindeprüfung NRW	2001	Fragebogen	23 kreisfreie Städte des Landes NRW
Kontrolle öffentlicher Unternehmen (DFG-Förderung)	Diederich et. al	1994	Fragebogen Interviews	Öffentliche Unternehmen Bundesebene und 2 Bundesländer, Treuhandanstalt

Tab. 1: Übersicht empirischer Studien zu Beteiligungsmanagement und PCG

Folgend veranschaulicht Tab. 2 Beiträge, die sich mit PCGKs inhaltlich konkreter unter Bezug auf Kodexziffern oder Regelungsbereiche auseinandergesetzt haben.[86]

Autor/Jahr	Betrachtete PCGKs
Theuvsen (2011)	Stuttgart (Spezieller Fokus auf Regeln zur Transparenz)
Weiblein (2011)	Stuttgart
Schürnbrand (2010a)	Bund, DCGK
Ellerich/Schulz/Radde (2009)	Bund/DCGK
Budäus/Hilgers (2009)	Bund
Mühl-Jäckel (2009)	Bund
Institut öffentlicher Sektor (2009a)	Bund
Institut öffentlicher Sektor (2009b)	Berlin, Brandenburg, Bremen, Potsdam, Stuttgart, Rostock
Theuvsen/Frentrup (2008)	Stuttgart (Spezieller Fokus Regeln zu Transparenz)
Röber (2008)	Bremen, Stuttgart, Brandenburg, Leipziger Verkehrsgesellschaft, Beteiligungshinweise Bund, OECD (Fokus: Sphäre des Politischen)
Institut öffentlicher Sektor (2007a)	Berlin, Brandenburg, Bremen, Potsdam, Stuttgart, Rostock
Bremeier/Brinkmann/Killian (2006)	OECD Guidelines, Beteiligungshinweise Berlin, Von Ruter 2005 veröffentlichter PCGK-Musterkodex

Tab. 2: Übersicht zu inhaltlichen Analysen von PCGKs

Ganz überwiegend wurden bislang nur einzelne oder wenige PCGKs zu spezifischen Einzelfragen/-faktoren betrachtet. Die ersten Vergleichsanalysen des Instituts für den öffentlichen Sektor liefern wertvolle Einblicke. Die Kurzbeiträge behandeln indessen viele für PCGKs zentrale Faktoren nicht und basieren auf einer geringen Anzahl von PCGKs, die von den Gebietskörperschaften mittlerweile ferner überarbeitet wurden.

Auf weitere Beiträge soll in nicht tabellarischer Form knapp hingewiesen werden. Kersting (2008) hat sich in seiner Dissertation zum Ziel gesetzt, die Notwendigkeit eines PCGK herzuleiten. Die Dissertation von Ganzke (2005) untersucht gesellschaftliche Rahmenbedingungen sowie interne und externe Corporate Governance Mechanismen u. a. für gewinnbringende/ verlustbringende öffentliche Unternehmen sowie Unternehmen mit/ohne Monopolstellung. Osann (2012) analysiert in ihrer Dissertation zur PCG die Beratungsfunktion von Aufsichtsorganen öffentlicher Unternehmen am Beispiel von privaten und öffentlichen Krankenhäusern.

Umfassende Werke mit mehreren konzeptionellen Beiträgen zur PCG finden sich im Sonderheft der Zeitschrift für öffentliche und gemeinwirtschaftliche Unternehmen (2008) sowie in den Sammelbänden der Gesellschaft für öffentliche Wirtschaft (2008) und Ruter/Sahr/Waldersee (2005).

Dissertationen zum öffentlichen Beteiligungsmanagement und Konzerncontrolling mit Analysen verschiedener Konzepte und Instrumente haben Barthel (2008), Neumann (1997) und Schulte (1994) vorgelegt.

Daneben liegen im Themenfeld rechtswissenschaftlich ausgerichtete Dissertationen vor wie von Dittmer (2008) zum öffentlichen Auftraggeber hinsichtlich öffentlicher Unternehmen, Hauser (2004) zu Beschränkungen der wirtschaftlichen Betätigung von Kommunen durch die

---

[86] Für Inhaltsanalysen von Corporate Governance Kodizes von NPO vgl. Schnurbein/Stöckli (2010), S.497f.; Theuvsen (2009), S.22.

Verfassung, Strobel (2002) zur Verschwiegenheits- und Auskunftspflicht kommunaler Vertreter im Aufsichtsrat öffentlicher Unternehmen, Möller (1999) zur rechtlichen Stellung und Funktion des Aufsichtsrats in öffentlichen Unternehmen der Kommunen und Pfeiffer (1991) zu Möglichkeiten/Grenzen der Steuerung kommunaler Aktiengesellschaften durch die Gebietskörperschaft.

„Handbücher Beteiligungsmanagement" mit für die PCG relevanten Gestaltungsempfehlungen zu Konzepten, Instrumenten und Prozessen veröffentlichten Ade (2005), Hille (2003) und Otto (2002). Daneben sind zahlreiche Werke im Sinne eines „Handbuchs öffentliche Unternehmen" herausgegeben worden wie von Mann/Püttner (2011), Fabry/Augsten (2011), Hoppe/Uechtritz (2007), Westermann (2006) und Katz (2004), die verschiedene konzeptionell orientierte Beiträge zum öffentlichen Beteiligungsmanagement mit Bezügen zur PCG enthalten.

Mit Blick auf Literatur und Diskurse ist offensichtlich, dass der Auseinandersetzung mit PCGKs Relevanz beigemessen wird. Eine umfassende Analyse für alle Regelungsbereiche sowie zu Kodexwirkungen liegt bislang jedoch nicht vor. Daneben fehlt hinsichtlich der skizzierten Forschungsbedarfe eine repräsentative empirische Studie zu den faktischen Governancestrukturen/-praktiken öffentlicher Unternehmen.

1.4 Zielsetzung und Gang der Arbeit

Zielsetzung der Arbeit ist es zusammengefasst, Problemfelder und Forderungen zur Public Corporate Governance aus Theorie und Praxis herauszuarbeiten und auf dieser Grundlage zu analysieren, ob die etablierten Public Corporate Governance Kodizes sowie die faktischen Governancestrukturen/-praktiken öffentlicher Unternehmen den Anforderungen entsprechen und welche relevanten Unterschiede im Vergleich von Gebietskörperschaften hervortreten. Aufgeschlüsselt und konkretisiert verfolgt die Arbeit die vier folgenden Forschungsfragen:

Forschungsfrage 1: Welche Problemfelder und Forderungen für die PCG werden in Wissenschaft und Praxis besonders betont? Hierfür werden die in Literatur, Rechnungshofberichten und Studien verstreut angeführten Kritikpunkte und Verbesserungsvorschläge zur PCG in Problemfelder geordnet und präzise benannt. Dies soll die Notwendigkeit zur Auseinandersetzung mit dem Themenfeld zusätzlich aufzeigen und bei der Analyse von PCGKs und Governancestrukturen/-praktiken die Basis dafür bilden, gezielt an als kritisch eingestuften Aspekten als Ausgangspunkten für Verbesserungschancen anzusetzen.

Methodisch werden eine Analyse von Literatur und empirischen Studien, eine Dokumentenanalyse von Rechnungshofberichten sowie eine eigene teil-standardisierte Befragung von 24 Akteuren aus Aufsichtsräten, Beteiligungsmanagement, Geschäftsführungen und Rechnungshöfen aus Berlin, Bremen, Stuttgart sowie dem Land Brandenburg gewählt.

Forschungsfrage 2: Entsprechen die etablierten PCGKs in den jeweiligen Regelungsbereichen den aus Theorie und Praxis abgeleiteten Anforderungen und welche steuerungsrelevanten Unterschiede sind in den inhaltlichen Ausprägungen hinsichtlich Themenadressierung und Formulierung bzw. Regelungsbreite/-präzision/-tiefe im Vergleich der Gebietskörperschaften festzustellen?

Methode ist eine vergleichende Inhaltsanalyse der 14 bis zum Ende des ersten Quartals 2010 etablierten PCGKs in der Fassung von Mai 2012 unter Einbezug des DCGK für börsennotierte Unternehmen. Bei der Identifizierung von untersuchenswerten Governancefaktoren sowie in die Würdigung von Regelungsunterschieden fließen Erkenntnisse aus der Analyse von Literatur und Rechnungshofberichten sowie der durchgeführten Befragung ein.

Forschungsfrage 3: Inwieweit wurden zentrale Reformforderungen in den faktischen Governancestrukturen/-praktiken im Verlauf der Diskussion um PCG umgesetzt und welche Unterschiede treten im Vergleich der Gebietskörperschaften hervor?

Als Methode kommen eine Inhaltsanalyse von Jahresabschlüssen sowie eine Untersuchung der Internetauftritte öffentlicher Unternehmen zur Anwendung. Untersucht werden alle öffentlichen Unternehmen der zehn größten deutschen Städte sowie des Bundes für die Geschäftsjahre 2006 bis 2009 mit über 250 Unternehmen und 1000 Jahresabschlüssen, wodurch die Untersuchung repräsentative Erkenntnisse liefert.

Forschungsfrage 4: In welchen Bereichen können die PCGKs in der Wahrnehmung von Schlüsselakteuren der PCG und mit Blick auf im Längsschnitt analysierte Governancestrukturen/-praktiken feststellbare Bindungswirkung und Verhaltenssteuerungseffekte entfalten und in welchen nicht?

Methodische Basis bilden hierfür die angeführte Befragung sowie die in der Dokumentenanalyse der Jahresabschlüsse im Längsschnitt ermittelten Governancestrukturen/-praktiken öffentlicher Unternehmen.

Im Rahmen dieser leitenden Fragestellungen verfolgt die Arbeit sowohl ein wissenschaftliches Erkenntnisinteresse als auch das Anliegen, konkrete Unterstützung für die Praxis bei der Bewältigung der Herausforderungen zu liefern. Mit Blick auf die Entwicklungen im Forschungsfeld in den letzten Jahren und die aufgezeigte Kritik an der PCG ist die Arbeit breit angelegt, um die drängenden im Zusammenhang stehenden Fragen in einem geschlossenen Gesamtbild bearbeiten zu können.

Aus wissenschaftlicher Perspektive hofft die Analyse hinsichtlich der aufgezeigten Forschungsforderungen für empirische Untersuchungen zum Erkenntnisfortschritt beitragen zu können, welche Governancestrukturen/-praktiken und Grundsätze verantwortungsvoller PCG ausgeprägt wurden. Motivation ist weiter, durch die Befunde zu Grundsätzen und Praktiken verantwortungsvoller Unternehmensleitung/-überwachung gezielte Anknüpfungspunkte für die weitere empirische Forschung zu bieten.

Übergreifend soll ein Beitrag zu grundsätzlichen Empfehlungen zur Corporate Governance öffentlicher Unternehmen wie von Siekmann geleistet werden „Ihre Governancestrukturen sind von erheblichem Interesse, so wie sie sind … Hier Transparenz zu erzeugen, kann bereits viel bewirken."[87] Ist die empirische Corporate Governance Forschung für die Privatwirtschaft inhaltlich und methodisch schon weit vorangeschritten, muss das Forschungsfeld PCG mit vergleichsweise schwieriger Datenlage empirisch zunächst von Grund auf erschlossen werden.

Für die Praxis strebt die Arbeit an, alltagsnützliche Informations- und Gestaltungsunterstützung zu liefern. Die gegenüberstellenden Abbildungen und Tabellen sollen die Möglichkeit zum Austausch über Grundsätze verantwortungsvoller Unternehmensleitung/-überwachung, Governancestrukturen/-praktiken und Gestaltungsvorschläge bieten. Neben Verbesserungspotenzialen/-notwendigkeiten identifizieren die Untersuchungen desgleichen sehr viele positive Beispiele bzw. „Good Practice" in zahlreichen Bereichen, die Anknüpfungspunkte für Weiterentwicklungen und zusätzliche Motivation für die Alltagsarbeit bieten sollen. Insbesondere für die in den PCGKs selbst vorgesehene kontinuierliche Fortschreibung erhofft sich die Arbeit Nützlichkeit. Die abgegrenzte Bearbeitung zentraler im Zusammenhang mit einem PCGK diskutierter Aspekte mit verdichteten Argumentationslinien soll eine schnelle Information entsprechend der im Alltag auftretenden Fragen ermöglichen.

Adressaten der Arbeit sind Akteure aus verschiedenen Tätigkeitsfeldern wie u. a. Aufsichtsräte, das Beteiligungsmanagement, Geschäftsführungen bzw. Führungs- und Fachkräfte öffentlicher Unternehmen, Gemeinderäte/Stadträte bzw. die entsprechenden Ausschüsse, Oberbürgermeister/Hauptverwaltungsbeamte, Verwaltungsspitzen, Rechnungshöfe sowie Wirtschaftsprüfer und Berater.

Auf der Handlungsebene der Gebietskörperschaften bzw. Kommunen könnten die Verantwortlichen die Regelungen ihrer PCGKs sowie die Governancestrukturen/-praktiken auf Basis dieser Arbeit mit anderen Gebietskörperschaften vergleichen. Für Geschäftsführungen und Aufsichtsräte öffentlicher Unternehmen/Beteiligungen wären die Vergleichsanalysen verwendbar, um die Corporate Governance in ihrem Handlungsbereich im Vergleich der aufgezeigten Alternativoptionen zusätzlich zu reflektieren.

Die interessierte Öffentlichkeit, Journalisten oder z. B. auch Studierende verschiedener Studiengänge könnten Eindrücke über die Ausgestaltung verantwortungsvoller Unternehmensleitung/-überwachung in „ihrer Heimatstadt" im Vergleich zu anderen Gebietskörperschaften erhalten.

Für die entsprechenden Akteure von NPO mit vielfach ähnlichen Governanceherausforderungen und ebenfalls zahlreichen etablierten Corporate Governance Kodizes erhofft die Arbeit gleichfalls, alltagsunterstützende Analysen und Informationen für die Gestaltung der eigenen Organisation sowie von Corporate Governance Kodizes darzulegen.

---

[87] Siekmann (1996), S.291f. Zur Notwendigkeit Transparenz zu schaffen auch Leitstelle Gemeindeprüfung NRW (2001), S.4.

Schließlich könnten einige der im Kodexvergleich auffallenden Beispiele aus PCGKs bei der Fortschreibung des Corporate Governance Kodex für börsennotierte Unternehmen mitdiskutiert werden. Hier könnte die von Benz/Frey prominent aufgeworfene Frage anhand von Kodexregelungen bzw. Grundsätzen verantwortungsvoller Unternehmensleitung/ -überwachung greifbar diskutiert werden: „Corporate Governance: What can we learn from Public Governance?"[88]

Nachfolgend wird der Gang der Untersuchung vorgestellt:
Im Anschluss an die Einführung skizziert *Kapitel 2* die Rahmenbedingungen der Steuerung, Überwachung und Leitung öffentlicher Unternehmen. Nach einer Einbettung in den übergreifenden Diskurs um New Public Management, Public Governance und das Leitbild vom Gewährleistungsstaat werden neben Definitionen die spezifischen Zielsysteme öffentlicher Unternehmen charakterisiert. Die gesellschaftspolitische und ökonomische Relevanz der Thematik wird zusätzlich belegt und zentrale Rechtsgrundlagen werden im Überblick herausgestellt.
Kapitel 3 veranschaulicht Gegenstand, Ziele und Regelungsfelder der PCG sowie Konzeption und Inhalte eines PCGK, um diesen als Betrachtungsgegenstand für die weitere Analyse vorzustellen.
Kapitel 4 liefert mittels der Neuen Institutionenökonomik mit den Teilgebieten Prinzipal-Agent-Theorie, Property-Rights-Theorie und Transaktionskostentheorie sowie der Stewardship-Theorie und Stakeholder-Theorie die theoretische Grundlegung zur Analyse eines PCGK und der PCG Berichterstattung, um die Analyseperspektiven verschiedener Theorien einfließen zu lassen.
Kapitel 5 stellt die Methodik einer durchgeführten teil-standardisierten Befragung vor, in deren Rahmen Akteure aus Aufsichtsräten, Beteiligungsverwaltungen, Geschäftsführungen und Rechnungshöfen zu Problemfeldern der PCG, einzelnen Governancefaktoren sowie zur Wirkung eines PCGK befragt wurden. Hierfür wurde nach einer Theorieanalyse und ersten Bestandsaufnahme der Literatur ein Fragebogen konstruiert. Da die Ergebnisse der Befragung in die Kapitel 6 bis 10 einfließen, wird das Forschungsdesign vorangehend dargestellt.
Kapitel 6 arbeitet in Wissenschaft und Praxis als kritisch erachtete Faktoren der PCG sowie erhobene Reformforderungen heraus und klassifiziert die im Schrifttum bislang nicht strukturiert vorliegenden Kritikpunkte und Verbesserungsvorschläge für einen Überblick in übergreifende Problemfelder und einzelne Regelungsbereiche. Abschließend wird mit Blick auf die Kritikmuster reflektiert, ob eher von Vollzugs- und/oder Regelungsdefiziten auszugehen ist.
Kapitel 7 stellt zunächst die in der Literatur sowie in der Befragung benannten Potenziale eines PCGK heraus, was den Sinn für eine intensive Auseinandersetzung mit dem Instrument sowie dessen kontinuierliche Weiterentwicklung fundiert. Die in Literatur und Interviews angeführten Potenziale werden in Funktionen zusammengefasst, um den Nutzen und die Wirkungspotenziale eines PCGK komprimiert zu veranschaulichen. Aus den Interviews fließt zudem ein, in welchen Funktionsbereichen von den Befragten eine Wirkung des PCGK wahrgenommen wurde. Ferner werden die angeführten Vorteile eines PCGK gegenüber

---

[88]   Benz/Frey (2007), S.92.

alternativen Regulierungsoptionen zusammengetragen sowie die Schlüsselfragen der Bindungswirkung und eines Sanktionsmechanismusses erörtert.

Kapitel 8 verdichtet die aus Theorie und Praxis abgeleiteten Anforderungen, die als Kriterien für die anschließende Inhaltsanalyse von PCGKs herangezogen werden.

In *Kapitel 9* folgt eine vergleichende Inhaltsanalyse der PCGKs von 14 Gebietskörperschaften (Berlin, Brandenburg, Bremen, Bund, Essen, Frankfurt a.m., Hamburg, Magdeburg, Mannheim, Potsdam, Rostock, Saarbrücken, Städtetag NRW, Stuttgart) sowie des DCGK für börsennotierte Unternehmen hinsichtlich steuerungsrelevanter Unterschiede. Hierfür wurden übergreifende Regelungsbereiche und etwa 100 Governancefaktoren aus der Diskussion identifiziert und untergliedert, um bei der Untersuchung sowie hinsichtlich von Verbesserungsmöglichkeiten präzise ansetzen zu können.

Kapitel 10 untersucht im Anschluss die faktischen Governancestrukturen/-praktiken bei allen öffentlichen Unternehmen der zehn größten Städte sowie des Bundes für die Geschäftsjahre von 2006 bis 2009. Erforscht werden auf der Grundlage der Jahresabschlüsse folgende Governancefaktoren: Offenlegung der Geschäftsführerverfügung, Bildung von Aufsichtsräten, Größe und Zusammensetzung von Aufsichtsräten, Berichterstattung über Aufsichtsratsausschüsse (insbesondere Prüfungsausschüsse), Höhe und Offenlegung der Aufsichtsratsvergütung, Dauer für die Aufstellung und Offenlegung von Jahresabschlüssen sowie Transparenz und Kosten bei der Abschlussprüfung. Auf den Internetseiten der Unternehmen wurde die Verfügbarkeit von Jahresabschlüssen, Gesellschaftsverträgen, Entsprechenserklärungen und Geschäftsordnungen analysiert.

Kapitel 11 stellt übergreifende Reformvorschläge zur Etablierung und Fortschreibung von PCGKs heraus. Daneben werden die Forderungen aus Wissenschaft und Praxis für einen bundesländübergreifenden Grundlagenkodex sowie eine hochrangige Kommission zur Weiterentwicklung der PCG als Basis für Zukunftsperspektiven verdichtet.

Die Arbeit schließt mit einem Fazit und Ausblick zu Chancen und Notwendigkeiten in Wissenschaft und Praxis.

2 Rahmenbedingungen der Steuerung, Überwachung und Leitung öffentlicher Unternehmen

2.1 New Public Management, Public Governance, Gewährleistungsstaat

Zur Einordnung der Arbeit soll zunächst ein knapper Überblick zu übergreifenden Reformentwicklungslinien in der öffentlichen Verwaltung bzw. im öffentlichen Sektor gegeben werden. Im Rahmen der weltweiten Reformbewegungen von New Public Management (NPM) wird seit Anfang der 90er Jahre nach Wegen gesucht, die Erfüllung öffentlicher Aufgaben wirksamer (effektiver) und wirtschaftlicher (effizienter) zu erfüllen. NPM bezeichnet ein interdisziplinäres, im angelsächsischen Raum entstandenes Verwaltungsführungssystem. Die Konzeption zielt auf wettbewerbs- und effizienzorientierte Reformen des öffentlichen Sektors.[89] „In der Sphäre der Verwaltungspraxis steht NPM für ökonomisch motivierte Reformaktivitäten, denen die Stoßrichtung gemeinsam ist, durch ein Down-Sizing von Staat und Verwaltung einerseits und Binnenrationalisierung des Verwaltungssystems andererseits Effektivität und Effizienz administrativen Handelns zu steigern."[90] Die deutsche Variante von NPM ist das Neue Steuerungsmodell (NSM).[91] NPM/NSM haben u. a. auch zu verstärkten Ausgliederungen von Aufgaben aus der Kernverwaltung auf andere öffentliche Träger und Public Private Partnerships (PPP) geführt.[92]

Unter Governance wird die „Koordination und Steuerung interdependenter Handlungen gesellschaftlicher Akteure"[93] verstanden. Government definiert „die autonome Tätigkeit einer Regierung", wogegen Governance „netzwerkartige Strukturen des Zusammenwirkens staatlicher und privater Akteure" bezeichnet.[94]

Das Konzept Public Governance wird teilweise als Weiterentwicklung von NPM/NSM eingeordnet, mitunter als neues Konzept gesehen. Public Governance analysiert die Gestaltung von Strukturen, Instrumenten und Prozessen mit dem Ziel, die Problemlösungskompetenzen von Organisationsverbänden und Netzwerken bzw. institutionellen und interaktiven Arrangements im öffentlichen Sektor zu verbessern.[95] Public Governance strebt an, die Verbesserungen von NPM/NSM zu erhalten (z. B. Wechsel von Input-Steuerung zu Output-Steuerung), zugleich jedoch erkannte Schwachstellen zu überwinden. Weiterentwicklungschancen des öffentlichen Handelns eröffnen sich, da über die Effizienz („Tun wir die Dinge richtig") hinaus, die Effektivität („Tun wir die richtigen Dinge") und die realisierten Problemlösungen noch stärker analysiert werden. Vor allem will Public Governance durch gezielte Einbindung der Politik dem vorherigen Kernvorwurf der „Politikblindheit" gezielt Rechnung tragen. Charakteristisch ist ferner, dass die Beiträge stärker gemeinsam mit Partnern aus Gesellschaft und Wirtschaft entwickelt und realisiert werden sollen. Zur Erklärung wird plakativ vielfach die Metapher von Löffler herangezogen. Nach dieser bearbeitet NPM die Baustelle Rathaus bzw.

---

[89] Vgl. Schröter (2011), S.79; Schedler/Pröller (2009), S.5f.
[90] Vogel (2006), S.9.
[91] Vgl. Jann (2011), S.98.
[92] Vgl. Schedler/Pröller (2009), S.206ff.; Vogel (2006), S.434.
[93] Benz (2004), S.17.
[94] Benz (2004), S.18.
[95] Vgl. Budäus/Hilgers (2009), S.884f.

Verwaltung, Public Governance hingegen die ganze Dorfgemeinschaft.[96] Der nach einigen vorab zu legenden Grundlagen in Kapitel 3.1 gesondert behandelte Gegenstand der Public Corporate Governance ist ein Teil der Public Governance.[97]

Parallel zu den skizzierten Entwicklungen steht seit Mitte/Ende der 1990er Jahre das Staatsverständnis des Gewährleistungsstaates verstärkt in der Diskussion.[98] Anders als im vorherigen Leitbild des Leistungsstaates werden Aufgaben nicht mehr direkt selbst vom Staat erfüllt, sondern verstärkt an externe Organisationseinheiten übertragen. Die Leitidee des Gewährleistungsstaates setzt nach Schuppert an der Konzeption der Verantwortungsstufung an, welches zu einem Konzept der Verantwortungsteilung weiterentwickelt wurde.[99] Dieses unterscheidet mit der Erfüllungsverantwortung, Gewährleistungsverantwortung und Auffangverantwortung drei Verantwortungstypen der öffentlichen Hand und gilt „als Schlüsselkonzept moderner Staatlichkeit."[100]

Nach der Kernidee des Modells verbleibt die Gewährleistungsverantwortung beim Staat, die Vollzugs- und Finanzierungsverantwortung kann auf unterschiedliche öffentliche, gemeinwirtschaftliche oder private Organisation übertragen werden.[101] Unterschieden werden in der Diskussion staatliche Kernaufgaben, staatliche Gewährleistungsaufgaben und private Kernaufgaben.[102] Zwischen Staat und Wirtschaft liegen dabei zunehmende Überschneidungen vor. Für die PCG ist entscheidend, dass sich der Staat im Sinne dieser Differenzierung zur Wahrnehmung öffentlicher Aufgaben auch öffentlicher Unternehmen und Beteiligungen bedienen kann.

2.2 Definition, Rechtsformen und Branchen öffentlicher Unternehmen

Eine Legaldefinition des Begriffs „öffentliches Unternehmen" liegt im deutschen Recht nicht vor. Nach vorherrschendem Verständnis ist ein Unternehmen dann öffentlich, wenn der Träger die öffentliche Hand ist und diese aufgrund von Eigentum, finanziellen Beteiligungen, Satzungen oder sonstigen Bestimmungen unmittelbar oder mittelbar einen beherrschenden Einfluss ausüben kann.[103] Zu öffentlichen Unternehmen werden Beteiligungen mit beherrschendem Einfluss der öffentlichen Hand an Gesellschaften privaten Rechts (GmbH, AG, GmbH&Co KG), juristische Personen des öffentlichen Rechts (insbes. AöR), Sondervermögen und öffentliche Betriebe gezählt.[104]

Unter einer öffentlichen Beteiligung wird dagegen jede kapitalmäßige, mitgliedschaftliche und ähnliche Beteiligung der öffentlichen Hand verstanden, die eine Dauerbeziehung zu dem Unternehmen begründen soll. Ein Mindestanteil ist hierfür nicht Voraussetzung.[105]

---

[96] Vgl. Löffler (2001), S.214.
[97] Vgl. Schedler/Müller/Sonderegger (2011), S.6; Bremeier/Brinkmann/Kilian (2006), S.100.
[98] Vgl. Reichard (2004), S.48.
[99] Vgl. Schuppert (2003), S.291.
[100] Schuppert (2003), S.291.
[101] Vgl. Röber (2012), S.17.
[102] Vgl. Reichard (2004), S.48.
[103] Vgl. Theuvsen (2001), S.23; Heller (2010), S.415. Hierzu auch Thiemeyer (1975), S.19.
[104] Vgl. Heller (2010), S.415.
[105] Vgl. Heller (2010), S.415; PCGK Bund, Ziff. 1.3.

Öffentliche Betriebe bezeichnen Verwaltungseinrichtungen ohne eigene Rechtspersönlichkeit. Zu ihnen zählen Eigenbetriebe, die rechtlich unselbständiger Teil der Verwaltung, aber wirtschaftlich selbstständig sind. Weiter fallen hierunter Regiebetriebe, die weder rechtliche noch wirtschaftliche Selbständigkeit besitzen.[106]

Eine unmittelbare Beteiligung liegt vor, wenn eine direkte Rechtsbeziehung zwischen der öffentlichen Hand und dem Unternehmen vorliegt, an dem sie Anteile besitzt. Eine mittelbare Beteiligung besteht, wenn das Unternehmen, an dem die öffentliche Hand unmittelbare Anteile hält, Anteile an einem weiteren Unternehmen besitzt.[107]

Sind mehrere öffentliche Eigentümer beteiligt, wird von einem gemischt-öffentlichen Unternehmen gesprochen. Ein gemischt-wirtschaftliches Unternehmen ist ein Unternehmen, an dem sowohl die öffentliche Hand als auch private Gesellschafter beteiligt sind.[108] Dieses wird auch als Public-Private-Partnership (PPP) bezeichnet. „Ein Organisations-PPP ist eine auf Dauer angelegte Organisation, die in der Regel in der Form einer Kapitalgesellschaft gebildet wird und an der ein oder mehrere öffentliche sowie ein oder mehrere private Eigentümer beteiligt sind … statt der Bezeichnung Organisations-PPP ist auch der Begriff 'Institutionalisiertes PPP` üblich."[109]

Unterschieden werden zudem gewinnorientierte öffentliche Unternehmen, gewinnorientierte Unternehmen mit Monopolstellung, verlustbringende Unternehmen und Querverbundunternehmen (Mischunternehmen).[110]

Orientiert an der Finanzierungsform werden ferner gebührenfinanzierte Unternehmen (z. B. Stadtreinigung, Wasser- und Abwasserbetriebe), Verlustausgleichsunternehmen (z. B. Betreiber des öffentlichen Personennahverkehrs) und Unternehmen, die im Wettbewerb einen Gewinn erwirtschaften (z. B. Wohnungsbaugesellschaften) differenziert.[111]

Öffentliche Unternehmen sind u. a. in folgenden Branchen häufig vertreten: Wasser und Abwasser, Krankenhäuser, Öffentlicher Personennahverkehr, Energie (Strom, Gas), Abfallentsorgung, Wohnungswirtschaft, Theater, Stadtreinigung, Schwimmbäder, Stadtentwicklung, Stadtmarketing und öffentlicher Hochbau.

2.3 Öffentlicher Auftrag und duales Zielsystem mit Leistungs- und Finanzziel

Öffentliche Unternehmen sind durch ein duales Zielsystem mit Leistungsziel/Sachziel und Finanzziel/Formalziel charakterisiert. Das Sachziel der Unternehmen bezieht sich auf „Art, Menge und Zeitpunkt der im Markt abzusetzenden Leistungen."[112] Das Formalziel stellt auf die Rentabilität, Kostendeckung und Kostenminimierung ab.[113] In diesem Sinne wird die Erfüllung des öffentlichen Auftrags als Sachziel gesehen.

---

[106] Vgl. für einen ausführlichen Überblick über Organisations- und Rechtsformen Westermann (2006), S.67ff.; Uechtritz (2004), S.681ff.
[107] Vgl. Heller (2010), S.422; PCGK Bund Ziff. 1.3.
[108] Vgl. Mühlenkamp (1994), S.2. Hierzu auch Haeseler (1989).
[109] Reichard (2006), S.77.
[110] Vgl. Ganzke (2005); Ruter/Müller-Marqués Berger (2005), S.441.
[111] Vgl. Heller (2010), S.415.
[112] Kosiol (1966), S.223.
[113] Vgl. Thiemeyer (1975), S.29.

Die Literatur betont, dass öffentliche Unternehmen öffentliche Aufgaben erfüllen.[114] Im Gegensatz zu privatwirtschaftlichen Unternehmen kann eine Definition der strategischen Unternehmensziele nicht durch die Geschäftsführung erfolgen, sondern es bedarf politisch vorgegebener Ziele von der öffentlichen Hand als Gesellschafter, abgeleitet aus den öffentlichen Interessen.[115]

Im Spannungsfeld zwischen Leistungs- und Finanzziel können Zielkonflikte oder Zielinkompatibilitäten auftreten, die ausbalanciert werden müssen. Hierdurch wird der Steuerungs- und Zielbildungsprozess im Vergleich zu privatwirtschaftlichen Unternehmen „signifikant komplexer."[116] Zentral weist die Literatur darauf hin, dass eine „Sachzieldominanz"[117] bzw. ein „Sachzielvorrang"[118] zu beachten ist.[119]

Privatwirtschaftliche Unternehmen agieren marktorientiert, öffentliche Unternehmen müssen vorrangig den politisch vorgegebenen öffentlichen Auftrag erfüllen. Während privatwirtschaftliche Unternehmen maßgeblich Gewinnerzielungsabsichten mit Ausrichtung auf rentable Geschäftsfelder verfolgen, sind öffentliche Unternehmen stärker an Ziele wie z. B. Versorgungssicherheit oder Preisstabilität gebunden.[120] Nach der Instrumentalthese von Thiemeyer sind öffentliche Unternehmen „Instrumente des Trägers, hier also Instrumente der Wirtschaftspolitik, des Staates, der Gemeinden."[121] Teilweise wird in der Literatur weitreichend argumentiert wie von Abromeit: „Das bloße Verfolgen einzelwirtschaftlicher Rentabilitätsziele macht öffentliches Eigentum, streng genommen, überflüssig … sie sind Einzelwirtschaften, deren institutionell festgelegter Sinn es ist, unmittelbar öffentlichen Aufgaben zu dienen."[122]

Die Bedeutung des Sachziels scheint mit Blick auf manche Beobachtungen in der Governancepraxis sowie die später zu thematisierende finanzorientierte Ausgestaltung von Kennzahlsystemen für die Steuerung im Kontext der PCG weiterhin Belege zu verdienen.[123] Gleichwohl ist durch die u. a. von der Europäischen Union geförderte Liberalisierung und Deregulierung eine wachsende Relevanz des Marktes zu beobachten.[124] Trotz der Betonung der öffentlichen Aufgabe ist unternehmerisches Handeln auch für das Management öffentlicher Unternehmen eine zentrale Voraussetzung, um die Aufgaben qualitätsgerecht und nachhaltig zu erfüllen und im Wettbewerb zu bestehen. Angebot und Nachfrage, Kosten und

---

[114] Vgl. stellvertretend für viele weitere Bräunig (2007), S.1261; Graef (2001), S.23, Schuppert (1985), S.311.
[115] Vgl. Machura (1996), S.330.
[116] Weiblein (2011), S.648. Vgl. hierzu auch Röber (2001), S.8; Henke/Hillebrand/Steltmann (2005), S.32; Ruter/Sahr/Häfele (2007), S.395ff.
[117] Greiling (1996), S.286.
[118] Bolsenkötter (2002), S.1592.
[119] Vgl. mit expliziter Betonung des Sachzielvorrangs z. B. auch Brede (2005), S.15; Schauer (2010), S.10. Dazu ebenfalls die Anforderungen von § 65 Abs. 1 BHO in Abschnitt 2.6.
[120] Vgl. Weiblein (2011), S.648; Koch/Madre (2009), S.179.
[121] Thiemeyer (1975), S.19. Dazu ebenfalls Thiemeyer (1989), S.672; Thiemeyer (1990); Machura (1996), S.330.
[122] Abromeit (1985), S.289.
[123] Vgl. stellvertretend Mühlenkamp (1994), S.10; Püttner (1985), S.52+59; Oettle (1976), S.11+18; Thiemeyer (1989), S.672; Machura (1996), S.330.
[124] Vgl. Weiblein (2011), S.648; Brede (2003), S.184f.

Preise sowie Innovationen sind für öffentliche Unternehmen neben dem öffentlichen Auftrag ebenfalls zentrale Handlungsparameter.[125]

2.4 Gesellschaftspolitische und ökonomische Relevanz

Neben den in der Einführung angeführten Daten soll die Bedeutung der Thematik durch einige weitere Aspekte belegt werden. Gemäß dem statistischen Bundesamt sind in öffentlichen Unternehmen[126] 5,6 Millionen Beschäftigte tätig, in der Privatwirtschaft rund 25 Mio. Beschäftigte. Für das letzte ausgewiesene Geschäftsjahr von 2008 beliefen sich die Gewinne öffentlicher Unternehmen auf knapp 4 Mrd. Euro.[127]

Der Verband kommunaler Unternehmen (VKU) gibt auf seinem Internetauftritt einen aufschlussreichen Einblick für die kommunale Ebene. Demnach erwirtschafteten die 1.400 Mitgliedsunternehmen im Jahr 2009 mit 236.000 Beschäftigten insgesamt Umsatzerlöse von rund 94 Milliarden Euro und investierten etwa acht Milliarden Euro. Der Marktanteil für die verschiedenen Branchen ist beträchtlich: Trinkwasserversorgung (76,3%), Erdgasversorgung (76,3%), Wärmeversorgung (58,2%), Stromversorgung, (54,2%) und Abwasserentsorgung (12,8%).[128]

Relevant für die PCG ist insbesondere auch, dass nach den Angaben des Präsidenten des Bundesverbandes öffentlicher Dienstleistungen ca. 40% der Mitgliedsunternehmen private Anteilseigner haben.[129]

Empirische Studien zur Struktur kommunaler Aufgabenwahrnehmung sowie zu Anzahl und Rechtsformen öffentlicher Unternehmen belegen, dass ihre Relevanz in den letzten 25 Jahren erheblich gewachsen ist.[130] Den hieraus resultierenden Risiken für die Daseinsvorsorge und die öffentlichen Haushalte muss die öffentliche Hand angemessen Rechnung tragen.[131] Die Risiken verlagerter Finanzbelastungen verbleiben im äußersten Fall bei den Gebietskörperschaften.[132] Unter Umständen können Gebietskörperschaften in Haftungsschwierigkeiten geraten.[133]

---

[125] Vgl. Edeling/Stölting/Wagner (2004), S.13.
[126] Im Datenreport des Statistischen Bundesamtes von 2011 werden unter dem Begriff „Öffentliche Unternehmen" die Bezeichnungen „Öffentliche Fonds, Einrichtungen und Unternehmen" zusammengefasst.
[127] Vgl. Statistisches Bundesamt (2011a), S.489ff.; Statistisches Bundesamt (2011b), S.93. Zur Bedeutung öffentlicher Unternehmen in historischer Perspektive vgl. den Überblick von Ambrosius (1989).
[128] Vgl. http://www.vku.de/ueber-uns.html, Abruf: 01.05.2012.
[129] Vgl. Reck (2008), S.5.
[130] Vgl. Killian/Richter/Trapp (2006); Richter/Edeling/Reichard (2006), S.55; Edeling/Reichard/Richter (2004); Trapp/Bolay (2003). Zum Organisationswandel öffentlicher Aufgaben vgl. Gesellschaft für öffentliche Wirtschaft (1998), zum Rollenwechsel öffentlicher Unternehmen Gesellschaft für öffentliche Wirtschaft (2002), zum veränderten Stellenwert öffentlicher Betriebe u. a. auch Püttner (2000), S.541ff.
[131] Vgl. LRH Brandenburg Jahresbericht (2004), S.204ff.; Leitstelle Gemeindeprüfung NRW (2001), S.29.
[132] Vgl. Otto (2002), S.150.
[133] Vgl. Siekmann (2002), S.178f.

Vor diesem Hintergrund wird die Bedeutung der öffentlichen Wirtschaft auch von den Gebietskörperschaften selbst als hoch eingeschätzt, wofür sich stellvertretend Ziff. 4.1.2 aus dem PCGK von Frankfurt anführen lässt: „Die enorme Bedeutung der Beteiligungen für die finanzielle Lage der Stadt Frankfurt am Main und die Erfüllung ihrer Aufgaben macht ein noch aktiveres strategisches Steuern notwendig."

Schließlich deuten direktdemokratische Verfahren darauf hin, dass die Bürger Qualität und Kosten öffentlicher Leistungen kritischer als in der Vergangenheit wahrnehmen sowie Ängste vor Privatisierungen öffentlicher Unternehmen bestehen.[134] Bei Bürgerentscheiden in Hamburg, Leipzig, Freiburg und Münster haben die Bürger bei hohen Wahlbeteiligungen mit deutlichen Mehrheiten für den Verbleib von Unternehmen im Besitz der öffentlichen Hand bzw. gegen den Verkauf von Gesellschaftsanteilen gestimmt.[135] Theuvsen/Zchache haben eine ausgeprägte – in Intensitätswellen verlaufende – Diskussion über das Thema Privatisierung in den Medien festgestellt.[136] Die Befunde sind in den Gesamtkontext marktwirtschaftlicher Krisen einzuordnen – jedoch war nach den Untersuchungsergebnissen eine wachsende Ablehnung gegenüber von Veräußerungen kommunaler Unternehmen zu verzeichnen.[137]

2.5 Weitere begriffliche Grundlagen

2.5.1 Steuerung, Überwachung, Kontrolle, Leitung und Führung

Steuerung wird als das Lenken von Entscheidungseinheiten und Akteuren in eine gewünschte Richtung verstanden.[138] Eine Steuerungskonzeption ist eine „zielgeleitete Wahl zwischen Handlungsalternativen unter Beachtung der relevanten Gestaltungsbedingungen."[139]

Überwachung ist der Oberbegriff für Kontrolle (Überwachung durch abhängige in die zu prüfenden Prozesse eingebundene Organe/Personen) und Prüfung (Überwachung durch prozessunabhängige Organe/Personen).[140] Kontrolle bezeichnet im Kern die Abstimmung zwischen einem Ist- und einem Soll-Zustand bzw. den Vergleich einer zu prüfenden Größe mit einem Referenz- oder Normwert.[141] Sie kann „der Dokumentation, der Erhöhung des Handlungspotenzials (Lernfunktion der Kontrolle) sowie der Verhaltensbeeinflussung (Durchsetzungsfunktion der Kontrolle) dienen."[142] Analog gilt dies für Prüfungsmaßnahmen durch prozessunabhängige Personen oder Organe.

Die Begriffe Führung und Leitung werden in Praxis und Fachliteratur häufig identisch genutzt. Sie bezeichnen die „durch leitende und dispositive Tätigkeit gekennzeichnete Spitze einer Unternehmung."[143] Daneben finden sich jedoch auch begriffliche Differenzierungen nach Institution und Funktion: „Während man mit der Unternehmensleitung die Institution

---

[134] Vgl.Röber (2009), S.23; Schaefer (2008), S.102; Schwarting (2004), S.344.

[135] Vgl. Röber (2009), S.231.

[136] Vgl. Theuvsen/Zchache (2011), S.18

[137] Vgl. Theuvsen/Zchache (2011), S.20. Vgl. hierzu auch Theuvsen (2012a), S.103.

[138] Vgl. Theuvsen (2001), S.30.

[139] Theuvsen (2001), S.30.

[140] Vgl. stellvertretend Küting/Busch (2009), S.1361.

[141] Vgl. Schäffer (2007), S.938f.

[142] Schäffer (2007), S.938. Zum Begriff Kontrolle im Kontext öffentlicher Unternehmen vgl. umfassend Machura (1996), S.16f. Zu Kontrollarten in NPO Schuhen (2005), S.232.

[143] Korndörfer (2003), S.428.

und damit den mit der Führung und Leitung betrauten Personenkreis meint, ist die Führung als ʹMenschenführungʹ mehr auf die Funktion und den Aufgabenbereich der Führungskräfte abgestellt und bedeutet dem Sinne nach ʹbewirkenʹ, dass ein bestimmtes Ziel durch Menschen erreicht wird."[144] In dieser Arbeit wird aus Vereinfachungsgründen der Begriff Unternehmensleitung verwendet.

Die Bezeichnung Compliance steht für „die Beachtung der im jeweiligen Kontext relevanten Normen"[145] bzw. gesetzes- und regelkonformes Verhalten.[146] Nach den Anmerkungen im PCGK des Bundes zu Ziff. 3.1.3 umfasst Compliance „alle Maßnahmen, die gewährleisten sollen, dass das Unternehmen, die Geschäftsleitung und auch die Mitarbeiter im Einklang mit Recht und Gesetz handeln." In der Unternehmenspraxis geht es um die Frage, „auf welche Weise Normbefolgung in einer komplexen, sozialen, gewinnorientierten Organisation gewährleistet werden kann."[147] Compliance zielt dabei insbesondere auch auf Prävention.

Da in der Diskussion um PCG vielfach auf Nachhaltigkeit bzw. auf eine nachhaltige Unternehmensleitung abgestellt wird, soll kurz auf die vorherrschende Definition von Nachhaltigkeit verwiesen werden: „Dauerhaft ist eine Entwicklung, die die Bedürfnisse der Gegenwart befriedigt, ohne zu riskieren, dass künftige Generationen ihre eigenen Bedürfnisse nicht befriedigen können. ... Im Wesentlichen ist dauerhafte Entwicklung ein Wandlungsprozess, in dem die Nutzung von Ressourcen, das Ziel von Investitionen, die Richtung technologischer Entwicklung und institutioneller Wandel miteinander harmonieren und das derzeitige und künftige Potenzial vergrößern, menschliche Bedürfnisse und Wünsche zu erfüllen."[148]

2.5.2 Beteiligungsmanagement sowie Aufsichtsrat/Geschäftsführung als Sammelbezeichnung für entsprechende Unternehmensorgane

Nach dominierender Definition bezeichnet Beteiligungsverwaltung aus organisatorischer bzw. institutioneller Sicht die Abteilung oder Einheit, welche die Verwaltungsleitung in ihrer Steuerungsverantwortung unterstützt und eine Überwachung und Unterstützung der Unternehmen unter einheitlichen fachlichen, wirtschaftlichen und organisatorischen Gesichtspunkten sichern soll.[149] Aus inhaltlicher bzw. funktionaler Perspektive wird Beteiligungsmanagement als Oberbegriff für die Aufgaben strategisches und operatives Beteiligungscontrolling, Beteiligungsverwaltung (z. B. Aktenführung) und Mandatsträgerbetreuung verwandt.[150] Das Organisationselement „Beteiligungsverwaltung" spielt im Gesamtrahmen der PCG eine zentrale Rolle.[151]

---

[144] Korndörfer (2003), S.428.
[145] Küting/Busch (2009), S.1364.
[146] Vgl. Ohrtmann (2009), S.1; Ruter/Müller-Marqués Berger (2005), S.461.
[147] Bussmann (2009), S.506f.
[148] Rat der Bundesregierung für Nachhaltige Entwicklung (2011), Vorbemerkung, S.2.
[149] Vgl. stellvertretend Schwarting (2004), S.345.
[150] Vgl. Hille (2003), S.107; Otto (2002), S.105; Institut für den öffentlichen Sektor (2007b), S.9.
[151] Vgl. Heller (2010), S.417; Budäus/Hilgers (2009), S.892; Schwarting (2004), S.344ff.

Mit dem Begriff Aufsichtsrat werden in dieser Arbeit vereinfachend alle Überwachungs- und Beratungsorgane wie u. a. Verwaltungsrat angesprochen.[152] Mit Geschäftsführung werden alle entsprechenden Unternehmensorgane wie Vorstand oder Werksleitung bezeichnet.[153] Gesellschafter bzw. Gesellschafterversammlung umfasst alle vergleichbaren Anteilseigner bzw. Anteilseignerversammlungen.

2.6 Regulierungsebenen und gesetzliche Anforderungen

Überblicksartig herausgestellt können Regelungen zur PCG auf den folgenden Regulierungsebenen ansetzen:[154]

1) Gesetzliche Vorschriften als Ergebnis eines formalen Gesetzgebungsverfahrens

2) Untergesetzliche Governancestandards („soft law"), die über mehr oder weniger freiwillige Selbstbindung Wirksamkeit erlangen sollen

    2a) Regelungswerke für größere Gruppen von Unternehmen

    2b) Unternehmensindividuelle Leitlinien

In diesem Abschnitt werden von den zahlreichen gesetzlichen Bestimmungen zur PCG lediglich einige skizziert, um einen Grundrahmen abzustecken. Gesetzlich stehen der öffentlichen Hand für die Aufgabenerfüllung neben öffentlich-rechtlichen auch die privatrechtlichen Organisationsformen zur Verfügung – bei Kommunen als Ausfluss der kommunalen Selbstverwaltungsgarantie gemäß Art. 28 Grundgesetz.[155]

Viele Elemente der PCG sind in der Bundeshaushaltsordnung (BHO) bzw. den Landeshaushaltsordnungen (LHO) und Gemeindeordnungen (GO) enthalten, obwohl der Begriff Corporate Governance hier nicht verwendet wird.[156] Eine zentrale Bedeutung kommt § 65 BHO zu, dessen Anforderungen sich in ähnlicher Weise in den jeweiligen LHO und GO wiederfinden. Hiernach darf die öffentliche Hand Unternehmen in einer Rechtsform des privaten Rechts nur gründen oder sich an diesen beteiligen, wenn ein öffentliches Interesse an der zu übernehmenden Aufgabe besteht *und* der Zweck nicht besser oder wirtschaftlicher in anderer Weise erreicht werden kann.[157] Daneben muss ein „angemessener Einfluss" der öffentlichen Hand auf das Unternehmen gewährleistet sein.

Nutzt die öffentliche Hand öffentliche Unternehmen/Beteiligungen für die Aufgabenerfüllung, besteht eine Ingerenzpflicht bzw. Einwirkungspflicht. Erforderlich ist eine Steuerung, welche die öffentliche Aufgabenerfüllung und die öffentliche Zweckbindung gewährleistet. Aufgrund des Rechtsstaatsprinzips ist die öffentliche Hand verpflichtet, keine kontrollfreien

---

[152] Zur besseren Lesbarkeit wird auf die gesonderte Nennung der weiblichen Form verzichtet. Alle Bezeichnungen beziehen sich stets auf das weibliche und männliche Geschlecht. Mit allen Funktionsbezeichnungen (z. B. „der Aufsichtsratsvorsitzende") sind immer Frauen und Männer gemeint.

[153] Vgl. zur Verwendung von „Geschäftsführung" und „Aufsichtsrat" als Sammelbezeichnung stellvertretend den PCGK Hamburg.

[154] Vgl. Kirchner (2002a), S.96f.; Hommelhoff/Schwab (2009), S.72f.; Schuppert (2003), S.447f.; von Werder (2007), S.224.

[155] Vgl. Hauser (2004), S.87ff.

[156] Vgl. Ruter/Müller-Marqués Berger (2005), S.446.

[157] Vgl. Graef (2001), S.28ff.; Harms (1998), S.89.

Räume im hoheitlichen Handlungsbereich zuzulassen, sodass die Einwirkungspflicht aus verfassungsrechtlichen Prinzipien resultiert. Ferner muss im Sinne des Demokratieprinzips eine ununterbrochene Legitimationskette zu den handelnden Akteuren und Unternehmensentscheidungen bestehen. Vielfach ist die Ingerenzpflicht im Gemeindewirtschaftsrecht festgeschrieben.[158] Verwiesen wird in der Diskussion um eine verantwortungsvolle PCG und angemessene Steuerungsintensität im übertragenen Sinne teilweise auch auf Art. 14 Abs. 2 Grundgesetz: Eigentum verpflichtet.

Für öffentliche Unternehmen in privatrechtlicher Rechtsform gelten grundsätzlich die gleichen rechtlichen Bestimmungen wie im privatwirtschaftlichen Bereich. Einzelne Regelungen sind jedoch im Hinblick auf die Eigentümerstruktur und Ziele modifiziert; einige Vorschriften u. a. des öffentlichen Rechts sind zusätzlich zu beachten.

Charakteristisch für die PCG ist, dass sie durch eine Vielzahl von Gesetzen, Verordnungen und Verwaltungsrichtlinien/-hinweisen etc. mit einer hohen Regelungsdichte ausgeprägt ist. Einige wesentliche Rahmenbedingungen für die Corporate Governance sind zudem nicht in Gesetzen, sondern in Gesellschaftsverträgen/Satzungen zu finden.[159]

Die Ausgestaltung der Steuerung und Überwachung erfolgt auf der einen Seite durch die für privatwirtschaftliche Unternehmen geltenden Gesetze, u. a.: Handelsgesetzbuch (HGB), Aktiengesetz (AktG), Gesetz für Gesellschaften mit beschränkter Haftung (GmbHG). Auf der anderen Seite greifen neben vielen weiteren Vorschriften die einschlägigen Gesetze für den öffentlichen Bereich wie etwa Haushaltsgrundsätzegesetz (HGrG), GO, BHO/LHO, Eigenbetriebsgesetze und Rechnungshofgesetze.

Der in § 65 BHO/LHO bzw. in den GO gesetzlich geforderte „angemessene Einfluss" kann über einen Aufsichtsrat, die Gesellschafterversammlung und durch Gesellschaftsverträge/ Satzungen gewährleistet werden. Die Einrichtung eines Aufsichtsrats ist gesetzlich zulässig, aber nicht vorgeschrieben (fakultativer Aufsichtsrat), soweit nicht das Mitbestimmungsgesetz (MitbestG) bei Unternehmen mit mehr als 2000 Mitarbeitern oder das Drittelbeteiligungsgesetz (DrittelbG) bei 500 bis 2000 Arbeitnehmern anzuwenden sind.

Ist nach dem Gesellschaftsvertrag einer GmbH ein Aufsichtsrat bestellt, greifen nach § 52 Abs. 1 GmbHG – soweit nicht im Gesellschaftsvertrag etwas anderes bestimmt ist – eine Reihe von Vorschriften aus dem AktG wie die in § 116 i. V. m § 93 AktG normierten Sorgfaltspflichten, Verantwortlichkeiten und Verpflichtungen. Die in § 107 Abs. 3 AktG spezifizierten Überwachungsaufgaben sind wirksam für öffentliche Unternehmen in der Rechtsform einer Aktiengesellschaft und Kommanditgesellschaft auf Aktien. Bei der mitbestimmten GmbH und Komplementärin einer GmbH&Co KG besteht eine geschlossene Referenzkette, da § 1 Abs. 1 Nr. 3 DrittbetG bzw. § 25 Abs. 1 Nr. 2 MitbestG auf § 107 Abs. 3 AktG verweisen. Für freiwillige Aufsichtsräte einer GmbH kraft Gesellschaftsvertrag ist § 107 Abs. 3 AktG wirksam, soweit eine Anwendung der aktienrechtlichen Vorschriften nicht ausgeschlossen wird.

---

[158] Vgl. Huffmann (2011), S.383.
[159] Vgl. Siekmann (1996), S.294.

Die Gewinnerzielung darf bei öffentlichen Unternehmen/Beteiligungen nicht im Vordergrund stehen – gleichwohl ist die öffentliche Hand nach § 6 HGrG zu einem wirtschaftlichen und sparsamen Umgang mit den ihr anvertrauten Finanzmitteln verpflichtet.[160]

Von hoher Bedeutung für die Steuerung, Überwachung und Transparenz ist, dass öffentliche Unternehmen den Jahresabschluss mit Blick auf besondere Verantwortung und spezifische Rechenschaftserfordernisse nach den gesetzlichen Vorschriften (GO, BHO/LHO) entsprechend den Anforderungen an große Kapitalgesellschaften aufzustellen haben. Besondere Rechenschaftserfordernisse und Verantwortung begründen dabei „die allgemeine Gewährleistung des Standards für große Kapitalgesellschaften ohne größenabhängige Erleichterungen."[161]

Bei Unternehmen mit einem Kapitalanteil der öffentlichen Hand von über 25% wird die Abschlussprüfung grundsätzlich nach § 53 HGrG erweitert. Hierdurch können im Rahmen der Jahresabschlussprüfung auch die Ordnungsmäßigkeit der Geschäftsführung sowie die wirtschaftlichen Verhältnisse geprüft werden. Die zugestandenen zusätzlichen Informationsrechte sollen der öffentlichen Hand die erforderlichen Prüfungen und Berichterstattungen erlauben. Konkretisiert wird die erweiterte Prüfung und Berichterstattung durch Musterfragen des Instituts der Wirtschaftsprüfer.

Insgesamt ist die PCG gekennzeichnet durch ein Spannungsfeld zwischen öffentlichem Recht und Gesellschaftsrecht, welches es bestmöglich auszutarieren gilt. Grundsätzlich wird in der Literatur mit Verweis auf die Rechtsprechung der Vorrang des Gesellschaftsrechts herausgestellt.[162]

Das folgende Kapitel veranschaulicht Grundsachverhalte der PCG mit ihren Zielen, Kernprinzipien und Gestaltungsfeldern.

---

[160] Vgl. Schürnbrand (2010a), S.1106.
[161] Bolsenkötter (2002), S.1595.
[162] Vgl. stellvertretend Schwintowski (2001), S.609; Alsheimer/Jakob/Witzlow (2006), S.939; Keller/Paetzelt (2005), S.519f.; Thümmel (1999), S.1891; Harms (1998), S.90.

3 Gegenstand, Ziele und Ausgestaltung der Public Corporate Governance

3.1 Definition und Regelungsfelder

Bei dem Terminus „Corporate Governance" handelt es sich um einen unbestimmten Rechtsbegriff, der unterschiedlich weit gefasst wird und sich aus dem englischen „to govern" bzw. „government" (regieren bzw. Regierung) und „corporate" (Körperschaften) ableitet. Eine einheitliche Definition hat sich im vielschichtigen Diskurs bislang nicht entwickelt. In einer vorherrschend verwendeten Kurzformel bezeichnet Corporate Governance den rechtlichen und faktischen Ordnungsrahmen für die Leitung und Überwachung eines Unternehmens.[163] Dieses Begriffsverständnis wird auch für diese Arbeit zu Grunde gelegt.

Aufgrund der Vielschichtigkeit des Begriffs soll für einen Eindruck zu den zahlreichen Facetten von Corporate Governance jedoch auf weitere in der Literatur herangezogene Definitionen hingewiesen werden. Des Öfteren wird unter Corporate Governance ein System verstanden, nach dem Unternehmen geführt und kontrolliert werden.[164] Laut anderen Autoren umfasst Corporate Governance „alle Mechanismen, Regelungen und Handlungsweisen zur Leitung und Überwachung von ... Unternehmen im Sinne aller Stakeholder, insbesondere der Anteilseigner."[165] Witt definiert Corporate Governance als „die Organisation der Leitung und Kontrolle mit dem Ziel des Interessenausgleichs zwischen den verschiedenen Anspruchsgruppen (Eigenkapitalgeber, Manager, Mitarbeiter, Fremdkapitalgeber, Lieferanten, Kunden, Öffentlichkeit)."[166] Verwendung findet ebenfalls der Begriff „Unternehmensführungs- und -überwachungskultur."[167] Teilweise werden eine juristische Sichtweise und eine Finanzsichtweise auf Corporate Governance unterschieden.[168]

Corporate Governance besitzt einige Überschneidungen mit dem Begriff der Unternehmensverfassung. Mit Chmielewicz kann unter Unternehmensverfassung die „Gesamtheit der grundlegenden (konstitutiven) und langfristig gültigen Strukturregelungen der Unternehmung"[169] verstanden werden. Dabei erfasst die Unternehmensverfassung mit der Festlegung von Informations- und Entscheidungsrechten jedoch vorrangig die Binnenordnung des Unternehmens. Corporate Governance befasst sich stärker auch mit der Frage, wie das Unternehmen juristisch und faktisch in sein Umfeld eingebunden ist und in diesem agiert.[170]

Das Erfordernis von Corporate Governance Regeln resultiert im Kern aus der Trennung von Eigentum und Verfügungsgewalt, der fehlenden Interessenharmonie zwischen Eigentümern und Management und der Unvollständigkeit der geschlossenen Verträge.[171] Aus diesen Gründen haben Regelungen zur Corporate Governance grundsätzlich die Funktion, „durch geeignete rechtliche und faktische Arrangements aus Verfügungsrechten und Anreizsystemen die

---

[163] Vgl. von Werder (2009), S.4; Grundei (2008), S.141; von Werder (2011), S.49.
[164] Vgl. Europäische Kommission (2011), S.2; Cadbury (2000), S.8; IFAC (2001), Ziff.002.
[165] Stiglbauer (2010), S.13.
[166] Witt (2001), S.85.
[167] Theisen (2003) S.460.
[168] Vgl. Brown/Beekes/Verhoeven (2011), S.153.
[169] Chmielewicz (1993), Sp.4400.
[170] Vgl. Werder (2009), S.4.
[171] Vgl. Berle/Means (1933), Fama/Jensen (1983a); Jensen/Meckling (1976).

Spielräume sowie Motivationen der Akteure für opportunistisches Verhalten einzuschränken."[172]

Zur Milderung der Risiken können Corporate Governance Regime auf interne Kontrolle durch Unternehmensorgane und/oder externe Kontrollen durch den Markt zurückgreifen.[173] Die interne Corporate Governance bzw. Innensicht der Corporate Governance – auch als Organkontrolle bezeichnet – befasst sich mit Rollen, Rechten, Pflichten und Funktionsweisen von Vorstand/Geschäftsführung, Aufsichtsrat und Hauptversammlung/Gesellschafterversammlung sowie dem Zusammenwirken der Unternehmensorgane.[174] Interne Mechanismen sind z. B. Aufsichtsräte, Berichtssysteme und Anreizsysteme bzw. Informations-, Überwachungs- und Entscheidungsrechte für Stakeholder. Die externe Corporate Governance bzw. externe Mechanismen oder Außenansicht von Corporate Governance streben Verbesserungen über Märkte an und setzen auf die Kraft von Angebot und Nachfrage – z. B. den Kapitalmarkt oder den Markt für Unternehmenskontrolle.

Zentrale Governanceprinzipien sind Gewaltenteilung, Transparenz, die Verringerung von Interessenkonflikten und die Motivation zu wertorientiertem Verhalten.[175]

Die Generalthese von Corporate Governance ist, die Qualität der Unternehmensleitung/-überwachung zu verbessern und so den Unternehmens- bzw. Organisationserfolg zu steigern.[176] In diesem Sinne sind Unternehmen mit guter Corporate Governance erfolgreicher als Unternehmen mit unzureichender Corporate Governance. Empirische Belege für diesen Zusammenhang sind für die Forschung aufgrund der vielfältigen Wechselwirkungen zwischen den Systemelementen sowie dem Einfluss von Faktoren wie Geschäfts- und Wettbewerbsstrategie schwer zu erbringen – die Befunde fallen uneinheitlich aus. Soweit Corporate Governance Standards bewährt sind und von zahlreichen Unternehmen praktiziert werden, „dürfen sie als 'Best Practice' eine gewisse Effizienzvermutung beanspruchen."[177] Jüngere Studien zeigen einen positiven Zusammenhang zwischen Corporate Governance Reporting und verschiedenen Unternehmenserfolgsmaßen, was auch für die öffentliche Wirtschaft beachtenswert scheint.[178]

PCG ist, wie im Zusammenhang mit den übergreifenden Rahmenbedingungen öffentlicher Unternehmen skizziert, ein Teilbereich der Public Governance. Bei der Definition von PCG kann an dem vorherrschenden Verständnis von Corporate Governance als rechtlichem und faktischem Ordnungsrahmen für die Leitung und Überwachung angesetzt werden,[179] wogegen Erweiterungen und Präzisierungen im Hinblick auf die Spezifika der öffentlichen Wirtschaft erforderlich sind. Wesentlich ist zunächst, dass PCG sich nicht auf eine bestimmte Rechtsform beschränkt, sondern alle ausgegliederten öffentlichen Organisationseinheiten einbezieht.[180] Weiter ist zentral, dass PCG sowohl die (externe) Steuerung und Überwachung von

---

[172] Werder (2007), Sp.234. Vgl. auch Witt (2003), S.17ff.
[173] Vgl. von Werder (2008b), S.2; Witt (2003), S.12.
[174] Vgl. Hopt (2011), S.7.
[175] Vgl. von Werder (2007), Sp.226.
[176] Vgl. von Werder (2011), S.48.
[177] von Werder (2007), Sp.228.
[178] Vgl. Stiglbauer (2010); Velte (2009).
[179] Vgl. stellvertretend Hammerschmid (2010), S.5; Theuvsen (2012a), S.112.
[180] Vgl. Budäus (2008), S.26; Bremeier/Brinkmann/Killian (2006), S.100; Ganske (2005), S.139.

ausgegliederten Einheiten durch die Gebietskörperschaft als auch die bessere (interne) Leitung in den Ausgliederungen bzw. Unternehmen betrachtet.[181] PCG bezieht sich diesbezüglich auf die Ausgestaltung des gesamten Steuerungssystems der Gebietskörperschaft.[182]

Für diese Arbeit wird PCG definiert als rechtlicher und faktischer Ordnungsrahmen für die Steuerung, Leitung und Überwachung von und in ausgelagerten Organisationseinheiten der öffentlichen Hand.[183] Die Bezeichnung Ordnungsrahmen umfasst dabei die in den skizzierten Definitionen angesprochenen Strukturen, Mechanismen, Regelungen, Instrumente, Prozesse und Handlungsweisen zur Leitung und Überwachung.

Auf der vorgelagerten Stufe von PCG geht es neben ordnungspolitischen Erwägungen im Wesentlichen um die Suche nach der wirtschaftlich effektivsten, steuerlich vorteilhaftesten und gleichzeitig rechtssicheren Form der Aufgabenerfüllung. Im Weiteren ist es übergreifendes Ziel und Regelungsmotivation der PCG, die Zielerreichung/Effektivität/Wirksamkeit und Effizienz/Wirtschaftlichkeit bei der Erfüllung öffentlicher Aufgaben zu verbessern.[184] Die Einhaltung und Förderung von Corporate Governance Grundsätzen ist kein Selbstzweck, sondern soll einen wesentlichen Beitrag zur zusätzlichen Steigerung der Leistungsfähigkeit ausgegliederter öffentlicher Organisationseinheiten liefern.[185]

Die öffentliche Hand soll über effektive wie effiziente Arbeitsstrukturen/-prozesse und klare Informationsflüsse als informierter und aktiver Anteilseigner auftreten, um eine verantwortungsvolle Unternehmensleitung/-überwachung zu gewährleisten. PCG erhebt den Anspruch, einen wirksamen Austausch von Unternehmensressourcen zu ermöglichen sowie einen effizienten Ausgleich ggf. widerstreitender Interessen der Akteure zu erzielen. Kernbestreben der PCG ist die Entwicklung eines Handlungs- und Überwachungssystems mit einer ausgewogenen Balance zwischen dem Einfluss der öffentlichen Hand und der eigenverantwortlichen Handlungsfähigkeit des Managements öffentlicher Unternehmen.[186]

Die Philosophie von Public Governance mit dem Übergang von Steuerung zu Governance bedeutet für die PCG, dass diese nicht hierarchisch im Sinne einer Top-Down-Steuerung erfolgen sollte. PCG muss eine Klärung darüber herbeiführen, auf welchem Steuerungsverständnis sie basiert und einen Mittelweg zwischen einem partnerschaftlichen Verhältnis und weisungs- und kontrollorientierten Governanceansätzen finden.[187] Hack wählt zur Beschreibung der Anforderungen die Metapher einer Drachenschnur, „die einerseits lang genug sein

---

[181] Vgl. Lienhard (2009), S.48; Röber (2008), S.60.

[182] Vgl. Budäus/Hilgers (2009), S.892; Kolbe (2006), S.72.

[183] Vgl. ähnlich u. a. Lienhard (2009), S.48; Hammerschmid (2010), S.5.

[184] Vgl. OECD (2005a); Whincop (2005), S.226.

[185] Vgl. Helmig/Boenigk (2012), S.62. Schedler/Müller/Sonderegger zählen als Nutzen der PCG auf: Geordnetes Verhältnis zwischen Eigner und Unternehmen, Effizienz in Führung und Kontrolle, Reduktion des Führungsaufwandes der Exekutive, Verbesserung des Rating bei Banken, Reduktion von Versicherungsprämien, Intensivierung der Kundenbeziehungen, Verbesserung der Lieferantenbeziehungen, Vereinfachung von Kooperationen mehrerer Gemeinwesen, Realisierung einer Haftungsprävention, Good Governance und Ethikausweis, klare Definition der Leistungen, Möglichkeit eines eigenen Auftritts und Entwicklung einer Reputation, Stakeholder-Ausrichtung fördert das Vertrauen der Bürger, Sicherung der Wiederwahl, Schedler/Müller/Sonderegger (2011), S.24-26.

[186] Vgl. Budäus (2005), S.18f.

[187] Vgl. Bremeier/Brinkmann/Killian (2006), S.98+150.

sollte, damit der Drachen im Wind tanzen kann, gleichzeitig aber fest genug, damit sie nicht reißt und der Drachen davonfliegt."[188]

Eine Kernfrage für die PCG als Teilfeld der Public Governance ist, wie von Benz/Frey treffend zugespitzt „ … one fundamental question: Who has the actual rights to decide over what?"[189] Wichtig sind gerade für die PCG weitere in der Literatur zur Corporate Governance wie u. a. von Schewe als zentral aufgeworfene Fragestellungen: „Wie kann sichergestellt werden, dass Manager nicht nur ihre Individualziele verfolgen? Inwieweit werden handelnde Manager für ihre Entscheidungen und Handlungen von unterschiedlichen Interessengruppen zur Verantwortung gezogen? Wie kann gewährleistet werden, dass nur qualifiziertes Management in Führungspositionen gelangt?"[190]

Für die PCG ist darüber hinaus hervorzuheben, dass demokratische Legitimation und Gemeinwohlverpflichtung die Rahmenbedingungen für die Aufgabenerfüllung durch das Unternehmensmanagement setzen.[191] Die „Bindung an öffentliche Aufgaben" ist „konstitutiv für das Diskussionsfeld von Public Corporate Governance."[192]

Bezüglich von Mechanismen zur Umsetzung ist anzumerken, dass die vorangehend skizzierten Mechanismen der Corporate Governance von externer und interner Kontrolle auf den Optionen „Exit" und „Voice" beruhen.[193] Bei „Voice" wird versucht, das Verhalten des Transaktionspartners durch Erheben der Stimme bzw. durch Beschwerde, Änderungswünsche etc. im angestrebten Sinne zu beeinflussen (z. B. Aktionärs-/Gesellschaftereinfluss auf der Haupt-/Gesellschafterversammlung, Verbraucherkampagnen). Im Rahmen von „Exit" wird die Austauschbeziehung beendet.

Für die Gestaltung der PCG ist zentral, dass eine Gebietskörperschaft aufgrund der Aufgabe des Unternehmens in häufigeren Fällen nur eingeschränkt die Möglichkeit besitzt, sich einfach von diesem zu trennen. Eine Kontrolle seitens des Marktes bzw. ein funktionierender Markt für Unternehmenskontrolle sind häufig nicht gegeben. Markt- bzw. Organisationserfolg ist nicht zwingende Notwendigkeit für das Fortbestehen eines öffentlichen Unternehmens. Demzufolge müssen in der PCG umso mehr die durch das Eigentum bestehenden Rechte im Sinne von „Voice" genutzt werden. PCG ist in besonderem Maße auf interne Corporate Governance Mechanismen angewiesen. Es bedarf wirksamer Corporate Governance Elemente, die Kontrolle und Druck des Kapitalmarktes ersetzen können.[194]

Daher ist eine anforderungsgerechte Corporate Governance Berichterstattung besonders wichtig, die auch in der Privatwirtschaft zunehmend an Relevanz gewonnen hat.[195] Der Arbeitskreis Externe Unternehmensrechnung der Schmalenbach-Gesellschaft versteht unter Corporate Governance Berichterstattung „die Vermittlung von Informationen über die Führung und Kontrolle des berichtenden Unternehmens. Grundsätzlich ist an diese Berichterstattung die

---

[188] Hack (2005), S.2.
[189] Benz/Frey (2007), S.100. Salopp formuliert wird in der Diskussion bzgl. von Kernfragen auch zusammengefasst: „Wer darf was, wer muss was und wer will was."
[190] Schewe (2010), S.222.
[191] Vgl. Eichhorn (2003), S.180.
[192] Mühlenkamp/Schulz-Nieswandt (2008), S.32.
[193] Vgl. Hirschman (1970).
[194] Vgl. Kolbe (2006), S.65; Siekmann (1996), S.305; Whincop (2005), S.187.
[195] Vgl. für viele weitere Weber (2011); Stiglbauer (2010).

Anforderung zu stellen, dass sie alle quantitativen und qualitativen Informationen über die Führung und Kontrolle des berichtenden Unternehmens erhält, die für aktuelle und potenzielle Aktionäre relevant sind."[196] Als Kriterien für die Corporate Governance Berichterstattung werden Relevanz, Verlässlichkeit, Verständlichkeit, Nachvollziehbarkeit, Ausgewogenheit und Vergleichbarkeit genannt.[197] Für öffentliche Unternehmen besitzt die PCG Berichterstattung hohe und wachsende Bedeutung.[198]

3.2 Das Instrument Public Corporate Governance Kodex (PCGK)

3.2.1 Konzeptioneller Ansatz, Inhalt und Zielsetzungen im Überblick

Corporate Governance Kodizes wird wie eingangs veranschaulicht eine wichtige Rolle für die Weiterentwicklung der Corporate Governance zugewiesen. Ein PCGK ist eine Zusammenstellung von bewährten Grundsätzen, Standards, Prinzipien und Regeln für die verantwortungsvolle Leitung und Überwachung von öffentlichen Unternehmen. Er sollte diesbezüglich zentrale gesetzliche Anforderungen verdichtet veranschaulichen und darüber hinaus national und international anerkannte Grundsätze verantwortungsvoller Unternehmensleitung/überwachung enthalten. Zu den Grundsätzen zählen neben einschlägigen Gesetzen die weiteren zwingenden Vorschriften sowie der aktuelle Stand der Erkenntnisse und Erfahrungen aus Wissenschaft und Praxis.

Ein PCGK besitzt keine Gesetzesqualität. Verwaltungsrechtlich handelt es sich um eine Richtlinie.[199] Rechtsgrundlage können z. B. Beschlüsse eines Gemeinderates oder einer Stadtverordnetenversammlung sein.[200] Ein PCGK verfolgt einen Selbstregulierungsansatz bzw. wird als „soft law" eingestuft. Im Rahmen der vier von Schuppert unterschiedenen Grundtypen der Regulierung[201] wären sie als staatlich regulierte Selbstregulierung einzuordnen.

Soft law gilt als „die Anbindung eines Rechtssubjektes an eine Norm, die von ihm mitgeschaffen oder unterstützt wurde, die aber tatsächlich keine rechtlich verbindliche Wirkung besitzt. Im Unterschied zu einseitigen, individuellen Rechtsakten oder Normen zur Regelung einer Sonderbeziehung ist die abstrakt-generelle Formulierung einer objektiven Verhaltenserwartung kennzeichnend. Von Nicht-Recht unterscheidet sich weiches Recht dadurch, dass es trotz der fehlenden Rechtsverbindlichkeit unter bestimmten Voraussetzungen Rechtswirkungen zu erzeugen vermag oder zumindest eine gewisse Rechtsnähe aufweist."[202]

Grundlegend unterscheidet sich ein PCGK vom Corporate Governance Kodex für börsennotierte Unternehmen dahingehend, dass er sowohl den Ordnungsrahmen von als auch in öffentlichen Unternehmen regeln muss. Somit muss ein PCGK erstens Regelungen auf Ebene der Gebietskörperschaft für Politik und Verwaltung als Gesellschafter enthalten, zweitens

---

[196] Vgl. Schmalenbach-Gesellschaft (2006a), S.1069.
[197] Vgl. Stiglbauer (2010), S.3.
[198] Vgl. Schedler/Müller/Sonderegger (2011), S.124.
[199] Vgl. Raiser (2011), S.354.
[200] Vgl. Raiser (2010), S.9.
[201] Staatliche imperative Regulierung, staatliche Regulierung unter Einbau selbstregulativer Elemente, staatlich regulierte Selbstregulierung, private Selbstregulierung. Vgl. Schuppert (2003), S.447.
[202] Schwarz (2004), S.7.

Regelungen zu Beziehungen zwischen Gebietskörperschaft und Unternehmen sowie drittens Regelungen für die jeweiligen Unternehmen.

PCGKs regeln Ziele, Verantwortlichkeiten/Zuständigkeiten, Pflichten, Rechte, Instrumente und Prozesse für verschiedene Regelungsfelder, die häufig wie folgt aufgeschlüsselt werden: Öffentliche Hand als Gesellschafter/Gesellschafterversammlung, Aufsichtsrat, Geschäftsführung, Zusammenwirken von Aufsichtsrat und Geschäftsführung, Rechnungslegung/Jahresabschluss, Abschlussprüfung und Transparenz.

Im Zusammenhang mit PCGKs und der Diskussion um verantwortungsvolle Unternehmensleitung/-überwachung werden in der Diskussion verschiedene Attribute wie u. a. anforderungsgerechte, ordnungsgemäße, professionelle, nachhaltige, transparente Unternehmensleitung/-überwachung verwendet. Mit Blick auf die Ziele wird im weiteren Verlauf begrifflich vereinfachend im Hinblick auf PCGKs stets „Grundsätze verantwortungsvoller Unternehmensleitung/-überwachung" bzw. entsprechend „verantwortungsvolle PCG" verwendet.

Weiterhin kann bei Verhaltenskodizes zwischen Regeln und Prinzipien differenziert werden. In Kurzform ausgedrückt werden Regeln als „definitive Gebote" gekennzeichnet, wogegen „Prinzipien die Approximation als Ideal beschriebener Zustände gebieten."[203] „Sofern die Anwendungsvoraussetzungen einer Regel in einer bestimmten Problemsituation vorliegen ..., muss die Regel befolgt, das heißt die Problemlösung, die sie definitiv vorgibt, übernommen werden." Dagegen legen Prinzipien „keine Konsequenzen fest, die unmittelbar eintreten, wenn die Anwendungsbedingungen der Norm gegeben sind. Prinzipien machen mithin nicht eine bestimmte Entscheidung notwendig, sondern sie geben vielmehr nur Gründe an, welche die Entscheidung(sfindung) in eine bestimmte Richtung lenken."[204]

Die Arbeit verwendet begrifflich „Grundsätze verantwortungsvoller Unternehmensleitung/-überwachung" bzw. synonym „verantwortungsvolle PCG". Sofern nicht anders angesprochen, soll dies vereinfachend stets Prinzipien, Regeln, Standards und Good Practice-Beispiele sowie die skizzierten anderen Attribute bezüglich Unternehmensleitung/-überwachung einschließen. „Regelungen" meint vereinfachend Regeln und Prinzipien, wenn nicht anderweitig betont.

---

[203] Talaulicar (2007), S.755.
[204] Talaulicar (2007), S.756f.

Die in den Präambeln und Vorworten der PCGKs formulierten Ziele ähneln sich insgesamt und sind häufiger identisch. Hingegen zeigen sich auch Unterschiede, weshalb die zusammengetragenen Zielsetzungen einen hilfreichen Gesamtüberblick über die mit PCGKs verfolgten Ziele geben. Die wörtlich zitierten Zielsetzungen veranschaulicht Tab. 3; die Reihenfolge drückt keine Priorisierung aus.

1) Zielerreichung/Effektivität + Effizienz/Wirtschaftlichkeit bei der Erfüllung öffentlicher Aufgaben verbessern
2) Fokussierung von öffentlichen Zielen a) Öffentliches Interesse und die Ausrichtung der Unternehmen am Gemeinwohl durch eine Steigerung der Transparenz und Kontrolle absichern b) Orientierung der Steuerung am Gemeinwohl der Bürgerinnen und Bürger bei Berücksichtigung des wirtschaftlichen Erfolgs der einzelnen Unternehmen und des „Konzernverbundes Stadt" c) Bei der Leitung, Steuerung und Überwachung der Unternehmen insbesondere die öffentlichen Belange, d. h. der Daseinsvorsorge berücksichtigen
3) Durch mehr Öffentlichkeit und Nachprüfbarkeit das Vertrauen in Entscheidungen aus Verwaltung und Politik zu erhöhen; Bürgerinnen und Bürgern mehr Vertrauen in die „Unternehmerschaft" der öffentlichen Hand geben
4) Standardisierung und Regelung a) Standards für das Zusammenwirken aller Beteiligten (Gemeinderat/Politik, Verwaltung, Gesellschafter, Aufsichtsorgan und Beteiligungsgesellschaften) definieren und festlegen b) Wesentliche Regeln und Handlungsempfehlungen für die Steuerung, Leitung und Überwachung von öffentlichen Unternehmen aufstellen
5) Gute und verantwortungsvolle Unternehmensführung in den Beteiligungsunternehmen sichern, Unternehmensführung weiter verbessern, professionalisieren, transparenter und nachvollziehbarer gestalten
6) Die Rolle der jeweiligen Gebietskörperschaft als Anteilseigner klarer fassen
7) Effiziente Zusammenarbeit zwischen dem Aufsichtsrat und der Geschäftsführung fördern und unterstützen
8) Informationsfluss zwischen Beteiligungsunternehmen und -verwaltung zu verbessern, um die Aufgabenerfüllung im Sinne eines Beteiligungscontrollings zu erleichtern
9) Bewusstsein für eine gute Corporate Governance erhöhen
10) Neuer Rahmen für die Qualitäts- und Effizienzsteigerung und Professionalisierung des öffentlichen Beteiligungsmanagements
11) Eintreten in einen kontinuierlichen Verbesserungsprozess des Beteiligungsmanagements; kontinuierlichen Prozess zur Verbesserung der Unternehmensführung in den Beteiligungen anstoßen

Tab. 3: Zielsetzungen aus PCGKs im Überblick

Der folgende Abschnitt betrachtet den als zentral eingestuften Wirkungsmechanismus „Comply or explain".

3.2.2 „Comply or explain" als betonter Wirkungsmechanismus

Prägend für die Konzeption eines PCGK ist das Prinzip des sog. „Comply or explain" bzw. „entspreche oder erkläre" oder teilweise „mittragen oder begründen". Ein PCGK formuliert Grundsätze verantwortungsvoller Unternehmensführung in Form von Empfehlungen und Anregungen. Empfehlungen sind im Text der PCGKs durch die Verwendung des Wortes „soll" gekennzeichnet. Die Unternehmen können hiervon abweichen, sind dann aber nach der Grundidee der Kodizes verpflichtet, dies jährlich in sog. Entsprechenserklärungen offen zu legen – z. B. in einem PCG Bericht auf der Internetseite und als Anlage zum Jahresabschluss. Ferner enthält ein PCGK Anregungen, von denen ohne verbindliche Offenlegung in einer

Entsprechenserklärung abgewichen werden kann; hierfür werden die Begriffe „sollte" oder „kann" verwendet. Daneben veranschaulicht ein PCGK zentrale gesetzliche Bestimmungen bzw. Verweise auf Gesetze in anschaulicher und verdichteter Weise, die zwingend zu befolgen sind.

Der Mechanismus „Comply or explain" wird in Literatur, Politik und Praxis als zentrales Fundament eines PCGK herausgestellt.[205] Das Bundesministerium der Finanzen schreibt auf seinem Internetauftritt zum PCGK: „Der wichtigste Wirkstoff ist der bewährte Mechanismus des Comply or explain."[206] Die damalige Bundesjustizministerien Brigitte Zypries formulierte: „Was die Wirkung des Public Kodex angeht, so setzen wir hier auf den Mechanismus, der auch beim Cromme-Kodex erfolgreich ist: ´Comply or explain`. Entweder ein Unternehmen erklärt, dass es den Empfehlungen folgt oder es legt dar, in welchen Punkten es davon abweicht. Mit dieser Bekenntnispflicht setzen wir diejenigen unter Begründungszwang, die der einen oder anderen Empfehlung – vielleicht durchaus aus guten Gründen – nicht folgen wollen. Mit dieser Transparenz wird zugleich die interessierte Öffentlichkeit sensibilisiert und besser in die Lage versetzt, ihre Kontrollfunktion wahrzunehmen."[207]

Durch die explizit vorgesehene Abweichungsmöglichkeit erhalten die Unternehmen die Flexibilität, branchen- und unternehmensspezifische Bedürfnisse bei der Gestaltung ihrer Corporate Governance berücksichtigen zu können.[208] Ein Kernthema in der aktuellen Corporate Governance Diskussion ist, das Verständnis bei Kodexanwendern und Adressaten von Entsprechenserklärungen für eine aufgeschlossene „Abweichungskultur" zusätzlich zu stärken.

„Comply or explain" bietet für die Gestaltung der PCG einen Steuerungsansatz, der hohe Flexibilität erhält und bestehende Vorschriften durch eine kodexbasierte Selbstregulierung ergänzt. Wichtig ist es hervorzuheben, dass eine Abweichung von einer Empfehlung oder Anregung nicht als „Mangel" in der Unternehmensleitung und -überwachung zu verstehen ist. Dies wird auch in den Präambeln der PCGKs betont. Die Entscheidung, Empfehlungen oder Anregungen nicht zu entsprechen, kann durchaus sinnvoll oder sogar erforderlich sein. Sie muss lediglich transparent gemacht werden.

Der große Freiraum durch „Comply or explain" kommt zudem kontigenztheoretischen Perspektiven und ihren Empfehlungen weit entgegen, die jeweiligen Situationsbedingungen bei der Organisationsgestaltung besonders zu berücksichtigen.[209] „Comply or explain" bietet hier einen Mittelweg, bewährte Grundsätze zu empfehlen, aber jedem Unternehmen die kontextbezogene Entscheidung entsprechend der situativen Rahmenbedingungen zu belassen.

---

[205] Vgl. stellvertretend für viele weitere Budäus/Srocke (2003), S.99; Europäische Kommission (2011), S.21; Lammert (2012), S.5; Höflinger (2008), S.60.

[206] http://www.bundesfinanzministerium.de/nn_39010/DE/Wirtschaft__und__Verwaltung/ Bundesliegenschaften__und__Bundesbeteiligungen/Public__corporate__governance__Kodex/ Unternehmensf_C3_BChrung_20in_20_C3_B6ffentlichen_20Unternehmen.html?__nnn=true, Abruf: 15.05.2010.

[207] Zypries (2008), S.24.

[208] Vgl. Europäische Kommission (2011), S.21.

[209] Vgl. Theuvsen (2009), S.35; Theuvsen/Frentrup (2008), S.145.

Aus ökonomischer Perspektive beruht die Logik von Verhaltenskodizes auf einem Selbstbindungsargument: „Kodizes schaffen Freiheit durch Bindung. Dies ist in zwei Spielarten denkbar. Individuelle Selbstbindungen überwinden einseitige Dilemmata. Mehrseitige Dilemmata erfordern jedoch kollektive Selbstbindungen."[210]

Ein aufgeschlossenes wie fundiertes Verständnis für die Philosophie und das gemeinsame Potenzial von „Comply or explain" ist in der Praxis von hervorstechender Bedeutung, um die mit einem PCGK verbundenen Potenziale systematisch auszuschöpfen.

Das nächste Kapitel leitet die Anforderungen an die PCG aus theoretischer Perspektive ab und entwickelt die theoretische Basis für die weitere Analyse von PCGKs sowie der PCG Berichterstattung.

---

[210] Beckmann/Pies (2007), S.615.

4 Theoretische Grundlegung zur Analyse eines PCGK sowie der PCG Berichterstattung

4.1 Neue Institutionenökonomik

Die Neue Institutionenökonomik gilt seit Jahrzehnten als das bestimmende Theoriegebäude der Corporate Governance Forschung.[211] In der Diskussion um die effektive und effiziente Erfüllung von Aufgaben im öffentlichen Sektor bzw. Diskursen über Public Management, Public Governance und staatliche Leitbilder wie dem Gewährleistungsstaat hat sie besondere Bedeutung erlangt.[212] In der Verwaltungswissenschaft wird sie ebenfalls als „weiterhelfender Theorieansatz"[213] gesehen. Mit der Prinzipal-Agent-Theorie, der Theorie der Verfügungsrechte bzw. der Property-Rights-Theorie wird hier der sog. „harte Kern" des Forschungsprogramms zur Analyse eines PCGK herangezogen.

Der Begriff „Institution" wird unterschiedlich definiert. Richter/Furobotn verstehen unter Institution „ein System miteinander verknüpfter, formgebundener (formaler) und formungebundener (informeller) Regeln (Normen), einschließlich der Vorkehrungen zu deren Durchsetzung."[214] Als Beispiele lassen sich Gesetze, Vertragswerke, Unternehmensverfassungen, Regulierungsregime, Verhaltenskodizes, Geld, Sprache, Unternehmenskultur, Sitten, Gewohnheiten und Gebräuche nennen.[215] Die Menge aller zu einem Zeitpunkt existierenden Institutionen wird als institutionelles Arrangement bezeichnet.[216]

Die Neue Institutionenökonomik verfolgt verschiedene Erkenntnisziele, u. a. die Untersuchung von Institutionen (Entstehung, Wandel, Erscheinungsformen, Funktionsweise), die Effekte bestimmter Institutionen auf das menschliche Verhalten sowie die Ausgestaltung von Institutionen, um die angestrebten Wirkungen zu realisieren.[217]

Ihre Wirkung entfalten Institutionen über Anreize, vor allem über inhaltliche Vorgaben und Sanktionen. Über diesen Ansatz sind Erwartungen, Entscheidungen und Handlungen von Akteuren beeinflussbar. Unterschieden wird hierbei zwischen Regel- und Handlungsebene. Als verhaltensstabilisierende Mechanismen sollen Institutionen das Zusammenwirkungen von Menschen erleichtern. Institutionen informieren jeden Akteur über das wahrscheinliche Verhalten von anderen Menschen und über den eigenen Handlungsspielraum. Institutionen verfolgen Koordinations- und Motivationsziele. Die Neue Institutionenökonomik geht von folgenden Prämissen aus:[218]

Begrenzte Rationalität: Einzelakteure und Gruppen verhalten sich begrenzt rational, da sie keine vollkommene Information für die Situation besitzen und ihre Entscheidung immer auf

---

[211] Vgl. Daily/Dalton/Cannella (2003); Grundei (2008), S.142; Böcking/Dutzi/Müßig (2004), S.422.
[212] Vgl. Göbel (2003), S.3f.; Edeling (1999), S.7ff.; Reichard (2002a), S.585ff.; Reichard (2004), S.48ff.
[213] Schuppert (2000), S.621.
[214] Richter/Furobotn (2003), S.7. Hierzu auch Reichard (2002a), S.586; Mühlenkamp (2006), S.392.
[215] Vgl. Mühlenkamp (2006), S.392.
[216] Vgl. Blum et al. (2005), S.28.
[217] Vgl. Blum et al. (2005), S.44.
[218] Vgl. Schewe (2010), S.51.

einem nicht optimalen Informationstand basiert. Dies führt zu einer Entscheidung von begrenzter Rationalität.

Opportunismus: Das Handeln der Individuen ist davon geleitet, den persönlichen Nutzen zu maximieren. In der Folge sind die Akteure zur Verletzung von Normen bereit, sofern dies ihrem individuellen Vorteil dient.

Asymmetrische Informationsverteilung: Zwischen den agierenden Individuen liegt eine ungleiche Informationsverteilung bzw. ein Informationsgefälle vor. Dieser Informationsvorsprung wird zur Maximierung des persönlichen Nutzens ausgeschöpft.

Spezifität: Transaktionen besitzen einen spezifischen Charakter. Wird ein Verfügungsrecht oder ein Transaktionsgegenstand nicht im Zuge der angestrebten Transaktion sondern anderweitig verwendet, führt die Spezifität zu einem Wertverlust.

Opportunismus wird weiter konkretisiert als die Verfolgung eines Eigeninteresses unter Zuhilfenahme von List und Tücke verstanden, z. B. Täuschung, Lüge, Betrug oder Diebstahl.[219] Die Verhaltensannahme des Opportunismus sieht sich Kritik ausgesetzt, worauf in Abschnitt 4.3 im Zusammenhang mit der Stewardship-Theorie eingegangen wird.

In der vorherrschend vertretenen Auffassung im Rahmen der Neuen Institutionenökonomik lässt sich individuelles Verhalten durch eine Institution nur steuern, sofern die Durchsetzung der Regeln gewährleistet ist. „Dies bedeutet insbesondere, dass die Verletzung von Regeln mit der Androhung bzw. der Durchsetzung von Sanktionen einhergeht. Insofern umfasst eine Institution neben den Spielregeln, die das gewünschte Verhalten aufzeigen, auch immer die für ihre Einhaltung notwendigen Durchsetzungsregeln."[220]

Als Gründe für die Befolgung von Regelungen werden neben Angst vor Strafe jedoch zudem auch Erwartung von Vorteilen, Gewohnheit, gefühlsmäßige Bindung an den Regelgeber, Anerkennung der Legitimität des Regelgebers und die Einsicht in die Gültigkeit von Regeln gesehen.[221]

Institutionen wie ein Corporate Governance Kodex haben die Funktion, Handlungen in eine angestrebte Richtung zu lenken sowie zu koordinieren. Im Sinne der Institutionenökonomik haben sie den Zweck, Erwartungen und Verhalten von Akteuren zu stabilisieren.[222]

PCGKs stellen aus Perspektive der Neuen Institutionenökonomik eine Institution für die öffentliche Hand zur Steuerung, Überwachung und Leitung öffentlicher Unternehmen dar. Sie sind in diesem Sinne ein System formgebundener Regeln, Anreize und Sanktionen zur Ordnung und Koordination der Interaktion der beteiligten Individuen. Bei anforderungsgerechter Ausgestaltung können sie zur Lenkung des Verhaltens von Einzelakteuren in die angestrebte Richtung beitragen, Vorhersehbarkeit des Handelns erhöhen sowie Verhaltensunsicherheiten reduzieren.

---

[219] Vgl. Williamson (1990), S.54. Hierzu auch Reichard (2002a), S.586.
[220] Jost (2007), S.782.
[221] Vgl. Göbel (2002), S.10.
[222] Vgl. Valcárcel (2002), S.263.

4.1.1 Prinzipal-Agent-Theorie als dominierender Bezugsrahmen in der wissenschaftlichen Diskussion

Obgleich verschiedene theoretische Erklärungsansätze diskutiert werden, ist die Prinzipal-Agent-Theorie in der privatwirtschaftlichen Corporate Governance Diskussion der dominante Bezugsrahmen zur theoriegeleiteten Konzeptionalisierung.[223] Für den öffentlichen Sektor und die öffentliche Wirtschaft wird dieser Theoriezugang gleichfalls weit vorherrschend herangezogen, um Anforderungen und Gestaltungsempfehlungen für die PCG abzuleiten.[224]

Ein Prinzipal ist ein Akteur, der eine bestimmte Aufgabe an einen anderen Akteur, den Agenten, delegiert. In einer mehrstufigen Prinzipal-Agent-Kette ist der Bürger in diesem Theoriegebäude oberster Prinzipal, der Gestaltungsaufgaben an die Politik als Agent delegiert. Im Zuge der skizzierten Ausgliederungen delegiert die Politik Aufgaben nicht mehr an die Verwaltung, sondern an öffentliche Unternehmen weiter. Hierdurch ist in der PCG eine komplexe Akteurskonstellation mit multiplen Prinzipal-Agent-Beziehungen und sich überschneidenden Zuständigkeiten entstanden, die in Abb. 1 illustriert werden.

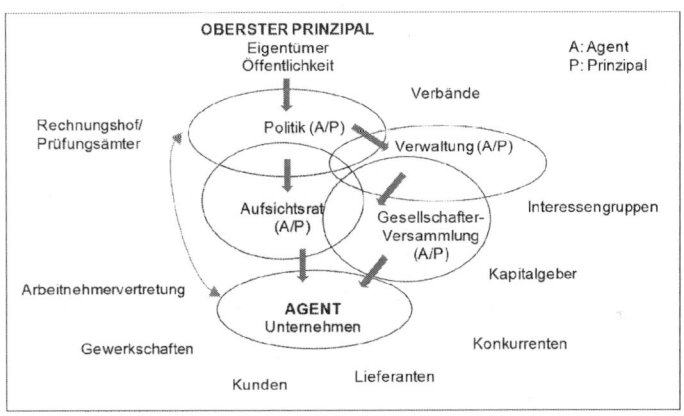

Abb. 1: Konzeptualisierung Akteurskonstellationen durch Prinzipal-Agent-Theorie

Jurisisch gesehen ist die Gebietskörperschaft Anteilseigner eines öffentlichen Unternehmens ist. Politisch betrachtet sind dagegen die Bürger Eigentümer/Anteilseigner bzw. Shareholder der Unternehmen, was die Literatur unterstreicht.[225] Die Trennung von Eigentum und

---

[223] Vgl. Clarke (2007), S.4; von Werder (2009), S.7; Daily/Dalton/Cannella (2003), S.371; Grundei (2008), S.142; Dühnfort/Klein/Lampenius (2008), S.424; Benz/Frey(2007), S.100; Huse (2007), S.45; Jost (2001), S.9ff.; Eisenhardt (1989), S.57f.; Fama/Jensen (1983b); Fama (1980).

[224] Vgl. Greiling/Spraul (2010), S.349; Cornforth (2005), S.7; Eichhorn (2003), S.176ff.; Budäus (2008), S.30f.; Bremeier/Brinkmann/Killian (2006), S.92ff.; Budäus/Hilgers (2009), S.893; Ruter/Müller-Marqués Berger (2005), S.447; Weiblein (2011), S.648f.; Schedler/Müller/Sonderegger (2011), S.27.

[225] Vgl. Lenk/Rottmann (2008), S.46; Bremeier/Brinkmann/Killian (2006), S.129; Fischer-Heidlberger (2006), S.3; Schedler/Müller/Sonderegger (2011), S.27; Bremeier et al. (2005), S.272.

Unternehmensleitung – die generelle Ursache von Governanceproblemen – wird für die PCG offensichtlich.[226]

Die politischen Entscheidungen für Verlagerungen von Aufgaben auf öffentliche Unternehmen/Beteiligungen haben in der Terminologie der Prinzipal-Agent-Theorie zu größeren Informationsasymmetrien zwischen zahlreichen Prinzipalen und Agenten aus Öffentlichkeit, Politik, Verwaltung und Unternehmensleitung geführt. Die konstituierenden Merkmale der Prinzipal-Agent-Theorie – Informationsvorsprung des Agenten und Interessenunterschiede von Prinzipal und Agent[227] – liegen in der PCG eindeutig vor. Informationsvorsprünge bieten dem Agenten Möglichkeiten zur Verfolgung eigener Interessen, zu sog. opportunistischem Handeln.[228]

Durch institutionelle Regelungen ist sicherzustellen, dass sich die jeweiligen Agenten im Sinne des obersten Prinzipals verhalten und ihre Leistung beobachtbar bzw. beurteilbar wird. Für Prinzipal-Agent-Beziehungen werden die in Tab. 4 kategorisierten Problemtypen angeführt.

Problemtypen bei Prinzipal-Agent-Beziehungen		
Problemtyp	**Problem**	**Entstehungszeitpunkt**
Hidden characteristics	Adverse Selektion Auswahl schlechter Vertragspartner	Vor Vertragsabschluss
Hidden action	Shirking („Drückebergerei") Consumption on the Job (Nutzung Arbeitgeberressourcen)	Nach Vertragsabschluss
Hidden information	Eigennützige Entscheidungen	Nach Vertragsabschluss
Hidden intention	Adverse Selektion Hold up („Raubüberfall")	Vor Vertragsabschluss Nach Vertragsabschluss

Tab. 4: Problemtypen bei Prinzipal-Agent-Beziehungen[229]

Ein *Hidden characteristics* Problem liegt vor, wenn dem Prinzipal vor dem Eingehen der Vertragsbeziehung relevante Eigenschaften des Agenten, wie z. B. dessen Qualifikation, Motivation, Begabung oder Risikoeinstellung nicht zugänglich sind bzw. der Agent sie verbergen kann. In der PCG könnte dies auftreten, wenn Geschäftsführer oder Aufsichtsratsmitglieder ihre Eignung im Auswahlverfahren kaschieren können oder relevante Interessenkonflikte nicht identifiziert werden. Z. B. könnte ein Manager eines öffentlichen Unternehmens auch nicht willens oder in der Lage sein, „die im Sinne der Instrumentalfunktion formulierten Ziele des Unternehmens sicherzustellen."[230]

Bei verborgenen Handlungen *(Hidden action)* kann das Verhalten des Agenten nach Vertragsabschluss durch den Prinzipal nicht beobachtet werden bzw. es ist nicht einzuschätzen, inwiefern das Handeln des Agenten und der Erfolg der Aufgabenerledigung zusammenhängen. Bei öffentlichen Unternehmen können Hidden action Probleme eine Ausweitung der Geschäftstätigkeit jenseits der von Politik und Verwaltung gesetzten Ziele, etwa besonders

---

[226] Vgl. Budäus (2008), S.30.

[227] Vgl. Blum et al. (2005), S.158.

[228] Vgl. stellvertretend Budäus/Hilgers (2009), S.893f.; Röber (2008), S.58; Jost (2001), S.26; Mühlenkamp (2006), S.397; Greiling/Spraul (2010), S.349.

[229] Tabelle in enger Anlehnung Göbel (2002), S.100 und Koss (2005), S.208.

[230] Theuvsen (2012a), S.104.

risikoreiche Geschäfte oder allgemein mangelndes Engagement für den öffentlichen Auftrag sein. Beispielsweise könnte ein Geschäftsführer Ressourcen auf ein Tätigkeitsfeld bzw. Teilsegment lenken, in dem das Unternehmen mehr Geld verdienen kann, obwohl im Zuge der öffentlichen Aufgabenerfüllung der Fokus eher auf anderen Feldern liegen sollte.[231]

Mit *Hidden information* benennt die Prinzipal-Agent-Theorie speziell eine Situation, in welcher der Prinzipal das Verhalten des Agenten zwar beobachten, aber nicht beurteilen kann. Aufgrund der Informationsasymmetrien kann der Agent eine Handlung wählen, die ihm größeren Nutzen bringt als dem Prinzipal. Beispielsweise könnte eine Geschäftsführung Finanzmittel in eine öffentlichkeitswirksame Corporate Social Responsibility oder Sponsoring-Maßnahme investieren, anstatt mehr Personal oder Auszubildende für Kernaufgaben einzustellen. Teure Reparaturen oder Investitionen könnten mit überzogener Notwendigkeit dargestellt werden, was Aufsichtsräte und Vertreter der öffentlichen Hand aufgrund geringer Spezialkenntnisse eventuell nicht umfassend beurteilen können.

Bei Hidden intention bleiben dem Prinzipal relevante Eigenschaften des Agenten vor Vertragsabschluss verborgen; in diesem Kontext z. B. die „Public Service Motivation" oder Ehrlichkeit. Dies wird auch zur Kategorie der Hidden characteristics gezählt. Nach Vertragsabschluss kann bei diesem Problemtyp jedoch ein neues Problem entstehen, das „Hold up" (Raubüberfall) genannt wird.[232] Hierbei nutzt der Agent seine Unentbehrlichkeit aus. Beispielsweise könnte ein Geschäftsführer aufgrund von Vakanzen oder Spezialqualifikation eine überhöhte Vergütung durchsetzen oder das Unternehmen von der öffentlichen Hand zusätzliche Zuwendungen verlangen.[233]

Zur Lösung bzw. Milderung von Prinzipal-Agent-Problemen bestehen grundsätzlich zwei Möglichkeiten: Die Angleichung der Interessen von Prinzipal und Agent oder der Abbau von Informationsasymmetrien

Für den Abbau von Informationsasymmetrien können Governancemechanismen wie Berichtssysteme herangezogen werden. Eine Interessenangleichung kann durch die Etablierung von Anreizsystemen angestrebt werden.[234] Eine grundsätzliche Anforderung ist weiter, dass die Agenturkosten[235] (Kosten der Informationsbeschaffung, Kosten der Vertragsgestaltung, Kosten für die Kontrolle) für die Prinzipale möglichst gering gehalten werden. Die Gewährleistung von Transparenz ist daher ein zentrales Gestaltungs- und Governanceprinzip.[236]

Weiter differenziert werden zur Problembewältigung bei Prinzipal-Agent-Beziehungen die in Tab. 5 veranschaulichten Ansätze unterschieden.

---

[231] Vgl. Theuvsen (2012a), S.105.
[232] Vgl. Göbel (2002), S.103.
[233] Vgl. Koss (2005), S.209f.
[234] Vgl. stellvertretend Schedler/Kolbe (2004), S.139.
[235] Vgl. Jensen/Meckling (1976), S.308.
[236] Vgl. Theuvsen/Frentrup (2008), S.132; von Werder (2009), S.17.

Bewältigungsansätze bei Prinzipal-Agent-Beziehungen					
Informationsasymmetrien vermindern		Ziele harmonisieren		Vertrauen bilden	
Prinzipal	Agent	Prinzipal	Agent	Prinzipal	Agent
Vorvertragsprobleme Screening	Signaling	Angebot verschiedener Vertragstypen	Self-Selection Reputation	Sreening bezüglich Vertrauenswürdigkeit	Signalisierung von Reputation
Nachvertragsprobleme Monitoring	Reporting	Aufnahme von Anreizen in Verträge	Commitment/ Bonding (Bindung an Arbeitgeber)	Vertrauensvorschuss und Kontrollverzicht nach Ersterfahrung	Aufbau von Sozialkapital

Tab. 5: Bewältigungsansätze bei Prinzipal-Agent-Beziehungen[237]

Im Rahmen des Abbaus von Informationsasymmetrien vor Vertragsabschluss bezeichnet Screening die Informationsaktivitäten des Prinzipals, die eine bessere Beurteilung des Agenten zum Ziel haben. Diesbezüglich könnte ein PCGK u. a. Entwicklungsbeiträge durch Formulierung von Grundsätzen verantwortungsvoller Unternehmensleitung/-überwachung für die Auswahl von Geschäftsführern, Aufsichtsräten und Abschlussprüfern öffentlicher Unternehmen leisten. Signaling kann vom Agenten genutzt werden, um dem Prinzipal seine Eigenschaften glaubwürdig darzulegen. Ein PCGK kann so z. B. Erklärungen vorsehen, mit denen Geschäftsführer, Aufsichtsräte und Abschlussprüfer das Nichtvorliegen von Interessenkonflikten signalisieren. Vorstellbar wäre auch die Vorlage eines Zertifikats von einem zur Auswahl für einen Aufsichtsratssitz vorgesehenen Akteur, dass die Teilnahme an einer professionellen Aufsichtsratsschulung belegt.

Nach Vertragsabschluss ist Monitoring eine Möglichkeit des Prinzipals, den Agenten zu überwachen. Hier kann ein PCGK Auskunftsansprüche oder Einsichtnahmerechte der Prinzipale ergänzen bzw. konkretisieren. Beim Reporting berichtet der Agent an den Prinzipal, wofür ein PCGK Inhalte und Berichtshäufigkeit konkretisieren oder zusätzlich festlegen kann.

Gerade Entsprechenserklärungen sind aus Perspektive der Theorie ein substanzieller Beitrag zum Reporting. „Comply or explain" kann einen wesentlichen Beitrag zum Monitoring und Reporting-System leisten. Generell ist der Abbau von Informationsasymmetrien eines der zentralsten Ziele der Corporate Governance Berichterstattung; zudem können Unternehmen durch Reporting die Qualität ihrer Corporate Governance signalisieren.[238]

Die skizzierten Maßnahmen mildern lediglich die Informationsasymmetrien, reduzieren die Zielkonflikte von Prinzipalen und Agenten jedoch nicht. Hätten Prinzipal und Agent die gleichen Ziele, wäre der Informationsvorsprung des Agenten nicht von Belang. Eine Zielharmonisierung kann durch das gezielte Setzen von Anreizen angestrebt werden. Hier könnte ein PCGK z. B. Empfehlungen zur Nutzung von extrinsischen Anreizen wie erfolgsbezogenen Vergütungen, aber auch intrinsische Faktoren vorsehen. Commitment und Bonding sind Möglichkeiten, bei denen der Agent eine so intensive Bindung zum Prinzipal besitzt, dass für ihn

---

[237] Tabelle in enger Anlehnung an Göbel (2002), S.110 und Koss (2005), S.210.
[238] Vgl. Stiglbauer (2010), S.3.

keine Alternative zu dieser Austauschbeziehung besteht. Dies könnte bei öffentlichen Unternehmen in speziellen Branchen mit wenigen Arbeitsplatzalternativen mitunter auftreten.

Die bisherigen Lösungsansätze gehen von der strikten eigenen Nutzenmaximierung bei Prinzipal und Agent aus. Die Beziehung kann jedoch auch aus Perspektive der Prinzipal-Agent-Theorie durch die dargestellten vertrauensbildenden Maßnahmen ergänzt werden. Der Prinzipal sucht vor Vertragsabschluss nach Signalen für die Vertrauenswürdigkeit des Agenten; dieser kann versuchen, seinen guten Ruf zu signalisieren. Nach Vertragsabschluss und ersten positiven Erfahrungen kann der Prinzipal verstärkt auf Kontrollen verzichten. Bei vertrauenswürdigem Verhalten kann der Agent darauf hoffen, dass der Prinzipal mit gleichermaßen vertrauenswürdigem Verhalten reagiert und soziales Kapital aufbauen.[239] In diesem Sinne kann ein PCGK bewusst auch Elemente des gegenseitigen Vertrauens ansprechen.

Aus Perspektive der Prinzipal-Agent-Theorie wird deutlich, dass ein PCGK bei adäquater Ausgestaltung förderliche Beiträge zur Reduzierung der verschiedenen Informationsasymmetrien leisten sowie die Beobachtbarkeit des Agenten und dessen Verhaltenssteuerung verbessern kann. Darüber hinaus kann ein PCGK Agenturkosten und Spielräume für opportunistisches Verhalten durch gezielte Ergänzungen und zusätzliche Regeln erheblich senken. Zur effizienten Verteilung von Informationen kann ein PCGK ein hilfreicher Allokationsmechanismus sein. Im übergreifenden Sinne ist ein PCGK als flexibler und transparenter Vertrag aller der in der PCG beteiligten Akteure zu verstehen, um die aus Perspektive der Theorie unvollständigen Verträge zwischen den verschiedenen Prinzipalen und Agenten zu konkretisieren.[240]

Allerdings können Regelungen in einem Corporate Governance Kodex nur als anforderungsgerecht eingestuft werden, wenn sie einen Beitrag zum Abbau von Informationsasymmetrien, Agenturkosten oder Interessenunterschieden leisten.[241]

In Bezug auf Agenturkosten kann davon ausgegangen werden, dass Grundsätze verantwortungsvoller Unternehmensleitung/-überwachung durch Standardsetzung und Regulierung schneller und mit geringeren Kosten zu verbreiten sind.[242]

4.1.2 Theorie der Verfügungsrechte

Die Theorie der Verfügungsrechte, auch bezeichnet als Property-Rights-Theorie, befasst sich mit der Gestaltung von Eigentum- und Verfügungsrechten über Güter und versucht, Regelsetzung ökonomisch zu erklären.[243]

Zur Erklärung, Analyse und Ableitung von Gestaltungsempfehlungen von Regulierungsregimen und Unternehmensverfassungen besitzt sie für öffentliche Unternehmen und die Ausgestaltung der PCG hohe Relevanz.[244]

[239] Vgl. Göbel (2002), S.118.
[240] Vgl. Blum et al. (2005), S.153.
[241] Vgl. Stiglbauer (2010), S.211.
[242] Vgl. Kirchner (2002), S.108.
[243] Vgl. Reichard (2002a), S.588; Schewe (2010), S.51.
[244] Vgl. Picot (1981), S.153; Strauss (1983), S.278; Picot/Kaulmann (1985), S.956; De Alessi (1983), S.64ff; Picot/Michaelis (1984), S.252.; Demsetz (1967), S.347ff.

Verfügungsrechte sind alle in Gesetzen, Satzungen oder Verträgen vereinbarten Rechte, welche die Verfügungskompetenz über Inputfaktoren (Produktionsfaktoren) sowie über das Ergebnis der Wertschöpfung (Outputfaktoren) bestimmen.[245] Folgt man Göbel, lassen sich fünf Kategorien von Vergütungsrechten unterscheiden: das Recht auf den Gebrauch einer Sache (usus), das Recht auf die Erträge, welche die Sache abwirft (usus fructus), das Recht auf die Veränderung der Sache (abusus), das Recht auf die Übertragung aller oder einzelner Rechte und das Recht, Andere von der Nutzung auszuschließen.[246]

Verfügungsrechte bestimmen, „welche Person bzw. Institution welche Handlungsmöglichkeiten im Hinblick auf eine bestimmte Ressource besitzt. Negativ formuliert legen Verfügungsrechte fest, für welche Personen bzw. Institutionen bestimmte Handlungsmöglichkeiten im Hinblick auf eine Ressource ausgeschlossen sind."[247] Für Abweichungen von Handlungsvorgaben bestimmen Verfügungsrechte Sanktionen für den Besitzer/Eigentümer der Verfügungsrechte, um deren Wirksamkeit sicherzustellen.[248]

Ein zentraler Grundgedanke der Theorie ist, dass Inhalt und Struktur der Verfügungsrechte den Wert einer Sache für den Eigentümer determinieren und seinen Verhaltensumgang mit der Sache beeinflussen.[249] Konzentrierte Verfügungsrechte in Unternehmensverfassungen führen im Sinne der Theorie zu Effizienzvorteilen.[250]

Bezüglich öffentlicher Unternehmen ist charakteristisch, dass im Vergleich zur Privatwirtschaft verdünnte bzw. „verwässerte" Verfügungsrechte bestehen.[251] Die Aufteilung von Verfügungsrechten auf Politik, Verwaltung, Gesellschafterversammlung, Aufsichtsrat und Geschäftsführung in der PCG führt aus Perspektive der Theorie infolge der Aushöhlung von Verfügungsrechten zu Problemen.

Ein PCGK kann bzw. sollte für den „Konzern Stadt" mit Blick auf „verwässerte Verfügungsrechte" in zentralen Bereichen zum einen darüber informieren, welcher Akteur welche Verfügungsrechte besitzt. Zum anderen kann und sollte er in „besonders verwässerten Verfügungsrechtsbereichen" klarstellende Regelungen mit der Zuweisung von Verfügungsrechten formulieren.

PCGKs können Regelungen zur Verfügungsrechtstruktur ergänzen, erläutern oder neue Verfügungsrechte hinzufügen, um Verfügungsrechte möglichst effizient zu verteilen. Sie können Verfügungsrechte sowohl stärker bündeln als auch weiter auf verschiedene Akteure verteilen. Sich wandelnde Umweltbedingungen können neue Verfügungsrechtsstrukturen bedingen,[252] woraufhin ein PCGK vergleichsweise flexibel neue Vergütungsrechtsverteilungen vornehmen kann. Die gezielte Übertragung von Verfügungsrechten kann Akteure zusätzlich motivieren,[253] wozu ein PCGK beitragen kann. Weiterhin könnte ein PCGK zusätzliche Geschäfte

---

[245] Vgl. Schewe (2010), S.52.
[246] Vgl. Göbel (2002), S.66; Picot/Schuller (2001), S.83.
[247] Schewe (2010), S.52.
[248] Vgl. Schewe (2010), S.52.
[249] Vgl. Strauss (1983), S.279.
[250] Vgl. Picot/Schuller (2001), S.80.
[251] Vgl. Picot (1981), S.153; Strauss (1983), S.289; Picot/Kaulmann (1985), S.956; Picot/Michaelis (1984), S.255ff.; Röber (2008), S.58; Reichard (2002a), S.589.
[252] Vgl. Erlei/Leschke/Sauerland (2007), S.301.
[253] Vgl. Reichard (2002a), S.601.

des Unternehmens an die vorherige Zustimmung des Aufsichtsrats knüpfen. Auch könnte er u. a. ausgehöhlte Verfügungsrechte zwischen Gesellschafterversammlung und Aufsichtsrat adressieren. Die PCG Berichterstattung der Unternehmen kann über die Verteilung von wichtigen Verfügungsrechten informieren, z. B. darüber, ob ein Aufsichtsrat gebildet wurde und welche Ausschüsse dieser ggf. eingerichtet hat.

4.1.3 Transaktionskostentheorie

Die Transaktionskostentheorie als dritter Teilbereich der Institutionenökonomik geht der Frage nach, wie Austauschbeziehungen zwischen Parteien unter Beachtung der hierdurch anfallenden Transaktionskosten effizient gestaltet werden können. Die Transaktionskostentheorie wird vorrangig für Fragestellungen zur optimalen Leistungsbreite/-tiefe bzw. hiermit im Zusammenhang stehenden Fragen genutzt.[254] Daneben liefert sie indessen auch Beiträge zur Analyse von Vertragsbeziehungen und Organisationsgestaltungen.[255]

Transaktionen umfassen Prozesse der Klärung und Vereinbarung eines Leistungsaustausches. Transaktionskosten fallen bei der „Bestimmung, Übertragung und Durchsetzung von Verfügungsrechten für einen bestimmten Leistungsaustausch"[256] an. Sie werden überwiegend in Anbahnungskosten (Informationseinholung über Austauschpartner), Vereinbarungskosten/Koordinationskosten (z. B. Verhandlungszeit, Vertragsgestaltung), Kontrollkosten (z. B. Termin-/Qualitätsüberwachung) und Anpassungskosten (z. B. qualitative Nachbesserungsmaßnahmen) unterschieden.[257] In dem hier betrachteten Kontext sind insbesondere Koordinationskosten von Interesse, die beim Leistungsaustausch auftreten: Einrichtungskosten, Anlaufkosten, Interaktionskosten und Kontrollkosten.[258] Die Transaktionskostentheorie liefert Empfehlungen, wo Regelungen zur Organisationsverfassung unter Effizienzgesichtspunkten starten und enden sollten.[259]

Ein PCGK kann die komplexen Austauschbeziehungen bei der Steuerung, Überwachung und Leitung öffentlicher Unternehmen im „Konzern Stadt" unterstützen und durch entsprechende Regelungen zu einer Verringerung der Transaktionskosten beitragen. Beispielsweise können Prozesskosten beim Informationsaustausch und in der Kommunikation oder Kontrollkosten durch standardisierte Termin/Qualitätsanforderungen gemindert werden. Die „unvollständigen Verträge" zwischen Politik, Verwaltung, Gesellschafterversammlung, Aufsichtsrat und Geschäftsführung müssen bei adäquater Kodexformulierung nicht immer neu ausgehandelt werden, was zu einer erheblichen Transaktionskostenreduktion führt. Die Grundsätze aus dem PCGK können z. B. in Gesellschaftsverträge/Satzungen, Arbeitsverträge und Geschäftsordnungen überführt werden, was wiederum Transaktionskosten vermindert. Vor diesen Hintergründen ist ein PCGK eine transaktionskostensenkende Institution bzw. er kann vorhandene

---

[254] Vgl. Theuvsen (1999), S.223ff.
[255] Vgl. Theuvsen (1999), S.231ff.
[256] Schewe (2010), S.61.
[257] Vgl. Reichard (2002a), S.587.
[258] Vgl. Schewe (2010), S.62.
[259] Vgl. Schewe (2010), S.62.

transaktionskostensenkende Institutionen zur Anwendung empfehlen oder noch nicht vorhanden transaktionskostensenkende Institutionen definieren.[260]

4.2 Stakeholder-Theorie

Weiter spielt die Stakeholder-Theorie in der Corporate Governance Diskussion eine bedeutsame Rolle.[261] Im Diskurs um die beiden grundsätzlichen Positionen zwischen Shareholder- und Stakeholder-Ansatz ist kontrovers, in wessen Interesse Unternehmen letztlich geführt werden sollen. Nach dem Shareholder-Konzept der Unternehmensführung besitzen die Interessen der Shareholder Priorität, nach dem Stakeholder-Ansatz sind auch die Belange von Stakeholdern angemessen zu berücksichtigen.[262]

Als Stakeholder werden Anspruchsgruppen einer Organisation bezeichnet. In einem engen Verständnis werden hierunter alle Individuen verstanden, deren Unterstützung für die Existenz von ausschlaggebender Relevanz ist. Für öffentliche Unternehmen werden politische Parteien, die Verwaltung, Mitarbeiter, Zulieferer, Fremdkapitalgeber und die Bürger genannt. In einem weiten Verständnis zählen zu Stakeholdern alle Einzelakteure und Gruppen, die Einfluss auf die Organisationsziele besitzen oder welche die Realisierung der Organisationsziele berühren. Öffentliche Unternehmen zählen zu den sog. „multiple stakeholder organisations."[263]

Ein PCGK kann zunächst eine Übersicht über die eingebundenen und/oder betroffenen Stakeholder mit ihren Rechten und Pflichten liefern. Weiter kann er eine grundsätzliche Auffassung formulieren, inwieweit die Unternehmensleitung/-überwachung die Belange verschiedener Stakeholdergruppen in angemessenem Umfang berücksichtigen soll.[264] Übergreifend sind Beiträge zum Informations- und Interessenausgleich zwischen Stakeholdern anführbar. Beispielsweise kann ein PCGK ergänzende Regelungen festlegen, ob und welche Stakeholderinteressen bei der Besetzung von Unternehmensorganen repräsentiert sein sollten.[265]

Bezüglich der Corporate Governance Berichterstattung ist aus Perspektive der Stakeholder-Theorie maßgeblich, dass die relevanten Stakeholder angemessen über die Corporate Governance informiert werden. Die Literatur stuft den Bürger bzw. die Gesellschaft im politischen Sinne, wie skizziert, weit vorherrschend als Eigentümer öffentlicher Unternehmen ein. Selbst bei unterstelltem Verlust seiner Rechte als „Eigentümer" behält der Bürger indessen ebenso aus Perspektive der Stakeholder-Theorie seine politischen Informationsrechte.[266]

---

[260] Vgl. Picot/Schuller (2001), S.80.
[261] Vgl. Freeman (1984); Hill/Jones (1992), S.131ff.; Knoll/Wenger (2007), S.1614ff.; Schmidt/Weiß (2009), S.161ff.
[262] Vgl. von Werder (2011), S.51; Nippa (2002), S.17; Schewe (2010), S.22.
[263] Theuvsen (2012a), S.110. Grundlegend Freemann (1984).
[264] Vgl. von Werder (2011), S.51.
[265] Vgl. von Schnurbein/Stöckli (2010), S.496.
[266] Vgl. Schedler/Müller/Sonderegger (2011), S.29.

4.3 Stewardship-Theorie

Kritik an dem einseitig negativen Menschenbild mit der Verhaltensannahme für opportunistisches Verhalten führten in Zuge der Corporate Governance Debatte zur Entwicklung der Stewardship-Theorie.[267] Für den öffentlichen Sektor wird die Verhaltensannahme aufgrund spezifischer Motivationsmuster besonders problematisiert.[268]

Die Stewardship-Theorie stellt im Gegensatz zur Prinzipal-Agent-Theorie Aspekte wie die intrinsische Motivation deutlich stärker in den Vordergrund. Die Motivation wird nicht von „individueller Vorteilssuche und Ausbeutung anderer Interessengruppen, sondern von herausfordernden Aufgaben und Verantwortungssuche geprägt. Selbstverwirklichung im Managerberuf, Anerkennung und Handlungsfreiheit spielen eine größere Rolle als Motivationsfaktor als pure finanzielle Anreize. Vertrauen, Auszeichnung und Ehre begründen einen Berufsethos, der Pflichtbewusstsein, Disziplin und Loyalität beinhaltet."[269]

Der wesentliche Unterschied kommt in den Nutzenfunktionen zum Ausdruck. Nach der Prinzipal-Agent-Theorie besteht ein Konflikt zwischen den Interessen des Eigentümers und dem durch seine individuelle Nutzenfunktion geleiteten Manager. Die Stewardship-Theorie unterstellt, dass die individuelle Nutzenfunktion der Manager auch die Interessen des Eigentümers enthält.[270] „Stewardship theorists argue that managers are not so much motivated by self-interest but are often willing to voluntarily act in their organizations interest."[271] Akteure agieren im Sinne der Stewardship-Theorie nicht altruistisch, erkennen jedoch, dass das Handeln im Interesse der Prinzipale ebenso ihren eigenen Interessen dient.[272]

Gerade im öffentlichen Sektor besitzt die intrinsische Motivation hohe Bedeutung, weshalb die Diskussion um die Stewardship-Theorie in der Prinzipal-Agent-Theorie für die PCG von besonderem Erkenntnis- und Gestaltungsinteresse ist.

Die Stewardship-Theorie kommt zu anderen Gestaltungsvorschlägen – z. B. sind die typischen Maßnahmen der Prinzipal-Agent-Theorie zur Interessenangleichung und Monitoring nicht erforderlich. Diese könnten die Motivation von Akteuren verdrängen und sich nachteilig auf die emotionale Bindung an die Organisation auswirken. Die Stewardship-Theorie schlägt im Gegensatz zu Prinzipal-Agent-Theorie umfangreiche Handlungsfreiheit für das Management vor.

Die Einrichtung eines Aufsichtsrats lässt sich ebenfalls über die Stewardship-Theorie begründen, wobei sie die Kontrollfunktion im Hintergrund sieht. Im Vordergrund steht die beratende Funktion gegenüber dem Vorstand, der die Rahmenbedingungen für das Top-Management fortlaufend verbessert.[273]

---

[267] Vgl. Donaldson/Davis (1991), S.49ff; Davis/Schoorman/Donaldson (1997), S.20ff.; Grundei (2008), S.141ff.; Muth/Donaldson (1998), S.5ff.; van Ees/Gabrielsson/Huse (2009), S.310.

[268] Vgl. stellvertretend Theuvsen (1999), S.238.

[269] Nippa (2002), S.15. Hierzu auch Daily/Dalton/Canella (2003), S.373; Davis/Schoorman/Donaldson (1997), S.21.

[270] Vgl. Grigoleit (2010), S.11.

[271] Benz/Frey (2007), S.101.

[272] Vgl. Daily/Dalton/Canella (2003), S.373; Davis/Schoorman/Donaldson (1997), S.21.

[273] Vgl. Velte (2010a), S.287; Donaldson/Davis (1991), S.51f.

Die Corporate Governance Berichterstattung wird im Wesentlichen nicht mit einem Abbau von Informationsasymmetrien begründet, sondern ist ein Beitrag zur Vertrauensförderung der Anteilseigner.[274] Kritisch eingeschätzt werden hingegen auch die Verhaltensannahmen der Stewardship-Theorie mit dem Ausschluss des „homo oeconomicus" sowie der geringen Gewichtung von Interessenkonflikten und Informationsasymmetrien. Gravierende Bilanzskandale Anfang des 21. Jahrhunderts sowie Verhaltensmuster im Vorfeld und während der Finanzmarktkrise lassen starke Zweifel aufkommen, ob diese Verhaltensannahmen der Realität Stand halten können und das Risiko für opportunistisches Verhalten nicht zu sehr vernachlässigen.[275] Der Stewardship-Ansatz legt desgleichen ein „einseitiges Menschenbild"[276] zu Grunde. „Als allgemeine und alleinige Gestaltungsrichtlinie für die Corporate Governance ist die Stewardship-Theorie tendenziell ungeeignet."[277] Die Gestaltungsempfehlungen der Stewardship-Theorie haben durch die empirische Corporate Governance Forschung bislang nur wenig Unterstützung gefunden.[278] Aufgrund ihrer unvollständigen Erklärungen hat sich die Bedeutung und Akzeptanz in der betriebswirtschaftlichen Forschung im Gegensatz zur Prinzipal-Agent-Theorie deutlich verringert.[279]

4.4 Anforderungen an einen PCGK aus integrierter Theorieperspektive

Bei ihren Erklärungen und Empfehlungen basieren Prinzipal-Agent-Theorie und Stewardship-Theorie mit ihren Verhaltensannahmen jeweils auf Extrempositionen.[280] Aus Perspektive der Stewardship-Theorie ist ein PCGK stärker beratungsorientiert integrierend und weniger kontrollorientiert zu formulieren wie aus Sicht der Prinzipal-Agent-Theorie. Ein der Stewardship-Theorie folgender PCGK würde mehr vertrauensbildende Maßnahmen gegenüber den Stakeholdern und eine eher personalisierte Überwachung/Leitung vorsehen sowie weniger Monitoring und institutionalisierte Machtausübung wie bei Anwendung der Prinzipal-Agent-Theorie empfehlen.

Aufsichtsräte sind nach der Prinzipal-Agent-Theorie verstärkt mit Repräsentanten des Prinzipals zu besetzen, nach der Stewardship-Theorie würden noch mehr externe Experten eingebunden werden. Werte und Berufsethik hätten im PCGK bei Verfolgung des Stewardship-Ansatzes hohe Relevanz, beim Prinzipal-Agent-Ansatz wären sie weniger bedeutsam. Ein der Prinzipal-Agent-Theorie zueignender Kodex formuliert mehr extrinsische, vorrangig finanzielle Anreize als ein an der Stewardship-Theorie orientierter PCGK, der vermehrt intrinsische, meist nicht finanzielle oder sogar idealistische Motive ansprechen würde.

„Der theoretische Konflikt löst sich aber in der Praxis auf. Das Verhalten der meisten Manager, aber auch Aufsichtsräte ... wird weder vollkommen egoistisch und opportunistisch noch rein loyal, treuhänderisch und selbstlos sein. Es wird darüber hinaus Menschen geben, die

---

[274] Vgl. Velte (2009), S.705.
[275] Vgl. Velte (2010a), S.291.
[276] Nippa (2002), S.16.
[277] Grigoleit (2010), S.184. Dazu ebenso u. a. Velte (2010a), S.292; Nippa (2002), S.16.
[278] Vgl. Grigoleit (2010), S.183.
[279] Vgl. Velte (2010a), S.292.
[280] Vgl. Böcking/Dutzi/Müßig (2004), S.427.

eher dem einen oder anderen Extrem zuzuordnen sind."[281] Gestaltungsformen in „Reinform" sind in der Praxis nicht anzutreffen, entwickelt haben sich Mischformen bzw. Partialbetrachtungen.[282]

Bei der Gestaltung von Grundsätzen und Instrumenten von PCGKs sollten beide Menschenbilder und Beziehungen durch eine integrative Betrachtung von Prinzipal-Agent-Theorie und Stewardship-Theorie ins Bewusstsein rücken. Die besonderen Rechenschaftsnotwendigkeiten und die Verantwortung von öffentlichen Unternehmen sowie die breite eingangs aufgezeigte Kritik an der faktischen Ausgestaltung der PCG sprechen indes dafür, dem zentralen Argument von Williamson einen hohen Stellenwert einzuräumen. Nach diesem verhalten sich nicht alle Individuen opportunistisch, aber opportunistisches Verhalten kann auch nie ausgeschlossen werden.[283] Gute Corporate Governance ist dadurch gekennzeichnet, dass sie Möglichkeiten für opportunistisches Verhalten durch rechtliche und faktische Ordnungen einschränkt,[284] aber ebenso hinreichend Gestaltungsfreiraum bietet.

Bilanzierend lassen sich aus der Betrachtung der verschiedenen Theorien in Tab. 6 schlagwortartig übergreifende Kriterien für die Ausgestaltung von PCGKs ableiten, wobei die Reihenfolge keine Gewichtung ausdrücken soll:

Schlagwortartige Anforderungen an einen PCGK aus integrierter Theorieperspektive
Klare Benennung der Prinzipale und Agenten mit ihren Rechten und Pflichten
Bestmöglicher Abbau von Informationsasymmetrien durch Monitoring- und Reportingelemente
Minimierung von Agenturkosten (Informationskosten, Kontrollkosten, Vertragsgestaltungskosten)
Angleichung der Ziele und Interessen von Prinzipalen und Agenten mit Formulierung von Anreizen
Regelungen zu Screening-Maßnahmen
Regelungen zu Signaling-Maßnahmen
Klare Zuordnung von Verfügungsrechten zu verschiedenen Akteuren
Abbau von „verwässerten Verfügungsrechten" durch ergänzende Regelungen zur Strukturierung von Handlungsspielräumen und klarere Festlegung der Verfügungsrechtsstruktur
Regelungen für Berichtswesen und Instrumente zur Stärkung des gegenseitigen Vertrauens
Ansprechen von intrinsischen Anreizen/Motiven
Aufzeigen von Werten und Berufsethik
Benennung der relevanten Stakeholder mit ihren Beteiligungs- und Informationsrechten
Minimierung der Transaktionskosten bei der Interaktion und Kontrolle

Tab. 6: Anforderungen an einen PCGK aus integrierter Theorieperspektive

---

[281] Nippa (2002), S.16. Ähnlich auch Böcking/Dutzi/Müßig (2004), S.427.
[282] Vgl. Velte (2010a), S.291.
[283] Vgl. Williamson (1990), S.73; Frey/Osterloh (1997), S.309.
[284] Vgl. von Werder (2008), S.8.

4.5 Rechenschaftslegung und Transparenz als Kernprinzipien der PCG

Rechenschaftslegung bzw. Accountability wird vorherrschend definiert als „a relationship between an actor and a forum in which the actor has the obligation to explain and justify his or her conduct, the forum can pose questions and pass judgement, and the actor may face consequences."[285] Aus theoretischer Perspektive bedeuten Rechenschaftslegung und Transparenz, dass der Bürger über die PCG adäquat informiert werden muss. Zur Realisierung von Rechenschaft und Transparenz bedarf es eines Informationszugangs ohne Informationsverlust, hohe Aufwendungen, Verzögerungen und Informationsverzerrungen.[286] Nur wenn sowohl der Informationszugang als auch die inhaltliche Ausgestaltung von Informationen anforderungsgerecht umgesetzt sind, kann von einer hinreichenden Transparenz gesprochen werden.

Für das Berichtswesen der öffentlichen Hand und der öffentlichen Unternehmen verlangt die Theorie eine inhaltliche Ausgestaltung und Offenlegung, welche die Informationsasymmetrien beseitigt bzw. zumindest bestmöglich mildert und größtmögliches Vertrauen aufbaut.[287] Hierfür müssen die Informationskosten als wesentlicher Bestandteil der Agenturkosten minimiert werden – d. h., die Kosten, die von den Prinzipalen zur Informationsbeschaffung über das Handeln der Agenten bzw. zu deren Verhaltenssteuerung und Kontrolle zu investieren sind. Insbesondere müssen neuralgische Informationsasymmetrien reduziert und gezielt Transparenz in allen Handlungsfeldern geschaffen werden, in denen die Gefahr für opportunistisches Verhalten besonders hoch ist. Denkbare „opportunistische Verhaltensweisen" werden durch „Transparenz somit eher sichtbar … und daher eher unterbleiben."[288]

Aus der vorherrschenden Klassifizierung des Bürgers/der Öffentlichkeit als oberstem Prinzipal resultiert, dass die als relevant erachteten Informationsasymmetrien für diesen minimiert werden müssen. Eine ausschließliche Information von anderen Prinzipalen auf unteren Stufen der Prinzipal-Agent-Kette ist in bedeutsamen Bereichen somit nicht hinreichend für die Realisierung von Transparenz.

Zu beachten ist gerade im Kontext der PCG, dass ein Informationsdefizit auch aus einem Überangebot von Informationen („Information overload") resultieren kann, welche den Blick auf wesentliche und entscheidungsrelevante Informationen verschleiert.[289]

Die theoretisch hergeleiteten Anforderungen für Rechenschaft und Transparenz kommen auch in den Argumentationslinien der Debatte in Gesellschaft, Politik, Wissenschaft und Unternehmenspraxis zum Ausdruck. Die Gewährleistung von Rechenschaft und Transparenz

---

[285] Bovens (2007), S.450. Vgl. zu Accountability im öffentlichen Sektor grundsätzlich auch Parker/Gould (1999), S.109ff. Bräunig verwendet für Accountability im Deutschen die Bezeichnung Verantwortlichkeit, vgl. Bräunig (2007), S.1262.
[286] Vgl. Theuvsen/Frentrup (2008), S.133.
[287] Vgl. Theuvsen/Frentrup (2008), S.132; Ruter/Müller-Marqués Berger (2005), S.447.
[288] von Werder (2009), S.18.
[289] Vgl. Göhner/Zipfel (2005), S.208.

werden hier ebenfalls als zentrale Gestaltungsprinzipien der PCG betont.[290] Transparenz ist in einer Demokratie dabei sowohl Generalziel an sich bzw. „Ziel sui generis", aber darüber hinaus auch Mittel zur Zielerreichung. Transparenz ist zunächst überhaupt die notwendige Bedingung, um die Basis für eine fundierte Steuerung und Überwachung zu schaffen. Vor allem soll Transparenz im Zuge der PCG nach erklärten Zielen auch gegenüber der Öffentlichkeit realisiert werden, u. a., um Vertrauen, Akzeptanz und Glaubwürdigkeit in Politik, Verwaltung und öffentliche Unternehmen zu stärken.

Im Zusammenhang mit Ausgliederungen und Verselbstständigungen bei der öffentlichen Aufgabenwahrnehmung wird die Notwendigkeit für Transparenz als (implizites) Generalthema u. a. aufgrund der komplexen Strukturen für sämtliche Regelungsbereiche der PCG besonders stark herausgestellt. Hierzu pointiert Jann: „Transparenz sollte daher das zentrale Erbe der neuen Steuerungsmodelle sein. Transparenz ist ohne Zweifel eine zentrale Kategorie der Demokratie, Rechtsstaatlichkeit und der Politik. Demokratische Kontrolle, Verantwortung und Steuerung ... sind ohne Transparenz überhaupt nicht denkbar."[291]

Auch im Kontext der PCG gilt das kommunale Strukturprinzip der Öffentlichkeit. Im Rahmen der wirtschaftlichen Betätigung ist die öffentliche Hand zu besonderer Rechenschaft verpflichtet.[292]

Mit Blick auf zivilgesellschaftliche und politische Entwicklungstrends konstatiert Schulz-Nieswandt „vermehrte und vertiefte Transparenzbedürfnisse"[293] für die öffentliche Wirtschaft. Lenk bilanziert zur PCG: „Dabei geht es in erster Linie um Vertrauensbildung und Transparenz, damit der spitz beschriebenen ´organisierten Unverantwortlichkeit` entgegengewirkt werden kann."[294] Vielfach werden Transparenz und transparente Rechnungslegung als notwendige Kompensation für die erforderliche und angestrebte Autonomie angesehen.[295] Die besondere Verantwortung des Staates gegenüber seinen Bürgern findet Betonung.[296]

Der wissenschaftliche Beirat der Gesellschaft der öffentlichen Wirtschaft schrieb 1982 in seiner Empfehlung: „Ein wichtiges Element der Kontrolle öffentlicher Unternehmen bilden öffentliche Beobachtung und Kritik, denen sie unterliegen. Eine sachgerechte Beurteilung der öffentlichen Unternehmen durch die Öffentlichkeit setzt voraus, dass die Aufgaben, Probleme und Ergebnisse dieser Unternehmen objektiv und in einer für die Bürger verständlichen Form dargestellt werden, bei der auch die Besonderheit des jeweiligen öffentlichen Auftrags deutlich wird."[297]

In der übergreifenden Corporate Governance Debatte wird Transparenz als Leitgedanke und Schlüsselfaktor eingeordnet.[298] Transparenz ist „herausragender Corporate Governance

---

[290] Vgl. stellvertretend Theuvsen/Frentrup (2008), S.131f.; Jann (2011), S.107; Budäus/Hilgers (2009), S.901f.; Hammerschmid (2010), S.5; Lenk (2008), S.177; Schulz-Nieswandt (2008), S.7; Schneider (2005), S.493; Struwe/Dietrich (2005), S.19; Mirow (2005), S.114; PCGK Bund, S.2.

[291] Jann (2011), S.107.

[292] Vgl. Bolsenkötter (2002), S.1599.

[293] Schulz-Nieswandt (2008), S.7.

[294] Lenk (2008), S.177.

[295] Vgl. Schedler/Müller/Sonderegger (2011), S.10.

[296] Vgl. Harms (2006), S.127.

[297] Gesellschaft für öffentliche Wirtschaft (1982a), S.14.

[298] Vgl. Dörner/Orth (2005), S.20f. Zum Zentralthema „Accountability" im internationalen Corporate Governance Kontext Huse (2007), S.35ff.

Grundsatz."[299] Dies wird gleichfalls in der internationalen Debatte um PCG unterstrichen.[300] Die OECD formuliert für öffentliche Unternehmen: „In the interest of the general public, SOEs should be as transparent as publicly traded corporations."[301]

Im Kontext von Transparenz ist aufzugreifen, dass die Gebietskörperschaft zwar juristisch Anteilseigner der öffentlichen Unternehmen ist. Politisch sind jedoch die Bürger Eigentümer/Anteilseigner bzw. Shareholder der Unternehmen, was die Literatur unterstreicht.[302] „So gehört ein kommunales Unternehmen in gewissem Sinne allen Bürgern der Kommune, ist also auch eine Art Publikumsgesellschaft. Die Bürger als materielle Gesellschafter des kommunalen Unternehmens sollten nicht weniger Rücksichtnahme erfahren als Aktionäre einer börsennotierten AG. Da die Bürger auch letztlich die Verluste der kommunalen Unternehmen zu tragen haben, sind sie auch schutzbedürftige Kreditgeber, die mindestens aus diesem Grund ein legitimes Interesse an Transparenz und Kontrolle haben."[303]

Thiemeyer stellte 1975 die Bedeutung zur Entwicklung einer öffentlichen Meinung heraus: „Für jedes öffentliche Unternehmen sind andere Personen, Gruppen, Institutionen, Organisationen 'Öffentlichkeit', ebenso vielfältig sind die Formen der Artikulation dieser Öffentlichkeit. Öffentlichkeit können Parlamente, Parteien, soziale Schichten, die Bürger eines Versorgungsgebietes sein. Öffentlichkeit ist auch 'die Straße'."[304]

---

[299] Wöhe/Döring (2010), S.66.

[300] Vgl. IFAC (2001), Ziff.051; Florio/Fecher (2011), S.365.

[301] OECD (2010), S.94.

[302] Vgl. Lenk/Rottmann (2008), S.46; Schedler/Müller/Sonderegger (2011), S.27; Fischer-Heidlberger (2006), S.3; Bremeier et al. (2005), S.272.

[303] Bremeier/Brinkmann/Killian (2006), S.128f.

[304] Thiemeyer (1975), S.227.

Aufgrund der besonderen Relevanz und da im Verlauf der Untersuchung wiederholt auf die besonderen Transparenzanforderungen bei öffentlichen Unternehmen Bezug genommen wird, sollen in Tab. 7 zur zusätzlichen Untermauerung weitere Kernaussagen zur Transparenz verdichtet zitiert werden.

Zitate mit Forderungen zur Transparenz in der PCG
Disclosure is the lifeblood of governance. (Cadbury 2000, S.9)
So effizient und effektiv die informellen Absprachen zwischen CEO, Verwaltung und Politikern sein mögen, so sehr bedarf es im öffentlichen Raum transparenter Verfahren, welche die Rechtmäßigkeit und die demokratische Legitimität der Steuerung öffentlicher Unternehmen sicherstellen. (Schedler/Müller/Sonderegger (2011), S.8)
Als eine besonders wichtige Form der Kontrolle erweist sich die Kontrolle durch die öffentliche Meinung. (Thiemeyer 1982, S.21)
Nur wenn Transparenz herrscht, ist Kontrolle möglich, und nur dort, wo es transparent zugeht, kann Vertrauen entstehen. (Zypries 2008, S.25)
Verwaltung braucht … Transparenz. Transparenz stärkt das Pflichtbewusstsein und liefert den Bürgern Informationen darüber, was Verwaltung leistet. (Bundesregierung, Regierungsprogramm Vernetzte und transparente Verwaltung 2010, S.27)
Hier sollten alle Akteure bedenken, dass die Ansprüche an Transparenz bei öffentlichen Institutionen weitergehender als die an private Unternehmen sind. (Röber 2008, S.62 mit Verweis auf Bundesgerichtshof, Urteil zum NdsPresseG § 4, III ZR 294/04 vom 10.02.2005)
Opportunistische Verhaltensweisen werden durch Transparenz somit eher sichtbar und daher mit Blick auf ansonsten drohende Sanktionen auch eher unterbleiben. (von Werder 2009, S.18)
Das Internet ist ideal dafür … Je mehr Behörden es nutzen, umso mehr werden feststellen: Intransparenz passt einfach nicht mehr ins Zeitalter der Informationsgesellschaft. (Bundesbeauftragter für Informationsfreiheit Peter Schaar, Süddeutsche Zeitung vom 29.12.2010, Nr. 305, S.5 „Behörden verweigern zu oft die Auskunft")
Transparenz stärkt das Vertrauen der Bürger. (Ruter/Häfele 2007, S.361)
Vertrauen wird durch Transparenz gesichert. (Bremeier/Brinkmann/Killian/Schneider 2005, S.277)
Überragende Bedeutung eines transparenten Führungs- und Kontrollsystems. (Siebert 2005, S.87)
Transparenz ist Grundlage für Vertrauen. (Schedler/Müller/Sonderegger 2011, S.10)

Tab. 7: Zitate mit Forderungen für Transparenz in der PCG

Es ist unübersehbar, dass Transparenz eine der zentralsten Anforderungen für PCG ist, an der sich jedes Konzept, jede einzelne Regelung und die Governancepraxis messen lassen müssen. Weiterhin wird deutlich, dass Transparenz ein schonendes Kontrollinstrument ist und die notwendige und angestrebte Handlungsfreiheit und Eigenverantwortlichkeit stärkt. Transparenz allein ändert nicht die Rationalitäten und die Steuerung. Aber angesichts der Ausführungen ist Transparenz eine zwingende „Zentralanforderung" und kann einen wirkungsvollen Entwicklungsbeitrag leisten. Das folgende Kapitel stellt die Methodik einer durchgeführten Befragung von verschiedenen Akteursgruppen der PCG vor.

5 Forschungsdesign einer teil-standardisierten Befragung von Schlüsselakteuren der PCG

Neben den vorangehend aus theoretischer Perspektive aufgezeigten Problemfeldern und Potenzialen eines PCGK ist von Interesse, wie die beteiligten Akteure aus Aufsichtsräten, Beteiligungsverwaltung, Geschäftsführungen und Rechnungshöfen die Wirkungen des jeweiligen PCGK bewerten und welche Faktoren der PCG sie als verbesserungswürdig ansehen. Wissenswert ist insbesondere, ob die Einführung eines PCGK das Bewusstsein und ggf. auch die Verhaltensweisen tatsächlich verbessert oder verändert hat. Grundsätzlich geht es dabei um die Frage, ob soft law bzw. Selbstregulierung im Sinne eines PCGK in der Wahrnehmung der Befragten ein hilfreicher Ansatz ist.

Hierfür wurde nach einer Theorieanalyse und einer ersten Bestandsaufnahme der Literatur ein Fragebogen konstruiert. Da die Ergebnisse der Befragung in die Kapitel 6, 8, 9 und 10 einfließen, wird das Forschungsdesign hier vorangehend vorgestellt. Die Fragen wurden aus theoriegeleiteten Erwägungen abgeleitet, u. a. in Bezug auf die Reduzierung von Informationsasymmetrien und Agenturkosten, die Einflüsse auf das Agentenverhalten sowie die Klarheit von Verfügungsrechten. Daneben wurden Einschätzungen zu Governancefaktoren abgefragt, die in Wissenschaft und Praxis als kritisch erachtet werden. Schließlich floss der selbst gesetzte Zielanspruch der Gebietskörperschaften – z. B. verbessertes Zusammenwirken der betroffenen Akteure, Transparenzsteigerung – zur Überprüfung in die Fragenbogenentwicklung ein.

Die Auswahlentscheidung zwischen mündlicher und schriftlicher Befragung fiel zugunsten der mündlichen Option. Dieses eröffnete in dem vergleichsweise komplexen und neuen Forschungsfeld die Möglichkeit für offene Fragen und gezielte Rückfragen seitens der Befragten. Mit Blick auf die Zielstellung erwies sich dies als vorteilhaft, da zentrale Erkenntnisse in einer ausschließlich schriftlichen Befragung nicht hätten gewonnen werden können. Eine geringere Fallzahl wurde zugunsten qualitativer Einschätzungen in Kauf genommen. Zudem war zu berücksichtigen, dass manche Fragen in dem Feld als kritisch und „politisch sensibel" wahrgenommen werden. Bei einer schriftlichen Befragung hätte sich dies mit hoher Wahrscheinlichkeit nachteilig auf die Rücklaufquote ausgewirkt bzw. Fragen wären schriftlich weniger sowie weniger deutlich/ausführlich beantwortet worden. Zudem wurden in der Erhebungsphase bereits viele Befragungen durchgeführt, was sich höchstwahrscheinlich ebenfalls negativ auf die Rücklaufquote ausgewirkt hätte.

Bei der Abwägung des Forschungszugangs hinsichtlich „Strukturierung versus Offenheit" wurde zur Ausnutzung der jeweiligen Chancen ein Mittelweg eingeschlagen. Um den Befragten die Möglichkeit für eine Einschätzung ohne vorweggenommene Themensetzung bzw. Einengung zu geben, wurden zum Einstieg zwei offene Fragen gestellt, deren Beantwortung noch nicht durch die anschließenden standardisierten Fragen beeinflusst war. Hierdurch sollte eine Stärke qualitativer Forschung in dem angelegten Design zusätzlich zur Geltung kommen. Im Anschluss wurden geschlossene und spezifische Fragen zu 16 Themenkreisen gestellt, um vergleichbare Aussagen zu erhalten und Wirkungen auf der Grundlage von Wahrnehmungsdaten zumindest im Ansatz erfassen zu können. Durch die angeführten Vorarbeiten ließ sich das Erkenntnisinteresse hierfür hinreichend klar präzisieren. Zum Abschluss wurden wiederum drei offene Fragen formuliert, um das Experten- und Erfahrungswissen der Befragten erneut ohne beeinflussende Vorgaben anzusprechen.

Ausgewählt wurden mit Berlin, Bremen, Stuttgart und dem Land Brandenburg die Gebietskörperschaften mit den ersten etablierten PCGKs, in denen im Untersuchungszeitraum bereits erste Erfahrungen zum Kodex vorlagen.

Grundgesamtheit für die Befragung waren die für die Untersuchungsziele relevantesten an der PCG beteiligten Akteure. Hierzu zählen Aufsichtsratsmitglieder, Beteiligungsverwaltung, Geschäftsführer und Landesrechnungshöfe bzw. Rechnungsprüfungsämter. Aus diesen Gruppen sind aus den Gebietskörperschaften jeweils sechs bzw. insgesamt 24 Interviews geführt worden. Die Forschungsanordnung wurde gewählt, um eine vergleichende Querschnittsanalyse über mehrere Gebietskörperschaften vorzunehmen. Zudem sollten durch die Einbeziehung der relevantesten Akteursgruppen die verschiedenen Betrachtungsweisen im Sinne eines Mehrperspektivenansatzes einfließen. Die Aufsichtsräte und Geschäftsführer sind ausschließlich in öffentlichen Unternehmen tätig gewesen, bei denen die öffentliche Hand einen entsprechenden Einfluss auf die PCG ausüben konnte. Bei der Auswahl der Aufsichtsratsinterviewpartner wurden gezielt sowohl politische Mandatsträger als auch externe Experten interviewt.

Wie bei jeder Befragung könnten sowohl Befürworter als auch Gegner der Befragungsgegenstände besonders motiviert für eine Teilnahme an der Befragung gewesen sein, wobei sich in den Interviews keine diesbezüglichen Auffälligkeiten zeigten. Vor dem ersten Interview wurden in Potsdam, einer Stadt mit ebenfalls etabliertem PCGK, zwei „Pretest-Interviews" durchgeführt. Die Interviews wurden über Telefon geführt, da persönliche Gespräche für die Analyseziele nicht erforderlich und forschungsökonomisch nicht zu realisieren waren. In zwei Fällen wurde der Fragebogen schriftlich beantwortet. Aufgrund der zugesicherten Anonymität werden die Interviewpartner nicht namentlich angeführt. Die Interviewlänge lag zwischen 45 Minuten und 2,5 Stunden – im Durchschnitt bei ca.1,5 Stunden. Einzelne Interviews waren deutlich länger, da sich aus den abschließenden offenen Interviewfragen und Ergänzungen zu einzelnen vorherigen Fragen weitere Austauschpunkte ergaben. Insgesamt zeigten sich bei den Befragten ein sehr hohes Interesse an der Thematik und eine sehr offene Auskunftsbereitschaft.

Aufgrund der Entwicklungen im Forschungsfeld und die forschungsleitenden Fragestellungen steht die Befragung nicht im Mittelpunkt der Arbeit, da hierfür mehr auf „objektive" und repräsentative Daten aus Jahrabschlussanalysen und Internetuntersuchungen statt auf Wahrnehmungsdaten von Betroffenen abzustellen ist. Zudem muss aufgrund der divergierenden Ausgestaltungen der PCGKs zunächst ein Schwerpunkt auf die Analyse ihrer Inhalte gelegt werden, da diese entsprechend starken Einfluss auf die Wirkungen und Wirkungspotenziale besitzen. Die Interviewstudie ist mit Blick auf die Analyseziele nicht repräsentativ, liefert für die Gebietskörperschaften jedoch ein aussagekräftiges Meinungsbild. Zur zusätzlichen empirischen Fundierung werden in die jeweilige Kapitel daher einige zentrale Befragungsergebnisse integriert.

Im Anschluss strukturiert und verdichtet Kapitel 6 Kritik und Forderungen zur PCG.

6 Klassifizierung von Problemfeldern sowie Forderungen aus Literatur, Rechnungshofberichten und eigener Befragung

Um bei den weiteren Analysen insbesondere auch an als kritisch eingestuften Aspekten als Ausgangspunkten für Verbesserungschancen konkret anzusetzen und einen steuerungsorientierten Überblick mit greifbaren Anknüpfungspunkten zu geben, arbeitet dieses Kapitel betonte Kritik und Forderungen zur PCG heraus. Zudem soll die Notwendigkeit zur intensiven Auseinandersetzung mit der Thematik zusätzlich aufgezeigt werden.

Die in Literatur, Rechnungshofberichten und Studien verstreuten Kritikpunkte und Verbesserungsvorschläge werden in Problemfelder kategorisiert und präzise benannt. In dieser Form liegt eine defizit- und reformforderungsorientierte Ordnung sowie prägnant und breit belegte Problemidentifizierung bislang nicht vor.

Methodisch wird hierfür ein breiter Zugang mit einer Analyse von Literatur und empirischen Studien, einer Dokumentenanalyse von Rechnungshofberichten sowie der eigenen Befragung gewählt. Dies soll die Problemanalyse breit fundieren sowie verschiedene Perspektiven einfließen lassen.

Es ist für die verfolgten Analyseziele notwendig und zweckmäßig, mit vielen wörtlichen Zitaten zu arbeiten, weil die Tonalität und vermehrte Schärfe der von einschlägiger Seite formulierten Kritik nur so hinreichend deutlich werden kann. Umformulierungen in indirekte Wiedergaben würden Erkenntnisgewinn und Gestaltungsnutzen vielfach deutlich verringern.

Trotz der hier im Fokus stehenden Kritik soll vorangehend sehr deutlich betont werden, dass in vielen Bereichen keine der im Folgenden aufgezeigten Defizite bestehen und zahlreiche Akteure in der PCG mit hoher Motivation und tadellosem Verantwortungsbewusstsein agieren. Für bestmögliche und zusätzliche Verbesserungschancen ist es jedoch notwendig, die von einschlägiger Seite in Wissenschaft und Praxis als kritisch eingestuften Aspekte gezielt und deutlich herauszuarbeiten. Zunächst werden übergreifende Gesamteinschätzungen zur PCG verdichtet.

6.1 Gesamteinschätzungen aus Wissenschaft und Praxis

Die Ausgestaltung der PCG wird insgesamt als verbesserungswürdig eingestuft.[305] Dabei werden sowohl Konzepte als auch Instrumente als defizitär oder nicht vorhanden kritisiert.[306] Budäus weist zusammenfassend auf Kontroll- und Einflussdefizite der Gebietskörperschaften, Defizite des Steuerungsinstrumentariums und unzureichendes Wissen der beteiligten Entscheidungs- und Kontrollträger über Aufgaben, Pflichten und Rechte hin.[307] Ebenfalls geben Städte selbst an, mit dem Beteiligungsmanagement und der Beteiligungsverwaltung nicht

---

[305] Vgl. Budäus/Hilgers (2009), S.901f.; Bremeier/Brinkmann/Killian (2006), S.20f.; Florio/Fecher (2011), S.364f.; Hammerschmid (2010), S.7; Reichard/Röber (2011), S.176; Schedler/Müller/Sonderegger (2011), S.1; Schwarting (2004), S.353f.; Schneider (2005), S.495; Weiblein (2011), S.601f.; Dietrich/Struwe (2006), S.18; Schedler/Kolbe (2004); Leitstelle Gemeindeprüfung NRW (2001), S.42+139; Röber (2008), S.62; Machura (1996), S.330.

[306] Vgl. stellvertretend Reichard (2008b), S.159.

[307] Vgl. Budäus (2008), S.38.

zufrieden zu sein.[308] Zur Untermauerung der Deutlichkeit, Kritikschärfe und für ein breites Erkenntnisbild stellt Tab. 8 eine Übersicht mit Einschätzungen zur PCG geordnet nach Erscheinungsjahr heraus. Unmittelbar auf empirischen Studien basierende Einschätzungen sind schattiert veranschaulicht.

Zitate-Übersicht mit Gesamteinschätzungen zur PCG
Es gibt zahlreiche Hinweise darauf, dass die herkömmlichen Beteiligungsverwaltungen, aber auch die politisch bestimmten Aufsichtsräte ihren Steuerungsaufgaben nur unzureichend nachkommen. (Reichard/Röber 2011, S.176)
Damit wird Beteiligungspolitik zum integralen Bestandteil der Verwaltungsmodernisierung. Die Notwendigkeit einer Optimierung dieser Politik lässt sich angesichts der seit langem monierten „Untersteuerung" der kommunalen Unternehmen kaum bestreiten. (Weiblein 2011, S.657).
Der Rechnungshof hält nach wie vor die Überarbeitung der Beteiligungshinweise und der Hinweise für Mitglieder in Überwachungsorganen für dringend geboten. (LRH Thüringen Jahresbericht 2011, S.164)
Insbesondere wird Ausgliederung oftmals als Automatismus … angesehen, ohne dass deren Zustandekommen aktiv gesteuert und überwacht würde. (Buchholz/Hellenbrand/Lasar 2011, S.230)
Die im wissenschaftlichen Diskurs aufgeworfene These der „Untersteuerung" von kommunalen Beteiligungen wird durch die vorliegende Studie nicht widerlegt. (Institut für den öffentlichen Sektor 2009c, S.27)
Unzureichendes Beteiligungsmanagement und Notwendigkeit einer zielgerichteten Weiterentwicklung des öffentlichen Beteiligungscontrollings. (Schaefer 2008, S.110)
Bessere Steuerung und Kontrolle dringend erforderlich. (Röber 2008, S.62)
Die meisten der in der Literatur beschriebenen spezifischen Problemfelder kommunaler Unternehmen wurden von den kommunalen Vertretern bestätigt. (Kersting 2008, S.93)
Tradierte Leitungs- und Kontrollstrukturen. (Reichard 2008a, S.137)
Erhebliche Regelungsdefizite auf der strategischen Ebene. (Eichhorn 2008, S.108)
Derzeitige PCG speziell im Hinblick auf deutsche kommunale Unternehmen unzureichend. (Reichard 2008b, S.159)
Die Steuerung der kommunalen Unternehmen und ihrer Aufgabenerfüllung ist zusammenfassend als problematisch zu bezeichnen. (Bremeier/Brinkmann/Killian 2006, S.20)
Die Kontrolle der Beteiligungen wird von den Kommunen als sehr ernüchternd gewertet. Eine Einbindung der Beteiligungsverwaltung in eine strategische Gesamtplanung erfolgt nur sporadisch. Von einem ganzheitlichen Beteiligungsmanagement kann daher nicht gesprochen werden. (Günther/Niepel 2006, S.340.)
Ebenfalls alle Rechnungshöfe schätzen den Bedarf verbesserten Unternehmensführung bei öffentlichen Ver- und Entsorgern mit nötig bis sehr nötig ein. (Dietrich/Struwe 2006, S.18)
Insbesondere auf der kommunalen Ebene zeigen sich verschiedene dramatische Entwicklungen. So berichtet der Bund der Steuerzahler in seinem alljährlichen Schwarzbuch unter der Überschrift „Unternehmer Staat" über vielfältige Fehlentwicklungen in öffentlichen Unternehmen, die regelmäßig finanzielle Folgen für die Eigentümer haben. (Kolbe 2006, S.61)
In der Praxis ist allerdings zu beobachten, dass diese Satzungen oft inhaltlich unvollständig und veraltet sind. Darüber hinaus enthalten sie nicht die tatsächlich gelebten Spielregeln der politischen Entscheidungsträger und der Verwaltungsverantwortlichen. (Ruter/Müller-Marqués Berger 2005, S.446)
Erhebliche Probleme. (Seibicke 2005, S.99)
Ganz erhebliche Corporate Governance Probleme. (Budäus/Srocke 2003, S.99)
Die von der Landesregierung beschlossenen Leitlinien für eine effiziente Beteiligungspolitik sind bisher nur vereinzelt umgesetzt worden. Teilweise hat die Landesregierung hiergegen aber auch verstoßen. (Landesrechnungshof Brandenburg Jahresbericht 2004, S.204ff.)
Die generelle Einschätzung, dass die öffentlichen Unternehmen politisch-strategisch 'untersteuert' sind, kann mit den von uns erhobenen Daten weitgehend bestätigt werden. (Röber 2001, S.10)
Erhebliche Steuerungs- und Kontrolldefizite. (Leitstelle Gemeindeprüfung NRW 2001, S.42)
Leitung und Kontrolle ist durchaus noch immer nicht befriedigend gelöst. (Siekmann 1996, S.284)
Jedenfalls bestehen weithin Defizite bei der Kontrolle öffentlicher Unternehmen. (Machura 1996, S.330)

Tab. 8: Zitate-Übersicht mit Gesamteinschätzungen zur PCG

---

[308] Vgl. Bogumil et al. (2007), S.75; Schwarting (2004), S.17.

Auch international wird an der PCG Kritik geäußert, wie etwa durch Schedler/Müller/Sonder-
egger, die als gemeinsame Erkenntnis aus der Betrachtung verschiedener Bereiche bemän-
geln, dass „Aufgaben der strategischen Führungsebene unterschätzt werden."[309] Gemäß
Schedler/Kolbe sind „Defizite ... vor dem Hintergrund ungelöster Corporate Governance
Probleme im öffentlichen Bereich eindeutig erkennbar."[310] Folgend werden übergreifende
Problemfelder untersucht.

6.2 Übergreifende Problemfelder und Forderungen

6.2.1 Übersteuerung, Untersteuerung und Verselbständigungen

Seit vielen Jahren wird die PCG in Wissenschaft und Praxis mit den Begriffen „Untersteuerung" und „Übersteuerung" bzw. auch „Steuerungsverlust" oder sogar „Steuerungsvakuum"
beschrieben.[311] Charakteristische Schlagworte zur Problembenennung sind weiterhin „Atomi-
sierung der Verwaltung", „Skelettierung der Haushalte" oder „Demokratieverlust."[312] Generell wird ein „Verlust politischer Steuerbarkeit"[313] gesehen. Für die Kernverwaltung wird regelmäßig eine Übersteuerung festgestellt, für öffentlichen Unternehmen i. d. R. eine Untersteuerung.[314]

Übersteuerung kennzeichnet eine Situation, in der Politik und Verwaltung öffentlichen Unternehmen weniger Handlungsspielräume belassen, als dies angesichts der jeweiligen Rahmenbedingungen angemessen wäre. In weit reichenden Fällen kann dies dazu führen, dass die
Unternehmensleitung lediglich Weisungen aus dem politisch-administrativen System um-
setzt.[315]

Im Zuge von Übersteuerung werden öffentliche Unternehmen bisweilen, „je nach politischer
Opportunität"[316] mit „willkürlichen, konzeptionslosen Eingriffen traktiert."[317] „Unter vier
Augen mit dem Manager werden teilweise Forderungen gestellt, die ein Gewinnziel enthalten
(ganz im Gegensatz zu Wahlreden) und in den Betriebsablauf, unter anderem in die Personal-
führung, eingreifen können."[318] „Teilweise wird in praxi doch durchregiert oder ein Unternehmen (für nicht weiter offengelegte) Interessen instrumentalisiert."[319] Aufgrund ihrer politischen Rationalität sind politische Entscheidungsträger nach Kritik in der Literatur oftmals
nicht bereit, auf kurzfristige und öffentlichkeitswirksame Eingriffe in das operative Alltagsge-
schäft zu verzichten.

Untersteuerung steht dagegen für einen Steuerungskontext, in dem Pflichten und Rechte zur
Einflussnahme durch die öffentliche Hand nicht hinreichend wahrgenommen werden und die

---

[309] Schedler/Müller/Sonderegger (2011), S.115.
[310] Schedler/Kolbe (2004), S.139.
[311] Vgl. Budäus (1993), S.163; Reichard (1994), S.15; Hammerschmid (2010), S.7; Kolbe (2006), S.62;
Schaefer (2004a), S.120; Struve/Dietrich (2005), S.202.
[312] Leitstelle Gemeindeprüfung Nordrhein-Westfalen (2001), S.3.
[313] Edeling/Stölting/Wagner (2004), Vorbemerkung.
[314] Vgl. Buchholz/Hellenbrand/Lasar (2011), S.230; Theuvsen (2001), S.137.
[315] Vgl. Theuvsen (2001), S.132. Ebenfalls Theuvsen (2012b), S.172.
[316] Siekmann (1996), S.308.
[317] Machura (1993), S.172.
[318] Machura (1996), S.276.
[319] Diederich (1994), S.86.

Geschäftsführung öffentlicher Unternehmen bei zentralen Entscheidungen wie etwa zu Strategie, Ziele oder Schlüsselpersonal in zu großer Autonomie agiert.[320] Nach einer Bestandsaufnahme zeichnet sich als ein „gravierendes Problem ... eine unzulängliche und unbefriedigende Einflussnahme und Kontrolltätigkeit ab."[321] Daneben wird beklagt, dass Kommunalbetriebe sich zunehmend verselbständigen und sich einer politischen Steuerung zunehmend entzögen.[322] Es zeigen sich „Anzeichen für die Ausdehnung kontrollfreier Räume, in denen ein starkes Management nach Belieben agieren kann"[323] sowie „Eigenleben und Untersteuerungseffekte."[324] Seibicke berichtet von Verselbständigungsfällen der Geschäftsführung, die zu finanziellen Schäden für die öffentliche Hand führten.[325] Charakteristisch für Untersteuerung ist das Resümee von Diederich zu einem von der DFG geförderten Forschungsprojekt: „Die politische Ebene hat ... vielfach keine dezidierte Aufgabenbeschreibung für die öffentlichen Unternehmen geleistet. Dieser 'Unwille' ist ... Ausfluss des ... gesellschaftlichen Wertewandels, in dessen Verlauf weitgehend das Bewusstsein einer hohen gesellschaftlichen Bedeutung 'öffentlicher Aufgaben' verloren gegangen ist."[326] Budäus verzeichnet sogar eine Umkehrung des eigentlichen Kompetenzgefüges zwischen Träger und dezentralen Organisationseinheiten: „Nicht mehr die Muttergebietskörperschaft steuert das öffentliche Unternehmen, sondern das öffentliche Unternehmen steuert die Muttergebietskörperschaft, ohne dass dies hinreichend transparent wird."[327] Ergänzend lässt sich hierzu auf den langjährigen Präsidenten des Berliner Rechnungshofes verweisen. Dieser nimmt die Gefahr wahr, „dass sich die Aufsichtsorgane zu stark von den Vorgaben der Unternehmensleitung beeinflussen lassen und eher als Legitimations- denn als Kontrollorgane fungieren.[328]

Eine empirische Studie von 2009 kommt zu dem Ergebnis: „Die im wissenschaftlichen Diskurs aufgeworfene These der 'Untersteuerung' von kommunalen Beteiligungen wird durch die vorliegende Studie nicht widerlegt."[329] Auch von Seiten der Rechnungshöfe werden Verselbständigungen kommunaler Gesellschaften durch unzureichende Steuerung bis in die heutige Zeit kritisiert.[330]

---

[320] Vgl. Theuvsen/Frentrup (2008), S.131; Theuvsen (2001), S.137.
[321] Budäus/Srocke (2003), S.82.
[322] Vgl. Bogumil et al. (2007), S.75; Reichard/Grossi (2008), S.91; Budäus/Srocke (2003), S.82; Reichard (2008b), S.159.
[323] Siekmann (2002), S.284; Siekmann (1996), S.284.
[324] Katz (2007), S.585.
[325] Vgl. Seibicke (2005), S.97.
[326] Diederich (1994), S.217. Vgl. auch Diederich (1994), S.74f.
[327] Budäus (2008), S.37.
[328] Vgl. Harms (2008b), S.75.
[329] Institut für den öffentlichen Sektor (2009c), S.27.
[330] Vgl. stellvertretend Rechnungshof Sachsen (2011), S.118ff.

6.2.2 Mangelnder Steuerungswille und zu geringes Kontrollinteresse

Die zwingende Notwendigkeit für einen angemessenen politischen Steuerungswillen wird häufig betont.[331] Jedoch sieht die Literatur „Defizite beim Gestaltungswillen zur Entwicklung und Anwendung geeigneter Instrumentarien."[332] Vorliegende Steuerungskonzepte und Instrumente würden nicht hinreichend genutzt.[333]

Diesbezüglich hat der Wissenschaftliche Beirat der Gesellschaft für öffentliche Wirtschaft schon 1982 gemahnt: „Die politische Kontrolle der Erfüllung der öffentlichen Aufgaben der öffentlichen Unternehmen sollte von den Parlamenten und kommunalen Volksvertretungen mehr noch als bisher als eine wichtige und ständige Aufgabe begriffen werden."[334] 2001 kam die Leitstelle kommunale Gemeindeprüfung zu der Bilanz, dass in einigen Feldern nicht hinreichend Wille besteht, steuernd einzugreifen.[335] Wirtschaftspläne und Jahresabschlüsse von öffentlichen Unternehmen werden nach Schilderungen aus der Praxis im Gegensatz zum kommunalen Haushalt nach wie vor kaum diskutiert.[336]

Kritisch wird darüber hinaus insbesondere eingestuft, dass die politischen Organe das Interesse an der Steuerung und Überwachung der Aufgabenerfüllung verlieren, sobald eine Aufgabe aus der Kernverwaltung ausgegliedert wird.[337] „Der wirtschaftliche Erfolg wiederum ist für die Kommunalpolitik – hier sind jetzt explizit die Mandatsträger und die Verwaltungsspitze gemeint – Legitimation für die praktizierte lose Steuerung … Die politischen Gestaltungsoptionen bleiben jedoch vielfach ungenutzt und die politische Verantwortung für das Handeln der Unternehmen wird nur unzureichend wahrgenommen."[338] Zentrale Personalentscheidungen überlassen die Gebietskörperschaften nach einer Studie der Leitstelle Gemeindeprüfung NRW zu Ratsbeschlüssen zumindest formell überwiegend den Unternehmen selbst.[339]

Als Erklärung für mangelndes Steuerungsinteresse führt Siekmann an: „Es bringt für untergeordnete, ´kleine` Bürokraten und Politiker keinerlei Vorteil, aktiv die Leistung des Unternehmens verbessern zu wollen und sich mit dem Management oder den sonstigen dort tätigen Personen auseinanderzusetzen. Im Gegenteil besteht die Gefahr, dass sie für Fehlentwicklungen verantwortlich gemacht werden, wenn sie eingreifen."[340] Auch Mühlenkamp verweist auf die Problematik zu geringer Kontrollinteressen und fragt nach den Abnehmern für Steuerungsinformationen.[341] Vor allem werden auch bei der Einflussnahme auf mittelbare Beteiligungen Defizite gesehen.[342]

---

[331] Vgl. Koch/Madre (2009), S.181.
[332] Budäus (2008), S.38.
[333] Vgl. Reichard (2012), S.62.
[334] Gesellschaft für öffentliche Wirtschaft (1982a), S.13f.
[335] Vgl. Leitstelle Gemeindeprüfung NRW (2001), S.36.
[336] Vgl. Baier (2009), S.4.
[337] Vgl. Reichard/Grossi (2008), S.89; Bremeier/Brinkmann/Killian (2006), S.20ff.; Kolbe (2006), S.62.
[338] Bremeier/Brinckmann/Killian (2006), S.22.
[339] Vgl. Leitstelle Gemeindeprüfung NRW (2001), S.63.
[340] Siekmann (1996), S.308.
[341] Vgl. Mühlenkamp (2008), S.155.
[342] Vgl. Leitstelle Gemeindeprüfung NRW (2001), S.27.

6.2.3 Verbesserungsbedürftige Gesamtstrategie und geschlossene Gesamtsteuerung mit Einbindung ausgegliederter Organisationseinheiten

Die Notwendigkeit für eine ganzheitliche Betrachtung des „Konzerns Stadt" findet vielfältige Betonung.[343] Allerdings ist das Fehlen einer Gesamtstrategie unter Einbindung aller ausgegliederten Organisationseinheiten in das Zielsystem der Gebietskörperschaft ein zentraler Kritikpunkt.[344] Beobachtet werden eine „fehlende oder ungenügende Strategiefindung und Strategiekontrolle, da meist nur auf Strategievorgaben der vorgelagerten Stufe basiert wird."[345] Zuständigkeiten für die Unternehmen sowie Leistungs- und Finanzziele werden oftmals nicht zentral zusammengeführt.[346] Weiter würden Zielkonflikte „selten systematisch erkannt und aufgearbeitet."[347] In einer empirischen Studie identifiziert das Institut für den öffentlichen Sektor im Jahr 2009 weiterhin Verbesserungsbedarf, aber auch Entwicklungstendenzen in die geforderte Richtung: „Eine übergreifende Gesamtstrategie für den „Konzern Kommune" ist eher selten, wobei immerhin 40% der Befragten angaben, zum Teil eine Strategie zu haben, die für Verwaltung und Beteiligungen gemeinsam gilt."[348]

Bogumil et al. ermitteln in ihrer empirischen Studie im Konzern Stadt zunehmende „Betriebsegoismen."[349] Ähnliches stellen aktuelle Beiträge fest. Nach Buchholz/Hellenbrand/Lasar bestehen „unterschiedliche Organisationskulturen, die zu Misstrauen unter den Handelnden führen können … Die städtischen Mitarbeiter betrachten die verselbständigten Aufgabenträger wegen der ihnen zugestandenen Freiheiten und mangelnder Transparenz nicht selten mit Argwohn."[350]

Auch an die „Scientific Community" selbst wird in diesem Kontext Kritik gerichtet: „In der Wissenschaft werden die Themenfelder 'Steuerung der Kernverwaltung' und 'Steuerung der Beteiligungen' bislang überwiegend voneinander isoliert betrachtet."[351]

6.2.4 Unzureichende Entwicklung und Spezifizierung von Zielen

Hinreichend operationalisierte Ziele werden einhellig als unverzichtbare Grundlage für die Steuerung von (öffentlichen) Unternehmen angesehen. Sie sind die „Gretchenfrage"[352] der PCG. Für die zu erfüllenden Aufgaben müssen klar definierte und überprüfbare Zielgrößen vorgegeben werden.[353] Zudem agieren öffentliche Unternehmen mit dem Markt und der Politik zwischen zwei sehr unterschiedlichen Referenzsystemen, wobei die Ausrichtung nicht immer in wünschenswerter Klarheit festgelegt ist. Politische Ziele werden im Rahmen demokratischer Prozesse definiert, betriebswirtschaftliche Zielvorgaben hingegen in der Regel vor

[343] Vgl. stellvertretend Mühlenkamp (2008), S.156.
[344] Vgl. Buchholz/Hellenbrand/Lasar (2011), S.229; Linhos (2006a), S.31f.; Linhos (2006b), S.377; Reichard (2012), S.62.
[345] Schedler/Müller/Sonderegger (2011), S.177.
[346] Vgl. Buchholz/Hellenbrand/Lasar (2011), S.229.
[347] Treuner (2005b), S.351.
[348] Institut für den öffentlichen Sektor (2009c), S.19.
[349] Bogumil et al. (2007), S.76.
[350] Buchholz/Hellenbrand/Lasar (2011), S.23.
[351] Buchholz/Hellenbrand/Lasar (2011), S.229.
[352] Kolbe (2006), S.67.
[353] Vgl. u. a. Machura (1994), S.160; Kolbe (2006), S.63; Lenk/Rottmann (2007), S.349.

dem Hintergrund von Marktbedürfnissen gebildet.[354] Ein Schlüsselproblem der PCG besteht darin, dass öffentliche Unternehmen teilweise nicht oder nur schwer vereinbare Ziele erfüllen müssen.[355] Gerade deshalb sind klare Ziele jedoch von neuralgischer Relevanz für die politische und administrative Steuerungsfähigkeit. Liegt für öffentliche Unternehmen lediglich ein Oberziel vor, verlagert sich die Konkretisierung in das Unternehmen selbst. Aus Sicht der öffentlichen Hand darf dieses nicht hingenommen werden.[356] Allerdings ist festzustellen, dass als grundlegende Problematik der PCG vielfach gerade fehlende Zielvorgaben der Eigentümer angeführt werden. Satzungen und Verträge der Gesellschaft werden fortlaufend als zu wenig konkret kritisiert. Unklare, nicht operationalisiert definierte und für eine Erfolgskontrolle unüberprüfbare Zielgrößen belassen für die Unternehmensleitung einen großen Handlungs- und Zielsetzungsspielraum.[357] Für einen prägnanten Überblick zitiert Tab. 9 die breit angeführte Kritik.

Zitate-Übersicht über die unzureichende Entwicklung und Spezifizierung von Zielen
Die Träger der öffentlichen Unternehmen sind deshalb aufgefordert, die öffentlichen Aufgaben präziser als bisher zu formulieren. (Empfehlung Wissenschaftlicher Beirat, Gesellschaft für öffentliche Wirtschaft 1982, S.13)
Unzureichende Vorgabe von Zielen. (Weiblein 2011, S.654; Otto 2002, S.158f.)
Aus Abbildung 19 geht hervor, dass die wenigsten Kommunen bislang für ein ausformuliertes Zielsystem für die Beteiligungen verfügen. (Institut für den öffentlichen Sektor 2009c, S.19)
Fehlen konkretisierter und damit geeigneter Maßstäbe für eine Erfolgskontrolle. (Harms 2008b, S.75)
Mangelnde Zielklarheit. (Röber 2008, S.64)
Diese nicht klar formulierten Zielsetzungen führen zu Problemen bei der Erfolgskontrolle der Unternehmen. (Budäus 2007, S.641)
Es fehlt ein klar definiertes Oberziel des öffentlichen Unternehmensträgers, an dem die Ziele des öffentlichen Unternehmens ausgerichtet werden können. (Ruter/Müller-Marqués Berger 2005, S.449)
Mehrere öffentliche Ziele in der Satzung genannt, die nicht in einem Sachzusammenhang stehen. (Ganske 2005, S.381)
Es ist äußerst verwunderlich, dass die Beschreibung politischer Vorgaben und Ansprüche sehr allgemein und missverständlich gehalten wird. (Edeling/Stölting/Wagner 2004, S.56)
Die Sachziele sind zudem nicht immer ausreichend genau definiert und lassen dem Management große Spielräume. (Siekmann 1996, S.302)
Probleme und Defizite bei Unternehmenszielen. (Machura 1993, S.64ff.)

Tab. 9: Zitate-Übersicht über unzureichende Entwicklung und Spezifizierung von Unternehmenszielen

Eine Analyse von Rechnungshofberichten bestätigt, dass die Entwicklung und Spezifizierung von Unternehmenszielen ein Kernproblem der PCG ist.[358]

---

[354] Vgl. Sonderegger (2004), S.15.
[355] Vgl. Edeling/Stölting/Wagner (2004), S.56; Siekmann (1996), S.302.
[356] Vgl. Kolbe (2006), S.69.
[357] Vgl. Budäus (2005), S.17f.; Diederich (1994), S.99.
[358] Vgl. LRH Niedersachsen Jahresbericht (2007), S.80ff.; LRH Brandenburg Jahresbericht (2002), S.211.

6.2.5   Fehlende Voraussetzungen bei der Gründung/Beteiligung von/an Unternehmen sowie unzulängliche Erfolgskontrollen

Ein relevantes Problemfeld wird bei der Prüfung der Voraussetzungen und vor allem auch bei der laufenden Kontrolle des in § 65 BHO/LHO bzw. in den GO geforderten wichtigen öffentlichen Interesses erkannt.

Zum einen wird gefordert, das öffentliche Interesse sowie die Vor- und Nachteile von Auslagerungen wesentlich operationalisierter und überprüfbarer zu dokumentieren.[359] Die Leitstelle Gemeindeprüfung von NRW bemängelt: „Zumindest die dokumentierten Entscheidungsgründe lassen aber oftmals eine Auseinandersetzung mit den konkreten Problemen vermissen. Die regelmäßig angestellten allgemeinen Erwägungen haben keinen Bezug zum jeweiligen Fall, sondern sind geeignet, die Privatisierung jedes beliebigen Aufgabengebietes als sinnvoll erscheinen zu lassen. Eine Abwägung der Vor- und Nachteile und eine professionelle Absicherung der wirtschaftlichen Notwendigkeit und der Folgen der Ausgliederung fehlen in der Regel."[360] Zum anderen erweist sich die begleitende Erfolgskontrolle als problematisch. „Die Berichte, die einige Kommunen als ʹErfolgskontrolleʹ werten, verdienen diese Bezeichnung in aller Regel nicht. Mangels Festlegung konkreter Ausgliederungsziele ist eine Kontrolle, ob diese Ziele erreicht werden, so gut wie nicht möglich."[361]

Die Analyse von Landesrechnungshofberichten unterstreicht bestätigen, dass hier ein relevantes übergreifendes Problemfeld vorliegt.[362] In den Interviews erwähnten drei Rechnungshofvertreter die Prüfung der Voraussetzungen und des Fortbestehens des wichtigen öffentlichen Interesses als ein großes Problem.

6.2.6   Mangelnde Einbindung der Politik und Einrichtung eines Ratsausschusses „Unternehmen / Beteiligungen"

Übergreifend wird problematisiert, dass die Politik nicht hinreichend in die PCG eingebunden ist und teilweise eine Dominanz der Verwaltung bestünde.[363] Nach einer Studie von Bogumil et al. ist das verantwortliche politische Organ „nicht in allen Phasen des Ausgliederungsprozesses beteiligt und verfügt nur in der Hälfte der Fälle über eine wirksame Kontrollmöglichkeit der Verträge."[364]

In der Literatur wird vor diesem Hintergrund empfohlen, einen mit besonderen Rechten ausgestatteten Unternehmens-/Beteiligungsausschuss zu bilden, der regelmäßig Berichte der kommunalen Unternehmen und auch der Beteiligungsverwaltung aufnimmt und diskutiert.[365] Dieser sollte in der Hauptsatzung ähnlich wie der Hauptausschuss oder der Rechungsprü-

---

[359] Vgl. Leitstelle Gemeindeprüfung NRW (2001), S.48; Budäus/Srocke (2003), S.86.
[360] Leitstelle Gemeindeprüfung NRW (2001), S.46.
[361] Leitstelle Gemeindeprüfung NRW (2001), S.48.
[362] Vgl. u. a. LRH Rheinland-Pfalz (2009), S.107; LRH Niedersachsen (2009), S.30ff.; LRH Baden-Württemberg (2008), S.55; LRH Berlin (2004), S.138ff.; LRH Berlin (2005), S.114; LRH Brandenburg Jahresbericht (2004), S.204ff.; LRH Berlin (2007), S.177; LRH Niedersachsen (2008), S.113.
[363] Vgl. Institut für den öffentlichen Sektor (2009a), S.11.
[364] Bogumil et al. (2007), S.76.
[365] Vgl. Bremeier/Brinkmann/Killian (2006), S.164; Leitstelle Gemeindeprüfung NRW (2001), S.22+44; Institut für den öffentlichen Sektor (2009a), S.11.

fungsausschuss festgelegt werden. Ebenso sollte er nicht nur ein vorbereitender Ausschuss sein, sondern auch Initiativrechte und weitere Kompetenzen besitzen – z. B. zur Aufnahme von regelmäßigen unmittelbaren Berichten von Unternehmen, Beteiligungsmanagement und Wirtschaftsprüfern. Unternehmensleitungen und Wirtschaftsprüfer sollten eine entsprechende Teilnahmeverpflichtung besitzen.[366]

6.2.7 Unklare Zuständigkeiten, Rechte und Pflichten sowie „Organisierte Unverantwortlichkeit"

Vielfach werden uneindeutige Zuständigkeiten sowie unklare Rechte und Pflichten kritisiert.[367] Persönliche Verantwortlichkeiten und Handlungsabläufe sind nicht immer hinreichend nachvollziehbar. Die Steuerung ist des Öfteren nicht institutionell abgesichert, sondern verläuft in überausgeprägtem Maße über informelle Wege.[368] Der LRH Brandenburg urteilte 2004, „dass in der Beteiligungsführung noch immer keine klaren Verantwortlichkeiten und Strukturen herrschen, sondern im Gegenteil eine größere und risikoreichere Intransparenz als zuvor besteht."[369]

In den Interviews wurde die Problematik unklarer Zuständigkeiten und Verantwortung von 13 der 24 Befragten aufgeworfen. Gerade für die PCG scheint der von Gerhard Banner geprägte Begriff der „organisierten Unverantwortlichkeit" für einige Bereiche als treffende Charakterisierung der Situation.

6.2.8 Organkonflikte zwischen Gesellschafterversammlung und Aufsichtsrat und möglicher Verzicht auf fakultative Aufsichtsräte

Nach den skizzierten gesetzlichen Vorgaben aus § 65 BHO/LHO bzw. den GO ist ein „angemessener Einfluss" der öffentlichen Hand hinsichtlich des Unternehmens zu gewährleisten. Dies kann bei GmbHs grundsätzlich auch bei einem Verzicht auf Aufsichtsräte und Steuerung über die Gesellschafterversammlung gewährleistet werden.

Bremeier/Brinkmann/Killian vertreten die Auffassung, dass sich in der Praxis eine Dominanz der Aufsichtsräte entwickelt habe und der Gesellschafterversammlung mehr Kompetenzen zuzuweisen wären.[370] Im Gegensatz hierzu argumentiert das Institut für den öffentlichen Sektor mit Verweis auf demokratietheoretische Gesichtspunkte, dass der Aufsichtsrat durch die Gesellschafterversammlung übergangen werden könne und in dieser meist nur die Verwaltung und keine politischen Repräsentanten vertreten seien. Daher komme der Ausgestaltung der Aufsichtsratsrechte besondere Bedeutung zu.[371]

Ein besonders relevantes Kritikfeld sind nicht eindeutige Aufgabenabgrenzungen und Organkonflikte zwischen Gesellschafterversammlung und Aufsichtsrat, aus denen Verluste an

---

[366] Vgl. Bremeier/Brinkmann/Killian (2006), S.164.
[367] Vgl. Budäus/Srocke (2003), S.82; Leitstelle Gemeindeprüfung NRW (2001), S.42; Bremeier et al. (2005), S.273; Bremeier/Brinkmann/Killian (2006), S.21; Machura (1993), S.47ff.
[368] Vgl. Bremeier et al. (2005), S.273; Machura (1993), S.277.
[369] LRH Brandenburg Jahresbericht (2004), S.206.
[370] Vgl. Bremeier/Brinkmann/Killian (2006), S.21+165.
[371] Vgl. Institut für den öffentlichen Sektor (2009b), S.13.

Steuerungseffektivität/-effizienz und „organisierte Unverantwortlichkeit" resultieren können. In wichtigen Fällen ist eine klare Zuordnung von Verantwortlichkeiten oft nicht hinreichend möglich. Daher wird teilweise gefordert, verstärkt auf Aufsichtsräte zu verzichten und nur über die Gesellschafterversammlung zu steuern.

In der Interviewstudie wurde gefragt, ob man bei öffentlichen Beteiligungen in der Rechtsform einer GmbH auf Aufsichtsräte verzichten und eine Steuerung und Überwachung nur durch die Gesellschafterversammlungen vollziehen könnte (Antwortskala 1: stimme überhaupt nicht zu / 4: stimme voll und ganz zu). Hierzu lag der Mittelwert der Antworten bei 1,9 (SD 1,2). Überwiegend sahen die Befragten aus politischen Gründen keine Möglichkeit, verstärkt auf Aufsichtsräte zu verzichten. Auffällig war jedoch, dass vier Interviewpartner (jeweils zwei Vertreter von Rechnungshöfen und Beteiligungsverwaltung) hier voll und ganz zustimmten sowie mit Blick auf die ausgeführten Aspekte vehement für einen stärkeren Verzicht auf Aufsichtsräte argumentierten.

Dem vorangehend angeführten demokratietheoretischen Argument wurde in den Interviews entgegnet, dass gerade das Demokratieprinzip für die Gesellschafterversammlung und gegen Aufsichtsräte spräche. Der Souverän wähle die Vertretungskörperschaft/Regierungsvertreter, diese oder deren Vertreter wären in der Gesellschafterversammlung vertreten. U. a. wären Arbeitnehmervertreter in Aufsichtsräten demokratisch deutlich weniger legitimiert, zumal häufig Gewerkschaftsvertreter und nicht Arbeitnehmer aus dem eigenen Unternehmen in den Aufsichtsräten vertreten seien. Weiter zog sich eine Argumentationslinie durch die Interviews, dass der Aufsichtsrat dem Unternehmenswohl verpflichtet sei und bei wichtigen Entscheidungen teilweise ein strukturell anderes Interesse als die öffentliche Hand als Gesellschafter vertreten müsse.

Aus Perspektive der Theorie der Verfügungsrechte ist zu konstatieren, dass die Verfügungsrechte bei der Etablierung eines fakultativen Aufsichtsrats noch stärker „verwässert" werden, woraus zusätzliche Effektivitäts- und Effizienzverluste bei der Aufgabenerfüllung resultieren.

Aus dem Blickwinkel der Prinzipal-Agent-Theorie impliziert die Einrichtung eines fakultativen Aufsichtsrats einen zusätzlichen Prinzipal bzw. Agenten, wodurch die multiple Prinzipal-Agent-Konstellation weitere Komplexität erhält. Nach der Transaktionskostentheorie ist für diesen Kontext entscheidend, dass möglichst geringe Transaktionskosten bei der Steuerung über zwei verschiedene Organe entstehen.

Vor diesem Hintergrund sollte in Konzepten und Praxis bezüglich der GmbH sichergestellt sein, dass die Vor- und Nachteile für die Einrichtung eines Aufsichtsrats konkret geprüft werden.

6.2.9 Zu starke Fokussierung von Finanz- statt Leistungs-/Wirkungskennzahlen

Das Leistungs- bzw. Sachziel öffentlicher Unternehmen muss zentraler Gegenstand der Steuerung und Überwachung öffentlicher Unternehmen sein.[372] Daher ist eine verstärkte Konzentration auf Leistungskennzahlen erforderlich.[373] Allerdings findet sich vielfältige Kritik, dass der Fokus bei der Steuerung und Überwachung zu stark auf Finanzziele statt auf Leistungs-/Wirkungsziele gerichtet ist und das Berichtswesen mehr Leistungskennzahlen integrieren sollte.[374] Hammerschmid charakterisiert das Beteiligungsmanagement wie folgt: „Es ist stark formal rechtlich, finanziell orientiert und gibt allgemein wenig Antworten auf die politische Dimension der Steuerung."[375] Nach Bremeier/Brinkmann/Killian handelt es sich „meist um eine finanzpolitische Kontrolle und nicht um kommunalpolitische Steuerung."[376] Vor allem die Leistungsüberwachung wird öfter als unzureichend eingestuft.[377] Gerade auch bei der Beratung von Wirtschaftsplänen sollten Leistungsdaten bzw. insbesondere das Abweichen von Leistungen eine wichtigere Rolle spielen.[378]

Als weiterer Kritikpunkt wird angeführt, dass der finanzielle Erfolg eines kommunalen Unternehmens ein zentraler Faktor für den Handlungsspielraum der Geschäftsführung ist. Typischerweise steuern Politik und Verwaltung in öffentlichen Unternehmen mit erzielten Gewinnen nach wiederkehrenden Aussagen in der Literatur weniger als in defizitären Unternehmen. Wenn die Finanzzahlen stimmen, ist die Gefahr für Untersteuerung deutlich größer.[379] Mit Blick auf die Kritik und übergreifende Diskussionen über eine verbesserte wirkungsorientierte Steuerung im öffentlichen Sektor,[380] sollte zukünftig in Konzepten und in der Steuerungspraxis ein noch stärkeres Gewicht auf Leistungs- und Wirkungskennzahlen gelegt werden.

---

[372] Vgl. Machura (1993), S.77.
[373] Vgl. Schulte (1994), S.200; Ruter/Müller-Marqués Berger (2005), S.451.
[374] Vgl. Günther/Niepel (2006), S.332; Reichard (2012), S.65; Reichard (2008a), S.137; Schaefer (2004b), S.273; Graef (2001), S.287; Reichard/Grossi (2008), S.97f.
[375] Hammerschmid (2010), S.9f.
[376] Bremeier/Brinkmann/Killian (2006), S.20.
[377] Vgl. z. B. LRH Saarland Jahresbericht (2008), S.83ff.
[378] Vgl. Baier (2010), S.13.
[379] Vgl. Bremeier/Brinckmann/Killian (2006), S.20; Reichard (2012), S.62; Siekmann 1996, S.304; Machura (1993), S.109.
[380] Vgl. stellvertretend Reichard (2007), S.3ff. Zur Notwendigkeit für ein Performance Management Hilgers (2008), S.295. Übergreifend hierzu der Ansatz des Arbeitskreises aus dem Programm der Bundesregierung „Vernetzte und transparente Verwaltung" zur ergebnis- und wirkungsorientierten Steuerung öffentlicher Institutionen.

6.2.10 Vergangenheitsorientierte Verwaltung statt zukunftsgerichtete Steuerung

Erforderlich ist für Gebietskörperschaften, ihre Beteiligungen nicht nur zu verwalten, sondern politisch-strategisch zu steuern. Zentrale und übergreifend hervorzuhebende Aspekte sind hingegen die als defizitär eingestufte unterjährige Berichterstattung[381] sowie die als rückwärtig monierte Rechenschaftslegung.[382] Für die Beteiligungsmanagementpraxis wird eine zu operative und vergangenheitsorientierte Steuerungsperspektive beobachtet.[383] Die verstärkte Einführung von strategischen, zukunftsgerichteten Instrumenten ist daher anzustreben.[384]

6.2.11 Unzulängliche Trennung von Eigentümer- und Gewährleisterfunktion

In der Wissenschaft wird teilweise gefordert, bei der Rolle der öffentlichen Hand stärker eine Eigentümerfunktion und eine Gewährleisterfunktion zu unterscheiden und entsprechend auszugestalten. Die organisatorische und/oder funktionale Rollentrennung der Eigentümer- und Gewährleisterfunktion des Staates ist aus der Perspektive von Kritikern nicht hinreichend.[385] „Während das Eigentümerinteresse in Richtung auskömmlicher Preise mit Überschuss und Abwehr von Privatisierungsabsichten geht, besteht das Gewährleistungsinteresse in der Sicherstellung der Versorgung der Bevölkerung bei sozial angemessener Preisgestaltung. Aufgrund dieses Spannungsverhältnisses empfiehlt sich die Trennung der beiden Rollen, für jede Zielrichtung sollte demnach eine andere resp. eigene Instanz zuständig sein."[386] Nach Schedler/Gulde/Suter sollte das Finanzressort eine Gesamtstrategie zu den Beteiligungen erarbeiten und im Fachressort die Gewährleistung der öffentlichen Aufgabe gesichert werden.[387] Reichard/Grossi weisen die Wahrnehmung der Eigentümerfunktion primär den Aufsichtsgremien zu – die Beteiligungsverwaltung sollte sich eher auf die finanzorientierte Perspektive konzentrieren.[388] In den Interviews stellte sich bei der Frage zur Trennung von Eigentümer- und Gewährleistungsfunktion heraus, dass nur ein Interviewpartner eine Vorstellung zu den Begriffen „Gewährleister- und Eigentümerfunktion" besaß. Im Zusammenhang mit dieser Begrifflichkeit spielte diese Anregung aus dem wissenschaftlichen Diskurs in den untersuchten Gebietskörperschaften in der Governancepraxis keine Rolle. Geführt wird die Diskussion wohl eher im Zusammenhang mit Abwägungen zwischen einem zentralisierten Beteiligungsmanagementmodell und einem dezentralen Ansatz mit finanzpolitischer Steuerung durch „Kämmerei/Finanzressort" und fachpolitischer Steuerung durch die jeweiligen „Ämter/Ministerien".

---

[381] Vgl. Schaefer (2004b), S.273; Hack (2005), S.4.
[382] Vgl. Schaefer (2008), S.110.
[383] Vgl. Bayer/Pech/Wambach (2001), S.95f.
[384] Vgl. Bremeier/Brinkmann/Killian (2006), S.20.
[385] Vgl. Reichard (2012), S.64; Hammerschmid (2010), S.8; Reichard (2008b), S.159; Reichard/Grossi (2008), S.94; Schedler/Gulde/Suter (2007), S.20.
[386] Reichard/Grossi (2008), S.94. Ähnlich Schedler/Gulde/Suter (2007), S.3.
[387] Vgl. Schedler/Gulde/Suter (2007), S.20.
[388] Vgl. Reichard/Grossi (2008), S.95.

6.2.12 Mangelnde Integrität, Ethikprobleme und Korruptionsrisiken

Thematisiert werden mitunter Anzeichen für gewachsene Ethikprobleme und gestiegene Korruptionsrisiken. Reichard spricht davon, dass es durch die stark gestiegene Anzahl von ausgelagerten Organisationseinheiten mehr „Verführungsmöglichkeiten" und „sonstige weitere Möglichkeiten korruptiver Praktiken" infolge der Eigenständigkeit bei Beschaffungen gäbe. Ökonomisierung hätte die „Werte der Akteure" verändert und ein „geringer ausgeprägtes Beamtenethos" hervorgerufen, „d. h. die Entscheider sind eher bereit, ´die Hand aufzuhalten`, als das früher bei der Kernverwaltung der Fall war."[389]

Budäus/Hilgers formulieren resümierend zur PCG: „Abschließend ist noch einmal darauf hinzuweisen, dass noch so gute und geeignete und transparente Verfahren einer guten und verantwortungsvollen Steuerung und Führung öffentlicher Organisationen letztlich doch versagen, wenn jene Personen fehlen, die in ihren Funktionen Transparenz und Verantwortung auch tatsächlich wollen. Diese Menschen zu formen und zu bilden, beginnt nicht erst mit Übernahme einer Führungsfunktion – es handelt sich offensichtlich um ein generelles Problem von Politik und Management in unserer heutigen Gesellschaft."[390] Kurt Biedenkopf stellte bei der Vorstellung des PCGK des Bundes am 3. Juli 2009 fest: „Fehlenden Charakter kann kein Kodex und kein Gesetz ersetzen."[391]

Bei der Interviewstudie ließen drei Interviewpartner im Zusammenhang mit den abschließenden offenen Fragen erkennen, Anzeichen für Korruption im Kontext der PCG wahrgenommen zu haben.

6.2.13 Bildung von Schattenhaushalten und Flucht aus dem Budget

Angeführt wird häufiger, dass die Bildung von Nebenhaushalten ein nicht zu vernachlässigendes Motiv von Ausgliederungen sei, die im Sprachgebrauch inhaltlich treffend auch als Schattenhaushalte bezeichnet werden.[392] „Im Übrigen spielen zweifellos auch eher verdeckte Motive eine Rolle. Zum einen können z. B. in verschachtelten Beteiligungsstrukturen einer Großstadt aufgenommene Kredite gut ´versteckt` und dadurch die kommunale Verschuldung vernebelt werden (´Schattenhaushalte`)."[393] Die Rede ist ebenso von „Flucht aus dem Budget" und einer „Suche von Nischen im Budget."[394]

In den Interviews wurde in drei Fällen auf eine überhöhte Kapitalausstattung von öffentlichen Unternehmen verwiesen. Ein Interviewpartner pointierte: „Man hört manchmal – das Kapital ist doch viel zu schade, um es im normalen Haushalt zu lassen. In der Beteiligung kann man sich viel schöner bedienen und hat einen schönen Schattenhaushalt – so versteckt man Steuergeld."

---

[389] Reichard (2012), S.63.
[390] Budäus/Hilgers (2009), S.902.
[391] Zitiert nach Budäus/Hilgers (2009), S.900 und eigenen Teilnahmenotizen.
[392] Vgl. Budäus (2008), S.38; Reichard (2012), S.66. Zudem Haug mit seinem Beitrag „Kommunale Unternehmen als Schattenhaushalte", Haug (2009), S.205.
[393] Reichard/Röber (2011), S.171.
[394] Schaefer (2008), S.136.

6.2.14 Unwirtschaftliches Verhalten bei der Wahrnehmung öffentlicher Aufgaben

Nach Ansicht des Präsidenten des Rechnungshofs von Sachsen-Anhalt, Ralf Seibicke, besteht eine Schlüsselfrage darin, „wie man einen Manager bzw. Geschäftsführer dazu bringt, sich so zu verhalten, dass er der Absicht der öffentlichen Hand gerecht wird und sparsam und wirtschaftlich mit den öffentlichen Geldern umgeht. Dieser Ansatz gilt nicht nur für die Geschäftsführer, sondern ebenso auch für die Gesellschafterversammlungen und die Aufsichtsräte."[395] Harms listet Felder auf, für die der Rechnungshof Berlin zwischen 2003 und 2006 Kritik in Bezug auf unwirtschaftliches Verhalten formuliert hat: „Mangelnde Wirtschaftlichkeit bei der Auftragsvergabe, tarifwidrige Entlohnung von Beschäftigten, überhöhte Vergütungen von AT-Bediensteten, unwirtschaftliche Werbeaktivitäten und Sponsoring."[396] Dass unwirtschaftliches Verhalten bei der Wahrnehmung öffentlicher Aufgaben ein zwingendes Thema für die PCG ist, beweist zudem ein Blick in die Jahresberichte/Ergebnisberichte bzw. die Berichte mit vergleichbaren Bezeichnungen der Landesrechnungshöfe.[397]

6.2.15 Unzureichende Transparenz für Generalprävention und verbesserungsbedürftige Corporate Governance Berichterstattung

Die übergreifenden Anforderungen und die betonte Relevanz von Rechenschaft und Transparenz als Kernprinzipien der PCG wurden in Abschnitt 4.6. hergeleitet. In den vorangehenden Abschnitten traten die Verbesserungserfordernisse indessen bereits hervor. Zusätzlich ist aufgrund der Bedeutung von Transparenz gesondert herauszustellen, dass vielfältige Stimmen die Anforderungen strukturell nach wie vor als nicht hinreichend erfüllt ansehen.[398]

In der eigenen Befragung wurde auf die Frage nach zukünftigen Verbesserungschancen von vier Interviewpartnern die Generalprävention von Transparenz besonders pointiert. Die Präventionseffekte von Transparenz sollten in einigen Fällen noch mehr bei der Gestaltung der PCG Berücksichtigung finden.

Auf Ebene der Gebietskörperschaft ist dafür die zusätzliche Weiterentwicklung der Beteiligungsberichterstattung erforderlich. Hier ist der Beteiligungsbericht ein bedeutsames Instrument zur Information von Politik und Öffentlichkeit.[399]

Auf Unternehmensebene ist die Weiterentwicklung des Corporate Governance Reporting ein notwendiger Schritt. Öffentliche Unternehmen sollten zukünftig mehr Gewicht auf die Berichterstattung über die Corporate Governance legen.[400] Diese kann einen substanziellen

---

[395] So der Präsident des Rechnungshofs Sachsen-Anhalts Ralf Seibicke, Seibicke (2005), S.99.

[396] Harms (2007), S.689.

[397] Vgl. u. a. LRH Berlin (2011), S.26+S.28; LRH Hamburg (2010), Nr.641ff.; LRH Rheinland-Pfalz (2010), S.7; LRH Sachsen-Anhalt (2010), S.200; LRH Berlin (2009), S.59; LRH Berlin (2009), S.155ff.; LRH Nordrhein-Westfalen (2009), S.290ff.; LRH Baden-Württemberg (2008), S.37.

[398] Vgl. u. a. Weiblein (2011), S.649; Budäus (2008), S.38; Lenk (2008), S.176; Lenk/Rottmann (2008), S.48; Schaefer (2008), S.110; Theuvsen (2011), S.251; Leitstelle Gemeindeprüfung NRW (2001), S.27.

[399] Vgl. stellvertretend für viele weitere Weiblein (2011), S.631; Schefzyk (2000); Strobel (2004), S.477.

[400] Vgl. Schedler/Müller/Sonderegger (2011), S.124.

Beitrag für mehr Transparenz und Rechenschaft leisten und ist in der Privatwirtschaft ein besonders in den Vordergrund rückendes Thema.[401] Besonderes Augenmerk ist für die PCG auf Empfehlungen wie vom Arbeitskreis Externe Unternehmensrechnung der Schmalenbach-Gesellschaft zu richten: „Im Sinne einer transparenten Corporate Governance Berichterstattung sollten Angaben zur Corporate Governance in einer gesonderten Komponente der externen Berichterstattung, dem Corporate Governance Bericht, zusammengefasst werden. Grund hierfür ist zum einen, dass die Corporate Governance Informationen nur einen indirekten Bezug zur Vermögens-, Finanz- und Ertragslage des berichtenden Unternehmens aufweisen, die durch Jahresabschluss und Lagebericht vermittelt werden. Zum anderen wird durch den gesonderten Bericht die Bedeutung dieser Informationen verdeutlicht und dem zumindest teilweise abweichenden Adressatenkreis Rechnung getragen."[402]

Neben diesen übergreifenden Problemfeldern lassen sich Kritikpunkte und Forderungen für einzelne Akteure und Regelungsbereiche herausarbeiten, die im Folgenden untersucht werden.

6.3 Problemfelder und Forderungen für einzelne Regelungsbereiche

6.3.1 Aufsichtsrat

Im Mittelpunkt der Weiterentwicklung der Überwachungsarbeit werden im Zuge der PCG die Aufsichtsräte gesehen, deren Arbeit insgesamt weiter professionalisiert werden sollte.[403] Harms stellt hierzu ähnlich wie andere Akteure fest, „dass die Aufsichtsräte in öffentlichen Unternehmen ihre Aufgaben nicht immer mit der erforderlichen Intensität wahrnehmen."[404]

Eine empirische Studie vom Institut für den öffentlichen Sektor kommt zu dem Ergebnis, dass die Arbeit der Aufsichtsräte „nur eingeschränkt als gutes Qualitätsurteil gewertet werden kann."[405]

Diederich et al. stellten nach einer Befragung im Jahr 1994 in ihrem Forschungsbericht ein grundlegendes Funktionsmuster jenseits von formellen Regelungen heraus, dass „eine massive Tendenz zur Vorstrukturierung der Abläufe und Entscheidungen bei den Aufsichtsratssitzungen" besteht. Der Vorentscheidungsprozess hat demnach den „Charakter eines bargaining-Prozesses im 'Machtspiel' der beteiligten Akteure von Aufsichtsrat, Unternehmensleitung, Beteiligungsverwaltung und Politik."[406]

---

[401] Vgl. Stiglbauer (2010); Weber (2011); Heyd/Beyer (2010), S.373.
[402] Schmalenbach-Gesellschaft (2006a), S.1069.
[403] Vgl. Institut für den öffentlichen Sektor (2005a), S.16.
[404] Harms (2008b), S.75f. Hierzu auch Seibicke (2005), S.97ff. und Reichard (2012), S.62.
[405] Institut für den öffentlichen Sektor (2009c), S.24.
[406] Diederich (1994), S.125.

6.3.1.1 Größe des Gremiums

Vorherrschend wird die Auffassung vertreten, dass die Effizienz der Aufsichtsratstätigkeit tendenziell mit zunehmender Größe abnimmt bzw. kleine Aufsichtsräte effektiver und effizienter sind als große.[407] Die Größe von Aufsichtsräten gilt als eine der kritischsten Erfolgsgrößen für die Arbeitsfähigkeit und Effektivität der Aufsichtsgremien. „Es spricht fast alles für ein kleines Aufsichtsorgan."[408] Zur Verbesserung der PCG wird weit verbreitet die Notwendigkeit betont, die Größe von Aufsichtsräten zu beschränken bzw. zu reduzieren.[409] Der Präsident des Bayrischen Obersten Rechnungshofs (ORH) betont: „Bereits in seinem Jahresbericht 1996 hat der ORH darauf hingewiesen, dass große Aufsichtsgremien ineffizient sind ... Besser sind kleine und straff organisierte Überwachungsgremien."[410] Auch von weiteren Rechnungshöfen wird eine Verkleinerung der Aufsichtsräte von öffentlichen Unternehmen eingefordert.[411]

Für die PCG empfiehlt z. B. der Landesrechnungshof Schleswig-Holstein die Größe der Aufsichtsräte auf sieben, höchstens neun Mitglieder zu beschränken.[412] Weiter mahnt er: „Die Feststellung der Anzahl der Aufsichtsratsmitglieder hat sich an den Erfordernissen der Gesellschaft auszurichten."[413] Auch in der Literatur ist die Anzahl von ca. sieben häufiger zu finden.[414] Schedler/Müller/Sonderegger raten, eine Spannbreite von sieben bis neun Personen nicht zu überschreiten.[415] Nach Malik liegt die optimale Zahl für die Privatwirtschaft bei sechs oder acht Mitgliedern.[416]

In der Interviewstudie wurde gefragt, ob die Räte häufig zu viele Mitglieder haben, was eine effektive und effiziente Arbeit erschwert (1: stimme überhaupt nicht zu / 4: stimme voll und ganz zu / nb). Der Antwortmittelwert lag hierzu bei 2,6 (SD 1,1). In der Wahrnehmung der Befragten ist die Aufsichtsratsgröße somit durchaus ein verbesserungswürdiger Faktor, der im Gesamtschnitt aber weniger kritisch als andere Governanceaspekte eingeschätzt wird. Die Antworten streuten hier im Vergleich zu anderen Fragen relativ stark, wobei sich kein spezifisches Muster für die einzelnen Akteursgruppen und im Städtevergleich zeigte. Sahen einige Interviewpartner hier kein Problem, stimmten demgegenüber zehn Befragte mit der Wertung 3 oder 4 mit deutlicher Kritik an der Größe von Aufsichtsräten zu.

---

[407] Vgl. Quick/Höller/Kopriva (2008), S.26; Schwalbach (2004), S.187; Institut für den öffentlichen Sektor (2006), S.15.
[408] Malik (2008), S.182.
[409] Vgl. Schedler/Müller/Sonderegger (2011), S.116; Reichard (2008a), S.136; Alsheimer/Jacob/Wietzlow (2006), S.938; Kersting (2008), S.139; Ruter/Müller-Marqués Berger (2005), S.449; Lenk/Rottmann (2007), S.349; Machura (1996), S.276; Vogel (2005), S.249.
[410] Fischer-Heidlberger (2006), S.6. Vgl. Ganske (2005), S.389.
[411] Vgl. LRH Schleswig-Holstein Kommunalbericht (2008), S.99; LRH Saarland Jahresbericht (2008), S.89; LRH Saarland Jahresbericht (2007), S.65ff.
[412] Vgl. Kommunalbericht LRH Schleswig-Holstein (2008), S.99.
[413] Kommunalbericht LRH Schleswig-Holstein (2008), S.101.
[414] Vgl. z. B. Kersting (2008), S.139.
[415] Vgl. Schedler/Müller/Sonderegger (2011), S.117.
[416] Vgl. Malik (2008), S.184.

6.3.1.2 Qualifikation und Zusammensetzung, insbesondere Berufung „externer Gremienmitglieder"

Die Zusammensetzung und Qualifikation von Aufsichtsräten sind ein „zentrales Schlüsselelement"[417] für die PCG. Auch bzw. gerade für öffentliche Unternehmen und Nonprofit-Organisationen wird die Zusammensetzung als wichtiger Einflussfaktor für die Effektivität und Effizienz eingeschätzt.[418]

Zunächst wird Kritik unmittelbar zur Qualifikation untersucht. Hierzu hat der wissenschaftliche Beirat der Gesellschaft für öffentliche Wirtschaft bereits vor längerer Zeit gemahnt: „Auch bei der Besetzung der Aufsichtsgremien geht es um die Gewährleistung des öffentlichen Auftrags und um ausreichende Sachkunde."[419] Von sehr vielen Seiten wird darauf hingewiesen, dass die Auswahl der Mitglieder nicht zu stark nach politischem Proporzdenken, sondern ebenso nach fachlicher Eignung erfolgen muss.[420] Neben Mindestanforderungen wie der Kenntnis über gesetzliche und satzungsmäßige Aufgaben sowie Rechte und Pflichten eines Aufsichtsrats, sollte zusätzliches Wissen etwa über die Branche, Strategie, Wirtschaftlichkeit und Rechnungslegung vorhanden sein. Besondere Anforderungen gelten bezüglich Qualifikation und Kenntnisse zu politisch-administrativen Abläufen für den Aufsichtsratsvorsitzenden.[421] Ganske fordert weitreichend aber diskussionswürdig, dass die Voraussetzungen als Auswahlkriterien in der Satzung verankert werden sollten.[422]

Zentral ist für die PCG das häufig angeführte Grundsatzurteil des BGH. Dieser fordert von Aufsichtsratsmitgliedern Mindestkenntnisse allgemeiner, wirtschaftlicher, organisatorischer und rechtlicher Art die erforderlich sind, um alle normalerweise anfallenden Geschäftsvorgänge auch ohne fremde Hilfe verstehen und sachgerecht beurteilen zu können.[423]

Im Gegensatz zu den Anforderungen finden sich konkrete Hinweise, dass insbesondere die aus dem politischen Raum stammenden Aufsichtsratsmitglieder nicht über die erforderliche Qualifikation und Kompetenz für eine anforderungsgerechte Aufgabenwahrnehmung verfügen. Dies ist ein maßgeblicher Grund für die unzureichende Überwachung und Beratung durch den Aufsichtsrat.[424] Am Rande sei vermerkt, dass diesbezügliche Kritik auch für NPOs angeführt wird.[425]

In einer empirischen Studie von 2006 gab die Hälfte der Befragten an, dass die Aufsichtsräte anders besetzt sein sollten und entsprechende fachliche oder wirtschaftliche Qualifikationen

---

[417] Schedler/Müller/Sonderegger (2011), S.115.
[418] Vgl. Schuhen (2002), S.110ff.; Siciliano (1996), S.1313ff.
[419] Gesellschaft für öffentliche Wirtschaft (1982a), S.14.
[420] Vgl. Schedler/Kolbe (2004), S.142; Institut für den öffentlichen Sektor (2005a), S.16; Gemkow (2010), S.67.
[421] Vgl. u. a. Alsheimer/Jacob/Wietzlow (2006), S.939; Koch/Madre (2009), S.180; Thümmel (1999), S.1892; Vogel (2005), S.241ff.; Keller/Paetzelt (2005), S.520ff.; Institut für den öffentlichen Sektor (2007c), S.9f.
[422] Vgl. Ganske (2005), S.389.
[423] Vgl. BGH-Urteil vom 15.11.1982 – II ZR27/82 in: Entscheidungen des BGH 85, 1983, S.295f.
[424] Vgl. Schedler/Müller/Sonderegger (2011), S.177; Budäus (2007), S.641; Kolbe (2006), S.71; Roderich (1999), S.1893; Schneider (2005), S.495; Struve/Dietrich (2005), S.201; Besselmann/Kötzle (2006), S.36.
[425] Vgl. Siebart (2006b), S.231; Siebart (2006a), S.225; von Schnurbein/Stöckli (2010), S.501.

nicht immer vorliegen würden.[426] Tab. 10 stellt folgend aufgrund der Bedeutung weitere Kritik zur Qualifikation von Aufsichtsratsmitgliedern verdichtet heraus.

Zitate-Übersicht zu Kritik an der Qualifikation von Aufsichtsratsmitgliedern
Offenkundig geringe Sach- und Fachkenntnis gewählter Repräsentanten. (Weiblein 2011, S.649)
Unzulängliche Fachkompetenzen bei politischer Anbindung bzw. Ausrichtung. (Budäus 2008, S.38)
Unzureichende Qualifikation. (Ruter/Müller-Marqués Berger 2005, S.453)
Die wenigsten Mitglieder der Aufsichtsgremien haben die fachliche Qualifikation, um den in diesen Aufsichtsgremien wahrzunehmenden Aufgaben formal, insbesondere aber materiell gerecht zu werden. (Struwe/Dietrich 2005, S.199)
Bei der Aufsicht fehlt notwendiges Fachwissen, um ein Unternehmen effektiv zu überwachen und zu steuern. (Siekmann 1996, S.307)
Die Eignung der Mitglieder der Kontrollorgane ist eine potenzielle Schwachstelle. (Machura 1993, S.268)

Tab. 10: Zitate-Übersicht zu Kritik an der Qualifikation von Aufsichtsratsmitgliedern

Übergreifend bemerkt Theisen in der Corporate Governance Diskussion: „Das gewünschte und immer wieder propagierte Ziel einer effizienten Überwachung von Unternehmen ist nur zum Preis einer (Mindest-)Professionalität zu erhalten."[427] Dies muss für die PCG und Formulierung von PCGKs unterstrichen werden.

Bezüglich der nachfolgend betrachteten Zusammensetzung von Aufsichtsräten wird in der Corporate Governance Debatte übergreifend eine sachgerechte Mischung von Kompetenzen, Erfahrungen und Perspektiven der Mitglieder als notwendig erachtet.[428] Nach Reichard/Grossi „dürften die Haupt-Herausforderungen ... bei der personellen Umgestaltung der Aufsichtsgremien liegen."[429] Diederich stellte in einer empirischen Studie fest: „Überdies verändert der Aufsichtsrat zumeist seinen Charakter, wenn Politiker in diesem Gremium sitzen. Er verliert noch mehr seine schon normalerweise häufig nicht sehr ausgeprägte Kontrollfunktion zugunsten eines Repräsentationsgremiums oder ´Mauschelgremiums`."[430]

Das Grünbuch zur Corporate Governance der Europäischen Kommission empfiehlt „ein breites Spektrum an Sachverstand" als „Schlüssel zu einer wirksamen Arbeit."[431] Dies greift gleichermaßen für öffentliche Unternehmen. So empfehlen z. B. Matzka et al. für Aufsichtsräte öffentlicher Unternehmen eine „Mischung aus Juristen (mit hohem Wissensstand zu Steuer- und Zivilrecht), branchenspezifischen Wirtschaftsexperten, aus Fachleuten des gesellschaftspolitischen Umfeldes, Controllern und Antikorruptionsexperten."[432] Zudem ist bei der Zusammensetzung auf hinreichend Rechnungslegungsexpertise als integralem Bestandteil der Aufsichtsratsarbeit zu achten. Schedler/Müller/Sonderegger raten durch eine entsprechende Zusammensetzung verschiedene Perspektiven auf Entscheidungsmöglichkeiten und eine Mischung in Bezug auf Alter und Geschlecht zu garantieren.[433]

---

[426] Vgl. Günther/Niepel (2006), S.331.
[427] Theisen (2004), S.482.
[428] Vgl. Lutter (2009), S.778f.; Malik (2008), S.187; Cadbury (2000), S.1; Kuck (2006), S.134ff.
[429] Reichard/Grossi (2008), S.95.
[430] Diederich (1994), S.218.
[431] Europäische Kommission (2011), S.6.
[432] Matzka et al. (2011), S.151.
[433] Vgl. Schedler/Müller/Sonderegger (2011), S.118.

Im Kern geht es bei der Aufsichtsratsbesetzung in der PCG um eine ausgewogene Balance zwischen demokratischer Legitimation und Aufgabenqualifikation. Reine Expertenboards sind nicht demokratisch legitimiert.[434] Aus demokratischer Sicht ist die Entsendung von Politikern angemessen und nachvollziehbar.

Ebenso müssen jedoch auch die Schlüsselqualifikationen für Aufsichtsräte deutlich berücksichtigt werden.[435] Ein Aufsichtsrat, der „nur aus Politikern besteht, kann dazu tendieren, notwendige Sachentscheide zu sehr nach politischen Gesichtspunkten zu fällen und dabei die wirtschaftlichen und betrieblichen Notwendigkeiten außer Acht zu lassen."[436]

Bei der Besetzung mit Personen aus der eigenen Verwaltung werden Vorteile für die Realisierung der politisch angestrebten Ziele gesehen.[437] Machura verweist für Beamte bzw. Angestellte im öffentlichen Dienst auf eine durch das Dienstverhältnis abgesicherte Loyalität. Mit Hinweis auf die Instrumentalfunktion öffentlicher Unternehmen plädiert er dafür, Vertreter der Verwaltung in die Aufsichtsräte zu entsenden.[438]

Vor diesem Hintergrund wird die verstärkte Einbindung externer Mitglieder in Aufsichtsräte trotz der anerkannten Demokratie- und Repräsentationserfordernisse besonders empfohlen. Dies soll Branchen- und Finanzexpertise, Erfahrung, neue Ideen und verschiedene Perspektiven bei der Beurteilung und Entscheidungsfindung einbringen. So wird eine Monokultur verhindert und die Leistungsfähigkeit bei der öffentlichen Aufgabenwahrnehmung verbessert.[439] Prüfstellen der Finanzkontrolle haben sich mit dieser Thematik ebenfalls befasst.[440] Zur Verdeutlichung herausgestellter Notwendigkeiten und Chancen veranschaulicht Tab. 11 Forderungen zur stärkeren Einbindung von externen Aufsichtsratsmitgliedern.

---

[434] Vgl. Cornforth (2005), S.13.
[435] Vgl. Schedler/Müller/Sonderegger (2011), S.119. Zur Repräsentation von Interessengruppen zur Erzielung von Legitimation bei NPO vgl. Siebart (2006b), S.224.
[436] Vgl. Schedler/Müller/Sonderegger (2011), S.119.
[437] Vgl. Schwintowski (2012), S.339.
[438] Vgl. Machura (1996), S.238.
[439] Vgl. stellvertretend Schedler/Müller/Sonderegger (2011), S.177; OECD (2005b), S.122; Baier (2010), S.13; Diederich (1994), S.85.
[440] Vgl. Kommunale Leitstelle Gemeindeprüfung NRW (2001), S.37.

Empfehlungen zur stärkeren Einbindung von externen Aufsichtsratsmitgliedern
Gute Corporate Governance dürfte es deshalb nahe legen, nicht zuzulassen, dass alle Personen, die der Anteilseigner in Kontrollgremien entsenden darf, aus dem eigenen Hause stammen. Die Hälfte sollte aus kritischen unabhängigen Mitgliedern bestehen. (Schwintowski 2012, S.339)
Jeder Rat oder Kreistag ist gut beraten, die Auswahl der Vertreter in den Gremien auch nach Fachkompetenz zu treffen und neben den politischen Vertretern auch externen Sachverstand durch die Entsendung von branchenerfahrenen Fachleuten zuzulassen. (Baier 2010, S.13)
Ungenügende Mobilisierung externen Sachverstands. (Struwe 2009, S.105)
Hierbei kann das Erfahrungswissen Externer eingebracht werden … Dies ermöglicht eine offene Diskussionskultur. (Klemmt-Nissen 2008, S.119)
Um die Versachlichung von Entscheidungen zu verstärken, sollten vermehrt externe Fachleute in den Aufsichtsrat kommunaler Unternehmen berufen werden. (Kersting 2008, S.102)
Bei der Besetzung der Aufsichtsräte sind auch externe Fachleute hinzuzuziehen. (Bremeier/Brinkmann/Killian 2006, S.170)
Neben dem politischen Primate sollte der fachlichen Qualifikation eine sehr viel stärkere Bedeutung beigemessen werden. Dies könnte durch verstärkte Einbeziehung externer Expertise erfolgen, d. h. in Gestalt externer Gremienmitglieder. (Henke/Hillebrand/Steltmann 2005, S.33)
In einzelnen Fällen werden von den Gemeindevertretungen auch externe sachverständige Personen in die Aufsichtsräte … berufen. Davon sollte … vermehrt Gebrauch gemacht werden. (Hille 2003, S.56)
Die Städte bedienen sich … nur relativ selten externer Sachverständiger, welche die Steuerungs- und Kontrollqualität dieses Gremiums erhöhen könnten. (Röber 2001, S.12)

Tab. 11: Empfehlungen zur stärkeren Einbindung von externen Aufsichtsratsmitgliedern

Bei der Interviewstudie wurde eine Einschätzung erbeten, ob verstärkt politisch unabhängige Mitglieder mit spezifischen Fachkenntnissen und unternehmerischer Erfahrung in die Aufsichtsräte berufen werden sollten (Antwortskala 1: stimme überhaupt nicht zu / 4: stimme voll und ganz zu). Der im Vergleich zum Gesamtantwortverhalten sehr hohe Mittelwert von 3,6 (SD 0,5) bestätigte, dass die Befragten hier im Einklang mit der Literatur besonderen Handlungsbedarf für die Weiterentwicklung der PCG sehen. Auffällig ist, dass dieser Faktor von den Befragten deutlich kritischer als die Aufsichtsratsgröße eingestuft wurde.

Die veranschaulichten Theorien gewichten die Hauptrolle des Aufsichtsrats unterschiedlich, was verschiedenartige Schlussfolgerungen zur Besetzung impliziert. Die Prinzipal-Agent-Theorie sieht besondere Bedeutung darin, das Interesse der Eigentümer durch Repräsentanten des Prinzipals im Aufsichtsrat zu sichern. Aus der Perspektive der Stewardship-Theorie ist es bedeutsamer, dass die Mitglieder Fachexpertise und Erfahrungen zur Verbesserung der Organisationsleistung einbringen.[441] Nach der Stakeholder-Theorie müssen u. a. besonders die Stakeholder-Interessen im Aufsichtsrat repräsentiert sein.

Für die PCG gilt es bei Konzeptionen und Umsetzung eine ausgewogene Balance aus politischer Repräsentation sowie Branchen- und Finanzexpertise zu realisieren.

6.3.1.3 Mitbestimmung hinsichtlich demokratischer Legitimation und Berücksichtigung öffentlicher Interessen

Die Arbeitnehmermitbestimmung wird im Zusammenhang mit der Besetzung von Aufsichtsräten öffentlicher Unternehmen häufiger problematisiert. Es bestehen Zweifel, ob die

---

[441] Vgl. Cornforth (2005), S.13f.

Arbeitnehmervertreter im Aufsichtsrat über demokratische Legitimation verfügen, Entscheidungen zu öffentlichen Aufgaben zu beeinflussen.[442]

Insbesondere muss ein u. a. von Henke/Hillebrand/Steltmann eingebrachter Aspekt in der PCG sorgsam im Auge behalten werden: „Gerade aufgrund der Kompetenzdefizite bei den politisch entsandten Aufsichtsratsmitgliedern und dem fehlenden Sanktionsmechanismus des Marktes droht Gefahr, dass sie ihre Interessen vor den öffentlichen Unternehmenszweck stellen."[443] Weiter sind Koalitionen gegen die Ziele der öffentlichen Hand als Gesellschafter bei wichtigen Entscheidungen möglich. Entsprechende Abstimmungen zwischen Arbeitnehmervertretern und Geschäftsführung können zu abgrenzenden Verselbständigungen des Unternehmens von der Gebietskörperschaft führen.[444]

6.3.1.4 Aus-/Fort-/Weiterbildung

„Spezifische Fortbildung ist ein Muss – gerade für Ehrenamtliche."[445] In einer empirischen Studie von 2008 stuften 58% der Befragten die Verpflichtung zur regelmäßigen Weiterbildung von Aufsichtsratsmitgliedern als wichtig ein.[446] Struwe formuliert salopp und zugespitzt, aber in der Sache treffend: „Die Kosten für diese Qualifizierung betragen nur einen Bruchteil der in den einschlägigen Rechnungshofberichten oder Schwarzbüchern des Bundes der Steuerzahler ausgewiesenen 'Verschwendungskosten' und amortisieren sich binnen Kurzem. Diese im Wortsinn 'rentierlichen Ausgaben' leisten mithin einen messbaren Beitrag zur nachhaltigen Konsolidierung der öffentlichen Finanzen."[447]

Demgegenüber sind jedoch Forderungen zu verzeichnen, die Aus-/Fort-/Weiterbildung zu intensivieren und dabei die Verantwortlichkeit der Qualitätsüberwachung klar zu regeln.[448] Der Landesrechnungshof von Sachsen-Anhalt rügt kennzeichnend: „Eine regelmäßige Schulung von Aufsichtsratsmitgliedern fand nach Angaben der geprüften Kommunen aus personellen und Kostengründen nicht statt."[449]

---

[442] Vgl. Henke/Hillebrand/Steltmann (2005), S.33. Zur Mitbestimmung im Kontext der PCG Plamper (2005), S.63ff.

[443] Henke/Hillebrand/Steltmann (2005), S.33. Zur Mitbestimmung im Kontext der PCG Plamper (2005), S.63ff.

[444] Vgl. Kolbe (2006), S.70; Machura (1993), S.219.

[445] Baier (2010), S.27. Vgl. auch Leitstelle Gemeindeprüfung NRW (2001), S.39+44; LRH Sachsen-Anhalt Jahresbericht (2005), Teil B, S.89.

[446] Vgl. Kersting (2008), S.89.

[447] Struwe (2009), S.102.

[448] Vgl. u. a. Eilenfeld (2011), S.410; Dietrich/Struwe (2006), S.11; Ruter/Müller-Marqués Berger (2005), S.467.

[449] LRH Sachsen-Anhalt Jahresbericht (2005), Teil B, S.89.

6.3.1.5 Unabhängigkeit und Interessenkonflikte

Eine ausreichende bzw. angemessene Anzahl unabhängiger Aufsichtsratsmitglieder wird für die Überwachung als zentral eingestuft.[450] Jedoch wird gerade die fehlende Unabhängigkeit kritisiert[451] und die Beeinflussung von Entscheidungen durch Interessenkonflikte bemängelt.[452]

Fischer-Heidlberger berichtet aus seinen Erfahrungen als Präsident des Bayrischen Obersten Rechnungshofs: „Bei einer Prüfung haben wir festgestellt, dass ein Aufsichtsratsmitglied Repräsentant einer Einrichtung war, die selbst als Dienstleister für das öffentliche Unternehmen gearbeitet hat. Ein solcher potenzieller Interessenkonflikt muss zumindest offengelegt werden, wenn er schon nicht vermieden werden kann. Eine solche Feststellung haben wir im Übrigen nicht nur einmal getroffen.“[453] Beraterverträge von Aufsichtsräten mit dem Unternehmen sind ebenfalls Gegenstand von Kritik.[454] Weitere Rechnungshöfe üben ebenfalls Kritik an unabhängigen Mandatswahrnehmungen sowie Interessenkollisionen.[455]

6.3.1.6 Spannungsfeld zwischen Zielen der Gebietskörperschaft und des Unternehmens sowie Weisungsproblematiken

Ein grundsätzliches Spannungsfeld besteht darin, ob entsandte Vertreter in den Aufsichtsrat zuvorderst den Interessen des Unternehmens oder den Eigentümerinteressen der Gebietskörperschaft verpflichtet sind.[456] Hierbei können für Aufsichtsratsmitglieder schwierige Konfliktsituationen auftreten.[457] Grundsätzlich wird in Rechtsprechung und Schrifttum der Vorrang des Gesellschaftsrechts herausgestellt.[458]

Umstritten ist die Frage, ob Gemeinderäte bzw. entsprechende politischen Gremien Weisungen an entsandte Aufsichtsratsmitglieder erteilen können.[459] Ein stellvertretendes Beispiel ist der Aufsichtsrat der Siegener Versorgungsbetriebe GmbH im Mehrheitsbesitz der Stadt, der eine von der Geschäftsführung angestrebte Preiserhöhung genehmigte. Im Folgenden erteilte der Stadtrat den städtischen Mitgliedern eine Weisung, in der nächsten Aufsichtsratssitzung gegen die Preiserhöhung einzutreten,[460] was zu einem gerichtlichen Verfahren führte.[461] In einem anderen Fall weigerten sich zwei auf Vorschlag des Gemeinderats in den Aufsichtsrat eines kommunalen Energieversorgungsunternehmens gewählte Ratsmitglieder entsprechend

---

[450] Vgl. Ruter/Müller-Marqués Berger (2005), S.453; OECD (2005b), S.127.
[451] Vgl. Schedler/Müller/Sonderegger (2011), S.177.
[452] Vgl. Schedler/Müller/Sonderegger (2011), S.178; Edeling/Stölting/Wagner (2004), S.33.
[453] Fischer-Heidlberger (2006), S.7.
[454] Vgl. Fischer-Heidlberger (2006), S.8.
[455] Vgl. LRH Mecklenburg-Vorpommern Jahresbericht (2011), S.135ff.; LRH Berlin Jahresbericht (2004), S.61.
[456] Vgl. u. a. Mühl-Jäckel (2010), S.213.
[457] Vgl. Machura (1993), S.269.
[458] Vgl. u. a. Alsheimer/Jakob/von Wietzlow (2006), S.939; Keller/Paetzelt (2005), S.519f.; Harms (1998), S.90; Thümmel (1999), S.1891.
[459] Vgl. zur Frage der Weisungsbindung u. a. Lieschke (2002); Maier (2005); Strobel (2005).
[460] Vgl. Institut für den öffentlichen Sektor (2008), S.21.
[461] Vgl. Verwaltungsgericht Arnsberg vom 13.07.2007 (12 K 3965/06).

einer Weisung des Rats für die Rücknahme einer Preiserhöhung einzutreten.[462] Das Bundesverwaltungsgericht hat entschieden, dass kommunale Gremien gegenüber ihren Vertretern in einem fakultativen Aufsichtsrat einer GmbH mit Mehrheitsbeteiligung der öffentlichen Hand auch dann weisungsbefugt sein können, wenn dies nicht explizit im Gesellschaftsvertrag verankert ist.[463] Die Ziele eines PCGK begründen, wesentliche Grundsätze zu diesem Themenfeld zu artikulieren.

6.3.1.7 Verschwiegenheitspflicht zwischen Informationsnotwendigkeiten und Unternehmensinteresse

Ein besonders konfliktbehaftetes und häufig in der Gerichtsbarkeit behandeltes Problemfeld ist die Verschwiegenheitspflicht von Aufsichtsratsmitgliedern öffentlicher Unternehmen.[464] § 52 GmbHG verweist auf die Verschwiegenheitspflicht von Aufsichtsratsmitgliedern nach §§ 116, 93 Abs. 1 Satz 2 AktG. Diese haben generell Stillschweigen über vertrauliche unternehmensinterne Informationen zu wahren.[465] Auf der anderen Seite besteht für die durch Gemeinderäte entsandten Aufsichtsräte eine Unterrichtungspflicht zu wesentlichen Angelegenheiten gegenüber der Gebietskörperschaft.[466] Dem Spannungsfeld begegnet der Gesetzgeber mit Hilfe der Ausnahmeregelungen von § 394 AktG. Hiernach sind Berichte an ausgewählte Vertreter der Gebietskörperschaft oder den Bürgermeister gestattet. Der zu informierende Personenkreis ist möglichst klein zu halten, da die Verschwiegenheitspflicht gemäß § 395 Abs. 1 AktG, das Vertraulichkeitsgebot und das Prinzip der Geheimhaltung dennoch gelten.[467]

In diesem Bereich kollidieren die zwei Rechtsgebiete (Kommunalrecht und bundesrechtliches GmbHG) regelmäßig miteinander.[468] In der Praxis bestehen Rechtsunsicherheiten. Im Zuge der Aktienrechtsnovelle wird daher derzeit diskutiert, wie diese gelöst werden könnten. U. a. geht es hierbei um die Frage, ob eine Berichtspflicht nur durch ein Gesetz oder auch durch ein einfaches Rechtsgeschäft begründet werden kann.[469]

In PCGKs müssen mit Blick auf die mit ihnen verfolgten Ziele klare Anforderungen und Wege kommuniziert werden, die der Rechtslage entsprechen und die für eine repräsentative Demokratie angemessene Berichtspflichten mit dem Unternehmenswohl in Einklang bringen.

---

[462] Vgl. Oberverwaltungsgericht Münster vom 24.04.2009 (15 A 2592/07).

[463] Vgl. Bundesverwaltungsgericht vom 26.02.2010 (8 B 91.0); Bundesgerichtshof vom 05.06.1975 (II ZR 156/73).

[464] Vgl. Ruter/Müller-Marqués Berger (2005), S.449; Werner (2010), S.279ff.; Strobel (2002).

[465] Vgl. Keller/Paetzelt (2005), S.521.

[466] Vgl. Werner (2010), S.280.

[467] Vgl. Strobel (2002), S.198ff.

[468] Vgl. Werner (2010), S.279.

[469] Vgl. Gesetzentwurf der Bundesregierung, Entwurf eines Gesetzes zur Änderung des Aktiengesetzes (Aktienrechtsnovelle 2012), Drs. 17/8989 vom 14.03.2012.

6.3.1.8 Ausschussbildung, insbesondere Einrichtung eines Prüfungssauschusses

Zur Gewährleistung einer effektiven und effizienten Aufsichtsratsarbeit wird der Bildung von Ausschüssen in der Corporate Governance Literatur eine sehr hohe Bedeutung beigemessen und teilweise ein impliziter Zwang zur Ausschussbildung herausgestellt.[470] Für Aufsichtsräte öffentlicher Unternehmen empfiehlt die Literatur ebenfalls, qualifizierte Ausschüsse zu bilden.[471] Ausschüsse besitzen vielfach eine größere Arbeitsfähigkeit und Effektivität.

In besonderem Maße wird im Rahmen der Corporate Governance Debatte empfohlen, einen Prüfungssauschusses einzurichten. Mit dem BilMoG wurde die Einrichtung eines Prüfungsausschusses in § 107 Abs. 3 Satz 2 AktG erstmals gesetzlich kodifiziert. Ein Prüfungsausschuss soll die Effizienz des Aufsichtsrats verbessern, da er die ihm übertragenen Aufgaben grundsätzlich schneller, konzentrierter und professioneller erledigen kann als das Aufsichtsratsplenum.[472] Weitere Vorteile werden in einer effektiven Bündelung von Sachverstand und einer zielorientierteren, direkteren und vertrauteren Arbeitsweise gesehen, was vor allem bei sehr großen und mitbestimmten Aufsichtsräten als positiv erachtet wird. Zudem ist mit Prüfungsausschüssen die Erwartung verbunden, dass sich die Mitglieder des Prüfungsausschusses stärker mit den ihnen übertragenen Aufgaben identifizieren als bei einer Tätigkeit als normales Mitglied des Aufsichtsrats. So soll gleichzeitig die Qualität der Aufsichtsarbeit steigen.[473]

Der Arbeitskreis Externe und interne Überwachung der Unternehmen der Schmalenbach-Gesellschaft fasste die Chancen eines Prüfungsausschusses wie folgt zusammen: „Das Nutzenpotenzial wird in der Steigerung der Effektivität und Effizienz der Überwachungsfunktionen innerhalb eines Unternehmens und damit in der Stärkung des Stellung des Aufsichtsrats und des Abschlussprüfers gegenüber dem Vorstand sowie im Beitrag zur Vertrauenssicherung hinsichtlich der Wirksamkeit der Corporate Governance in Deutschland gesehen."[474]

Aus theoretischer Perspektive kann der ökonomische Zweck eines Prüfungsausschusses durch mehrere Theorien erklärt werden. Nach der Prinzipal-Agent-Theorie ist er als Überwachungsorgan anzusehen. Die Stewardship-Theorie betont dagegen die Beratungsfunktion und favorisiert bei den Anforderungen an die Mitglieder daher das Vorliegen von Finanzexpertise.[475]

Auch für öffentliche Unternehmen regt die Literatur die Bildung eines Prüfungsausschusses zu Recht verstärkt an.[476] Dies gilt ebenfalls für kleine Gremien.[477] Ein Prüfungsausschuss bietet zudem Anknüpfungspunkte zum Vorschlag von Whincop, im „Board" öffentlicher Unternehmen verschiedene Rollen zu differenzieren.[478]

---

[470] Vgl. stellvertretend Velte (2009b), S.712; Quick/Höller/Koprivica (2008), S.26.
[471] Vgl. Ruter/Müller-Marqués Berger (2005), S.453; Henke/Hillebrand/Steltmann (2005), S.33; Machura (1996), S.276; Institut für den öffentlichen Sektor (2006), S.11f.
[472] Vgl. Gesetzentwurf BilMoG (2008), S.102; Velte (2009b), S.126f.
[473] Vgl. Schmalenbach-Gesellschaft (2000), S.2285; Schmalenbach-Gesellschaft (2009), S.1279ff.; Velte (2009b); Richter (2002); Böcking/Dutzi/Müßig (2004); Habersack (2008); Huwer (2008); Hucke (2008).
[474] Schmalenbach-Gesellschaft (2000), S.2285.
[475] Vgl. Böcking/Dutzi/Müßig (2004), S.435; Velte (2009b), S.130.
[476] Vgl. Schedler/Müller/Sonderegger (2011), S.124; Henke/Hillebrand/Steltmann (2005), S.33; Institut für den öffentlichen Sektor (2006), S.15; OECD (2005b), S.146f; IFAC (2001), Ziff.252+.094; Whincop (2005), S.204f.; Florio/Fecher (2011), S.365; OECD (2010), S.69.
[477] Vgl. Schedler/Müller/Sonderegger (2011), S.124.
[478] Vgl. Whincop (2005), S.196.

Insbesondere im Spannungsfeld zwischen Repräsentation/demokratischer Legitimation und Professionalität[479] und zur ansatzweisen Realisierung der in der Wissenschaft angeregten Trennung von Eigentümer- und Gewährleisterfunktion (Abschnitt 6.2.11) könnte sich die verbreitete Einrichtung von Prüfungsausschüssen als besonders lohnender Entwicklungsbeitrag erweisen. Für die PCG sind Prüfungsausschüsse ein zwingendes Thema, was die in Wissenschaft und Praxis herausgestellten Potenziale unterstreichen.

6.3.1.9 Zeitinvestition und Wahrnehmung von Mandatspflichten

Um leistungsfähige und wirksame Aufsichtsräte zu gewährleisten, müssen die Mitglieder ausreichend Zeit in die Tätigkeit des Gremiums zu investieren.[480] Gerade hier wird jedoch ein Grund für die mangelnde Funktionalität der Aufsichtsräte in der PCG sichtbar.[481] Weiter sind ein zu geringer Sitzungsrhythmus sowie zu reaktives Verhalten und zu geringe Initiative durch das Gremium festzustellen.[482]

Auch von Seiten der Rechnungshöfe gelangt Kritik bis in die Jahresberichte, wie etwa beim Rechnungshof (RH) des Saarlandes: „Der RH stellte fest, dass im Zeitraum 2003 bis 2005 zwei Aufsichtsratsmitglieder, die ein Landesmandat innehatten, eine Abwesenheitsquote von 67% bzw. 89% aufwiesen. Trotz einer bereits auffällig hohen Abwesenheitsquote von 70% im vorausgegangenen Dreijahreszeitraum wurde eines der vorgenannten Mitglieder erneut durch das Land in das elfköpfige Gremium berufen. Der RH hält derart hohe Abwesenheitsquoten für nicht akzeptabel ... Zudem sollte das Land bei der Entsendung von Landesvertretern in den Aufsichtsrat neben deren Qualifikation auch deren Verfügbarkeit und ggf. deren bisheriges Engagement im Aufsichtsrat stärker prüfen."[483]

6.3.1.10 Effizienzprüfung und (Selbst-)Evaluation

Die Prüfung der Effizienz sowie die (Selbst-)Evaluation werden als zentrale Corporate Governance Erfordernisse betont.[484] „Ein Organ, das Aufgaben zu erfüllen hat und Verantwortung zu tragen hat ... muss regelmäßig über seine eigene Arbeitsweise und Wirksamkeit reflektieren ... Die Unternehmensverfassung sollte daher die systematische und regelmäßige Beurteilung vorsehen ... , und zwar obligatorisch."[485] Der Arbeitskreis Externe Unternehmensrechnung der Schmalenbach-Gesellschaft konkretisiert hierzu: „Effizienzprüfung sollte als Prüfung der Aufsichtsratstätigkeit hinsichtlich ihrer Effektivität und ihrer Wirtschaftlichkeit (Effizienz i. e. S.) verstanden werden. Effektivität vergleicht den erreichten Nutzen der erbrachten Leistungen mit dem angestrebten Nutzen (Ziel). Demgegenüber setzt Effizienz die Kosten der eingesetzten Mittel in Beziehung zur Menge der erbrachten Leistungen mit

---

[479] Vgl. Cornforth (2005), S.252.
[480] Vgl. Europäische Kommission (2011), S.3.
[481] Vgl. Ruter (2004), S.391; Siekmann (1996), S.308; Schwarting (2004), S.348.
[482] Vgl. Schedler/Müller/Sonderegger (2011), S.178.
[483] LRH Saarland Jahresbericht (2007), S.69. Vgl. ähnlich für die Folgejahre LRH Saarland (2008), S.89.
[484] Vgl. stellvertretend Schmalenbach-Gesellschaft (2006b), S.1630; Malik (2008), S.210. Speziell zu öffentlichen Unternehmen Alsheimer/Jakob/Witzlow (2006), S.940.
[485] Malik (2008), S.210.

definierter Qualität ... Die Aufsichtsratstätigkeit ist bei der Evaluation im Hinblick auf beide Kriterien zu beurteilen."[486] Für Aufsichtsräte öffentlicher Unternehmen zeigen ältere[487] und aktuelle Kritik,[488] dass diesen Anforderungen nicht hinreichend und systematisch genug nachgekommen wird. Hinsichtlich der Ausgestaltung kann die Evaluation neben dem Aufsichtsrat selbst durch die Gebietskörperschaft oder einen Abschlussprüfer erfolgen.[489] Diskussionswürdig ist ferner der Vorschlag zur Übertragung der Evaluation an die Gesellschafterversammlung.[490] Hilfreich kann zudem eine speziell zur Selbstevaluierung einberufene Aufsichtsratssitzung sein.[491] Die Überprüfung sollte vor allem ebenfalls beinhalten, inwieweit der Aufsichtsrat die Strategieziele der Gebietskörperschaft bei seiner Tätigkeit mit den Unternehmenszielen verbindet.[492] Im Aufsichtsratsbericht an die Gebietskörperschaft sollte am Ende des Prozesses in aussagekräftiger Weise über die (Selbst-)Evaluation berichtet werden.[493]

6.3.2 Aufsichtsrat und Geschäftsführung

6.3.2.1 Informationsversorgung und Zusammenarbeit

Im Zuge der als erforderlich angesehen Aufsichtsratsprofessionalisierung wird die Informationsversorgung des Aufsichtsrats durch die Geschäftsführung als wesentliche Herausforderung hervorgehoben.[494] Im Gegensatz zu den Anforderungen wird indessen die „ungenügende Zusammenarbeit", „zu späte oder fehlerhafte Entscheidungsfindung, insbesondere zufolge unvollständiger Entscheidungsunterlagen" und die „mangelhafte Informationsbeschaffung und Informationsauswertung, insbesondere durch unzureichende oder verspätete Berichterstattung"[495] kritisiert. Hingewiesen wird ferner auf eine „ausgesprochen zurückhaltende Informationspolitik der Geschäftsleitung."[496] Insgesamt ist das Berichtswesen zu verbessern.[497] Der Landesrechnungshof Hamburg beanstandet in seinem Bericht einen eindrucksvollen Fall nicht erfolgter Berichterstattung über erhebliche Haushaltsbelastungen.[498]

---

[486] Schmalenbach-Gesellschaft (2006b), S.1630.
[487] Vgl. Machura (1993), S.280.
[488] Vgl. Schedler/Müller/Sonderegger (2011), S.178; Müller-Marques Berger/Srocke (2005), S.142; Budäus/Srocke (2003), S.95; Schedler/Gulde/Suter (2007), S.53; Institut für den öffentlichen Sektor (2005a), S.15f.
[489] Vgl. Müller-Marques Berger/Srocke (2005), S.142. Zu Verfahren der Effizienzprüfung auch Strieder (2007), S.168ff.
[490] Vgl. Bremeier/Brinkmann/Killian (2006), S.171.
[491] Vgl. Institut für den öffentlichen Sektor (2006), S.15f.
[492] Bremeier/Brinkmann/Killian (2006), S.171.
[493] Vgl. Ruter/Müller-Marqués Berger (2005), S.454.
[494] Vgl. Institut für den öffentlichen Sektor (2005a), S.16.
[495] Schedler/Müller/Sonderegger (2011), S.178.
[496] Theuvsen/Frentrup (2008), S.143.
[497] Vgl. Katz (2007), S.589.
[498] Vgl. LRH Hamburg Jahresbericht (2010), Nr.631ff.

6.3.2.2 Diversity und Teilhabe von Frauen

Die Teilhabe von Frauen in Führungspositionen von Unternehmen wird in Öffentlichkeit, Politik und Wissenschaft[499] als besonders relevantes Themenfeld erachtet. Im Zuge der Debatte über verantwortungsvolle Unternehmensleitung/-überwachung werden verschiedene Optionen zwischen Selbstregulierung und gesetzlicher Quote diskutiert.[500] Die nationale und internationale Bedeutung wird durch das Grünbuch der Europäischen Kommission zur Corporate Governance unterstrichen.[501]

Geschlechtsspezifische Vielfalt besitzt über bedeutsame gesellschaftspolitische Erwägungen hinaus nach einschlägigen Einschätzungen in Wissenschaft und Praxis ebenfalls ökonomische Bedeutung. Die Präsenz von Frauen soll nach verschiedenen Studien einen förderlichen Einfluss auf auf den Unternehmens- bzw. Organisationserfolg besitzen.[502]

Für die öffentliche Wirtschaft besitzt geschlechtsspezifische Vielfalt in Geschäftsführungen und Führungspositionen spezielle Bedeutung und wird auch in der Öffentlichkeit kontrovers diskutiert.[503] Übergreifend wird öffentlichen Unternehmen vielfach eine Vorbildfunktion zugewiesen.[504]

Die Repräsentation von Frauen in den Geschäftsführungen öffentlicher Unternehmen ist von spezieller Relevanz sowohl für die Gesellschaft als auch die Gesellschaften. Das duale Zielsystem mit Sachziel bzw. öffentlichem Auftrag und Finanzziel spricht stark dafür, dass ein eventuell spezifisches Führungsverhalten noch größeres Gewicht als in der Privatwirtschaft besitzt.

In Studien identifizierte Effekte/Chancen, gesellschaftspolitische und ökonomische Argumente, die in Gesetzesinitiativen politisch formulierten Zielgrößen sowie die häufig betonte Vorbildfunktion öffentlicher Unternehmen[505] belegen die besondere Relevanz von Gender Diversity für die öffentliche Wirtschaft und die PCG.

6.3.2.3 Haftung und Vermögenshaftpflichtversicherungen (D&O-Versicherungen)

Die Frage nach persönlicher Haftung wird in der Corporate Governance Debatte als Zentralthema eingeschätzt. „Als genereller Lackmustest künftiger Maßnahmen auf dem Gebiet der Corporate Governance muss daher die Leitidee dienen, Entscheidungsträger der Unternehmensführung auch wieder stärker zu Risikoträgern ihrer Unternehmensführung zu machen.

---

[499] Vgl. stellvertretend von Werder (2011), S.58. Für die internationale Corporate Governance Debatte stellvertretend Huse (2007), S.91ff. Für eine Übersicht zu Zitaten von politischen Entscheidungsträgern vgl. FidAR (2011), Women-On-Board-Index, S.6f.

[500] Vgl. z. B. Gesetzentwurf Bundestag Drs.17/8878 vom 06.03.2012.

[501] Vgl. Europäische Kommission (2011), S.8.

[502] Vgl. z. B. Lindstädt/Wolff/Fehre (2011); Adams/Ferreira (2009), S.291ff.; Woolley/Pentland/Malone (2010), S.686ff.

[503] Vgl. z. B. WirtschaftsWoche, In Vorständen öffentlicher Unternehmen sind Damen Mangelware, Nr.25 vom 20.06.2011, S.34; WirtschaftsWoche, Kurzmeldung zu Quotenüberlegungen für öffentliche Unternehmen des Bundes von Bundesfamilienministerin Christina Schröder, Nr.50 vom 12.12.2011, S.9.

[504] Vgl. z. B. Gemkow (2010), S.65.

[505] Vgl. u. a. Lindstädt/Wolff/Fehre (2011); Europäische Kommission (2011), S.7f.; Begründung zum Gesetzentwurf Bundestag-Drs. 17/8878 vom 06.03.2012.

Andernfalls bleiben noch so gut gemeinte Regelungsergänzungen der Corporate Governance – sei es Kodex, sei es Gesetz – Ziselierungen an der Oberfläche, die nicht zum Kern des Problems vordringen."[506]

Die Rahmenbedingungen öffentlicher Unternehmen mit dem spezifischen Zielsystem und der bedarfswirtschaftlichen Orientierung müssen klar im Blick behalten werden. Dennoch besitzt ein von Axel von Werder jüngst in Erinnerung gerufener Grundsatz für die PCG gleichermaßen besondere Bedeutung: „Schließlich und vor allem haben die gängigen Anreiz- und Sanktionssysteme einen Mechanismus behindert oder stellenweise gar außer Kraft gesetzt, der nach Walter Eucken zu den tragenden Prinzipien der Marktwirtschaft gehört und von ihm in unübertroffener Prägnanz aufgeschrieben worden ist: 'Wer den Nutzen hat, muss auch den Schaden tragen.'"[507]

In diesem Kontext wird die Möglichkeit kontrovers diskutiert, für Vorstände bzw. Geschäftsführungen und Aufsichtsräte eine Directors-and-Officers-Liability-Versicherung (D&O-Versicherung) abzuschließen. Hierbei handelt es sich um eine Kombination aus Rechtsschutz- und Vermögensschaden-Haftpflichtversicherung. Besonders umstritten ist ein obligatorischer Selbstbehalt, der durch das Vorstandsvergütungsangemessenheitsgesetz eingeführt wurde.[508] Auch für öffentliche Unternehmen werden D&O-Versicherungen seit längerer Zeit mit Blick auf besondere Verantwortung und mögliche verhaltenssteuernde Effekte diskutiert.[509]

In der Interviewstudie fand die Frage, ob bei D&O-Versicherungen für Geschäftsführer immer ein Selbstbehalt vorgesehen sein sollte, mit einem Mittelwert von 3,7 (SD 0,5) sehr hohe Zustimmung. Auch der Frage, ob ein Selbstbehalt von mindestens 10% des Schadens bis mindestens des 1,5fachen der festen jährlichen Vergütung vorgesehen sein sollte, stimmten die Befragten einem Mittelwert von 3,4 (SD 0,7) sehr deutlich zu.

6.3.3 Geschäftsführung

Für das Regelungsfeld „Geschäftsführung" werden folgend nur einige Aspekte gesondert angesprochen. Andere Kritikpunkte wurden zu Beginn des Kapitels im Rahmen der übergreifenden Problemfelder thematisiert oder fließen in den Abschnitt „Aufsichtsrat und Geschäftsführung" ein.

6.3.3.1 Qualifikation und politische Verquickungen

Häufiger weist die Literatur auf eine sachfremde und politisierte Personalauswahl anstelle von fachlicher Kompetenz und Qualifikation hin.[510] Von einschlägiger Seite wird die Möglichkeit angeführt, dass „in verselbständigten Einrichtungen verdiente Parteimitglieder untergebracht

---

[506] von Werder (2011), S.62.
[507] von Werder (2011), S.62.
[508] Vgl. Koch (2009); van Kann (2009).
[509] Vgl. Keller/Paetzeld (2005), S.522; Thümmel (1999), S.1893.
[510] Vgl. Henke/Hillebrand/Steltmann (2005), S.33; Edeling/Stölting/Wagner (2004), S.30f.; Röber (2001), S.9.

... werden ('Ämterpatronage').“[511] Diese Ämterpatronage würde „manchmal verharmlosend oder ironisch auch als 'traditionsbedingte Auswahl des Managements' bezeichnet.“[512] Diederich bilanziert zu Expertengesprächen aus einem Forschungsprojekt im Jahr 1994 als virulent: „ ... Von daher wird die Tradition, die Position der Unternehmensleitung als 'vergoldete Alterssitze' für 'verdiente' Politiker oder 'Fallschirme für Freunde' zu betrachten, von den meisten Akteuren im 'Kontrollgefüge' vehement kritisiert und als kontraproduktiv bewertet. Vereinzelt wurde gar – zugespitzt – die Einschätzung vertreten, bei manchen Unternehmen sei dies die einzige 'öffentliche Aufgabe', die das Unternehmen (noch) innehabe.“[513] In einer empirischen Studie von 2008 heißt es: „10 kommunale Vertreter (28%) gaben jedoch zu, dass bei der Auswahl des Führungspersonals ... nicht immer Fachwissen, Erfahrung und Eignung des Kandidaten im Vordergrund stehen, sondern politische/sonstige Aspekte.“[514] Nach Mirow ist die Personalauswahl „in nicht wenigen öffentlichen Unternehmen ein heikles Thema.“[515]

Bremeier/Brinkmann/Killian beschreiben in ihrer Auswertung zu einer größeren empirischen Studie von 2006 für kleinere Städte weitere für die PCG bedeutsame Sachverhalte: „Immer wieder werden Inkompatibilitätsfälle berichtet. Da wird ein Fraktionsvorsitzender leitender Angestellter eines städtischen Unternehmens, ohne seine Funktion als Gemeindevertreter aufzugeben. Da werden Gemeindevertreter gezielt in den städtischen Unternehmen beschäftigt. Und wenn sie nicht Gemeindevertreter sein können, dann dürfen sie doch zum Teil hohe Funktionen in den Parteien einnehmen, die in der Gemeindevertretung vertreten sind. Oder sie sind Gewerkschaftsfunktionäre und verstärken auf diesem Weg noch die Arbeitnehmervertretungen in den Aufsichtsräten ... Aber auch außerhalb dieser offen sichtbaren Kollisionsmöglichkeiten sind die Unternehmensleitungen oft sehr 'behilflich', z. B. Spenden für Vereine, für die die Gemeindevertreter sich einsetzen, Ausbildungsplätze/Arbeitsplätze für Kinder der Gemeindevertreter oder für wichtige Opinionleader, denen man sich verbunden sieht. Bedeutender sind noch die Karriereplanungen von Gemeindevertreter/innen. Häufig sind Geschäftsführungspositionen 'Abfindungen' für verdiente Vertreter oder sie werden als 'Entschädigungen' für nicht erreichte Dezernentenposten verteilt. Manchmal werden sie nach Parteiproporz vergeben. Das Motto lautet hier: Schließlich will jeder einmal dran sein.“[516]

Für ernsthafte Weiterentwicklungen der Corporate Governance in der öffentlichen Wirtschaft muss man sich in der Wissenschaft und bei der Gestaltung von PCGKs mit derartigen Befunden auseinandersetzen.

---

[511] Reichard/Röber (2011), S.171; Ruter/Müller-Marqués Berger (2005), S.450; Reichard (2012), S.62.
[512] Röber (2008), S.59. Hierzu auch Ruter/Müller-Marqués Berger (2005), S.450.
[513] Diederich (1994), S.218f.
[514] Kersting (2008), S.90.
[515] Mirow (2005), S.114.
[516] Bremeier/Brinkmann/Killian(2006), S.157.

6.3.3.2 Dienstgesinnung und Selbstverständnis bezüglich öffentlicher Aufgaben

PCG muss dazu beitragen, dass sich das Führungspersonal öffentlicher Unternehmen auch mit Ethikfragen befasst und sich bei der Leitung des Unternehmens für das Gemeinwohl engagiert.[517] Reichard/Röber entwickeln ein Anforderungsprofil für den neuen „Verwaltungs-Generalisten", welches adaptiert auf den unternehmerischen Kontext ebenso für die PCG betrachtenswert ist: „Er sollte in seinen Werthaltungen die ʹklassischen Beamtentugendenʹ wie Berechenbarkeit, Demokratiebewahrung und Staatsloyalität mit ʹmodernenʹ Einstellungen gegenüber dem Bürger und mit flexiblen Handlungsformen ins Gleichgewicht bringen."[518] Der aktuelle Vorsitzende des wissenschaftlichen Beirats des Bundesverbandes öffentlicher Unternehmen und sein Vorgänger im Amt führen den Diskurs in der öffentlicher Wirtschaft richtungsweisend wie folgt zusammen: „Das gesamte Problem der Zielbindung des Managements im Governance-Kontext dürfte … im Kern eine Haltungsfrage des Managements sein."[519]

Jedoch sind Anzeichen sichtbar, nach denen sich das Management öffentlicher Unternehmen mitunter zu stark an privatwirtschaftlich geprägten Motivations- und Kulturmustern orientiert.[520] Edeling/Stölting/Wagner bringen ihre Befunde aus einer von der Deutschen Forschungsgemeinschaft geförderten Studie im Feld kommunaler Energieversorgungsunternehmen für einen Teilbereich der Geschäftspolitik folgendermaßen zum Ausdruck: „Rechnet es sich, machen wir es; rechnet es sich nicht, machen wir es nicht."[521]

Die Identität von Managern öffentlicher Unternehmen und deren Managementverhalten sind im Kontext öffentlicher Bindung schon lange vor der Debatte um PCG ein Thema gewesen.[522] Die betonten Anforderungen, Gedanken und Fragen sind für die Gestaltung der PCG bzw. von Corporate Governance Kodizes von bleibender Aktualität und Relevanz.

6.3.3.3 Höhe und Zusammensetzung der Vergütung

Die Höhe und Zusammensetzung der Geschäftsführervergütung wird häufiger moniert.[523] Verwiesen wird mit Blick auf die Unterbringung von verdienten Parteimitgliedern auf die Möglichkeit, dass die Bezüge teilweise „kräftig erhöht"[524] werden. Die Leitstelle Gemeindeprüfung NRW sah in einem Städtevergleich, „ein Missverhältnis zwischen dem Maß der Verantwortung und der Höhe des Gehaltes bzw. der Besoldung."[525] „Aufgrund von teilweise opulenten Gehältern" bemerkt Röber „parteipolitische eingefärbte Versorgungspatronage."[526]

---

[517] Vgl. Brede (2007), S.512.
[518] Reichard/Röber (2012), S.85.
[519] Mühlenkamp/Schulz-Nieswandt (2008), S.27.
[520] Vgl. Reichard/Grossi (2008), S.91; Edeling/Stölting/Wagner (2004), S.158ff. Zum Rollenverständnis des Managements in kommunalen Unternehmen vgl. ferner Edeling (2003), S.235ff.
[521] Edeling/Stölting/Wagner (2004), S.159.
[522] Vgl. Eichhorn (1984), S.22ff.; Münch (1984), S.80ff.
[523] Vgl. Leitstelle Gemeindeprüfung NRW (2001), S.62.
[524] Reichard/Röber (2011), S.171.
[525] Leitstelle Gemeindeprüfung NRW (2001), S.65.
[526] Röber (2008), S.62. Vgl. auch Röber (2001), S.9.

Durch Gestaltungsmaßnahmen wird die Vergütung der Mitarbeiter mitunter aufgewertet, z. B. durch die Bildung neuer Hierarchiestufen.[527] Im Vergleich zu Beschäftigten im öffentlichen Dienst sind erheblich stärkere Steigerungen zu beobachten.[528] Kritisiert wird das zu häufige Fehlen von objektiv messbaren Kriterien für die Bewertung der Angemessenheit der Geschäftsführergehälter bzw. leitender Mitarbeiter.[529] Teilweise rügen Rechnungshöfe diesbezüglich die Gremienverantwortung von Aufsichtsräten hinsichtlich ihrer Verantwortung für die nicht mehr gegebene Angemessenheit der Gesamtbezüge.[530] Der Landesrechnungshof Berlin kritisiert einen Fall, in dem die Jahresbezüge im Vergleich zum vorherigen Geschäftsführergehalt um rund 70% stiegen, was insbesondere auf Bonuszahlungen zurückzuführen war.[531]

Insgesamt zeigt eine Analyse der Jahresberichte der Rechnungshöfe zu überhöhten Vergütungen, Bonuszahlungen oder Altersversorgungen bei Geschäftsführern oder höheren Unternehmensangestellten deutlich, dass dieses Handlungsfeld in der PCG weiterhin verstärkter Aufmerksamkeit und Regelung bedarf.[532]

Die Anwendung eines vertikalen und nicht nur horizontalen Vergleichs bei der Angemessenheitsprüfung der Vergütung – wie derzeit in der Corporate Governance Diskussion verstärkt thematisiert[533] – sollte bei der Gestaltung der PCG aufgegriffen werden.

6.3.3.4 Offenlegung der Vergütung

Die übergreifende Notwendigkeit für Transparenz ist in Abschnitt 4.5 dargelegt worden. Hier wird auf Anforderungen speziell zur Vergütungspublizität etwas ausführlicher eingegangen, da dies ein außerordentlich diskutiertes Problemfeld ist und die erforderlichen Bezugspunkte für die nachfolgende Analyse von PCGKs sowie der Governancestrukturen/-praktiken zu egen sind.

Um die Transparenz zu steigern, ist die individualisierte Offenlegung von Vorstandsvergütungen für börsennotierte Unternehmen bereits im Jahr 2005 gesetzlich fixiert worden.[534] In der Forschung zu privatwirtschaftlichen Unternehmen finden sich zahlreiche Empfehlungen zur Offenlegung.[535]

Für öffentliche Unternehmen wird die Offenlegung der Geschäftsführervergütung unter Bezugnahme auf spezielle Rechenschaftsanforderungen und Verantwortung sowohl in

---

[527] Vgl. Edeling/Stölting/Wagner (2004), S.71.
[528] Vgl. Seibicke (2005), S.96.
[529] Vgl. Seibicke (2005), S.96.
[530] Vgl. Fischer-Heidlberger (2006), S.7.
[531] Vgl. LRH Berlin (2009), S.144.
[532] Vgl. LRH Sachsen (2011), S.92; LRH Berlin (2009), S.143; LRH Baden-Württemberg (2008), S.35; LRH Berlin (2005), S.121; LRH Berlin (2006), S.195-203; LRH Berlin (2007), S.191ff.; LRH Sachsen (2011), S.92; LRH Berlin (2008) S.161ff.; LRH Berlin (2008), S.197ff.; LRH Rheinland-Pfalz (2006), S.122; LRH Berlin (2011), S.14.
[533] Vgl. von Werder (2011), S.54 sowie Abschnitt 9.8.7.2.
[534] Vgl. Gesetz über die Offenlegung der Vorstandsvergütungen und zur Begründung den diesbezüglichen Gesetzentwurf der Bundesregierung.
[535] Vgl. Laksmana (2008), S.1147; Meckel et al. (2008), S.64; Stößlein/Mertens (2008); Vater et al. (2008), S.2610. Kritisch zur Offenlegungspflicht Göx/Heller (2008), S.98ff.

Wissenschaft und Praxis[536] als auch im politischen Raum[537] besonders gefordert. Befürworter heben Entgelttransparenz im öffentlichen Sektor dabei als „selbstverständlich"[538] hervor. Zum einen wird im Diskurs regelmäßig auf die von der Politik für die Privatwirtschaft gesetzten Maßstäbe abgestellt: „Die Bürger als materielle Gesellschafter des kommunalen Unternehmens sollten nicht weniger Rücksichtnahme erfahren als die Aktionäre einer börsennotierten AG."[539] Zum anderen sind traditionelle Grundsätze und das Strukturprinzip der Öffentlichkeit die Anknüpfungspunkte für viele Argumentationslinien: „Das Gehalt des Oberbürgermeisters ist ebenso transparent wie das aller Amtsleiter, sodass der Grundsatz der Öffentlichkeit der Entgelte eine gute Tradition bei den Kommunen hat."[540]

Von der Politik wurden Notwendigkeiten und auch, zumindest verbaler, Handlungswille artikuliert wie etwa auf dem Symposium der Gesellschaft für öffentliche Wirtschaft zur PCG im November 2006. Dort unterstrich die damalige Bundesjustizministerien Brigitte Zypries: „Ich bin jedenfalls fest entschlossen, hier für Transparenz zu sorgen; denn ich denke, die Steuerzahler haben ein Recht darauf, zu wissen, wer mit ihrem Geld wie bezahlt wird."[541] „Wir wollen mehr Transparenz schaffen, auch bei den Managergehältern."[542]

Wolfgang Peiner, damaliger Finanzsenator der Freien und Hansestadt Hamburg, führt als Begründung an: „Im öffentlichen Bereich gelten nun einmal andere Anforderungen an Transparenz. Aus meiner Sicht muss jeder wissen können, was unsere Geschäftsführer der öffentlichen Unternehmen verdienen."[543]

Börsennotierte Unternehmen müssen die Organbezüge nach § 285 Satz 1 Nr. 9a Satz 5 bis 9 HGB die Bezüge jedes einzelnen Vorstandsmitglieds individualisiert unter Namensnennung, aufgeteilt nach erfolgsunabhängigen und erfolgsbezogenen Komponenten sowie Komponenten mit langfristiger Anreizwirkung, im Anhang des Jahresabschlusses offenlegen.

Nicht börsennotierte Gesellschaften verpflichtet § 285 Satz 1 Nr. 9a Satz 1 bis 4 HGB, die gewährten Gesamtbezüge für die Mitglieder des Geschäftsführungsorgans und des Aufsichtsrats bzw. einer vergleichbaren Einrichtung für jede Personengruppe als „Gesamtsumme" Anhang des Jahresabschlusses anzugeben. Allerdings räumt § 286 Abs. 4 HGB Gesellschaften, die keine börsennotierten Aktiengesellschaften sind, sowohl bei der Aufstellung als auch bei der Offenlegung eine Verzichtsklausel ein. Nach dieser können bei nicht börsennotierten Aktiengesellschaften die Angaben über die Gesamtbezüge unterbleiben, wenn sich anhand dieser Angaben die Bezüge eines Mitglieds dieser Organe feststellen lassen. Kleine Kapitalgesellschaften brauchen die Angabe zu Organbezügen nach § 288 Abs. 1 HGB nicht zu machen.

---

536 Vgl. Bremeier/Brinckmann/Killian (2006), S.134; Dietrich/Struwe (2006), S.11; International Federation of Accountants (2001), Ziff.091; Maßmann (2011), S.77; OECD (2006), S.48; Schedler/Müller/Sonderegger (2011), S.182.
537 Vgl. Peiner (2008), S.49; Zypries (2008), S.21.
538 Bremeier/Brinckmann/Killian (2006), S.134.
539 Bremeier/Brinkmann/Killian (2006), S.129.
540 Bremeier et al. (2005), S.278. Ähnlich Hille (2003), S.150; Kersting (2008), S.106.
541 Zypries (2008), S.21. Anzumerken ist mit Blick auf die Aussage, dass sich Brigitte Zypries immer noch für Transparenz in diesem Feld engagiert.
542 Zypries (2008), S.24.
543 Peiner (2008), S.49.

Speziell für Beteiligungen der öffentlichen Hand an privatrechtlichen Unternehmen und Anstalten öffentlichen Rechts wurde die individualisierte Offenlegung der Geschäftsführervergütung in Berlin bereits im September 2005 gesetzlich vorgeschrieben. Hierfür wurden neue Bestimmungen in § 16a Berliner Betriebegesetz und § 65a LHO aufgenommen.[544] Im April 2011 wurde ein zweites Vergütungs- und Transparenzgesetz mit zusätzlichen Erweiterungen und Präzisierungen beschlossen.

In NRW hat der Landtag im Dezember 2009 das Gesetz zur Schaffung von mehr Transparenz in öffentlichen Unternehmen im Lande Nordrhein-Westfalen (Transparenzgesetz) verabschiedet. In diesem ist die individualisierte Offenlegung für öffentliche Unternehmen sowohl in privatrechtlicher als auch öffentlich-rechtlicher Rechtsform in § 65 LHO und § 108 der Gemeindeordnung normiert.[545] Nach Artikel 1 Absatz 1 Buchstabe a des Gesetzes wurde eine Forderung in § 65 der LHO eingefügt. Demnach ist zu gewährleisten, dass die für die Tätigkeit im Geschäftsjahr gewährten Bezüge jedes einzelnen Mitglieds der Geschäftsführung, des Aufsichtsrats, des Beirates oder einer ähnlichen Einrichtung unter Namensnennung, aufgeteilt nach erfolgsunabhängigen und erfolgsbezogenen Komponenten sowie Komponenten mit langfristiger Anreizwirkung, im Anhang des Jahresabschluss gesondert veröffentlicht werden. In der Gesetzesbegründung ist als Problemstellung formuliert: „Finanzieren sich Unternehmen der öffentlichen Hand aus öffentlichen Mitteln oder trägt die öffentliche Hand das Risiko unternehmerischen Handelns, kommt dem Informationsanspruch der Allgemeinheit ein besonderer Stellenwert zu. Die Bürgerinnen und Bürger haben einen berechtigten Anspruch darauf zu erfahren, wofür die öffentlichen Gelder eingesetzt werden. Dies gilt insbesondere auch für die Personalkosten in öffentlichen Unternehmen, also die Frage, welche Vergütungen Vorstände und Geschäftsführer sowie die Mitglieder von Aufsichtsgremien in öffentlichen Unternehmen für ihre Tätigkeit erhalten."[546]

Im Gegensatz hierzu fand der Gesetzentwurf für ein Transparenzgesetz im Brandenburger Landtag im November 2010 keine Mehrheit.[547]

In der übergreifenden Diskussion um Grundsätze verantwortungsvoller Unternehmensleitung/-überwachung wird häufiger auf eine für die (Public) Corporate Governance wichtige Aussage des langjährigen Vorsitzenden der Regierungskommission Corporate Governance Kodex, Gerhard Cromme, verwiesen: „Was man nicht mit guten Gründen und gutem Gewissen der Öffentlichkeit mitteilen kann, das soll man auch gar nicht erst tun."[548]

---

[544] Vgl. Gesetz zur Herstellung von Transparenz bei den Vorstandsvergütungen der Berliner Anstalten und den Geschäftsführungsvergütungen bei Beteiligungen Berlins an privatrechtlichen Unternehmen (Vergütungs- und Transparenzgesetz) vom 23. September 2005; Gesetz- und Verordnungsblatt für Berlin Nr.33 vom 30. September 2005, S.475.

[545] Vgl. Gesetz- und Verordnungsblatt für das Land Nordrhein-Westfalen Nr.44 vom 30. Dezember 2009, S.950.

[546] Gesetzentwurf der Landesregierung Gesetz zur Schaffung von mehr Transparenz in öffentlichen Unternehmen im Lande Nordrhein-Westfalen, Drs. 14/10027 vom 27.10.2009, S.1.

[547] Vgl. Gesetzentwurf Transparenzgesetz, Drs. 5/2226 vom 27.10.2010.

[548] von Werder (2009), S.18.

6.3.4 Beteiligungsverwaltung

6.3.4.1 Institutionelle Anbindung an die Verwaltungsspitze

Mit Blick auf die strategische Bedeutung öffentlicher Unternehmen/Beteiligungen, ganzheitliche fachressortübergreifende Steuerungspotenziale, Durchsetzungsmöglichkeiten und die Signalwirkungen wird häufig gefordert, die Organisationseinheit Beteiligungsverwaltung unmittelbar an die Verwaltungsspitze anzubinden.[549] Ausgliederung sollte nicht nur die Auslagerung von Aufgaben und Personal bedeuten, sondern parallel die Etablierung einer quantitativ und qualitativ wirksamen Schnittstelle „Beteiligungsverwaltung" nach sich ziehen.[550] Obgleich in den letzten Jahren in vielen Gebietskörperschaften Verbesserungen erzielt wurden, genügt das über lange Zeiträume häufig eher zufällig gewachsene Beteiligungsmanagement den Anforderungen bezüglich der institutionellen Anbindung nach verbreiteter Auffassung in struktureller Gesamtsicht noch nicht.

6.3.4.2 Quantitative und qualitative Besetzungsdefizite

Das Beteiligungsmanagement der öffentlichen Hand stellt sehr hohe Anforderungen an die Mitarbeiter, da neben betriebswirtschaftlichen und steuerrechtlichen Kenntnissen auch sehr breite und spezifische Branchenkenntnisse erforderlich sind.[551] Eine quantitativ und qualitativ angemessene Personalausstattung ist Grundvoraussetzung für die anforderungsgerechte Ausgestaltung des Beteiligungsmanagements und der PCG.[552] Regelmäßig wird in Wissenschaft und Praxis indessen eine adäquatere personelle Besetzung als notwendig erachtet.[553] Weiblein weist auch 2011 noch auf eine verbesserungsbedürftige Personalausstattung der Beteiligungsverwaltung hin.[554] Eine empirische Studie von 2006 zu kleineren Städten gelangt zu dem Ergebnis, dass das Beteiligungsmanagement in vielen Fällen lediglich nebenamtlich verrichtet und nicht als eigenständige Aufgabe der Gebietskörperschaft erfasst wird.[555]

6.3.4.3 Beteiligungsmanagement

Ein wirksames Beteiligungsmanagement darf Informationen nicht nur sammeln und verwalten, sondern muss institutionell abgesicherte Unterstützung für die von der Gebietskörperschaft in die Aufsichtsräte entsandten Vertreter anbieten.[556]

---

[549] Vgl. Sächsischer Rechnungshof (2003), S.49; Hille (2003), S.153; Ade (2005), S.202; Leitstelle Gemeindeprüfung NRW (2001), S.22; Schwarting (2004), S.349; Barthel (2008), S.141.
[550] Vgl. Weiblein (2011), S.651.
[551] Vgl. Baier (2009), S.4.
[552] Vgl. Machura (1994), S.172.
[553] Vgl. Leitstelle Gemeindeprüfung NRW (2001), S.24; Schwarting (2004), S.346f.; Struwe/Dietrich (2005), S.202; Schaefer (2004a), S.123ff.; Struwe/Dietrich (2005), S.202; Srocke (2005), S.317.
[554] Vgl. Weiblein (2011), S.654.
[555] Vgl. Bremeier/Brinkmann/Killian (2006), S.20.
[556] Vgl. Institut für den öffentlichen Sektor (2005a), S.16.

Allerdings bestehen nach wie vor Schwächen in Bezug auf mangelnde Standardisierung, Strategieorientierung, zukunftsorientierte Steuerung, im Berichtswesen und in Beteiligungsberichten.[557] Insgesamt bestehen im Finanz-/Leistungs- und Wirkungscontrolling noch Verbesserungschancen.[558] In einer Studie von 2008 gaben nur 22% der Befragten an, dass das Beteiligungsmanagement mittels Beteiligungsrichtlinien aktiv angewandt wird.[559] Nach einschlägigen Schilderungen in der Literatur ist das Beteiligungsmanagement häufiger zwar auf dem Papier etabliert, aber in der faktischen Praxis nicht hinreichend ausgeprägt.[560] Weiter wird an der faktischen Ausgestaltung von Gesellschaftsverträgen für die einzelnen öffentlichen Unternehmen hinsichtlich wichtiger Faktoren Kritik geäußert.[561]

Daneben kommt der Beteiligungsverwaltung eine Schlüsselrolle bei der Unterstützung der vom Staat entsandten Vertreter in die Aufsichtsräte zu. Die Betreuung der Mandatsträger ist eine zentrale Herausforderung für die Beteiligungsverwaltung.[562] In der Beteiligungsverwaltung sollte das gesammelte Fachwissen konzentriert sein, welches allen Vertretern in den Aufsichtsräten der öffentlichen Unternehmen zur Verfügung steht. Jedoch bleiben die für die Betreuung wichtigen Stellungnahmen für die Mandatsträger nach anzutreffender Kritik oft zu allgemein und enthalten keine konkreten Untersuchungen und Kennzahlen sowie Beschlussempfehlungen.[563]

Schließlich findet sich in Rechnungshofberichten sowohl länger zurückliegende als auch aktuelle Kritik. Der Rechnungshof Schleswig-Holstein urteilt in seinem Bericht von 2005: „Erste Konzeptansätze zur Einführung des Beteiligungscontrolling aus dem Jahr 2001 haben sich als z. T. nicht geeignet erwiesen. Es fehlt eine nachvollziehbare Zieldefinition, außerdem war die Abstimmung mit den Fachressorts und den Beteiligungen nicht ausreichend."[564] Der Brandenburger Rechnungshof kritisierte 2004, dass ein verbessertes Zusammenwirkungen von Fachressort und Beteiligungsverwaltung nicht immer sichtbar gewesen sei.[565] Im Jahr 2011 stufte der Thüringer Rechnungshof die Überarbeitung der Grundsätze für die Verwaltung von Beteiligungen als überfällig ein.[566] Ein Blick in weitere Jahresberichte von Rechnungshofberichten zeigt, dass hier weiterer Handlungsbedarf besteht.[567]

---

[557] Vgl. Weiblein (2011), S.654; Reichard (2012), S.62; Katz (2007), S.590; Srocke (2005), S.317.

[558] Vgl. Katz (2007), S.590; Srocke (2005), S.317.

[559] Vgl. Kersting (2008), S.93.

[560] Vgl. Seibicke (2005), S.97. Für ältere Kritik u. a. Diederich (1994), S.86.

[561] Vgl. Bäuerlein/Bindschädel/Reich/Vogel (2002), S.350; Harms (2008b), S.76f.; Seibicke (2005), S.97; Helm (2003).

[562] Vgl. Institut für den öffentlichen Sektor (2009c), S.13.

[563] Vgl. Leitstelle Gemeindeprüfung NRW (2001), S.43; Eilenfeld (2011), S.410.

[564] LRH Schleswig-Holstein (2005), S.131 Tz 15.5.

[565] Vgl. LRH Brandenburg Jahresbericht (2004), S.204ff.

[566] Vgl. LRH Thüringen Jahresbericht (2011), S.160ff.

[567] Vgl. LRH Sachsen (2011), Band 2, S.118ff.; LRH Berlin (2009), S.149ff.; LRH Hamburg (2009), Tz.240ff.; LRH Baden-Württemberg (2008), S.59; LRH Hamburg (2006), S.57.

6.3.5 Risikomanagement und interne Revision

Dem Risikomanagement wird eine besonders bedeutende Rolle beigemessen.[568] In der Praxis erweist sich das Risikomanagement in vielen Fällen hingegen aus struktureller Sicht als nicht hinreichend adäquat. Informationspflichten über Risiken sind nicht konzeptionell in ein wirksames Frühwarnsystem integriert oder unzureichend ausgewiesen. So liegen häufig Schwächen bei der Identifikation, Bewertung, Kommunikation und Steuerung von Risiken vor. Systematik und Quantifizierung sind nicht ausgeprägt genug und es fehlt neben klaren Verantwortlichkeiten öfter an einem strategischen Bezug zu den langfristigen Erfolgsfaktoren. In wiederholten Fällen wird ein fehlendes oder unzureichendes Risikomanagement konstatiert.[569] Instrumente dürfen nicht nur routinemäßig und schematisch abgearbeitet werden.[570] Insbesondere ist die risikoorientierte Berichterstattung zu verbessern.[571] Mit Blick auf die Folgewirkungen sollte aus Kostengründen jedoch nicht auf ein funktionstüchtiges und qualitativ hochwertiges Risikomanagementsystem verzichtet werden.[572]

Weiterhin misst die Literatur der internen Revision hohe Bedeutung für die Corporate Governance bei.[573] Der Arbeitskreis der Schmalenbach-Gesellschaft Externe und Interne Überwachung der Unternehmung empfiehlt: „Ein Unternehmen soll grundsätzlich eine angemessene Interne Revision haben. Darauf kann dann nur ausnahmsweise verzichtet werden."[574] In institutioneller Hinsicht gibt der Arbeitskreis die Empfehlung: „Die Interne Revision soll zur Wahrung der Unabhängigkeit dem Vorsitzenden der Unternehmensleitung unterstellt sein … Soweit eine andere organisatorische Gestaltung aus sachlichen Gründen gewählt wird, soll der direkte Zugang des Leiters der Internen Revision zum Vorsitzenden der Unternehmensleitung gewährleistet sein."[575] Schließlich rät er zum Berichtswesen: „In einer Informationsordnung soll festgehalten werden, dass die Unternehmensleitung das Überwachungsgremium in regelmäßigen Zeitabständen, möglichst vierteljährlich, in zusammengefasster Form über wesentliche Prüfungsfeststellungen und insbesondere über die Wirksamkeit des Internen Kontrollsystems unterrichtet."[576]

Kernkritikpunkte für öffentliche Unternehmen sind demgegenüber, dass die interne Revision zu häufig nicht als eigenständige Stelle unmittelbar an der Unternehmensspitze etabliert ist, Aufträge nicht hinreichend in schriftlicher Form erteilt werden und nicht immer adäquate Vortragsrechte zu Spitzenentscheidern fixiert sind. Insbesondere bei kleineren öffentlichen Unternehmen zeigt sich eine unzureichende Ausgestaltung der internen Revision.[577]

---

[568] Vgl. Koch/Madre (2009), S.172; Ruter/Müller-Marqués Berger (2005), S.461; Bremeier et al. (2005), S.273.
[569] Vgl. Schedler/Müller/Sonderegger (2011), S.178; Bremeier et al. (2005), S.274.
[570] Vgl. Koch/Madre (2009), S.181.
[571] Vgl. Harms (2006), S.127.
[572] Vgl. u. a. Budäus/Srocke (2003), S.95; Ruter/Müller-Marqués Berger (2005), S.462ff.
[573] Vgl. Ruter/Müller-Marqués Berger (2005), S.462; Fischer-Heidlberger (2006), S.9; Diederich (1994), S.120.
[574] Schmalenbach-Gesellschaft (2006c), S.225.
[575] Schmalenbach-Gesellschaft (2006c), S.226.
[576] Schmalenbach-Gesellschaft (2006c), S.228.
[577] Vgl. Ruter/Müller-Marqués Berger (2005), S.463.

6.3.6 Rechnungslegung und Jahresabschluss

Der Jahresabschluss bzw. die Rechnungslegung insgesamt sind zentrale Instrumente zur Dokumentation, Rechenschaftlegung, Information und Steuerung[578] und werden im Zuge der Corporate Governance Debatte besonders diskutiert.[579] Für öffentliche Unternehmen[580] und für NPOs[581] ist eine leistungsfähige Rechnungslegung gleichermaßen von neuralgischer Bedeutung. Wie aufgezeigt müssen öffentliche Unternehmen ihren Jahresabschluss aufgrund der besonderen Anforderungen entsprechend der Regeln für große Kapitalgesellschaften aufstellen.

Der Zeitpunkt der Aufstellung und Offenlegung des Jahresabschlusses ist für die Werthaltigkeit der Informationen von zentraler Relevanz. Mit zunehmendem Alter werden die Informationen weniger entscheidungsnützlich für die Jahresabschlussadressaten. Die Notwendigkeit und Berechtigung für eine schnellstmögliche Aufstellung und Offenlegung des Jahresabschlusses für Rechenschaft und Steuerung wird daher stark bekräftigt.[582] Hierfür ist eine Frist von drei Monaten notwendig und realisierbar.[583] Auch für die Einhaltung der inhaltlichen und rechtlichen Anforderungen zur zeitgerechten Erstellung des Beteiligungsbericht ist eine schnellstmögliche Aufstellung der Jahresabschlüsse eine zwingende Voraussetzung.

Im Gegensatz hierzu, kritisieren Literatur[584] und Rechnungshöfe[585] die verspäte Aufstellung von Jahresabschlüssen bzw. Übermittlung von Jahresabschlussdaten. Dem Aufsichtsrat stünden die Abschlüsse häufiger, im Gegensatz zu eindeutigen Vorschriften zu spät zur Verfügung. Hierdurch entstünde bei seiner Aufgabenwahrnehmung Zeitdruck. Dieser könne durch eine Einhaltung der Anforderungen und eine verstärkte Einforderung durch die Aufsichtsräte reduziert werden.

Aus einer übergreifender Perspektive schreibt Walz zu NPO pointiert: „Dennoch kommt man um die Erkenntnis nicht herum, dass der augenblickliche Zustand weitgehender Intransparenz und verbreitetem unaufgedeckten Wohltätigkeitsdilettantismus nicht befriedigend ist."[586] Dies ist sicher zugespitzt, trifft nach Verlautbarungen in Wissenschaft und Praxis für einige kleinere öffentliche Unternehmen bestimmter Branchen in der Sache aber einen Kern, der auch für die PCG Anknüpfungspunkte für Weiterentwicklungen bietet.

---

[578] Vgl. Müller (2003), S.39f.; Coenenberg (2009), S.1016f. Grundsätzlich zu Fundamentalgrundsätzen ordnungsgemäßer Rechenschaft Moxter (1976), S.87ff.
[579] Vgl. Müller (2009), S.126ff.
[580] Vgl. Albers (2011), S. 267ff.; Bolsenkötter (2002), S.1599; Bolsenkötter (2009), S.258ff.; Caspari (1995).
[581] Vgl. Walz (2005), S.259ff.; Koss (2005), S.217f.
[582] Vgl. Bremeier/Brinkmann/Killian (2006), S.171f.; Schaefer (2008), S.110; Hille (2003), S.147.
[583] Vgl. Bremeier et al. (2006), S.171f.; Hille (2003), S.147.
[584] Vgl. stellvertretend Schaefer (2008), S.110.
[585] Vgl. u. a. LRH Sachsen Jahresbericht (2007), S.353ff.
[586] Walz (2005), S.270.

6.3.7 Abschlussprüfung

6.3.7.1 Prüfungsdefizite und Verhältnis von Abschlussprüfung und öffentlicher Finanzkontrolle

Ein wesentlicher Kritikpunkt an der Abschlussprüfung ist, dass die Prüfungen nach 53 HGrG ohne spezifische Prüfungsvereinbarungen oft nur kursorisch wahrgenommen würden, ohne relevante Einzelfragen für vertiefende Analysen heranzuziehen.[587] Weiter werden die häufiger nicht eindeutigen Zuständigkeiten zwischen Rechnungsprüfungsamt bzw. Rechnungshof und Wirtschaftprüfer problematisiert. Die Abstimmung bzw. die Kooperation von öffentlicher Finanzkontrolle und Wirtschaftsprüfern könnte zusätzlich verbessert werden. Aufgrund der Schnittstellenproblematik sind noch mehr Austausch und der Aufbau von gegenseitigem Verständnis von Belang.[588]

Ferner verdeutlichen Stimmen in der Literatur mit Blick auf Missverständnisse in der Praxis, dass Abschlussprüfer und öffentliche Finanzkontrolle bei ihren Prüfungen unterschiedliche Zielsetzungen verfolgen. Die Beurteilung der Wirtschaftslage bzw. die Wirtschaftlichkeit der Leistungserbringung erfasst der private Abschlussprüfer nach § 317 HGB nicht, da er u. a. die tatsächliche Geschäftstätigkeit und das Risiko der Geschäftsvorgänge nicht wie die öffentliche Finanzkontrolle analysiert.[589]

6.3.7.2 Trennung von Prüfung und Beratung sowie getrennter Ausweis von Prüfungs-/ Beratungskosten

Die Unabhängigkeit des Abschlussprüfers ist ein besonders wichtiges Corporate Governance Thema. Dabei wird die Trennung von Prüfung und Beratung mit Blick auf Unabhängigkeit und Urteilsfreiheit besonders diskutiert[590] und zu den „konfliktträchtigen Aktivitäten"[591] gezählt. Für die PCG empfiehlt Hille: „Strikte Trennung von Prüfung und Beratung ist aber auf jeden Fall unbedingte Voraussetzung für eine objektive Jahresabschlussprüfung. Zumindest sind Beratungsmandate des Prüfers bei der geprüften Gesellschaft den Überwachungsorganen unverzüglich und umfassend anzuzeigen. Dies sollte auch für Aufträge an verbundene Unternehmen gelten."[592] Der Präsident des Bayrischen Obersten Rechnungshofes gibt einen Einblick in die Governancepraxis: „Bei einer Kammer wurden die Abschlussprüfer langjährig wiederbestellt; darüber hinaus waren sie den geprüften Anstalten vielfach noch durch Beratungsmandate verbunden. Der ORH hat im Schriftwechsel eine Trennung von Beratungs- und Prüfungsmandaten empfohlen. Es ist bedenklich, wenn große Wirtschaftsprüfungsgesellschaften ... ihre eigenen Empfehlungen später prüfen."[593]

---

[587] Vgl. Harms (2007), S.686.
[588] Vgl. Reichard/Grossi (2008), S.95; Harms (2007), S.688ff.
[589] Vgl. Eibelshäuser (2002), S.112; Harms (2007), S.687.
[590] Vgl. Quick (2002), S.622ff.; Quick/Warming-Rasmussen (2007), S.1007ff.
[591] von Werder (2007), S.227.
[592] Hille (2003), S.179f.
[593] Fischer-Heidlberger (2006), S.9f.

Verwiesen wird weiterhin darauf, dass die Unabhängigkeitserklärung des Abschlussprüfers auch die vom Abschlussprüfungsunternehmen neben der Prüfung erbrachten und/oder vertraglich vereinbarten Leistungen einschließt.[594] Weiter ist der getrennte Ausweis der Prüfungs- und Beratungskosten vorzusehen. Der Arbeitskreis Externe Unternehmensrechnung der Schmalenbach-Gesellschaft empfahl die separate Offenlegung von Abschlussprüferkosten bereits 2006 als „Corporate Governance Pflichtinformationen."[595] Seit 2009 liefert bezüglich der teilweise als problembehaftet angesehenen Kostentransparenz und eventueller „Verquickungen" § 285 Nr. 17 HGB einen anzulegenden Maßstab für die PCG. Hiernach sind als Pflichtangabe im Jahresabschluss das dem Abschlussprüfer für das Geschäftsjahr berechnete Gesamthonorar, aufgeschlüsselt in das Honorar für Abschlussprüfungsleistungen, andere Bestätigungsleistungen, Steuerberatungsleistungen und sonstige Leistungen anzugeben. In PCGKs und Governancepraxis ist sicherzustellen, dass öffentliche Unternehmen unabhängig ihrer Größe und Rechtsform nicht hinter dieser Anforderung zurückbleiben.

6.3.7.3 Regelmäßiger Wechsel des Abschlussprüfers

Sowohl in der privatwirtschaftlichen Corporate Governance Literatur als auch für öffentliche Unternehmen wird intensiv diskutiert, ob die externe (Pflicht-)Rotation eine adäquate Maßnahme zur Stärkung der Unabhängigkeit des Abschlussprüfers und ein Beitrag zur effektiven PCG ist.[596] Regelmäßig empfehlen kritische Stimmen für die PCG, den Abschlussprüfer beständiger zu wechseln und dabei auf die Unabhängigkeit der jeweiligen Unternehmen wert zu legen.[597] Der Präsident des Bayrischen Obersten Rechnungshofes (ORH) berichtet aus der Praxis: „Der ORH hat schon häufiger einen regelmäßigen Wechsel der Wirtschaftsprüfer gefordert. Wir haben uns damit nicht ganz durchsetzen können; allerdings ist immerhin ein Umdenkungsprozess ausgelöst worden. Eine Lösung ist die sog. interne Rotation, dass also beim Wirtschaftsprüferunternehmen zumindest personelle Wechsel erfolgen."[598]

6.3.8 Rechnungshöfe bzw. Rechnungsprüfungsämter

Die externe Finanzkontrolle bzw. Rechnungshöfe und Rechnungsprüfungsämter besitzen in der PCG eine gewichtige Rolle.[599] Die Kernverwaltung der Städte unterliegt einer ständigen und breit angelegten Kontrolle durch die örtliche und überörtliche Prüfung, wogegen das Handelsrecht für Unternehmen eine im Vergleich weniger weit reichende Prüfung vorsieht.[600] Nach § 54 HGrG kann daher der Rechnungsprüfungsbehörde der Gebietskörperschaft in den Fällen von § 53 HGrG das Recht eingeräumt werden, den Betrieb, die Bücher und die Schriften des Unternehmens einzusehen. Diesbezüglich sind kritische Stimmen zu vernehmen, dass

---

[594] Vgl. Kersting (2008), S.146.
[595] Schmalenbach-Gesellschaft (2006a), S.1071.
[596] Vgl. stellvertretend Quick (2004), S.487ff.; Häfele (2005), S.147; Baier (2010), S.19.
[597] Vgl. Bremeier/Brinkmann/Killian (2006), S.172f.
[598] Fischer-Heidlberger (2006), S.10f.
[599] Vgl. Eibelshäuser/Breidert (2002), S.223ff.; Harms (2007), S.685ff.; Harms (1998), S.87ff.; Loitz (2001).
[600] Vgl. Leitstelle Gemeindeprüfung NRW (2001), S.27.

die Prüfungsmöglichkeiten in den Gesellschaftsverträgen wiederholt nicht eingeräumt werden.[601] Hierin sieht u. a. Harms ein „gravierendes Problem."[602] In zahlreichen Rechnungshofberichten wird diese Kritik bestätigt.[603]

In den Interviews wurde von einem Rechnungshofvertreter als strukturell relevantes Problem angemerkt, dass die Unterrichtung zu Begründung und Änderung von Beteiligungen der öffentlichen Hand des Öfteren verspätet und mitunter erst nach Abschluss von Verträgen erfolge. Dies würde die Wahrnehmung der gesetzlich vorgesehenen Rechte für die öffentliche Finanzkontrolle stark erschweren. Auch werde teilweise versäumt, vor der Wahl bzw. Bestellung von Abschlussprüfern das vorgesehene Einvernehmen mit den Rechnungshöfen herzustellen.

6.4 Resümee: Vollzugs- als auch Regelungsdefizite

Für eine Weiterentwicklung der PCG ist es hilfreich zu hinterfragen, ob eher Regelungsdefizite vorliegen, die einen neuen bzw. ergänzenden Regelungsrahmen als Problemlösungsansatz erfordern, oder ob eher ein Vollzugsdefizit festzustellen ist. Unter Regelungsdefizit werden lückenhafte oder nicht vorhandene gesetzliche Regelungen zur Steuerung und Überwachung verstanden. Ein Vollzugsdefizit liegt vor, wenn (gesetzliche) Regelungen zwar vorhanden, aber nicht hinreichend umgesetzt werden.

Liegt ein Regelungsdefizit bzw. konzeptionelles Problem vor, ist zu analysieren, mit welchen Modifikationen der institutionellen Regeln diesem zu begegnen ist und ob z. B. ein PCGK hilfreiche Entwicklungsbeiträge liefern kann. Hat das Defizit seine Ursache in der unzureichenden Umsetzung bestehender Regelungen, handelt es sich um ein Vollzugsdefizit.

Die Kritikpunkte bei den jeweiligen in diesem Kapitel bearbeiteten Problemfeldern sprechen in der Tendenz eher für ein Vollzugs- als für ein Regelungsdefizit. Jedoch bestehen nach der Analyse ebenfalls einige Regelungsdefizite in relevanten Handlungsbereichen.

Für eine zusätzliche anschauliche Reflexionsbasis sowie insbesondere auch zur Untermauerung der Handlungsnotwendigkeiten veranschaulicht Tab. 12 Zitate zu Vollzugs- und Regelungsdefiziten aus der Diskussion.

---

[601] Vgl. Seibicke (2005), S.97; Hille (2003), S.58); Harms (2008b), S.76; Leitstelle Gemeindeprüfung NRW (2001), S.67.
[602] Harms (2008b), S.76.
[603] Vgl. LRH Berlin Jahresbericht (2009), S.139ff.Vgl. hierzu auch LRH Baden-Württemberg Ergebnisbericht (2008), S.35; LRH Berlin Jahresbericht (2007), S.167ff.

Übersicht von Aussagen zur Analyse von Vollzugs- und Regelungsdefiziten in der PCG
Betonung von Vollzugsdefiziten
Allerdings ist weniger eine mangelnde Regelungsdichte als das Vorhandensein von Vollzugsdefiziten auf den verschiedenen Kontrollebenen zu beklagen. (Harms 2008b, S.74)
Es scheint also nicht an Regeln zu fehlen. Vielmehr stellt sich die Frage nach der Tauglichkeit, Konsistenz, Übersichtlichkeit und Einhaltung der Regeln. (Mühlenkamp/Schulz-Nieswandt 2008, S.32)
Gründe hierfür sind, … dass die bestehenden formalen Regelungen für eine „gute Unternehmensführung" nicht immer hinreichend wirksam sind. (Dietrich/Struwe 2006, S.18 mit Verweis auf Landesrechnungshof Saarland)
Die hohe Regelungsdichte der gemeinwirtschaftlichen und landesbezogenen Vorschriften und Vorgaben hat jedoch bisher nicht dazu geführt, dass die Verantwortungsträger beim Land und in den Gemeinden sowie in den öffentlichen Unternehmen ihren Verpflichtungen vollumfassend gerecht werden. (Seibicke 2005, S.100)
Ich glaube, dass die bestehenden rechtlichen Grundlagen ausreichen. Sie müssten nur stärker bewusst sein und angewendet werden. (Fischer-Heidlberger 2006, S.12)
Die Nichteinhaltung formaler Vorgaben ist in diesem Zusammenhang von besonderem Interesse. Es fehlt offensichtlich nicht an geeigneten Instrumenten, sondern zudem werden die nach dem geltenden Rechtsregime – Verfassung, HGrG, BHO/LHO, GO – verfügbaren Möglichkeiten zur Einflussnahme und Kontrolle nicht hinreichend genutzt. (Budäus/Srocke 2003, S.83)
Eine Reihe von Vorgaben der Gemeindeordnung zur wirtschaftlichen Betätigung der Kommunen werden von der Mehrzahl der Städte nur teilweise eingehalten. (Leitstelle Gemeindeprüfung NRW 2001, S.27)
Von einem Zuwenig an Kontrollverfahren kann im Allgemeinen nicht die Rede sein. Soweit sich Mängel gezeigt haben, sollten diese durch eine sinnvollere und stärker zielgerichtete Handhabung der vorhandenen Kontrollinstrumente künftig vermieden werden. (Empfehlung Wissenschaftlicher Beirat/Gesellschaft für öffentliche Wirtschaft 1982, S.13)
Betonung von Regelegungsdefiziten
Erhebliche Regelungsdefizite auf der strategischen Ebene. (Eichhorn 2008, S.108)
Zwar definieren die Gemeindeordnungen Regelungen für den Gesellschafter … und die Beteiligungsgesellschaft … jedoch werden in der Regel nur marginale Aussagen … gemacht … Dieses Defizit wird auch nicht im Rahmen des Gesellschaftsrechts kompensiert … Um dieses Reglungsdefizit aufzuheben … (Schäfer 2008, S.93)
Trotz dieser Regelungsvielfalt verbleiben erhebliche Lücken. (Siekmann 1996, S.295)

Tab. 12: Übersicht von Aussagen zur Analyse von Vollzugs- und Regelungsdefiziten in der PCG

Das erkennbare Kritikmuster deutet stark daraufhin, dass bei der Weiterentwicklung der PCG und Gestaltung von PCGKs im Schwerpunkt von Vollzugsdefiziten ausgegangen werden muss. Ebenfalls müssen die Reformbemühungen jedoch die angesprochenen Regelungsdefizite gezielt im Blick behalten. Ein Schlüsselaspekt muss mit Blick auf die Problemanalyse sein, die Kontroll- und Informationskomplexität nicht weiter zu erhöhen. Vielmehr müssen in PCGKs dosierte, gezielte und präzise Anforderungen und Zuständigkeiten zur Bewältigung der bedeutsamen Vollzugsdefizite sowie zu bestehenden Unklarheiten im PCG System formuliert werden. Darüber hinaus sollten sie durch entsprechende Formulierung und „Comply or explain" speziell Informationen zu neuralgischen Vollzugsdefiziten generieren.

Insgesamt muss die Ausgestaltung von PCGKs die in diesem Kapitel klassifizierten Kritikpunkte und Forderungen angemessen berücksichtigen, um bestmögliche Weiterentwicklungsbeiträge für die PCG zu leisten.

Kapitel 7 analysiert im Anschluss Chancen, Wirkungspotenziale, Wirkungen und Nutzen eines PCGK sowie wesentliche in den letzten Jahren im Zusammenhang mit dem Instrument diskutierte Grundsatzfragen.

7 Steuerungserhebliche Zusatzbeiträge und Unterstützung durch einen PCGK

7.1 Herausgestellte Bedarfe und Potenziale

In Politik, Verwaltung, öffentlicher Finanzkontrolle, Wissenschaft und Beratungspraxis wird weit vorherrschend die Auffassung vertreten, dass ein PCGK – bei adäquater Ausgestaltung – nützliche Beiträge zur Verbesserung der PCG leisten kann.[604]

Zur Verdeutlichung von Sinnhaftigkeit, Notwendigkeiten und Chancen einer intensiven und konkreten Auseinandersetzung mit dem Instrument stellt Tab. 13 folgend wörtliche Zitate zu den Potenzialen eines PCGK heraus. Die Liste ließe sich erweitern und kann nur ein prägnanter Ausschnitt sein. Mit Ausnahme der oben angeführten Empfehlung des wissenschaftlichen Beirats der Gesellschaft für öffentliche Wirtschaft sind die Aussagen nach Erscheinungsjahr geordnet.

---

[604] Vgl. neben den folgend im Kapitel angeführten Aussagen u. a. Weiblein (2011), S.655; Treuner (2005), S.48; Bremeier/Brinkmann/Killian (2006), S.161ff.; Budäus/Srocke (2003), S.99; Budäus/Hilgers (2009), S.883ff.; Lenk/Rottmann (2007), S.344ff.; Ellerich/Schult/Radde (2009), S.201ff.; Harms (2006), S.126; Mirow (2005), S.114; Zypries (2008), S.33ff.; Zypries (2005), S.5; Eilenfeld (2011), S.413; Schaefer (2005), S.337; Alsheimer/Jakob/Witzlow (2006), S.938.

Zitate-Übersicht zu Potenzialen eines Public Corporate Governance Kodex
Angesicht der Vielfalt der Überwachungsaufgaben und der Zusammenarbeit der Aufsichtsgremien in der öffentlichen Wirtschaft sollten Grundsätze ordnungsmäßiger Überwachung öffentlicher Unternehmen formuliert werden. (Empfehlung des wissenschaftlichen Beirats, Gesellschaft für öffentliche Wirtschaft 1982, S.13)
Wichtiges Instrument der Beteiligungssteuerung/des strategischen Beteiligungsmanagements. (KGSt 2012, S.62)
Verwaltung und Verwaltungsspitze … sehen in dem Erstellungs- und Diskussionsprozess zur PCG große Chancen, eingeschliffene Handlungsschemata aufzubrechen. (Weiblein 2011, S.649)
Implementierung eines PCGK lässt Verbesserungen der strukturellen und prozeduralen Transparenz erwarten. (Theuvsen 2012b, S.181)
In der Praxis bestanden daher erhebliche Defizite … Diese Lücke können PCGKs füllen. (Hammerschmid 2010, S.12)
Es handelt sich … um sachdienliche, zweckmäßige und daher begrüßenswerte Regelwerke. (Raiser 2011, S.353)
Mit dem PCGK des Bundes hat die Bundesregierung einen ersten wichtigen Schritt zur Verbesserung der Transparenz und Effizienz bei öffentlichen Unternehmen getan. (Schürnbrand 2010b, S.35)
Abschließend lässt sich festhalten, dass die vorgelegten Beteiligungsgrundsätze des Bundes einen wesentlichen Schritt hinsichtlich der Transparenz des Beteiligungsmanagements darstellen. (Gemkow 2010, S.70)
Festzuhalten ist, dass die Verabschiedung eines Public Corporate Governance Kodex Zustimmung verdient. (Mühl/Jäckel 2009, S.213)
Der PCGK erscheint grundsätzlich dazu geeignet, sowohl das Vertrauen bei den Bürgern als auch die Effizienz bei den öffentlichen Unternehmen zu erhöhen und ist insoweit positiv zu beurteilen. (Ellerich/Schult/Radde 2009, S.208)
Zweifelsohne sind die beschriebenen Entwicklungen … hin zu einem PCGK … zu begrüßen. (Harms 2008b, S.83)
Vor diesem Hintergrund ist es nicht überraschend … einen Governance Kodex als handlungsleitende Maxime zu entwickeln, der sowohl zu einer besseren externen Steuerung und Kontrolle der öffentlichen Unternehmen … als auch zu einer besseren internen Führung dieser Unternehmen beitragen kann. (Röber 2008, S.60)
Ein Corporate Governance Kodex … kann vor dem Hintergrund der Überlegungen positive Wirkungen hinsichtlich der intendierten Transparenzerhöhung oder Rechenschaftslegung generieren. (Lenk/Rottmann 2008, S.48)
Ein solches Regelwerk könnte als vertrauensbildende Maßnahme bei den Betroffenen wirken und der Effizienzsteigerung in der öffentlichen Wirtschaft dienen. (Eichhorn 2008, S.109)
Trotz des nach wie vor bestehenden Diskussionsbedarfs bewerten die betroffenen Unternehmen den Kodex positiv. (Höflinger 2008, S.59)
Kodex könnte Vertrauen des Bürgers steigern und Interesse des Eigentümers schützen. (Rieckmann 2008, S.819)
Richtig angewandt, kann ein Kodex wertvolle Hilfe in der Beteiligungsführung und -steuerung sein. (Ruter/Häfele 2007, S.362)
Nahezu alle Rechnungshöfe schätzen die Chancen einer PCG für die Effizienzsteigerung und die verbesserte Kommunikation und Transparenz bei öffentlichen Unternehmen als gut ein. (Dietrich/Struwe 2006, S.18)
So müssten sowohl die Legitimationskrise der Politik wie die Finanzmisere der öffentlichen Hand (und ihrer Unternehmen) Anreize genug sein, mit Hilfe eines PCGK die Unternehmensführung bei öffentlichen Unternehmen zu verbessern. (Dietrich/Struwe 2006, S.20)
Ich kann mir vorstellen, dass die Einführung eines Corporate Governance Kodex eine Chance darstellt, die Steuerung öffentlicher Unternehmen zu verbessern … Als Fazit ist festzuhalten, dass der Versuch mittels Einführung eines PCGK das Bewusstsein und möglicherweise das Verhalten … zu ändern durchaus lohnen würde. (Seibicke 2005, S.100)
Hingegen könnte der hier in seiner Grundstruktur skizzierte Public Corporate Governance Kodex ein Beitrag zur Lösung dieses Problems leisten. (Budäus/Srocke 2003, S.99)
Trotzdem spricht die derzeitige Situation für einen Kodex, weil eine zusätzliche Regulierung durch Gesetze die Steuerungsdefizite im öffentlichen Sektor offensichtlich nicht beseitigen kann. (Srocke 2005, S.322)
Mit Blick auf die Finanzsituation der Kommunen ist ein effizienteres Handeln der öffentlichen Unternehmen … unabdingbar. Ein PCGK kann dazu beitragen. (Struwe/Dietrich 2005, S.203)
Nicht ohne Grund ist deshalb die Ausformulierung von Grundsätzen ordnungsgemäßer Überwachung öffentlicher Unternehmen gefordert worden. (Siekmann 1996, S.284)

Tab. 13: Zitate-Übersicht zu Potenzialen eines PCGK

In Anbetracht des Einschätzungsmusters ist offenkundig, dass Wissenschaft und Praxis vielfältige Bedarfe und Potenziale für einen PCGK artikulieren. Auch in der politischen Debatte wird mit den Möglichkeiten des Instruments argumentiert, wofür sich, stellvertretend für viele weitere Akteure, auf den damaligen brandenburgischen Finanzminister Rudolf Reeb verweisen lässt. Dieser erkannte im PCGK im Juli 2005 „ein notwendiges Element der Vorsorge gegen wirtschaftliche Fehlentwicklungen bei landesbeteiligten Unternehmen."[605]
Im internationalen Kontext reflektiert Adrian Cadbury zu der Diskussion sowie zum Nutzen eines Corporate Governance Kodex einschlägig: „This I believe to be the key to the whole question of why governance appeared on the public and corporate agenda and why it remains there. A sound system of corporate governance assists boards in their task of directing their enterprises. I would not have spent the time I have on matters of corporate governance, were I not convinced that it helps companies to meet their business objectives, in sum that good governance is an aid to good performance."[606]

7.2 Spezifischer „Public Kodex" mit Orientierung an bewährten Grundsätzen

In der Diskussion kristallisierte sich schnell heraus, dass ein spezifisch auf die Rahmenbedingungen öffentlicher Unternehmen zugeschnittener PCGK zwingend erforderlich und eine pauschale Übertragung des DCGK für börsennotierte Unternehmen ohne deutliche Erweiterungen bezüglich der Gesellschafterrolle der öffentlichen Hand nicht sachdienlich ist.[607]
Den Besonderheiten der PCG ist eindeutig und in hohem Maße Rechnung zu tragen. Gleichermaßen wird von vielen Seiten jedoch nachvollziehbar begründet, dass sich die Ausgestaltung einzelner Grundsätze und Regeln an bewährten Standards aus der Privatwirtschaft orientieren sollte.[608] Die grundsätzlichen Corporate Governance Elemente sind auch bei öffentlichen Unternehmen anzuwenden, so dass auf bewährten Leitlinien aufgebaut werden kann. Trotz zu berücksichtigender unterschiedlicher Zielsysteme besteht zwischen öffentlichen und privatwirtschaftlichen Unternehmen eine Strukturidentität.[609] Übertragungen sind möglich, ohne die besonderen Rahmenbedingungen öffentlicher Unternehmen zu vernachlässigen.[610]
In den entsprechenden Feldern sollte das im DCGK erreichte Niveau als Basis für die Etablierung und Fortschreibung von PCGKs genutzt werden und weitergehend zusätzliche Anforderungen entsprechend der Spezifika der öffentlichen Wirtschaft verfasst werden.[611] Angesichts der Entwicklung und empirischer Studien wird der DCGK nachvollziehbar als etablierte

---

[605] www.brandenburg.de/ cms/detail.php., Abruf: 05.10.2005.
[606] Cadbury (2000), S.11.
[607] Vgl. für viele weitere Röber (2008), S.60; Budäus/Srocke (2003) S.99; Schneider (2005), S.493; Lenk (2008), S.176; Weiblein (2011), S.648; Schaefer (2004b), S.273; Ruter (2008a), S.170; Schedler/Kolbe (2004), S.146; Mühl-Jäckel (2010), S.213; Kolbe (2006), S.72; Ellerich/Schult/Radde 2009, S.208; Budäus/Hilgers (2009), S.900; Schürnbrand (2010a), S.1108; Alsheimer/Jakob/Witzlow (2006), S.938.
[608] Vgl. stellvertretend Schedler/Müller/Sonderegger (2011), S.11; Lenk (2008), S.175; Treuner (2005a), S.49; Schedler/Kolbe (2004), S.146; Siewert (2005) S.88; Ringleb (2010), Rz.22b; von Werder (2008a), S.77; Höflinger (2008), S.59; von Werder (2008a), S.77.
[609] Vgl. Lenk (2008), S.175 mit Verweis auf die Diskussionsbeiträge von Harms.
[610] Vgl. Schedler/Gulde/Suter (2007), S.56; Kolbe (2006), S.72.
[611] Treuner (2005a), S.49.

Zusammenstellung von Grundsätzen verantwortungsvoller Unternehmensleitung/-überwachung eingestuft.[612] Axel von Werder, langjähriges Mitglied der Regierungskommission Corporate Governance, empfiehlt diesbezüglich plausibel: „Danach sollte der Grundsatz gelten, dass diejenigen Governancemodalitäten, die sich in (börsennotierten) Unternehmen bewährt haben, die im internationalen Wettbewerb um Kapital, Mitarbeiter und Kunden stehen, grundsätzlich auch zur Qualität der Leitung und Überwachung öffentlicher Unternehmen beitragen können ... nach diesem Prinzip der Beweislastumkehr sollten Abweichungen eines Public Corporate Governance Kodex vom DCGK dann im Einzelfall jeweils einer guten Begründung bedürfen."[613] Ruter bestätigt: „Das Prinzip der Beweislastumkehr für die Nichtanwendbarkeit der Empfehlungen und Anregungen sollte auch für öffentliche Unternehmen gelten."[614] Auch Siewert – damals Ministerialdirigent im Bundesministerium der Finanzen und ehemaliger Vorsitzender der OECD-Arbeitsgruppe zu öffentlichen Unternehmen – sieht eine „Entkoppelung von privatwirtschaftlichen Leitlinien" und eine „Etablierung einer öffentlichen Parallelwelt"[615] kritisch. Von Praxisseite aus der öffentlichen Wirtschaft wird ebenfalls eingebracht, dass öffentliche Unternehmen sich an den gleichen Grundsätzen wie private Unternehmen messen lassen müssen.[616]

Hinzuweisen ist schließlich darauf, dass Corporate Governance Grundsätze für die Unternehmensleitung/-überwachung sektorneutral sind.[617] Im Grundsatz ist es mit konkretem Blick auf die in PCGKs formulierten Grundsätze verantwortungsvoller Unternehmensleitung/-überwachung nachrangig, in welcher Branche ein öffentliches Unternehmen tätig ist, ob es gewinnbringend oder verlustträchtig arbeitet oder im Wettbewerb oder als Monopolist agiert. Auch der DCGK gilt für Unternehmen unterschiedlichster Branchen. Das vorangehend skizzierte „Prinzip der Beweislastumkehr" ist bzgl. der Branche wiederum der richtige Ansatz. Demnach ist nicht abstrakt, sondern mit konkretem Bezug zu den einzelnen Kodexgrundsätzen zu argumentieren, warum eine bestimmte Regelung in einer Branche oder einem Unternehmen ggf. nicht anwendbar sind. Eine Abweichung ist dabei Mangel, sondern kann mit Blick auf den jeweiligen Kontext erforderlich sein. Allerdings ist die Erforderlichkeit im Sinne guter PCG zu konkretisieren und transparent zu machen.

7.3 Einbindung öffentlich-rechtlicher Unternehmen und mittelbarer Beteiligungen

Ein PCGK sollte nicht nur private Rechtsformen, sondern aufgrund der vergleichbaren Anforderungen auch Anstalten des öffentlichen Rechts, Vereine und Stiftungen einbeziehen.[618]

---

[612] Vgl. von Werder/Böhme (2011), S.1286.
[613] von Werder (2008a), S.77.
[614] Ruter (2008b), S.104.
[615] Siewert (2005) S.88. Kritisch zur Abweichung bei gleichgearteten Fällen ebenso Ringleb (2010), Rz.22b.
[616] Höflinger (2008), S.59.
[617] Vgl. stellvertretend Ruter/Müller-Marqués Berger (2005), S.443.
[618] Vgl. Ruter/Häfele (2007), S.361; Bremeier/Brinkmann/Killian (2006), S.145f; Bremeier et al. (2005), S.279; Struwe/Dietrich (2006), S.21; Schedler/Müller/Sonderegger (2011), S.24; Budäus/Srocke (2003), S.91.

Entsprechend der Philosophie „Konzern Stadt" ist ein PCGK für die gesamte Gebietskörperschaft mit allen Unternehmen und Beteiligungen zu entwickeln.[619] Die Einbindung von (beherrschten) Tochtergesellschaften ist genauso angemessen, da hier besondere Steuerungsproblematiken bestehen.[620] Insbesondere bei gemischt-wirtschaftlichen Beteiligungen können leicht Kontroll- und Einflussverluste auftreten.[621] Gerade hier trägt die Exekutive Verantwortung und aus einem Beherrschungsverhältnis resultiert die Pflicht zur demokratischen Kontrolle.[622]

7.4 Nutzen eines PCGK: Kategorisierung von Funktionen

Übergreifend wird einem Corporate Governance Kodex eine Ordnungs- und Kommunikationsfunktion zugewiesen.[623] Diese beiden Funktionen werden ebenso in der Debatte um die PCG angeführt.[624]

Im Sinne der **Kommunikationsfunktion** soll ein PCGK Grundcharakteristika des Corporate Governance Systems kompakt veranschaulichen und so verständlich machen. Diese Aufgabe lässt sich auch als **Erklärungsfunktion** bezeichnen. Ein PCGK liefert demnach für alle beteiligten Akteure eine prägnant zusammenfassende und erklärende Übersicht zu allen wichtigen gesetzlichen und nicht gesetzlichen Bestimmungen mit gezielten Verweisen auf einschlägige Normen. Dieses kann die Kenntnisse über Rechte, Pflichten, Zuständigkeiten und Abläufe verbessern und zu einem besseren Gesamtverständnis für das von sehr vielen Bestimmungen determinierte PCG System beitragen.

Bezüglich dieser Funktion wurde in der Interviewstudie gefragt, ob ein PCGK einen hilfreichen Überblick über die wichtigen gesetzlichen und nicht gesetzlichen Bestimmungen mit den Verantwortlichkeiten geben kann. Auf der Antwortskala (1: gar keine Zustimmung bis 4: volle Zustimmung), die, sofern nicht anders angesprochen, auch den weiteren in diesem Abschnitt skizzierten Befunden zu Grunde liegt, lag der Antwortmittelwert bei 2,9 (SD 0,9). In den Augen der Befragten besitzt ein PCGK im Sinne der Kommunikationsfunktion bzw. Erklärungsfunktion eindeutig einen Nutzen.

Eine **Ordnungsfunktion** erfüllt der PCGK, in dem er regelmäßig auftretende Governancefragen, Unklarheiten oder Lücken mit über das Gesetz hinausgehenden Empfehlungen und Anregungen gezielt adressiert und damit unterstützende Hinweise gibt. Dies kann auch als **Ergänzungsfunktion** ausgedrückt werden. Empfehlungen und Anregungen formulieren gesetzesausfüllende Regelungen zur Nutzung verschiedener durch das Gesetz offen bleibender Handlungsräume. Gesetzesergänzende bzw. konkretisierende Regelungen liefern eine Ergänzung zu gesetzlichen Bestimmungen.[625] Zuvor ungeschriebene Regeln können transparent

---

[619] Bremeier/Brinkmann/Killian (2006), S.170.
[620] Vgl. Weiblein (2011), S.649.
[621] Vgl. Budäus/Srocke (2003), S.95.
[622] Vgl. Fischer-Heidlberger (2006), S.8.
[623] Vgl. Ringleb (2010), Rz.83f.
[624] Vgl. Schürnbrand (2010a), S.1107; Budäus (2005), S.21; Budäus/Srocke (2003), S.91; Bachert (2005), S.199f.
[625] Vgl. Ringleb (2010), Rz.83f.

gemacht, Maßstäbe pflichtgemäßer Unternehmensleitung/-überwachung ausdifferenziert[626] und Hilfestellung für die Gestaltung der Corporate Governance gegeben werden.[627] In der Interviewstudie wurde hinsichtlich der Ergänzungsfunktion gefragt, ob ein PCGK Hinweise zu wichtigen Aspekten liefert, die nicht in Gesetzen geregelt sind. Auf der Antwortskala lag der Mittelwert bei 3,4 (SD 0,7). Dies ist merklich höher als bei der Kommunikations- bzw. Erklärungsfunktion und deutet darauf hin, dass in der Praxis gerade die Ergänzung im skizzierten Sinne als nützlich wahrgenommen wird.

Daneben wird in der Literatur zur PCG eine **Verhaltenssteuerungsfunktion** genannt, welche die Beteiligten zu angestrebten Handlungen anleiten soll.[628]

Neben diesen drei in der Literatur angeführten Funktionen lassen sich der Nutzen und die Wirkungspotenziale eines PCGK in weitere Funktionen klassifizieren, um die Entwicklungsbeiträge noch differenzierter und konkreter zu benennen. Die Vielzahl der in die Debatte eingebrachten Argumente wird über diesen Ansatz verdichtet geordnet. Daneben fließen Erkenntnisse zu Wirkungspotenzialen und Wirkungen aus der durchgeführten Befragung in die Kategorisierung ein.

=> **Bewusstseinsbildungsfunktion:** Es wird stark betont, dass die Diskussion um die Erstellung und Inhalte eines PCGK schon an sich einen äußerst lohnenden Prozess darstellt, der wichtige Sachverhalte bewusster werden lässt und so die Basis für systematische Weiterentwicklungen bildet.[629] Der PCGK fördert den Bewusstseinswandel bzw. schärft das Bewusstsein für die mit dem Amt bzw. der Aufgabe verbundenen Anforderungen und Verhaltensnotwendigkeiten.[630]

Mit Blick auf die Bewusstseinsbildungsfunktion wurde in der Studie gefragt, ob die Diskussion um Inhalte des PCGK an sich ein sehr lohnender Prozess waren, der wichtige Sachverhalte bewusster werden ließ. Hier lag der Antwortmittelwert mit 3,5 (SD 0,8) im Vergleich aller abgefragten Wirkungspotenziale deutlich am höchsten. Auch Akteure, die in anderen Bereichen keine Wirkungen des Kodex wahrnahmen, sahen in dieser Funktion großen Wert. Ergänzend wurde bei der Begründung der Wertung im Interview häufig angesprochen, dass Grundsätze verantwortungsvoller Unternehmensleitung/-überwachung durch einen PCGK „in die Köpfe gebracht" werden könnten und ein erhöhtes Problembewusstsein schaffen würden. Die zu diesem Faktor einhelligen Antworten liefern Bestätigung für die in der Literatur und in der öffentlichen Debatte anzutreffenden Aussagen wie vom Vorsitzenden der Regierungskommission Deutscher Corporate Governance Kodex für börsennotierte Unternehmen, Klaus Peter Müller: „Zudem gibt der Kodex Empfehlungen und Hinweise, die Debatten und Veränderungen auslösen. Allein das ist schon ein Wert an sich."[631]

=> **Verzahnungsfunktion:** Bei adäquater inhaltlicher Ausgestaltung können die Regelungskreise öffentliches Recht und Privatrecht bzw. die öffentlich-rechtliche und die gesellschaftsrechtliche Governance verzahnend zusammengeführt und geordnet sowie bestehende

---

[626] Vgl. Raiser (2010), S.29.
[627] Vgl. Siebart (2006b), S.232.
[628] Vgl. Budäus (2005), S.21; Budäus/Srocke (2003), S.91.
[629] Vgl. Hammerschmid (2010), S.12f.; Ruter/Müller-Marqués Berger (2005), S.464.
[630] Vgl. Eichhorn (2008), S.109; Raiser (2010), S.29; Budäus/Srocke (2003), S.99.
[631] http://www.corporate-governance-code.de/ger/download/Langversion_AufmInterview_Euro0510_DrKP Mueller. pdf, Abruf: 02.06.2010.

Spannungsfelder durch klare Hinweise austariert werden. Eine zentrale Aufgabe eines PCGK wird darin gesehen, zur Ausbalancierung zwischen der demokratiegeprägten Kommunalverfassung und der jeweiligen Unternehmensverfassung beizutragen.[632] In der Interviewstudie wurde der Verzahnungsfunktion mit einem Mittelwert von 2,9 (SD 0,8) ebenfalls deutlich, aber weniger als den vorherigen Funktionen zugestimmt. Gleichwohl zeigt das Meinungsbild der Befragten, dass ein PCGK im Sinne dieser Funktion Entwicklungsbeiträge leistet.

=> **Vollzugsfunktion:** Durch die prägnante Zusammenfassung von bzw. Verweisen auf zentrale gesetzliche Regelungen kann ein PCGK zu einem besseren Vollzug von relevanten gesetzlichen und nicht gesetzlichen Bestimmungen beitragen. Bei der Interviewfrage, ob ein PCGK zu einer besseren Umsetzung von wichtigen gesetzlichen Regelungen beiträgt, belief sich der Mittelwert auf 2,8 (SD 1,0).

=> **Reflexionsfunktion:** Die Verpflichtung zur Erklärung wie Erläuterung der Abweichungen von Empfehlungen und Anregungen lässt die Entscheidungen von Aufsichtsräten, Geschäftsführern und Gesellschaftern wesentlich bewusster werden und trägt zu einer zusätzlichen Reflexion des Handelns bei. Die zu signierende Entsprechenserklärung ist ein verbindlicher Anlass zu einer gezielteren Auseinandersetzung mit Grundsätzen verantwortungsvoller Unternehmensleitung/-überwachung. Bei der Interviewfrage, ob Entsprechenserklärungen zu einem zusätzlichen Hinterfragen der Unternehmensführung in den Unternehmensorganen und der Beteiligungsverwaltung beitragen würden, war mit einem Mittelwert von 3,1 (SD 1,1) eine hohe Zustimmung zu verzeichnen.

=> **Lern- und Weiterentwicklungsfunktion:** Entsprechenserklärungen und insbesondere begründete Abweichungen vom PCGK bieten zusätzliche Chancen, die Corporate Governance gemeinsam weiterzuentwickeln.[633] Hinsichtlich der Lernperspektive von Accountability[634] können Entsprechenserklärungen entscheidende Impulse liefern, Good Practices hervortreten lassen und „Lernen" ermöglichen. Die Anwendung von „Comply or explain" liefert u. a. für Beteiligungsverwaltung und Gesetzgeber eine Rückkoppelung, wie mit den Bestimmungen zur PCG faktisch verfahren wird. Auf Basis dieses Feedbacks können wesentlich fundiertere Diskurse über die Notwendigkeit einzelner Bestimmungen und über Ansatzpunkte zur gemeinsamen Weiterentwicklung der PCG geführt werden.

=> **Transparenzfunktion:** Durch Benennung von Zuständigkeiten, Rechten, Pflichten und Abläufen sowie die kompakte Zusammenstellung von Grundsätzen verantwortungsvoller Unternehmensleitung/-überwachung leistet ein PCGK einen gezielten Beitrag für mehr Transparenz. Gerade „Comply or explain" und Entsprechenserklärungen liefern erhebliche Transparenzgewinne.

Auf die Frage, wie sich der PCGK auf die Transparenz bei der Steuerung der öffentlichen Beteiligungen auswirke, war mit einem Mittelwert von 3,1 (SD 0,8) eine hohe Zustimmung festzustellen (Antwortskala: 1 keine Auswirkungen, 4 sehr stark verbessert).

---

[632] Vgl. Bremeier/Brinkmann/Killian (2006), S.150; Mühl-Jäckel (2010), S.212.

[633] Vgl. Höflinger (2008), S.60.

[634] Vgl. zum Zweck von Accountability „to induce the executive branch to learn" Bovens (2007), S.463.

=> **Einarbeitungsfunktion:** In den Interviews wurde, ohne hiernach gefragt zu haben, häufiger erwähnt, dass ein PCGK mit Blick auf die beständigen Wechsel gerade bei der Einarbeitung neuer Aufsichtsratsmitglieder von Nutzen sei. Besonders bei der kurzfristigen Einarbeitung würde der kompakte und verständliche Gesamtüberblick im Alltag sehr helfen. Das Aufsichtsratsmitglied wäre schnell über wesentliche Rechte, Pflichten und Abläufe informiert, was viel Abstimmungsaufwand erspare und Übergangsphasen erleichtere.

=> **Zukunftsgerichtete Informations-/Steuerungsfunktion:** Durch auch in die Zukunft gerichtete Entsprechenserklärungen generiert ein PCGK wertvolle ergänzende Steuerungsinformationen, um auch zukunftsorientiert den steuernden Austausch zu ermöglichen. Ein adäquat ausgestalteter Wirkungsmechanismus „Comply or explain" liefert in Ergänzung zu den überwiegend quantitativen Informationen, z. B. aus Jahresabschlüssen oder Quartalsberichten, zusätzliche qualitative Steuerungsinformationen über die beabsichtigten Governancegepflogenheiten.

=> **Gesetzheranführungsfunktion:** Ein PCGK kann nicht direkt für öffentliche Unternehmen greifende, aber wichtig erscheinende gesetzliche Neuerungen aufnehmen. In diesem Sinne kann er die PCG an neue Gesetze oder sich entwickelnde Standards aus der Privatwirtschaft heranführen und ermöglicht durch „Comply or explain" auch hier die situationsgerechte Befolgung oder Abweichung.

=> **Steuerungsverständnisfunktion:** Ein PCGK kann die grundsätzliche Steuerungsphilosophie der Gebietskörperschaft veranschaulichen und so dazu beitragen, einen sachgerechten Mittelweg zwischen einem partnerschaftlichen und einem weisungs-/kontrollorientierten Verständnis zu entwickeln.[635] „Klare Spielregeln können konfliktmindernd wirken."[636] „Ein Kodex legt für alle verbindlich und verständlich die Kontrollmechanismen fest und ermöglicht auf diese Weise ein neues partnerschaftliches Miteinander der beteiligten Personen, das Missverständnissen vorzubeugen hilft."[637]

=> **Standardisierungsfunktion:** Ein PCGK leistet eine angemessene Formalisierung von Steuerungsbeziehungen.[638] Will die PCG nicht von zufälligen Einflussfaktoren wie Einzelengagement und „Beziehungschemie" der handelnden Akteure abhängen, ist hinreichende Standardisierung zwingend erforderlich.[639] Hierzu kann ein PCGK beitragen.[640]

=> **Gemeinschaftsgesinnungsfunktion:** Ein PCGK könnte – zumindest in einem gewissen Maße – dazu beitragen, die Aufgabenerfüllung im Konzern Stadt zusätzlich als gemeinsame Aufgabe zu begreifen. „Der Stadt Bestes zu tun und nicht nur die Optimierung/Maximierung der Vorteile der Einzelteile des Konzerns zu suchen, das ist die Voraussetzung von Good Governance in einer Gemeinde."[641]

---

[635] Vgl. Bremeier/Brinkmann/Killian (2006), S.162f.; KGSt (2012), S.62.

[636] Reichard (2008a), S.136.

[637] Ruter/Häfele (2007), S.362.

[638] Vgl. Hammerschmid (2010), S.11.

[639] Vgl. Leitstelle Gemeindeprüfung NRW (2001), S.36.

[640] Vgl. Eilenfeld (2011), S.413.

[641] Bremeier/Brinkmann/Killian (2006), S.162f.

=> **Sanktionsunterstützungsfunktion:** Mit Blick auf vorherrschend als wichtig angesehene Sanktionsmechanismen erhalten verschiedene Akteure bei adäquaten Entsprechenserklärungen eine Basis die Governancepraktiken zu beurteilen und ggf. zu sanktionieren.[642]

=> **Ordnungspolitische Funktion:** Aus übergeordneter Perspektive bietet die Debatte um einen PCGK eine Möglichkeit, die Rolle der öffentlichen Hand und gewählte Formen der Aufgabenerfüllung kritisch zu reflektieren. Durch gezielte Hinweise auf § 65 BHO/LHO bzw. die entsprechende Bestimmungen der GO könnte ein PCGK dazu beitragen, das wichtige öffentliche Interesse bei der Gründung und bei der kontinuierlichen Erfolgskontrolle von öffentlichen Unternehmen/Beteiligungen stärker zu prüfen. Diese Funktion wurde in der Interviewstudie mit einem Mittelwert von 1,7 (SD 0,8) von den Befragten im Gegensatz zu den anderen Funktionen allerdings kaum wahrgenommen.

Weiterhin wurden in der Interviewstudie Einschätzungen zu folgender Frage erbeten: Wie hat sich der PCGK in Ihren Augen bezüglich der Überwachungsorgane im Hinblick auf folgende Faktoren ausgewirkt? Für die folgend angeführten Faktoren zeigte sich, dass ein PCGK hier aus Perspektive der Befragten mit eng zusammenliegenden Mittelwerten zwischen 2,2 und 2,4 (SD 0,8-1,0) eher wenig, aber wahrnehmbare zusätzliche Wirkungen entfalten konnte: Beratung und Überwachung der Geschäftsführung allgemein, Qualifikation und Sachverstand, angemessene Zeit für die Mandatsausübung, ausgewogene Balance zwischen betriebswirtschaftlichen und politischen Zielen, Teilnahme an Fort- und Weiterbildungen, Selbstevaluation des Aufsichtsrats, Wahrnehmung von Rechten und Einflussmöglichkeiten durch die Mitglieder.

Deutliche Zustimmung fand dagegen die Frage: „Fühlen Sie sich durch den PCGK bei Ihrer Arbeit unterstützt?" Der Mittelwert belief sich hier auf 2,9 (SD 1,0). Bei der Frage, ob man das Verhalten von Menschen im Zuge der PCG über einen Kodex positiv beeinflussen könne, lag der Zustimmungswert bei 2,7 (SD 0,7). Dies erscheint bei einer derartigen Frage durchaus beachtlich.

Die Interviewstudie besitzt mit Blick auf die Untersuchungsziele keine Repräsentativität, liefert jedoch ein ausschlussreiches Meinungsbild. Bei mehreren der abgefragten Faktoren, nahmen die Befragten keine Wirkung durch den PCGK wahr. Bei anderen Aspekten wurde zumindest eine gewisse und teilweise deutliche Wirkung wahrgenommen. Eine Mehrheit der Befragten empfand den PCGK insgesamt als nützlich und unterstützend.

Die in Funktionen klassifizierten Potenziale machen deutlich, dass ein PCGK bei adäquater Ausgestaltung und Verwirklichung von „Comply or explain" trotz bzw. gerade aufgrund bereits hoher Regelungs- und Kontrolldichte im öffentlichen Sektor lohnenswerte Zusatzbeiträge leisten kann, die andere Konzeptionen und Instrumente nicht zu leisten vermögen.

---

[642] Vgl. Budäus/Srocke (2003), S.99.

7.5 Vorteile gegenüber alternativen Regulierungsoptionen

7.5.1 Gesetzliche Regelungen

Die Nachteile eines PCGK u. a. bzgl. Verbindlichkeit und Sanktionierbarkeit sind offenkundig. Die Ausführungen beschränken sich hier auf eine knappe Skizze der Vorteile. Zunächst reglementieren PCGKs die Unternehmen weniger stark als Gesetze und belassen ihnen Wahloptionen sowie Gestaltungsspielraum für unternehmensindividuell sachgerechte Lösungswege.[643] Gerade die Anwendbarkeit bei verschiedenen Gesellschaftskonstruktionen und Rechtsformen kann für die öffentliche Wirtschaft ein Gewinn sein.

PCGKs können präzisere und weiterreichende Anforderungen für die Leitung und Überwachung regeln, die aufgrund der Inflexibilität von Gesetzen nicht formulierbar sind.[644] Hierzu argumentierte Bundestagspräsident Norbert Lammert auf der Jahrestagung der Regierungskommission Corporate Governance eingängig, der Gesetzgeber befände sich bezüglich der Corporate Governance in besonderer Weise vor der typischen Situation, mit einem Gesetz nur Durchschnittsfälle regeln zu können. Und dann stelle er regelmäßig fest, dass im wirklichen Leben alles vorkommen würde, nur nicht Durchschnittsfälle.[645] Somit müssen Gesetze zwangsläufig Regelungslücken belassen, die ein PCGK gezielt füllen kann.[646] Aufgrund der vorgesehenen Abweichungskultur ist es gerade aufgrund der besonderen Anforderungen in der öffentlichen Wirtschaft in wichtigen Feldern möglich, Grundsätze verantwortungsvoller Leitung und Überwachung im Zweifelsfall eher strikter als lockerer zu formulieren.

Weiterhin sind PCGKs im Vergleich zu (bürokratischen) Gesetzgebungsverfahren flexibler an neue Erkenntnisse über gute Corporate Governance und die komplexen Entwicklungen im öffentlichen Sektor anpassbar. Insgesamt können PCGKs zu einer Deregulierung beitragen, wenn hierdurch in einigen Bereichen auf Gesetze verzichtet werden kann.[647]

Schließlich wird argumentiert, dass Kommunalrecht bzw. kommunales Wirtschaftsrecht in der Zuständigkeit der Länder liegt und PCGKs eigene Gestaltungsoptionen für Gebietskörperschaften bzw. Kommunen schaffen.[648]

Aus kontingenztheoretischer Perspektive bzw. aus der Sicht situativer Ansätze der Organisationswissenschaft[649] bietet ein PCGK deutlich mehr Gestaltungsspielraum als Gesetze. Ein PCGK empfiehlt Grundsätze verantwortungsvoller Corporate Governance bzw. „Good practice", belässt bei Empfehlungen und Anregungen aber den aus der Perspektive dieser Theorien zentralen Spielraum für unternehmensindividuelle Gestaltungen. Es wird kein „One size fits all" durch einen PCGK vorgegeben, sondern ein Grundsatz formuliert, von dem – wie im Kodex selbst angesprochen – bei Bedarf situationsgerecht abgewichen werden soll.

---

[643] Vgl. Dawson/Dunn (2006), S.34.
[644] Vgl. von Werder (2009), S.21; Srocke (2005), S.317.
[645] Vgl. Lammert (2012), S.2.
[646] Vgl. Budäus/Srocke (2003), S.87.
[647] Vgl. von Werder (2009), S.21.
[648] Vgl. Kolbe (2006), S.65.
[649] Vgl. Theuvsen (2009), S.35; Theuvsen/Frentrup (2008), S.145.

7.5.2 Verwaltungshinweise für die Beteiligungsführung

Mag ein Vergleich von PCGKs mit Verwaltungshinweisen für die Beteiligungsführung, Handbüchern Beteiligungsmanagement oder Richtlinien mit ähnlichen Bezeichnungen auf den ersten Blick Parallelen aufweisen, zeigen sich – neben dem bereits herausgestellten zentralen Unterschied[650] bei „Comply or explain" – weitere wichtige Vorteile bzw. andere durch ihn zu erfüllende Funktionen.

Zunächst haben PCGKs mit den Unternehmensorganen/-angehörigen andere Adressaten als Verwaltungshinweise für die Beteiligungsführung, die sich an die beteiligungsführenden Stellen in der Verwaltung richten.[651] Ein PCGK hat zudem eine andere Funktion. Er kommuniziert Grundsätze verantwortungsvoller Unternehmensleitung/-überwachung und auch Wertmaßstäbe, da die bestehenden Corporate Governance Probleme nicht ausschließlich rechtlich lösbar sind. Demgegenüber sind Verwaltungshinweise für die Beteiligungsführung eine Behördenanweisung.[652]

Darüber hinaus sind Verwaltungshinweise für die Beteiligungsführung eher juristisch geprägt und nehmen traditionell eine finanzorientierte Kontrollperspektive ein. Hierdurch bestehen in der Praxis erhebliche Defizite und Lücken, die PCGKs schließen können.[653] „In diesem Sinne bauen PCGKs auf dem Beteiligungsmanagement auf, ergänzen dieses aber substanziell."[654]

In den Interviews wurde zudem häufiger argumentiert, dass ein PCGK stärker vom verantwortlichen politischen Gremium (z. B. Gemeinde-/Stadtrat) diskutiert und beschlossen würde. Hierdurch entfalte er eine intensivere Steuerungswirkung als Verwaltungshinweise für die Beteiligungsführung. Schließlich sei ein wichtiger Aspekt, dass ein Verhaltenskodex nachweislich mehr Aufmerksamkeit in den Medien und der Öffentlichkeit erzeuge.

7.5.3 Unternehmensindividuelle Kodizes

Die aufgezeigten übergreifenden Ziele und Funktionen, welche die öffentliche Hand mit einem PCGK verfolgt, können unternehmensindividuelle Kodizes eindeutig nicht realisieren. Wesentliche Aspekte der PCG wie die Gesellschafterrolle der öffentlichen Hand bzw. das Regelungsfeld „Aufsichtsrat" mit Vertretern der öffentlichen Hand können in einem unternehmensindividuellen Kodex kaum geregelt oder müssten in jedem Kodex einzeln mit der öffentlichen Hand abgestimmt werden. Vor allem wären die öffentliche Hand und insbesondere die mit den Gesellschafteraufgaben betrauten Akteure und Aufsichtsräte im Fall von unternehmensindividuellen Kodizes mit zahlreichen Regelungswerken verschiedener Ausgestaltung und höchstwahrscheinlich divergierender Governancequalität konfrontiert. Dieses würde zusätzliche Einarbeitungsaufwendungen erfordern, den Arbeitsalltag erschweren sowie zu mangelnder Vergleichbarkeit und weiterer Intransparenz führen.[655]

---

[650] Vgl. stellvertretend den Fokus-Artikel von Hammerschmid (2009).
[651] Vgl. Weiblein (2011), S.648.
[652] Zypries (2008), S.24f.
[653] Vgl. Hammerschmid (2010), S.12f.
[654] Hammerschmid (2010), S.12f.
[655] Vgl. zur mangelnden Vergleichbarkeit bei einem „Hauskodex" in der PCG z. B. Mühl-Jäckel (2010), S.213.

So verweist auch Ringleb in seinem Kommentar zur Corporate Governance auf „die aus Hauskodices notwendigerweise resultierende Beeinträchtigung der Vergleichbarkeit und mithin der Intransparenz."[656] Dieses Argument besitzt für die PCG besondere Kraft. Nur wenn die Corporate Governance überhaupt nicht über den PCGK der Gebietskörperschaft zu erfassen ist, kann dieser gewichtige Nachteil in der PCG hingenommen werden. Überzeugend ist gerade für die PCG ebenso die weitere Argumentationslinie von Ringleb: „Wird mit einem Kodex (nur) die Änderung bestehender sektorspezifischer Besonderheiten angestrebt oder soll das Regelwerk der Imageverbesserung ... dienen, bietet sich statt eines Corporate Governance Kodex eher die Verabschiedung einer Ethik/Compliance-Empfehlung an."[657]

7.6 Bindungswirkung, Verhaltenssteuerung und Sanktionsmechanismen als Schlüsselfragen

Die entscheidende Frage im Zusammenhang mit einem PCGK ist, ob die beabsichtigte Verhaltenssteuerung im Sinne der Ziele der öffentlichen Hand tatsächlich erreicht bzw. zumindest gefördert wird. Voranzustellen ist hinsichtlich der Wirksamkeit von allen formalen Regelungsinstrumenten, dass die intendierten Zielsetzungen von den Beteiligten tatsächlich gewünscht sein müssen.[658]

Die Bindungswirkung eines PCGK hängt nach weit vorherrschender Auffassung von wirksamen Sanktionen bei Verstößen gegen den Kodex oder nicht sachgerechten Entsprechenserklärungen ab.[659] Theisen weist für die Corporate Governance auf die anreiztheoretische Bedeutung von Belohnung und Strafe, um menschliches Verhalten beeinflussen zu können. „Gilt diese grundlegende Erkenntnis ... , so ist ... auch das komplementäre Ereignis in Gestalt von (materiellen) Sanktionen bzw. einem entsprechenden Sanktionspotenzial zu untersuchen."[660] Der Kontrolleur sollte demzufolge über (ein) Sanktionsmittel verfügen, welches beim Kontrollierten eine Reaktion hervorruft.[661] Brede geht weit und argumentiert, „es sollte akzeptiert werden, dass ein Verhaltenskodex nur dann Wirksamkeit entfaltet, wenn sich ein Manager beaufsichtigt fühlt und bei Regelverstößen mit Sanktionen zu rechnen hat."[662]

Die Eskalations- und Sanktionsmechanismen seien „in der Praxis fast noch wichtiger"[663] als der PCGK selbst; sie sollten daher vorab diskutiert und dokumentiert werden.[664] „Die Notwendigkeit, diese wie auch immer gearteten Sanktionsmechanismen verbindlich anzuordnen und nicht zu einem allzu stumpfen Schwert werden zu lassen, setzt hoheitliches Handeln voraus und macht es wünschenswert, dass sich der Staat bei deren Entwicklungen und

---

[656] Ringleb (2010), Rz.22.
[657] Ringleb (2010), Rz.22.
[658] Vgl. Budäus/Srocke (2003), S.85.
[659] Vgl. stellvertretend Budäus/Srocke (2003), S.97; Lenk (2008), S.176; Mühlenkamp (2008), S.155; Institut für den öffentlichen Sektor (2009a), S.15.
[660] Theisen (2004), S.489.
[661] Vgl. Machura (1993), S.52f.
[662] Brede (2007). S.515.
[663] Ruter/Müller-Marqués Berger (2005), S.464.
[664] Vgl. Ruter (2008a), S.170.

Ausgestaltung engagiert. Eine vornehme Zurückhaltung scheint auf diesem sensiblen Gebiet nicht angebracht."[665] Bedeutsam für die Bindungswirkung des PCGK erweisen sich vor allem auch der Umgang mit ihnen und die Reaktionen auf Entsprechenserklärungen bzw. Abweichungen vom Kodex.[666] Das Prinzip „Comply or explain" wird als der zentrale Wirkungsmechanismus des DCGK für börsennotierte Unternehmen gesehen, wobei ein Großteil der Steuerungswirkung erst über die gesetzliche Verankerung des § 161 AktG realisiert wird. Eine derartige gesetzliche Verankerung besteht für PCGKs derzeit nicht.

Im Gegensatz zum DCGK, für den der Kapitalmarkt als Korrektiv ein nicht plausibel begründetes Abweichen von Empfehlungen sanktionieren kann, scheidet der Markt als Sanktionsmechanismus im öffentlichen Sektor zudem weitestgehend aus.[667] Srocke analysiert verschiedene Sanktionsmöglichkeiten für die PCG wie Kapitalmarkt, Haftung sowie Öffentlichkeit und gelangt zu dem Ergebnis, dass Anreize zur Beachtung der Kodexregelungen fehlen.[668] Gleichwohl stellen Verantwortliche, wie in Abschnitt 3.2.2 skizziert, den Mechanismus „Comply or explain" als zentralen Wirkungshebel für PCGKs heraus. So betont – hier stellvertretend angeführt – der Mannheimer Oberbürgermeister Peter Kurz: „Mit der Verpflichtung des Aufsichtsrats und der Geschäftsführung zur jährlichen Abgabe der Entsprechenserklärung wird sichergestellt, dass der Mannheimer Corporate Governance Kodex kein 'Papiertiger' ist."[669]

Ein Schlüsselproblem bemerkt Mühlenkamp allerdings in der „Problematik zu geringer Kontrollinteressen" und in der Frage nach den Abnehmern der durch einen PCGK generierten Informationen.[670] Budäus fragt an verschiedener Stelle scharf: „Wenn nämlich nicht einmal institutionelle Regeln in Form der Verfassung und schon gar nicht in Form 'normaler' Gesetze die Verhaltensweisen in die gewünschten Richtung lenken, woraus folgt dann der Optimismus, dass ein (freiwilliger) Kodex greifen soll?"[671] Die Frage scheint berechtigt, darf gleichwohl den Blick für die auch von Budäus selbst an verschiedener Stelle formulierten Potenziale eines PCGK nicht versperren.

Notwendig ist vor diesem Hintergrund, Sanktionsmechanismen für die eventuelle Nichteinhaltung des Kodex zu diskutieren und klar festzulegen. Der im Vergleich zur Privatwirtschaft fehlende Druck des Kapitalmarktes ist zu substituieren.[672]

Eine wirksame Sanktionsmöglichkeit ist beispielsweise, die Unternehmensorgane über die Aufnahme entsprechender Klauseln in die Gesellschaftsverträge zu verpflichten, jährlich eine Entsprechenserklärung nebst Abweichungsbegründung zu veröffentlichen. Die Verpflichtung muss im jeweiligen Gesellschaftsvertrag bzw. in der Satzung verankert sein. Aufgrund des vergleichbar geringen Interesses kann nicht von flächendeckenden Begründungen auf

---

[665] Ruter/Häfele (2007), S.361.
[666] Vgl. Budäus/Srocke (2003), S.97.
[667] Vgl. Ellerich/Schult/Radde (2009), S.206.
[668] Vgl. Srocke,(2005), S.321.
[669] http://www.mannheim.de, unter: CHANGE²-Magazin-Archiv, Abruf: 04.06.2010.
[670] Vgl. Mühlenkamp (2008), S.155.
[671] Budäus (2008), S.43.
[672] Vgl. Kolbe (2006), S.66.

freiwilliger Basis ausgegangen werden.[673] Über diesen Weg wird die jährlich von Geschäftsführung und Aufsichtsrat abzugebende Entsprechenserklärung „unmittelbar durch den Anteilseigner erzwingbar und geht über den weitestgehend sanktionslosen § 161 AktG hinaus."[674] Zumindest muss ein entsprechend dokumentierter Beschluss der Gesellschafterversammlung erfolgen. In kritischen Fällen könnte die Entlastung einer Geschäftsführung von
einem adäquaten Umgang mit dem PCGK abhängig gemacht werden.

Darüber hinaus „wäre dann u. a. eine Aufgabe der Rechnungshöfe zu prüfen, ob die öffentlichen und gemischtwirtschaftlichen Unternehmenden Forderungen des Kodexes Rechnung
tragen bzw. inwieweit Verstöße gegen den Kodex zu beklagen sind."[675] Zentrale Forderung
ist zweifellos, „ein Umfeld zu schaffen, in dem der Verstoß gegen den Kodex frühzeitig erkennbar und sanktionierbar wird."[676]

Trotz der fehlenden Sanktionierung durch den Kapitalmarkt wird vermutet, dass die Abgabe-
pflicht einer Entsprechenserklärung „durchaus Druck auf die Führungspersonen öffentlicher
Einrichtungen ausüben wird. Dies gilt insbesondere, wenn ... personelle oder haftungsrechtli-
che Konsequenzen an ein Fehlverhalten geknüpft werden."[677] Nach Reichard besteht zumindest ein „gewisser moralischer Druck".[678] Bezüglich möglicher Sanktionsmechanismen wird
in der Diskussion zudem gefragt: „Ist ´public shaming` bei öffentlichen/ gemeinwirtschaftli-
chen Unternehmungen leichter generierbar?"[679] Teilweise werden hier nur abgeschwächte
Sanktionsmechanismen wie z. B. Reputationsverluste konstatiert.[680]

Vor allem sind verstärkt die Chancen und der Nutzen der Entsprechenserklärung für öffentliche Unternehmen, u. a. als Qualitätsmerkmal und Wettbewerbsvorteil zu kommunizieren.[681]

Als wichtig wird übergreifend erachtet, dass gute und schlechte Unternehmensleitung/-
überwachung von den Medien im Rahmen ihrer Kontrollfunktion vermittelt[682] und die „Sen-
sibilisierung der Öffentlichkeit"[683] vorangetrieben werden. Da die Aufgaben öffentlicher Unternehmen spürbare Auswirkungen auf die Bürger besitzen, ist „Gutes Management für meine
Stadt" oder „Unser Public Manager" trotz aller Herausforderungen ein zumindest auf lokaler
Ebene greifbares Thema. Auf der Corporate Governance Konferenz für börsennotierte Unternehmen der Regierungskommission im Juni 2012 wurde eine Analyse zur positiven und negativen medialen Berichterstattung über Corporate Governance vorgestellt. Nach dieser Untersuchung von „Prime Research" ist Corporate Governance ein zunehmender Imagefaktor für
Unternehmen,[684] was auch in der öffentlichen Wirtschaft von Bedeutung sein dürfte.

Im nächsten Schritt konzentriert Kapitel 8 die Erörterungen hinsichtlich einer fundierten
Untersuchungsbasis für PCGKs.

---

[673] Vgl. Budäus/Srocke (2003), S.96.
[674] Ellerich/Schult/Radde (2009), S.203.
[675] Harms (2006), S.127.
[676] Budäus/Hilgers (2009), S.901.
[677] Budäus/Hilgers (2009), S.900.
[678] Reichard (2008b), S.159.
[679] Schulz-Nieswandt (2008), S.13.
[680] Vgl. Theuvsen/Frentrup (2008), S.143.
[681] Vgl. Budäus/Srocke (2003), S.98.
[682] Vgl. Ruter/Häfele (2007), S.361; Budäus/Hilgers (2009), S.901; Budäus/Srocke (2003), S.98.
[683] Lenk (2008), S.176.
[684] Vgl. http://www.corporate-governance-code.de/ger/news/index.html, Abruf: 20.06.12.

8 Theorie- und empiriegeleiteter Analyserahmen zur Untersuchung von PCGKs

In Kapitel 4 wurden die Anforderungen an einen PCGK und dessen Potenziale aus Perspektive verschiedener Theorien, in Kapitel 6 in Literatur und Praxis betonte Problemfelder herausgearbeitet. Hieraus lassen sich verdichtet zwei Fragen ableiten, die als Untersuchungskriterien in der nachfolgend vorgenommenen Inhaltsanalyse auf alle Regelungsbereiche anwendbar sind.

1) Behandeln die PCGKs die in Literatur und Praxis als bedeutsam herausgestellten Probleme bzw. die relevanten Vollzugs- und Regelungsdefizite?
2) Sind die Regelungen der PCGKs zu den jeweiligen Governancefaktoren anforderungsgerecht formuliert und welche steuerungsrelevanten Unterschiede zeigen sich im Vergleich der Gebietskörperschaften?

Ein PCGK sollte insbesondere auch Entwicklungsbeiträge bezüglich wesentlicher Problemfelder bzw. Vollzugs-/Regelungsdefizite leisten. Daher ist es analytisch sachgerecht und zweckmäßig die PCGKs daraufhin zu untersuchen, ob die wesentlichen der in Kapitel 6 angeführten Problemfelder und Schlüsselfaktoren aus Literatur, Rechnungshofberichten und der Befragung angesprochen werden.

Bei der zweiten Untersuchungsfrage meint anforderungsgerecht formuliert, dass die in Kapitel 4 aus den verschiedenen Theorien abgeleiteten Anforderungen mit den einzelnen Formulierungen bestmöglich erfüllt sein sollten. In diesem Sinne müssen die Ausführungen die Rechte und Pflichten der einzelnen Prinzipale und Agenten mit klaren Verantwortlichkeiten und präzisen Vorgaben benennen, durch Reporting- und Monitoringelemente bestmöglich zum Abbau von Informationsasymmetrien beitragen sowie die Agenturkosten minimieren. An entsprechender Stelle sind Screening- und Signalingmaßnahmen und Mechanismen zur Angleichung der Interessen von Prinzipalen und Agenten vorzusehen. Transaktionskosten bei der Interaktion und Kontrolle sind ebenfalls minimal zu halten.

Es muss dazu klar formuliert sein, welcher Akteur welche Verfügungsrechte besitzt. Bei eventuell „verwässerten Verfügungsrechten" mit Relevanz für die PCG sollten Handlungsspielräume strukturiert sowie die Verfügungsrechtsstruktur durch ergänzende Regelungen geklärt werden. Ferner sind die Beteiligungs- und Informationsrechte der relevanten Stakeholder klar zu formulieren. Die Formulierungen sollten zur Stärkung des gegenseitigen Vertrauens beitragen und auch intrinsische Motivationsmuster, Werte und Berufsethik ansprechen.

Insgesamt müssen die Formulierungen hinsichtlich der Ziele optimal zur Förderung des Bewusstseins für gute PCG und die öffentliche Aufgabenwahrnehmung beitragen.

Angesichts der in Theorie und Praxis unterstrichenen Anforderungen zum Governancekernprinzip Transparenz sowie der diesbezüglich von den Gebietskörperschaften selbst formulierten Ziele muss sich jede einzelne Formulierung schließlich daran messen lassen, ob sie bestmöglich zur Transparenzsteigerung beiträgt.

Übergreifend ist die Differenzierung zwischen Anregungen („Sollte/Kann-Bestimmungen") und Empfehlungen („Soll-Bestimmungen") von großer Relevanz. Ein Abweichen von den Empfehlungen des jeweiligen PCGK muss nach der Kodexphilosophie von Aufsichtsrat und Geschäftsführung in Entsprechenserklärungen oder Berichten zur PCG erklärt und begründet werden. Das Nichtbefolgen von Anregungen erfordert dagegen keine Offenlegung. Somit handelt es sich bei der Unterscheidung von „soll" und „sollte" nicht um stilistische Details, sondern um eine konzeptionelle Grundsatzentscheidung. Die Formulierungsentscheidung hat handfeste Auswirkungen auf die Transparenz, die Generierung von Steuerungsinformationen sowie auf die Reflexion und Bewusstseinsbildung für gute PCG.

In der jetzigen Konzeption mit nicht erklärungsbedürftigen Anregungen bedeutet jede Formulierung einer Anregung anstelle einer Empfehlung zwangsläufig weniger Transparenz, weniger Steuerungsinformation, weniger Reflexion und weniger Bewusstseinsbildung. Aus Perspektive der Prinzipal-Agent-Theorie werden Informationsasymmetrien mit Anregungen schlechter abgebaut, das Verhalten der Agenten wird schlechter beobachtbar und es entstehen höhere Agentur- bzw. Transaktionskosten. Weiter wird ggf. nicht über die vorgenommene Verteilung von Verfügungsrechten, z. B. die Übertragung von Aufgaben an Aufsichtsratsausschüsse, informiert. Aus Perspektive der Stewardship-Theorie entsteht mehr Vertrauen bei den Stakeholdern, wenn über Abweichungen transparent informiert wird. Wichtige der in Abschnitt 7.4 skizzierten Funktionen eine PCGK sind durch Anregungen nicht strukturell realisierbar, da sie auf Entsprechenserklärungen und ggf. begründeten Abweichungen basieren.

Über Anregungen könnte in den gemeinsamen Sitzungen von Aufsichtsrat und Geschäftsführung unter Umständen obendrein wesentlich leichter hinweggegangen werden, da keine schriftliche – und zu signierende – Erklärung erforderlich ist. Es ist daher stark davon auszugehen, dass Empfehlungen im Durchschnitt mehr Steuerungswirkung und Bewusstseinsbildungsbeiträge als Anregungen erzeugen.

Nochmals darf an dieser Stelle aufgrund der Bedeutung und diesbezüglichen Diskussion in der Governancepraxis betont werden: Ein Abweichen von Empfehlungen und Anregungen ist nach der Kodexphilosophie explizit kein Mangel, sondern kann in einer förderlichen Abweichungskultur erforderlich sein. Es geht nur um die Erklärung der Abweichung. Daher ist es angesichts der vorgesehenen Abweichungskultur und Anforderungen angemessen, Grundsätze für eine verantwortungsvolle Leitung und Überwachung im Zweifelsfall eher strikter als lockerer zu formulieren.

Weiter ist es mit Blick auf die betonte besondere Verantwortung von öffentlichen Unternehmen und die vielfältig unterstrichenen Transparenzanforderungen sachgerecht, im Zweifelsfall eine mehr Transparenz erzeugende Empfehlung und keine Anregung zu formulieren. Der Unterschied ist Transparenz – die situationsgerechte Handlungsflexibilität ist bei Empfehlungen in gleichem Maße wie bei Anregungen gegeben.

Schließlich sind Formulierungen wie „in der Regel" oder „grundsätzlich" etc. bei Empfehlungen und Anregungen nicht erforderlich, da von diesen situationsgerecht abgewichen werden kann. Diese schaffen vermeidbare Unklarheiten, da jedes Organ anders interpretieren wird, was unter „in der Regel" etc. zu verstehen ist. Beispielsweise ist es für Entsprechenserklärungen ein großer Unterschied, ob in den PCGKs hinsichtlich der Bestelldauer zum Geschäftsführer formuliert wird, dass die Bestellung „in der Regel nicht für länger als fünf Jahre erfolgen" oder sie „nicht für länger als fünf Jahre erfolgen" soll. In der ersten Variante ist für den Fall einer Bestelldauer von über 5 Jahren unklar, ob dies in der Entsprechenserklärung zu erklären und begründen ist, da eine einmalige/zweimalige Bestellung auf über 5 Jahre als Ausnahme bzw. als „ist ja nicht die Regel" interpretiert werden könnte. In der zweiten Formulierungsvariante ist hingegen eindeutig, dass eine Abweichung in jedem Fall erklärt und begründet werden muss. Flexibilität bei der Gestaltung wäre durch die vorgesehene Abweichungskultur im zweiten Fall desgleichen vollumfassend gewahrt – es geht auch hier nur um die Erklärung.

Sofern im Zuge der in Kapitel 9 folgenden Inhaltsanalyse die Regelungen in einigen PCGKs als nicht adäquat oder verbesserungsfähig/-würdig beurteilt werden, meint dies eine nicht bestmögliche Erfüllung der beiden hier benannten Untersuchungsfragen mit den konkretisierten Unterkriterien.

9 Vergleichende Inhaltsanalyse von 14 PCGKs hinsichtlich steuerungsrelevanter Regelungsunterschiede sowie Reformvorschläge

Die Motivation für die Inhaltsanalyse von PCGKs und die Zielgruppen für die Befunde sind in den Abschnitten 1.3 und 1.4 dargelegt worden. Mit Blick auf wissenschaftliche Diskurse und die in den PCGKs selbst vorgesehenen kontinuierlichen Fortschreibungen bieten vergleichende Befunde sowohl wissenschaftliche Erkenntnisse als auch Gestaltungsnutzen und Alltagsunterstützung. Ziel ist es hinsichtlich der in Kapitel 8 veranschaulichten Analysefragen, zentrale Aspekte und Unterschiede zwischen den PCGKs herauszuarbeiten, knapp zu erörtern sowie an entsprechender Stelle konkrete Reformvorschläge zu unterbreiten. Aufgrund der zahlreichen Faktoren und des ansonsten noch höheren Umfangs ist es nicht Absicht und realisierbar, alle PCG Aspekte aufzugreifen sowie die behandelten Faktoren im Detail zu würdigen.

9.1 Methodik der Untersuchung

Betrachtet wurden alle bis zum Ende des ersten Quartals 2010 etablierten PCGKs in der Fassung vom 1. Mai 2012 unter Einbezug des DCGK für börsennotierte Unternehmen in der Fassung vom 15. Mai 2012. So ist eine hinreichende Anzahl von 14 PCGKs aus größeren und kleineren Städten für aussagekräftige Befunde und breite Basis zur Identifizierung von Weiterentwicklungschancen zu Grunde gelegt. Die PCGKs wurden von den Internetseiten der jeweiligen Gebietskörperschaften bzw. der Regierungskommission Corporate Governance heruntergeladen.

Das Präsidium des Deutschen Städtetags hat sog. Eckpunkte für einen PCGK in seinem Beschluss vom 12.5.2009 zur Kenntnis genommen.[685] Die Eckpunkte sind jedoch mit vier Seiten deutlich kürzer als die anderen PCGKs, besitzen eine geringe Regelungsbreite/-tiefe und haben insgesamt nicht den Charakter eines PCGK, weshalb sie nicht in diese Untersuchung einbezogen wurden. Dagegen haben Städtetag, Landkreistag sowie der Städte- und Gemeindebund von Nordrhein-Westfalen (NRW) zusammen mit Vertretern des Innen- und Finanzministeriums einen deutlich umfassenderen PCGK erarbeitet. Diesen hat der Vorstand des Städtetags NRW am 18.11.2009 zustimmend zur Kenntnis genommen. Er „begrüßt die Absicht der Geschäftsstelle, den PCGK den Mitgliedern mit der Bitte zur Verfügung zu stellen, den Kodex zu übernehmen und umzusetzen."[686] Dieser PCGK wurde in die Analyse aufgenommen, da er mit den Kodizes anderer Gebietskörperschaften vergleichbar ist. Die OECD Guidelines for State-Owned Enterprises wurden nicht einbezogen, da sie wie viele supranationale Vorschriften teilweise allgemeiner bleiben müssen und lediglich als Rahmen für die

---

[685] Vgl. http://www.staedtetag.de/10/presseecke/dst_beschluesse/artikel/2009/05/12/00262/, http://www.staedtetag.de/ imperia/md/content/ beschluesse/11.pdf, Abruf: 03.06.2010.

[686] Eildienst „Informationen für Rat und Verwaltung, Heft 1/2 vom 22. Januar 2010, S.8; http://www.staedtetag-nrw.de/imperia/md/content/stnrw/internet/3_veroeffentlichungen/2010/2010_eildienst_heft_1-2.pdf, Abruf: 16.08.2010.

Umsetzung in Konzepte auf nationaler Ebene dienen.[687] Tab. 14 stellt die untersuchten PCGKs in der Reihenfolge ihres Etablierungsdatums dar.

Gebiets-körperschaft	Einführungs-/ Beschlussdatum	Beschlussgremium	Änderungs-datum
Berlin	03.05.2005	Senat	17.02.2009
Brandenburg	19.07.2005	Zustimmende Kenntnisnahme Landesregierung	21.09.2010
Stuttgart	29.06.2006	Gemeinderat	27.10.2011
Bremen	16.01.2007	Senat	X
Potsdam	02.04.2008	Stadtverordnetenversammlung	X
Rostock	07.05 2008	Bürgerschaft	17.03.2010
Essen	25.06.2008	Stadtrat	X
Magdeburg	01.02.2009	Stadtrat	X
Saarbrücken	19.05.2009	Stadtrat	X
Hamburg	30.06.2009	Senatskommission für öffentliche Unternehmen	29.12.2009, 20.12.2011
Mannheim	23.06.2009	Gemeinderat	X
Bund	01.07.2009	Bundesregierung	X
Städtetag NRW	18.11.2009	Zustimmende Kenntnisnahme Vorstand Städtetag NRW	X
Frankfurt	25.03.2010	Stadtverordnetenversammlung	X

Tab. 14: Übersicht untersuchte PCGKs

Für die verfolgten Ziele ist es methodisch notwendig und zweckmäßig, die Analyse weitgehend tabellarisch vorzunehmen. Untersuchungszwecke und Verständnis erfordern, die Kodexformulierungen in geordneten Kategorien und wörtlich zitiert gegenüberzustellen. Nur so sind die vielfältigen Ausprägungen, Defizite, Unterschiede, Good Practice-Beispiele, Schlussfolgerungen und Formulierungsalternativen für Reformen mit hinreichender Präzision zu erkennen, zu verstehen und einzuordnen.

Hervortretende Auffälligkeiten in positiver oder negativer Hinsicht sind in den Tabellen „fett" markiert. Ein „fett" und gleichzeitig unterstrichener Formulierungsausschnitt benennt einen nach der Analyse besonders relevanten Anknüpfungspunkt für die Aufnahme in andere PCGKs. Eigene den Kodexwortlaut ergänzende Analyseanmerkungen sind kursiv integriert. Die Ziffern geben die Fundstellen in den PCGKs an. Das Kürzel „GF" steht für Geschäftsführung, „AR" für Aufsichtsrat, „Em" für Empfehlung und „An" für Anregung.

Besonders auffällige Unterschiede und Defizite werden neben den Hervorhebungen in den Tabellen im Text aufgegriffen, sehr viele ebenfalls wichtige Aspekte können aufgrund der Anzahl der Faktoren jedoch nur durch die jeweilige Tabelle veranschaulicht werden.

Um den betrachteten Governancefaktor in Bezug zu den bestehenden Anforderungen zu setzen wird auf andere Kapitel verwiesen – einige besonders wichtige Aspekte werden an relevanter Stelle knapp vorangestellt, um diese beim Regelungsvergleich unmittelbar vor Augen zu haben. Zum Einstieg werden übergreifende konzeptionelle Gestaltungsunterschiede betrachtet.

---

[687] Vgl. Budäus/Srocke (2003), S.86.

9.2 Konzeptionelle Gestaltungsunterschiede

Auffällig ist zunächst, dass der Bund für die PCG ein einziges Dachdokument mit der Bezeichnung „Grundsätze guter Unternehmens- und Beteiligungsführung im Bereich des Bundes" entwickelt hat. Dieses stellt in Teil A den PCGK zentral voran, Teil B enthält „Hinweise für gute Beteiligungsführung bei Bundesunternehmen" mit Anlagen (z. B. Mustergesellschaftsverträge) und Teil C „Berufungsrichtlinien". In den anderen Gebietskörperschaften ist mit Ausnahme Berlins kein derartiges Dachdokument vorhanden – die PCGKs sind als Einzeldokumente veröffentlicht. Verweise auf eventuelle Verwaltungshinweise für die Beteiligungsführung oder Beteiligungsmanagementhandbücher finden sich in den PCGKs nur vereinzelt, wie etwa in Bremen. Hierdurch ist der Gesamtüberblick über die konzeptionelle Dokumentenlandschaft teilweise deutlich erschwert, was im Vergleich zu anderen Gebietskörperschaften verbessert werden sollte. Bei einem Dachdokument mit einer entsprechend klaren Adressatenbenennung in der Präambel wären die jeweiligen Zielgruppen ähnlich wie beim Bund klar benannt und alle für die PCG wichtigen Konzepte und Muster z. B. für Gesellschaftsverträge und Zielbilder in einem Dokument gebündelt.

Falls weiterhin eine Trennung von PCGK und Verwaltungshinweise für die Beteiligungsführung in zwei Dokumente verfolgt wird, sollte in den Präambeln für ein besseres Gesamtverständnis jeweils auf die anderen Dokumente hingewiesen werden. Wie u. a. von Klemmt-Nissen vorgeschlagen, müssen die in der Vergangenheit verwaltungsinternen Richtlinien ebenfalls im Internet veröffentlicht werden.[688] Dies wird bisher nur von einigen Gebietskörperschaften tatsächlich praktiziert.

Berlin verfolgt im Ansatz einen ähnlichen Weg wie der Bund mit einem Dachdokument „Hinweise für Beteiligungen des Landes Berlin an Unternehmen", welches folgende Anlagen enthält: Muster einer Satzung, Hinweise für die Berufung von Mitgliedern der Überwachungsorgane, Muster zur Bestellung von Mitgliedern in Aufsichtsorgane, Muster einer Geschäftsanweisung für die Geschäftsführung, Muster für Quartalsberichte sowie Muster für Zielbilder. Der Berliner PCGK ist als Anlage 7 in dem Dokument enthalten. Dies überzeugt im Vergleich der Gebietskörperschaften nicht, da der Kodex so zu sehr in den Hintergrund geraten kann. Aufgrund seines Stellenwerts sollte der PCGK wie beim Bund zentral vorangestellt werden.

Rostock veröffentlicht seinen PCGK in zwei getrennten Dokumenten (Teil 1 und Teil 2).[689] Auch die anderen Gebietskörperschaften unterteilen ihren Kodex mitunter in zwei Abschnitte, wählen als Veröffentlichungsform aber ein gemeinsames Dokument, was übersichtlicher erscheint.

Ein weiterer zentraler Unterschied im Kodexvergleich ist, dass der Bund in seinem PCGK teilweise umfangreiche Anmerkungen ergänzt hat. Die Anmerkungen sollen Inhalte und Zielsetzungen verdeutlichen und verwenden teilweise ebenfalls die Termini „soll", „sollte" und „kann", sie sind aber explizit nicht Bestandteil des Kodex. Dieses kritisiert die Literatur mit

---

[688] Vgl. Klemmt-Nissen (2008), S.119.
[689] Sofern auf den Rostocker PCGK ohne weitere Angabe verwiesen wird, ist stets Teil 1 gemeint.

Verweis auf Abgrenzungsschwierigkeiten als missverständlich.[690] So bemängelt Ringleb in seinem Kommentar zu den Anmerkungen des Bundes: „War dies bei den OECD-Principles angesichts der großen Unterschiede der abzudeckenden Rechtsetzungen ein überzeugender Ansatz, fördern derartige Anmerkungen im Rahmen derselben deutschen Rechtsordnung … die Gefahr von Fehlinterpretationen."[691] Viele Sachgründe sprechen wie von Budäus/Hilgers zutreffend angemerkt dafür, die Anmerkungen direkt in den PCGK und somit in den zentralen Wirkungsmechanismus „Comply or explain" zu überführen.[692] Im Zuge der Inhaltsanalyse wird dies an verschiedener Stelle zusätzlich deutlich. Mit Blick auf die Analyseergebnisse und Formulierungen in anderen PCGKs drängt sich eine Aufnahme der Anmerkungen in den Kodex vielfach auf.

9.3 Unterschiede bei Anzahl und Verhältnis von Empfehlungen und Anregungen

Zunächst ist es von Bedeutung, wie viele Empfehlungen und Anregungen zur verantwortungsvollen Unternehmensleitung/-überwachung überhaupt in die PCGKs aufgenommen wurden. Das diesbezügliche Zahlenverhältnis stellt Tab. 15 dar. Die zwingend zu befolgenden gesetzlichen Anforderungen sind in den Gebietskörperschaften im Hinblick auf die hier verfolgten Analyseziele ähnlich, unabhängig davon ob sie in den jeweiligen PCGKs angesprochen werden oder nicht. Von besonderem Interesse ist jedoch die Anzahl von Empfehlungen und Anregungen, die hier daher im Fokus steht.

Es tritt klar hervor, dass sich die PCGKs von Grund auf sehr deutlich voneinander unterscheiden. Die Anzahl der summierten Empfehlungen und Anregungen schwankt von Saarbrücken (157), Potsdam (85) und Stuttgart (85) bis Bremen (59) und Rostock (59) – die Abweichungen vom unten in der Tabelle veranschaulichten Durchschnitt von 78,8 sind beträchtlich.

Aufgrund der unterschiedlichen Erklärungs- und Transparenzanforderungen bzw. Wirkungen ist es besonders aufschlussreich, das Verhältnis von Empfehlungen zu Anregungen zu betrachten. Beispielsweise formulieren Bund (92,1%), DCGK (86,8%) und Stuttgart (83,5%) in Relation deutlich mehr Empfehlungen als u. a. Magdeburg (32,2%) und Rostock (41,7%) – die Unterschiede dürfen als bemerkenswert betont werden. Der als zentral eingestufte Wirkungsmechanismus von „Comply or explain" greift nur bei Empfehlungen. So offenbart sich in der vergleichenden Übersicht, dass der zentralste Hebel in einigen PCGKs von Grund auf nicht ausreichend zur Entfaltung kommen kann.

---

[690] Vgl. Ellerich/Schult/Radde (2009), S.203; Ringleb (2010), Rz.22b.
[691] Ringleb (2010), Rz.22b.
[692] Vgl. Budäus/Hilgers (2009), S.900.

Regelungsform / Kodexverfasser	Empfehlungen		Anregungen		Anregungen + Empfehlungen addiert	Seiten ohne Inhaltsverzeichnis/ Präambel/Anhang
	Absolut	%	Absolut	%		
Berlin	28	52,8	25	47,2	53	9
Brandenburg	66	80,5	16	19,5	82	34
Bremen	48	81,4	11	18,6	59	7
Bund	70	92,1	6	7,9	76	24
Essen	49	80,3	12	19,7	61	9,5
Frankfurt a. M.	55	73,3	20	26,7	75	19
Hamburg	58	81,7	13	18,3	71	8,5
Magdeburg	19	32,2	40	67,8	59	18
Mannheim	16	47,1	18	52,9	34	10,5
Potsdam	67	78,8	18	21,2	85	13
Rostock	15	41,7	21	58,3	36	19
Saarbrücken	125	79,6	32	20,4	157	22
Städtetag NRW	50	67,6	24	32,4	74	10,5
Stuttgart	71	83,5	14	16,5	85	22
Durchschnitt PCGKs	52,6	73,2	19,3	26,8	71,9	16,1
DCGK	92	86,8	14	13,2	106	13

Tab. 15: Unterschiede bei Anzahl+Verhältnis von Kodexempfehlungen/-anregungen

Bedingt durch die Formulierung ist in einigen PCGKs bei einzelnen Kodexregeln nicht ganz eindeutig, ob es sich um eine Muss-Bestimmung, Empfehlung oder Anregung handelt. Daher kann es bei Auswertungen zu geringen Unterschieden bzgl. der Anzahl kommen, was für die Grundaussage bzw. Kernbotschaft der Analyse jedoch unerheblich ist.

Die unterschiedliche Anzahl von Empfehlungen sowie das Zahlenverhältnis sind keine Marginalien. Dies impliziert vielmehr ganz erhebliche Wirkungsdifferenzen bzgl. „Comply or explain" und handfeste alltagsrelevante Unterschiede bzgl. Transparenz und Steuerungsinformationen. Tab. 15 veranschaulicht strukturell verschiedene Governancekonzeptionen, die durch den PCGK zum Ausdruck gebracht werden. Auffällig ist, dass die PCGKs trotz der besonderen Transparenzanforderungen im Vergleich zum DCGK substanziell mehr Anregungen formulieren.

Die Unterschiede beim Verhältnis von Anregungen zu Empfehlungen lassen Rückschlüsse auf die Verbindlichkeit und Transparenz zu. Die Ergebnisse sprechen im Vergleich schon in der Gesamtübersicht dafür, in einigen Gebietskörperschaften viele Anregungen zu Empfehlungen umzuwidmen.

Am Rande ist für Forschung und Praxis darauf hinzuweisen, dass Befolgungsquoten bei Entsprechenserklärungen im Städtevergleich kaum Aussagekraft besitzen, da die zu Grunde liegende Basiszahl von Empfehlungen und Anregungen gravierend divergiert.

Für den nächsten Differenzierungsschritt veranschaulicht Tab. 16 die Empfehlungen und Anregungen getrennt nach Regelungsfeldern. „Em" steht dabei für Empfehlung, „An" für Anregung. „%Em+An" veranschaulicht, wie hoch der Anteil der summierten Empfehlungen und Anregungen dieses Regelungsfeldes an der Gesamtzahl der Empfehlungen und Anregungen ist. Dies liefert einen aufschlussreichen Befund darüber, mit welcher Regelungsintensität die Gebietskörperschaften die einzelnen Regelungsbereiche mit Empfehlungen und Anregungen ansprechen.

Mit Blick auf die betonte Schlüsselstellung soll zunächst der in den mittleren Spalten dargestellte Aufsichtsrat betrachtet werden. Die Anzahl der Empfehlungen an die Aufsichtsräte divergiert zwischen Saarbrücken (43) und Bund (31) bis Magdeburg (8) und Rostock (5). Die Zahl der Anregungen schwankt zwischen Magdeburg (29) und Berlin (15) bis Bund (1) und Rostock (2). Dies offenbart eindeutig, dass an den Aufsichtsrat in den Gebietskörperschaften sehr unterschiedliche Anforderungen gestellt werden bzw. er sich im Rahmen von „Comply or explain" und Entsprechenserklärungen sehr unterschiedlich ausgeprägt mit Grundsätzen verantwortungsvoller Unternehmensleitung/-überwachung auseinandersetzen muss. Die Regelungsintensität divergiert erheblich.

Bemerkenswerte Unterschiede zeigen sich ferner bei den Relationen von Empfehlungen und Anregungen. Stuttgart (22 Empfehlungen zu 7 Anregungen) und Städtetag NRW (25 Empfehlungen zu 10 Anregungen) formulieren im Verhältnis deutlich mehr Empfehlungen als Anregungen als z. B. Magdeburg (8 Empfehlungen zu 29 Anregungen).

Der Anteil der summierten Empfehlungen und Anregungen für den Aufsichtsrat an der Gesamtzahl aller Kodexempfehlungen/-anregungen schwankt ebenfalls sehr deutlich zwischen Magdeburg (62,7%) und Mannheim (61,8%) sowie Rostock (19,4%) und Potsdam (23,5%). Orientiert an der Summe von Empfehlungen und Anregungen sehen Magdeburg und Mannheim deutlich mehr Regelungsbedarf beim Aufsichtsrat als andere Gebietskörperschaften.

Analog zeigen sich zahlreiche gestaltungsrelevante Unterschiede in den anderen Regelungsbereichen, die anhand der Tabelle veranschaulicht werden sollen. Bei den Regelungsfeldern Rechnungslegung und Abschlussprüfung fällt u. a. auf, dass diese in einige PCGKs als gesonderte Kategorien aufgenommen wurden, in andere dagegen nicht.

Regelungsfeld / Kodexverfasser	Gesellschafter		% Em. + An.	Zusammenwirken Geschäftsführung/ Aufsichtrat		% Em. + An.	Geschäftsführung		% Em. + An.	Aufsichtsrat		% Em. + An.	Rechnungslegung		% Em. + An.	Abschlussprüfung		% Em. + An.
	Em.	An.		Em.	An.		Em.	An.		Em.	An.		Em.	An.		Em.	An.	
Berlin	0	3	5,7	0	4	7,5	6	1	13,2	14	15	54,7	4	1	9,4	2	0	3,8
Brandenburg	8	4	14,6				12	0	14,6	21	10	37,8				10	0	12,2
Bremen	5	1	10,2	6	0	10,2	14	3	28,8	23	7	50,8						
Bund	4	0	5,3	6	3	11,8	14	1	19,7	31	1	42,1	3	0	3,9	7	0	9,2
Essen	5	1	9,8	4	2	9,8	18	3	34,4	21	6	44,3						
Frankfurt a. M.	3	1	5,3	1	2	4,0	10	6	21,3	17	9	34,7				2	0	2,7
Hamburg	3	2	7,0	6	2	11,3	18	2	28,2	23	6	40,8	3	0	4,2	3	1	5,6
Magdeburg	2	7	15,3				1	2	5,1	8	29	62,7						
Mannheim	1	1	5,9	0	1	2,9	5	5	29,4	10	11	61,8						
Potsdam	3	2	5,9	8	6	16,5	12	1	15,3	14	6	23,5	12	0	14,1	8	2	11,8
Rostock	4	1	13,9	1	0	2,8	2	9	30,6	5	2	19,4	0	0	0,0	0	1	2,8
Saarbrücken	20	3	14,6	9	1	6,4	36	7	27,4	43	13	35,7	8	2	6,4	9	6	9,6
Städtetag NRW	6	5	14,9	3	2	6,8	16	7	31,1	25	10	47,3						
Stuttgart	8	1	10,5	7	0	8,2	22	5	31,8	22	7	34,1						
Durchschnitt PCGK	5,1	2,3	10,7	4,3	1,9	10,1	13,3	3,7	22,7	19,8	9,4	40,3	5,0	0,5	10,9	5,1	1,3	9,5
DCGK	4	3	6,6	4	4	7,6	21	0	19,8	42	6	45,3	7	0	6,6	5	0	4,7

Tab. 16: Anzahl von Empfehlungen und Anregungen differenziert nach Regelungsfeldern

Trotz in der Sache vergleichbarer Anforderungen dokumentiert Tab. 16 denkwürdige Gestaltungsunterschiede, die bei der Fortschreibung von PCGKs gezielt zu berücksichtigen sind. Nachfolgend werden einzelne Regelungsbereiche analysiert. Da Wissenschaft und Praxis das Prinzip „Comply or explain" als zentralen Wirkungsmechanismus und entscheidendes Element der Kodexphilosophie einstufen, wird dieses zuerst analysiert. Im weiteren Verlauf werden zahlreiche Governancefaktoren aus der Problemanalyse und der Diskussion aufgegriffen, die zur übersichtlichen Orientierung, abgesehen von einzelnen Ausnahmen, dem Aufbau der meisten PCGKs entsprechen.

9.4 Regelungsunterschiede bei Entsprechenserklärungen und PCG Berichten

In der Literatur werden die Anforderungen an Entsprechenserklärungen zum DCGK nach § 161 AktG sowie an die Erklärung zur Unternehmensführung nach § 289a HGB stark diskutiert.[693] Ebenfalls werden die Ausgestaltung der Erklärungen bzw. die Befolgung und das Kommentierungsverhalten bei Abweichungen erforscht.[694] Zudem sind einige Aspekte aus der Diskussion anzusprechen, die bei der Inhaltsanalyse und Einordnung der Befunde unmittelbar vor Auge sein sollten.

Die EU-Kommission hat jüngst beanstandet, dass die Informationsqualität der von den Unternehmen veröffentlichten Entsprechenserklärungen in den meisten Fällen nicht zufriedenstellend ist.[695] Weiter kommt die Kommission zu dem Schluss: „Es scheint angebracht zu sein zu fordern, dass Unternehmen nicht nur die Gründe für ein Abweichen von einer bestimmten Empfehlung, sondern auch eine genaue Beschreibung der stattdessen gewählten Lösung angeben."[696] Hierzu formuliert Bundestagspräsident Lammert deutlich: „Wobei ich allerdings den Begründungshinweis für unverzichtbar halte, sonst kann man sich den Anspruch der Selbstverpflichtung solcher Regelungen gleich schenken."[697]

Für die öffentliche Wirtschaft wird das Abgeben einer Entsprechenserklärung gleichermaßen als zentral erachtet,[698] u. a. „um die … Verbindlichkeit herzustellen."[699] Budäus/Srocke argumentieren: „Die Stakeholder öffentlicher Einheiten erhalten damit eine Grundlage, die Steuerung und Governance-Gepflogenheiten der öffentlichen Einheiten zu beurteilen und zu sanktionieren."[700] Durch die Verankerung der Entsprechenserklärung mit Begründung „wird dem zentralen Gebot der Transparenz und Nachvollziehbarkeit auch in Bezug auf die Einhaltung des Public Corporate Governance Kodex selbst Rechnung getragen."[701]

---

[693] Vgl. Paetzmann (2009); Heyd/Beyer (2010); Withus (2010); Bachmann (2010); Böcking/Eibelshäuser/Arlt (2010); Böcking/Eibelshäuser (2009); von Falckenhausen/Kocher (2009).
[694] Vgl. von Werder/Bartz (2012); von Werder/Böhme (2011); von Werder/Talaulicar/Pissarczyk (2010).
[695] Vgl. Europäische Kommission (2011), S.1.
[696] Europäische Kommission (2011), S.1.
[697] Lammert (2012), S.5.
[698] Vgl. Harms (2006), S.127.
[699] Seibicke (2005), S.100.
[700] Budäus/Srocke (2003), S.99.
[701] Mühl-Jäckel (2010), S.210.

9.4.1 Abweichungsbegründung, Zukunftsorientierung und Veröffentlichungsort

Die vergleichende Analyse in Tab. 17 lässt beachtliche Unterschiede bei den Anforderungen an die inhaltliche Ausgestaltung von Entsprechenserklärungen hervortreten. Nur die PCGKs von Bund, Brandenburg und Hamburg sehen wie der DCGK bzw. § 161 AktG eine zukunfts-gerichtete Entsprechenserklärung („wurde und werde") vor und verbinden damit eine Wissenserklärung mit einer Absichtserklärung.

Zwar wählt Hamburg grundlegend den Wortlaut aus § 161 AktG, verzichtet aber selbst in der Neufassung des PCGK von Anfang 2012 auf die dortige Formulierung „warum nicht" und fordert somit anders als Brandenburg und der Bund keine explizite Abweichungsbegründung. Nach § 161 Abs. 1 Satz 1 AktG ist eine Erklärung abzugeben, „welche Empfehlungen nicht angewendet wurden oder werden und warum nicht." Die beiden PCGKs fordern dagegen konkretisierend und schärfer, die Nichtanwendung „nachvollziehbar" zu begründen. Die wei-teren Ergebnisse sollen über die Tabelle mit den dortigen Hervorhebungen und kursiv gesetz-ten Kurzkommentierungen veranschaulicht werden.

Unterschiede bei der inhaltlichen Ausgestaltung von Entsprechenserklärungen	
DCGK (3.10) bzw. § 161 Abs. 1 AktG	Vorstand und Aufsichtsrat … erklären jährlich, dass … Empfehlungen … entsprochen **wur-de und wird** oder welche Empfehlungen nicht angewendet wurden oder werden und **wa-rum** nicht. Dabei sollte auch zu den Kodexanregungen Stellung genommen werden.
Bund (6.1) Brandenburg (6.1)	Erklärung von Geschäftsleitung und Überwachungsorgan, **es wurde und werde** den Emp-fehlungen … entsprochen. Wenn von den Empfehlungen abgewichen wird, ist dies **nach-vollziehbar** zu **begründen**. Dabei kann auch zu den Kodexanregungen Stellung genommen werden.
Hamburg (6.1)	Geschäftsführung und Aufsichtsrat erklären jährlich, **es wurde und werde** den Empfehlun-gen … entsprochen oder welche Empfehlungen nicht **oder mit welchen** Abweichungen angewendet wurden oder werden. Eventuelle Nichtanwendungen oder Abweichungen von den Empfehlungen sind zu erläutern. *Im Gegensatz zu Bund/Brandenburg nur Erläuterung, aber keine Begründung gefordert* *Im Gegensatz zu anderen PCGKs kein Hinweis für Stellungnahme zu Anregungen*
Berlin (Vorbemerkung)	Vorgeschriebenes Muster für Entsprechenserklärungen von Geschäftsführung und Aufsichts-rat in Anlage 7.1 zum Kodex. **Abweichungen vom Erklärungsinhalt des Kodex sind zu begründen.** *(Nach der Formu-lierung auch Abweichungen von Anregungen!)*
Bremen (4.10), Potsdam (3.2.1), Städtetag NRW (3.7.10), Rostock (3.8.10), Essen (3.8.10), Saarbrücken (34), Magdeburg (Kap.5), Frankfurt (3.4), Stuttgart (4.8.1/3.8.11)	
Nahezu identische Formulierungen, welche nicht die Präzision von Brandenburg, Bund und Hamburg besitzen sowie keine Zukunftsorientierung und Begründungspflicht formulieren:	
Der gemeinsame Bericht zum PCGK enthält eine jährliche Erklärung des Aufsichtsrats und der Geschäftsfüh-rung, inwieweit den Empfehlungen des Kodex entsprochen wurde sowie die Erläuterungen zu Abweichungen. Dabei kann auch zu Kodexanregungen Stellung genommen werden.	
Mannheim	*Einziger PCGK, der keine gemeinsame Erklärung von Aufsichtsrat und Geschäftsführung vorsieht* 7.2.5: Die Geschäftsführung berichtet jährlich im **Lagebericht** über die Einhaltung der Corporate Governance Regeln. 6.1.7: Der Aufsichtsrat soll jährlich im **Bericht des Aufsichtsrates** über die Einhaltung der Corporate Governance Regeln in Bezug auf seine Arbeit berichten.

Tab. 17: Unterschiede bei inhaltlicher Ausgestaltung von Entsprechenserklärungen

Im nächsten Schritt illustriert Tab. 18 folgend die bemerkenswerten Unterschiede beim Veröffentlichungsort von Entsprechenserklärungen. Sehen mehrere PCGKs eine transparente Einstellung ins Internet vor, ist nach vielen anderen nur die Beteiligungsverwaltung zu informieren. In Rostock (Frühjahr 2010) und Stuttgart (Herbst 2011) hat man auch bei der Fortschreibung des PCGK für die Information der Beteiligungsverwaltung entschieden. Brandenburg hat dagegen bei der Fortschreibung im Sommer 2010 Regelungen vom Bund und aus dem DCGK übernommen.

Hervorzuheben ist im Vergleich u. a. die positiv hervorstechende Regelung aus Hamburg, nach der Entsprechenserklärungen im Sinne von § 161 Abs. 2 AktG fünf Jahre im Internet einsehbar sein sollen. Noch besser und konsequenter ist, die Anforderung „fünf Jahre" durch „dauerhaft" zu ersetzen wie in § 161 Abs. 2 AktG normiert.

Auch die Umsetzung der Saarbrücker Regelung zur Offenlegung der PCG Berichte auf der Internetseite der Landeshauptstadt wäre ein substanzieller Weiterentwicklungsbeitrag für die PCG. Auffallend ist weiterhin, dass Mannheim als einzige Gebietskörperschaft einen gemeinsamen Bericht von Aufsichtsrat und Geschäftsführung verlangt.

Unterschiede beim Veröffentlichungsort von Entsprechenserklärungen	
Hamburg (3.8)	**Geschäftsbericht** oder – sofern kein Geschäftsbericht erstellt wird – **in einem gesonderten Dokument allgemein zugänglich** veröffentlicht. Sie soll für einen Zeitraum von **mindestens fünf Jahren im Internet** einsehbar sein.
DCGK (3.10) AktG	Corporate Governance Bericht im Zusammenhang mit der Erklärung zur Unternehmensführung nach 289a HGB. Die Gesellschaft soll nicht mehr aktuelle Entsprechenserklärungen zum Kodex **fünf Jahre lang auf ihrer Internetseite** zugänglich halten.
Bund (1.4+6.3)	**Corporate Governance Bericht soll auf Internetseite des Unternehmens** oder im elektronischen Bundesanzeiger dauerhaft öffentlich zugänglich
Saarbrücken (34)	Public Corporate Governance Bericht in Geschäftsbericht Die Public Corporate Governance Berichte sollen auf der **Internetseite der Landeshauptstadt Saarbrücken** offengelegt werden. Die Landeshauptstadt Saarbrücken soll **nicht mehr aktuelle Public Corporate Governance-Berichte fünf Jahre lang auf ihrer Internetseite zugänglich** halten.
Brandenburg (6.3)	Corporate Governance Bericht auf **Homepage.**
Berlin (Vorbemerkung)	Anlage Lagebericht zum Jahresabschluss; sie soll in geeigneter Form auch in den Geschäftsbericht aufgenommen werden.
Potsdam (3.2.1)	Public Corporate Governance Bericht in Geschäftsbericht.
Frankfurt (3.4)	Public Corporate Governance Bericht in Geschäftsbericht oder in einem gesonderten Bericht im Zusammenhang mit der Beschlussfassung über den Jahresabschluss.
Magdeburg (Kap.5) Rostock (3.8.10) Stuttgart (3.8.11) Städtetag (3.7.10)	Bericht an Beteiligungsverwaltung
Mannheim	7.2.5: Die Geschäftsführung berichtet jährlich im Lagebericht ... 6.1.7: Der Aufsichtsrat soll jährlich im Bericht des Aufsichtsrates ... berichten. *(Einzige Gebietskörperschaft ohne gemeinsame Entsprechenserklärung)*
Bremen (4.10)	4.10: *Allgemeiner Hinweis „soll veröffentlicht werden", keine Ortsangabe* Präambel, S.2: Gesellschaften sind verpflichtet, dies in einem Corporate Governance Bericht jährlich offen zu legen und zu begründen.
Essen (3.8.10)	Kein Hinweis auf Veröffentlichung und keine Ortsangabe.

Tab. 18: Unterschiede beim Veröffentlichungsort von Entsprechenserklärungen

In Bezug auf nicht für eine Veröffentlichung im Internet vorgesehene Entsprechens-erklärungen muss aus Perspektive der Prinzipal-Agent-Theorie konstatiert werden, dass die Informationsasymmetrien gegenüber dem Bürger als oberstem Prinzipal nicht hinreichend abgebaut wurden. Aus dem Blickwinkel der Stewardship-Theorie bleibt die Chance unge-nutzt, das Vertrauen von Shareholdern und Stakeholdern durch eine transparente im Internet verfügbare Entsprechenserklärung zu stärken.[702]

Weiter ist z. B. in den Präambeln der PCGKs von Stuttgart und Städtetag NRW als Ziel for-muliert, dass „durch mehr Öffentlichkeit und Nachprüfbarkeit das Vertrauen in Entscheidun-gen aus Verwaltung und Politik zu erhöhen" ist. Der damalige Stuttgarter Wirtschaftsbürger-meister äußerte sich im Amtsblatt zur PCG: „Sie ... soll Transparenz schaffen, weil Transpa-renz die Voraussetzung für Vertrauen ist."[703] Demgegenüber muss als widersprüchlich zu den Zielstellungen und dem Transparenzgeist des PCGK eingestuft werden, Entsprechens-erklärungen ausschließlich an die Beteiligungsverwaltung zu senden oder über sie lediglich im Beteiligungsbericht zu referieren.

Der für die Wirkung der „Institution PCGK" zentrale Mechanismus „Comply or explain" lebt in wesentlichem Maße auch von transparent im Internet verfügbaren Entsprechens-erklärungen. Insbesondere in der Governancepraxis gelebtes „Comply or explain" würde die aufgezeigten Entwicklungsbeiträge erzeugen. Gerade im direkten Vergleich der Veröffentli-chungsorte offenbaren sich die in einigen PCGKs eindeutig noch nicht realisierten Wirkungs-potenziale.

Aus Sicht der Neuen Institutionenökonomik für eine Institution wie den PCGK grundlegende Anforderungen (Abschnitt 4.1) werden hinsichtlich der als wichtig erachteten Sanktionsmög-lichkeiten nicht bestmöglich erfüllt. Ebenfalls wird den in Abschnitt 7.6 zum Sanktionsme-chanismus erörterten Erfordernissen nicht hinreichend Rechnung getragen. Die teilweise ge-wählte Vorgehensweise wirkt sich nachteilig auf den im öffentlichen Sektor ohnehin nur ein-geschränkt wirksamen Sanktionsmechanismus aus. Durch einen intransparenten Umgang mit den Entsprechenserklärungen vergibt man von vornherein die zentrale Basis und wertvolle Chancen für einen breiten Austausch über gute PCG.

Die aufgezeigten Unterschiede und Defizite beim „zentralen Wirkungsmechanismus" sind von substanzieller Bedeutung für die Weiterentwicklung von PCGKs. Entscheidend ist, dass nachvollziehbar begründete und zukunftsgerichtete Entsprechenserklärungen transparent, aufwandsarm und zeitnah zum Geschäftsjahresabschluss im Internet zur Verfügung stehen. Ansonsten läuft der Wirkungsmechanismus von „Comply or explain" in zu große Gefahr, von Grund auf außer Kraft gesetzt und die Kernphilosophie eines PCGK behindert zu werden. Gemessen an den Anforderungen und im Vergleich zu anderen PCGKs muss der im PCGK genannte Veröffentlichungsort der Entsprechenserklärung bzw. des PCG Berichts in einigen Gebietskörperschaften geändert werden.

---

[702] Vgl. Velte (2009a), S.705.

[703] http://www.stuttgart.de/sde/menu/frame/top.php?seite=http%3A//www.stuttgart.de/sde/presse/detail/186344, Abruf: 26.08.2007.

Lohnend ist in diesem Kontext eine Perspektive, die von Werder mit Nachdruck in die Corporate Governance Debatte einbringt: „Aus betriebswirtschaftlicher Sicht erscheint es mir empfehlenswert zu sein, den Umfang und die Überzeugungskraft der Begründungen weniger an den (rechtsunsicheren) juristischen Minimalanforderungen auszurichten. Die vorgeschriebene Governancepublizität sollte vielmehr als Gelegenheit verstanden werden, um proaktiv mit den Aktionären und anderen Stakeholdern des Unternehmens zu kommunizieren."[704]

Gemäß Anforderungen und Vergleich sollte in allen PCGKs ein Corporate Governance Bericht vorgesehen werden, in dem die Entsprechenserklärungen und alle weiteren Corporate Governance Informationen gebündelt werden. Der Corporate Governance Bericht sollte analog zu § 161 Abs. 2 AktG dauerhaft auf der Internetseite des Unternehmens zugänglich sein. Daneben sollte als klarer und verbindlicher Ort die Veröffentlichung als Anlage zum Lagebericht im Jahresabschluss vorgesehen werden.

Weiter begründen die Anforderungen und positiven Praxisbeispiele zur Realisierung der Ziele von Transparenz und Informationsqualität, in jeden PCGK eine Empfehlung im Wortlaut von § 161 AktG aufzunehmen.

Die Formulierung aus § 161 AktG sollte auch in die Mustergesellschaftsverträge aufgenommen werden, wie z. B. beim Bund in § 16 Abs. 1 praktiziert: „Die Geschäftsführung und der Aufsichtsrat erklären jährlich, dass den Empfehlungen des Public Corporate Governance Kodex des Bundes in der jeweils geltenden Fassung entsprochen wurde und wird oder welche Empfehlungen nicht angewendet wurden oder werden und warum nicht. Die Erklärung ist dauerhaft öffentlich zugänglich ... zu machen und als Teil des Corporate Governance Berichts zu veröffentlichen."

Darüber hinaus wäre es ein angemessener und wichtiger Weiterentwicklungsbeitrag in PCGKs analog zu § 289a HGB zu empfehlen, dass im Corporate Governance Bericht über folgende Aspekte zu berichten ist:

1. Relevante Angaben zu Unternehmensführungspraktiken, die über die gesetzlichen Anforderungen hinaus angewandt werden,

2. Eine Beschreibung der Arbeitsweise von Geschäftsführung und Aufsichtsrat sowie der Zusammensetzung und Arbeitsweise von deren Ausschüssen.

---

[704] von Werder (2011), S.52. Zur Attraktivität der Erklärung zur Unternehmensführung und den Vorteilen richtig kommunizierter Unternehmensführung auch Stiglbauer (2011) und Haller/Stiglbauer (2011).

9.4.2 Überblick und unternehmensspezifische Informationen im Beteiligungsbericht

Für den Beteiligungsbericht wird zutreffend gefordert, die Entsprechenserklärungen mit Abweichungsbegründung aufzunehmen und zu kommentieren.[705] Demgegenüber dokumentiert (Tab. 19), dass die Hälfte der PCGKs keine Aussagen zu diesem Faktor trifft. Zudem eröffnen sich deutliche Gestaltungsunterschiede zwischen den PCGKs mit Regelungen.

Unterschiede bei Informationen zu Entsprechenserklärungen und PCG im Beteiligungsbericht
Hamburg (3.8): Darüber hinaus erfolgt ein Bericht über die Corporate Governance der hamburgischen öffentlichen Unternehmen im Rahmen des Beteiligungsberichts, der **im allgemeinen Teil einen Überblick** hinsichtlich Entsprechenserklärungen und **wesentlichen Abweichungen der Berichtsunternehmen umfassen wird.**
Stuttgart (3.8.11): Die Berichte zum Public Corporate Governance Kodex (Entsprechenserklärung mit Begründung der Abweichung) sollen im Beteiligungsbericht veröffentlicht werden.
Frankfurt (3.4): Im Beteiligungsbericht ist jährlich zusammenfassend über die Einhaltung des Kodex zu berichten.
Potsdam (5): Darüber hinaus ist jährlich im Beteiligungsbericht über die Einhaltung des Kodex zu berichten.
Rostock (Präambel, S.5), Städtetag NRW (Präambel, S.3): Geschäftsführung und Aufsichtsrat haben ... jährlich über die Public Corporate Governance des Unternehmens und insbesondere über eventuelle Abweichungen vom Kodex zu berichten. Der Bericht wird im Zusammenhang mit dem Beteiligungsbericht veröffentlicht.
Saarbrücken (10): Die Verwaltungsspitze der Landeshauptstadt Saarbrücken sollte die Öffentlichkeit mindestens jährlich zum Stand und zur Umsetzung dieses Kodex in geeigneter Form unterrichten.
Berlin, Brandenburg, Bremen, Bund, Essen, Magdeburg, Mannheim formulieren hierzu keine Regelung.

Tab. 19: Unterschiede bei Informationen zu Entsprechenserklärungen im Beteiligungsbericht

Es erscheint anforderungsgerecht, in jeden PCGK eine Formulierung ähnlich wie in Hamburg aufzunehmen. Obendrein sollten Politik und Öffentlichkeit im Beteiligungsbericht im Abschnitt zu dem jeweiligen Unternehmen immer eine Information finden, ob der PCGK im Gesellschaftsvertrag verankert oder ob ein diesbezüglicher Gesellschafterbeschluss gefasst wurde. Um mit gutem Beispiel voranzugehen, könnte die Gebietskörperschaft im Beteiligungsbericht für ihren Verantwortungsbereich auch selbst zum PCGK Stellung nehmen.[706]

9.4.3 Exkurs: Zur rechtlichen Zulässigkeit von Entsprechenserklärungen

Hinsichtlich öffentlicher Unternehmen in der Rechtsform einer Aktiengesellschaft soll in diesem Kontext knapp auf ein Ende 2010 von Raiser im Auftrag der Hans-Böckler-Stiftung erstelltes Rechtsgutachten hingewiesen werden.

In diesem werden diejenigen Regelungen der PCGKs als rechtlich unzulässig eingestuft, die von Vorständen und Aufsichtsräten nicht börsennotierter Aktiengesellschaften eine Entsprechenserklärung verlangen. Hierzu fasst Raiser in seinem Gutachten zusammen:

„Das Verlangen einer Entsprechenserklärung steigert den durch die Vorschriften ausgeübten Druck auf die Vorstands- und Aufsichtsratsmitglieder in einer Weise, dass sich diese ihm faktisch kaum noch entziehen können. Sie beeinträchtigt daher die vom Aktiengesetz gewollte und garantierte unternehmerische Unabhängigkeit und Eigenverantwortlichkeit von Vorstand und Aufsichtsrat. Soweit kommunalrechtliche Vorschriften der Bundesländer einen solchen

---

[705] Vgl. Bremeier/Brinkmann/Killian (2006), S.167.
[706] Vgl. Bremeier/Brinkmann/Killian (2006), S.167.

Einfluss der Trägerkörperschaft vorsehen und fordern, sind sie mit dem gemäß Art. 31 GG höherrangigen Aktienrecht nicht vereinbar. Für das Verlangen einer Entsprechenserklärung von Vorstand und Aufsichtsrat eines kommunalen Unternehmens bietet § 161 AktG keine Rechtsgrundlage, weil die Vorschrift ausdrücklich nur für börsennotierte Gesellschaften gilt. Eine andere Rechtsgrundlage ist nicht in Sicht. Das Verlangen einer Entsprechenserklärung verstößt daher gegen das Aktiengesetz und ist deshalb unzulässig und rechtlich wirkungslos. Die Mitglieder des Vorstands und des Aufsichtsrats können eine Pflichtverletzung begehen, wenn sie dem Verlangen nachkommen."[707]

Einen gegensätzlichen Schluss zum Verlangen einer Entsprechenserklärung auch bei öffentlichen Unternehmen in der Rechtsform einer Aktiengesellschaft zieht an einschlägiger Stelle indessen Schürnbrand mit folgender Argumentationslinie: „Eine entsprechende Ergänzung der Satzung einer AG ist demgegenüber vor dem Hintergrund des in § 23 Abs. 5 AktG verankerten Grundsatzes der Satzungsstrenge nicht unproblematisch … Auch wenn der PCGK durchaus in diesen Bereich vordringt, ist die Verankerung einer bloßen Erklärungspflicht in der Satzung im Ergebnis gleichwohl zulässig. Ihr kommt nämlich nicht einmal im Ansatz dasselbe Gewicht zu wie einer materiellen Einschränkung der Organisationsfreiheit."[708]

Vor allem ist zu bemerken, dass sich Raiser auf die Rechtsform der Aktiengesellschaft bezieht. Für öffentliche Unternehmen in der deutlich am verbreitetsten Rechtsform der GmbH ist mit Schürnbrand in Bezug auf die Abgabe einer Entsprechenserklärung hervorzuheben: „Die Verankerung im … Gesellschaftsvertrag … ist in der GmbH ohne Weiteres möglich."[709]

9.5 Regelungsunterschiede bei der Gesellschafterrolle der öffentlichen Hand

Der aktiven Ausfüllung der Gesellschafterrolle durch die Gebietskörperschaft kommt zentrale Bedeutung zu. Jedoch wird für vorliegende PCGKs wie etwa von Röber nachvollziehbar kritisiert, dass die Regelwerke die „Sphäre des Politischen" oft noch zu stark ausklammern und die öffentliche Hand lediglich „allgemein als Gesellschafter öffentlicher Unternehmen" nennen.[710] Zutreffend spitzt Röber im Weiteren zu: „Salopp formuliert heißt das, dass überall dort, wo ´Public` draufsteht, auch ´Public` drin sein muss."[711] Daher sind die Regelungen der PCGKs zur öffentlichen Hand als Gesellschafter von besonderem Interesse.

---

[707] Raiser (2010), S.39.
[708] Schürnbrand (2010a), S.1110.
[709] Schürnbrand (2010a), S.1110.
[710] Röber (2008), S.61.
[711] Röber (2008), S.67.

9.5.1 Voraussetzungen für die Gründung/Beteiligung von/an Unternehmen sowie laufende Erfolgskontrollen

Die zentralen Vorschriften von § 65 BHO/LHO mit den Voraussetzungen für die wirtschaftliche Betätigung wurden in Abschnitt 2.6 skizziert. Diese sollten in den PCGKs veranschaulicht und konkretisiert sein.[712] Hingegen veranschaulicht Tab. 20, dass die Bestimmungen ausschließlich in den PCGKs von Frankfurt und Brandenburg angesprochen werden.

Regelungsunterschiede bei den Voraussetzungen für die wirtschaftliche Betätigung
Frankfurt (4.2/Portfoliosteuerung): Die Stadt Frankfurt am Main hat mindestens einmal in jeder Wahlperiode zu prüfen, inwieweit ihre wirtschaftliche Betätigung den gesetzlichen Vorgaben (§ 121 Abs. 1 HGO) entspricht und inwieweit die Tätigkeiten privaten Dritten übertragen werden können (§ 121 Abs. 7 HGO).
Brandenburg (II.1): Das Land soll sich an Unternehmen in einer Rechtsform des privaten Rechts nur beteiligen, wenn ein wichtiges Landesinteresse vorliegt und sich der mit der Beteiligung angestrebte Zweck nicht besser und wirtschaftlicher auf andere Weise erreichen lässt (§ 65 Abs.1 LHO).
Berlin, Bremen, Bund, Essen, Hamburg, Magdeburg, Mannheim, Potsdam, Saarbrücken, Städtetag NRW, Stuttgart formulieren hierzu keine Regelung.

Tab. 20: Unterschiede bei Voraussetzungen für wirtschaftliche Betätigung

Berlin und Bund haben vergleichbare Formulierungen in ihren Beteiligungshinweisen für die Verwaltung, aber nicht in den PCGKs. In Berlin heißt es in Ziff. 7: „Ein wichtiges Interesse an einer Beteiligung liegt vor, wenn hierdurch bedeutsame Aufgaben des Landes erfüllt werden; an die Entscheidung ist ein strenger Maßstab anzulegen. An dieser Voraussetzung fehlt es z. B., wenn es sich um ausschließliche Aufgaben des Bundes oder anderer Länder handelt, lediglich Einnahmen durch Geldanlage erzielt oder ein Informationsbedürfnis der Verwaltung gedeckt werden sollen." Ziff. 10 führt weiter auf: „Eine Beteiligung ist nicht einzugehen, wenn der vom Land Berlin angestrebte Zweck besser und wirtschaftlicher auf andere Weise erreicht werden kann: durch Einschaltung von Behörden, Übertragung der Aufgaben auf Dritte oder an bestehende Einrichtungen und Beteiligungen, Übernahme von Bürgschaften, Garantien oder sonstigen Gewährleistungen, die Gewährung von Darlehen oder Zuschüssen/ Zuwendungen."

Mit Blick auf die angestrebte Kommunikationsfunktion eines PCGK sollte erwogen werden, diese zentralen Grundvoraussetzungen mit Verweis auf § 65 BHO/LHO bzw. die entsprechenden Paragrafen der Gemeindeordnungen zu den Voraussetzungen der wirtschaftlichen Betätigung in alle PCGKs aufzunehmen. Diese Erforderlichkeiten besitzen auch für die Kodexadressaten Unternehmensorgane und Öffentlichkeit besondere Relevanz.

9.5.2 Ablauf und Verantwortlichkeiten bei der Entwicklung von öffentlicher Zielsetzung und Strategie

Von ganz besonderer Bedeutung ist, wer für die Strategieentwicklung und Formulierung der Gesellschafterziele zuständig ist. Ein PCGK sollte klar formulieren, wer genau für die grundsätzliche strategische Ausrichtung und Zielentwicklung in den jeweiligen Prozessstufen

---

Vgl. Institut für den öffentlichen Sektor (2009b), S.9; Gemkow (2010), S.66; Institut für den öffentlichen Sektor (2009a), S.7.

zuständig ist und wo die Strategiediskussion geführt wird. Nur auf Zielvorgaben im Gesellschaftsvertrag hinzuweisen, entspricht den Anforderungen und den in Abschnitt 6.2.4 herausgearbeiteten Defiziten bei der Zielentwicklung nicht. Die öffentliche Hand muss aus der Gesamtstrategie eine Eigentümerstrategie für das jeweilige Unternehmen entwickeln, an der sich die Unternehmensstrategie orientiert.[713]

Bei der Strategieentwicklung bestehen in der Praxis Unklarheiten, was z. B. bei der Vorstellung des PCGK des Bundes am 30.06.2009 in Berlin eindrucksvoll hervortrat. Eine zentrale und kontrovers diskutierte Frage in der Podiumsdiskussion war, wer „eigentlich die Strategie für öffentliche Unternehmen entwickelt." Die Governancerealität mit den verschiedenen Akteuren und die Ziele eines PCGK unterstreichen die Notwendigkeit für klare Regelungen.

Tab. 21 verdichtet die Regelungen, die Aussagen zur Strategieentwicklung treffen. Für einen ersten Überblick vor Betrachtung der weiteren Inhalte ist es zweckmäßig, in der rechten Spalte nur die ganz links fett hervorgehobenen Organe für alle Gebietskörperschaften zu betrachten, welche die PCGKs als Ausgangspunkt für den Strategieprozess anführen. Bereits dies lässt erkennen, dass Politik, Verwaltung und Unternehmensorgane in den Gebietskörperschaften sehr unterschiedlich starkes Gewicht im Strategieentwicklungsprozess besitzen. Sind politische Organe in einigen Gebietskörperschaften zentral angeführt, spielt in anderen die Verwaltung nach den Kodexformulierungen eine deutlich größere Rolle. Einige PCGKs nennen klar und deutlich zuständige Akteure und Organe, in anderen heißt es lediglich sehr allgemein „die Stadt" oder „der Gesellschafter".

Im Folgenden zeigt sich insbesondere auch, dass die weiteren Strategie- und Zielentwicklungsabläufe sowie die eingebundenen Akteure mit sehr unterschiedlicher Eindeutigkeit beschrieben sind.

---

[713] Vgl. Bremeier/Brinkmann/Killian (2006), S.141; Kolbe (2006), S.70.

132

	Unterschiede bei der Strategieentwicklung und Formulierung der Gesellschafterziele
Berlin	**Geschäftsleitung** entwickelt strategische Ausrichtung und stimmt diese mit Aufsichtsrat ab. (I.3)
Branden-burg	**Fachressort** leitet in Abstimmung mit Finanzministerium und Unternehmen aus Unternehmensgegenstand **Zielbild** ab mit wichtigem Landesinteresse, fachlichen Leistungszielen und Wirtschaftlichkeitszielen mit Ober-/Unterzielen (V.3.II) -> auf Grundlage Zielbild erarbeitet Unternehmen Unternehmenskonzept für 3-5 Jahre (V.3.III) -> Geschäftsführung strategische Ausrichtung in Abstimmung mit Aufsichtsrat unter angemessener Beteiligung Gesellschafter. (4.1.2) *(Zuständigkeit für Entwicklung/Festlegung Gegenstand zu Prozessbeginn?)*
Bremen	**Gesellschafter** legt Gegenstand Unternehmen als erste strategische Ausrichtung fest (1.1.4) -> Gesellschafter **klare** strategische Zielvorgaben für Gesellschaften /öffentlicher Auftrag klar und messbar. (1.3.1)
Bund	**Anteilseigerversammlung** legt Gegenstand/Satzung/wesentliche unternehmerische Maßnahmen fest (2.2) -> Geschäftsleitung stimmt auf Grundlage Unternehmensgegenstand/-zweck strategische Ausrichtung ab.
Essen	**Gesellschafter** legt Gegenstand Unternehmen als erste strategische Ausrichtung fest (1.1.4) -> Gesellschafter strategische Zielvorgaben für Gesellschaften (1.1.4) Bei neuen strategischen Zielvorgaben aktive Beratungspflicht der Geschäftsführung gegenüber Gesellschafter und Aufsichtsrat. (3.2.2)
Frankfurt	**Magistrat** macht strategische Zielvorgaben/operative Vorbereitung Beteiligungsmanagement (2.2) -> Gesellschafter strategische Zielvorgaben für Gesellschaften auf Basis Unternehmensgegenstand. (3.1.2) Bei neuen strategischen Zielvorgaben aktive Unterstützung der Geschäftsführung für Aufsichtsrat und Gesellschafterversammlung. (3.3.1)
Hamburg	**Stadt** gibt Zielbild vor (2.6) -> Geschäftsführung stimmt längerfristige Orientierung mit Vorlage Unternehmenskonzept an Aufsichtsrat ab. (4.1.2) *(sehr allgemein „Stadt")*
Magdeburg	**Stadtrat** und Oberbürgermeister definieren strategische Zielvorgaben (3.1), inhaltliche Unterstützung Oberbürgermeister durch zuständige Fachdezernate. (3.4)
Mannheim	**Gemeinderat** beschließt strategischen Entwicklungsplan für Beteiligungen (1.3) -> Zuständiges Fachdezernat verantwortlich für Erarbeitung Gesellschafterziele (3.3+Präambel S.5) -> auf Gesellschafterzielen basierende Entwicklungsplanung durch zuständiges Fachdezernat gemeinsam mit Geschäftsführung. (3.4 und 7.2.2) *(starke Stellung Fachdezernat?)*
Potsdam	**Stadtverordnetenversammlung** trifft strategische Entscheidungen (2.1) -> Verwaltungsführung strategische Zielvorgaben auf Basis öffentlichen Auftrag von Stadtverordnetenversammlung (2.2) / öffentlichen Auftrag messbar formulieren (3.1.2); für neue strategische Zielvorgaben soll Geschäftsführung Beratungspflicht gegenüber Gesellschaftern und Aufsichtsrat pro-aktiv nachkommen.
Rostock	**Gesellschafter** Gegenstand Unternehmen als erste strategische Ausrichtung (1.1.5) -> Verwaltungsspitze und Bürgerschaft klare strategische Zielvorgaben auf Basis Unternehmensgegenstand / öffentlicher Auftrag klar und messbar (1.3.1) -> Beteiligungsverwaltung entwickelt Zielstellungen zur Beteiligungsstrategie, finanzielle Ziele **und Leistungsziele.** (Teil 2, 5.2.1)
Saarbrücken	**Saarbrücken** strategische Zielvorgaben klar und messbar (8) -> Geschäftsleitung soll strategische Ausrichtung mit Gesellschaftern entwickeln und mit Aufsichtsrat abstimmen. (76+26)
Städtetag NRW	**Gesellschafter** Gegenstand Unternehmen als erste strategische Ausrichtung (1.2.4) -> Gesellschafter soll klare strategische Zielvorgaben für Gesellschaften definieren/öffentlicher Auftrag klar und messbar. (1.3.1)
Stuttgart	**Gesellschafter** Gegenstand Unternehmen als erste strategische Ausrichtung (1.2.4) -> Gesellschafter soll **klare** strategische Zielvorgaben für Gesellschaften definieren/öffentlicher Auftrag klar und messbar (1.1.4) -> Verwaltungsspitze und Gemeinderat auf der Basis Unternehmensgegenstand strategische Zielvorgaben/ öffentlicher Auftrag klar und messbar. (1.3.1) Geschäftsführung soll Pflichten zur Entwicklung strategischer Zielvorgaben gegenüber den Gesellschaftern und Aufsichtsrat aktiv wahrnehmen. (3.2.2)

Tab. 21: Unterschiede bei Strategieentwicklung und Formulierung Gesellschafterziele

Fraglich tritt im Vergleich z. B. die prominente Nennung der Geschäftsführung in Berlin hervor. Essen formuliert fast wortgleich wie Bremen, verzichtet aber auf den dortigen Hinweis zur Klarheit und Messbarkeit des öffentlichen Auftrags. In der Gesamtschau sind einige Kodexformulierungen als verbesserungsfähig einzustufen.

9.5.3 Spezifizierung des öffentlichen Auftrags, Zielbilder und Leistungs-/ Wirkungskennzahlen

Bei der Entwicklung und Spezifizierung von Zielen (Abschnitt 6.2.4) sowie bei der Berücksichtigung von Leistungs-/Wirkungskennzahlen (Abschnitt 6.2.9) bestehen deutliche Verbesserungsnotwendigkeiten. Speziell zu PCGKs und Beteiligungshinweisen ist hier vorangestellt zu ergänzen, dass diesen im Verhältnis zur Leistungs-/Wirkungskontrolle häufiger ein zu starker Fokus auf die Finanzkontrolle attestiert wird.[714] Insbesondere für den PCGK des Bundes findet sich starke Kritik, er würde den öffentlichen Auftrag bzw. das spezifische öffentliche Zielsystem zu wenig berücksichtigen.[715]

Nach der vergleichenden Inhaltsanalyse betonen alle PCGKs die öffentliche Zielsetzung. Dabei zeigen sich jedoch Auffälligkeiten, von denen hier einige ausgewählte Aspekte angesprochen werden. Die Anforderung in der Terminologie den öffentlichen Auftrag „messbar zu formulieren" findet sich in der überwiegenden Mehrheit der PCGKs: Bremen (1.3.1), Essen (1.3.1), Frankfurt (3.1.2), Hamburg (4.1.3), Mannheim (I.2); Potsdam (3.1.2), Rostock (1.3.1), Saarbrücken (81), Städtetag NRW (1.3.1) und Stuttgart (3.2.1). Die Entwicklung eines Zielbildes wird jedoch in dieser hilfreich und weiterführend erscheinenden Formulierung explizit nur in Brandenburg (3.II), Frankfurt (1.1) und Hamburg (2.6) vorgegeben.

Die übergreifenden Forderungen bezüglich einer stärkeren Wirkungsorientierung bei der Steuerung im öffentlichen Sektor spiegeln sich bislang in keinem PCGK deutlich wider. Im Zusammenhang mit den Anforderungen zur Spezifizierung des öffentlichen Auftrags und der Entwicklung von Zielbildern sollte im PCGK empfohlen werden, auch „Wirkungsziele" und „Wirkungskennzahlen" zu benennen und bei der Steuerung zu nutzen.

9.5.4 Einbindung eines politischen Gremiums in die Strategie-/Zielkontrolle

Das Feld der Politik bzw. das verantwortliche politische Gremium muss nach der Analyse von Abschnitt 6.2.6 stärker in die Strategie-/Zielkontrolle und den Prozess der politischen Steuerung eingebunden sein. Aus diesem Grund ist ein Ausschuss „Unternehmen/Beteiligungen", wie veranschaulicht, einzurichten. Die mit Beteiligungsfragen befassten Ausschüsse sind in den PCGKs zu nennen, u. a. um einer zu starken Dominanz der Verwaltung gegenüber der Volksvertretung entgegenzuwirken.[716] Tab. 22 stellt die Regelungsunterschiede bei der expliziten Einbindung/Information eines politischen Gremiums bei der Strategie-/Zielkontrolle dar.

---

[714] Vgl. Bremeier/Brinkmann/Killian (2006), S.145.
[715] Vgl. Budäus/Hilgers (2009), S.900; Schürnbrand (2010a), S.1108; Ellerich/Schult/Radde (2009), S.208; Institut für den öffentlichen Sektor (2009a), S.7.
[716] Vgl. Institut für den öffentlichen Sektor (2009b), S.10.

Unterschiede bei der expliziten Einbindung eines politischen Gremium bei der Strategie-/Zielkontrolle	
Bremen	1.3.1: Der Gesellschafter ... Der Stand der Strategieumsetzung soll in regelmäßigen Abständen mit der Geschäftsführung erörtert werden.
Essen	1.3.1: Der Stand der Strategieumsetzung soll in regelmäßigen Abständen zwischen Gesellschaftern und Geschäftsführung erörtert werden.
Magdeburg	3.2: **Der Verwaltungsausschuss** ist in nichtöffentlicher Sitzung **vierteljährlich** über die Ergebnisse des operativen Beteiligungscontrollings zu informieren. Ebenso Finanz- und Grundstücksausschuss (3.3).
Potsdam	2.1: Der **Hauptausschuss der Stadtverordnetenversammlung wird** regelmäßig vom Gesellschaftervertreter über die Umsetzung der strategischen Ziele/ Zielvereinbarungen in nicht öffentlicher Sitzung unterrichtet. 3.1.2: Der Stand der Strategieumsetzung ist in regelmäßigen Abständen zwischen Gesellschaftern und Geschäftsführung zu erörtern.
Rostock	1.3.1: Der Stand der Strategieumsetzung **wird mindestens einmal im Jahr** zwischen Gesellschaftern und Geschäftsführung erörtert. Teil 2, 3.7: Die Geschäftsführung nimmt auf Einladung der Beteiligungsverwaltung an den Sitzungen der städtischen Gremien teil.
Saarbrücken	9: Der Stand der Umsetzung der Zielvorgaben soll in regelmäßigen Abständen zwischen der Landeshauptstadt Saarbrücken als Gesellschafterin und der Geschäftsleitung erörtert werden.
Städtetag NRW	1.3.1: Der Stand der Strategieumsetzung **soll mindestens einmal im Jahr** zwischen Gesellschaftern und Geschäftsführung erörtert werden.
Stuttgart	1.3.1: Der Stand der Strategieumsetzung soll in regelmäßigen Abständen zwischen Gesellschaftern und Geschäftsführung erörtert werden. 3.7.1: Die Geschäftsführung nimmt auf Einladung der Beteiligungsverwaltung an den Sitzungen der städtischen Gremien teil.
Berlin, Brandenburg, Bund, Frankfurt, Hamburg, Mannheim keine Aussagen	

Tab. 22: Unterschiede bei Einbindung eines politischen Gremiums in die Strategie-/Zielkontrolle

Ein politischer Ausschuss wird ausschließlich in Magdeburg und Potsdam benannt. Vielfach ist lediglich allgemein „der Gesellschafter" angeführt. Des Weiteren divergieren Anforderungen und Präzision der Regelungen zur Häufigkeit der Kontrolle. Einige PCGKs formulieren vergleichsweise exakte Regelungen, andere bleiben eher vage. Die Einbindung der verantwortlichen politischen Gremien sollte bei der Weiterentwicklung in allen PCGKs klar kommuniziert werden.

9.5.5 Kurzerläuterung von Beteiligungsmanagementorganisation, Zuständigkeiten und Eigentümer-/Gewährleisterfunktion

Im Sinne der Kommunikations- und Erklärungsfunktion muss ein PCGK knapp, aber konkret, über Organisationsmodell und Zuständigkeiten im Beteiligungsmanagement informieren.[717] Beispielsweise ist mit Verweis auf die Gemeindeordnung des Landes Sachsen-Anhalt (LSA) nach dem PCGK von Magdeburg (3.4) „gemäß § 118 Abs. 4 GO LSA dafür Sorge zu tragen, dass eine fachlich geeignete Stelle das Beteiligungsmanagement gewährleistet. Diese Aufgabe wird durch die im Dezernat Finanzen und Vermögen angesiedelte Stabsstelle Beteiligungsverwaltung und -controlling wahrgenommen." Auch in Mannheim (4.2) ist konkret gefasst: „Innerhalb der Verwaltung werden die Aufgaben der Beteiligungssteuerung ... durch das Strategische Beteiligungsmanagement im Dezernat des Oberbürgermeisters, die

---

[717] Vgl. Bremeier/Brinkmann/Killian (2006), S.14.

Fachdezernate sowie das Beteiligungscontrolling im Dezernat I wahrgenommen." Brandenburg (III.2.1) verweist auf das Finanz- und Fachressort. Stuttgart (1.2.3) formuliert ver-
gleichsweise präzise: „Die Beteiligungsverwaltung ... wird verwaltungsintern durch die
Stadtkämmerei wahrgenommen. Sie wird dabei durch die fachlich zuständigen Ämter der
Verwaltung unterstützt." Und Frankfurt (2.2) informiert: „Nach der gültigen Organisations-
struktur ist der/die Beteiligungsdezernent/in für das Beteiligungsmanagement als zentrale
Verwaltungseinheit für die Steuerung städtischer Beteiligungen zuständig."
Dagegen ist in den PCGKs von Berlin, Bremen, Bund, Essen, Hamburg, Potsdam und Rostock nicht hinreichend deutlich benannt, in welchem Organisationselement/Referat die Beteiligungsverwaltung konkret institutionalisiert bzw. wie das Organisationsmodell im Grundsatz
ausgestaltet ist.
Die teilweise geforderte Trennung von Eigentümer- und Gewährleisterfunktion (Abschnitt
6.2.11) kommt in PCGKs kaum zum Ausdruck. Sofern in einer Gebietskörperschaft ein de-
zentrales Organisationsmodell vorliegt, wäre eine Formulierung wie in den PCG Richtlinien
des Schweizer Kantons Aargau in Richtlinie 4 zu diskutieren: „Die unterschiedlichen Rollen
des Kantons in Bezug auf die Beteiligung werden gemäß dem Verhältnis der Bedeutung der
Leistungsauftrags- und Finanzbeteiligungsfunktion zwischen den Departementen organisato-
risch getrennt."[718]

9.5.6 Jährliche Erörterung des Beteiligungsberichts im politisch verantwortlichen Gremium

Beteiligungsberichte sind im verantwortlichen Ausschuss und im Gemeinde-/Stadtrat o.ä. zu
behandeln.[719] Diese mit Blick auf die Ziele und Funktionen eines PCGK wichtige Regelung
sollte im Kodex an die verschiedenen Adressaten kommuniziert werden. Allerdings trifft nach
der Analyse hierüber lediglich der PCGK von Magdeburg (2.2) Aussagen: „Der Beteiligungsbericht ist zeitlich so zu erstellen, dass er vom Stadtrat spätestens mit der Beschlussfassung
zum Haushaltsplan in öffentlicher Sitzung erörtert wird." Die anderen PCGKs enthalten hierzu keine Regelungen. Bei der Fortschreibung ist die Erörterung durchgängig zu empfehlen.

9.5.7 Beratung des Jahresabschlusses im politisch verantwortlichen Gremium

Umstritten ist im Spannungsfeld zwischen politischen Steuerungsmöglichkeiten und Unternehmensinteresse, inwieweit die Jahresabschlüsse vor Feststellung in der Gesellschafterversammlung im politisch verantwortlichen Gremium beraten werden.
Im PCGK von Stuttgart (1.4.1) ist diesbezüglich eine weit reichende Regelung enthalten: „Die
Jahresabschlüsse von Beteiligungsunternehmen der Landeshauptstadt Stuttgart sollen in
öffentlicher Sitzung durch ein gemeinderätliches Gremium vor Feststellung in der Gesellschafterversammlung beraten werden."

---

[718] Richtlinien zur PCG des Kantons Aargau, https://www.ag.ch/de/dfr/finanzen/beteiligungen/public_corporate
_governance/ public_corporate_governance_1.jsp, Abruf: 03.01.2012.
[719] Vgl. Bremeier/Brinkmann/Killian (2006), S.167f.

Ähnlich formuliert der PCGK des Städtetags NRW (1.4.1): „Die Jahresabschlüsse der von der Kommune beherrschten Unternehmen sollen in öffentlicher Sitzung durch den Stadt-/Gemeinderat/Kreistag vor Feststellung in der Gesellschafterversammlung beraten werden. Bei den von den Kommunen beherrschten Unternehmen, die seitens der Kommunen Verlustabdeckungsleistungen erhalten, wird auch der Wirtschaftsplan vorab durch den Stadt-/Gemeinderat/Kreistag beraten."

Rostock (1.4.1) sieht demgegenüber lediglich eine Information der Bürgerschaft, aber keine Beratung in der folgenden Form vor: „Die Jahresabschlüsse ... werden in Form von Informationsvorlagen der Bürgerschaft zur Kenntnis gegeben."

Die anderen PCGKs enthalten gar keine expliziten Regelungen. Die Abläufe sollten zukünftig in allen PCGKs klarstellend kommuniziert werden.

9.5.8 Möglicher Verzicht auf den Aufsichtsrat und Steuerung über die Gesellschafterversammlung

Abschnitt 6.2.8 hat Organkonflikte zwischen Gesellschafterversammlung und Aufsichtsrat sowie Überlegungen veranschaulicht, bei GmbHs auf einen fakultativen Aufsichtsrat zu verzichten und nur über die Gesellschafterversammlung zu steuern. Daher ist von Interesse, inwiefern die PCGKs klarstellend kommunizieren, dass die Bildung von Aufsichtsräten freiwillig erfolgt, sofern nicht die skizzierten Mitbestimmungsgesetze greifen.

Bremen (2.1.1), Essen (2.1.2), Magdeburg (2.3), Rostock (2.1.3), Städtetag NRW (2.1.1) und Stuttgart (2.1.1) formulieren hierzu Regelungen in ähnlicher Form: „Bei allen Gesellschaften mit beschränkter Haftung, die in der Regel nicht mehr als 500 Arbeitnehmer beschäftigen, steht es den Gesellschaftern grundsätzlich frei, durch Bestimmungen im Gesellschaftsvertrag einen (fakultativen) Aufsichtsrat zu bilden." Die übrigen PCGKs erklären dies nicht.

Die Einrichtung eines Aufsichtsrats als Regelfall sehen Bremen (2.1.1), Magdeburg (2.3), Mannheim (6.), Rostock (2.1.3), Saarbrücken (35.) und Stuttgart (2.1.1) explizit vor – die anderen PCGKs kommunizieren die Etablierung eines Aufsichtsrats als Leitlinie nicht. In Hinsicht auf die in der PCG beteiligten Akteursgruppen und die Funktionen eines PCGK scheinen zusätzliche klarstellende Regelungen hilfreich.

9.6 Regelungsunterschiede beim Aufsichtsrat

9.6.1 Aufgabenzuweisung zwischen Überwachung und Beratung sowie Überwachungsgegenstände

Im Konsultationsverfahren zur Überarbeitung des DCGK für börsennotierte Unternehmen haben Böcking/Gros einen Aspekt angeregt, der auch für PCGKs diskussionswürdig ist: „Gemäß DCGK 5.1.1 ist es ´Aufgabe des Aufsichtsrats ..., den Vorstand bei der Leitung des Unternehmens regelmäßig zu beraten und zu überwachen.` Während die beratende Tätigkeit des Aufsichtsrats gängige Praxis zu sein scheint sowie auch in der (Kommentar-)Literatur und Rechtsprechung regelmäßig vertreten wird, ergibt sich aus dem Gesetzeswortlaut des § 111 Abs. 1 AktG (´Der Aufsichtsrat hat die Geschäftsführung zu überwachen.`) zunächst eine klare Aussage zur Überwachungsfunktion des Aufsichtsrats. Jegliche überwachende Tätigkeit beinhaltet bei gleichzeitiger beratender Tätigkeit stets eine Gefahr der Selbstüberwachung. Es sollte daher im Sinne einer systematischen Gesetzesauslegung mindestens angeregt werden, die Vorrangigkeit der Überwachungsfunktion des Aufsichtsrats im Wortlaut des DCGK 5.1.1 zu betonen, indem die Reihenfolge in ´… regelmäßig zu überwachen und zu beraten` geändert wird."[720]

Die Regierungskommission hat sich am Ende für die bisherige Reihenfolge entschieden. Gleichwohl ist es für die PCG von Relevanz, welche Unterschiede hierzu in den PCGKs auftreten (Tab. 23). In Analogie zum DCGK wählen die meisten PCGKs die Reihenfolge „beraten und überwachen"; lediglich vier Kodizes schreiben „überwachen" vorweg. Eine sehr deutliche Betonung der Überwachungsaufgabe nimmt dabei Magdeburg vor.

Unterschiede bei der Reihenfolge von Überwachung und Beratung bei Aufsichtsratsaufgaben
PCGK mit Erstnennung „beraten"
Brandenburg (5.1.1), Bremen (2.2.1), Bund (5.1.1), Essen (2.2.1), Hamburg (5.1.1), Mannheim (6.1.2), Rostock (2.2.1), Saarbrücken (36), Städtetag NRW (2.2.1): Aufgabe des Aufsichtsrats ist es, die Geschäftsführung bei der Leitung des Unternehmens **regelmäßig** zu beraten und zu überwachen.
Berlin (III.1): Der Aufsichtsrat berät und überwacht die Geschäftsleitung bei der Leitung des Unternehmens *(etwas andere Formulierung, kein regelmäßig)*
PCGK mit Erstnennung „überwachen"
Magdeburg (2.3.3.9): Im Mittelpunkt der Aufsichtsratstätigkeit steht die Überwachung der Geschäftsführung (§ 111 Abs. 1 AktG).
Frankfurt (3.2.2.1), Potsdam (3.3.2), Stuttgart (2.2.1): Aufgabe des Aufsichtsrates ist es, die Geschäftsführung bei der Leitung des Unternehmens regelmäßig zu überwachen und zu beraten. *(Frankfurt, Stuttgart ohne „regelmäßig)*

Tab. 23: Unterschiede bei Aufsichtsratsaufgaben zwischen Überwachung und Beratung

Es sollte mit Blick auf andere PCGKs diskutiert werden, ob mit der Reihenfolge ein sich auf den Alltag auswirkendes Rollenverständnis verbunden ist oder künftig sein soll.

Hervorzuheben ist ergänzend, dass die Spezifizierung „regelmäßig" in einigen PCGKs wie z. B. in Berlin, Frankfurt und Stuttgart bei ansonsten identischem Wortlaut nicht zu finden ist. Hier wäre zu klären, ob der Verzicht eine bewusste geringere Frequenz der Aufsichtsratstätigkeit beabsichtigt.

Weiter ist von Interesse, auf welche Gegenstände sich die Überwachungsarbeit des Aufsichtsrats nach den PCGKs beziehen soll (Tab. 24). Eine Formulierung wie „Gegenstand der Überwachung sind die Ordnungsmäßigkeit, Zweckmäßigkeit und die Wirtschaftlichkeit der Geschäftsleitungsentscheidungen" ist mit Ausnahme von Berlin, Bremen und Mannhcim in allen PCGKs integriert. Mannheim (6.3.1) formuliert allerdings im auffälligen Gegensatz zu anderen PCGKs einen umfangreichen Katalog an Aspekten anstelle übergreifender Gegenstände für die Aufsichtsratstätigkeit.

Bei den weiteren in der Tabelle genannten Gegenständen treffen die nicht angeführten PCGKs jeweils keine Aussagen. Im Vergleich tritt so offenkundig hervor, dass viele der

[720] Böcking/Gros (2012), S.3.

Gegenstände von einer Mehrheit der PCGKs nicht angesprochen werden. Hervorzuben ist u. a., dass Hamburg bei der Überwachung der Übereinstimmung der Strategieziele der Gebietskörperschaft auf das Zielbild und nicht den „starren" Unternehmensgegenstand abstellt.

Unterschiede bei den Überwachungsgegenständen des Aufsichtsrats
Satzungsgemäße Aufgaben nur bei:
Brandenburg (5.1.1), Bund (5.1.1), Hamburg (5.1.2), Potsdam (3.3.2): insbesondere, ob sich das Unternehmen im Rahmen seiner satzungsmäßigen Aufgaben betätigt.
Frankfurt (3.2.2.1), Stuttgart (2.2.1): insbesondere die Begrenzung der Unternehmenstätigkeit auf die satzungsmäßigen Aufgaben.
Übereinstimmung der Strategieziele von Gebietskörperschaft und Unternehmensplanung nur bei:
Hamburg (5.1.2): ob sich das Unternehmen im **Rahmen seines Zielbildes** betätigt.
Frankfurt (3.2.2.1), Potsdam (3.3.2), Stuttgart (2.2.1): Übereinstimmung der strategischen Planung der Geschäftsführung mit den strategischen Zielvorgaben der Gesellschafter.
Frankfurt (3.2.2.1), Potsdam (3.3.2), Stuttgart (2.2.1): Einbindung der operativen Geschäftsziele in die strategische Zielsetzung der Gesellschafter *(Potsdam Übereinstimmung statt Einbindung).*
Rostock (2.2.2): Der Aufsichtsrat stimmt die operativen Zielvorgaben der Gesellschaft mit den strategischen Zielvorgaben der Stadt im Rahmen seiner Überwachungsfunktion ab.
Saarbrücken (37), Städtetag (2.2.2), Stuttgart (2.2.2): Der Aufsichtsrat achtet im Rahmen seiner Überwachungsfunktion darauf, dass die operativen Ziele, die die Gesellschaft verfolgt, den strategischen Zielen der Gesellschafter nicht entgegenstehen. *(Saarbrücken Soll-Empfehlung statt Vorgabe, hinter strategischen Zielen noch „und möglichen öffentlichen Aufgaben")*
Risikomanagementsystem nur bei:
Frankfurt (3.2.2.1), Potsdam (3.3.2), Stuttgart (2.2.1): Einrichtung und Anwendung eines wirksamen Steuerungs-, Kontroll- und Risikomanagementsystems durch die Geschäftsführung. *(Bund in Anmerkungen zu 5.1.1 aber ohne „wirksamen" hier zu nennen)*
Hamburg (5.1.1): Wirksamkeit des Risikomanagementsystems, des internen Kontrollsystems und der internen Revision.
Saarbrücken (37): Einhaltung des Risikomanagementsystems
Nur bei Saarbrücken (37) explizit noch genannt: Einhaltung der Wirtschaftspläne sowie die Einhaltung von Genehmigungspflichten und anderer Verfassungsregeln.

Tab. 24: Unterschiede bei Überwachungsgegenständen des Aufsichtsrats

Bei der in mehreren Gebietskörperschaften anzutreffenden Formulierung, „der Aufsichtsrat achtet ... darauf, dass die operativen Ziele, die die Gesellschaft verfolgt, den strategischen Zielen der Gesellschafter nicht entgegenstehen", sollte statt „nicht entgegenstehen" etwa „gezielt zur Gesamtstrategie der Stadt beitragen" formuliert werden.

Im Sinne der Kommunikationsfunktion scheint hilfreich, in jedem PCGK auf die zentrale Vorschrift von § 52 Abs. 1 GmbHG[721] hinzuweisen, was bislang nur in einigen PCGKs realisiert ist. Weiterhin sollte den in Literatur und Praxis erhobenen Forderungen für eine stärkere Berücksichtigung von Leistungs- und Wirkungszielen dahingehend Rechnung getragen

---

[721] Vgl. die Rechtsgrundlagen in Abschnitt 2.6.

werden, Leistungs- und Wirkungsziele als Beratungs- und Überwachungsgegenstände in den PCGKs zu empfehlen.

9.6.2 Größe des Gremiums

Die Beschränkung und Reduzierung der Aufsichtsratsgröße ist, wie in Abschnitt 6.3.1.1 herausgearbeitet, eine zentrale Forderung in Wissenschaft und Praxis. Im PCGK formuliert hierzu hingegen lediglich Frankfurt (3.2.3) einen Grundsatz verantwortungsvoller Unternehmensleitung/-überwachung: „Zur Gewährleistung der Funktionsfähigkeit soll sich die Zahl der Aufsichtsratsmitglieder über die gesetzliche Mindestanforderung hinaus auf das unbedingt Erforderliche beschränken." Alle anderen PCGKs beinhalten hierzu keine Regelungen. Bei Bund (Ziff. 67) und Berlin (Ziff. 38) ist lediglich in den Beteiligungshinweisen für die Verwaltung vorgegeben, dass „die Zahl der Aufsichtsratsmitglieder auf das unbedingt Erforderliche zu beschränken" ist.

Mit Blick auf die Anforderungen, genannte Größenordnungen und die vorgesehene Abweichungsflexibilität sollte für jeden PCGK eine klare Empfehlung in folgender Form erwogen werden: Die Anzahl der Aufsichtsratsmitglieder hat sich an den Erfordernissen der Gesellschaft zu orientieren. Der Aufsichtsrat soll eine Größe von sieben Mitgliedern nicht überschreiten. Ggf. könnte im Zuge von „Comply or explain" „in einem unkomplizierten Dreizeiler" erklärt werden, warum eine Überschreitung der Größe für erforderlich erachtet wird.

9.6.3 Qualifikation und Zusammensetzung, insbesondere Berufung „externer Gremienmitglieder"

Abschnitt 6.3.1.2 hat Kritik und Forderungen zur Verbesserung der Qualifikation von Aufsichtsräten sowie zur verstärkten Berufung externer Aufsichtsratsmitglieder identifiziert. In den PCGKs sind diesbezüglich ganz überwiegend Formulierungen enthalten wie: „Bei Vorschlägen zur Wahl von Mitgliedern des Aufsichtsrats soll darauf geachtet werden, dass dem Aufsichtsrat nur Mitglieder angehören, die über die zur ordnungsgemäßen Wahrnehmung der Aufgaben erforderlichen Kenntnisse, Fähigkeiten und fachlichen Erfahrungen verfügen." Eine deutliche Konkretisierung formuliert lediglich Magdeburg (2.3.2): „Nach der Rechtsprechung des Bundesgerichtshofes (BGH) sind dies Mindestkenntnisse allgemeiner, wirtschaftlicher, organisatorischer und rechtlicher Art, die erforderlich sind, um alle normalerweise anfallenden Geschäftsvorgänge auch ohne fremde Hilfe verstehen und sachgerecht beurteilen zu können." Aufgrund der Anforderungen könnte ein Hinweis auf das Grundsatzurteil des BGH für alle PCGKs ein zusätzlicher Gewinn u. a. für die Kommunikationsfunktion sein.

Weiter ist eine Regelung in Anlehnung an § 100 Abs. 5 AktG[722] für alle PCGKs erwägenswert, die sich bislang nur im Berliner PCGK (III.5) findet: „Mindestens ein Aufsichtsratsmitglied sollte über vertiefte Kenntnisse im Bereich Finanz- und Rechnungswesen verfügen."

---

[722] Vgl. hierzu u. a. Heyd/Beyer (2010), S.383.

Regelungen zur Berufung von externen Aufsichtsratsmitgliedern sind nur in drei PCGKs enthalten. Hamburg (5.4.1) regelt hierzu deutlich und richtungsweisend: „Es ist zweckmäßig, auch andere Personen für die Aufsichtsräte vorzusehen, die besondere Kenntnisse auf den Aufgabengebieten des Unternehmens haben oder über ausgewiesene wirtschaftliche Erfahrungen verfügen – z. B. auch durch die Leitung von Unternehmen – und von denen anzunehmen ist, dass sie die hamburgischen Interessen angemessen vertreten." Ähnlich gibt Magdeburg (2.3.1) vor: „Die Entsendung zumindest eines externen Vertreters mit ausgewiesener fachlicher Eignung und Branchenkenntnissen durch den Stadtrat in den jeweiligen Aufsichtsrat ist anzustreben." Lediglich hinweisend führt schließlich Mannheim (6.3.1) aus: „In begründeten Fällen kann der Gemeinderat schon im Gesellschaftsvertrag bestimmen, dass dem Aufsichtsrat auch externe Mitglieder angehören sollen."

Die Anforderungen und Handlungsvorschläge aus Wissenschaft und Praxis sprechen im Sinne einer ausgewogenen Balance zwischen Demokratiegebot, Repräsentation und Professionalität klar dafür, ebenfalls eine Empfehlung zur Berufung von externen Gremienmitgliedern in die PCGKs aufzunehmen.

9.6.4 Aus-/Fort-/Weiterbildung

Die Forderungen zur Aus-/Fort-/Weiterbildung skizzierte Abschnitt 6.3.1.4. Diesbezügliche Maßnahmen sollten konsequenterweise in den PCGKs ausdrücklich verschriftlicht sein. Allerdings lässt Tab. 25 bemerkenswerte Regelungsunterschiede und fehlende Inhalte erkennen. Die PCGKs mit tendenziell schärferen Anforderungen sind von oben beginnend geordnet.

Unterschiede bei den Anforderungen der Aus-/Fort-/Weiterbildung von Aufsichtsratsmitgliedern	
Saarbrücken (39)	Der Aufsichtsrat soll durch eigene persönliche und fachliche Fort- und Weiterbildung dafür sorgen, dass er seine Aufgaben und Verantwortlichkeit im Sinne dieses Public Corporate Governance Kodex erfüllen kann. **Alle Aufsichtsratsmitglieder sollen mindestens einmal jährlich** an einer entsprechenden Fortbildungsveranstaltung, die insbesondere über aktuelle Veränderungen im Recht informieren soll, teilnehmen.
Rostock (2.2.4)	**Jedes Aufsichtsratsmitglied muss** durch eigene persönliche und fachliche Fort- und Weiterbildung dafür sorgen, dass er/sie seine/ihre Aufgabe und Verantwortlichkeit im Sinne dieses Public Corporate Governance Kodex erfüllen kann.
Frankfurt (3.2.9)	Um ihrer Verantwortung gerecht werden zu können, **sind** die Aufsichtsratsmitglieder **verpflichtet**, die für die Ausübung ihres Mandates erforderlichen Fachkenntnisse zu erwerben und auf aktuellem Stand zu halten. Zu diesem Zweck **sollen regelmäßig** fachliche Fort- und Weiterbildungen **insbesondere auch von den jeweiligen Beteiligungsgesellschaften** organisiert werden.
Brandenburg (5.4.2) DCGK (5.4) Essen (2.2.4) Hamburg (5.4.1)	Die Mitglieder des Aufsichtsrats nehmen die für ihre Aufgaben erforderlichen Aus- und Fortbildungsmaßnahmen eigenverantwortlich wahr. Dabei sollen sie von der Gesellschaft angemessen unterstützt werden. *Essen nahezu identisch, aber Ergänzung z. B. Seminare, Fachexkursionen*
Bremen (2.2.4) Mannheim (6.3.8) Potsdam (3.3.1) Städtetag (2.2.4)	Jedes Aufsichtsratsmitglied **sollte** durch eigene persönliche und fachliche Fort- und Weiterbildung dafür sorgen, dass es seine Aufgaben und Verantwortlichkeiten im Sinne dieser Public Corporate Governance erfüllen kann. *Nahezu identisch Mannheim und Städtetag aber jeweilige Zusätze*: **Die Stadt Mannheim wird entsprechende Bildungsveranstaltungen** anbieten / Die Kommune und das Unternehmen unterstützen die Fort- und Weiterbildung durch geeignete Maßnahmen. Potsdam *gleicher Wortlaut aber Empfehlung statt Anregung*: „Die Mitglieder des Aufsichtsrates **sollen** durch eigene persönliche und fachliche Fort- und Weiterbildung dafür sorgen."
Berlin, Bund, Magdeburg und Stuttgart formulieren hierzu keine Regelungen.	

Tab. 25: Unterschiede bei Anforderungen für Aus-/Fort-/Weiterbildung von Aufsichtsratsmitgliedern

Gar keine Regelungen zu formulieren, erweist sich in diesem Handlungsfeld als nicht anforderungsgerecht. Weiterhin ist eine heterogene Präzision und Qualität hinsichtlich der Verbindlichkeit und Häufigkeit der Maßnahmen festzustellen. Beispielsweise nimmt sich Mannheim als Stadt bei den Angeboten sehr viel stärker selbst in die Pflicht als die anderen Gebietskörperschaften. In Bremen, Mannheim, Potsdam und beim Städtetag NRW muss überdacht werden, die Anregung wie in den anderen PCGKs als Empfehlung zu verfassen. Für alle PCGKs könnte eine Empfehlung in der folgenden Form in Erwägung gezogen werden: Alle Aufsichtsratsmitglieder sollen einmal jährlich an einer Weiterbildungsveranstaltung teilnehmen, die von der Beteiligungsverwaltung in Abstimmung mit dem Unternehmen organisiert wird.

9.6.5 Unabhängigkeit und Interessenkonflikte

9.6.5.1 Präzisierung „Unabhängigkeit" und Anzahl unabhängiger Mitglieder

Dem Themenkomplex „Unabhängigkeit von Aufsichtsratsmitgliedern" hat die Regierungs-kommission DCGK im Frühjahr 2012 besondere Aufmerksamkeit gewidmet. Die hier im Re-gelungsvergleich bereits erfassten Neuregelungen des DCGK sollen nach Auffassung der Re-gierungskommission zu mehr Klarheit, Transparenz und verbesserten Entscheidungsgrundla-gen führen. U. a. wurde die Empfehlung, nach der dem Aufsichtsrat eine „ausreichende An-zahl unabhängiger Mitglieder" angehören soll, in die Formulierung „eine angemessene An-zahl unabhängiger Mitglieder" geändert. Tab. 26 beleuchtet die beträchtlichen Regelungsun-terschiede zwischen den PCGKs.

Unterschiede bei der Unabhängigkeit von Aufsichtsratsmitgliedern
Anzahl unabhängiger Mitglieder im Aufsichtsrat
DCGK (5.4.2): Dem Aufsichtsrat soll eine nach seiner Einschätzung **angemessene** Anzahl unabhängiger Mitglieder angehören.
Ähnliche Empfehlung in PCGKs nur in Saarbrücken (61): Um eine unabhängige Beratung und Überwachung ... zu ermöglichen, soll dem Aufsichtsrat eine nach seiner Einschätzung **ausreichende Anzahl** unabhängiger Mitglieder angehören.
Ansonsten nur verschieden formulierte Hinweise auf unabhängige Mitglieder
Brandenburg (5.4.1): Der Aufsichtsrat ist so zusammenzusetzen, dass seine Mitglieder ... hinreichend unab-hängig sind.
Bund (5.2.1): Bei Vorschlägen zur Wahl von Mitgliedern ... soll darauf geachtet werden, dass dem Überwa-chungsorgan nur Mitglieder angehören, die hinreichend unabhängig sind.
Berlin (III.5), Essen (2.5.2) und Städtetag NRW (2.5.1) *bezogen auf das Gesamtorgan und nicht auf einzelne Mitglieder:* Bei Vorschlägen zur Wahl von Aufsichtsratsmitgliedern ist darauf zu achten, dass dem Aufsichts-rat jederzeit Mitglieder angehören, die ... hinreichend unabhängig sind.
In vielen PCGKs „unabhängig" direkt gar nicht verwendet
Präzisierung der Unabhängigkeit
DCGK (5.4.2): Ein Aufsichtsratsmitglied ist im Sinne dieser Empfehlung insbesondere dann nicht als unab-hängig anzusehen, wenn es in einer persönlichen oder einer geschäftlichen Beziehung zu der Gesellschaft, deren Organen, einem kontrollierenden Aktionär oder einem mit diesem verbundenen Unternehmen steht, die einen wesentlichen und nicht nur vorübergehenden Interessenkonflikt begründen kann.
Rostock (2.5.1), Saarbrücken (61): Ein Aufsichtsratsmitglied ist als unabhängig anzusehen, wenn es in keiner geschäftlichen oder persönlichen Beziehung zu der Gesellschaft oder deren Vorstand steht, die einen Interes-senkonflikt begründet.
Andere PCGKs keine Präzisierung „Unabhängigkeit"

Tab. 26: Unterschiede bei der Unabhängigkeit von Aufsichtsratsmitgliedern

Ins Auge sticht u. a., dass in den allermeisten PCGKs im Gegensatz zum DCGK und den PCGKs von Rostock und Saarbrücken nicht präzisiert ist, was unter Unabhängigkeit verstan-den wird. Berlin, Essen und Städtetag NRW beziehen das Unabhängigkeitskriterium auf das Gesamtorgan und nicht wie andere PCGKs auf einzelne Mitglieder, was überdenkenswert ist.

Die generelle Empfehlung des Arbeitskreises Externe Unternehmensrechnung der Schmalenbach-Gesellschaft verdient bei der Fortschreibung Berücksichtigung: „Die Unabhängigkeit der Aufsichtsratsmitglieder sollte sich an den Anforderungen für Abschlussprüfer (§§ 319, 319a HGB) orientieren."[723]

9.6.5.2 Offenlegung von Interessenkonflikten

Tab. 27 veranschaulicht die Unterschiede bei der Erklärung und Offenlegung von Interessenkonflikten. In der Empfehlung von Ziff. 5.5.2 DCGK zur Offenlegung von Interessenskonflikten von Aufsichtsräten wurde die Textpassage „sonstigen Geschäftspartnern" im Frühjahr 2012 in „sonstigen Dritten" umformuliert. Dies ist noch nicht in den PCGKs nachvollzogen, aber bei der nächsten Überarbeitung zu übernehmen.

Eine Erklärung über die Organfunktionen ist lediglich in drei PCGKs vorgesehen, obwohl sie in allen PCGKs explizit fixiert sein sollte. Bremen und Stuttgart verlangen eine Erklärung nur zu „wesentlichen Wettbewerbern" und nicht zu Wettbewerbern. Dies schafft alltagsrelevante Auslegungsschwierigkeiten und ist angesichts der Analyseergebnisse zu überdenken.

Unterschiede bei der Erklärung und Offenlegung von Interessenkonflikten
DCGK (5.5.2): Jedes Aufsichtsratsmitglied soll Interessenkonflikte, insbesondere solche, die auf Grund einer Beratung oder Organfunktion bei Kunden, Lieferanten, Kreditgebern oder sonstigen Dritten entstehen können, dem Aufsichtsrat gegenüber offen legen.
In den PCGKs heißt es stets: oder sonstigen Geschäftspartnern, statt sonstigen Dritten
Erklärung über Organfunktionen lediglich in drei PCGKs explizit vorgesehen
Städtetag (2.5.3): Das Aufsichtsratsmitglied hat eine Erklärung darüber abzugeben, ob es Beratungsaufgaben oder Organfunktionen bei Wettbewerbern des Unternehmens ausübt.
Identisch Bremen (2.5.2) und Stuttgart (2.5.2), aber statt Wettbewerbern Erklärung nur hinsichtlich von wesentlichen Wettbewerbern mit entsprechendem Auslegungsschwierigkeiten
Erläuterung der Beziehungen zu Gesellschaftern bzw. Politik und Verwaltung
Bund (7.1.4): Im Anhang des Jahresabschlusses sollen Beziehungen zu Anteilseignern erläutert werden, die im Sinne der anwendbaren Rechnungslegungsvorschriften als nahestehende Personen zu qualifizieren sind.
Rostock (3.3.1): Im Jahresabschluss sollen Beziehungen des Unternehmens zu Mitgliedern der Bürgerschaft bzw. zur Verwaltung erläutert werden, die im Sinne der anwendbaren Rechnungslegungsvorschriften als nahe stehende Personen zu qualifizieren sind.
Andere PCGKs keine Regelungen zur Erläuterung der Beziehungen zu Gesellschafter

Tab. 27: Unterschiede bei der Erklärung und Offenlegung von Interessenkonflikten

Die Erläuterung von Beziehungen zu Gesellschaftern bzw. Politik und Verwaltung ist bislang nur beim Bund und in Rostock erfasst. Entsprechend der Anforderungen und wie in der Literatur gefordert,[724] ist dies von allen PCGKs zu empfehlen.

Unklar bleibt vielfach, wann und wie oft eine Erklärung zu Interessenkonflikten abzugeben ist. Dies sollte einmal jährlich und nicht nur bei den Wahlvorschlägen erfolgen.

---

[723] Schmalenbach-Gesellschaft (2006b), S.1625.
[724] Vgl. Kersting (2008), S.145.

Wesentliche und nicht nur vorübergehende Interessenkonflikte seitens eines Aufsichtsratsmitgliedes sollen nach einigen PCGKs zur Beendigung des Mandats führen. Eine zusätzliche für alle PCGKs betrachtenswerte Regelung findet sich in dieser Form dazu nur in Potsdam (3.2.3): „Über die Beendigung des Mandates entscheidet die Gesellschafterversammlung auf Vorschlag der Bürgerschaft."

Der Bund formuliert lediglich in den Anmerkungen zu Ziff. 5.4.1, nicht im PCGK selbst: „Die Regelung zur Behandlung von Interessenkonflikten sollte in der Geschäftsordnung niedergelegt werden." Dies muss eine Empfehlung in allen PCGKs werden.

9.6.5.3 Beratungs-/Dienstleistungs-/Werkverträge

Tab. 28 setzt sich mit den Regelungsunterschieden bei Beratungs-/Dienstleistungs- und Werkverträgen auseinander. Bund und Bremen sprechen eine ausdrückliche Empfehlung aus, derartige Verträge mit Aufsichtsratsmitgliedern nicht abzuschließen. Nach anderen PCGKs sind sie zulässig und bedürfen lediglich der Zustimmung. Dabei sind jedoch die Zustimmungsanforderungen recht ungleich ausgeprägt.

Unterschiede Beratungs-/Dienstleistungs-/Werkverträge von Aufsichtsratsmitgliedern mit Unternehmen	
PCGKs mit Regelungen gegen Beratungs-/Dienstleistungs-/Werkverträge	
	Empfehlung mit „Comply or explain"
Städtetag (2.9.4) Bremen (2.6.5) Bund (5.4.2) Brandenburg (3.13)	Berater- und sonstige Dienstleistungs- und Werkverträge eines Mitglieds eines Überwachungsorgans mit dem Unternehmen **sollen nicht abgeschlossen** werden. Brandenburg: sollen unterbleiben / Zustimmung Aufsichtsrat wenn doch Abschluss. Städtetag: Dienst- und Werkverträge der Gesellschaft mit aktiven Aufsichtsräten und Vorstandsmitgliedern **sowie ihren Angehörigen** (§ 31 GO NRW) **sollen nicht geschlossen** werden. Dies gilt auch für Dienst- und Werkverträge **mit ehemaligen Aufsichtsräten**, die innerhalb von drei Jahren nach Beendigung der Tätigkeit geschlossen werden. Werden aus wichtigem Grund gleichwohl solche Dienste oder Werkverträge geschlossen, bedürfen sie der **Zustimmung des Aufsichtsplenums**.
	Ähnliche Formulierungen ohne „Comply or explain" und Ausnahmeregelung
Frankfurt (3.2.6) Potsdam (3.2.3) Saarbrücken (72)	Berater- oder sonstige Dienstleistungs- und Werkverträge des Unternehmens mit einem Aufsichtsratsmitglied **oder nahestehenden Personen** sind nur im **Ausnahmefall** mit **vorheriger Zustimmung des gesamten Aufsichtsrates** zulässig. Potsdam: sind zu vermeiden Saarbrücken: sind grundsätzlich unzulässig.
PCGKs mit Zulässigkeit von Beratungs-/Dienstleistungs-/Werkverträgen	
Magdeburg (2.3.11) Rostock (2.8.5)	Beratungs- und sonstige Dienstleistungs- und Werkverträge eines Aufsichtsratsmitgliedes, die mit der Gesellschaft abgeschlossen werden, **bedürfen** der **vorherigen Zustimmung** der **Gesellschafterversammlung**. Rostock: Zustimmung des Gesellschafters.
Berlin (IV.5) Essen (2.7.5) Hamburg (5.6.4) Mannheim (6.5.4) Stuttgart (2.8.6) DCGK (5.5.4)	Berater- und sonstige Dienstleistungs- und Werkverträge eines Aufsichtsratsmitglieds mit der Gesellschaft bedürfen der **Zustimmung des Aufsichtsrats**. *Zwei Zusätze nur in Berlin:* … oder andere Geschäfte eines Aufsichtsratsmitglieds mit dem Unternehmen. Der Aufsichtsrat sollte Verfahrensregeln für den Einzelfall festlegen.
Information über Verträge nur in zwei PCGKs vorgesehen	
Saarbrücken (65): Außerdem ist jede Leistung im **Public Corporate Governance Bericht** individualisiert offenzulegen. Hierbei ist anzugeben, aus welchem Grund die Inanspruchnahme der Leistung erforderlich war.	
Frankfurt (3.2.6): Die Konditionen sind dem **Aufsichtsrat** offen zu legen.	

Tab. 28: Unterschiede bei Beratungs-/Dienstleistungs-/Werkverträgen von Aufsichtsratsmitgliedern

Mit Verweis auf problematische Interessenkonflikte und „um einen entsprechenden Anschein zu vermeiden", vertritt u. a. Schürnbrand zu einer Empfehlung gegen Beratungs-/Dienstleistungs-/Werkverträge die nachvollziehbare Auffassung: „Im Hinblick auf öffentliche Unternehmen überzeugt die restriktive Linie."[725]

Hinsichtlich des Zustimmungsvorbehalts durch den Gesellschafter sollte in allen PCGKs die Formulierung „vorherige" ergänzt werden, was bisher nur einige PCGKs realisieren. Falls man sich auch in Zukunft für die Zulässigkeit von Beratungs-/Dienstleistungs-/Werkverträgen von Aufsichtsratsmitgliedern entscheiden sollte, scheint die Implementierung der

---

[725] Schürnbrand (2010a), S.1109.

Genehmigung durch die Gesellschafterversammlung anstelle des Aufsichtsrats im Sinne von „Checks and Balances" vorzugswürdig.
Obgleich die Bezeichnung Dienstleistungsvertrag auch Beratungsverträge einschließt, sollten Beratungsverträge mit Blick auf die Kommunikationsfunktion des PCGK und die Adressaten immer namentlich genannt sein. Schließlich ist anzuzeigen, dass die Verträge nur in Saarbrücken und Frankfurt – in sehr unterschiedlicher Weise – offenzulegen sind. Wird in Frankfurt eine Offenlegung gegenüber dem Aufsichtsrat als hinreichend erachtet, gibt Saarbrücken die transparente Veröffentlichung im PCG Bericht vor.
Die Saarbrücker Formulierung in Ziff. 65 könnte ein Entwicklungsbeitrag für alle PCGKs sein, sofern die Ergänzung „grundsätzlich" gestrichen wird: „Das Unternehmen soll von den Mitgliedern des Aufsichtsrats grundsätzlich keine anderen Leistungen außer der Tätigkeit als Aufsichtsratsmitglied entgegennehmen. Sollte dies jedoch ausnahmsweise erforderlich sein, sollen die vom Unternehmen an die Mitglieder des Aufsichtsrats gezahlten Vergütungen oder gewährten Vorteile für persönlich erbrachte Leistungen, insbesondere Beratungs- und Vermittlungsleistungen, individualisiert im Corporate Governance Bericht gesondert angegeben und offengelegt werden. In der Offenlegung soll auch begründet werden, warum die Inanspruchnahme der Leistung erforderlich war."

9.6.5.4 Organfunktionen und Beratungsaufgaben bei Wettbewerbern

Tab. 29 analysiert die Regelungsunterschiede bei Organfunktionen und Beratungsaufgaben von Aufsichtsräten bei Wettbewerbern. Im Vergleich offenbart sich, dass viele PCGKs diesen wichtigen Aspekt gar nicht behandeln. Bei der inhaltlichen Ausgestaltung bezieht sich ausschließlich Mannheim auf das Aufsichtsratsplenum und nicht auf die einzelnen Mitglieder – die Analyse spricht hier für eine Änderung der Mannheimer Empfehlung.

Unterschiede bei Organfunktionen und Beratungsaufgaben von Aufsichtsräten bei Wettbewerbern	
Berlin (III.5) Bund (5.2.1)	**Aufsichtsratsmitglieder sollen keine** Organfunktion oder Beratungsaufgaben bei **wesentlichen** Wettbewerbern des Unternehmens ausüben.
DCGK (5.4.2) Hamburg (5.4.2) Saarbrücken (62)	Berlin: bei Wettbewerbern – *keine Einschränkung auf wesentlich, aber Formulierung sollen grundsätzlich keine*
Mannheim (6.3.5)	Dem **Aufsichtsrat** sollen Mitglieder angehören, die … keine Organfunktion oder Beratungsaufgaben bei wesentlichen Wettbewerbern des Unternehmens ausüben.
Potsdam (3.3.4)	Eine unabhängige Beratung und Überwachung der Geschäftsführung durch den Aufsichtsrat ist nur dann gegeben, wenn die **Aufsichtsratsmitglieder** keine Organfunktionen oder Beratungsaufgaben bei Wettbewerbern des Unternehmens ausüben.
Brandenburg, Bremen, Essen, Frankfurt, Magdeburg, Rostock, Städtetag NRW und Stuttgart keine Regelung.	

Tab. 29: Unterschiede bei Organfunktionen und Beratungsaufgaben von Aufsichtsräten bei Wettbewerbern

Berlin verzichtet bei den Wettbewerbern auf die Einschränkung „wesentlich", was aufgrund der Handlungsflexibilität und größerer Klarheit auch für andere PCGKs überlegungswert ist. Die Formulierung in Potsdam ist gemessen an den Anforderungen und im Vergleich zu anderen PCGKs verbesserungsfähig und sollte ebenfalls in den Mechanismus „Comply or explain" überführt werden.

9.6.5.5 Unternehmensgeschäfte mit Aufsichtsratsmitgliedern und ihnen nahe stehenden Personen

Tab. 30 arbeitet für die zwei Kategorien – innerhalb derer weitere Detailunterschiede aufscheinen – heraus, dass vier PCGKs Regelungen zur Vermeidung von Unternehmensgeschäften mit Aufsichtsratsmitgliedern sowie diesen nahe stehenden Personen vorsehen. Neun PCGKs haben dagegen Regelungen zur Einhaltung von branchenüblichen Standards implementiert.

Unterschiede bei Unternehmensgeschäfte mit Aufsichtsratsmitgliedern nahe stehenden Personen
4 PCGKs mit Regeln zur Vermeidung
Brandenburg (3.13): sollen unterbleiben; soweit sie dennoch abgeschlossen werden, darf dies nur mit Zustimmung des Aufsichtsrats geschehen.
Berlin (IV.5): sind zu vermeiden. Ausnahmen kann der Aufsichtsrat nach Vorlage der Gründe und unter Wahrung der branchenüblichen Standards zulassen.
Potsdam (3.2.3): sind zu vermeiden. Sollten sie unvermeidlich sein, so haben sie den branchenüblichen Standards zu entsprechen. Wesentliche Geschäfte sollen der Zustimmung des Aufsichtsrats bedürfen.
Frankfurt (3.3.6): dürfen nur abgeschlossen werden, soweit sie unvermeidlich sind. Wesentliche Geschäfte bedürfen der Zustimmung des Aufsichtsrates.
9 PCGKs mit Regeln zur Einhaltung von branchenüblichen Standards
Bund (4.4.3), Bremen (3.3.4), DCGK (4.3.4), Essen (3.4.4), Hamburg (4.3.4), Rostock (3.4.4), Stuttgart (3.4.4), Saarbrücken (95), Städtetag NRW (3.4.4): Alle Geschäfte zwischen dem Unternehmen einerseits und den Vorstandsmitgliedern sowie ihnen nahe stehenden Personen oder ihnen persönlich nahe stehenden Unternehmungen andererseits haben branchenüblichen Standards zu entsprechen.
Identische Grundformulierung, aber unterschiedliche Zustimmungsregeln DCGK, Rostock, Saarbrücken, Städtetag, Stuttgart: Wesentliche Geschäfte sollen der Zustimmung des Aufsichtsrats bedürfen.
Ein Zusatz nur bei Städtetag NRW: IDW-Prüfungsstandard 255 als Orientierungshilfe
Essen, Hamburg: bedürfen der Zustimmung des Aufsichtsrates. (Zwingende Vorgabe)
Magdeburg und Mannheim formulieren hierzu keine Regelung.

Tab. 30: Unterschiede bei Unternehmensgeschäften mit Aufsichtsratsmitgliedern nahe stehenden Personen

Es ist offensichtlich, dass hier bei der Fortschreibung Diskussionsbedarf in allen Gebietskörperschaften besteht. In Magdeburg und Mannheim sollte hierzu wie in den anderen PCGKs zunächst überhaupt eine bislang fehlende Regelung aufgenommen werden.

9.6.6 Verschwiegenheitpflicht

Die Problematik der Verschwiegenheit wurde in Abschnitt 6.3.1.7 erörtert. Die PCGKs von Brandenburg, Bund (überwiegend allerdings nur in den Anmerkungen), Essen, Frankfurt, Magdeburg, Rostock, Saarbrücken, Städtetag NRW und Stuttgart formulieren Regelungen angelehnt an oder mit Verweis auf §§ 394, 395 AktG. Dabei nennen Essen, Frankfurt und Stuttgart die im Sinne der Kommunikationsfunktion des PCGK wichtig Paragrafen nicht.

Berlin, Bremen, Mannheim und Potsdam verfassen im Vergleich deutlich weniger Hinweise zu diesem Handlungsfeld.

Ausführlich erklärt beispielsweise der Magdeburger PCGK (2.3.11) mit Verfahrensabläufen: „Die Verschwiegenheitspflicht eines Aufsichtsratsmitgliedes kann zu einem Konflikt zwischen öffentlichem Interesse und Unternehmensinteresse führen. Gemäß § 394 AktG sind Aufsichtsratsmitglieder zur Weitergabe vertraulicher Angaben befugt, soweit dies zur Erfüllung ihrer Berichtspflicht notwendig ist. Aufsichtsratsmitglieder sollten nicht dem Stadtrat unmittelbar berichten, sondern zunächst den in § 395 Abs. 1 AktG erwähnten Mitarbeitern der Beteiligungsverwaltung oder dem Oberbürgermeister als gesetzlichem Vertreter der Landeshauptstadt Magdeburg. Der Oberbürgermeister informiert in diesem Fall die Fraktionsvorsitzenden des Stadtrates. In der Regel sollte die Angelegenheit im Verwaltungsausschuss vertraulich thematisiert werden." Ein stellvertretendes Gegenbeispiel ist der Bremer PCGK (4.7), der das gesamte Feld der Verschwiegenheit nur mit einem Satz adressiert: „Alle Organmitglieder stellen sicher, dass die von ihnen eingeschalteten Mitarbeiter die Verschwiegenheitspflicht in gleicher Weise einhalten."

Beim Mannheimer PCGK (6.6) entspricht die gewählte Formulierung nicht der Rechtslage: „Mitglieder des Aufsichtsrates unterliegen grundsätzlich der Verschwiegenheitspflicht. Die kommunalen Mitglieder des Aufsichtsrats sind gegenüber den Mitgliedern des Gemeinderates der Stadt Mannheim von ihrer Schweigepflicht entbunden. Dabei ist sicherzustellen, dass die von ihnen informierten Personen die Verschwiegenheitspflicht in gleicher Weise einhalten."

Die Wichtigkeit dieses Governancefaktors begründet, gesetzliche Bestimmungen bzw. Verweise knapp zu kommunizieren sowie ergänzende Empfehlungen entsprechend der sich entwickelnden Rechtsprechung in die PCGKs zu integrieren.

9.6.7 Berücksichtigung von gesamtstädtischen Interessen, Beschlüssen und Weisungen

Die Problematik von Weisungen und die Berücksichtigung von Beschlüssen stand im Blickfeld von Abschnitt 6.3.1.6. Explizite Aussagen zur gesellschaftsrechtlichen Weisungsungebundenheit enthalten nur die PCGKs von Potsdam (3.3.1) und Frankfurt (3.2.1). Dabei erläutert Potsdam: „Aufsichtsratsmitglieder sind nicht an Weisungen gebunden". Frankfurt kommuniziert in der Sache identisch: „Gesellschaftsrechtlich sind die Aufsichtsratsmitglieder aufgrund ihres persönlichen Amtes als solche nicht weisungsgebunden."

Zur Berücksichtigung der Interessen der Gebietskörperschaften ist dagegen in fast allen PCGKs eine Formulierung ähnlich folgender Form enthalten: Jedes Mitglied des Aufsichtsrats ist dem Unternehmensinteresse verpflichtet. Gleichzeitig sollen die Vertreter der Gebietskörperschaft in den Aufsichtsratsgremien die besonderen Interessen der Gebietskörperschaft, insbesondere die Beschlüsse der Ausschüsse der Gebietskörperschaft bzw. des Stadt-/Gemeinderats/Kreistages, berücksichtigen. Nur Berlin und Bund haben keine Regelung zur Berücksichtigung von öffentlichen Interessen aufgenommen. In Brandenburg, Hamburg und Mannheim sind nur „Interessen zu berücksichtigen". Ein zusätzlicher Hinweis zur Berücksichtigung von Beschlüssen/Empfehlungen verantwortlicher politischer Gremien fehlt.

9.6.8 Ausschussbildung und Übertragung von Entscheidungskompetenzen des Plenums

Die Bildung von Ausschüssen und die eventuelle Übertragung von Entscheidungskompetenzen sind von großer Relevanz für die PCG. Gemäß Tab. 31 verfolgen die Gebietskörperschaften hierbei sehr unterschiedliche Philosophien einerseits bei der Einrichtung von Ausschüssen anderseits bei der Übertragung von Entscheidungskompetenzen.

Unterschiede bei der Aufsichtsratsausschussbildung und Übertragung von Entscheidungskompetenzen
Unterschiede bei der Einrichtung von Aufsichtsratsausschüssen
Empfehlung
Hamburg (5.3.1): Der Aufsichtsrat soll abhängig von den spezifischen Gegebenheiten des Unternehmens ... Ausschüsse bilden.
DCGK (5.3.1): Der Aufsichtsrat soll abhängig von den spezifischen Gegebenheiten des Unternehmens und der Anzahl seiner Mitglieder fachlich qualifizierte Ausschüsse bilden.
Anregung
Berlin (III.4), Saarbrücken (53): ... des Aufsichtsrats, sollten Fachausschüsse gebildet werden.
Brandenburg (5.3.1), Bremen (2.4.1), Bund (5.1.6), Essen (2.4.1), Frankfurt (3.2.4), Magdeburg (2.3.7), Mannheim (6.1.9), Potsdam (3.3.1), Rostock (2.4), Städtetag NRW (2.4.1), Stuttgart (2.4.1): Der Aufsichtsrat kann ... Ausschüsse bilden.
Unterschiede bei der Übertragung von Entscheidungskompetenzen an Aufsichtsratsausschüsse
Keine Übertragung von Entscheidungskompetenzen
Brandenburg (5.3.4): Von der Einrichtung von Ausschüssen, die anstelle des Aufsichtsrats entscheiden, soll abgesehen werden.
Hamburg (5.1.8): Von der Möglichkeit, einzelnen Ausschüssen des Überwachungsorgans Entscheidungskompetenzen zu übertragen, soll nicht Gebrauch gemacht werden.
Rostock (2.4): Die Beschlüsse der Ausschüsse ersetzen nicht den förmlichen Beschluss des Aufsichtsrates.
Bund (5.1.8): Von der Möglichkeit, einzelnen Ausschüssen des Überwachungsorgans Entscheidungskompetenzen zu übertragen, soll nicht Gebrauch gemacht werden. Vielmehr sollen Beschlüsse in der Regel dem Plenum vorbehalten bleiben.
Einräumung zur Übertragung von Entscheidungskompetenzen
Berlin (III.4): Der Aufsichtsrat kann Ausschüssen Entscheidungskompetenzen übertragen.
Saarbrücken (56): Der Aufsichtsrat kann vorsehen, dass Aufsichtsratsausschüsse auch anstelle des Aufsichtsrats entscheiden.
Frankfurt (3.2.4), Potsdam (3.3.1): Die Bildung von Ausschüssen befreit die einzelnen Aufsichtsratsmitglieder nicht von der Gesamtverantwortung des Gremiums. *(Potsdam entbinden statt befreit; kein Hinweis bzgl. Kompetenzverlagerung aber allgemeine Anforderung)*
Keine Aussage zur Übertragung von Entscheidungskompetenzen
Bremen, Essen, Magdeburg, Mannheim, Städtetag NRW, Stuttgart

Tab. 31: Unterschiede bei Einrichtung von Aufsichtsratsausschüssen und Entscheidungsübertragung

Der Bund erklärt seine Haltung gegen die Übertragung von Entscheidungskompetenzen in den Anmerkungen zu Ziff. 5.1.8 in folgender Weise: „Angesichts der zunehmenden

Bedeutung und Verantwortung des Überwachungsorgans soll das Plenum und damit das Wissen und die Kompetenz seiner Mitglieder so weit wie möglich dem Unternehmen zugute kommen. Eine weitgehende Verlagerung von Entscheidungskompetenzen auf Ausschüsse steht dem entgegen." Ein widerstreitendes Argument gegen den Plenumsvorbehalt könnte die Effizienz der Aufsichtsratstätigkeit sein.

Zu überlegen wäre aufgrund der Wichtigkeit der Ausschussfrage, die Einrichtung wie in Hamburg und beim DCGK überall zu empfehlen und nicht nur anzuregen. Das begründete Abweichen könnte gerade hier ein wesentlicher Weiterentwicklungsschritt für die PCG sein. In die PCGKs ohne Aussage zur Übertragung von Entscheidungskompetenzen sollte dies klärend aufgenommen werden.

9.6.9 Einrichtung eines Prüfungsausschusses sowie Anforderungen an Vorsitzende und Mitglieder

Potenziale und Forderungen zur Einrichtung von Prüfungsausschüssen wurden in Abschnitt 6.3.1.8 erörtert. Bemerkenswerte Regelungsunterschiede bei diesem für die PCG besonders relevanten Faktor illustriert Tab. 32. Vier PCGKs empfehlen einen Prüfungsausschuss uneingeschränkt. Hamburg empfiehlt die Einrichtung für größere Unternehmen; dagegen stufen die Anmerkungen des Bundes die Einrichtung aufgrund der Bedeutung gleichfalls bei kleinen Unternehmen als gerechtfertigt ein.

Unterschiede bei der Einrichtung eines Prüfungsausschusses
Empfehlung für alle Unternehmen Berlin (IV.4), Brandenburg (5.3.2), Bund (5.1.7), DCGK (5.3.2), Saarbrücken (54)
Zusatz nur bei Bund: In Abhängigkeit von der Anzahl seiner Mitglieder und von den spezifischen wirtschaftlichen Gegebenheiten des Unternehmens. In Anmerkung zu 5.1.7: Die Bildung eines Prüfungsausschusses **kann aufgrund seiner Bedeutung auch bei Unternehmen gerechtfertigt sein, bei denen ansonsten aufgrund etwa der Größe des Überwachungsorgans eine Ausschussbildung nicht angemessen erscheint.**
Hamburg (5.3.2): Der Aufsichtsrat **größerer Unternehmen** (Unternehmen, die gemäß § 267 (3) HGB als große Kapitalgesellschaften einzustufen wären) soll einen Prüfungsausschuss (Audit Committee) einrichten oder einen Finanzausschuss beauftragen.
Stuttgart (2.3.4) und Städtetag (2.3.4): Sofern kein Prüfungsausschuss eingerichtet wurde, erteilt der Aufsichtsrat ... *Keine Empfehlung zur Einrichtung, aber indirekt auch Bildung hinweisende Formulierung.*
Bremen, Essen, Frankfurt, Magdeburg, Mannheim, Potsdam, Rostock formulieren hierzu keine Regelungen.

Tab. 32: Unterschiede bei Einrichtung von Prüfungsausschüssen

Die benannten Potenziale und Forderungen begründen eine klare Empfehlung zur Einrichtung von Prüfungsausschüssen in jedem PCGK. Entsprechend könnte wiederum flexibel mit Kurzbegründung abgewichen werden.

Weiterhin ist der Aufgabenkatalog des Prüfungsausschusses Gegenstand intensiver Diskussionen, der in Tab. 33 für die PCGKs mit Aussagen zu diesem Feld untersucht wird. Die Regierungskommission hat die Aufgaben des Prüfungsausschusses in Ziffer 5.3.2 im Frühjahr 2012 an die gesetzlichen Formulierungen des § 107 Abs. 3 Satz 2 AktG angepasst. Die PCGKs von

Bund und Saarbrücken sind derzeit jedoch noch angelehnt an den DCGK in der vorherigen Fassung ohne Berücksichtigung von § 107 Abs. 3 AktG. Bei der Überarbeitung der PCGKs in Brandenburg und Hamburg wurde diese Norm hingegen schon berücksichtigt.

Unterschiede beim Aufgabenkatalog des Prüfungsausschusses
DCGK (5.3.2): … , der sich insbesondere mit der Überwachung des Rechnungslegungsprozesses, der Wirksamkeit des internen Kontrollsystems und des internen Revisionssystems, der Abschlussprüfung, hier insbesondere Fragen der Rechnungslegung, des Risikomanagements und der Compliance, der erforderlichen Unabhängigkeit des Abschlussprüfers, der vom Abschlussprüfer zusätzlich erbrachten Leistungen, der Erteilung des Prüfungsauftrags an den Abschlussprüfer, der Bestimmung von Prüfungsschwerpunkten und der Honorarvereinbarung sowie – falls kein anderer Ausschuss damit betraut ist – der Compliance, befasst.
Brandenburg (5.3.2): *nahezu gleicher Aufgabenkatalog, **aber nicht enthalten im Vergleich zu DCGK folgende Elemente**:* der vom Abschlussprüfer zusätzlich erbrachten Leistungen, Compliance, kein „erforderlichen" vor Unabhängigkeit des Abschlussprüfers, hier insbesondere Fragen der Rechnungslegung
Hamburg (5.3.2): *nahezu gleicher Aufgabenkatalog, **aber nicht enthalten im Vergleich zu DCGK folgende Elemente**:* Erteilung des Prüfungsauftrags an den Abschlussprüfer, Bestimmung von Prüfungsschwerpunkten und der Honorarvereinbarung, Compliance.
Bund (5.1.7) und Saarbrücken (54): … der sich insbesondere mit Fragen der Rechnungslegung und des Risikomanagements, der erforderlichen Unabhängigkeit der Abschlussprüferin bzw. des Abschlussprüfers, der Erteilung des Prüfungsauftrages an die Abschlussprüferin bzw. den Abschlussprüfer, der Bestimmung von Prüfungsschwerpunkten und der Honorarvereinbarung befasst.
Berlin und Saarbrücken zusätzlich Compliance genannt
Bei Bund und Saarbrücken im Vergleich zu anderen Kodizes befasst mit „Fragen der…" und nicht mit „Wirksamkeit der…". *Nicht genannt folgende Elemente:* der vom Abschlussprüfer zusätzlich erbrachten Leistungen, Überwachung des Rechnungslegungsprozesses, der Wirksamkeit des internen Kontrollsystems und des internen Revisionssystems, der Abschlussprüfung
Bremen, Essen, Frankfurt, Magdeburg, Mannheim, Potsdam, Rostock, Städtetag NRW und Stuttgart formulieren hierzu keine Anforderungen.

Tab. 33: Unterschiede bei Prüfungsausschussaufgaben

Triftige Gründe erfordern, den Aufgabenkatalog aus § 107 Abs. 3 AktG in alle PCGKs aufzunehmen, um Unklarheiten durch Vermischungen von Kodex und Gesetz sowie Intransparenz zu vermeiden. Gerade dies scheint ein Bereich, in dem man sich auf bewährte bzw. in Gesetzgebungsverfahren intensiv erörterte Standards abstützen und auf „selbstgestrickte Formulierungen" verzichten sollte.

Schließlich sind Unterschiede in Bezug auf die Anforderungen an den Prüfungsausschussvorsitzenden sowie die einfachen Prüfungsausschussmitglieder bedeutsam (Tab. 34). Im DCGK wurden die bisherigen Anregungen in Ziff. 5.2 und 5.3.2 im Frühjahr 2012 zu Empfehlungen hochgestuft. Demnach soll der Aufsichtsratsvorsitzende nicht den Prüfungsausschussvorsitz übernehmen und der Vorsitzende des Prüfungsausschusses unabhängig und kein ehemaliges Vorstandsmitglied der Gesellschaft sein, dessen Bestellung vor weniger als zwei Jahren endete. Die Analyse zeigt, dass in den jeweiligen Kategorien erhebliche Unterschiede mit Relevanz für die PCG bestehen.

Unterschiede bei den Anforderungen an den Prüfungsausschussvorsitzenden und die Mitglieder
Prüfungsausschussvorsitzender mit spezifischen Kenntnissen und Erfahrungen
Nur gefordert bei DCGK (5.3.2), Saarbrücken (54): Der Vorsitzende des Prüfungsausschusses **soll** über besondere Kenntnisse und Erfahrungen in der Anwendung von Rechnungslegungsgrundsätzen und internen Kontrollverfahren verfügen.
Keine ehemaligen Geschäftsführungsmitglieder
Hamburg (5.3.2): Der **Vorsitzende** des Prüfungsausschusses soll kein ehemaliges Mitglied der Geschäftsführung der Gesellschaft sein.
Bund (5.1.7): Auch soweit rechtlich zulässig, **soll Mitglied** eines Prüfungsausschusses nicht sein, wer in den letzten drei Jahren Mitglied der Geschäftsleitung des Unternehmens war. *(Bezug auf alle Mitglieder)*
Saarbrücken (54): Vorsitzender **sollte** kein ehemaliges Mitglied der Geschäftsleitung eines Unternehmens in Privatrechtsform, an dem Saarbrücken unmittelbar oder mittelbar beteiligt ist. *(nur Anregung)*
Berlin (IV.4): Vorsitzender **sollte** nicht ein ehemaliges Mitglied der Geschäftsleitung des Unternehmens sein. *(nur Anregung)*
Brandenburg kein Verweis auf ehemalige Geschäftsführer
DCGK (5.3.2): Vorsitzender **soll** unabhängig und kein ehemaliges Vorstandsmitglied der Gesellschaft sein, dessen Bestellung vor weniger als zwei Jahren endete.
Prüfungsausschussvorsitzender nicht Aufsichtsratsvorsitzender
Empfehlung: DCGK (5.2), Bund (5.1.7), Hamburg (5.3.2)
Anregung: Berlin (IV.4), Brandenburg (5.3.2), Saarbrücken (54)
Anforderungen an „normale" Prüfungsausschussmitglieder
Nur bei Bund (5.1.7): Insbesondere an die fachliche Eignung der Mitglieder des Prüfungsausschusses sind besonders hohe Maßstäbe zu legen.
Mindestens ein Finanzexperte im Prüfungsausschuss
Nur Hamburg (5.3): Mindestens ein Mitglied des Prüfungsausschusses / Finanzausschusses soll über besondere Kenntnisse in der Anwendung von Rechnungslegungsgrundsätzen und internen Kontrollverfahren verfügen.
Bremen, Essen, Frankfurt, Magdeburg, Mannheim, Potsdam, Rostock, Städtetag NRW und Stuttgart hierzu formulieren keine Anforderungen.

Tab. 34: Unterschiede bei Anforderungen an Prüfungsausschussvorsitzenden und Mitglieder

U. a. sticht im Vergleich hervor, dass der Bund das Kriterium „kein ehemaliges Mitglied der Geschäftsführung" auf sämtliche Prüfungsausschussmitglieder bezieht, andere PCGKs dagegen nur auf den Prüfungsausschussvorsitzenden. Bei den hervorgehobenen Anregungen muss ein zentrales Thema sein, diese in Empfehlungen umzuwidmen. Die Empfehlung aus Hamburg für mindestens einen „Finanzexperten" im Prüfungsausschuss sollte für alle PCGKs erwogen werden.

9.6.10 Vergütung bzw. Aufwandsentschädigung

9.6.10.1 Angemessenheitskriterien, Höhe und Ausgestaltung

Voranzustellen ist ergänzend, dass bei den Grundlagen und Indikatoren für die Vergütung und Aufwandsentschädigungen von Aufsichtsräten in der PCG Transparenz gegeben sein muss.[726] Nach den PCGKs von Hamburg (5.5.1) und Bremen (2.7.1) sollen für Aufsichtsratsmitglieder keine Vergütungen bewilligt werden, sofern am Kapital des Unternehmens überwiegend die öffentliche Hand beteiligt ist. Auch Frankfurt (3.2.8) erachtet ein Hinausgehen über den Aufwendungsersatz nur als Ausnahmefall. Alle anderen PCGKs sehen dagegen zumindest orientiert an der Verwendung des Begriffs explizit eine Vergütung vor bzw. schränken die Zahlung von Vergütungen nicht durch Regelungen wie in Bremen, Hamburg und Frankfurt ein.

Festgelegt wird die Vergütung in den allermeisten Fällen durch einen Beschluss der Gesellschafterversammlung oder durch den Gesellschaftsvertrag. Allerdings soll die Angemessenheitsbeurteilung für die Höhe der Vergütung auf Basis einer divergierenden Anzahl von Kriterien erfolgen. Einige PCGKs nennen kaum Anhaltspunkte für die Vergütung oder Aufwandsentschädigung. Beispielsweise soll sich die Angemessenheitsbeurteilung in Berlin allein auf die wirtschaftliche Lage des Unternehmens beziehen. In vielen anderen Gebietskörperschaften wird dagegen auf die Kriterien Verantwortung, Tätigkeitsumfang und die wirtschaftliche Lage abgestellt. Brandenburg, Bremen und Saarbrücken nennen im Gegensatz zu den anderen Gebietskörperschaften überhaupt keine Kriterien. Tab. 35 stellt die Regelungsansätze vergleichend heraus.

Unterschiede bei Kriterien zur Angemessenheitsbeurteilung der Vergütung von Aufsichtsräten	
Essen (2.6.1), Mannheim (6.7.1), Stuttgart (2.7.1), Rostock (2.7.1), Städtetag (2.7.1)	Verantwortung, Tätigkeitsumfang, wirtschaftliche Lage des Unternehmens
Frankfurt (3.2.8), Potsdam (3.4.4), DCGK (5.4.6)	Verantwortung, Tätigkeitsumfang, wirtschaftlichen Lage und **dem Erfolg** des Unternehmens
Magdeburg (2.3.3.15)	Aufwendungen und wirtschaftliche Lage des Unternehmens
Berlin (III.5)	Wirtschaftliche Lage des Unternehmens
Brandenburg, Bremen, Saarbrücken	Keine Kriterien für Angemessenheitsbeurteilung bzw. Höhe Vergütung/ Aufwandsentschädigung genannt
Nur Potsdam (3.4.4): Dabei sollen der Vorsitz und der stellvertretende Vorsitz im Aufsichtsrat sowie der Vorsitz und die Mitgliedschaft in den Ausschüssen hinreichend berücksichtigt werden.	
Bund Anmerkung zu 5.3, *aber nicht direkter Bestandteil des PCGK:* Wirtschaftliche Bedeutung und Lage des Unternehmens, die erforderliche Fachkompetenz, den zeitlichen Aufwand und die mit den Pflichten des Mitglieds eines Überwachungsorgans verbundenen Risiken berücksichtigen. Bei nicht überwiegend am Markt tätigen Unternehmen oder solchen, die als ausgegliederte Verwaltungseinheiten anzusehen sind, ist davon auszugehen, dass ein in der Vergütung zu berücksichtigendes Risiko nicht besteht.	
Hamburg formuliert hierzu keine Kriterien	

Tab. 35: Unterschiede bei Kriterien für Angemessenheitsbeurteilung der Aufsichtsratsvergütung

Eine konkrete Aussage zur Höhe einer Aufwandsentschädigung sowie Anhalte für externe Mitglieder formuliert nur Magdeburg (2.3.3.15): „Der Aufwandsersatz ... soll ... in der Regel einen Betrag von 55 EUR je Aufsichtsratsmitglied und Aufsichtsratssitzung und einen Betrag

---

[726] Vgl. Vogel (2005), S.246.

in Höhe von 100 EUR für den Aufsichtsratsvorsitzenden je Aufsichtsratssitzung nicht überschreiten. Externe Mitglieder des Aufsichtsrates haben ggf. einen Anspruch auf Verdienstausfall und Erstattung der Fahrtkosten im Rahmen der steuerlichen Höchstgrenzen. Näheres wird durch Beschluss der Gesellschafterversammlung geregelt."

Eine explizite Differenzierung bei der Vergütung empfiehlt ansonsten nur Potsdam (3.4.4): „Dabei sollen der Vorsitz und der stellvertretende Vorsitz im Aufsichtsrat sowie der Vorsitz und die Mitgliedschaft in den Ausschüssen hinreichend berücksichtigt werden."

Die Möglichkeit für eine variable Vergütung ist ausdrücklich nur in Berlin (III.5) formuliert: „Analog der Vergütungsregelungen für Geschäftsführer kann die Vergütung der Aufsichtsratsmitglieder in feste und erfolgsorientierte Bestandteile aufgeteilt werden." Das in der Tabelle bei Frankfurt und Potsdam hervorgehobene Kriterium „und dem Erfolg des Unternehmens" könnte variable Vergütungs- oder Entschädigungselemente implizieren. Hier bleiben die beiden PCGKs unklar.

Der Arbeitskreis Externe und Interne Überwachung der Unternehmung der Schmalenbach-Gesellschaft hat 2006 empfohlen, dass die Vergütung von Aufsichtsratsmitgliedern keine erfolgsabhängigen Komponenten enthalten soll.[727] Auch in der derzeitigen Corporate Governance Debatte wird eine erfolgsunabhängige Aufsichtsratsvergütung vorherrschend als vorzugswürdig eingestuft, da sie besser mit der Überwachungsfunktion des Aufsichtsrats vereinbar ist und die Unabhängigkeit der Aufsichtsratsmitglieder stärkt.

Eine regelmäßige Überprüfung der Aufsichtsratsvergütung ist ganz explizit nur im PCGK des Städtetages NRW (2.7.1) angesprochen: „Die Vergütung soll regelmäßig überprüft werden." Der Bund verweist auf eine Überprüfung nur in der Anmerkung zu Ziff. 5.3 und verwendet hier begrifflich zudem lediglich „sollte": „Die Vergütung ... sollte regelmäßig auf ihre Angemessenheit und Leistungsgerechtigkeit hin überprüft werden." Dies ist beim Bund ein Beispiel für eine Regelung, die aus den Anmerkungen als Empfehlung direkt in den PCGK überführt werden sollte.

9.6.10.2 Offenlegung

Die Offenlegung der Aufsichtsratsvergütung ist in den PCGKs weit überwiegend vorgesehen – allerdings mit unterschiedlichen Anforderungen. Brandenburg (6.2.2), Bund (6.2.2) und Hamburg (5.5.3) formulieren nahezu identisch zur hier angeführten Empfehlung des Bundes: „Die Vergütung jedes Mitglieds des Überwachungsorgans soll individualisiert und aufgegliedert nach Bestandteilen in allgemein verständlicher Form im Corporate Governance Bericht dargestellt werden. Dabei sollen auch die vom Unternehmen an die Mitglieder des Überwachungsorgans gezahlten Vergütungen oder gewährten Vorteile für persönlich erbrachte Leistungen, insbesondere Beratungs- und Vermittlungsleistungen, gesondert angegeben werden." Nur allgemeinere Regelungen und keine Hinweise zum Vergütungsausweis bei persönlich erbrachten Leistungen formulieren Bremen (2.7.2) und Mannheim (6.7.2). Der PCGK von Magdeburg enthält gar keine Regelung zur Aufsichtsratsvergütung.

---

[727] Vgl. Schmalenbach-Gesellschaft (2006b), S.1625.

Eine für andere PCGKs verfolgenswerte Empfehlung findet sich nur in Frankfurt (3.2.8): „Bei der Bestellung des Aufsichtsratsmitgliedes soll sichergestellt werden, dass dieses einer Veröffentlichung erhaltener Bezüge zustimmt (§ 123a Abs. 2 S. 2 HGO). Pauschalierte Aufwandsentschädigungen wie z. B. Sitzungsgelder sind Bestandteil der Veröffentlichung der Bezüge."

In Hamburg sind, wie eingangs aufgezeigt, alle Vergütungen und Sonderleistungen individualisiert auszuweisen. Einschränkend heißt es in Ziff. 5.5.3 allerdings: „Sitzungsgeld stellt keine Vergütung dar; ein Ausweis von Sitzungsgeld ist nicht notwendig." In Anbetracht der Transparenzanforderungen und anderer Kodexregelungen wie in Frankfurt ist reflexionswürdig, ebenso die Sitzungsgelder transparent auszuweisen.

9.6.11 Zustimmungspflichtige Geschäfte

Zustimmungspflichtige Geschäfte besitzen große Bedeutung für die PCG.[728] Bei Bedarf kann die Zustimmungspflicht weit ausgeprägt sein; z. B. bei der Ernennung von Prokuristen oder bei Kreditaufnahmen, die bestimmte Höhen überschreiten.[729]

Mit Ausnahme von Potsdam enthalten alle PCGKs Regelungen zu zustimmungspflichtigen Geschäften. Der Frankfurter PCGK enthält anders als die anderen Kodizes indessen keine grundsätzlichen Regeln, sondern nur indirekte Hinweise im Zusammenhang mit der Einholung einer Zustimmung.

Wesentliche Unterschiede bestehen bei der Frage, ob der Aufsichtsrat selbst neben Gesellschaftsvertrag bzw. Satzung weitere zustimmungspflichtige Geschäfte bestimmen kann. In vielen PCGKs ist dies ausdrücklich vorgesehen (Berlin III.1, Brandenburg 3.4, Bremen 2.1.3, Bund 3.1.2, DCGK 3.3, Essen 2.1.4, Hamburg 3.2, Saarbrücken 27). In einigen anderen können vom Aufsichtsrat nur die Wertgrenzen der Geschäfte und Rechtshandlungen festgelegt bzw. überprüft werden, die nach dem Gesellschaftsvertrag unter einem Zustimmungsvorbehalt stehen (Städtetag NRW 2.1.2, Stuttgart 2.1.3, Mannheim 6.1.5/6.1.6, Rostock 1.1.3/2.2.6). Die PCGKs von Potsdam und Frankfurt treffen hierzu gar keine Aussagen.

Der Faktor Risiko wird als Zustimmungskriterium dagegen nur in drei PCGKs angesprochen. Bund und Hamburg führen in diesem Kontext die „Veränderung der Risikostruktur", Brandenburg „das mit den Geschäften verbundene Risiko."

Bezüglich der Überprüfung der Wertgrenzen wird in den allermeisten PCGKs nur allgemein formuliert, dass die Zweckmäßigkeit und Praktikabilität in „regelmäßigen Abständen" kontrolliert werden soll. Nur Saarbrücken (47) konkretisiert, dass dies einmal jährlich vom Aufsichtsrat vorgenommen werden soll und nennt für die Überprüfung neben Zweckmäßigkeit und Praktikabilität zusätzlich noch das „Fehlen" von unter Zustimmungsvorbehalt stehenden Arten von Geschäften und Rechtshandlungen.

Ein Hinweis zur Eigenverantwortlichkeit der Geschäftsführung findet sich in diesem Kontext nur in Brandenburg (3.4) und beim Bund (3.1.2) in ähnlicher Formulierung der folgenden Brandenburger Regelung: „Der Kreis der zustimmungspflichtigen Geschäftsarten ist so zu

---

[728] Vgl. Heller (2010), S.427; Velte (2010b), S.39.
[729] Vgl. Edeling/Stölting/Wagner (2004), S.55f.

bestimmen, dass die Eigenverantwortlichkeit der Geschäftsführung gewährleistet bleibt." Obgleich dies als Selbstverständlichkeit angesehen werden kann, scheint der Aspekt der Eigenverantwortlichkeit zur zusätzlichen Klarstellung ebenso in den anderen PCGKs ansprechenswert.

Die Einholung der Zustimmung vor Abschluss des zustimmungspflichtigen Geschäfts und diesbezügliche Verfahrensweisen thematisieren nur Frankfurt (3.3.2) sowie der Bund (Anmerkungen zu 3.1.2).

Ein für andere PCGKs Anknüpfungspunkte bietendes Verfahren für diesen wichtigen Aspekt ist nur in Frankfurt näher geregelt: „Bei zustimmungspflichtigen Geschäften hat die Geschäftsführung die Zustimmung des zuständigen Organs vor Abschluss einzuholen. Sofern die vorherige Zustimmung des Aufsichtsrats nicht ohne erhebliche Nachteile für die Gesellschaft abgewartet werden kann, sind im Einvernehmen mit dem/der Aufsichtsratsvorsitzenden die notwendigen Maßnahmen zu treffen." Hierzu heißt es in 3.2.2.2 weiter: „Sofern eine Beschlussfassung des Aufsichtsrates (auch nicht im Umlaufverfahren) nicht mehr rechtzeitig herbeigeführt werden kann und ein unverzügliches Handeln im Unternehmensinteresse unerlässlich ist, kann der/die Aufsichtsratsvorsitzende an Stelle des Aufsichtsrates entscheiden. Er/Sie soll sich hierbei, soweit möglich, mit seinem/ihrem Stellvertreter bzw. seiner/ihrer Stellvertreterin abstimmen. Der Aufsichtsrat ist unverzüglich über die Eilentscheidung, ihre Notwendigkeit und ihren Inhalt zu informieren. Diese Vorgehensweise soll in den einzelnen Gesellschaftsverträgen normiert sein." Die Anmerkungen beim Bund fordern dagegen weitreichender, dass die Entscheidung über die Information hinaus unverzüglich nachgeholt werden muss.

Die Übertragung der Zustimmungsbefugnis an einen Aufsichtsratsausschuss wird nur beim Bund in den Anmerkungen zu Ziff. 3.1.2 angesprochen: „Dieser Rahmen[730] sollte auch durch das Überwachungsorgan einer GmbH nicht überschritten werden. Die Übertragung einer Zustimmungsbefugnis auf einen Ausschuss soll auf Fälle beschränkt bleiben, in denen die Zustimmung des Überwachungsorgans, wegen der … zu erwartenden Entscheidungsfindungsdauer erhebliche Nachteilsgefahren für das Unternehmen erwarten lässt."

Mit Blick auf die Bedeutung für die PCG sollte erwogen werden, ob Verfahrensregeln für eilbedürftige Zustimmungen und Übertragungsmöglichkeiten an Ausschüsse als Empfehlungen in alle PCGKs aufgenommen werden.

Eine Regelung ist ausschließlich im Brandenburger Kodex in Ziff 5.1.2 enthalten: „Der Aufsichtsrat einer Obergesellschaft hat auch zu überwachen, dass in Beteiligungsunternehmen keine Geschäfte ohne Zustimmung des Aufsichtsrats der Obergesellschaft ausgeführt werden, die in der Obergesellschaft an die Zustimmung des Aufsichtsrats gebunden sind." Eine derartige Verdeutlichung scheint angesichts der in der Literatur kritisierten Steuerung und Überwachung von Tochtergesellschaften für alle PCGKs eine Überlegung wert.

Schließlich ist es aufgrund derzeit wieder besonders aufgeworfener Herausforderungen[731] angemessen, einen Zustimmungsvorbehalt für Sponsoringgeschäfte zu empfehlen.

---

[730] Gemeint ist der Rahmen von § 107 Abs. 3 AktG.
[731] Vgl. Monschke/Gally/Schuster (2012), S.19. Hierzu auch Alsheimer/Jakob/Witzlow (2006), S.939.; Besselmann/Kötzle (2006), S.40.

9.6.12 Anzahl der Aufsichtsratsmandate und Zeitinvestition

Ein anforderungsgerechtes Zeitbudget für die Tätigkeit und die Anzahl von Aufsichtsrats-mandaten sind viel diskutierte Eckpunkte.[732] Nach allen PCGKs hat jedes Aufsichtsratsmit-glied darauf zu achten, dass ihm für die Wahrnehmung seiner Mandate genügend Zeit zur Verfügung steht. Eine präzise Regelung findet sich jedoch lediglich in Magdeburg (2.3.2):
„Einschließlich der Aufsichtsratssitzungen selbst und der dazu notwendigen intensiven Vor-bereitung der Aufsichtsratssitzung sollte als Faustregel gelten, dass mehrere Arbeitstage pro Jahr für ein normales Aufsichtsratsmandat angesetzt werden müssen. Für den Vorsitzenden des Aufsichtsrates sollte der doppelte Zeitaufwand kalkuliert werden. In kritischen Unter-nehmenssituationen nimmt die Intensität der Überwachung zu und es ist entsprechend mehr Zeitaufwand anzusetzen."

In Hinsicht auf ausreichend Zeit für die Mandatsausübung ist zu überdenken, die vielfach vagen oder lediglich selbstverpflichtenden Regelungen durch die Zuweisung von Verantwor-tung an Dritte wie z. B. den Aufsichtsratsvorsitzenden oder die Beteiligungsverwaltung wei-terzuentwickeln.

Von besonderem Interesse ist weiterhin, welche Unterschiede sich in den PCGKs zur Anzahl gestatteter Aufsichtsratsmandate zeigen, was Tab. 36 analysiert. Die Anzahl divergiert be-merkenswert zwischen drei und zehn Mandaten.

Unterschiede bei der gleichzeitigen Anzahl von Aufsichtsratsmandaten
Nicht mehr als 3
Rostock (2.2.5): Außerdem sind insgesamt nicht mehr als drei Aufsichtsratsmandate ... wahrzunehmen.
Bund (5.2.1): Dabei sollen die auf Veranlassung des Bundes gewählten oder entsandten Mitglieder in der Regel nicht mehr als drei Mandate gleichzeitig wahrnehmen.
Nicht mehr als 5
Essen (2.2.5), Saarbrücken (65), Stuttgart (2.2.5), Städtetag (2.2.5)
Ausnahme: Hauptverwaltungsbeamte, Oberbürgermeister, Beteiligungsverwaltung Wahlbeamte/Beigeordnete
Essen: im Grundsatz nicht mehr als 5 (*Ausnahme allgemeiner auch für benannte Mitarbeiter der Verwaltung*)
Saarbrücken (65).: ... nicht mehr als 5 Mandate in weiteren Unternehmen in Privatrechtsform
Begrenzung auf 10
Berlin (III.5): nicht mehr als 10 (AR-Vorsitz zählt doppelt; für Geschäftsführer nur 5 Mandate)
Hamburg (5.4.4): Unabhängig von § 100 Abs. 2 AktG begrenzt auf insgesamt 10 Mandate, davon höchstens 5 Vorsitze des Aufsichtsrates oder eines seiner Ausschüsse
Mannheim (6.3.7): Jedes Aufsichtsratsmitglied achtet darauf, dass ... es die Regelungen des § 100 Abs. 2 AktG einhält.
Brandenburg, Bremen, Frankfurt, Magdeburg, Potsdam formulieren keine Regelungen.

Tab. 36: Unterschiede bei Anzahl von Aufsichtsratsmandaten

Die Anzahl der Aufsichtsratsmandate muss hinsichtlich der Anforderungen und Analyseer-gebnisse auf die Tagesordnung bei der nächsten Fortschreibung der PCGKs gesetzt werden. Formulierungen wie „in der Regel" oder „im Grundsatz" sollten, wie in Kapitel 8 erörtert, vermieden werden – aufgrund der Abweichungsflexibilität sind sie nicht erforderlich.

---

[732] Vgl. Mühl-Jäckel (2010), S.211; Kersting (2008), S.139; OECD (2011b), S.18.

9.6.13 Zeitgerechter Unterlagenversand

Die zeitgerechte Zustellung von Einladungen und Entscheidungsunterlagen erweist sich in der Governancepraxis als neuralgischer Aspekt. In der Befragung wurde mehrfach darauf hingewiesen, dass Aufsichtsräte zu häufig mit verspätet vorgelegten Entscheidungsvorlagen oder sogar erst mit am Sitzungstag präsentierten Tischvorlagen zu wichtigen Sachverhalten konfrontiert wären.

Konkrete Fristen zum Versand von Entscheidungsunterlagen enthalten nur die PCGKs von Berlin (I.4), Bremen (4.5), Brandenburg (5.4.5) und Magdeburg (2.3.9). Der Bund formuliert die Frist in den Anmerkungen zu Ziff. 3.1.3. Allgemeine Hinweise für einen „rechtzeitigen" oder „frühzeitigen" Unterlagenversand oder einen Hinweis zur Regelung im Gesellschaftsvertrag wählen Frankfurt (3.2.4), Hamburg (3.4), Rostock (3.8.4), Saarbrücken (28), Städtetag NRW (3.7.5) und Stuttgart (3.8.5). Gar keine Aussagen treffen Mannheim und Potsdam.

Einschränkungen zu Tischvorlagen fordern lediglich Frankfurt (3.2.4) und Magdeburg (2.3.9). Frankfurt regelt: „Tischvorlagen sind nur in begründeten Ausnahmefällen als Entscheidungsgrundlage zulässig. Eine Beschlussfassung über Gegenstände, die nicht in der versandten Tagesordnung enthalten sind, ist nur mit Zustimmung aller Mitglieder statthaft." Magdeburg artikuliert weniger ausführlich: „Tischvorlagen sind nur in begründeten Ausnahmen möglich."

Aufgrund in der Praxis teilweise auftretender Unklarheiten und Schwierigkeiten sollten zu diesem Governancefeld klare Regelungen in allen PCGKs ergänzt werden.

9.6.14 Aufsichtsratssitzungen ohne Teilnahme der Geschäftsführung

Ganz überwiegend wird die Auffassung vertreten, dass es eine unabhängige Überwachung der Geschäftsführung durch den Aufsichtsrat erfordern kann, Aufsichtsratssitzungen ohne Teilnahme von Geschäftsführern durchzuführen. Die Regierungskommission DCGK hat die diesbezügliche Anregung in Ziff. 3.6 im Frühjahr 2012 in eine Empfehlung umgewidmet. Im Brandenburger PCGK (3.9) war hierzu bereits zuvor eine Empfehlung formuliert: „Der Aufsichtsrat soll bei Bedarf ohne die Geschäftsführung tagen." Alle anderen PCGKs formulieren hierzu noch Anregungen (sollte/kann bei Bedarf …). Magdeburg (2.3.9) ergänzt ferner folgende Regelung: „Die Geschäftsführung hat grundsätzlich, soweit nicht die Mehrheit der Aufsichtsratsmitglieder dem ausdrücklich widerspricht, an den Aufsichtsratssitzungen teilzunehmen. Jedes Aufsichtsratsmitglied kann den Ausschluss der Geschäftsführung von der Teilnahme an einzelnen Tagesordnungspunkten, insbesondere bei Personalangelegenheiten, verlangen."

Mit Blick auf die Corporate Governance Diskussion ist für alle PCGKs zu überdenken, wie in Brandenburg und beim DCGK eine Empfehlung zu diesem Governanceaspekt aufzunehmen.

9.6.15 Protokolle von Aufsichtsratssitzungen

Protokollen bzw. Niederschriften wird in der PCG besondere Bedeutung zugewiesen. Nach Schedler/Müller/Sonderegger sollten nicht nur Beschlussprotokolle geführt werden; zudem sollten die Protokolle der letzten zehn Jahre verfügbar sein.[733]
In den PCGKs ist die über Beschlüsse hinausgehende Protokollierung nur in Brandenburg und Frankfurt ausdrücklich vorgesehen. Brandenburg (5.4.6) verlangt: „Dort sind der Ort und der Tag der Sitzung, die Teilnehmer/innen, die Tagesordnung, der wesentliche Inhalt der Verhandlungen und beim Aufsichtsrat auch seine Beschlüsse, bei Ausschüssen seine Empfehlungen an den Aufsichtsrat, aufzunehmen." In Frankfurt (3.2.4) sollen Niederschriften „neben den gefassten Beschlüssen auch den wesentlichen Sitzungsverlauf wiedergeben."
Einen anderen Sachverhalt ergänzt in der folgenden Form nur der Bund in seiner Anmerkung zur Geschäftsordnung in Ziff. 5.1.3: „Niederschriften und Beschlussfassungen sind in geordneter Form zu den Geschäftsakten zu nehmen ... Bei einer fernmündlichen Beschlussfassung soll zu Dokumentationszwecken der Beschluss in einem Protokoll unter Ausweis von Gegenstand, Zeit und Umständen der Beschlussfassung, der Teilnehmerinnen bzw. Teilnehmer und der Mehrheiten festgehalten werden."
Die PCGKs von Berlin, Bremen, Essen, Mannheim, Potsdam und Städtetag NRW weisen keine Regelungen zu Aufsichtsratsprotokollen auf. Zukünftig sollten Empfehlungen hier Klärungen herbeiführen.

9.6.16 Effizienzprüfung und (Selbst-)Evaluation

Von besonderer Bedeutung und verstärkt gefordert ist, wie in Abschnitt 6.3.1.10 herausgearbeitet, schließlich die Prüfung der Effizienz und Qualität bzw. die (Selbst-)Evaluation der Aufsichtsratsarbeit. Bis auf Hamburg und Magdeburg sind dafür in allen PCGKs Leitsätze enthalten, die jedoch außerordentlich auseinanderdriften (Tab. 37).
Rostock formuliert eine verpflichtende Vorgabe, andere PCGKs Empfehlungen und Mannheim nur eine Anregung. Bei Brandenburg und Bund ist neben der Effizienz ebenfalls die Qualität des Aufsichtsrats zu prüfen. Dies ist in den anderen PCGKs nicht formuliert, sollte aber erfolgen. Ausschüsse sind gleichfalls nur bei Brandenburg und beim Bund explizit angesprochen. Weiter wird ein Leistungsbericht über die Evaluation in sehr unterschiedlichem Maße verlangt. Schließlich skizzieren die Gebietskörperschaften die Abläufe bei der Effizienzprüfung mit unterschiedlicher Klarheit.

---

[733] Vgl. Schedler/Müller/Sonderegger (2011), S.181.

Unterschiede bei der Effizienzprüfung und der Evaluation von Aufsichtsräten	
Brandenburg (5.6) Bund (5.1.1)	Das Überwachungsorgan **und seine Ausschüsse** sollen regelmäßig die **Qualität** und Effizienz ihrer Tätigkeiten überprüfen. *(Auch Qualität, nicht nur Effizienz)* *Bund im Gegensatz zu Brandenburg aber noch Ergänzung:* **Das Überwachungsorgan soll die Umsetzung der hierzu von ihm beschlossenen Maßnahmen überwachen.**
Rostock (2.2.7)	Der Aufsichtsrat **muss** regelmäßig die Effizienz seiner Tätigkeit überprüfen. Die Berichterstattung über die Ereignisse und Handlungsempfehlungen zur Verbesserung der Tätigkeit des Aufsichtsrats erfolgt in Form eines **Leistungsberichtes**. Der Aufsichtsrat kann sich dazu Dritter bedienen.
Frankfurt (3.2.5) Saarbrücken (73) Stuttgart (2.2.7)	Der Aufsichtsrat soll regelmäßig die Effizienz seiner Tätigkeit überprüfen. *(Nur Effizienz, nicht Qualität wie bei Brandenburg/Bund)* *Verschiedene Ergänzungen nur in einzelnen PCGKs:* Saarbrücken: Die Effizienzprüfung soll durch den Beteiligungsmanagementbetrieb der Landeshauptstadt Saarbrücken (BMS) durchgeführt werden. Frankfurt: Zu diesem Zweck soll er jeweils nach Ablauf eines Geschäftsjahres über Verbesserungsmöglichkeiten beraten – bei Bedarf auch unterjährig. Das Beteiligungsmanagement stellt eine standardisierte, an den gesetzlichen Regelungen orientierte Arbeitshilfe zur Verfügung. Stuttgart: Dies soll insbesondere dadurch geschehen, dass er einmal im Jahr über Verbesserungsmöglichkeiten berät.
Bremen (2.2.8) Essen (2.2.8) Städtetag NRW (2.2.7)	Der Aufsichtsrat **soll** regelmäßig die Effizienz seiner Tätigkeit überprüfen. Die Berichterstattung über die Ergebnisse und Handlungsempfehlungen zur Verbesserung der Tätigkeit des Aufsichtsrates **sollte** in Form eines **Leistungsberichtes** an die Gesellschafter erfolgen.
Berlin (III.8) Potsdam (3.3.2) DCGK (5.6)	Der Aufsichtsrat **soll** regelmäßig die Effizienz seiner Tätigkeit überprüfen. *(Keine zusätzlichen Erläuterungen wie in anderen PCGKs)*
Mannheim (6.1.10)	Der Aufsichtsrat **sollte** in regelmäßigen Abständen und in einer für die jeweilige Gesellschaft adäquaten Form die Effizienz seiner Arbeit überprüfen.
Hamburg Magdeburg	Keine Regelung

Tab. 37: Unterschiede bei Effizienzprüfung und Evaluation von Aufsichtsräten

Die Vergleichsanalyse lässt für einigen PCGKs verstärkten Handlungsbedarf hervortreten. Anforderungen und Kodexvergleich sprechen eindeutig dafür, an den skizzierten „Good Practice-Beispielen" aus den verschiedenen Gebietskörperschaften anzuknüpfen. U. a. sollte als Gegenstand der Evaluation wie in der Literatur angeregt ebenfalls sein, inwiefern der Aufsichtsrat die Strategieziele der Gebietskörperschaft bei seiner Tätigkeit mit den Unternehmenszielen verbindet.[734]

Im Aufsichtsratsbericht sollte letztendlich in aussagekräftiger Weise über die Selbst(Evaluation) und Effizienzprüfung des Gremiums berichtet werden.[735] Neben weiteren bedeutenden Faktoren verdienen die Berichte von Aufsichtsräten öffentlicher Unternehmen auch hierzu eine Analyse.[736]

---

[734] Vgl. Bremeier/Brinkmann/Killian (2006), S.171.
[735] Vgl. Ruter/Müller-Marqués Berger (2005), S.454.
[736] Für eine Längsschnittanalyse von Aufsichtsratsberichten in der Privatwirtschaft vgl. Theisen/Linn/Schöll (2007), S.2493.

Möglich wäre neben weiteren Ablaufmaßnahmen, einen Fragebogen zur Prüfung von Effizienz und Qualität auf der Internetseite der Beteiligungsverwaltung bereit zu stellen, auf den der PCGK wiederum verweisen könnte. In der Literatur und im Internet sind verschiedene Fragebögen frei verfügbar, die zur Einsparung von Personal- und Finanzmitteln in einem gemeinsamen Ansatz aufbereitet und dann in mehreren Gebietskörperschaften ressourcenschonend genutzt werden könnten.

9.7 Regelungsunterschiede bei Aufsichtsrat und Geschäftsführung

9.7.1 Gegenstände und Häufigkeit von Berichten der Geschäftsführung an den Aufsichtsrat

Berichtspflichten der Geschäftsführung gegenüber dem Aufsichtsrat werden als „bedeutsam" angesehen.[737] Angemessen ausgestaltete Berichte sind Grundvoraussetzung für die dem Aufsichtsrat obliegenden Aufgaben. Die Stärkung der Kommunikation zwischen Vorstand und Aufsichtsrat ist daher wesentlicher Bestandteil der Corporate Governance Debatte.

In der Diskussion um Änderungen des DCGK wurde im Frühjahr 2012 u. a. angeregt, den „Soll-Ist" Vergleich zu stärken. „Allerdings sollte ... insbesondere die mit dem TransPuG bereits 2002 eingeführte und in der Praxis bisher nur ungenügend berücksichtigte Notwendigkeit von Soll-Ist-Vergleichen explizit im DCGK genannt werden. Hier gilt es, den Gesetzestext und seine Begründung in den DCGK aufzunehmen. Soll-Ist-Vergleiche sind u. E. ein unabdingbares Instrument einer effektiven Unternehmensüberwachung im Sinne einer Überprüfung der Prognosequalität."[738]

Tab. 38 arbeitet die Unterschiede bei den Gegenständen der Berichte von der Geschäftsführung an den Aufsichtsrat heraus. Der Berichtssachverhalt „Soll/Ist-Situation" ist explizit nur in Berlin genannt. In sechs PCGKs sollen sich Inhalt und Turnus von Berichtspflichten auch bei Unternehmen an § 90 AktG orientieren, die keine Aktiengesellschaften sind. § 52 GmbHG verweist nicht auf § 90 Abs. 1 und 2 AktG und legt der Geschäftsführung ohne diese Zusatzregelung keine analoge Berichterstattungspflicht gegenüber dem Aufsichtsrat auf.

---

[737] Vgl. Bremeier/Brinkmann/Killian (2006), S.14.

[738] Böcking/Gros (2012), S.3. Hierzu auch die Gesetzesbegründung zum TransPuG zu § 90 Abs. 1 Satz 1 Nr. 1 AktG, Bundestag-Drs. 14/8769 vom 11.04.2002, S.13f. Ebenso Entwurf Deutscher Rechnungslegung Standard 27, Standardentwurf des Deutscher Standardisierungsrat zur Konzernlageberichterstattung.

Unterschiede bei den Gegenständen der Berichte von der Geschäftsführung an den Aufsichtsrat
DCGK (3.4), Berlin (I.4), Brandenburg (3.6), Bremen (3.2.5), Bund (3.1.3), Essen (3.2.5), Frankfurt (3.3.2), Hamburg (3.4), Magdeburg (2.1.2), Mannheim (8.2), Saarbrücken (29), Stuttgart (3.8.3): Die Geschäftsführung informiert den Aufsichtsrat regelmäßig, zeitnah und umfassend über alle für das Unternehmen bedeutsamen Fragen (der Strategie), der Planung, der Geschäftsentwicklung, der Risikolage, des Risikomanagements und der Compliance. Sie geht auf Abweichungen des Geschäftsverlaufs von den aufgestellten Plänen und Zielen unter Angabe der Gründe ein.
„Strategie" nur in DCGK neu aufgenommen im Juni 2012
Zusätzliche geforderte Information nur bei nur bei Bund und Hamburg: informiert über für das Unternehmen bedeutende Veränderungen des wirtschaftlichen Umfelds
Nur bei Hamburg zusätzliche Information gefordert zu: des rechnungsbezogenen internen Kontroll- und Risikomanagementsystems und der Vorkehrungen zur Korruptionsprävention *(Korruptionsprävention bei Bund in Anmerkungen genannt)*
Nur Berlin (I.4): insbesondere über die **Soll/Ist-Situation**
Nur Frankfurt (3.3.2): Bericht über die Wirksamkeit des Risikomanagementsystems
Bremen, Essen, Frankfurt, Magdeburg, Mannheim, Potsdam, Rostock, Städtetag NRW, Stuttgart: Compliance nicht genannt
Abweichungen des Geschäftsverlaufs von den aufgestellten Plänen und Zielen unter Angabe der Gründe nicht genannt bei Magdeburg
Explizite Empfehlung zur Orientierung **an § 90 AktG** bzgl. Inhalt und Turnus der Berichtspflichten nur Brandenburg (3.7), Bund (3.1.3), Frankfurt (2.3.2), Hamburg (3.3), Rostock Teil 2 (2.1.2), Stuttgart Teil B (2.1.2)
Ausdrückliche Regelung zu Berichten in Textform
Berichte der Geschäftsführung an den Aufsichtsrat **sind in der Regel** in Textform zu erstatten: Brandenburg (3.7.4), Berlin (I.4), Bund (3.1.3), Städtetag NRW (3.7.5), Stuttgart (3.8.5)
Hamburg (3.4), Saarbrücken (29): **Sollen** in Schriftform
Keine ausdrückliche Regel zu Textform in diesem Kontext: Bremen, Essen, Frankfurt, Magdeburg, Mannheim, Potsdam, Rostock.
Hinweise **Quartalsbericht/quartalsweise** in diesem Kontext: Frankfurt (3.3.2), Essen (3.2.5), Magdeburg (2.1.2), Potsdam (3.4.2), Städtetag (3.2.5), Stuttgart (3.8.3)
Nur Frankfurt (3.3.2): Von der Geschäftsführung **sollte** darüber hinaus eine **Nachhaltigkeitsberichterstattung** verlangt werden.

Tab. 38: Unterschiede bei Geschäftsführungsberichten an den Aufsichtsrat

In Bezug auf die genannten Berichtsgegenstände werden die Informationsasymmetrien aus der Perspektive der Prinzipal-Agent-Theorie sehr unterschiedlich gut reduziert. Der Vergleich zeigt zusätzliche Verbesserungschancen für viele PCGKs. Aufgrund der skizzierten Sachziel-/Leistungszieldominanz erscheint es zudem hilfreich, in den PCGKs explizit Berichte zu Leistungs- und Wirkungszielen zu empfehlen. Dies wäre ein substanzieller und gezielter Schritt in Bezug auf die Kritik der Literatur, den Fokus nicht zu sehr auf Finanzkennzahlen zu richten. Empfehlungen in PCGKs könnten hier Entwicklungsbeiträge zu übergreifenden Reformbestrebungen für eine verstärkte ergebnis- und wirkungsorientierte Steuerung im öffentlichen Sektor leisten.

Abschließend ist darauf hinzuweisen, dass die Anforderungen an die Berichtsinhalte den Überwachungsgegenständen des Aufsichtsrats (Abschnitt 9.6.1) entsprechen sollten.

9.7.2 Diversity und Teilhabe von Frauen

Hintergründe und Forderungen zur Repräsentation von Frauen in den Spitzengremien der Unternehmen und Führungsposition behandelte Abschnitt 6.3.2.2. Tab. 39 arbeitet heraus, dass bei den Regelungen der PCGKS gerade in diesem Governancefeld bemerkenswerte Unterschiede bestehen. Sind in einigen PCGKs bereits umfassendere Regelungen enthalten, treffen acht Kodizes trotz der seit vielen Jahren laufenden Diskussionen keinerlei Aussagen zu diesem Handlungsfeld. Zentral fällt weiter auf, dass viele PCGKs lediglich die Aufsichtsräte im Blick haben und die ebenso wichtigen Geschäftsführungen und Führungspositionen im Unterschied zu anderen PCGKs nicht ansprechen. Mit der Formulierung „auf allen Leitungsebenen" spricht nur Hamburg alle Führungspositionen an.

Eine konkrete Zielmarke für Aufsichtsräte setzt sich mit „mindestens 40%" wiederum lediglich Hamburg. Nach Ziff. 5.2.1 des Bundes soll auf eine „gleichberechtigte Teilhabe von Frauen" hingewirkt werden, wogegen der DCGK (5.4.4) nur eine „angemessene Vertretung von Frauen" anstrebt. Brandenburg setzt sich für Aufsichtsräte die „gleichberechtigte Beteiligung" von Frauen als Ziel, für Geschäftsführungen jedoch nur eine „angemessene Beteiligung."

Eine Information über Ziele und Umsetzung hinsichtlich der Repräsentation von Frauen sehen ausschließlich Brandenburg, Bund und der DCGK vor.

	Unterschiede bei den Regelungen zur Berücksichtigung bzw. Förderung von Diversity und Frauen
Branden-burg	4.2.1: Bei der Zusammensetzung der Geschäftsführung soll der Aufsichtsrat auch auf Vielfalt (Diversity) achten und dabei insbesondere eine **angemessene Beteiligung** von Frauen anstreben.
	5.4.1 (Zusammensetzung Aufsichtsrat): in diesem Rahmen ist auf Vielfalt (Diversity) und dabei insbesondere auf eine **gleichberechtigte Beteiligung** von Frauen hinzuwirken.
	6.1: Der Bericht soll auch eine Darstellung zur Vielfalt (Diversity) in der Geschäftsführung, in Überwachungsorganen und in Führungspositionen im Unternehmen, insbesondere zum dortigen Anteil von Frauen, umfassen. *(Regelung zum Corporate Governance Bericht)*
Hamburg	2.5: **Auf allen Leitungsebenen** (Aufsichtsrat, Geschäftsführung, Führungsfunktionen im Unternehmen) sollen der **Senat** bzw. die Unternehmen auf ein **ausgewogenes Verhältnis** von Frauen und Männern hinwirken. Den Unternehmen wird – soweit möglich – die verstärkte Einbeziehung von **Menschen mit Migrationshintergrund** in Auswahl- und Besetzungsverfahren empfohlen.
	5.4.1: Bei der Auswahl der Aufsichtsratsmitglieder soll auf einen Frauenanteil **von mindestens 40%** hingewirkt werden.
Bund	5.2.1 (Zusammensetzung Überwachungsorgan): … in diesem Rahmen ist auch auf **eine gleichberechtigte Teilhabe von Frauen** hinzuwirken.
	6.1: Der Corporate Governance Bericht umfasst auch eine Darstellung zum Anteil von Frauen in Überwachungsorganen *(Darstellung nur zu Überwachungsorgan, z. B. in Brandenburg Bericht zu allen Ebenen)*
DCGK	4.1.5: Der Vorstand soll bei der Besetzung von Führungsfunktionen im Unternehmen auf Vielfalt (Diversity) achten und dabei insbesondere eine **angemessene Berücksichtigung** von Frauen anstreben.
	5.1.2: Bei der Zusammensetzung des Vorstands soll der Aufsichtsrat auch auf Vielfalt (Diversity) achten und dabei insbesondere eine **angemessene Berücksichtigung** von Frauen anstreben.
	5.4.1: Der Aufsichtsrat soll für seine Zusammensetzung **konkrete Ziele** benennen … Diese konkreten Ziele sollen insbesondere **eine angemessene Beteiligung** von Frauen vorsehen. Vorschläge des Aufsichtsrats an die zuständigen Wahlgremien sollen diese Ziele berücksichtigen. **Die Zielsetzung des Aufsichtsrats und der Stand der Umsetzung sollen im Corporate Governance-Bericht veröffentlicht werden.**
Stuttgart	2.5.1: Bei der Besetzung des Aufsichtsrats **sollten die Gesellschafter** für eine angemessene Beteiligung von Frauen achten. *(Tippfehler „für" statt „auf" im Kodex)*
	3.2.14: Die Geschäftsführung soll bei der Besetzung von Führungsfunktionen im Unternehmen auf Vielfalt (Diversity) achten und dabei insbesondere eine angemessene Berücksichtigung von Frauen anstreben.
Potsdam	3.3.4: Ein ausgewogener Anteil von Frauen und Männern soll bei der Zusammensetzung des Aufsichtsrats gewährleistet werden.
Städtetag NRW	2.5.1 (Aufsichtsrat): Frauen **sollten** in angemessener Zahl berücksichtigt werden.
Berlin, Bremen, Essen, Frankfurt, Magdeburg, Mannheim, Rostock und Saarbrücken formulieren keine Regelung.	

Tab. 39: Unterschiede bei Berücksichtigung von Diversity und Frauen in Führungspositionen

Der Faktor „Migrationshintergrund" wird ausschließlich in Hamburg thematisiert. Mit Blick auf die gesellschaftspolitische Debatte zum „Zentralthema Integration" berührt die Formulierung von PCGKs bzw. die gezielte Förderung von Menschen mit Migrationshintergrund in öffentlichen Unternehmen hier Fragen mit hohem gesellschaftspolitischen Gewicht.

Ein politisches Organ ist mit dem Senat als Akteur nur in Hamburg benannt und damit der politische Gestaltungswille wesentlich deutlicher als in den anderen PCGKs herausgestellt.

Aus struktureller Gesamtsicht ist festzustellen, dass einige PCGKs den Anforderungen und politischen Zielsetzungen nicht genügen können. Insbesondere fällt auf, dass die Politik mit den in PCGKs formulierten Inhalten teilweise deutlich hinter den Ansprüchen zurückbleibt, die sie für börsennotierte Unternehmen bezüglich einer Frauenquote diskutiert bzw. im DCGK bereits umgesetzt sind. Bei Betrachtung der Gegenüberstellung der PCGKs und der aktuellen Debatte steht die Frage für die nächsten Jahre im Raum: Was tut die Politik über Selbstregulierung zur Berücksichtigung von Frauen und Menschen mit Migrationshintergrund in den Spitzengremien und Führungspositionen öffentlicher Unternehmen?

9.7.3 Haftung sowie Abschlussvoraussetzungen und Ausgestaltung von D&O-Versicherungen

Hintergrundaspekte und Forderungen zu Haftungsfragen und D&0-Versicherungen sind in Abschnitt 6.3.2.3 erörtert worden. Tab. 40 veranschaulicht zunächst die erheblichen Unterschiede bei den Abschlussvoraussetzungen und zum Selbstbehalt von D&O-Versicherungen.

Auffällig ist beispielsweise, dass die PCGKs von Magdeburg und Mannheim im Gegensatz zu den anderen PCGKs überhaupt keine Aussagen zu D&O-Versicherungen enthalten. Stuttgart formuliert Anforderungen nur für die Geschäftsführung, nicht aber für den Aufsichtsrat.

Viele PCGKs empfehlen lediglich einen „angemessenen" Selbstbehalt, andere präzisieren die Empfehlung dagegen richtungsweisend deutlich. Berlin formuliert für Aufsichtsrat und Geschäftsführung mit nicht nachvollziehbarer Abweichung von anderen Empfehlungen nur eine nicht erklärungsbedürftige Anregung; Bremen wählt für Aufsichtsräte nur eine Anregung, für die Geschäftsführung dagegen eine Empfehlung.

Einschränkende Aussagen zum Abschluss treffen eine Minderheit der PCGKs, nach denen erhöhte Risiken Voraussetzung für einen Abschluss sind. Für diese wichtige Frage sticht mit kritikwürdig hervor, dass der Bund und Hamburg anders als Brandenburg eine Anregung vorziehen.

Unterschiede bei Abschlussvoraussetzungen und Selbstbehalt von D&O-Versicherungen		
	Einschränkung Abschluss	**Höhe Selbstbehalt**
Branden-burg	3.12-**Em**: **nur** wenn erhöhte Risiken	3.12-GF-Em: Mindestens 10% des Schadens bis mindestens zur Höhe des Eineinhalbfachen der festen jährlichen Vergütung 3.12-AR-Em: **angemessener** Selbstbehalt
Hamburg	3.6-**An**: sofern erhöhte Risiken	3.6-GF-Muss: Mindestens 10% des Schadens bis mindestens zur Höhe des Eineinhalbfachen der festen jährlichen Vergütung AR-Em: **entsprechender** Selbstbehalt, wenn Vergütung
Bund	3.3.2-**An**: nur wenn erhöhte Risiken	3.3.2-GF-Em: Mindestens 10% des Schadens bis mindestens zur Höhe des Eineinhalbfachen der festen jährlichen Vergütung AR-Em: **angemessener** Selbstbehalt
DCGK	Keine Aussagen	3.8-GF-**Vorgabe**: Mindestens 10% des Schadens bis mindestens zur Höhe des Eineinhalbfachen der festen jährlichen Vergütung AR-Em: **Entsprechender** Selbstbehalt
Stuttgart	Keine Aussagen	3.5.1-GF-Em: Mindestens 10% des Schadens bis mindestens zur Höhe des Eineinhalbfachen der festen jährlichen Vergütung AR: Keine Aussage
Bremen	Keine Aussagen	3.5.1-GF-Em: angemessener Selbstbehalt 2.8.1-AR-**An**: angemessener Selbstbehalt bei entgeltlicher Vergütung
Potsdam	3.2.4-Em: nur wenn erhöhte Risiken	3.2.4-GF/AR: Es ist sicherzustellen, dass … angemessener Selbstbehalt
Essen	Keine Aussagen	2.9.1 (AR) +3.5.1 (GF)-Em: angemessener Selbstbehalt
Saar-brücken	Keine Aussagen	97-GF-Em: angemessener Selbstbehalt, orientiert an Vergütungshöhe 67-AR-Em: angemessener Selbstbehalt
Berlin	Keine Aussagen	I.5-GF/AR-**An**: angemessener Selbstbehalt
Frankfurt	3.2.8-AR-An:soweit erforderlich GF: keine Einschrän-kung	3.3.5-GF-Em: angemessener Selbstbehalt AR: Keine Aussage
Städtetag NRW	3.2.8-AR-An:soweit erforderlich GF: keine Einschrän-kung	2.8.1-AR-Em: angemessener Selbstbehalt 3.5.1-AR-Em: angemessener Selbstbehalt
Rostock	Keine Aussagen	3.5-GL-Em: angemessener Selbstbehalt AR: Keine Aussage
Mann-heim	Keine Aussagen	Keine Aussagen
Magde-burg	Keine Aussagen	Keine Aussagen

Tab. 40: Unterschiede bei D&O-Versicherungen bzgl. Abschlussvoraussetzungen und Selbstbehalt

Im Weiteren nicht in der Tabelle dargestellten Vergleich fällt ein in dieser Form nur von Saarbrücken (69) ausgesprochener Grundsatz ins Auge: „Eine von dem Unternehmen zugunsten der Mitglieder des Aufsichtsrats gegebenenfalls abgeschlossene D&O-Versicherung gilt als Bestandteil der Aufsichtsratsvergütung."

Im nächsten Schritt zeigt Tab. 41, dass eine dokumentierte Begründung für den Abschluss einer D&O-Versicherung nur Bund, Brandenburg und Hamburg empfehlen – alle anderen PCGKs liefern diesbezüglich keine Regelungen. Der Bund verlangt in Ziff. 3.3.2: „Die Entscheidung und ihre Begründung insbesondere zur Zweckmäßigkeit einer D&O-Versicherung

sollen dokumentiert werden." Auch sind Zustimmungserfordernisse durch Aufsichtsrat und/oder Gesellschafterversammlung sehr unterschiedlich ausgeprägt.

Unterschiede bei Abschlussbegründung und Zustimmungserfordernissen bei D&O-Versicherungen		
	Dokumentation und Begründung vorgesehen?	**Besondere Zustimmung gefordert?**
Brandenburg	3.12: Empfehlung	3.12: Gesellschafterversammlung (GV)
Potsdam	Keine Aussagen	GV
Essen	Keine Aussagen	GV wenn AR, sonst AR bzw. GV *(-> etwas unklar)*
Hamburg	3.6: Empfehlung	3.6: GV, wenn AR in D&O einbezogen, sonst AR
Bund	3.2.2: Empfehlung	Keine Aussagen
Frankfurt	Keine Aussage	3.2.8: GV
Städtetag NRW	Keine Aussagen	Zustimmung durch Aufsichtsrat bzw. Gesellschafterversammlung *(-> etwas unklar)*
Berlin, Bremen, Magdeburg, Mannheim, Rostock, Saarbrücken, Stuttgart keine Aussagen zu beiden Feldern.		

Tab. 41: Unterschiede bei D&O-Versicherungen bzgl. Abschlussbegründung und Zustimmung

Hilfreich erscheint eine in Brandenburg im Gegensatz zu den anderen PCGKs in Ziff. 3.12 deutlich spezifizierende Regelung: „In dem Vertrag über die D&O-Versicherung ist zu vereinbaren, dass im Versicherungsfall die Leistungen zum Ersatz des dem Unternehmen entstandenen Schadens unmittelbar an das Unternehmen erfolgen, ferner ist auszuschließen, dass im Versicherungsfall Freistellungsansprüche, die einem auf Veranlassung des Landes bestellten Mitglied des Aufsichtsrats kraft Dienstrechts gegen das Land zustehen, auf den Versicherer übergehen." Frankfurt ergänzt in Ziff. 3.3.5: „Versicherungsleistungen dürfen im Schadensfall nur unmittelbar an das Unternehmen gezahlt werden." Ansonsten enthält nur noch der Potsdamer PCGK eine derartige Präzisierung – jedoch wäre dies ein Entwicklungsbeitrag für alle PCGKs.

Insgesamt sollten die Regelungen zu einer D&O-Versicherung stets so formuliert sein, dass die Gesellschaften in ihrer Entsprechenserklärung bzw. im PCG Bericht in Kurzform erklären und bei Abweichung in Kurzform begründen müssen, ob eine derartige Versicherung mit oder ohne Selbstbehalt abgeschlossen wurde und wie hoch der Selbstbehalt ggf. ausfällt.

9.7.4 Kreditvergabe an Unternehmensorgane und ihnen nahe stehende Personen

Um Interessenkonflikte zu vermeiden, wird die Gewährung von Krediten kritisiert. Nach Tab. 42 belassen es einige PCGKs bei den gesetzlichen Regeln zur Kreditgewährung an Vorstands- und Aufsichtsratsmitglieder und deren Angehörige (§§ 89, 115 AktG), wogegen andere explizit empfehlen, keine Kredite zu gewähren.

Unterschiede bei der Gewährung von Krediten an Unternehmensorgane und ihre Angehörigen	
PCGK mit Empfehlungen gegen Kreditgewährung	
Bund	3.4: Kredite … sollen nicht gewährt werden.
Bremen	4.9: … sollen keine Kredite von der Gesellschaft erhalten.
Hamburg	3.7: … dürfen grundsätzlich keine Kredite des Unternehmens erhalten, es sei denn, es handelt sich um Förderkredite gemäß dem Gesetz über die Hamburgische Wohnungsbaukreditanstalt.
Brandenburg	3.13: Gewährung von Krediten soll unterbleiben. *(statt Angehörige diesen nahe stehenden Personen)*
Berlin	IV.7: Gewährung von Krediten … soll grundsätzlich nicht erfolgen, es sei denn, die Kreditgewährung gehört zum Gegenstand des Unternehmens. Ausnahmen kann der Aufsichtsrat zulassen.
PCGK ohne Empfehlungen gegen Kreditgewährung	
Städtetag NRW Stuttgart	3.7.9 bzw. 3.8.10: Gewährung von Krediten … bedarf der Zustimmung des Aufsichtsrats.
DCGK	3.9: Gewährung von Krediten … bedarf der Zustimmung des Aufsichtsrats.
Saarbrücken	34: Gewährung an Geschäftsleitung bedarf der Zustimmung des Aufsichtsrats. Gewährung an Aufsichtsrats unzulässig, es sei denn, die Kreditgewährung ist Gegenstand des Unternehmens.
Essen, Frankfurt, Magdeburg, Mannheim, Potsdam und Rostock formulieren keine expliziten Regelungen.	

Tab. 42: Unterschiede bei Gewährung von Krediten an Unternehmensorgane und ihre Angehörigen

Anstelle der Verwendung der Bezeichnung „Angehörigen" ist für alle PCGKs die Formulierung „diesen nahe stehenden Personen" ins Auge zu fassen, wie von Brandenburg bereits ausgesprochen.

Bezüglich der Empfehlung, keine Kredite zu gewähren, gelangt Schürnbrand zu dem Ergebnis: „Im Hinblick auf öffentliche Unternehmen überzeugt die restriktive Linie."[739] Dem ist angesichts der Anforderungen und einschlägig benannter Problemfelder beizupflichten.

---

[739] Schürnbrand (2010a), S.1109.

9.7.5 Ehemalige Geschäftsführer im Aufsichtsrat

Mit hoher Intensität wird der Wechsel von Geschäftsführern in den Aufsichtsrat diskutiert, weshalb die in Tab. 43 analysierten Regelungsunterschiede zwischen den PCGKs von besonderem Interesse sind. Während sechs PCGKs empfehlen, gar keine ehemaligen Mitglieder der Geschäftsführung in den Aufsichtsrat zu berufen, sehen drei PCGKs andere Regelungen vor. Fünf Gebietskörperschaften formulieren zu dieser wichtigen Frage gar keine Regelung.

Unterschiede bei ehemaligen Geschäftsführern im Aufsichtsrat	
Bremen (2.5.2) Essen (2.5.3) Rostock (2.5.2) Städtetag (2.5.2) Stuttgart (2.5.2)	Eine unabhängige Beratung und Überwachung der Geschäftsführung durch den Aufsichtsrat wird auch dadurch ermöglicht, dass dem Aufsichtsrat **kein ehemaliges Mitglied der Geschäftsführung** angehören **soll**.
Mannheim (6.3.6)	Dem Aufsichtsrat soll kein ehemaliges Mitglied der Geschäftsführung angehören.
Bund	5.2.1: Dem Überwachungsorgan **sollen nicht mehr als zwei ehemalige Mitglieder** der Geschäftsleitung angehören, bei Überwachungsorganen mit weniger als sechs Mitgliedern kein ehemaliges Mitglied. 5.2.4: Ehemalige Mitglieder der Geschäftsleitung **sollen nicht in den Vorsitz des Überwachungsorgans oder den Vorsitz eines Ausschusses** des Überwachungsorgans wechseln. Eine entsprechende Absicht soll der Anteilseignerversammlung besonders begründet werden.
Hamburg (5.4.3)	Ehemalige Mitglieder der Geschäftsführung **sollen nicht in den Vorsitz des Aufsichtsrates oder den Vorsitz eines Ausschusses des Aufsichtsrates** wechseln. Eine davon abweichende Absicht soll der Gesellschafterversammlung besonders begründet werden. *(Nur Regelung für Vorsitz nicht für normale Mitglieder).*
Saarbrücken (61)	Ein Wechsel von ehemaligen Mitgliedern der Geschäftsleitung in den Aufsichtsrat soll grundsätzlich **erst nach einer Frist von drei Jahren** nach dem Ausscheiden aus der Geschäftsleitung des Unternehmens möglich sein.
DCGK	5.4.2: Dem Aufsichtsrat sollen nicht mehr als zwei ehemalige Mitglieder des Vorstands angehören. 5.4.4: Vorstandsmitglieder **dürfen** vor Ablauf von zwei Jahren nach dem Ende ihrer Bestellung **nicht Mitglied** des Aufsichtsrats der Gesellschaft werden, es sei denn, ihre Wahl erfolgt auf Vorschlag von Aktionären, die mehr als 25% der Stimmrechte an der Gesellschaft halten.
Berlin, Brandenburg, Frankfurt, Magdeburg, Potsdam formulieren hierzu keine Regelung.	

Tab. 43: Unterschiede bei ehemaligen Geschäftsführern im Aufsichtsrat

Auffällig ist, dass der Hamburger PCGK nur den Wechsel auf den Vorsitz des Aufsichtsrats und eines Ausschusses anspricht und hierdurch normale Mitglieder ausklammert. Der DCGK kommuniziert mit „dürfen nicht" das 2009 in § 100 Abs. 2 AktG eingeführte Verbot für einen Wechsel von Vorstandsmitgliedern in den Aufsichtsrat für eine zweijährige Karenzzeit (sog. Cooling-Off-Periode). Bei der Fortschreibung der PCGKs sollte dieses Handlungsfeld im Vergleich der Regelwerke besonders mitgeprüft werden.

9.8 Regelungsunterschiede bei der Geschäftsführung

9.8.1 Zuständigkeiten bei Auswahl und Bestellung

Das Recht zur Berufung der Geschäftsführung wird als bedeutend für das Gewicht des Aufsichtsrats eingeschätzt.[740] Andere Stimmen sehen die Auswahl der Geschäftsführer und die Vertragsgestaltung im Rahmen der rechtlichen Möglichkeiten dagegen als wichtige Aufgabe der Gesellschaftsversammlung an.[741] Tab. 44 veranschaulicht, dass die Zuständigkeitsabwägung zwischen Aufsichtsrat und Gesellschaftsversammlung sehr unterschiedlich ausfällt.

Unterschiede bei den Zuständigkeiten für die Bestellung und Abberufung von Geschäftsführern		
Aufsichtsrat	**Gesellschafter-versammlung**	**Andere Varianten**
Berlin (III.2) Brandenburg (5.1.9) Hamburg (4.2.3) Mannheim (6.1.3)	Bremen (3.1.1) Essen (3.1.1) Potsdam (3.1.1/3.1.2) Rostock (3.6)	Frankfurt (3.3.1): Gesellschafterversammlung oder Aufsichtsrat und in Abstimmung zwischen dem Beteiligungsdezernenten, dem Aufsichtsratsvorsitzenden und Fachdezernenten.
Städtetag (3.1.1) Stuttgart (3.1.1, i. d. R. Aufsichtsrat)	Bund (2.2): Soweit Gesetz oder Satzung nichts anderes bestimmen	Magdeburg (2.1.1): Federführung bei Dezernat I, bei Eigengesellschaften verhandelt Oberbürgermeister. Saarbrücken (40): Unterausschuss vom Werksausschuss des Beteiligungsmanagementbetriebes soll für Stadtrat vorbereiten. Aufsichtsräte der Unternehmen sollen angehört werden.

Tab. 44: Unterschiede bei Zuständigkeiten für die Bestellung und Abberufung von Geschäftsführern

Aufmerksamkeit ist auf die Anregung des Bundes zu richten, nach der die Gesellschafterversammlung die Befugnis zur Bestellung und Abberufung der Geschäftsführungs- und Aufsichtsratsmitglieder nicht auf andere Organe übertragen sollte. Allerdings wäre in Anbetracht der Potenziale die Umwidmung in eine Empfehlung ins Auge zu fassen.

9.8.2 Erstbestellungsdauer und frühestmögliche Wiederbestellung

Sieben PCGKs enthalten gemäß Tab. 45 im Gegensatz zu den anderen Kodizes keine Regelungen zu dem relevanten Aspekt der Erstbestellung von Geschäftsführern. Während einige PCGKs die Erstbestellungsdauer auf 3 Jahre beschränken, erlauben andere PCGKs eine Bestellung auf 5 Jahre. Für eine frühzeitige Wiederbestellung reichen bei Brandenburg, Hamburg und DCGK „besondere Umstände"; beim Bund darf diese „nur aus zwingenden Gründen erfolgen."

---

[740] Vgl. Institut für den öffentlichen Sektor (2009b), S.12.
[741] Vgl. Bremeier/Brinkmann/Killian (2006), S.166.

Unterschiede bei der Dauer/Befristung der Erstbestellung zum Geschäftsführer
Bund (5.1.2), Hamburg (4.2.3): Empfehlung zur Beschränkung auf **3 Jahre**.
Brandenburg (5.1.9), Essen (3.6.1), Potsdam (3.4.1): Empfehlung, dass Bestelldauer von **5 Jahren** bei erstmaliger Berufung nicht die Regel sein soll. *(Potsdam ohne in der Regel)*
Berlin (III.2), DCGK (5.1.2): **Anregung**, dass Bestelldauer von 5 Jahren bei erstmaliger Berufung nicht die Regeln sein soll.
Bremen, Frankfurt, Magdeburg, Mannheim, Saarbrücken, Städtetag NRW, Stuttgart: keine Regelung zur <u>Erst</u>bestellungsdauer.

Unterschiede bei Regelungen zur Wiederbestellung von Geschäftsführern
Brandenburg (5.1.9), Bund (5.1.2), Hamburg (4.2.3), DCGK (5.1.2): Eine Wiederbestellung vor Ablauf eines Jahres vor dem Ende der Bestelldauer bei gleichzeitiger Aufhebung der laufenden Bestellung **soll** nur bei Vorliegen **besonderer Umstände** erfolgen. *(**Bund nur aus zwingenden Gründen**)*
Essen (3.6.1), Frankfurt (3.3.4), Mannheim (7.5.2), Rostock (3.6), Städtetag NRW (3.6.1), Stuttgart (3.6.1): Beschluss zur Wiederbestellung **darf frühestens ein Jahr vor Ablauf** der bisherigen Amtszeit gefasst werden.
Zusatz nur Städtetag NRW, Stuttgart: Über die Verlängerung ist jedoch spätestens drei Monate vor Ablauf der Amtszeit zu entscheiden.
Berlin (III.2): Wiederbestellungen sind nicht ohne **zwingenden Grund** vorzeitig auszusprechen.
Bremen, Magdeburg, Saarbrücken formulieren keine Regelung zur Wiederbestellung.

Tab. 45: Unterschiede bei Dauer/Befristung der Erstbestellung zum Geschäftsführer

Hinsichtlich der Erstellung sollte man– wie in Potsdam (3.4.1) praktiziert – im Interesse der Klarheit auf den Zusatz „in der Regel" verzichten. Angemessen erscheint eine klare Empfehlung: In Fällen erstmaliger Berufung in eine Geschäftsführung soll die Vertragsdauer unter fünf Jahren liegen.

9.8.3 Anzahl der Geschäftsführer und Doppelspitze

Häufiger wird eine Doppelspitze bei der Geschäftsführung im Sinne des „Vier-Augen-Prinzips" deutlich favorisiert und für Unternehmen als sinnvoll erachtet, bei denen Leistungsziel und Finanzinteressen schwer zu vereinbaren sind. Als weitere Gründe für mehrere Geschäftsführer werden Unternehmensgröße und komplexe Aufgabenfelder genannt. Die Letztverantwortung wird dabei beim kaufmännischen Leiter gesehen.[742] Andere Beiträge und verzeinzelt auch die Interviewpartner betonen den Vorteil klarer Zuständigkeit und Verantwortlichkeit bei einem einzelnen Geschäftsführer.

In den PCGKs äußern der Bund, Hamburg und Saarbrücken – in unterschiedlicher Weise – eine Präferenz für mehrere Geschäftsführer. Der Bund empfiehlt in Ziff. 4.2.1: „Die Geschäftsleitung soll aus mindestens zwei Personen bestehen." Hamburg (4.2.1) spricht eine Empfehlung mit Einschränkungen aus: „Die Geschäftsführung soll grundsätzlich aus mindestens zwei Personen bestehen, die die Gesellschaft gemeinschaftlich vertreten. Bei strategisch oder wirtschaftlich unbedeutenderen Unternehmen und in begründeten Ausnahmefällen kann es genügen, dass die Geschäftsführung nur aus einer Person besteht." Dagegen wählt Saarbrücken (84) die Anregung: „Die Geschäftsleitung sollte aus mehreren Personen bestehen und eine/n Vorsitzenden und eine/n Vorsitzenden oder Sprecher haben."

---

[742] Vgl. Matzka et al. (2011), S.118.

Die anderen PCGKs formulieren zum einen in der Form: „Die Geschäftsführung kann aus einer oder mehreren Personen bestehen und einen Vorsitzenden oder Sprecher haben." Zum anderen ist die indirekt ein oder mehrere Geschäftsführer einräumende Variante zu finden: „Besteht die Geschäftsführung aus mehreren Personen ..."

Zur Begründung seiner Haltung zu einer Doppelspitze verweist der Bund in den Anmerkungen zu Ziff. 4.1.2 auf das „Vier-Augen-Prinzip": „Die Position des zweiten Mitglieds der Geschäftsleitung kann zur Sicherung des „Vier-Augen-Prinzips" auch nebenamtlich oder ehrenamtlich besetzt werden."

Die folgende Saarbrücker Regelung (84) verdient für alle PCGKs eingehende Betrachtung: „Sofern mehrere Personen bestellt werden, sollen diese gesamtvertretungsberechtigt sein. Der Aufsichtsrat soll im Einvernehmen mit dem Beteiligungsmanagement der Landeshauptstadt Saarbrücken prüfen, ob Befreiung vom Verbot der Mehrfachvertretung (§ 181 BGB) erteilt werden kann."

9.8.4 Weisungen an die Geschäftsführung und unternehmerischer Freiraum

Ein PCGK soll klären, aus bzw. mit welchem Steuerungsverständnis agiert wird.[743] Für die Rolle als Gesellschafter und die Eigenverantwortlichkeit der Geschäftsführung ist von Interesse, ob und ggf. in welcher Weise in den PCGKs die Möglichkeit zur Erteilung von Weisungen nach § 37 GmbHG von der Gesellschafterversammlung an die Geschäftsführung angesprochen ist. Mit Ausnahme von Berlin, Bund (nur in den Anmerkungen) und Saarbrücken weisen alle PCGKs auf die Weisungsmöglichkeit hin. Das Erfordernis zur Schriftform ist lediglich in drei PCGKs niedergelegt. Beispielsweise verlangt Hamburg (2.6): „Auf dieser Basis erteilte Weisungen bedürfen der Schriftform." Die Anmerkungen beim Bund zu Ziff. 2.2 erklären: „Weisungen sollen nur schriftlich erfolgen." In Magdeburg (2.2) ist die Schriftform indirekt thematisiert. Die anderen PCGKs treffen hierzu keine Aussagen.

Als Ausnahmefall wird die Weisung lediglich beim Bund und in Hamburg eingeordnet. Hamburg (2.6) empfiehlt: „Von diesem Recht soll jedoch nur in Ausnahmefällen Gebrauch gemacht werden." Der Bund begründet in den Anmerkungen zu Ziff. 2.2: „Weisungen sollten nicht die Regel sein, da der im Rahmen der Unternehmensverfassung vorgesehene unternehmerische Freiraum auch zu einer besseren und wirtschaftlicheren Erfüllung der mit der Unternehmensbeteiligung verfolgten Ziele dienen soll."

Für den Aufsichtsrat wird die Gesetzeslage nur bei Brandenburg (5.1.4) explizit kommuniziert: „Der Aufsichtsrat ist nicht befugt, der Geschäftsführung Weisungen zu erteilen."

Einige PCGKs sollten in diesem Handlungsfeld noch mehr Klarheit schaffen und die Kommunikationsfunktion der Kodizes stärken.

9.8.5 Abfindungen

In der Literatur wird für Abfindungen bzw. für die Aufhebung von Geschäftsführerverträgen zwingender Regelungsbedarf erkannt, u. a. da dieser Faktor maßgeblichen Einfluss auf

---

[743] Vgl. Bremeier/Brinkmann/Killian (2006), S.162.

wichtige Entscheidungen haben kann.[744] Tab. 46 identifiziert im Widerspruch hierzu, dass sehr viele PCGKs keine Regelungen für Abfindungen und die Aufhebung von Verträgen von Geschäftsführern formulieren. Kritisch fällt auf, dass Saarbrücken die Berechnung der Abfindungsbegrenzung (Abfindungs-Cap) als einzige regelnde Gebietskörperschaft nicht als Empfehlung, sondern nur als Anregung formuliert. In Ziffer 4.2.3 des DCGK wurde bei der Überarbeitung im Frühjahr 2012 klargestellt, dass sich der Abfindungs-Cap auf Zahlungen an ein Vorstandsmitglied bei vorzeitiger Beendigung nicht auf die Vorstandtätigkeit, sondern auf den Anstellungsvertrag bezieht. Entsprechend ist die Berliner Formulierung zu reformieren. Andere PCGKs haben bereits vor der Überarbeitung des DCGK auf die Anstellungsverträge abgestellt.

Unterschiede bei Abfindungen und Aufhebung von Verträgen bei Geschäftsführungen	
Berlin (II.3) Saarbrücken (90) Hamburg (4.2.6) Bund (4.3.2) Frankfurt (3.3.5) Brandenburg (4.3.4) Berlin (II.3)	*Ähnliche, aber in wichtigen Details keinesfalls identische Formulierungen. Für einen komprimierten Eindruck hier zur Vereinfachung aber zusammen dargestellt:* Bei Abschluss von Anstellungsverträgen **soll darauf geachtet werden**, dass Zahlungen an ein Mitglied der Geschäftsleitung bei vorzeitiger Beendigung der Tätigkeit als Geschäftsleitungsmitglied ohne wichtigen Grund einschließlich Nebenleistungen den Wert von zwei Jahresvergütungen nicht überschreiten (Abfindungs-Cap) und nicht mehr als die Restlaufzeit des Anstellungsvertrages vergüten. Für die Berechnung **soll** auf die Gesamtvergütung des abgelaufenen Geschäftsjahres und gegebenenfalls die voraussichtliche Gesamtvergütung für das laufende Geschäftsjahr abgestellt werden.
Berlin (II.3)	***Berlin Besonderheit im Vergleich: Stets Vorstandsvertrag statt Anstellungsvertrag***
Hamburg (4.2.6)	***Bei Abschluss von Anstellungsverträgen „soll vereinbart werden" statt „soll darauf geachtet werden"*** Bei Berechnung Höhe: zuzüglich einer variablen Jahresvergütung
Saarbrücken (90)	***Besonderheit im Vergleich: Berechnung Cap nur Anregung und nicht Empfehlung***
Frankfurt (3.3.5)	Bei der Aufhebung von Geschäftsführerverträgen **soll** nicht mehr als die Restlaufzeit des Anstellungsvertrages, maximal für zwei Jahre, vergütet werden. Soweit im Einzelfall unbefristete Verträge abgeschlossen werden, muss eine vertragliche Regelung zur ordentlichen Beendigung aufgenommen werden. Im Fall der Aufhebung des Anstellungsvertrages soll die finanzielle Abfindung eine Vergütung von zwei Jahresgehältern nicht übersteigen. In den Anstellungsvertrag <u>sollten zusätzliche wichtige Gründe aufgenommen werden, die eine außerordentliche Kündigung des Geschäftsführers rechtfertigen.</u>
DCGK (4.2.3)	Bei Abschluss von Vorstandsverträgen soll darauf geachtet werden, dass Zahlungen an ein Vorstandsmitglied bei vorzeitiger Beendigung der Vorstandtätigkeit einschließlich Nebenleistungen den Wert von zwei Jahresvergütungen nicht überschreiten (Abfindungs-Cap) und nicht mehr als die Restlaufzeit des **Anstellungsvertrages** vergüten. <u>**Wird der Anstellungsvertrag aus einem von dem Vorstandsmitglied zu vertretenden wichtigen Grund beendet, erfolgen keine Zahlungen an das Vorstandsmitglied.**</u> Für die Berechnung des Abfindungs-Caps <u>soll</u> auf die Gesamtvergütung des abgelaufenen Geschäftsjahres und gegebenenfalls auch auf die voraussichtliche Gesamtvergütung für das laufende Geschäftsjahr abgestellt werden.
Bremen, Essen, Magdeburg, Mannheim, Potsdam, Rostock, Städtetag und Stuttgart formulieren hierzu keine Regelung.	

Tab. 46: Unterschiede bei Abfindungen für Geschäftsführer und Aufhebung von Verträgen

Hervor tritt die Anregung von Frankfurt zur Aufnahme von wichtigen Gründen in den Anstellungsvertrag, die eine Kündigung rechtfertigen sollen. Hamburg regelt in Bezug auf den

---

[744] Vgl. Schedler/Müller/Sonderegger (2011), S.166+178.

Anstellungsvertrag schärfer mit „soll vereinbart werden" anstelle der Formulierung „soll darauf geachtet werden". Auch dies ist neben weiterem offenkundigen Reformbedarf für alle anderen PCGKs in Betracht zu ziehen.

9.8.6 Unternehmensgeschäfte mit Geschäftsführern und diesen nahe stehenden Personen

Geschäfte des Unternehmens mit Geschäftsführern und ihnen nahe stehenden Personen sind ebenfalls ein neuralgisches Corporate Governance Feld. Vier PCGKs richten sich gemäß Tab. 47 ausdrücklich gegen Geschäfte mit nahe stehenden Personen; acht PCGKs sowie der DCGK verfassen Regelungen zur Einhaltung von Standards.

Unterschiede bei Unternehmensgeschäften mit Geschäftsführern und ihnen nahe stehenden Personen
4 PCGKs mit Regeln zur Vermeidung
Brandenburg (3.13): **sollen unterbleiben**; soweit sie dennoch abgeschlossen werden, darf dies nur mit Zustimmung des Aufsichtsrats geschehen.
Berlin (IV.5): **sind zu vermeiden. Ausnahmen kann** der Aufsichtsrat nach Vorlage der Gründe und unter Wahrung der branchenüblichen Standards zulassen.
Potsdam (3.2.3): sind zu vermeiden. Sollten sie **unvermeidlich** sein, so haben sie den branchenüblichen Standards zu entsprechen. Wesentliche Geschäfte **sollen** der Zustimmung des Aufsichtsrats bedürfen.
Frankfurt (3.3.6): dürfen nur abgeschlossen werden, soweit sie **unvermeidlich** sind. Wesentliche Geschäfte bedürfen der Zustimmung des Aufsichtsrates.
8 PCGKs mit Regeln zur Einhaltung von branchenüblichen Standards
Bund (4.4.3), Bremen (3.3.4), Essen (4.3.4) , Hamburg (4.3.4), Rostock (3.4.4), Stuttgart (3.4.4), Saarbrücken (95), Städtetag NRW (3.4.4):
Alle Geschäfte zwischen dem Unternehmen einerseits und den Vorstandsmitgliedern sowie ihnen nahe stehenden Personen oder ihnen persönlich nahe stehenden Unternehmungen andererseits haben branchenüblichen Standards zu entsprechen.
Identische Grundformulierung in voranstehenden PCGKs, aber unterschiedliche Zustimmungsregeln
DCGK, Rostock, Saarbrücken, Städtetag, Stuttgart: Wesentliche Geschäfte **sollen** der Zustimmung des Aufsichtsrats bedürfen.
Ein Zusatz nur bei Städtetag NRW: IDW-Prüfungsstandard 255 als Orientierungshilfe
Zwingende Vorgabe Essen, Hamburg: bedürfen der Zustimmung des Aufsichtsrates.
Magdeburg und Mannheim formulieren keine Regelung.

Tab. 47: Unterschiede bei Unternehmensgeschäften mit Geschäftsführern und ihnen nahe stehenden Personen

Beim Bund ist missverständlich, dass im Kodex nur die Einhaltung branchenüblicher Standards angemahnt ist, die Anmerkungen zu Ziff. 4.4.3 dann aber weitreichender wie andere PCGKs artikulieren: „Im Hinblick auf potenzielle Interessenkonflikte sind Geschäfte zwischen dem Unternehmen und den Mitgliedern der Geschäftsleitung sowie ihnen nahe stehenden Personen oder ihnen persönlich nahestehenden Unternehmungen andererseits bedenklich. Daher sollen sie grundsätzlich unterbleiben." Hier ist eine Klarstellung erforderlich.

Hinsichtlich des Grundsatzes „Comply or explain" ist „sollen unterbleiben" bei vergleichender Betrachtung die vorzugswürdige Formulierung. Statt wie der Städtetag NRW auf den IDW-Prüfungsstandard 255 zu verweisen, ist es im Interesse einer klaren Definition und zur

Erfüllung der Kommunikationsfunktion in allen PCGKs besser, wie beim Bund erfolgt, auf den Deutschen Rechnungslegungsstandard 11 (DRS 11) des Deutschen Rechnungslegung Standards Committee abzustellen. Als nahe stehende Personen gelten nach DRS 11 „natürliche Personen sowie juristische Personen und Unternehmen, die das berichtende Unternehmen oder eines seiner Tochterunternehmen beherrschen können oder die auf das berichtende Unternehmen oder auf seine Tochterunternehmen unmittelbar oder mittelbar wesentlich einwirken können, sowie diejenigen natürlichen sowie juristischen Personen und Unternehmen, die das berichtende Unternehmen beherrschen kann oder auf die es wesentlich einwirken kann."[745]

Die Regelung aus Rostock (Teil 2, 3.3.1) scheint im Grundsatz ein Gewinn für alle PCGKs: „Im Jahresabschluss sollen Beziehungen des Unternehmens zu Mitgliedern der Bürgerschaft bzw. zur Verwaltung erläutert werden, die im Sinne der anwendbaren Rechnungslegungsvorschriften als nahe stehende Personen zu qualifizieren sind." Allerdings ist zusätzlich entsprechend auf DRS 11 hinzuweisen.

9.8.7 Vergütung

Kritische Einschätzungen und Forderungen zur Ausgestaltung der Geschäftsführervergütung hat Abschnitt 6.3.3.3 behandelt. Zunächst werden die in den PCGKs hierzu verfassten Zuständigkeiten und Abstimmungsregeln analysiert.

9.8.7.1 Zuständigkeiten und Abstimmungsregeln bei der Festlegung

Die Zuständigkeit für die Vergütung ist nach Tab. 48 in drei PCGKs ausdrücklich dem Aufsichtsratsplenum zugewiesen wird. Acht PCGKs sprechen allgemein von „Aufsichtsrat". In Potsdam ist indessen die Gesellschaftsversammlung zuständig, in Saarbrücken auffällig abweichend der Stadtrat.

---

[745] http://www.standardsetter.de/drsc/docs/drs_summaries/11.html, Abruf: 25.05.2012.

Unterschiede beim Beschlussorgan für die Geschäftsführervergütung	
Brandenburg (4.3.1), DCGK (4.2.2), Bund (5.1.8)	Explizit Aufsichtsratsplenum
Berlin (III.6), Frankfurt (3.3.5), Essen (2.3.6), Hamburg (4.2.5), Mannheim (6.1.3), Städtetag (2.3.6), Stuttgart (2.3.6), Rostock (3.3.1)	Aufsichtsrat Frankfurt Zusatz: sofern nicht im Gesellschaftsvertrag die Zuständigkeit der Gesellschafterversammlung begründet ist.
Potsdam (3.4.3)	Gesellschafterversammlung (Zusatz: soweit der Gesellschaftsvertrag diese Kompetenz nicht dem Aufsichtsrat zugewiesen hat)
Saarbrücken (40)	Stadtrat
Nur Frankfurt (3.3.5)	Die wesentlichen Inhalte des Anstellungsvertrages (insbesondere Vergütungs- und ggf. Versorgungsregelung) sind vom **Aufsichtsrat** zu beschließen, sofern nicht im Gesellschaftsvertrag die Zuständigkeit der Gesellschafterversammlung begründet ist. Für den Abschluss des Anstellungsvertrages...ist der/die Aufsichtsratsvorsitzende zuständig.
In Magdeburg gar keine Regelungen; in Bremen (3.4.1) lediglich allgemeine Formulierung „Geschäftsführervergütung ... soll festgelegt werden."	

Tab. 48: Unterschiede beim Beschlussorgan für die Geschäftsführervergütung

Die Übertragung auf einen Ausschuss soll gemäß der Empfehlung des Bundes in Ziff. 5.1.8 nicht erfolgen: „Soweit die Festsetzung der Vergütung für die Mitglieder der Geschäftsleitung dem Überwachungsorgan zugewiesen ist, soll auch in den Fällen, in denen die Übertragung dieser Aufgabe auf einen Ausschuss möglich ist, davon nicht Gebrauch gemacht werden. Vielmehr soll dies dem Plenum des Überwachungsorgans vorbehalten bleiben."

Bremen und Magdeburg treffen im Gegensatz zu den anderen PCGKs keine diesbezüglichen Aussagen, was in vergleichender Betrachtung Änderungen erfordert.

Im Folgenden veranschaulicht Tab. 49 die Unterschiede bei den Vorbereitungs- und Abstimmungsverfahren zur Festlegung der Geschäftsführervergütung. In Mannheim und Saarbrücken ist die Politik explizit eingebunden, in den anderen PCGKs ist dies nicht der Fall. Eine ausdrückliche Abstimmung mit dem/den Gesellschafter(n) fordern nur Brandenburg, Berlin und Frankfurt – der Bund und Saarbrücken verlangen keine Abstimmung, sondern lediglich eine Inkenntnissetzung des/der Gesellschafter(s).

Unterschiede bei der Vorbereitung des Geschäftsführervertrags und den Abstimmungsverfahren	
Ausdrückliche Nennung eines politischen Organs in zwei PCGKs	
Mannheim (2.1.1)	Bei Eigengesellschaften…verhandelt der **Oberbürgermeister** die Anstellungsverträge mit der Geschäftsführung und legt diese dem **Verwaltungsausschuss zur Bestätigung** vor. Bei Gesellschaften mit städtischer Beteiligung verhandelt der Oberbürgermeister gemeinsam mit den anderen Gesellschaftern die Anstellungsverträge mit der Geschäftsführung und legt diese dem Verwaltungsausschuss zur Bestätigung vor.
Saarbrücken (40)	Ein vom Werksausschuss des Beteiligungsmanagementbetriebes der Landeshauptstadt Saarbrücken zu bildender Unterausschuss soll bei allen Unternehmen in der Rechtsform der Gesellschaft mit beschränkter Haftung…Bedingungen der Anstellungsverträge sowie die Festlegung der Vergütung für den **Stadtrat** vorbereiten. Die jeweiligen **Aufsichtsräte** der Unternehmen sollen **angehört** werden.
	Ausdrückliche Abstimmung mit Gesellschafter
Berlin (III.6)	Frankfurt: Die (frühzeitige) Abstimmung bzw. Zusammenarbeit mit dem Beteiligungsdezernenten/der Beteiligungsdezernentin ist ein grundsätzliches Erfordernis um sicherzustellen, dass bei Geschäftsführerangelegenheiten eine Vergleichbarkeit der Bezüge und die Wahrung einheitlicher Grundsätze (bspw. im Hinblick auf Tantiemenregelung und Altersversorgung) gegeben ist
Brandenburg (4.3.5)	Brandenburg: Bei maßgeblichen Beteiligungen stimmt der Vorsitzende des Aufsichtsrates die Größenordnung und Zusammensetzung der Vergütung und deren Veränderung vorab mit dem Gesellschafter Land Brandenburg ab.
Frankfurt (3.3.5)	Berlin: Der Aufsichtsrat soll die zwischen ihm und der Geschäftsleitung beabsichtigte jährliche Zielvereinbarung dem Gesellschafter zur Beurteilung einschl. der vorgesehenen Gehaltsstruktur von Fixum und variablen Bestandteilen vorlegen.
Bund (4.3.3) Saarbrücken (88)	**Information Gesellschafter** Die Vorsitzende bzw. der Vorsitzende des Überwachungsorgans soll Gesellschafterversammlung über Struktur und Veränderungen Vergütungssystems informieren.
Essen (2.3.6) Städtetag (2.3.6) Stuttgart (2.3.6)	**Deutliche Hervorhebung des Aufsichtsratsvorsitzenden** Der Aufsichtsratsvorsitzende ist für die Ausarbeitung und Einhaltung der Geschäftsführerverträge zuständig.
In Magdeburg gar keine Regelungen; in Bremen, Hamburg, Potsdam, Rostock keine expliziten Aussagen zu Vorbereitung und Abstimmungsverfahren.	

Tab. 49: Unterschiede bei Vorbereitung von Geschäftsführervertrag und Abstimmungsverfahren

Ferner fällt in der vergleichenden Analyse die starke Stellung des Aufsichtsratsvorsitzenden bei der Ausarbeitung und Einhaltung der Geschäftsführerverträge bei Essen, Städtetag NRW und Stuttgart auf.

9.8.7.2 Höhe und Angemessenheitskriterien

Die Angemessenheit der Höhe/Zusammensetzung der Vorstands- bzw. Geschäftsführervergütung sowie die Nachhaltigkeitsausrichtung der Vergütungsstrukturen erfährt verstärkte Aufmerksamkeit in Öffentlichkeit, Politik, Unternehmenspraxis und Wissenschaft. Ein zentraler Diskussionspunkt ist dabei seit einiger Zeit der sog. vertikale Vergleich. Ein horizontaler Vergleich setzt die Vergütung von Geschäftsführern in Relation zu anderen Unternehmen vergleichbarer Größe und Branche.

Der vertikale Vergleich betrachtet hingegen die Bezüge der Geschäftsführung im Verhältnis zur Vergütung der übrigen Gesellschaft auf den verschiedenen Hierarchiestufen – insbesondere „Gehaltssprünge" von einer Hierarchiestufe zur nächsten. Von Werder vertritt hierzu die nachvollziehbare Auffassung: „Die Grundidee des vertikalen Vergleichs muss allerdings ohne weiteres überzeugen, wenn man bedenkt, dass der Vorstand eben nicht der Eigentümer des Unternehmens ist, sondern lediglich der oberste Angestellte der Gesellschaft … Ein verantwortungsbewusster Aufsichtsrat wird sich daher schon Gedanken darüber machen und machen müssen, in welchem Verhältnis die Bezüge seiner Spitzenmanager zur der Vergütung der übrigen Gesellschaft stehen und welchem Öffnungswinkel die Schere der Gehaltsentwicklung noch angemessen ist."[746]

Tab. 50 stellt heraus, dass bei den Kriterien für die Angemessenheitsbeurteilung der Geschäftsführervergütung in den PCGKs ganz erhebliche Unterschiede bestehen. Die wirtschaftliche Lage, Aufgaben des Geschäftsführers und die persönliche Leistung werden i.d.R immer als Kriterien angeführt. Zahlreiche weitere wichtige Kriterien werden jedoch lediglich in einzelnen PCGKs vorgegeben.

Die Vergütungsstruktur und damit einen ausdrücklichen vertikalen Vergleich verlangt neben dem DCGK lediglich der PCGK von Brandenburg. Ein Bonus-Malus-System sprechen nur Brandenburg, der Bund, Hamburg und der DCGK explizit an.

Die Unterschiede lassen sich mittels einer Gegenüberstellung zusätzlich verdeutlichen. Beispielsweise formuliert Mannheim (7.3.2) lediglich sehr allgemein: „Die Gesamtvergütung der Mitglieder der Geschäftsführung wird in angemessener Höhe auf der Grundlage markt- und unternehmensspezifischer Faktoren festgelegt." Etwa der Bund ist dagegen deutlich umfassender: „Die Vergütung der Mitglieder der Geschäftsleitung wird vom Überwachungsorgan unter Einbeziehung von etwaigen Konzernbezügen in angemessener Höhe auf der Grundlage einer Leistungsbeurteilung festgelegt; Kriterien für die Angemessenheit der Vergütung bilden insbesondere die Aufgaben des jeweiligen Mitglieds der Geschäftsleitung, dessen persönliche Leistung, die Leistung der Geschäftsleitung sowie die wirtschaftliche Lage, der nachhaltige Erfolg und die Zukunftsaussichten des Unternehmens unter Berücksichtigung seines Vergleichsumfelds. Sie soll die übliche Vergütung nicht ohne besondere Gründe übersteigen. Sämtliche Vergütungsbestandteile müssen für sich und insgesamt angemessen sein. Dies schließt im Rahmen des rechtlich Möglichen bei einer verschlechterten wirtschaftlichen Lage des Unternehmens auch eine Herabsetzung der Vergütung ein."

---

[746] von Werder (2011), S.54.

Unterschiede bei den Kriterien für die Angemessenheitsbeurteilung der Geschäftsführervergütung	
Stets genannt	Wirtschaftliche Lage, Aufgaben Geschäftsführer, persönliche Leistung des Geschäftsführers.
Nur Brandenburg, DCGK	**Vergütungsstruktur, die ansonsten in dem Unternehmen gilt.** -> *nicht nur horizontaler sondern auch vertikaler Vergleich*
Nur Bund, Brandenburg, Hamburg, DCGK	**Bonus Malus System**: Dies schließt im Rahmen des rechtlich Möglichen bei einer verschlechterten wirtschaftlichen Lage des Unternehmens auch eine Herabsetzung der Vergütung ein. DCGK: Sowohl positiven als auch negativen Entwicklungen soll bei der Ausgestaltung der variablen Vergütungsteile Rechnung getragen werden.
Nur Hamburg, Städtetag NRW, Brandenburg	Zusätzlicher **örtlicher Bezug bei Vergleichsumfeld** bzw. Branchen/-Wirtschaftsumfeld Zur Absicherung der Angemessenheit der Vergütung insbesondere Vergleiche mit den anderen hamburgischen öffentlichen Unternehmen. (Hamburg) Städtetag NRW: Berücksichtigung seines kommunal geprägten Vergleichsumfelds.
Nur Bund in Anmerkungen	Die Berücksichtigung des Vergleichsumfeldes beinhaltet auch, in welchem Umfang ein Unternehmen in **monopolistisch geprägten Märkten** tätig ist und somit nur beschränkt einem **Wettbewerb** ausgesetzt ist.
Nur Brandenburg, Bund	Sämtliche Vergütungsbestandteile dürfen branchen-, größen- und ortsübliche Vergütung nicht ohne besondere Gründe übersteigen. *(Bund „sollen" statt „dürfen")*
Nur Brandenburg	Vergütungsbestandteile dürfen nicht dazu verleiten, unangemessene Risiken einzugehen.
Nur Bund, Brandenburg, Hamburg, Frankfurt, Potsdam, Saarbrücken, Essen	Sämtliche Vergütungsbestandteile müssen für sich und insgesamt angemessen sein. *(Saarbrücken „sollen" statt „müssen", Essen ohne „für sich und insgesamt")*
Nur Brandenburg, Bund, Hamburg, Städtetag, Stuttgart, DCGK	Zusatz **„nachhaltig(er)"** bei Kriterium **Erfolg**. Städtetag Städtetag NRW: angfristiger statt nachhaltiger.
Nur Berlin Brandenburg, Bund, Hamburg, Potsdam, Saarbrücken	Grundlage einer individuellen **Leistungsbeurteilung** explizit genannt.
Nur Brandenburg, Bund, Stuttgart	Die **Gesamtvergütung** umfasst die monetären Vergütungsteile, die Versorgungszusagen, die sonstigen Leistungen, insbesondere für den Fall der Beendigung der Tätigkeit, Nebenleistungen jeder Art und Leistungen von Dritten, die im Hinblick auf die Geschäftsleitungstätigkeit zugesagt oder im Geschäftsjahr gewährt wurden.
Nur DCGK	Soweit zur Beurteilung der Angemessenheit der Vergütung ein **externer Vergütungsexperte** hinzugezogen wird, soll auf dessen **Unabhängigkeit** vom Vorstand bzw. vom Unternehmen geachtet werden.
Nur Bund	Die Vergütung ist in den Anstellungsverträgen zweifelsfrei festzulegen.
Nur Bremen	Eine betriebliche Altersvorsorge soll nicht vereinbart werden.
Nicht genannt bei Essen, Mannheim, Städtetag NRW, Rostock, Frankfurt	**Gesamtleistung** der Geschäftsführung als Kriterium für Angemessenheit neben persönlicher Leistung.
Nicht genannt bei Hamburg, Mannheim	Berücksichtigung **Konzernbezüge.**
Nicht genannt bei Frankfurt, Mannheim	**Zukunftsaussichten** Unternehmen.
Nur Magdeburg	Überhaupt keine Regelungen.

Tab. 50: Unterschiede bei Kriterien für die Angemessenheitsbeurteilung der Geschäftsführervergütung

Anforderungen und Kodexvergleich unterstreichen, dass bezüglich der Kriterien für Angemessenheitsbeurteilungen der Geschäftsführervergütung in einigen PCGKs Handlungsbedarf hinsichtlich der Aufnahme zusätzlicher präziser Kriterien und des vertikalen Vergleichs besteht.

9.8.7.3 Erfolgsabhängige Vergütungselemente, langfristige Anreizkomponenten und Bonus-Malus-System

Weiter werden erfolgsabhängige Vergütungselemente kontrovers diskutiert. Matzka et al. vertreten die Auffassung, dass „variable Bezugsbestandteile generell eingeführt" und „in ein System der ergebnis- und wirkungsorientierten Steuerung" integriert werden sollen."[747] Hingegen plädieren andere einschlägige Stimmen in der Corporate Governance Debatte für die Beschränkung auf eine fixe Vergütung.[748] Tab. 51 bildet ab, dass neun PCGKs eine Aufteilung in eine fixe und variable Vergütung ausdrücklich empfehlen. Beim Bund soll eine variable Vergütung dagegen die Ausnahme sein.

Unterschiede bzgl. Empfehlung oder Möglichkeit einer variablen Geschäftsführervergütung	
Berlin, Essen, Frankfurt, Hamburg, Potsdam, Rostock Saarbrücken, Städtetag NRW, DCGK	Die Vergütung **soll** fixe und variable Bestandteile umfassen. *(oder sehr ähnliche Formulierung)*
Mannheim Stuttgart	Die Gesamtvergütung der Mitglieder der Geschäftsführung **kann** fixe und variable Bestandteile umfassen. *(Stuttgart ähnliche Formulierung)*
Brandenburg, Bund	Wenn die monetären Vergütungsteile neben fixen auch variable Bestandteile umfassen. *Anmerkung nur bei Bund*: Variable Bestandteile der monetären Vergütung sind in der Regel nur in einem wettbewerblichen Umfeld gerechtfertigt.
Bremen, Magdeburg	Keine Regelung

Tab. 51: Unterschiede bei Empfehlung oder Möglichkeit einer variablen Geschäftsführervergütung

[747] Matzka et al. (2011), S.153.
[748] Vgl. Benz/Frey (2007), S.93; Frey/Osterloh (1997), S.96. Für mögliche Fehlanreize bei öffentlichen Unternehmen aufgrund schwer messbarer Leistungsziele vgl. Whincop (2005), S.74+S.193.

Tab. 52 zeigt folgend, dass schwerwiegende Unterschiede bei den Kriterien und der Ausgestaltung der variablen Geschäftsführervergütung bestehen. Ein Bonus-Malus-System nennen nur Brandenburg, Bund und der DCGK. Eine Begrenzungsmöglichkeit (Cap) sehen ebenfalls lediglich vier PCGKs vor.

Unterschiede bei den Kriterien und der Ausgestaltung variabler Geschäftsführervergütungselemente	
Nur bei Brandenburg Bund DCGK	**Bonus-Malus-System** als Begriff genannt. Sowohl positiven als auch negativen Entwicklungen soll bei der Ausgestaltung der variablen Vergütungsteile Rechnung getragen werden. (Brandenburg, DCGK)
	Bonus-Malus-System; dies schließt im Rahmen des rechtlich Möglichen bei einer verschlechterten wirtschaftlichen Lage des Unternehmens auch eine Herabsetzung der Vergütung ein. (Bund)
Nur bei Brandenburg Bund, Hamburg, DCGK	Für außerordentliche, nicht vorhergesehene Entwicklungen soll der Aufsichtsrat eine **Begrenzungsmöglichkeit (Cap)** vereinbaren.
Nur bei Bund DCGK	Damit von den variablen Komponenten langfristige Verhaltensanreize zur nachhaltigen Unternehmensentwicklung ausgehen, sollen sie eine **mehrjährige Bemessungsgrundlage** haben und erst am Ende des Bemessungszeitraums **ausgezahlt** werden.
Nur Hamburg	Der Anteil der Tantieme an der Gesamtvergütung soll 50% nicht überschreiten.
Nur Hamburg	Es sollen Vertragstantiemen in Form von Ziel- und Leistungsvereinbarungen abgeschlossen werden, die auch Regelungen zur **Verbesserung des Klimaschutzes (Klima-Tantieme)** enthalten. Hierbei sind Ziele und Zielerreichungsgrade eindeutig zu definieren und zu quantifizieren.
Nicht genannt bei Rostock, Stuttgart Städtetag NRW Saarbrücken Mannheim	Die variablen Vergütungsteile sollen **vor Beginn** eines jeden Geschäftsjahres in einer **Zielvereinbarung** mit dem Aufsichtsrat niedergelegt werden. *Nur in Frankfurt noch ergänzende Muss-Vorschrift:* Sie ist jedoch spätestens innerhalb des ersten Quartals des jeweiligen Geschäftsjahres abzuschließen.
Nicht genannt bei Essen Frankfurt Potsdam Saarbrücken Städtetag NRW Stuttgart	Formuliert u. a. bei Bund: Eine **nachträgliche Änderung** der **Erfolgsziele** oder der **Vergleichsparameter** soll ausgeschlossen sein. Berlin: Nachträgliche Änderungen von Zielvereinbarung und Vergütungsbestandteilen sind nicht zulässig, es sei denn, die Geschäftsleitung ist aus übergeordneten Gründen – politische oder Gesellschafterinteressen – verpflichtet, die Unternehmensplanungen zu verändern.
Nicht genannt bei Mannheim, Rostock, Städtetag	Hinsichtlich variabler Vergütung langfristige Anreizwirkung und/oder Nachhaltigkeit bzw. nachhaltige Unternehmensführung, langfristiger Erfolg, langfristige Ziele.
Rostock Städtetag NRW	Keine speziellen Kriterien für variable Vergütungselemente, aber Hinweis auf mögliche variable Vergütung.
Bremen Magdeburg	**Gar keine Aussagen zu variabler Vergütung.**
Besonderheit Bund	Die Vergütung ist in den Anstellungsverträgen zweifelsfrei festzulegen. *(Spezielle zusätzliche in dieser Form nur beim Bund formulierte Vorgabe)*

Tab. 52: Unterschiede bei Kriterien und der Ausgestaltung variabler Geschäftsführervergütungselemente

In der eigenen Befragung wurde von drei Gesprächspartnern darauf verwiesen, dass für die Vergütung wichtige Zielparameter teilweise erst im Nachhinein festgelegt oder nachträglich geändert würden. Vor diesem Hintergrund sollten, wie von einigen schon praktiziert, alle

PCGKs zumindest die Chance ergreifen, deutliche Regelungen gegen derartige Governancepraktiken zu formulieren.

Diskutiert werden könnte in diesem Kontext ferner, in allen PCGKs die folgende Empfehlung aus dem DCGK aufzunehmen: „Soweit vom Aufsichtsrat zur Beurteilung der Angemessenheit der Vergütung ein externer Vergütungsexperte hinzugezogen wird, soll auf dessen Unabhängigkeit vom Vorstand bzw. vom Unternehmen geachtet werden." Bei der Unabhängigkeit von Vergütungsberatern sind gerade bei öffentlichen Unternehmen ebenfalls bewährte Standards heranzuziehen und selbstentwickelte Regelungen aufgrund der Mängelanfälligkeit zu vermeiden.[749]

Übergreifend sind bei der Überarbeitung der PCGKs in diesem Regelungsfeld die inhaltlich und im Wortlaut denkwürdigen Ausführungen von Bundestagspräsident Norbert Lammert aus Anlass des 10-jährigen Bestehens der Regierungskommission Corporate Governance am 13.06.2012 in Berlin deutlich zu berücksichtigen:

„Ich will unter den … Fragen eine aufgreifen, von der ich weiß, dass sie auch die Regierungskommission zunehmend beschäftigt … und die über das in Anführungszeichen ´simple Thema` der Einkommensentwicklung oder Gehaltsentwicklung nach meinem Empfinden deutlich hinaus geht. Sie hat nämlich mit der gesellschaftspolitischen Grundsatzfrage zu tun, wie wir in unserem Verständnis dieser Gesellschaft und ihrer Verfassung mit dem Verhältnis von Gleichheit und Ungleichheit umgehen … Ich persönlich habe den Eindruck, dass die allermeisten Menschen mit den erwähnten statistischen Ungleichheiten im Prinzip relativ gut zurande kommen. Weil die Erfahrung der Ungleichheit, die empirische Erfahrung der Ungleichheit, noch früher im genetischen Code aller Menschen verankert ist als die normative Erfahrung des Gleichheitsgrundsatzes in unserer Gesellschaft. Mit dieser Diskrepanz sind wir alle aufgewachsen. Die einen mehr auf der ärgerlichen, die anderen mehr auf der fröhlichen Seite. Bei manchen hat es sich auch im Laufe der Zeit mal von dieser auf die andere Seite verlagert … Ungleichheit … wird aber immer dann ein Problem, schon gar im Kontext einer demokratisch verfassten und marktwirtschaftlich geregelten Ordnung, wenn es keinen plausiblen, erkennbaren Zusammenhang mehr gibt zwischen individueller Leistung und individuellem Einkommen und Vermögen."[750]

Ebenfalls scheinen einige Thesen aus der privatwirtschaftlichen Corporate Governance Diskussion bei der Konzeption von PCGKs diskussionswürdig. Hier wird teilweise angeregt, auf "Pay for Performance" und variable Vergütungselemente zu verzichten und auf fixe Vergütungsmodelle zu wechseln.[751]

9.8.7.4 Offenlegung von Vergütung und Vergütungsbericht

Forderungen und gesetzliche Grundlagen zur Vergütungspublizität veranschaulichte Abschnitt 6.3.3.4. Tab. 53 illustriert, dass mit Ausnahme von Saarbrücken alle PCGKs die individualisierte Offenlegungsform vorsehen. Als Offenlegungsort verweisen Brandenburg, Bund und Saarbrücken auf einen Corporate Governance Bericht, viele andere PCGKs nennen den

---

[749] Vgl. Maßmann (2011), S.4.
[750] Lammert (2012), S.7.
[751] Vgl. Benz/Frey (2007), S.93; Frey/Osterloh (2005), S.96.

Anhang zum Jahresabschluss. Ein Vergütungsbericht – wie ihn der DCGK vorsieht – ist allein in Saarbrücken vorgegeben. Der ausschließliche Verweis auf den Beteiligungsbericht von Essen und Städtetag NRW ist orientiert an den Anforderungen und im Kodexvergleich in Richtung einer individualisierten Offenlegung im Jahresabschluss und Corporate Governance Bericht zu überarbeiten. Die neben der Veröffentlichung auf Unternehmensebene geforderte Veröffentlichung im Beteiligungsbericht[752] wird nur in drei PCGKs angesprochen.

Unterschiede bei der Offenlegung der Geschäftsführervergütung			
	Offenlegungsform	Offenlegungsort auf Unternehmensebene	Offenlegung Beteiligungsbericht
Berlin (II.3)	Individualisiert **(Muss)**	Erklärung zum PCGK im Anhang zum Jahresabschluss	Keine Regelung
Brandenburg (6.2.1)	Individualisiert	Corporate Governance Bericht	Keine Regelung
Bremen (3.4.4)	Individualisiert	Anhang Jahresabschluss	Keine Regelung
Bund (6.2.1)	Individualisiert	Corporate Governance Bericht	Keine Regelung
Hamburg (4.2.6)	Individualisiert	Anhang Jahresabschlusses	Keine Regelung
Mannheim (7.3.5)	Individualisiert	Anhang Jahresabschluss	Keine Regelung
Rostock (3.3.3)	Individualisiert	Anhang Jahresabschluss	Individualisiert PCGK Teil, 2, 4.6.1
Stuttgart (3.3.3)	Individualisiert	Anhang Jahresabschluss	Individualisiert
DCGK (4.2.4+4.2.5)	Individualisiert	Anhang oder Lagebericht, **Vergütungsbericht**	Entfällt
Saarbrücken (89+90)	**Gesamtsumme**	**Vergütungsbericht** in Public Corporate Governance Bericht	Keine Regelung
Potsdam (3.4.3)	Keine explizite Regelung	Keine explizite Regelung: soweit § 286 Abs. 4 HGB genutzt, Ausweis gegenüber Organen	Ergänzungsband Beteiligungsbericht, Offenlegungsform unklar
Städtetag NRW (3.3.3+3.4.5)	**Nach PCGK nur im Beteiligungsbericht**	**Nach PCGK nur im Beteiligungsbericht**	Individualisiert, daneben: Angaben zur Vergütung von allen direkten oder indirekten Beteiligungen mit mindestens 20% Anteil
Essen (3.3.3)	**Nach PCGK nur im Beteiligungsbericht**	**Nach PCGK nur im Beteiligungsbericht**	Individualisiert
Frankfurt	Keine Regelung	Keine Regelung	Keine Regelung
Magdeburg	Keine Regelung	Keine Regelung	Keine Regelung

Tab. 53: Unterschiede bei Offenlegung der Geschäftsführervergütung

Ergänzend ist im Vergleich aufzugreifen, dass nur Potsdam (3.4.3) konkret auf die Verzichtsklausel des § 286 Abs. 4 HGB hinweist. Inhaltlich angesprochen wird die Möglichkeit lediglich noch in Hamburg. Im Gegensatz hierzu schließt der Bund einen Verweis auf § 286 Abs. 4 HGB in § 15 Abs. 1 seines Mustergesellschaftsvertrags richtungsweisend explizit aus: „Von der Möglichkeit des Verzichts auf die Angaben zur Vergütung nach § 286 Abs. 4 HGB wird kein Gebrauch gemacht."

---

[752] Vgl. Dietrich/Struwe (2006), S.11.

Weiter ist bedeutend, welche Vergütungselemente gemäß der PCGKs offenzulegen sind. Diesbezüglich dokumentierten die Analyseergebnisse in Tab. 54 wesentliche Differenzen sowohl im Grundsatz als auch im Detail. Der Arbeitskreis Externe Rechnungslegung der Schmalenbach-Gesellschaft hat hierzu u. a. empfohlen, dass im Corporate Governance Bericht „Angaben zu den Vertragslaufzeiten auf individueller Ebene sowie zu Abfindungsvereinbarungen auf Gesamtebene der Organe verpflichtend gefordert werden."[753] Diese Empfehlung ist bislang lediglich im DCGK ausdrücklich berücksichtigt.

---

[753] Schmalenbach-Gesellschaft (2006a), S.1070.

	Offenlegungspflichtige Vergütungselemente der Geschäftsführer
Bund (6.2.1)	Gesamtvergütung aufgeteilt nach Fixum, leistungs- und erfolgsbezogenen Teilen und Komponenten mit langfristiger Anreizwirkung ... **in allgemein verständlicher Form.**
Brandenburg (6.2.1)	Leistungen, die einem Mitglied/früheren Mitglied der Geschäftsführung für den Fall der Beendigung seiner Tätigkeit zugesagt oder im Lauf des Geschäftsjahres gewährt werden.
DCGK (4.2.4+4.2.5)	Gesamtvergütung, aufgeteilt nach fixen und variablen Vergütungsteilen, **Zusagen auf Leistungen, die für den Fall der vorzeitigen oder regulären Beendigung der Tätigkeit als Vorstandsmitglied gewährt** oder die während des Geschäftsjahres geändert worden sind.
	In einem **Vergütungsbericht** als Teil des Lageberichtes werden die **Grundzüge des Vergütungssystems** für die Vorstandsmitglieder dargestellt. **Die Darstellung soll in allgemein verständlicher Form erfolgen. Der Vergütungsbericht soll auch Angaben zur Art der von der Gesellschaft erbrachten Nebenleistungen enthalten.**
Berlin (II.3)	Gehälter, Gewinnbeteiligungen, Aufwandsentschädigungen, Versicherungsentgelte, Provisionen und Nebenleistungen jeder Art; für die Veröffentlichung von Abfindungen, gewährten Vorschüssen und Krediten Anwendung von § 285 Satz 1 Nr. 9 HGB.
	Gesamtvergütung aller Mitglieder in einem **Gesamtbetrag im Vergütungsbericht**, Vergütungssystem **in allgemein verständlicher Form erläutert.**
	Bei Versorgungszusagen jährlich Zuführung zu Pensionsrückstellungen oder Pensionsfonds.
Saarbrücken (89+90)	Der wesentliche Inhalt von Zusagen für den Fall der Beendigung der Tätigkeit als Geschäftsleitungsmitglied, wenn die Zusagen in ihrer rechtlichen Ausgestaltung von den Arbeitnehmern erteilten Zusagen nicht unerheblich abweichen.
	Angaben zur Art von Unternehmen erbrachten Nebenleistungen.
Rostock (3.3.3+ Teil 2, 4.6.1)	Vergütung aufgeteilt nach Fixum, erfolgsbezogenen Komponenten und Sachleistungen, Aufgliederung nach § 285 Nr. 9 a) und c) HGB.
	Vermerk, ob von Seiten des/der Gesellschafter/s Pensionszusagen gemacht wurden.
Bremen (3.4.4) Stuttgart (3.3.3)	Vergütung aufgeteilt nach Fixum, erfolgsbezogenen Komponenten und Sachleistungen. Stuttgart zusätzlich: Vermerk, ob von Seiten des/der Gesellschafter/s Pensionszusagen gemacht wurden.
Hamburg (4.2.6)	Vergütung aufgeteilt nach erfolgsunabhängigen, erfolgsbezogenen und Komponenten mit langfristiger Anreizwirkung.
Mannheim (7.3.5)	Vergütung aufgeteilt nach fixen sowie variablen Bestandteilen und Nebenleistungen.
Potsdam (3.4.3)	Vergütung aufgeteilt nach Fixum und leistungs- und erfolgsbezogenen Komponenten.
Essen (3.3.3) Städtetag NRW (3.3.3)	Nur im Beteiligungsbericht, Vergütung aufgeteilt nach Fixum, erfolgsbezogenen Komponenten und Sachleistungen. Vermerk, ob von Seiten des/der Gesellschafter/s Pensionszusagen gemacht. Nur Essen: Anlehnung an 285 Nr.9 a) und C) HGB. Nur Städtetag NRW: Davon kann abgewichen werden, wenn zwei Drittel des Stadt-/ Gemeinderats/Kreistages dies beschließen.
Frankfurt Magdeburg	**Keine Regelung zu Offenlegung.**

Tab. 54: Unterschiede bei offenlegungspflichtigen Vergütungselementen der Geschäftsführer

Um bei der Offenlegungsgestaltung an bewährten Standards anzuknüpfen, könnte im PCGK zusätzlich zum HGB zwecks zusätzlicher Klarheit und Übersichtlichkeit auf den Deutschen Rechnungslegung Standard 17 verwiesen werden. Auf Basis von §§ 314 Abs. 1 Nr. 6a, 315 Abs. 2 Nr. 4 HGB ist es Ziel von DRS 17, bestehende Zweifelsfragen bei der Anwendung dieser Konzernvorschriften zu klären. Jedoch wird eine entsprechende Anwendung auf die Berichtspflichten im Einzelabschluss empfohlen.[754] Zur Absicherung sollte nach Überarbeitung der offen zu legenden Elemente eine entsprechende Bestimmung in den Mustergesellschaftsvertrag aufgenommen werden. Eine Klausel findet sich derzeit bereits in § 16 Abs. 2 des Mustergesellschaftsvertrags beim Bund in der Anlage zu den Grundsätzen guter Unternehmens- und Beteiligungsführung im Bereich des Bundes vom 30. Juni 2009: „In dem von der Geschäftsführung und dem Aufsichtsrat jährlich veröffentlichten Corporate Governance Bericht werden neben der Erklärung nach Absatz (1) auch die Gesamtvergütungen jedes Mitglieds der Geschäftsführung und jedes Mitglieds des Aufsichtsrats individualisiert und aufgegliedert nach den einzelnen Bestandteilen in allgemein verständlicher Form dargestellt. Bei Mitgliedern der Geschäftsführung werden auch Leistungen angegeben, die dem Mitglied bzw. früheren Mitglied der Geschäftsführung für den Fall der Beendigung seiner Tätigkeit zugesagt oder im Laufe des Geschäftsjahrs gewährt worden sind. Bei der Vergütung von Mitgliedern des Aufsichtsrats werden auch die vom Unternehmen an das jeweilige Mitglied gezahlten Vergütungen oder gewährten Vorteile für persönlich erbrachte Leistungen, insbesondere Beratungs- und Vermittlungsleistungen, gesondert angegeben."

Seit längerer Zeit wird zudem empfohlen, bei neu einzustellenden Geschäftsführern oder Vertragsverlängerungen eine Verpflichtung zur Vergütungspublizität im Dienstvertrag zu verankern.[755] Entsprechend Tab. 55 ist dies indessen nur in vier der 14 PCGKs konzeptionelle Governancerealität.

Unterschiede bei vertraglicher Zustimmungserklärung zur Vergütungsoffenlegung	
Brandenburg (6.2.1), Bund (6.2.1)	Bei der Neu- oder Wiederbestellung von Geschäftsführern **hat** der **Aufsichtsrat** für eine vertragliche Zustimmungserklärung zur Offenlegung Sorge zu tragen.
Potsdam (3.4.3)	Bei der Neu- oder Wiederbestellung von Geschäftsführern **haben** die **Gesellschafter** die Aufnahme einer dahingehenden Verpflichtung in den Dienstvertrag sicherzustellen.
Frankfurt (3.3.5)	Im Anstellungsvertrag **ist sicherzustellen**, dass der Geschäftsführer einer Veröffentlichung seiner Bezüge im Rahmen des § 123a Abs. 2 S. 2 HGO zustimmt.
Berlin, Bremen, Essen, Hamburg, Magdeburg, Mannheim, Rostock, Saarbrücken, Städtetag NRW, Stuttgart formulieren keine derartige Kodexregelung.	

Tab. 55: Unterschiede bei vertraglicher Zustimmungserklärung zur Vergütungspublizität

Bei vergleichender Betrachtung ist Handlungsbedarf für einige PCGKs ersichtlich. Aufgenommen werden sollte in allen PCGKs zudem ein Hinweis auf einen entsprechend formulierten Mustergesellschaftsvertrag, der, wie z. B. beim Bund bereits praktiziert, vorsieht, das „ausdrückliche Einverständnis des betroffenen Organmitglieds" im Anstellungsvertrag zu gewährleisten."[756] Auch in Berlin ist im Transparenzgesetz vom 19. April 2011 in § 65a LHO eine gesetzliche Vorgabe formuliert, dass eine individualisierte Offenlegung durch eine entsprechende Gestaltung der Gesellschaftsverträge/Satzungen sicherzustellen ist.

---

[754] Vgl. Deutsches Rechnungslegungs Standards Committee, http://www.drsc.de/service/drs/standards/index. php? ixstds_do=show_details&entry_id=23, Abruf: 01.07.2012.

[755] Vgl. Hille (2003), S.123.

[756] § 15 Abs. 1 Mustergesellschaftvertrag des Bundes in der Anlage 2 zu den Grundsätzen guter Unternehmens- und Beteiligungsführung im Bereich des Bundes vom 30. Juni 2009.

9.9   Regelungsunterschiede bei der Beteiligungsverwaltung

9.9.1   Berichte der Geschäftsführung an Beteiligungsverwaltung und Gesellschafter

Viele PCGKs sehen Berichte der Geschäftsführung nicht nur an den Aufsichtsrat, sondern auch direkte Berichte an die Beteiligungsverwaltung vor (Bremen 3.2.5, Frankfurt 3.3.2, Magdeburg 2.1.2, Potsdam 3.4.2, Rostock 3.2.5+Teil B 2.1.1, Saarbrücken 80, Städtetag NRW 3.2.5, Stuttgart 3.2.5+Teil 2, 2.1.1). Beispielsweise regelt Stuttgart: „Die Geschäftsführung soll ein Berichtswesen implementieren. Sie informiert den Aufsichtsrat und die Beteiligungsverwaltung regelmäßig, zeitnah und umfassend über alle für das Unternehmen relevanten Fragen der Planung, der Geschäftsentwicklung, der Risikolage, des Risikomanagements (Quartalsbericht). Sie geht auf Abweichungen des Geschäftsverlaufs von den aufgestellten Plänen und Zielen unter Angabe von Gründen ein." In anderen PCGKs wie Berlin, Bund und Essen ist dagegen das Berichtswesen an die Beteiligungsverwaltung nicht ausdrücklich geregelt.

Hamburg (3.3) strebt keine direkte Information an, sondern verlangt, die Berichte gemäß § 90 AktG „durch die auf Veranlassung der Freien und Hansestadt Hamburg gewählten oder entsandten Aufsichtsratsmitglieder an die zuständige Fachbehörde zur Unterrichtung weiterzuleiten." Brandenburg (3.7.5) sieht vor, die Berichte „regelmäßig auch den Gesellschaftern zu übermitteln."

Anforderungen und Vergleiche sprechen dafür, das Berichtswesen an die Beteiligungsverwaltung in den betroffenen PCGKs noch klarer zu fassen.

9.9.2   Zusendung von Aufsichtsratsunterlagen und Vorbereitung der Aufsichtsräte im Sitzungsvorfeld

Der Vorbereitung von Aufsichtsratsmitgliedern auf die Aufsichtsratssitzungen wird hohe Relevanz zugewiesen. Tagesordnungen sollten mit dem Beteiligungsmanagement abgesprochen werden, damit dieses seine Aufgabe erfüllen kann.[757]

In den analysierten PCGKs ist die Form der Vorbereitung der Mandatsträger auf die Aufsichtsratssitzungen und die Ausgestaltung der Mandatsbetreuung allerdings vielfach nicht konkretisiert, was in der Literatur bemängelt wird.[758]

In Stuttgart (2.2.1) und ähnlich in Rostock (Teil 2, 2.2) ist vorgesehen: „Die Geschäftsführung stellt der Beteiligungsverwaltung frühzeitig alle Einladungen zu den Sitzungen des Aufsichtsrats und seiner Ausschüsse mit Tagesordnungen und Unterlagen sowie Tischvorlagen und Niederschriften zu." In den anderen PCGKs sind derartige Vorgaben nicht aufgenommen. Vielfach finden sich lediglich Beschreibungen von Zuständigkeiten etc.

Zu diskutieren ist für die Fortschreibung eine Empfehlung, nach der die Stellungnahmen der Beteiligungsverwaltung zur Sitzungsvorbereitung auch Beschlussempfehlungen enthalten sollen.[759] Vor allem sind jedoch Form und Abläufe zu den Vorbereitungen im Sitzungsvorfeld zu konkretisieren.

---

[757]   Vgl. stellvertretend Baier (2010), S.26; Eilenfeld (2011), S.410; Weiblein (2011), S.651.
[758]   Vgl. Weiblein (2011), S.651.
[759]   Vgl. Eilenfeld (2011), S.410.

9.9.3 Teilnahme an Aufsichtsratssitzungen

Häufig wird argumentiert, dass das Beteiligungsmanagement an den Aufsichtsratssitzungen teilnehmen sollte.[760] Rostock (3.8.8) sieht sogar explizit vor: „Die Beteiligungsverwaltung ist stets berechtigt, an allen Sitzungen des Aufsichtsrats und seiner Ausschüsse teilzunehmen." In Hamburg (2.4) ist eine Teilnahme indirekt erwähnt: „In Absprache mit der Fachbehörde können Externe aus einer Pflicht zur Berichterstattung entlassen werden, wenn Bedienstete der Freien und Hansestadt Hamburg an der Aufsichtsratssitzung teilgenommen haben." Die anderen PCGKs formulieren hierzu keine Regelungen.

Die Einladung speziell zur Bilanzsitzung des Aufsichtsrats ist lediglich noch in Bremen (3.2.7) und Saarbrücken (104) erwähnt. Bremen regelt dies als Vorgabe und begründet: „Die Geschäftsführung lädt die Beteiligungsverwaltung zur Abschlussbesprechung zwischen Geschäftsführung und dem Abschlussprüfer sowie zur Bilanzsitzung des Aufsichtsrates ein, damit Probleme und Besonderheiten vorab diskutiert und Prinzipien des öffentlichen Rechts besser umgesetzt werden können." Saarbrücken regt mit Hinweis auf Einschränkungen an: „Eine Einladung sollte auch zur Bilanzsitzung des Aufsichtsrats erfolgen, soweit dies gesetzlich zulässig ist."

Im Rahmen einer vernetzt integrierten Gesamtsteuerung im Konzern Stadt ist die Teilnahme von Beteiligungsmanagern an Aufsichtsräten ein wichtiger konzeptioneller Diskussionspunkt bei der Kodexfortschreibung.

9.9.4 Abstimmung des Jahresabschlusses

In der Literatur wird eine Abstimmung der Jahresabschlüsse mit dem Beteiligungsmanagement im Sitzungsvorfeld empfohlen.[761] Dies ist ein wichtiges Regelungsfeld für einen PCGK, da unmittelbar auch die Unternehmensorgane angesprochen sind.[762] Hingegen tritt in Tab. 56 hervor, dass hier mangelnde Regelungsklarheit zu verzeichnen ist sowie steuerungsrelevante Unterschiede bestehen. Eine ausdrückliche Betonung zur Abstimmung mit der Beteiligungsverwaltung enthalten nur fünf PCGKs. Die Teilnahme an Vorbesprechungen und Jahresabschlussgesprächen mit dem Wirtschaftsprüfer ist nur in vier PCGKs thematisiert.

---

[760] Vgl. Baier (2010), S.26.
[761] Vgl. Baier (2010), S.26; Weiblein (2011), S.652.
[762] Vgl. Weiblein (2011), S.652.

Unterschiede bei der Abstimmung des Jahresabschlusses mit dem Gesellschafter

Ausdrückliche Betonung zur Abstimmung mit der Beteiligungsverwaltung
Wie folgend nur Stuttgart (3.2.7), Potsdam (4.1), Rostock (3.2.7), Saarbrücken (82), Städtetag (3.2.7):

Die Geschäftsführung soll den Jahresabschluss rechtzeitig vor der Behandlung im Aufsichtsrat **mit der Beteiligungsverwaltung abstimmen, damit Besonderheiten, Bilanzierungsfragen und Auswirkungen auf den städtischen Haushalt** vorab diskutiert und Vereinbarungen besser umgesetzt werden können.

Teilnahme der Beteiligungsverwaltung an Vor-/Jahresabschlussgesprächen mit dem Prüfer
Wie folgend nur in vier PCGKs mit deutliche Regelungsunterschieden

Frankfurt (2.2.2): Zu dem Vorgespräch zwischen Prüfer und Geschäftsführung über die wesentlichen Ergebnisse der Abschlussprüfung **sind das Beteiligungsmanagement und das Revisionsamt** beizuziehen. Gegenstand des Vorgespräches ist der erste **Entwurf des Prüfberichtes**, der dem Beteiligungsmanagement **spätestens eine Woche vor dem Gesprächstermin** vorliegen soll. Bei der Terminplanung ist zu gewährleisten, dass bis zur Vorlage des verbindlichen Prüfberichtes für die Korrektur fehlerhafter Darstellungen **genügend Zeit zur Verfügung** steht.

Rostock (Teil 2, 3.1.2): Um den Jahresabschluss mit der Gesellschafterin vorzubesprechen, stimmt die Gesellschaft einen Termin mit der Beteiligungsverwaltung und dem Wirtschaftsprüfungsunternehmen ab. Der Wirtschaftsprüfer soll an der Vorbesprechung teilnehmen. Die Vorbesprechung sollte **mindestens vier Wochen vor der Aufsichtsratssitzung**, die über den Jahresabschluss berät, stattfinden. Ein **Entwurf des Prüfungsberichts** ist der Beteiligungsverwaltung möglichst zeitnah vorzulegen, mindestens jedoch **14 Tage vor der Vorbesprechung**.

Bremen (3.2.7): Die Geschäftsführung lädt die Beteiligungsverwaltung zur Abschlussbesprechung zwischen Geschäftsführung und dem Abschlussprüfer ein.

Potsdam (4.2): Das Beteiligungsmanagement der Landeshauptstadt Potsdam soll an den Jahresabschlussgesprächen mit den Abschlussprüfern teilnehmen und bei diesen rechtzeitig dergestalt mitwirken, dass die Gesellschafterinteressen Beachtung finden.

Saarbrücken (104): Die Geschäftsleitung **sollte** die Verwaltung zur Abschlussbesprechung zwischen der Geschäftsleitung und dem Abschlussprüfer einladen. *(nur Anregung im Gegensatz zu anderen PCGKs)*

Tab. 56: Unterschiede bei Abstimmung Jahresabschluss zwischen Gesellschaft und Beteiligungsverwaltung

Im Interesse der öffentlichen Hand liefern Anforderungen und Kodexvergleich stichhaltige Argumente, durch entsprechende Empfehlungen mehr Handlungssicherheit zu bewirken.

9.9.5 Zuleitung des Prüfberichts bzw. Managementletters

Die Prüfberichte des Abschlussprüfers bzw. die sog. Managementletter sollten nach Empfehlungen in der Literatur auch der Gesellschafterversammlung vorgelegt werden.[763] Die Übersendung an die Beteiligungsverwaltung als zentraler Schnittstelle für die Gesellschafter ist allerdings nur knapp in der Hälfte der folgenden PCGKs verfasst: Frankfurt (2.1.4/2.2.2), Magdeburg (II.1), Potsdam (4.2), Rostock (Teil 2, 3.1.3), Saarbrücken (113) und Stuttgart (Teil B 3.1.3). Eine Regelung sollte auch in die übrigen PCGKs aufgenommen werden.

---

[763] Vgl. Bremeier/Brinkmann/Killian (2006), S.16.

9.9.6 Beteiligungsbericht

Der Beteiligungsbericht ist ein wichtiges Instrument zur Information von Politik und Öffentlichkeit.[764] In den PCGKs wird das Ziel des Beteiligungsberichts indessen nur von Magdeburg (II.2) kommuniziert: „Ein wesentliches Ziel dieses Berichtes ist es, neben der Politik und der Verwaltung, insbesondere die städtischen Vertreter in den jeweiligen Gremien über die Gesellschaften der Landeshauptstadt Magdeburg zu informieren. Er soll aber auch interessierten Bürgerinnen und Bürgern und außenstehenden Dritten die Möglichkeit geben, sich mit der vielfältigen wirtschaftlichen Betätigung der Landeshauptstadt Magdeburg vertraut zu machen." Dies scheint in gekürzter Form auch für die anderen PCGKs ein Entwicklungsbeitrag für seine Funktionen und mehr Übersichtlichkeit im PCG System.

Darüber hinaus könnte im PCGK schlagwortartig auf einige zusätzliche Inhalte des Beteiligungsberichts hingewiesen werden, die in der übergreifenden Diskussion besondere Bedeutung besitzen. Vorstellbar wären diesbezüglich etwa Leistungs-/Wirkungskennzahlen mit Vorjahresvergleichen, Ausbildungsquoten und Angaben zur Repräsentation von Frauen.

9.10 Regelungsunterschiede bei der internen Revision

Mit Forderungen zur internen Revision befasste sich Abschnitt 6.3.5. Diesbezüglich lässt Tab. 57 hervortreten, dass die verschiedenen Elemente in den PCGKs vielfach gar nicht und bei den vorhandenen Regelungen sehr unterschiedlich berücksichtigt sind. Das Zeichen „-" bedeutet, dass zu diesem Element keine Regelungen im PCGK vorhanden sind. Eine Anbindung der internen Revision an die Unternehmensspitze und die Erteilung schriftlicher Aufträge empfehlen lediglich Brandenburg und Potsdam. Viele PCGKs sprechen sogar keinerlei Grundsätze zur internen Revision aus. Brandenburg (7.1.2) schreibt umfassend: „Bei größeren Unternehmen und Konzernobergesellschaften ist darauf hinzuwirken, dass die Geschäftsführung zu ihrer Unterstützung innerbetriebliche Revisionsstellen (interne Revision) mit Prüfungen beauftragt. Die interne Revision soll unmittelbar der Geschäftsführung unterstellt sein. Die Aufträge sollen schriftlich erteilt werden, die Prüfungen sollen sich insbesondere auf das Rechnungs- und Finanzwesen, auf die Beachtung der für das Unternehmen bedeutsamen Vorschriften, der Anweisungen und Richtlinien der Geschäftsführung sowie auf die Wirtschaftlichkeit der laufenden Geschäfte und Maßnahmen erstrecken. Dabei sind auch die Berichte der Revisionsstellen der Untergesellschaften sowie die der Abschlussprüfer aller Konzerngesellschaften auszuwerten."

---

[764] Vgl. stellvertretend Schefzyk (2000); Strobel (2004), S.477.

Unterschiede bei der Einrichtung einer internen Revision				
Elemente interne Revision/ Gebietskörperschaft	Einrichtung als eigenständige Stelle	Anbindung an Unternehmens- spitze	Erteilung schriftlicher Aufträge	Vortragsrecht beim Auf- sichtsrats- vorsitzenden
Brandenburg (7.1.2) Potsdam (II.1.2)	Empfehlung	Empfehlung	Empfehlung	-
Bremen (3.2.4)	Anregung	-	-	Anregung
Essen (3.2.4), Rostock (3.2.4), Saarbrücken (79), Städtetag NRW (3.2.4), Stuttgart (3.2.4)	Anregung	-	-	-
Bund (7.1.1)	Nur Anmerkung	Nur Anmerkung	Nur Anmerkung	-
Berlin, Frankfurt, Hamburg, Magdeburg, Mannheim formulieren keine konkreten Regelungen für diese Elemente der internen Revision.				

Tab. 57: Unterschiede bei interner Revision

Es spricht mit Blick auf Anforderungen, Kodexvergleich, Flexibilität und Abweichungskultur sehr viel dafür, die Anregungen in diesem wichtigen Governancefeld in Empfehlungen um- zuwidmen. Bei Zweifeln, ob die Einrichtung einer internen Revision geboten ist, empfiehlt Brandenburg (7.1.3) die Stellungnahme eines Abschlussprüfers.

Berlin sieht die Einrichtung als eigenständige Stelle, die Anbindung an die Unternehmens- spitze und die Erteilung schriftlicher Aufträge in den Hinweisen für die Verwaltung zur Betei- ligungsführung, aber nicht im PCGK, vor. Aufgrund der mit dem PCGK anzusprechenden Adressaten von Geschäftsführung und Aufsichtsrat ist dies ein Beispiel für eine Regelung, die in den PCGK überführt werden sollte.

Besondere Verantwortung und aufgeworfene Kritik sprechen dafür, eine sich sehr eng an die Empfehlungen des Arbeitskreises Externe und Interne Überwachung der Unternehmung der Schmalenbach-Gesellschaft anlehnende Empfehlung in der folgenden Form zu erwägen: „Die Interne Revision soll zur Wahrung der Unabhängigkeit dem Vorsitzenden der Unternehmens- leitung unterstellt sein. Die Unternehmensleitung soll eine angemessene Ausstattung und an- gemessene organisationsinterne Überwachung der Internen Revision gewährleisten sowie die Umsetzung von Empfehlungen aus der Berichterstattung der Internen Revision sicherstellen. Soweit eine andere organisatorische Gestaltung aus sachlichen Gründen gewählt wird, soll der direkte Zugang des Leiters der Internen Revision zum Vorsitzenden der Unternehmensleitung gewährleistet sein."[765]

Weiter wäre zu formulieren: „In einer Informationsordnung soll festgehalten werden, dass die Unternehmensleitung das Überwachungsgremium in regelmäßigen Zeitabständen, möglichst vierteljährlich, in zusammengefasster Form über wesentliche Prüfungsfeststellungen und ins- besondere über die Wirksamkeit des Internen Kontrollsystems unterrichtet."[766]

---

[765] Schmalenbach-Gesellschaft (2006c), S.226.
[766] Schmalenbach-Gesellschaft (2006c), S.228.

9.11 Regelungsunterschiede bei Rechnungslegung und Jahresabschluss

Abschnitt 6.3.6 arbeitete heraus, dass eine schnelle Aufstellung und Offenlegung des Jahresabschlusses bei öffentlichen Unternehmen bedeutsam für die Steuerung, Rechenschaftslegung und Transparenz sind.

Die Anforderungen zur Jahresabschlussaufstellung werden in allen PCGKs bis auf in Mannheim und Hamburg kommuniziert. Der Mannheimer PCGK enthält hierzu im Unterschied gar keine Regelung; Hamburg verweist in Ziff. 7.1.1 darauf, die Fristen zur Vorlage in den Statuten des Unternehmens zu regeln. Beim Bund ist die Regelung wiederum nur in den Anmerkungen genannt und damit dem „Comply or explain-Mechanismus", anders als in den anderen PCGKs, entzogen.

Eine explizite Empfehlung, dass sich der Inhalt des Lageberichts und des Anhangs an den diesbezüglichen Anforderungen für börsennotierte Unternehmen orientieren sollen, verfassen lediglich die PCGKs von Bremen (3.2.6), Essen (3.2.6), Rostock (3.2.6) und Stuttgart (3.2.6). Klare Fristen zur Vorlage des Jahresabschlusses an den Gesellschafter bzw. die Beteiligungsverwaltung nennen nur Berlin (90 Tage, VI.2), Bund (6 Monate, 2.2), Frankfurt (Ende Juni, 3.1), Magdeburg (30. Juni, II.1) und Stuttgart (5 Monate, 3.10.2). Bei den Fortschreibungen sollte eine derartige Frist in alle PCGKs aufgenommen werden.

Eine ausdrückliche Vorgabe zur Berichterstattung an den Gesellschafter über Sponsoringleistungen enthält im Kontext des Jahresabschlusses nur der Rostocker PCGK (4.1). Aktuelle Kontroversen[767] sprechen hingegen eindeutig dafür, dies in allen PCGKs vorzusehen.

Zur Offenlegung des Jahresabschlusses werden im Gegensatz zu der in fast allen PCGKs geregelten Aufstellung allein in Saarbrücken (110) klare Anforderungen wie folgt formuliert: „Die Abschlüsse der Beteiligungsunternehmen sollen binnen 180 Tagen nach jeweiligem Geschäftsjahresende, eventuelle Zwischenberichte sollen binnen 90 Tagen nach Ende des jeweiligen Berichtszeitraums öffentlich zugänglich sein." Der DCGK für börsennotierte Unternehmen sieht in Ziff. 7.1.2 vor, den Konzernabschluss binnen 90 Tagen nach Geschäftsjahresende und die Zwischenberichte binnen 45 Tagen nach Ende des Berichtszeitraums öffentlich zugänglich zu machen. Eine eindeutige Offenlegungsfrist wie in Saarbrücken sollten alle PCGKs empfehlen.

---

[767] Vgl. Monschke/Gally/Schuster (2012), S.19.

9.12 Regelungsunterschiede bei der Abschlussprüfung

9.12.1 Einholung einer Unabhängigkeitserklärung

Eine Erklärung zur Unabhängigkeit des Abschlussprüfers wird auch im Zuge der PCG vielfach gefordert.[768] Tab. 58 veranschaulicht allerdings, dass fünf PCGKs die Einholung einer Unabhängigkeitserklärung im Gegensatz zu den anderen Kodizes nicht explizit vorsehen. Bei der Ausgestaltung zeigen sich ebenfalls steuerungsrelevante Auffälligkeiten.

Unterschiede bei der Unabhängigkeitserklärung des vorgesehenen Abschlussprüfers
Einholung der Unabhängigkeitserklärung
Muss: Hamburg (7.2.1)
Empfehlung
Berlin (VII.1), Brandenburg (8.2.1), Bund (7.2.1), DCGK (7.2.1), Potsdam (4.2): Rostock (Teil 2, 3.2.1), Saarbrücken (98)
Besonderheit Stuttgart: Einholung Erklärung durch Beteiligungsverwaltung nicht durch Aufsichtsrat.
Erklärung nur bei Bedarf
Frankfurt (2.2.1): Vor der Unterbreitung eines Wahlvorschlages … soll geprüft werden, … bei bestehendem Klärungsbedarf eine entsprechende Erklärung zu verlangen.
Keine Erklärung vorgesehen
Bremen, Essen, Magdeburg, Mannheim, Städtetag NRW
Gegenstand/Inhalt der Unabhängigkeitserklärung in ähnlicher Form wie folgend ähnlich vorgesehen
Erster Inhaltsbereich der Erklärung: Ob und ggf. welche geschäftlichen, finanziellen, persönlichen oder sonstigen Beziehungen zwischen dem Prüfer und seinen Organen und Prüfungsleitern einerseits und dem Unternehmen und seinen Organmitgliedern andererseits bestehen, die Zweifel an seiner Unabhängigkeit begründen können.
Auffälligkeit:
(In Frankfurt bei der Prüfung „sonstige Beziehungen" und „Prüfungsleiter" nicht genannt; statt „Zweifel an seiner Unabhängigkeit begründen können" formuliert PCGK „die einer Beauftragung…im Wege stehen"
Erster Inhaltsbereich der Erklärung: In welchem Umfang im vorausgegangenen Geschäftsjahr **andere Leistungen** für das Unternehmen, insbesondere auf dem **Beratungssektor**, erbracht wurden bzw. für das folgende Jahr (vertraglich) vereinbart **(oder in Aussicht gestellt)** sind.
Auffälligkeiten:
Formulierung nur Berlin: „oder in Aussicht gestellt"
Formulierung nur Bund: „vereinbart" und nicht „vertraglich vereinbart"
Formulierung nur Frankfurt: Zusätzlich ist festzustellen, ob der/die für die Wahl vorgesehene Abschlussprüfer/-in in den vergangenen Jahren für die Gesellschaft beratend tätig war. *(Im Vergleich deutlich unpräzisere Formulierung, die nur Feststellung aber nicht Erklärung vorsieht; zudem Zuständigkeit nach PCGK unklar)*
Nur bei Bund (7.2.1): Die Erklärung des vorgesehenen Abschlussprüfers soll zu den Geschäftsakten genommen werden.

Tab. 58: Unterschiede bei Unabhängigkeitserklärung des Abschlussprüfers

---

[768] Vgl. Kersting (2008), S.146.

Die Grundsätze verantwortungsvoller Unternehmensleitung/-überwachung divergieren bemerkenswert. Die Notwendigkeiten zur Aufnahme bzw. Konkretisierung von Empfehlungen zur Einholung und Ausgestaltung von Unabhängigkeitserklärungen ist nicht zu verkennen. Darüber hinaus ist im Feld der Abschlussprüfung bedeutsam, welche Regelungsunterschiede in Bezug auf die Unterrichtung über während der Prüfung auftretende Befangenheitsgründe bestehen (Tab. 59). Fünf PCGKs und der DCGK sehen eine Unterrichtung mit den dargestellten Differenzen u. a. in Bezug auf Muss-Vorschriften und Empfehlungen vor. Neun PCGKs treffen keine Aussagen zur Unterrichtung.

Unterschiede bei der Unterrichtung über auftretende Befangenheitsgründe während der Prüfung
Bund, DCGK, Potsdam, Saarbrücken: Der Aufsichtsrat **soll** mit dem Abschlussprüfer vereinbaren, dass die/der Vorsitzende des Aufsichtsrates bzw. des Prüfungsausschusses über/während der Prüfung auftretende mögliche Ausschluss- oder Befangenheitsgründe unverzüglich unterrichtet wird, soweit diese nicht unverzüglich beseitigt werden.
Hamburg: Der Aufsichtsrat **muss** vereinbaren, **statt soll** vereinbaren.
Berlin: Der Abschlussprüfer ist aufzufordern, unverzüglich den Aufsichtsratsvorsitzenden zu unterrichten, wenn Befangenheitsgründe entstehen bzw. bereits entstanden sind und nicht unverzüglich beseitigt werden können. *(abweichende Formulierung, u. a. „beseitigt werden können" statt beseitigt werden)*
Brandenburg, Bremen, Essen, Frankfurt, Magdeburg, Mannheim, Rostock, Städtetag NRW, Stuttgart: **Keine Unterrichtung vorgesehen.**

Tab. 59: Unterschiede bei Unterrichtung über Befangenheitsgründe während der Abschlussprüfung

9.12.2 Trennung von Prüfung und Beratung bzw. Anzeigen von Beratungsaufträgen

Kritik und Forderungen zur Trennung von Abschlussprüfung und Beratungsleistungen waren Thema in Abschnitt 6.3.7.2. Gemäß Tab. 60 formulieren jedoch nur vier PCGKs Inhalte, die zudem, wie hervorgehoben, deutliche Unterschiede aufweisen. Der Bund begnügt sich mit einer Anmerkung außerhalb der eigentlichen Kodexregelungen. Neun PCGKs liefern keine Aussagen zum Umgang mit dieser Frage.

Unterschiede bei Trennung von Abschlussprüfung und Beratung sowie bzgl. Vorlage Zusatzaufträge
Stuttgart (3.9.1): Ein Wirtschaftsprüfungsunternehmen, das den Jahresabschluss einer Gesellschaft prüft, **darf nicht** gleichzeitig mit **Beratungsaufträgen in strategisch größerem Umfang** für dasselbe Unternehmen beauftragt werden. In begründeten Ausnahmefällen kann das Referat Wirtschaft, Finanzen und Beteiligungen Ausnahmen zulassen.
Saarbrücken (109): Ein Wirtschaftsprüfungsunternehmen bzw. Wirtschaftsprüfer, das bzw. der den Jahresabschluss eines Beteiligungsunternehmens prüft, **soll nicht** gleichzeitig mit **Beratungsaufträgen in strategisch größerem Umfang für dasselbe Unternehmen oder die Landeshauptstadt Saarbrücken** beauftragt werden.
Brandenburg (8.2.3), Potsdam (4.2): **Verträge** mit dem Abschlussprüfer über **zusätzliche Beratungs-/Dienstleistungen sollen** dem **Aufsichtsrat zur Zustimmung** vorgelegt werden, soweit die kumulierten Honorare hieraus 10 v.H. der Vergütung für die jährliche Abschlussprüfung übersteigen.
Bund Anmerkung zu 7.2.2: Verträge mit der Abschlussprüferin bzw. dem Abschlussprüfer über zusätzliche Beratungs- oder sonstige Dienstleistungen **sollten** nur mit Zustimmung des Überwachungsorgans abgeschlossen werden.
Berlin, Bremen, DCGK, Essen, Frankfurt, Hamburg, Magdeburg, Mannheim, Rostock, Städtetag NRW keine Regelung.

Tab. 60: Unterschiede bei Trennung von Abschlussprüfung und Beratung

Saarbrücken empfiehlt im Vergleich weitreichend, dass die Wirtschaftsprüfungsgesellschaft sowohl bei dem Beteiligungsunternehmen als auch bei der Stadt selbst keine gleichzeitigen Beratungsaufträge in strategisch größerem Umfang erhalten soll. Die eingeforderte Zustimmung des Aufsichtsrats von Brandenburg und Potsdam scheint ein für alle PCGKs weiterenthelfendes Regelungselement. Beim Bund stellt sich aufgrund von Anforderungen und im Kodexvergleich erneut die Frage, die Anmerkung als Empfehlung direkt in den PCGK zu überführen. Gerade in diesem kontroversen Bereich ist gesamtbetrachtend nochmals zu betonen: Empfehlungen belassen volle Handlungsflexibilität und erlauben die Inanspruchnahme von Beratungsleistungen des Abschlussprüfungsunternehmens. Werden gleichzeitige Beratungsleistungen durch den Abschlussprüfer von den Verantwortlichen als nicht vermeidbar eingestuft, sprechen die Transparenzerfordernisse und die besondere Verantwortung öffentlicher Unternehmen zumindest für eine klar begründete Erklärung.

9.12.3 Festlegung eigener Prüfungsschwerpunkte durch den Aufsichtsrat

In Ansicht der geforderten Festlegung eigener Prüfungsschwerpunkte durch den Aufsichtsrat zeigt Tab. 61, dass zwei PCGKs die Festlegung empfehlen, zwei eine Vorgabe formulieren und drei eine Anregung. Die Zuständigkeit sprechen Bremen und Städtetag NRW explizit dem Aufsichtsratsvorsitzenden zu, die anderen PCGKs nennen hierfür das Aufsichtsratsgremium.

Unterschiede bei der Festlegung eigener Prüfungsschwerpunkte durch den Aufsichtsrat	
Bremen (2.3.4) Essen (2.3.4) Städtetag (2.3.4) Stuttgart (2.2.4)	**Empfehlung Prüfungsschwerpunkte durch Aufsichtsratsvorsitzenden**
	Hierbei soll der Aufsichtsratsvorsitzende von der Möglichkeit, eigene Prüfungsschwerpunkte der Abschlussprüfung festzulegen, Gebrauch machen.
	Vorgabe Prüfungsschwerpunkte durch Aufsichtsrat
Magdeburg (2.3.3.7) Frankfurt (2.1.2)	Magdeburg: Der Aufsichtsrat benennt die Prüfungsschwerpunkte.
	Frankfurt: Vorsitzender teilt die vom Aufsichtsrat beschlossenen Prüfungsschwerpunkte mit. *(Indirekte Vorgabe?)*
Mannheim (6.1.3) Rostock (2.3.4) Saarbrücken (102)	**Anregung Prüfungsschwerpunkte durch Aufsichtsrat**
	... dabei kann der Aufsichtsrat von der Möglichkeit Gebrauch machen, eigene Prüfungsschwerpunkte für die Abschlussprüfung festzulegen.
	Saarbrücken: Hierbei sollte der Aufsichtsrat ...
Potsdam (4.2) Rostock (Teil 2, 5.2.6) Saarbrücken (102) Städtetag (2.3.4)	**Empfehlungen durch Beteiligungsverwaltung für Prüfungsschwerpunkte**
	Die Verwaltung kann im Rahmen der Erteilung des Prüfungsauftrages dem Aufsichtsrat Prüfungsschwerpunkte bzw. Prüfungsinhalte empfehlen.
	Städtetag NRW andere Formulierung: Hierbei soll der Aufsichtsratsvorsitzende ... Empfehlungen der (Beteiligungs-)Verwaltung berücksichtigen.
Nur Mannheim (6.1.3)	Ein Prüfungsschwerpunkt soll die Einhaltung der verpflichtenden Regelungen dieses Kodex sein.
Berlin, Brandenburg, Bund, Hamburg: Keine Regelungen zur Festlegung eigener Prüfungsschwerpunkte.	

Tab. 61: Unterschiede bei Festlegung eigener Prüfungsschwerpunkte durch den Aufsichtsrat

Der Beteiligungsverwaltung wird die Möglichkeit zur Empfehlung von Prüfungsschwerpunkten nur in vier PCGKs eingeräumt. Die Tabelle unterstreicht den Diskussionsbedarf bei der Weiterentwicklung.

9.12.4 Wechsel des Abschlussprüfers sowie wettbewerbliche Mandatsvergabe

Bezüglich der in Abschnitt 6.3.7.3 herausgearbeiteten Forderungen für einen regelmäßigen Wechsel des Abschlussprüfers beleuchtet Tab. 62 die Regelungsunterschiede der PCGKs. Brandenburg empfiehlt den gesamten Wechsel des Wirtschaftsprüfungsunternehmens, Saarbrücken, Stuttgart und Bund (nur innerhalb der Anmerkungen) belassen es bei einem Wahlrecht. In Magdeburg, Hamburg, Frankfurt und Rostock reicht grundsätzlich der Wechsel des testierenden Prüfers. Der vorgesehene Wechselturnus liegt ganz überwiegend bei fünf Jahren, nur der Bund räumt sieben Jahre ein. Teilweise wird der Aufsichtsrat für den Wechsel in die Pflicht genommen, teilweise die Beteiligungsverwaltung.

Unterschiede bzgl. externer und interner Wechsel bei der Abschlussprüfung
Wechsel gesamtes Wirtschaftsprüfungsunternehmen nach 5 Jahren und nicht nur testierender Prüfer
Brandenburg (8.2.7): Ein Wechsel des Abschlussprüfers **soll** erfolgen, wenn dieser bei einem Unternehmen **fünf aufeinanderfolgende** Jahresabschlüsse geprüft hat. Ausgewechselt werden soll dabei nicht nur der abschluss-testierende Wirtschaftsprüfer, sondern das gesamte Wirtschaftsprüfungsunternehmen.
Wahloption bei Wechsel des gesamten Wirtschaftsprüfungsunternehmen oder des testierenden Prüfers
Saarbrücken (105): ... soll der **Aufsichtsrat** einen Wechsel des Wirtschaftsprüfungsunternehmens bzw. des Wirtschaftsprüfers innerhalb eines Turnus von **5 Jahren** vornehmen. Bei Unternehmen mit komplexen Prüfungsinhalten kann ein interner Abschlussprüferwechsel bevorzugt werden.
Stuttgart (5.5.1): Die **Beteiligungsverwaltung** achtet darauf, dass in einem **fünfjährigen** Turnus ein Wechsel der Wirtschaftsprüfer erfolgt. Sie bereitet den Wechsel vor und koordiniert ihn für alle Beteiligungsgesellschaften. Bei Beteiligungsunternehmen mit komplexen Prüfungsinhalten **kann** ein interner Prüferwechsel bevorzugt werden.
Bund nicht Kodexformulierung sondern nur Anmerkung im Kodex (7.2.2): ... soll ein Wechsel des verantwortlichen Abschlussprüfers bzw. bei Wirtschaftsprüfungsgesellschaften des verantwortlichen Prüfungspartners erfolgen, wenn dieser für die Abschlussprüfung bei dem Unternehmen bereits in **sieben oder mehr Fällen** verantwortlich war und seit seiner letzten Beteiligung an der Abschlussprüfung **nicht mindestens drei Jahre** vergangen sind.
Wechsel des testierenden Prüfers
Magdeburg (II.1.2): Nach längstens **fünfjähriger** ununterbrochener Prüftätigkeit des Jahresabschlussprüfers **ist** der Abschlussprüfer zu wechseln und die Prüfung neu auszuschreiben ... wobei der bisherige Jahresabschlussprüfer nicht mehr in die Ausschreibung einzubeziehen ist und folglich auch nicht wieder bestellt werden darf.
Hamburg (7.2.3): ... **soll** ein Wechsel des testierenden Abschlussprüfers erfolgen, wenn dieser bei einem Unternehmen fünf aufeinanderfolgende Jahresabschlüsse gezeichnet hat.
Frankfurt (2.2.1): Das **Beteiligungsmanagement** ist beauftragt, für die städtischen Mehrheitsgesellschaften vorbehaltlich anderer zu beachtender vergaberechtlicher Anforderungen **spätestens nach Ablauf von fünf Jahren** Angebote über die Prüfung der Jahresabschlüsse von mindestens drei Wirtschaftsprüfungsgesellschaften einzuholen. Dabei **soll** der **bisherige Abschlussprüfer nicht zur Angebotsabgabe aufgefordert** werden.
Rostock (Teil 2, 5.3.2): Die **Beteiligungsverwaltung** achtet darauf, dass in einem **fünfjährigen** Turnus ein Wechsel der Wirtschaftsprüfer erfolgt.
Berlin, Bremen, DCGK, Potsdam, Essen, Mannheim, Städtetag formulieren keine Regelung.

Tab. 62: Unterschiede bei externen und internen Abschlussprüferwechseln

Beim Bund ist für sich sowie im Vergleich mit anderen PCGKs erneut zu prüfen, warum hier eine Anmerkung verfasst ist und keine Regelung im eigentlichen Kodex. In den Gebietskörperschaften ohne Regelungen begründet der Kodexvergleich eine Ergänzung.

Weiterhin sind die wettbewerbliche Mandatsvergabe und die Ausschreibung der Abschlussprüfung bedeutend (Tab. 63). Ein klares Bekenntnis formulieren hierzu nur die PCGKs von Magdeburg und Hamburg, wobei Magdeburg noch schärfere und präzisere Anforderungen stellt. Der Bund hat sich auch hier nur für eine Anmerkung außerhalb des PCGK entschieden.

Unterschiede bei wettbewerblicher Mandatsvergabe und Ausschreibung der Abschlussprüfung
Magdeburg (II 1.2): Die vom Aufsichtsratsvorsitzenden zu veranlassende Ausschreibung hat so zu erfolgen, dass **mindestens drei Vergleichsangebote vor Behandlung im Aufsichtsrat** vorliegen müssen, wobei der bisherige Jahresabschlussprüfer nicht mehr in die Ausschreibung einzubeziehen ist und folglich auch nicht wieder bestellt werden darf. **Begründete Ausnahmen** von vorstehender Regelung sind vom Aufsichtsratsratsvorsitzenden **schriftlich an die Beteiligungsverwaltung** heranzutragen und bedürfen eines **gesonderten Stadtratsbeschlusses**.
Hamburg (7.2.3): Der Mandatsvergabe an ein Wirtschaftsprüfungsunternehmen soll ein wettbewerbliches Vergabeverfahren zugrunde liegen.
Bund nicht Kodexformulierung sondern nur Anmerkung im Kodex (7.2.2): Dem Wechsel eines Abschlussprüfers soll ein wettbewerbliches Vergabeverfahren zugrunde liegen.
Berlin, Brandenburg, Bremen, Essen, Frankfurt, Mannheim, Magdeburg, Potsdam, Rostock, Saarbrücken, Städtetag NRW und Stuttgart formulieren hierzu keine Regelungen.

Tab. 63: Unterschiede bei Mandatsvergabe und Ausschreibung der Abschlussprüfung

Die zahlreichen PCGKs ohne Regelungen benötigen zu diesem Faktor eine Ergänzung. Beim Bund ist wiederum überdenken, die Anmerkungen in den PCGK aufzunehmen.

9.12.5 Prüfung der Entsprechenserklärung und Information des Aufsichtsrats

Die Literatur zur PCG thematisiert, dass die Entsprechenserklärung durch den Abschlussprüfer geprüft werden könnte.[769] Der Arbeitskreis Externe Unternehmensrechnung der Schmalenbach-Gesellschaft empfiehlt: „Um die Verlässlichkeit der Informationen für die Adressaten zu gewährleisten, hält der AKEU grundsätzlich für die prüfbaren Teile des Corporate Governance-Berichts eine gesetzliche Prüfung für sinnvoll."[770]
Gemäß der Analyseergebnisse in Tab. 64 streben alle PCGKs mit Ausnahme von Bremen, Essen, Magdeburg, Städtetag NRW eine Erweiterung des Prüfauftrages dahin gehend an, dass der Abschlussprüfer über festgestellte Unrichtigkeiten bei der Entsprechenserklärung informiert bzw. berichtet.

---

[769] Vgl. Treuner (2005a), S.49. Hierzu auch Srocke (2005), S.319.
[770] Schmalenbach-Gesellschaft (2006a), S.1070.

Unterschiede bei der Abschlussprüfung bzgl. der Prüfung von Entsprechenserklärungen
Bund (7.2.3), Brandenburg (8.2.5), Hamburg (7.2.4), DCGK (7.2.3), Potsdam (4.2), Saarbrücken (101), Stuttgart (3.4.3).
Der Aufsichtsrat **soll vereinbaren**, dass der Abschlussprüfer ihn informiert bzw. im Prüfungsbericht vermerkt, wenn er bei Durchführung der Abschlussprüfung Tatsachen feststellt, die eine **Unrichtigkeit** der von Geschäftsführung und Aufsichtsrat abgegebenen **Erklärung** zum Kodex ergeben.
(Brandenburg hinter Erklärung noch Einschub formuliert :..Erklärung, dass den Regeln und Handlungsempfehlungen des Corporate Governance Kodex entsprochen wurde und werde, ergeben.)
Rostock (Teil 2, 3.4.3): Der Aufsichtsrat **muss** … vereinbaren. *(Pflicht statt Empfehlung, sonst identisch)*
Berlin (VII.3): Der Abschlussprüfer **hat** den Aufsichtsrat unverzüglich **zu informieren** bzw. im Prüfungsbericht zu vermerken … *(Keine Vereinbarung von Aufsichtsrat gefordert wie in anderen PCGKs, sonst identisch)*
Mannheim (6.1.3): Ein **Prüfungsschwerpunkt** soll die Einhaltung der verpflichtenden Regelungen dieses Kodex sein.
Frankfurt (2.2.2): Daneben **soll** der Abschlussprüfer über die Einhaltung dieses Kodex berichten. *(Nach Formulierung Bericht über Kodexeinhaltung insgesamt, nicht nur bezüglich Richtigkeit Erklärung)*
Gesonderte Regelungen einer zusätzlichen Prüfung
Brandenburg (8.2.2): Im Rahmen der Abschlussprüfung **soll** auch geprüft werden, dass Geschäftsführung und Aufsichtsrat die Erklärung zur Einhaltung des Corporate Governance Kodex **abgegeben** haben.
Bund (1.4): Im Rahmen der Abschlussprüfung **ist** auch **zu prüfen**, ob die Erklärung zum Public Corporate Governance Kodex des Bundes **abgegeben und veröffentlicht** wurde. *(Pflichtvorgabe und nicht nur Prüfung der Abgabe, sondern auch der Veröffentlichung)*
Bremen, Essen, Magdeburg, Städtetag formulieren hierzu keine Regelung.

Tab. 64: Unterschiede bei Abschlussprüfung bzgl. der Prüfung der Entsprechenserklärungen

In Hinsicht auf den in Theorie und Praxis unterstrichenen Sanktionsmechanismus, ist die Aufnahme weiterer Regelungen für viele Gebietskörperschaften in diesem Regelungsfeld ratsam.

9.12.6 Getrennte Offenlegung von Prüfungs- und Beratungskosten

Die eindeutigen und weit verbreiteten Forderungen zur getrennten Offenlegung von Prüfungs- und Beratungskosten sowie die gesetzlichen Anforderungen für börsennotierte und kapitalmarkorientierte Unternehmen hat Abschnitt 9.12.6 herausgearbeitet. Im Widerspruch zu diesen offenbart Tab. 65, dass hierzu nur drei PCGKs überhaupt Aussagen treffen. Bei den PCGKs mit Regelungen bleibt die ausschließliche Inkenntnissetzung von Aufsichtsrat oder Beteiligungsverwaltung weit hinter den Anforderungen zurück.

Unterschiede bei den Angaben über das Abschlussprüferhonorar
Saarbrücken (102): Das **Honorar** für den Abschlussprüfer **soll dem Aufsichtsrat und der Verwaltung** der Landeshauptstadt Saarbrücken getrennt nach Ersatz für den Zeitaufwand und sonstigen Auslagen, wie beispielsweise Reisekosten, angegeben werden.
Stuttgart (3.2.3): Das Honorar für den Abschlussprüfer ist der **Beteiligungsverwaltung** getrennt nach Ersatz für den Zeitaufwand und sonstigen Auslagen wie z. B. Reisekosten anzugeben.
Rostock (4.6.3): *Vorgabe für Beteiligungsbericht* -> Das Honorar für den Abschlussprüfer ist getrennt nach Ersatz für den Zeitaufwand und sonstigen Auslagen wie z. B. Reisekosten anzugeben.
Berlin, Brandenburg, Bremen, Bund, Essen, Frankfurt, Hamburg, Magdeburg, Mannheim, Potsdam, Städtetag NRW formulieren hierzu keine Regelung.

Tab. 65: Unterschiede bei Offenlegung des Abschlussprüferhonorars

§ 285 Nr. 17 HGB liefert lohnende Anknüpfungspunkte für die Formulierung von PCGKs.
Dieser sieht als Pflichtangabe im Anhang zum Jahresabschluss vor, dass das Gesamthonorar
des Abschlussprüfers aufgeschlüsselt nach Abschlussprüfungsleistungen, andere Bestätigungsleistungen, Steuerberatungsleistungen und sonstige Leistungen anzugeben ist. Diese
Angaben sollten aufgrund der Anforderungen sowie der besonderen Verantwortung der
öffentlichen Hand bzw. von öffentlichen Unternehmen in exakt dieser Formulierung in alle
PCGKs aufgenommen werden.

Im Grundsatz spricht gerade in der PCG sehr viel für eine klare Trennung von Prüfung und
Beratung. Falls gleichzeitig doch Beratungsleistungen in Anspruch genommen werden, muss
dies zumindest klar transparent werden.

9.12.7 Bericht über die Bezüge der Geschäftsführung

Die Prüfung des Abschlussprüfers nach § 53 HGrG sieht nicht explizit eine Berichterstattung
über die Bezüge des Aufsichtsrats, der Geschäftsführung und der leitenden Angestellten vor.
Daher wird vielfach empfohlen, einen Auftrag für einen sog. Bezügebericht zu erteilen. Nach
Tab. 66 spricht die Mehrheit der PCGKs hierzu eine Empfehlung aus – Frankfurt und Rostock
formulieren dagegen eine Pflichtvorgabe, Potsdam nur eine Anregung. Sechs PCGKs enthalten gar keine Regelung.

Unterschiede bzgl. des Berichts des Abschlussprüfers über die Geschäftsführerbezüge
Brandenburg (8.2.2): Die Aufsichtsratsmitglieder **sollen** darauf hinwirken, dass der Abschlussprüfer beauftragt wird, im Rahmen der Berichterstattung nach § 53 Haushaltsgrundsätzegesetz auch einen vertraulichen Bericht über die Bezüge der Geschäftsleitung und der leitenden Angestellten sowie über die den Mitgliedern des Aufsichtsrats gewährte Vergütung (Bezügebericht) zu erstellen.
Potsdam (4.2): *Inhaltlich identisch*, aber *nur Anregung und nicht wie Brandenburg Empfehlung*
Frankfurt (3.3.5): Die **ordnungsgemäße** Vergütung der Geschäftsführung **ist** durch den Abschlussprüfer zu überprüfen und schriftlich zu bestätigen (Bezügebericht).
Stuttgart (3.3.4): Die **Ordnungsmäßigkeit** der Vergütung der Geschäftsführung **soll** durch den Wirtschaftsprüfer überprüft und schriftlich bestätigt werden.
Städtetag (3.3.4): „Korrekte Abwicklung" statt „Ordnungsmäßigkeit", sonst identisch.
Rostock (3.3.4): Die Vergütung der Geschäftsführung **ist** durch den Wirtschaftsprüfer auf der Grundlage des Geschäftsführervertrages zu überprüfen und schriftlich zu bestätigen.
Saarbrücken (91): Die Vergütung der Mitglieder der Geschäftsleitung **soll** durch den Wirtschaftsprüfer überprüft und schriftlich bestätigt werden. *(keine Nennung „Ordnungsmäßigkeit")*
Berlin, Bremen, Bund, Essen, Hamburg, Magdeburg und Mannheim formulieren hierzu keine Regelung.

Tab. 66: Unterschiede bei dem Abschlussprüferbericht über Geschäftsführerbezüge

Es ist offensichtlich zu reflektieren, neue Regelungen aufzunehmen bzw. umzuformulieren.
Aufgenommen werden könnte dabei auch eine Empfehlung, die auf ein Grundmuster für
Bezügeberichte verweist. Dies wäre ein Beitrag zu den Forderungen der Rechnungshöfe, ein
einheitliches Grundmuster für die Bezügeberichte vorzugeben.[771]

---

[771] Vgl. LRH Berlin Jahresbericht (2008), S.161ff.

9.13 Regelungsunterschiede bei Rechnungshöfen bzw. Rechnungsprüfungsämtern

Wie in Abschnitt 6.3.8 aufgezeigt, kommt dem Rechnungshof bzw. Rechnungsprüfungsämtern eine bedeutende Rolle in der PCG zu. Wiederholt werden Forderungen zur angemessenen Einräumung ergänzender Prüfungsrechte sowie zur Einbindung in zentrale Entscheidungen erhoben.

In den PCGKs ist die Einräumung der Prüfungsrechte jedoch nur in Frankfurt (5.1/5.2) und Magdeburg (II.6) vorgesehen. Frankfurt formuliert hierzu in Ziff. 5.1: „Die Stadt stellt sicher, dass die in § 123 HGO genannten Unterrichtungs- und Prüfungsrechte in den Gesellschaftsverträgen der Mehrheitsbeteiligungen festgelegt werden bzw. sie verfolgt dieses Ziel in den Fällen des § 123 Abs. 2 HGO gegenüber Mitgesellschaftern." In Ziff. 5.2 heißt es weiter: „Dem Revisionsamt werden entsprechend der Ermächtigung aus § 131 Abs. 2 HGO die dort genannten Rechte zur Prüfung der Betätigung der Stadt mit den daraus folgenden Rechten aus § 54 HGrG sowie zur Kassen-, Buch- und Betriebsprüfung gemäß Revisionsordnung und Gesellschaftsverträgen eingeräumt." Magdeburg verweist hinsichtlich des Rechnungsprüfungsamtes auf die Befugnisse aus § 54 HGrG und die Möglichkeit zur Prüfung gemäß § 129 Abs. 2 Nr. 5 der Gemeindeordnung. Alle anderen PCGKs formulieren hierzu keine Regelungen.

Weiterhin verpflichtet Frankfurt in Ziff. 2.2.2: „Zu dem Vorgespräch zwischen Prüfer/-in und Geschäftsführung über die wesentlichen Ergebnisse der Abschlussprüfung sind das Beteiligungsmanagement und das Revisionsamt beizuziehen." Weitreichend regt Ziff. 5.2 ferner an: „Zur Erleichterung dieser Aufgabenstellungen sollte das Revisionsamt ein Gastrecht in den Sitzungen der Aufsichtsorgane, die den städtischen Vertretern in den Aufsichtsorganen übermittelten Sitzungsunterlagen und die Einladung zu den Vorgesprächen über die wesentlichen Ergebnisse der Abschlussprüfung nach Ziffer 2.2.2 erhalten." Alle anderen PCGKs erwähnen die Teilnahme am Jahresabschlussgespräch und an Aufsichtsratssitzungen nicht.

Auf die Mitwirkung des Rechnungshofs bei der Wahl oder Bestellung der Abschlussprüfer weisen lediglich Hamburg und der Bund hin. Hamburg führt dazu in Ziff. 7.2.2 aus: „Bei der Wahl oder Bestellung der Prüfer nach § 53 Abs. 1 Nr. 1 HGrG übt die für die Finanzen zuständige Behörde die Rechte der FHH im Einvernehmen mit dem Rechnungshof aus." Der Bund erklärt in den Anmerkungen zu Ziff. 7.2.2: „Machen die Anteilseigner von ihren Rechten aus § 53 HGrG Gebrauch, ist der Prüfungsauftrag an die Abschlussprüferin bzw. den Abschlussprüfer entsprechend zu erweitern. Nach § 68 Abs. 1 Satz 2 BHO übt das zuständige Bundesministerium bei der Wahl oder Bestellung der Prüferinnen bzw. Prüfer nach § 53 Abs. 1 Nr. 1 HGrG die Rechte des Bundes im Einvernehmen mit dem Bundesrechnungshof aus." Alle anderen PCGKs treffen hierzu keine Aussagen.

9.14 Regelungsunterschiede bei der Bereitstellung von Informationen auf der Unternehmenshomepage

Die übergreifenden Transparenzanforderungen wurden in Abschnitt 4.5 hergeleitet. An diesen müssen sich insbesondere auch die Kodexformulierungen zur Bereitstellung von Informationen auf der Internetseite des Unternehmens messen lassen. Die OECD stuft die Internetkommunikation von State-Owned Enterprises (SOE) als wirkkräftiges Instrument zur Sicherstellung von Transparenz ein.[772] Zentral betont die Organisation die bewährten Maßstäbe bei börsennotierten Unternehmen: „In the interests of the general public, SOEs should be as transparent as publicly traded corporations."[773] Ebenso mahnt die Literatur, das Internet verstärkt zur Information der Öffentlichkeit zu nutzen.[774] Aus theoretischer Perspektive sind Informationen im Internet notwendig, um Informationsasymmetrien mit geringen Agenturkosten abzubauen sowie das Vertrauen der Stakeholder zu stärken.

Vor diesen Hintergründen illustriert Tab. 67 die unterschiedlichen Regelungen in den PCGKs. Brandenburg, Bund und Hamburg empfehlen eindeutig, welche Dokumente u. a. auf der Internetseite des Unternehmens bereitgestellt werden sollen. Berlin und Saarbrücken formulieren im Vergleich bloß deutlich allgemeinere Regeln. Neun PCGKs nennen überhaupt keine Anforderungen.

---

[772] OECD (2005b), S.120.
[773] OECD (2010), S.94.
[774] Vgl. Dietrich/Struwe (2006), S.11; Institut für den öffentlichen Sektor (2009a), S.11; Budäus/Srocke (2003), S.95.

202

Unterschiede bei der Bereitstellung von Informationen auf der Internetseite der Unternehmen	
Brandenburg (6.3)	Vom Unternehmen veröffentlichte Informationen, die das Unternehmen betreffen, **sollen** auch über dessen Internetseite zugänglich sein. Hierzu zählen der **Corporate Governance Bericht** und der um **den Anhang erweiterte Jahresabschluss** sowie gegebenenfalls der **Lagebericht.**
Bund (6.3)	*Zusätzlich in Brandenburg (IV.3):* Die Unternehmen sollen ihr **Zielbild auch für die Öffentlichkeit darstellen** und zum Ende eines jeden Jahres über die Zielerreichung und die Erfüllung ihres sich aus dem wichtigen Landesinteresse an der Beteiligung ergebenden Auftrags berichten; dafür eignet sich die Veröffentlichung auf der Internetseite des Unternehmens oder in dem Geschäftsbericht.
Hamburg	6.2: Von der Gesellschaft veröffentlichte Informationen über das Unternehmen sollen auch über die Internetseite der Gesellschaft zugänglich sein. Hierzu zählen u. a. der Lagebericht, der um den Anhang erweiterte Jahresabschluss und die Entsprechenserklärung zum HCGK.

3.8 **(Entsprechenserklärung):** Sie soll für einen Zeitraum von **mindestens fünf Jahren im Internet** einsehbar sein.

7.2.1: Sofern die Gesellschaft über Beteiligungen von für sie nicht **untergeordneter Bedeutung verfügt, soll sie diese Unternehmen in einer Liste aufführen und die Liste veröffentlichen.** Diese Veröffentlichung soll sowohl auf den **Internetseiten der Gesellschaft** als auch im Beteiligungsbericht der Freien und Hansestadt Hamburg erfolgen. |
| DCGK (6.8) | 6.8: Von der Gesellschaft veröffentlichte Informationen über das Unternehmen sollen auch über die Internetseite der Gesellschaft zugänglich sein. **Die Internetseite soll übersichtlich gegliedert sein.**

3.10: Die Gesellschaft soll nicht mehr aktuelle **Entsprechenserklärungen** zum Kodex **fünf Jahre lang auf ihrer Internetseite** zugänglich halten. |
Berlin (V.2)	Von der Gesellschaft veröffentlichte Informationen über das Unternehmen sollen, soweit sie keine Geschäftsgeheimnisse bergen oder die Wettbewerbsfähigkeit des Unternehmens beeinträchtigen, auch über die Internetseite der Gesellschaft zugänglich sein.
Saarbrücken (22)	Zur zeitnahen und gleichmäßigen Information aller Gesellschafter, Bürgerinnen und Bürger der Landeshauptstadt Saarbrücken soll das Unternehmen für seine Publikationen, insbesondere die Publikation nach diesem KODEX, geeignete Kommunikationsmedien, wie etwa das **Internet**, nutzen.
Bremen, Essen, Frankfurt, Magdeburg, Mannheim, Potsdam, Rostock, Städtetag NRW und Stuttgart formulieren hierzu keine Regelungen.	

Tab. 67: Unterschiede bei Bereitstellung von Informationen auf der Internetseite der Unternehmen

Anforderungen und Kodexvergleich implizieren triftige Gründe, in jeden PCGK präzise Regelungen entsprechend jener von Brandenburg, Bund und Hamburg aufzunehmen. Aufzugreifen ist für alle PCGKs überdies der Brandenburger Formulierungsbaustein zur Information über das Zielbild des Unternehmens. Weiter ist eine klare Empfehlung zur Bereitstellung der Entsprechenserklärungen der letzten 5 Jahre auf der Internetseite sachgerecht und erforderlich, wie sie in Hamburg und beim DCGK bereits vorgesehen ist. Gleiches gilt für die Hamburger Anforderung zur Veröffentlichung einer Liste mit den Beteiligungsunternehmen.

Der Hinweis beim DCGK „Die Internetseite soll übersichtlich gegliedert sein" erscheint zunächst trivial. Jedoch belegen Analysen von Internetseiten öffentlicher Unternehmen zur Corporate Governance Berichterstattung noch erhebliche Verbesserungserfordernisse bei der Übersichtlichkeit. Ferner kommentiert Ringleb diese Frage zum DCGK einschlägig: „In Anbetracht der Fülle an Informationen, welche die Gesellschaft im Internet (über einen mehr oder weniger langen Zeitraum) zugänglich machen soll, überzeugt die ausdrückliche Empfehlung ... , die Internetseite übersichtlich zu gliedern."[775] Ein PCGK sollte klar empfehlen, einen Corporate Governance Bericht mit Entsprechenserklärung und Erklärung zur Unternehmensführung analog zu § 289a HGB auf der Internetseite zu veröffentlichen. Daneben erweisen sich Empfehlungen zur Bereitstellung von Jahresabschluss, Zielbild, Gesellschaftsvertrag und Geschäftsordnungen als anforderungsgerecht. Geschäftsordnungen sind ein wichtiger Bestandteil der Corporate Governance Berichterstattung.[776] Für die PCG liefern die besonderen Anforderungen hierfür zusätzliche Begründungen. Die Geschäftsordnungen sind zentrale Informationsdokumente zur Ausgestaltung und Arbeitsweise der Organe. Zum bestmöglichen Abbau von Informationsasymmetrien, zur Minimierung von Agenturkosten sowie zum gezielten Aufbau von Vertrauen bei den Stakeholdern ist die kostenlose Bereitstellung auf der Internetseite öffentlicher Unternehmen erforderlich.[777]

Hinsichtlich der Erfordernisse und fundierten Empfehlungen für ein „Höchstmaß an Transparenz"[778] gerade auch bei Personalentscheidungen wäre ferner zu empfehlen, die bisherigen beruflichen Stationen der Geschäftsführer auf der Unternehmenshomepage zu nennen. Von einigen öffentlichen Unternehmen wird dies mittlerweile bereits beispielgebend praktiziert, woran für flächendeckende Verbreitung anzuknüpfen wäre.

Aufgrund der weiter wachsenden Bedeutung von Corporate Social Responsibility (CSR) und diesbezüglich breiter Diskussionen[779] sollten auf der Homepage schließlich transparente Berichte zu den CSR-Aktivitäten des Unternehmens zu finden sein.

Publizität sollte gerade bei öffentlichen Unternehmen als „Marketinginstrument"[780] verstanden und eingesetzt werden. Aufgrund der Bedeutung darf wiederholt werden: „Die vorgeschriebene Governancepublizität sollte vielmehr als Gelegenheit verstanden werden, um proaktiv mit den Aktionären und anderen Stakeholdern des Unternehmens zu kommunizieren."[781] Transparenz ist somit eine Möglichkeit, ggf. einen verdienten Imagegewinn zu erzielen.

In Anbetracht übergreifender Forderungen betreffend Transparenz, Diskurse um Open Government/Data und immer häufiger verabschiedete „Transparenzgesetze" wäre die Umsetzung der thematisierten Empfehlungen ein folgerichtiger und notwendiger Schritt.

---

[775] Ringleb (2010), Tz.1255.
[776] Vgl. Velte (2009a), S.703.
[777] Vgl. Velte (2009a), S.720.
[778] Röber (2001), S.14.
[779] Vgl. Lederer/Sandberg (2011); Kopp (2008), S.434.
[780] Kirchner (2002), S.1948.
[781] von Werder (2011), S.52. Zur Attraktivität der Erklärung zur Unternehmensführung und den Vorteilen richtig kommunizierter Unternehmensführung vgl. auch Stiglbauer (2011); Haller/Stiglbauer (2011); Kötzle/Grüning (2009), S.33ff.

9.15 Regelungsunterschiede bei Geltungsbereich und empfohlener Anwendung des PCGK

Von grundlegender Bedeutung ist, für welche Unternehmen der PCGK in den verschiedenen Gebietskörperschaften gilt. Tab. 68 setzt sich zunächst mit dem unmittelbaren Geltungsbereich auseinander. Bei Brandenburg, Essen, Frankfurt und Potsdam soll der PCGK für alle Mehrheitsbeteiligungen und explizit auch mittelbare Mehrheitsbeteiligungen greifen. Bei den anderen Gebietskörperschaften bestehen verschiedene Ausnahmen oder der Geltungsbereich ist nicht mit hinreichender Klarheit formuliert. Beispielsweise erschließt es sich orientiert an den Anforderungen und im Kodexvergleich nicht, warum der Bund den unmittelbaren Geltungsbereich auf juristische Personen des Privatrechts beschränkt und damit die Grundsätze verantwortungsvoller Unternehmensleitung/-überwachung u. a. bei seinen Anstalten öffentlichen Rechts nicht verbindlich zur Anwendung bringt. In anderen Gebietskörperschaften wie z. B. Hamburg gilt der PCGK „ungeachtet der Rechtsform" für alle Unternehmen.

Unterschiede beim unmittelbaren Geltungsbereich des PCGK	
Alle unmittelbaren Mehrheitsbeteiligungen und explizit auch mittelbare Mehrheitsbeteiligungen	
Brandenburg: wo im Kreis Anteilseigner unmittelbar oder mittelbar die Stimmrechtsmehrheit.	
Essen: alle unmittelbaren und mittelbaren Mehrheitsbeteiligungen.	
Frankfurt: alle Unternehmen, an denen mehrheitlich (direkt und indirekt) beteiligt.	
Potsdam: Unternehmen, an denen unmittelbar oder mittelbar die Kapital- oder Stimmrechtsanteile (Eigengesellschaften). *(Nach dem PCGK nicht eindeutig – wahrscheinlich gemeint Kapital bzw. Stimmrechtsmehrheit)*	
Alle Mehrheitsbeteiligungen	
Rostock, Städtetag NRW Stuttgart	
(Nach Wortlaut nicht absolut eindeutig, ob auch mittelbare Mehrheitsgesellschaften stets eingeschlossen)	
Gebietskörperschaften mit verschiedenen Ausnahmen	
Berlin	Beteiligungsgesellschaften Berlins, an denen Berlin die Mehrheit der Anteile hält **und/oder** die hinsichtlich Größe, Aufgabe und wirtschaftlicher Bedeutung – insbesondere Risikolage – von besonderem Interesse sind. **Dabei spielt die gesellschaftsrechtliche Verfassung des Unternehmens keine Rolle.** Neben Kapitalgesellschaften gilt dies daher auch z. B. für **Anstalten des öffentlichen Rechts oder Stiftungen.** *Weiter in den Vorbemerkungen*: Bei Gesellschaften, an denen Berlin die Mehrheit hält und die ihrerseits an einem anderen Unternehmen die Mehrheit halten (mittelbare Beteiligungen des Landes Berlin), ist darauf hinzuwirken, dass die Grundsätze auch in diesen (mittelbaren) Beteiligungsgesellschaften angewendet werden.
Bremen	Alle mittelbaren oder unmittelbaren Mehrheitsbeteiligungen, für die die Geltung des PCGK Bremen in der Satzung normiert ist oder die freiwillig den PCGK beachten, ohne dass die Satzung bereits geändert ist. *(sehr allgemein für Kodexregelung)* Ausnahme: Kleine Beteiligungen mit geringer Bedeutung, die durch Stadt von Anwendung freigestellt. *(PCGK ist aufgrund Abweichungsmöglichkeit auch für kleine Unternehmen anwendbar)*
Bund	Unternehmen, die juristischen Personen des **Privatrechts**, sofern Bund **mehrheitlich** beteiligt.
Hamburg	**Ungeachtet der Rechtsform alle Unternehmen**, an denen die Stadt oder die Hamburger Gesellschaft für Vermögens- und Beteiligungsmanagement **direkt mehrheitlich** beteiligt sind und **die eine operative Geschäftstätigkeit** aufweisen. Bei Unternehmen, die hinsichtlich Größe, Aufgabe und wirtschaftlicher Bedeutung – insbesondere Risikolage – von untergeordneter Bedeutung sind, kann in den Statuten festgelegt werden, dass der HCGK keine Anwendung findet.
Magdeburg	**Alle Unternehmen**, an denen die Stadt unmittelbar oder mittelbar **alle Kapitalanteile** hält (Eigengesellschaften). *(Tatsächlich nur Unternehmen mit allen Anteilen/100% angestrebt?)*
Mannheim	Bei unmittelbaren Eigengesellschaften der Stadt (100% Anteil) sowie bei unmittelbaren Mehrheitsgesellschaften, bei denen die Stadt mindestens 75% der Anteile hält. *(Geltung nur bei über 75% und nicht schon bei über 50%?)* Die Geschäftsführungen von diesen Eigen- und Mehrheitsgesellschaften haben dafür zu sorgen, dass auch ihre **Tochtergesellschaften** (mittelbare Beteiligungen) den Mannheimer Kodex anwenden, sofern dies gesellschaftsrechtlich durchsetzbar ist.
Saarbrücken	(5): Der Kodex richtet sich an Unternehmen in einer Rechtsform des privaten Rechts, vornehmlich an Gesellschaften mit beschränkter Haftung und Aktiengesellschaften. (2): Unternehmen in Privatrechtsform, an denen Saarbrücken unmittelbar oder mittelbar am Kapital beteiligt ist.

Tab. 68: Unterschiede beim unmittelbaren Geltungsbereich des PCGK

Hilfreich ist im Weiteren ein spezifischer Blick auf Unterschiede beim Geltungsbereich für Unternehmen ohne Mehrheitsbeteiligung (Tab. 69).

Unterschiede bei Geltung bzw. Empfehlung des PCGK bei Unternehmen ohne Mehrheitsbeteiligung	
Brandenburg Magdeburg Potsdam	Bei anderen Unternehmen sollen die Vertreter des Landes in der Gesellschafterversammlung und die auf Veranlassung des Landes berufenen Mitglieder des Aufsichtsrats **darauf hinwirken**, dass die Regeln und Handlungsempfehlungen **in weitest möglichem Umfang beachtet** werden. *(Magdeburg haben statt sollen)*
Städtetag NRW Stuttgart	Den Beteiligungsgesellschaften, bei denen die gehaltenen Anteile 50% oder weniger betragen, wird die Public Corporate Governance **zur Anwendung empfohlen**. Dies gilt insbesondere, **wenn die Anteilsmehrheit in der Summe Gebietskörperschaften zusteht.**
Rostock	Bei allen anderen Beteiligungsgesellschaften wirkt die Verwaltung darauf hin, dass diese Richtlinien **ebenfalls als verbindliche Grundlage** angesehen werden. Soweit möglich, sollen die **Gesellschaftsverträge zeitnah angepasst** werden. *Weiter unten in der Präambel heißt es dann*: Den Beteiligungsgesellschaften, bei denen die gehaltenen Anteile 50% oder weniger betragen, wird der Public Corporate Governance Kodex **zur Anwendung empfohlen**. Dies gilt insbesondere, **wenn die Anteilsmehrheit in der Summe den Gebietskörperschaften** zusteht.
Essen	Den Beteiligungsgesellschaften, bei denen die gehaltenen Anteile 50% oder weniger betragen, wird der Public Corporate Governance Kodex **zur Anwendung empfohlen**.
Bund	Verfügt der Bund nicht über eine Mehrheitsbeteiligung an einem Unternehmen in der Rechtsform einer juristischen Person des Privatrechts, wird diesem **die Beachtung** des Public Corporate Governance Kodex **empfohlen**.
Berlin Bremen Hamburg Frankfurt Saarbrücken	Keine explizite Empfehlung für Unternehmen mit Kapitalanteil unter 50%.
Mannheim	Bei Beteiligungsunternehmen, bei denen die Anteile der Stadt Mannheim weniger als 75% betragen (Minderheitsgesellschaften bzw. keine satzungsändernde Mehrheit), ist darauf hinzuwirken, dass ein entsprechender Kodex für die einzelnen Beteiligungsunternehmen erarbeitet wird.

Tab. 69: Unterschiede bei Geltung bzw. Empfehlung des PCGK bei Minderheitsbeteiligungen

Schließlich liefert ein gesonderter Überblick zum Geltungsbereich bzw. zur empfohlenen Anwendung eines PCGK bei Unternehmen in der Rechtsform öffentlichen Rechts zusätzliche Erkenntnisse und Gestaltungsnutzen (Tab. 70).

Unterschiede bei Geltung/Empfehlung des PCGK für Unternehmen in Rechtsform öffentlichen Rechts	
Hamburg	Gilt ungeachtet der Rechtsform für **alle Unternehmen**.
Berlin	Dabei spielt die gesellschaftsrechtliche Verfassung des Unternehmens keine Rolle. Neben Kapitalgesellschaften gilt dies daher auch z. B. **für Anstalten des öffentlichen Rechts oder Stiftungen**.
Frankfurt	Der Kodex soll jedoch sinngemäß auch bei Unternehmen in anderer Rechtsform **sowie bei Eigenbetrieben** Anwendung finden.
Mannheim	Für Beteiligungen an Gesellschaften in einer anderen Rechtsform **sowie für Eigenbetriebe** sollen die Regelungen sinngemäß angewendet werden.
Bund	Unternehmen in der Rechtsform einer juristischen Person des öffentlichen Rechts wird die **Beachtung** des Public Corporate Governance Kodex **empfohlen**, soweit rechtliche Bestimmungen (etwa gesetzliche Vorgaben zur Ausgestaltung der Unternehmensorgane) nicht entgegenstehen.
Brandenburg Potsdam	Der Kodex **kann** jedoch sinngemäß auch bei Unternehmen in anderer Rechtsform **Anwendung finden**.
Bremen Essen Magdeburg Rostock Städtetag NRW Stuttgart	Da die Mehrzahl der Gesellschaften in der Rechtsform der Gesellschaft mit beschränkter Haftung ausgerichtet ist, ist der Kodex an dieser Rechtsform ausgerichtet. **Für Beteiligungen in einer anderen Rechtsform gelten die Regelungen entsprechend.** Zusatz nur Städtetag NRW+Stuttgart: sofern nicht gesetzliche Bestimmungen entgegenstehen.
Saarbrücken	Keine explizite Aussage zur Anwendung bei Unternehmen anderer Rechtsform.

Tab. 70: Unterschiede bei Geltung bzw. Empfehlung des PCGK für Unternehmen öffentlichen Rechts

Der verpflichtende Geltungsbereich muss – wie in einigen Gebietskörperschaften bereits vorgesehen – in allen PCGKs auf die Rechtsformen des öffentlichen Rechts ausgeweitet werden. Im Grundsatz sind die Anforderungen vergleichbar und bei Bedarf kann situationsgerecht vom Kodex abgewichen werden.

9.16 Regelungsunterschiede bei der gesellschaftsrechtlichen Verankerung des PCGK

Da für öffentliche Unternehmen keine gesetzliche Grundlage zur Abgabe einer Entsprechenserklärung durch § 161 AktG wie für börsennotierte Unternehmen vorliegt, besitzt eine anderweitige gesellschaftsrechtliche Verankerung zentrale Bedeutung für die Wirkungspotenziale und die Verbindlichkeit eines PCGK.[782] Mit der gesellschaftsrechtlichen Verankerung der Entsprechenserklärung wird „dem zentralen Gebot der Transparenz und Nachvollziehbarkeit auch in Bezug auf die Einhaltung des Public Corporate Governance Kodex selbst Rechnung getragen."[783] Zudem wird die jährliche Entsprechenserklärung hierdurch bei Notwendigkeit für den Gesellschafter erzwingbar.[784]

Die Analyseergebnisse in Tab. 71 verdeutlichen, dass die Verankerung bei bestehenden Unternehmen mit Stimmrechtsmehrheit der Gebietskörperschaften mit heterogener Qualität und großen Unterschieden geregelt ist.

---

[782] Vgl. KGSt (2012), S.42; Srocke (2005), S.322; Matzka et al. (2011), S.155.
[783] Mühl-Jäckel (2010), S.210.
[784] Vgl. Ellerich/Schult/Radde (2009), S.203.

Einige PCGKs sehen eine Anpassung der Gesellschaftsverträge explizit vor, andere verweisen auf einen Gesellschafterbeschluss und weitere kommunizieren nur allgemein die Geltung ohne konkrete Leitlinien zur Verankerung. Die Formulierung beim Bund wird dahingehend interpretiert, dass eine entsprechende Klausel in den Gesellschaftsvertrag aufzunehmen ist.[785]

Unterschiede bei der gesellschaftsrechtlichen Verankerung des PCGK bei schon bestehenden Unternehmen mit Stimmrechtsmehrheit
Regelungen zur Anpassung der Gesellschaftsverträge

Bund (1.4): Das für die Führung der Beteiligung **zuständige Bundesministerium stellt** die Beachtung des von der Bundesregierung beschlossenen Public Corporate Governance Kodex und die Verankerung im Regelwerk der **Unternehmen in der Rechtsform einer juristischen Person des Privatrechts sicher**. Die Verankerung hat in der Weise zu geschehen, dass die Geschäftsleitung und das Überwachungsorgan jährlich zu erklären haben, dass den Empfehlungen entsprochen wurde oder werde. Wenn von den Empfehlungen abgewichen wird, ist dies nachvollziehbar zu begründen.

Mannheim (Präambel): Bei **unmittelbaren Eigengesellschaften** (100% Anteil) sowie bei unmittelbaren Mehrheitsgesellschaften, bei denen mindestens 75% der Anteile, wird die Verbindlichkeit des Kodex durch die Aufnahme einer entsprechenden Klausel in den Gesellschaftsverträgen hergestellt. *(Tatsächlich nur bei 75% und nicht bei über 50%?)*

Städtetag, Stuttgart, Essen, Rostock (jeweils Präambel): Soweit möglich, sollen die Gesellschaftsverträge und Geschäftsordnungen entsprechend angepasst werden. *(Essen+Rostock nur Gesellschaftsverträge ohne Geschäftsordnung; Rostock zeitnah statt entsprechend vor angepasst)*

Regelungen bzw. Hinweise auf Gesellschafterbeschluss

Frankfurt (Präambel): Durch Gesellschafterbeschluss werden die Organe der Beteiligungsunternehmen verpflichtet.

Magdeburg (Präambel): Die Beschlüsse der Organe der Beteiligungsunternehmen zur Übernahme dieses Kodex sind der Beteiligungsverwaltung zur Verfügung zu stellen. *(Nur indirekter Hinweis auf Organbeschlüsse, keine eindeutige Vorgabe wie z. B. in Frankfurt)*

Geltung formuliert, aber keine konkrete Regelung zur gesellschaftsrechtlichen Verankerung

Brandenburg (Vorbemerkung VI.1.): Die Regeln und Handlungsempfehlungen gelten uneingeschränkt für die Unternehmen, bei denen das Land im Kreis der Anteilseigner unmittelbar oder mittelbar die Stimmrechtsmehrheit hat. Bei anderen Unternehmen sollen die Vertreter des Landes in der Gesellschafterversammlung und die auf Veranlassung des Landes berufenen Mitglieder des Aufsichtsrats darauf hinwirken, dass die Regeln und Handlungsempfehlungen in weitest möglichem Umfang beachtet werden.

Hamburg (Präambel): Der HCGK gilt ungeachtet der Rechtsform für alle Unternehmen, an denen Hamburg oder die Hamburger Gesellschaft für Vermögens- und Beteiligungsmanagement direkt mehrheitlich beteiligt sind.

Potsdam (Präambel): Nach Beschluss durch die Stadtverordnetenversammlung wirken alle Beteiligten darauf hin, dass diese Standards umgesetzt werden.

Berlin (Vorbemerkung): Bei Gesellschaften…ist darauf hinzuwirken, dass Grundsätze angewendet ... werden.

Bremen und Saarbrücken formulieren keine Aussagen zu bereits bestehenden Beteiligungen, sondern nur für neue Beteiligungen.

Tab. 71: Unterschiede bei gesellschaftsrechtlicher Verankerung des PCGK bei bestehenden Unternehmen

---

[785] Vgl. Schürnbrand (2010a), S.1110; Ellerich/Schult/Radde (2009), S.203.

Nach der Betrachtung bereits bestehender Beteiligungen sind weiterhin die Unterschiede bei der gesellschaftsrechtlichen Verankerung des PCGK bei neuen Beteiligungen von Interesse, die Tab. 72 in den Blick nimmt.

Unterschiede bei gesellschaftsrechtlicher Verankerung des PCGK bei neuen Beteiligungen
Bindung an Kodex ausdrücklich bei allen neuen Beteiligungen
Rostock (1.1.7): Die Hansestadt Rostock soll sich nur dann an einem Unternehmen neu beteiligen, wenn dessen Bindung an den Public Corporate Governance Kodex der Hansestadt Rostock im Gesellschaftsvertrag festgelegt ist.
Bindung an Kodex ausdrücklich bei neuen Mehrheitsbeteiligungen
Essen (1.1.5), Saarbrücken (11): Die Stadt soll sich nur dann an einem Unternehmen neu – mehrheitlich – beteiligen, wenn dessen Bindung an den Public Corporate Governance Kodex der Stadt festgelegt ist.
Bindung an PCG der Stadt, aber nicht ausdrücklich an Kodex bei allen neuen Beteiligungen
Stuttgart (1.1.6): Die Landeshauptstadt Stuttgart soll sich nur dann an einem Unternehmen neu beteiligen, wenn dessen Bindung an die Public Corporate Governance der Landeshauptstadt Stuttgart im Gesellschaftsvertrag festgelegt wird. Dies gilt auch für mittelbare Beteiligungen der Stadt, wenn das Unternehmen, das eine neue Beteiligung eingehen will, sich selbst bereits zur Anwendung der PCG verpflichtet hat.
Bindung an PCG der Stadt, aber nicht ausdrücklich an Kodex bei über 20%-Beteiligung
Städtetag (1.1.2): Die Kommune XXX sollte sich nur dann an einem Unternehmen neu beteiligen, wenn dessen Bindung an die Public Corporate Governance der Kommune XXX im Gesellschaftsvertrag oder durch Gesellschafterbeschluss festgelegt ist. Dies gilt jedoch nur für eine Beteiligungsquote von mindestens 20%. Weiter gilt dies auch für mittelbare Beteiligungen der Stadt, wenn das Unternehmen, das eine neue Beteiligung eingehen will, sich selbst bereits zur Anwendung des Public Corporate Governance Kodex verpflichtet hat. *(Einziger PCGK, der hier auch Gesellschafterbeschluss nennt)*
Bindung an PCG der Stadt, aber nicht ausdrücklich an Kodex bei neuen Mehrheitsbeteiligungen
Bremen (1.1.6): Bremen soll sich nur dann mehrheitlich an einem Unternehmen neu beteiligen, wenn dessen Bindung an die Public Corporate Governance Bremens im Gesellschaftsvertrag festgelegt wird.
Berlin, Brandenburg, Bund, Frankfurt, Hamburg, Magdeburg, Mannheim und Potsdam formulieren keine derartigen ausdrücklichen Empfehlungen für neue Unternehmensbeteiligungen.

Tab. 72: Unterschiede bei gesellschaftsrechtlicher Verankerung des PCGK bei neuen Beteiligungen

Wichtig und alltagsunterstützend ist den Geltungsbereich in den Mustergesellschaftsverträgen entsprechend anzupassen und im PCGK zu empfehlen, von diesen nicht abzuweichen. Beispielsweise hat der Bund eine wegweisende Klausel in § 16 Abs. 1 seines Mustergesellschaftsvertrag in der Anlage zu den Grundsätze guter Unternehmens- und Beteiligungsführung im Bereich des Bundes vom 30. Juni 2009 aufgenommen: „Die Geschäftsführung und der Aufsichtsrat erklären jährlich, dass den Empfehlungen des Public Corporate Governance Kodex des Bundes in der jeweils geltenden Fassung entsprochen wurde und wird oder welche Empfehlungen nicht angewendet wurden oder werden und warum nicht. Die Erklärung ist dauerhaft öffentlich zugänglich (entweder auf der Internetseite des Unternehmens und/oder im elektronischen Bundesanzeiger) zu machen und als Teil des Corporate Governance Berichts zu veröffentlichen."

9.17 Beschlussorgan/-datum sowie Überprüfung und Anpassung des PCGK

Die allermeisten PCGKs informieren zu Beginn eindeutig über den Stand der Kodexfassung. Im Gegensatz fehlt in den Kodexdokumenten von Bremen, Essen und Potsdam ein klar vorangestelltes Datum, um den Fassungsstand sofort zu identifizieren. Ferner ist in Berlin, Frankfurt, Mannheim und Rostock im PCGK selbst zu erkennen, an welchem Tag und von welchem politischen Organ er beschlossen wurde. In den anderen PCGKs ist dies nicht genannt, sondern ggf. nur auf dem Internetauftritt der Stadt im Zusammenhang mit dem abrufbaren PCGK. Es erscheint vorteilhaft, Beschlussorgan und Beschlusstag zugleich immer direkt in den Präambeln der jeweiligen Kodexfassungen zu nennen. Rostock führt die Beschlussnummer der Bürgerschaftsentscheidung an – dies sollte in allen PCGKs sowohl für den Etablierungsbeschluss als auch für alle Änderungsbeschlüsse bei den Fortschreibungen aufgegriffen werden. Bedeutsam sind in den Präambeln des Weiteren die Regelungsunterschiede bei der Überprüfung und Anpassung der PCGKs, welche Tab. 73 veranschaulicht. Saarbrücken formuliert im Vergleich deutlich konkretere Anforderungen, Zuständigkeiten und Abläufe als die anderen PCGKs.

Unterschiede bei Überprüfung und Anpassung des PCGK
Im Vergleich sehr präzise und ausführlich der PCGK Saarbrücken
(7): Der KODEX wird in der Regel **einmal jährlich** vor dem Hintergrund der Entwicklungen auf Kommunal-, Landes- und Bundesebene sowie des Deutschen Corporate Governance Kodex überprüft und bei Bedarf angepasst. Die Überprüfung des KODEX obliegt der Verwaltung. Sie hat gegebenenfalls Änderungsvorschläge auszuarbeiten und dem Stadtrat zu unterbreiten. Die Anpassung des KODEX obliegt dem Stadtrat der Landeshauptstadt Saarbrücken.
(12): **Die Verwaltungsspitze der Landeshauptstadt Saarbrücken soll zusammen mit dem Stadtrat einmal jährlich über eine Anpassung dieses KODEX beraten.**
Vorgesehene Anpassung mit Formulierung Zuständigkeit/Federführung
Bund (1.3): Der PCGK wird vom Bundesministerium der Finanzen **regelmäßig** vor dem Hintergrund nationaler und internationaler Entwicklungen hinsichtlich Inhalt und Anwendungsbereich überprüft und bei Bedarf angepasst. ·
Rostock, Stuttgart (Präambel): Der PCGK wird **regelmäßig** im Hinblick auf neue Entwicklungen überprüft und kann bei Bedarf, unter Federführung der Beteiligungsverwaltung, angepasst werden. (Federführung Stuttgart Referates Wirtschaft, Finanzen und Beteiligungen)
Potsdam (Präambel): Eine federführende Rolle…nimmt der Bereich Beteiligungsmanagement…ein. Er … trägt dafür Sorge, dass aktuelle Entwicklungen bei Bedarf eingearbeitet werden.
Vorgesehene Anpassung ohne Formulierung Zuständigkeit/Federführung
Bremen (Präambel): Ab Beginn der Anwendung des Kodexes findet eine Überprüfung **mindestens alle zwei Jahre** statt.
Mannheim (Gesondert hinter Abschnitt 8): Der PCGK wird in regelmäßigen Abständen vor dem Hintergrund (inter)nationaler und kommunaler Entwicklungen überprüft und bei Bedarf angepasst.
Städtetag NRW (Präambel): Der PCGK wird regelmäßig im Hinblick auf neue Entwicklungen überprüft und kann bei Bedarf kommunal angepasst werden.
DCGK (Präambel): Der Kodex wird in der Regel **einmal jährlich** vor dem Hintergrund nationaler und internationaler Entwicklungen überprüft und bei Bedarf angepasst.
Berlin, Essen, Frankfurt, Hamburg und Magdeburg formulieren hierzu keine Regelung.

Tab. 73: Unterschiede bei Überprüfung und Anpassung des PCGK

Auffällig ist, dass nur Saarbrücken wie der DCGK eine klarere Zeitvorgabe nennt, den PCGK „in der Regel einmal jährlich" zu überprüfen und bei Bedarf anzupassen. Die anderen PCGKs belassen es bei den Anforderungen „regelmäßig" oder „in regelmäßigen Abständen." In fünf PCGKs findet sich keine Regelung zu diesem wichtigen Sachverhalt. Gerade in diesen – aber auch in anderen PCGKs – besteht zu diesem Regelungsfeld Ergänzungsbedarf.

9.18 Vergleichende Zwischenbilanz aus theoretischer und praxisorientierter Perspektive

Einem PCGK werden in Wissenschaft und Praxis, wie in Abschnitt 7.1 herausgearbeitet, große Potenziale zugesprochen, was den Nutzen des Instruments belegt sowie intensive Bemühungen für dessen Weiterentwicklung rechtfertigt. Die Gebietskörperschaften haben mit der Einführung der PCGKs wertvolle Fortschritte im Sinne einer verantwortungsvollen Leitung und Überwachung öffentlicher Unternehmen geleistet. Es finden sich in allen PCGKs lohnenswerte Beispiele für künftige Weiterentwicklungen in anderen Gebietskörperschaften. Die Untersuchung zeigt bei allen PCGKs Stärken und Schwächen. Die angeführte Kritik will die durch PCGKs realisierten Verbesserungen explizit nicht in ein schlechtes Licht rücken. Vielmehr soll die von den Gebietskörperschaften mit der Etablierung von PCGKs eingenommene Vorreiterrolle weiter unterstützt werden.

Jedoch muss deutlich darauf hingewiesen werden, dass die Ausgestaltung der vorliegenden PCGKs in einigen Regelungsbereichen den aus Theorie und Praxis abzuleitenden Anforderungen aus struktureller Sicht noch nicht hinreichend entspricht. Dieses unterstreichen die steuerungsrelevanten Gestaltungsunterschiede, die hinsichtlich der Regelungsbreite/-präzision im Vergleich der Gebietskörperschaften in zahlreichen Regelungsfeldern festzustellen sind.

Ebenfalls tritt hervor, dass die vorgesehene Möglichkeit zur Fortschreibung der PCGKs sehr unterschiedlich stark genutzt werden. Beispielsweise hat Brandenburg bei der Fortschreibung im Spätsommer 2010 viele ergänzende und präzisierende Regelungen, u. a. von Bund und DCGK, aufgenommen. Dagegen hat z. B. Stuttgart bei der Fortschreibung im Herbst 2011 auf einige Ergänzungen und Präzisierungen von Grundsätzen verantwortungsvoller Unternehmensleitung/-überwachung verzichtet, die in der Corporate Governance Diskussion als besonders wichtig eingestuft werden.

Aus theoretischer Perspektive tragen die inhaltlichen Ausprägungen an den aufgezeigten Stellen noch nicht bestmöglich zu einem Abbau von Informationsasymmetrien sowie zur Minimierung von Agentur- und Transaktionskosten bei. Teilweise sind Prinzipale und Agenten mit ihren Zuständigkeiten, Rechten und Pflichten nicht hinreichend klar benannt. Weiter sind wichtige Verfügungsrechte wiederholt nicht eindeutig zugeordnet – im komplexen PCG System unklare bzw. „verwässerte" Verfügungsrechtsstrukturen werden an einigen zentralen Stellen nicht hinreichend durch ergänzende Regelungen geklärt. Das Vertrauen von Öffentlichkeit und Stakeholdern könnte durch transparentere Berichts- und Informationsanforderungen noch besser gestärkt werden. Bilanzierend sind folgende Aspekte festzustellen:

1) In vielen PCGKs werden einige von Praxis und Wissenschaft als bedeutsam herausgestellte Problemfelder und Governancefaktoren bzw. relevante Vollzugs- und Regelungsdefizite nicht mit Regelungen angesprochen.

2) Die vergleichende Gegenüberstellung der Kodexregelungen offenbart, dass diese teilweise
substanziell von einschlägigen Anforderungen und anerkannten Grundsätzen verantwortungsvoller Unternehmensleitung/-überwachung abweichen. Ebenfalls entsprechen sie den von der
Politik formulierten Zielsetzungen in wichtigen Bereichen noch nicht hinreichend.

3) Die Regelungen zu einzelnen Governancefaktoren sind in vielen PCGKs nicht durchge-
hend anforderungsgerecht formuliert. In wiederholten Fällen entsprechen die Formulierungen
nicht den Kriterien von größtmöglicher Transparenz sowie klaren Verantwortlichkeiten.

4) PCGKs bringen Grundsätze verantwortungsvoller Unternehmensleitung/-überwachung
zum Ausdruck. Jedoch zeigen sich trotz grundlegen identischer Anforderungen im Vergleich
der Gebietskörperschaften bemerkenswerte Unterschiede in zentralen Bereichen etwa hinsichtlich der Frage, was als verantwortungsvoll und transparent erachtet wird.

5) Die Summe von Empfehlungen und Anregungen schwankt von Saarbrücken (157), Potsdam (85) und Stuttgart (85) bis Bremen (59) und Rostock (59). Das Zahlenverhältnis von
Empfehlungen zu Anregungen divergiert von Bund (92,1%), DCGK (86,8%) und Stuttgart
(83,5%) bis Magdeburg (32,2%) und Rostock (41,7%). Die Anzahl der Empfehlungen an die
Aufsichtsräte variiert zwischen Saarbrücken (43) und Bund (31) bis Magdeburg (5) und Rostock (5) – die Zahl der Anregungen zwischen Magdeburg (29) und Berlin (15) bis Bund (1)
und Rostock (2). Dies impliziert, dass der als zentral eingestufte Wirkungsmechanismus
„Comply or explain" im Kodexvergleich von Grund sehr unterschiedlich zur Entfaltung gebracht wird. Hieraus resultieren alltagsrelevante Differenzen bzgl. Transparenz und Steuerungsinformationen. Die durch die PCGKs ausgedrückten Governancekonzeptionen unterscheiden sich substanziell.

6) Einige von Praxis und Wissenschaft als besonders relevant eingestufte Governancefaktoren
werden in einigen PCGKs häufiger nur über eine Anregung normiert, wodurch nach derzeiti-
ger Konzeption im Gegensatz zur Regelung über eine Empfehlung keine Abweichungserklärung und somit keine Transparenz eingefordert wird. Gerade hier werden die Weiterentwick-
lungspotenziale eines PCGK noch nicht ausgeschöpft.

7) Die Ausgestaltung und der Veröffentlichungsort von Entsprechenserklärungen als dem
zentralen Kodexelement genügen den Anforderungen in einigen PCGKs – im auffälligen Gegensatz zu anderen – eindeutig noch nicht. Insgesamt müssen die Anforderungen an die PCG
Berichterstattung hinsichtlich Klarheit und Transparenz weiter verbessert werden.

8) Die gesellschaftsrechtliche Verankerung ist in einigen PCGKs ansprechend geregelt; in
vielen anderen muss sie orientiert an den Anforderungen und im Vergleich verbessert und
klarer zum Ausdruck gebracht werden.

9) Relevante öffentlich-rechtliche Bestimmungen wie z. B. die §§ 53, 54, 55 HGrG, die §§
65, 67, 92, 104 BHO/LHO sowie zentrale Paragrafen der Gemeindeordnung sind in einigen
PCGKs aufgenommen. In anderen sind sie noch vernachlässigt und über Kurzverweise stärker
angesprochen werden. Dies würde die Kommunikationsfunktion der PCGKs zusätzlich stärken, den Gesetzescharakter einiger Bestimmungen verdeutlichen und insgesamt einen noch
besseren Gesamtüberblick über das komplexe PCG System bieten.

10) Auffällige Defizite und Gestaltungsunterschiede zeigen sich im Vergleich weiterhin u. a. in folgenden Regelungsfeldern: Verantwortlichkeiten und Ablauf bei der Entwicklung von Unternehmensstrategien und Zielen, Einbindung von politischen Gremien in die PCG, Aus-/Fort/-Weiterbildung von Aufsichtsratsmitgliedern, Bildung von Prüfungsausschüssen im Aufsichtsrat, Effizienzprüfung und (Selbst-)Evaluation beim Aufsichtsrat, Berichtsinhalte der Geschäftsführung an den Aufsichtsrat, Diversity und Teilhabe von Frauen, Ausgestaltung von D&O-Versicherungen, Vermeidung und Offenlegung von Interessenkonflikten, Veranschaulichung der Vergütungskriterien für Geschäftsführung und Aufsichtsrat, interne Revision, Unabhängigkeit des Abschlussprüfers sowie bei der Bereitstellung von relevanten Corporate Governance Informationen auf der Internetseite des Unternehmens.

Deutlich darauf hingewiesen werden muss, dass der PCGK vom Städtetag NRW zu vielen in Praxis und Wissenschaft als wichtig herausgestellten Faktoren keine Regelungen oder geringere und unpräzisere Anforderungen formuliert als die PCGKs anderer Gebietskörperschaften. Vor diesem Hintergrund ist es notwendig und ratsam, diesen Kodex nicht ohne intensiven vorherigen Vergleich mit anderen vorliegenden PCGKs zu allen wichtigen Governancefaktoren zu übernehmen.

Die Inhaltsanalyse zeigt ein Muster dahingehend, dass einige PCGKs bestimmte Einzelthemen mit vielen Regelungen adressieren, andere in der übergreifenden Corporate Governance Diskussion ebenso wichtige oder noch bedeutsamere Aspekte aber nicht berücksichtigen.

Es ist davon auszugehen, dass die herausgearbeiteten Unterschiede relevante Auswirkungen besitzen. Folglich drängt sich in Ansicht der Befunde die Frage auf, welche Kodexbestimmungen sich für den öffentlichen Sektor als verantwortungsgerechter und leistungsfähiger erweisen. In den vorliegenden Fassungen muss den PCGKs aufgrund der gravierenden Ausgestaltungsunterschiede eine unterschiedliche Erfolgsfähigkeit bescheinigt werden.

Wie dargestellt, findet sich in fast jedem Feld eine im Vergleich der Ansätze besonders verfolgenswert erscheinende Regelung, die bei Fortschreibung der PCGKs in jeder Gebietskörperschafts aufgenommen werden könnte.

Das nächste Kapitel nimmt eine repräsentative Analyse der Strukturen und Praktiken der Corporate Governance öffentlicher Unternehmen vor.

10 Längsschnittstudie zu faktischen Governancestrukturen/-praktiken öffentlicher Unternehmen

10.1 Formulierte Forschungsnotwendigkeiten der Literatur

Der Untersuchung sollen zunächst in der Literatur herausgestellte Forschungsbedarfe in unmittelbarem Zusammenhang zur folgenden Studie ergänzend vorangestellt werden. Der Diskurs ist geprägt durch Aufrufe, systematisches empirisches Wissen über die Strukturen und Praktiken der PCG zu erarbeiten und insbesondere auch die Wirkung veränderter Governanceregeln sowie die Umsetzung von Gestaltungsempfehlungen zu untersuchen.[786]

Schaefer/Theuvsen bilanzieren hinsichtlich des Forschungsbedarfs, dass „insbesondere ein stärkeres Augenmerk auf die Analyse der Wirkungen veränderter Governanceregelungen gelegt und nicht zuletzt aus diesem Grund die empirische Forschung gestärkt werden muss. Weite Teile der Debatte sind augenblicklich noch auf die Analyse der Rahmenbedingungen und Instrumente der Public Corporate Governance gerichtet … Systematische, nicht auf der Betrachtung von Einzelfällen verharrende empirische Untersuchungen scheinen geeignet, der Diskussion um die Corporate Governance in der öffentlichen Wirtschaft neue richtungsweisende Anstöße zu geben und mehr Schub zu verleihen."[787]

Hammerschmidt analysiert zu vorliegenden Beiträgen: „Der Fokus liegt vielfach auf bestehenden Regeln statt konkreten Praktiken. Aus den bisher wenigen selektiven Fallbeispielen der Steuerung und Kontrolle öffentlicher Unternehmen lässt sich systematisches empirisches Wissen kaum ableiten." [788] Theuvsen/Frentrup plädieren ebenfalls für eine „stärkere empirische Unterfütterung"[789] der Debatte. Lenk/Rottman und Reichard konstatieren Forschungslücken empirischer Natur.[790]

Siekmann betont zu öffentlichen Unternehmen sehr grundsätzlich: „Ihre Governancestrukturen sind von erheblichem Interesse, so wie sie sind … Ihr tatsächliches Verhalten ist ebenfalls noch kaum systematisch untersucht. Hier Transparenz zu erzeugen, kann bereits viel bewirken."[791]

Im internationalen Schrifttum wird eine deutliche Verstärkung der empirischen Governanceforschung für öffentliche Unternehmen ebenfalls unterstrichen: „In fact, we would suggest that an updated survey of existing governance arrangements for public enterprises in different countries may be worthwhile to be done, because new frames have often been introduced in the last years and perhaps not yet fully evaluated by scholarly research."[792]

---

[786] Vgl. Hammerschmid (2010), S.14; Schaefer/Theuvsen (2008), S.13; Theuvsen (2011), S.252; Whincop (2005), S.4; Florio/Fecher (2011), S.365.

[787] Schaefer/Theuvsen (2008), S.13f.

[788] Hammerschmid (2010), S.14f.

[789] Theuvsen/Frentrup (2008), S.145.

[790] Vgl. Lenk/Rottman (2008), S.50; Reichard (2002b), S.40.

[791] Siekmann (1996), S.291. Hierzu auch Leitstelle Gemeindeprüfung NRW (2001), S.27.

[792] Florio/Fecher (2011), S.365.

Übergreifend stellt von Werder für die Corporate Governance Forschung heraus: „In der Forschung ist vor allem der empirische Erkenntnisstand über die tatsächlich praktizierten Governancegepflogenheiten, ihre Beeinflussung durch gesetzliche und untergesetzliche Regelungen ... zu verbessern."[793] „Fundiertere Erkenntnisse über die tatsächlich praktizierten Modalitäten der Corporate Governance (CG) haben schon deshalb einen Eigenwert, weil sie belastbare empirische Informationen über best practices in der Unternehmensrealität liefern und daher den einzelnen Gesellschaften als Orientierungsleitlinie und benchmark bei der Ausgestaltung ihrer eigenen Leitungs- und Überwachungsaktivitäten dienen können. Ferner liefern sie mit Blick auf das regulatorische Soft Law-Konzept des Kodex nähere Aufschlüsse darüber, inwieweit die Kodexbestimmungen in der Governancewirklichkeit faktisch greifen."[794] Schließlich sollte die Forschung mögliche Diskrepanzen zwischen der Governancekommunikation und dem realem Governanceverhalten untersuchen.[795]

Während für privatwirtschaftliche – insbesondere börsennotierte – Unternehmen zahlreiche Studien zu Strukturen[796] und Praktiken[797] der Corporate Governance sowie zur Corporate Governance Berichterstattung[798] vorliegen, liefert die Literatur für öffentliche Unternehmen in Deutschland hingegen trotz der Relevanz bislang überhaupt keine empirischen Untersuchungen zu Strukturen und Praktiken ihrer Corporate Governance. Ist die empirische Corporate Governance Forschung und Kodexforschung für börsennotierte Unternehmen bzw. für die Privatwirtschaft im Vergleich schon weit vorangeschritten, muss das Forschungsfeld für öffentliche Unternehmen in empirischer Hinsicht zunächst überhaupt erschlossen bzw. geöffnet werden.

10.2 Ziele und Methodik der Studie

Mit Blick auf die skizzierten Forschungsnotwendigkeiten geht dieses Kapitel der Forschungsfrage nach, inwieweit zentrale Reformforderungen in den faktischen Governancestrukturen/-praktiken im Verlauf der Diskussion um PCG umgesetzt wurden und welche Unterschiede im Vergleich der Gebietskörperschaften hervortreten.

Dabei wird auch die Bindungskraft von Selbstregulierung bzw. die Wirkung veränderter Governanceregeln in ausgewählten Handlungsfeldern bezüglich der PCGKs betrachtet, bei denen dies hinsichtlich der Formulierung von PCGKs und der Datenverfügbarkeit möglich ist. Darüber hinaus soll aus übergreifender Perspektive ein Beitrag in Bezug auf die Forderungen geleistet werden, systematisches empirisches Wissen zu erarbeiten sowie städteübergreifend Transparenz über die Strukturen und Praktiken zu erzeugen. Die Motivation und der Nutzen für verschiedene Adressatengruppen sind in der Zielsetzung in Abschnitt 1.4 veranschaulicht worden.

---

[793] von Werder (2007), S.228.
[794] von Werder/Böhme (2011), S.1286. Zu weiterem empirischen Forschungsbedarf zur Weiterentwicklung der Corporate Governance auch von Werder (2011), S.59f.
[795] Vgl. von Werder (2009), S.27; Theisen (2011), S.121.
[796] Vgl. u. a. Gerum (2007); Ruhwedel/Epstein (2003).
[797] Vgl. u. a. Bauwhede/Willekens (2008); Ali/Chen/Radhakrishnan (2007); Healy/Palepu (2001).
[798] Vgl. u. a. Weber (2011); Stiglbauer (2010); Quick/Wiemann/Wiltfang (2009); Velte (2009a).

Zwecks der Zielerreichung wurden die zehn größten deutschen Städte bzw. Stadtstaaten untersucht, da vergleichende Befunde hier – u. a. aufgrund der Anzahl und Größe öffentlicher Unternehmen – besonders aufschlussreich sind. Bezüglich der untersuchten Governancefaktoren sind die Anforderungen und Rahmenbedingungen in den Stadtstaaten und Städten vergleichbar, so dass komparatistische Analysen auch diesbezüglich sachgerecht und nützlich sind. Durch diesen Ansatz sind zudem Städte mit schon seit längerem etablierten PCGKs als auch Städte ohne Kodex vertreten, was ergänzende Rückschlüsse zu möglichen Kodexeffekten ermöglicht. Darüber hinaus wurden die öffentlichen Unternehmen des Bundes betrachtet, da diesem vielfach eine Vorbildfunktion zugewiesen wird und um zusätzliche Anknüpfungspunkte für Vergleiche und Weiterentwicklungen zu liefern.

Zunächst wurden die jeweiligen Beteiligungsberichte auf den Internetseiten der Städte erhoben. Dieser Rechenschaftsbericht der öffentlichen Hand über die öffentlichen Unternehmen informiert Öffentlichkeit und politische Entscheidungsträger, womit von einer sehr belastbaren Informationsbasis auszugehen ist.[799]

Im *zweiten Schritt* wurden alle Unternehmen in privatrechtlicher Rechtsform mit einem Beteiligungsanteil der öffentlichen Hand von mindestens 50% in den Beteiligungsberichten identifiziert. Daneben wurden mit Blick auf in diesem Kontext vergleichbare Anforderungen an die PCG und Rechnungslegung die in den Beteiligungsberichten angeführten Anstalten des öffentlichen Rechts (AöR) einbezogen. AöR müssen ihren Jahresabschluss nach den jeweiligen Errichtungsgesetzen i. d. R. ebenfalls wie große Kapitalgesellschaften aufstellen.

Im Untersuchungssample sind sowohl große als auch kleine öffentliche Unternehmen vertreten. Für die hier vorgenommene Analyse ist gerade dies lohnend, da die Unternehmensgröße für die allermeisten der hier untersuchten Governanceaspekte keine unterschiedlichen Anforderungen implizieren; z. B. bezüglich der Vergütungspublizität, der Dauer für die Aufstellung/Offenlegung von Jahresabschlüssen sowie der Transparenz bei der Abschlussprüfung und auf den Internetseiten. Kleinere öffentliche Unternehmen verfügen häufig immer noch über deutlich höhere finanzielle und personelle Ressourcen als entsprechende Ämter oder Dezernate der Kernverwaltung. Aufgrund der Anzahl öffentlicher Unternehmen sowie ihre Aufgaben und Finanzausstattung sind effektive und effiziente PCG Strukturen und die Einhaltung von Rechenschafts-/Transparenzanforderungen insbesondere auch in kleinen öffentlichen Unternehmen von hoher Bedeutung für das Gemeinwesen und die Steuerzahler.

Im *dritten Schritt* wurde mittels einer Längsschnittanalyse für die Jahre 2006 bis 2009 geprüft, ob die Jahresabschlüsse im Bundesanzeiger veröffentlicht sind und es wurden alle verfügbaren Abschlüsse erhoben. Jahresabschlüsse aus den Geschäftsjahren vor 2006 sind nicht abrufbar, weshalb die Studie im Jahr 2006 ansetzt.

Im *vierten Schritt* wurde eine Dokumentenanalyse bei allen verfügbaren Jahresabschlüssen vorgenommen.

Durch den Forschungsansatz mit über 250 Unternehmen und fast 1000 Jahresabschlüssen bzw. Merkmalsträgern besitzen die Ergebnisse eine hohe Repräsentativität und liefern ein umfassendes Governancebild.

---

[799] Vgl. Weiblein (2011), S.631; Trapp/Bolay (2003), S.36; Schefzyk (2000), S.75f.; Strobel (2004), S.477.

218

Eine Befragung von deutlich weniger Merkmalsträgern bzw. Fragebogenstudien mit geringen Rücklaufquoten können systematisches empirisches Wissen in dieser Form nicht generieren. Zudem können die sich entwickelnden Governancestrukturen/-praktiken nicht wie angestrebt im Längsschnitt analysiert werden, da Befragungen zunächst nur eine Momentaufnahme liefern bzw. schwieriger fortzusetzen sind.

Schließlich sind die Informationen aus den Jahresabschlüssen durch die gesetzlichen Vorgaben und die Testierung durch Wirtschaftsprüfer als deutlich belastbarer anzusehen, als Angaben zu Governancefaktoren im Zuge von Erhebungen über Fragebögen/Interviews. Über den gewählten Forschungsansatz sollten bewusst nachprüfbare Fakten zur Governance, Rechenschaftslegung und Transparenz jenseits von Wahrnehmungsdaten untersucht werden.

10.3 Verfügbarkeit von Jahresabschlüssen im Bundesanzeiger sowie Bildung von Aufsichtsräten

Als erstes Analyseergebnis und zugleich empirische Basis für die weitere Untersuchung veranschaulicht Tab. 74 die verfügbaren Jahresabschlüsse und gebildeten Aufsichtsräte. Die Spalte „Unt." gibt die Anzahl der untersuchten öffentlichen Unternehmen wieder; „JA%" die prozentual jeweils verfügbaren Jahresabschlüsse und „AR%" den Anteil der Unternehmen mit einem gebildeten Aufsichtsrat. Im Jahresvergleich unterschiedliche Unternehmensanzahlen resultieren aus liquidierten/privatisierten Unternehmen bzw. neuen öffentlichen Unternehmen. Die Jahresabschlüsse waren im Gesamtschnitt zu über 90% im Bundesanzeiger eingestellt, in knapp 10% der Fälle waren die Jahresabschlüsse entgegen den Transparenzanforderungen allerdings nicht verfügbar. In Berlin, Bremen, Hamburg und beim Bund liegen die Transparenzquoten deutlich unter den Werten anderer Städte. Dieses lässt sich durch die höhere Anzahl von AöR erklären, die ihren Jahresabschluss im Vergleich deutlich häufiger nicht im Bundesanzeiger offenlegen. Allerdings ist dem entgegenzuhalten, dass viele andere AöR die Offenlegung der Jahresabschlüsse im Bundesanzeiger regelmäßig praktizieren. Zudem müssen sie den Jahreabschluss nach den Errichtungsgesetzen im Regelfall ebenfalls nach den Rechnungslegungsvorschriften für große Kapitalgesellschaften aufstellen.

| Stadt | Verfügbarkeit Jahresabschlüsse und gebildete Aufsichtsräte | | | | | | | | | | | | | | | | | | | |
| | 2006 | | | | | 2007 | | | | | 2008 | | | | | 2009 | | | | |
	Unt	JA abs.	JA %	AR	AR%	Unt	JA abs.	JA %	AR	AR%	Unt	JA abs.	JA %	AR	AR%	Unt	JA	JA%	AR	AR%
Berlin	43	40	93,0	36	90,0	43	40	93,0	37	92,5	43	38	88,4	37	97,4	43	35	81,4	34	97,1
Bremen	31	28	90,3	20	71,4	31	28	90,3	19	67,9	30	25	83,3	18	72,0	30	23	76,7	17	73,9
Dortmund	11	10	90,9	7	70,0	11	11	100	8	72,7	11	11	100	8	72,7	11	10	90,9	8	80,0
Düsseldorf	14	13	92,9	8	61,5	16	15	93,8	11	73,3	16	15	93,8	11	73,3	16	15	93,8	11	73,3
Essen	13	11	84,6	10	90,9	12	12	100	12	100	13	13	100	12	92,3	13	13	100	12	92,3
Frankfurt	26	26	100	22	84,6	26	25	96,2	21	84,0	25	25	100	21	84,0	25	25	100	22	88,0
Hamburg	27	19	70,4	19	100	27	21	77,8	21	100	27	23	85,2	22	95,7	27	21	77,8	20	95,2
Köln	14	14	100	14	100	14	14	100	14	100	14	14	100	14	100	13	13	100	13	100
München	25	23	92,0	20	87,0	25	24	96,0	20	83,3	24	23	95,8	18	78,3	22	20	90,9	17	85,0
Stuttgart	11	11	100	9	81,8	11	11	100	9	81,8	11	11	100	9	81,8	11	11	100	9	81,8
Städte Gesamt	215	195	90,7	165	84,6	216	201	93,1	172	85,6	214	198	92,5	170	85,9	211	186	88,2	163	87,6
Bund	58	44	75,9	39	88,6	58	46	79,3	44	95,7	58	44	75,9	42	95,5	63	51	81,0	45	88,2

Tab. 74: Verfügbarkeit von Jahresabschlüssen und gebildete Aufsichtsräte

Aus Perspektive der Prinzipal-Agent-Theorie werden die Informationsasymmetrien für die verschiedenen Jahresabschlussadressaten und die Öffentlichkeit als oberster Prinzipal in einigen Fällen nicht hinreichend geschlossen. Hier bestehen in der Folge zu hohe Agentur- und Informations- bzw. auch Transaktionskosten, die Jahresabschlussinformation auf anderen Wegen zu erhalten. Aus dem Blickwinkel der Stewardship-Theorie sollten alle öffentlichen Unternehmen – unabhängig von ihrer Rechtsform – von der Möglichkeit Gebrauch machen, durch die Offenlegung im Bundesanzeiger zusätzliches Vertrauen bei ihren Stakeholdern aufzubauen.

Weiterhin zeigt Tab. 74, dass in ca. 90% der Unternehmen ein Aufsichtsrat bzw. ein vergleichbares Gremium gebildet wurde; in 2009 lag der Anteil bei 87,6%. Auffällig hierbei ist, dass in den untersuchten Unternehmen aus Düsseldorf (73,3%), Bremen (73,9%) und Dortmund (80,0%) deutlich häufiger kein Aufsichtsrat gebildet wurde als in Köln (100%), Berlin (97,1%) und Hamburg (95,2%). In den Städten scheinen entsprechend verschiedene „Governancephilosophien" zu bestehen.

10.4 Offenlegung der Geschäftsführervergütung

Im Zuge der Diskussion um Grundsätze verantwortungsvoller PCG wird die transparente Offenlegung der Geschäftsführervergütung öffentlicher Unternehmen mit Verweis auf besondere Transparenzanforderungen, wie in den Abschnitten 4.5 und 6.3.3.4 veranschaulicht, verstärkt gefordert. Wurde und wird gerade die Offenlegung und Ausgestaltung der Vergütung für privatwirtschaftliche Unternehmen national und international intensiv erforscht,[800] lagen demgegenüber für öffentliche Unternehmen trotz der offenkundigen Relevanz vor dieser Untersuchung keinerlei empirische Studien hierzu vor.

Die in diesem Untersuchungsabschnitt erfolgten Berechnungen beziehen sich nur auf die Jahresabschlüsse der Unternehmen, in denen Bezüge gezahlt werden. Dies war bei 98% der untersuchten Jahresabschlüsse der Fall; nur in sehr wenigen Unternehmen wird keine Vergütung gezahlt – z. B. aufgrund von Personalunionen.

In Hinsicht auf die Empfehlung im PCGK des Bundes zur Veröffentlichung der Vergütung in einem Corporate Governance Bericht wurde zunächst eine ergänzende empirische Prüfung durchgeführt. Hierbei zeigte sich, dass auf den Internetseiten der Unternehmen sowie in dort verfügbaren Geschäftsberichten im Untersuchungszeitraum für 2009 nur bei drei Unternehmen ein Corporate Governance Bericht verfügbar war. Die Unternehmen machten zur Vergütung im Jahresabschluss die gleichen Angaben, so dass diesbezüglich bis zum Geschäftsjahr 2009 keine Umcodierungen bei der Auswertung erforderlich waren.

Im Gesamtschnitt der Städte ist der Anteil der Unternehmen mit individualisiertem Ausweis[801] zwischen 2006 und 2009, wie in Abb. 2 illustriert, von 11,9% auf 26,3% gestiegen. Während der Wert zwischen 2006 und 2008 strukturell nahezu konstant bleibt, steigt er im

---

[800]   Vgl. Andres/Theissen (2007); Clarkson/Lammerts van Bueren/Walker (2006); Laksmana (2008); Gillenkirch (2008); Göx (2008); Kalyta (2009); Schwalbach (2011).

[801]   D. h. namentliche bzw. personenbezogene Offenlegung, sodass die Vergütung den einzelnen Geschäftsführern zugeordnet werden kann. Bei der individualisierten Offenlegung besteht somit volle Transparenz, beim Ausweis als Gesamtsumme eingeschränkte Transparenz.

Folgejahr um 10,6%. Der Prozentsatz für den Ausweis als zusammenaddierte Gesamtvergü-
tungssumme (gesamt) – möglich für den häufigen Fall von mehreren Geschäftsführern –
bleibt nahezu konstant. Über die Hälfte der Unternehmen (54,5%) hat demnach die Vergütung
in 2009 gar nicht ausgewiesen. Im Längsschnittvergleich zu 2006 informieren 2009 lediglich
10,3% mehr über die Vergütung in individualisierter oder gesamter Weise.

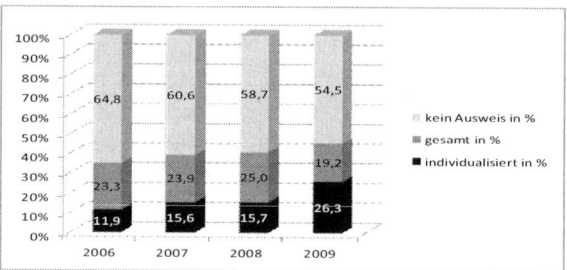

Abb. 2: Ausweis der Geschäftsführervergütung im Städtegesamtschnitt

Bei den Gesamtdurchschnitten ist zu beachten, dass diese durch die im Städtevergleich deutlich höheren Offenlegungsquoten in Berlin und Bremen mit vielen Unternehmen entsprechend beeinflusst werden. Notwendig ist daher ein differenzierter Längsschnittvergleich zwischen den verschiedenen Städten.

Hierfür stellt Abb. 3 die Unternehmen mit individualisiertem Ausweis im Vergleich der Städten und Jahre dar; Abb. 4 die Unternehmen mit der Offenlegung der Vergütung als Gesamtposition. Zur Ordnung werden die Städte in beiden Abbildungen, ausgehend vom niedrigsten
Prozentwert für 2009, von unten beginnend dargestellt. Durch den eingeordneten Städtedurchschnitt (Städte Gesamt) ist so illustriert, welche Städte über/unter der durchschnittlichen
Offenlegunsquote liegen. Rechts der Balken steht der Prozentanteil; links ist die absolute Anzahl der jeweils einbeziehbaren Unternehmen zur Einordnung der Prozentwerte angeführt.

Die Offenlegung in individualisierter Form praktizieren für 2009 in Berlin 63,6% der Unternehmen, in Bremen (50,0%) und – mit deutlichem Transparenzabstand – beim Bund 18,4%,
womit die Quoten deutlich über den Werten anderer Städte liegen. Vielfach verharrt die individualisierte Offenlegungsquote bei null.

In Berlin ist der Ausweis gesamt in 2009 gefallen und niedriger als in vielen anderen Städten,
was mit Blick auf die höchsten individualisierten Publizitätswerte im Gesamtkontext einzuordnen ist. Insgesamt ist in der Längsschnittbetrachtung innerhalb der jeweiligen Städte nur
vereinzelt ein deutlicherer Anstieg der Offenlegungsquote zu verzeichnen. In vielen Städten
verharren die Offenlegungswerte vielmehr nahezu konstant.

Durch die direkte Gegenüberstellung von Abb. 3 und Abb. 4 lassen sich die Offenlegungsquoten für „individualisiert" und „gesamt" parallel in den Blick nehmen. Beispielsweise ist beim Bund neben der individualisierten Offenlegungsquote erkennbar, dass 46,9% der Unternehmen die Bezüge gesamt ausgewiesen haben.

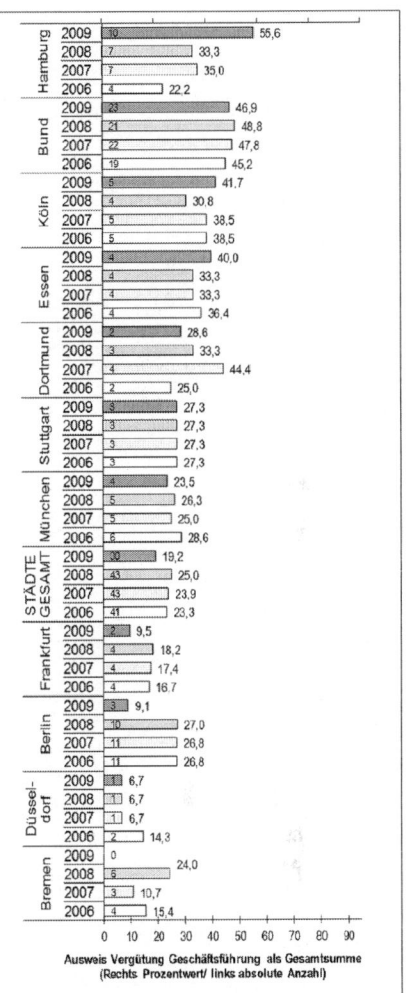

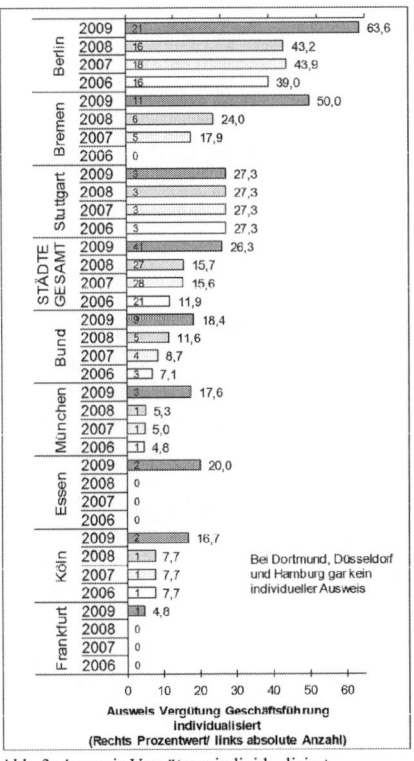

Abb. 3: Ausweis Vergütung individualisiert

Abb. 4: Ausweis Vergütung Gesamtsumme

Für einen kompakten Gesamtüberblick über die Offenlegungskultur veranschaulicht Abb. 5 schließlich den zusammengefassten Anteil von Unternehmen, welche die Vergütung entweder individualisiert oder als Gesamtsumme offenlegen. Die Kategorisierung basiert wiederum auf dem Prozentwert für 2009; dabei sind die Städte, beginnend mit der geringsten Offenlegungsquote, von unten beginnend sortiert.

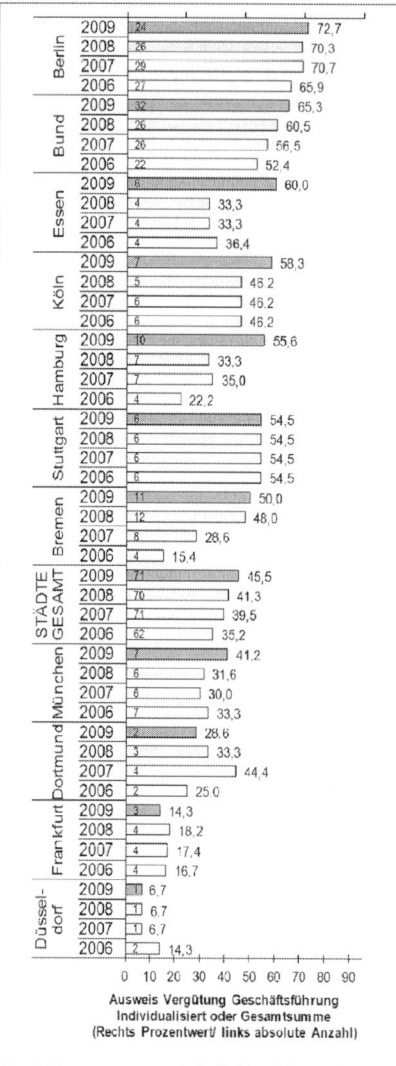

Abb. 5: Vergütungsausweis individualisiert oder Gesamtsumme

Im Städtevergleich treten die beachtlichen Transparenzunterschiede besonders prägnant hervor. In fünf Städten weisen über die Hälfte der Unternehmen die Vergütung überhaupt nicht aus. In Berlin liegt die Offenlegungs- bzw. Transparenzquote ganz erheblich höher als in vielen anderen Städten.

Im Längsschnitt innerhalb der Städte sind in der Gesamtbetrachtung – abgesehen von einigen Ausnahmen – nur sehr geringe Veränderungen zu verzeichnen. Ein deutlicher struktureller Trend für mehr Vergütungstransparenz ist auch hier nicht zu erkennen.

Der vergleichsweise hohe Wert beim individualisierten Ausweis in Berlin in Abb. 3 bzw. die Quoten in Abb. 5 erklären sich durch das vorrangehend skizzierte seit 2005 greifende Transparenzgesetz. Besonders bemerkenswert ist indessen, dass trotz des Gesetzes und der artikulierten Ziele des Gesetzgebers in gut 30% der im Bundesanzeiger publizierten Jahresabschlüsse nicht über die Vergütung der „Public Manager" informiert wurde. Hier besteht ein beachtliches Vollzugsdefizit.

In Stuttgart (seit Juli 2006), Bremen (Januar 2007) und Bund (Juli 2009) hätten die Empfehlungen der PCGKs zur individualisierten Vergütungspublizität entsprechend berücksichtigt werden sollen. Im Städtevergleich sowie anhand der Entwicklungslinien innerhalb der Städte ist in den Abb. 3 und Abb. 4 erkennbar, dass die in den PCGKs formulierten Empfehlungen bei einigen Unternehmen zumindest eine geringe Bindungswirkung zu entfalten scheinen.

Insgesamt befolgte ein beträchtlicher Anteil der Unternehmen (Bremen 50%; Stuttgart 70%, Bund über 80%) die Empfehlungen aus den Grundsätzen verantwortungsvoller Unternehmensleitung/-überwachung im Untersuchungszeitraum jedoch nicht. Der PCGK von Hamburg (Empfehlung für „Ausweis als Gesamtsumme") sollte erst für das Geschäftsjahr ab dem 1.1.2010 greifen.[802] In Anbetracht des Beschlusses am 30.06.2009 und des zuvor erfolgten Austausches hätten die Empfehlungen gleichwohl bereits bei der Jahresabschlussaufstellung für 2009 berücksichtigt werden können. 55,6% der Hamburger Unternehmen haben die Gesamtsumme in 2009 ausgewiesen; ein Anstieg von gut 20% im Vergleich zum Vorjahr. Hier scheint die Vermutung begründet, dass dies auf den PCGK bzw. auf Diskurse im engen Zusammenhang mit dem PCGK zurückzuführen ist. 45% der Hamburger Unternehmen haben die Empfehlung hingegen nicht beachtet.

Die Daten belegen, dass die Empfehlungen in den PCGKs zu einem (individualisierten) Ausweis der Geschäftsführervergütung insgesamt nur eine geringe Verhaltenssteuerung realisieren konnten. Im Gesamtvergleich liegt die Vergütungspublizität in Städten ohne PCGK jedoch noch sehr deutlich geringer als in Städten mit PCGKs.

Dies entspricht Erkenntnissen aus dem privatwirtschaftlichen Bereich, in dem die Selbstregulierung zu diesem Faktor als gescheitert eingestuft wurde.[803] In der öffentlichen Wirtschaft hat sich gemäß den Befunden kein spezifisches Transparenzbewusstsein von „Public Managern" bzw. keine strukturelle Offenlegungskultur entwickelt. Die Verhaltensmuster erweisen sich hier weiter als verfestigt.

Das angeführte Transparenzgesetz von NRW ist nach der Übergangsvorschrift des § 117 erstmals auf die Jahresabschlüsse für 2010 anzuwenden. Durch die Verabschiedung im Dezember 2009 im Anschluss an eine breite öffentlichkeitswirksame Diskussion im öffentlichen Sektor hätte die fixierte Pflicht zur individualisierten Offenlegung auf freiwilliger Basis allerdings bereits ebenfalls einbezogen werden können. Die Aufstellung der Jahresabschlüsse für das Geschäftsjahr 2009 erfolgte erst im ersten oder zweiten Quartal 2010. Nach den Ergebnissen wurde der bereits bekannte Beschluss des Gesetzgebers auf freiwilliger Basis vorab nicht umgesetzt.

Ein städteübergreifender Erklärungsfaktor sind bestehende Anstellungsverträge der Geschäftsführer, die häufiger als Begründung für eine nicht praktizierte Offenlegung herangezogen werden. Allerdings deuten die Daten ebenso darauf hin, dass einige Geschäftsführer sich mit Blick auf die Gesetze und Empfehlungen bewusst nicht auf mögliche Altverträge bzw. entsprechende Vertragsklauseln berufen.

Bezüglich neuer Anstellungsverträge ist für zukünftige Analysen relevant, dass u. a. der Bund in § 15 Abs. 1 seines Mustergesellschaftsvertrages vorsieht, dass „von der Möglichkeit des Verzichts auf die Angaben zur Vergütung … kein Gebrauch gemacht wird." Hierfür ist das „ausdrückliche Einverständnis des Organmitglieds" im Anstellungsvertrag zu gewährleisten. Im Transparenzgesetz von Berlin ist nach § 65a LHO eine entsprechende Gestaltung von Gesellschaftsverträgen/Satzungen verpflichtend. Es bleibt zu verfolgen, wie in den Städten in den nächsten Jahren bei den Gesellschaftsverträgen und Anstellungsverträgen verfahren wird.

---

[802] Im überarbeiteten Hamburger PCGK gilt die Empfehlung zur individualisierten Offenlegung erst ab dem 01.01.2012.

[803] Vgl. Andres/Theissen (2007), S.176.

Anzumerken bleibt, dass die Offenlegungsquote bei den Unternehmen in größeren Städten höher als in Städten mit weniger Einwohnern ist.

Aus Perspektive der Prinzipal-Agent-Theorie ist zu konstatieren, dass die vielfach betonten Informationsasymmetrien gegenüber der Öffentlichkeit/dem Bürger als oberstem Prinzipal nicht hinreichend abgebaut wurden. Aus dem Blickwinkel der Stewardship-Theorie lassen sehr viele Unternehmen die Chance ungenutzt, das Vertrauen von Shareholdern und Stakeholdern durch eine transparente Berichterstattung zu stärken.[804]

Bilanzierend ist aufzugreifen, dass zukünftig gerade bei der Vergütungspublizität zwischen gesetzlichen Regelungsdefiziten/konzeptionellen Regulierungsdefiziten und Vollzugsdefiziten differenziert werden sollte. Dabei sind sowohl die Rechnungslegungsvorschriften zu hinterfragen als auch gezielt eventuelle Vollzugsdefizite abzubauen.

Das Bewusstsein für diesbezügliche Transparenz und/oder die Handlungsbereitschaft divergieren zwischen den Bundesländern und Städten in beträchtlicher Weise. In der Längsschnittbetrachtung innerhalb der jeweiligen Städte ist nur vereinzelt ein deutlicher Anstieg der Offenlegungsquote zu verzeichnen. Diese Anstiege könnten allerdings Anknüpfungspunkte für zahlreiche andere Städte liefern, in denen bislang keine Entwicklung entsprechend der Forderungen zu beobachten war.

Bemerkenswert ist ein deutlicher Widerspruch in der Hinsicht, dass der Staat von seinen Unternehmen vielfach weniger Transparenz einfordert und damit andere Maßstäbe setzt, als er dies mit dem Gesetz zur Vergütungsoffenlegung für börsennotierte Unternehmen praktiziert hat.

Sofern die transparente Offenlegung der Vergütung in individualisierter Form von einer Mehrheit in Gesellschaft und Politik als erforderlich und angemessen erachtet wird, lassen die Befunde aus dem Untersuchungszeitraum den Schluss zu, dass dieses Ziel flächendeckend gerade im öffentlichen Sektor in absehbarer Zeit nur mit einer präzisen gesetzlichen Offenlegungspflicht zu realisieren sein wird.

10.5 Größe von Aufsichtsräten

Zur Verbesserung der PCG wird, wie in Abschnitt 6.3.1.1 bearbeitet, die Notwendigkeit hervorgehoben, die Größe von Aufsichtsräten zu beschränken bzw. zu reduzieren. Gefordert wird eine Anzahl von sieben bis maximal neun Mitglieder. In empirischen Studien für die Privatwirtschaft wurde die Relevanz der Aufsichtsrats- bzw. Boardgröße intensiv untersucht und des Öfteren bestätigt.[805] Die Befunde können nicht unreflektiert auf öffentliche Unternehmen und andere Corporate Governance Systeme übertragen werden. Gleichwohl deuten Argumentationslinien und Ergebnisse deutlich darauf hin, dass die Größe von Aufsichtsräten ein bedeutsamer Faktor für die Effektivität und Effizienz von Aufsichtsräten öffentlicher Unternehmen ist. Für öffentliche Unternehmen lagen im Gegensatz zu den intensiv beforschten

---

[804] Vgl. Velte (2009a), S.705.

[805] Vgl. Bermig/Frick (2011); Graf/Stiglbauer (2009); Kamran/Hossain/Adams (2006); Vetter (2009); Guest (2009); Ruhwedel/Epstein (2003); Conyon/Peck (1998); Eisenberg/Sundgren/Wells (1998); Yermack (1996). Zu Determinanten der „Übergröße" deutscher Aufsichtsräte vgl. Frick/Bermig (2009).

privatwirtschaftlichen Unternehmen bislang keinerlei repräsentative Studien zu diesem Governancefaktor vor.

Den Anforderungen stellt Abb. 6 die durchschnittliche Mitgliederanzahl in Aufsichtsräten gegenüber. Der Wert am rechten Außenrand der Diagrammbalken gibt die durchschnittliche Mitgliederanzahl an; links ist der Variationskoeffizient (VK) als dimensionsloses Maß für die Streuung der verschiedenen Aufsichtsratsgrößen innerhalb einer Stadt angeführt. Da die Standardabweichung als Maß für die Streuung um den Mittelwert herum nur in Bezug auf den Mittelwert zu interpretieren ist, ist hier aufgrund der im Vergleich der Gebietskörperschaften unterschiedliche Mittelwerte der VK das sachgerechteste Maß zur Darstellung der Streuung. Je höher der VK, desto stärker schwankt die Größe der Aufsichtsräte – je kleiner der VK desto homogener sind die Größen.

Die Klassifizierung orientiert sich an den kleinsten Aufsichtsräten im Jahr 2009 und weist diese von oben beginnend aus. Neben den Einzelwerten ist so visualisiert, in welchen Städten die Aufsichtsratsgröße der Unternehmen über bzw. unter dem Gesamtschnitt der Städte (Städte Gesamt) liegt.

Die durchschnittliche städteübergreifende Aufsichtsratsgröße geht zwar von 10,8 Mitgliedern in 2006 auf 10,4 in 2009 leicht zurück, liegt damit aber deutlich über den skizzierten Größenforderungen.

Vor allem treten im Städtevergleich beachtliche Unterschiede hervor; betrachtet für 2009 divergiert die Größe beträchtlich von Berlin (8,1) und Hamburg (9,7) bis Essen (12,5) und Köln (12,4). Auffällig ist dabei, dass die Städte mit höheren Einwohnerzahlen im Durchschnitt kleinere Aufsichtsräte eingerichtet haben. Dies könnte ein Anzeichen für eine professionellere PCG bzw. stärkere Reflexion der erforderlichen Aufsichtsratsgrößen in einigen Großstädten sein. Dagegen liegen andere Städte auffallend deutlich über den Forderungen und ebenfalls über der Gesamtdurchschnittsgröße. Hinsichtlich der dort größeren Unternehmen bildet der Bund im Vergleich zu den Städten – in Relation – kleine Aufsichtsräte.

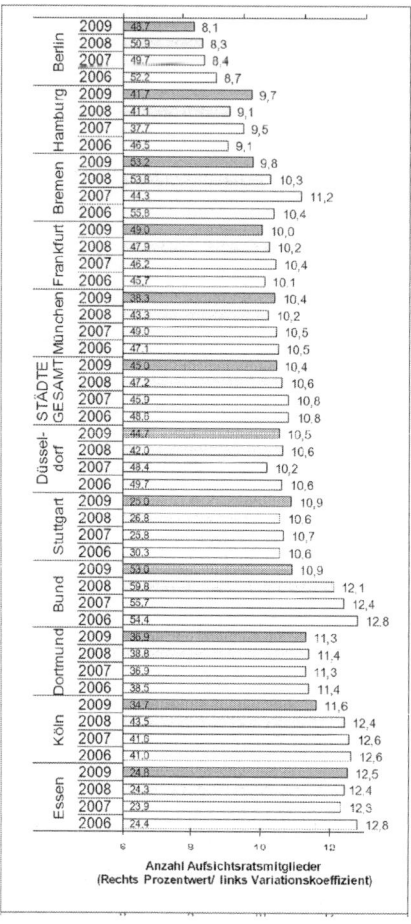

Im Längsschnitt innerhalb der jeweiligen Städte zeigen sich nur teilweise erkennbare und kontinuierliche Reduzierungen wie z. B. in Berlin (2006: 8,7 – 2009: 8,1) oder beim Bund (2006: 12,8 auf 2009: 10,9). Häufig sind keine oder nur marginale Änderungen zu beobachten.

Bemerkenswert ist, dass der VK bzw. die Streuung in Essen (23,6) und Stuttgart (28,3) deutlich unter der in Bremen (51,4) und Berlin (49,5) liegt. Dies zeigt beispielsweise mit Blick auf die durchschnittliche Aufsichtsratsgröße, dass Berlin neben vielen relativ kleinen Aufsichtsräten auch einige sehr große Gremien gebildet hat; in Essen sind die Aufsichtsräte dagegen konstant äußerst groß.

Die Daten deuten daraufhin, dass Repräsentationsaspekten in den Aufsichtsräten in der Governancepraxis in einigen Städten mehr Bedeutung beigemessen wird als in anderen.

Abb. 6: Durchschnittsgröße von Aufsichtsräten

In der politischen Debatte werden für vergrößerte Aufsichtsräte teilweise stärkere Beteiligungsmöglichkeiten für die jeweiligen politischen Fraktionen angeführt. Dem sind Erfahrungen aus langjähriger Praxis gegenüberzustellen: „Eine über Arbeitseffizienz hinausgehende Größe eines Aufsichtsorgans kann … begründet werden – Rücksichtnahme auf die verschiedensten Beziehungen, Repräsentations- und Imagegründe bis hin zu Versorgungspositionen … Diese Gründe mögen ihren Stellenwert im Einzelfall haben, mit Arbeitswirksamkeit im Sinne der Corporate Governance hat das aber nichts zu tun."[806]

Das vielfach deutliche Überschreiten der empfohlenen Aufsichtsratsgröße von etwa sieben Mitgliedern bietet angesichts der Anforderungen und Befunde Anlass zu der Vermutung, dass

---

[806] Malik (2008), S.183.

eine geringere Arbeitswirksamkeit und Funktionsfähigkeit von Aufsichtsräten in einigen Städten scheinbar in Kauf genommen wird.

Im PCGK von Frankfurt heißt es in Ziff. (3.2.3): „Zur Gewährleistung der Funktionsfähigkeit soll sich die Zahl der Aufsichtsratsmitglieder über die gesetzliche Mindestanforderung hinaus auf das unbedingt Erforderliche beschränken." Dieser Kodex wurde erst nach Abschluss des Untersuchungszeitraumes etabliert, weshalb hier keine Schlussfolgerungen zu möglichen Verhaltenssteuerungseffekten möglich sind. Die Befunde lassen Zweifel jedoch auftreten, ob diese Empfehlung bzw. vergleichbare schon seit langer Zeit erhobene Forderungen in allen Städten hinreichend berücksichtigt wurden.

In struktureller Gesamtsicht erweisen sich die Aufsichtsräte, orientiert an den Anforderungen als andauernd zu groß. Vor allem sind die substanziellen Größenunterschiede im Städtevergleich bilanzierend zu betonen. Die Ergebnisse legen für die Zukunft quantitative und qualitative Untersuchungen nahe, welche Wirkungen die im Städtevergleich verschiedenen Aufsichtsratsgrößen für die Überwachung/Beratung und die öffentliche Aufgabenerfüllung bzw. den Unternehmenserfolg besitzen. Ebenfalls ist von Interesse herauszuarbeiten und in die Verwaltungspraxis zu kommunizieren, welche Gründe die Städte mit kleineren Aufsichtsräten angeben und mit welchen Argumenten bzw. über welche Wege dieses politische Mehrheiten gefunden hat.

10.6 Zusammensetzung von Aufsichtsräten

Die Zusammensetzung von Aufsichtsorganen wird als „zentrales Schlüsselelement"[807] eingestuft und besitzt „größte Bedeutung"[808] für die anforderungsgerechte und professionelle Aufsichtsratstätigkeit. Die Forderungen für Qualifikation, unterschiedliche berufliche Hintergründe sowie die Einbindung von zusätzlicher Expertise über externe Mitglieder wurden in Abschnitt 6.3.1.2 veranschaulicht. Diesbezüglich sind empirische Daten zu diesem Aspekt ebenfalls von besonderem Erkenntnis- und Gestaltungsinteresse. Für die Privatwirtschaft war und ist die Zusammensetzung von Aufsichtsräten bzw. Boards und deren Auswirkung wiederum Gegenstand intensiver Forschung.[809] Die Aufsichtsratszusammensetzungen öffentlicher Unternehmen sind in Deutschland bislang gar nicht repräsentativ untersucht worden.

Abb. 7 stellt in einem ersten Schritt den Anteil von „Politikern" in den Aufsichtsräten dar. Als „Politiker" wurden dabei alle Akteure klassifiziert, die politische Funktionen ausüben, z. B. Gemeinderäte/Stadträte/Senatoren, (Ober)Bürgermeister/Hauptverwaltungsbeamte, Dezernenten, Beigeordnete etc. Am rechten Außenrand der Abbildung steht der prozentuale Anteil, links der VK. Die – nicht inhaltlich wertende – Sortierung basiert auf dem höchsten Anteil von Politikern für 2009 – die Städte mit den höchsten Politikeranteilen sind von oben beginnend dargestellt. Im Gesamtschnitt der Städte bleibt der Anteil von Politikern in den Aufsichtsräten mit 44,5% in 2006 und 47,0% in 2009 im Zuge der PCG Diskussion nahezu konstant.

---

[807] Schedler/Müller/Sonderegger (2011), S.115.
[808] Malik (2008), S.186.
[809] Vgl. Bermig/Frick (2011), S.157ff.; de Andres/Azofra/Lopez (2005); Baysinger/Butler (1985); Sicililano (1996); Kamran/Hossain/Adams (2006); Terjesen/Sealy/Singh (2009).

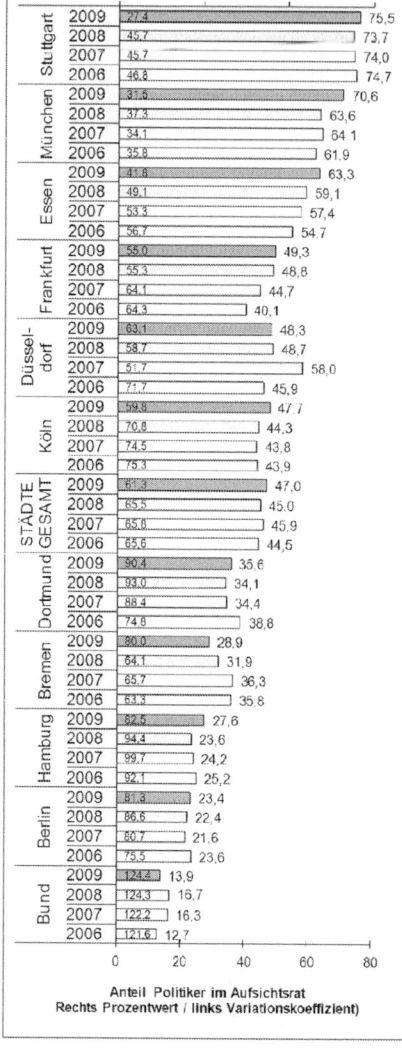

Abb. 7: Anteil von Politikern im Aufsichtsrat

Bemerkenswerte Unterschiede zeigen sich erneut im Vergleich der Städte. Für 2009 liegt der Anteil z. B. in Stuttgart (75,5%) und München (70,6%) ganz erheblich höher als in Berlin (27,6%), Hamburg (23,6%) oder auch in Dortmund (35,6%). Die Unterschiede bestehen somit eindeutig auch zwischen Städten, die keine Stadtstaaten sind.

Im Längsschnitt innerhalb der Städte ist in Essen, München und Frankfurt ein kontinuierlicher Anstieg zu beobachten, in Bremen dagegen ein Rückgang. Ansonsten bleibt der Anteil über die Jahre nahezu konstant. Strukturelle Änderungen bei der Besetzung von Aufsichtsräten mit Politikern wurden nach den Befunden nicht vorgenommen.

Aufschlussreiche Unterschiede zeigt darüber hinaus der VK, der z. B. in Dortmund (90,4), und Hamburg (82,5) sehr deutlich über Stuttgart (27,4) und München (31,5) liegt. In Städten mit hohem VK schwankt der Politikeranteil zwischen den verschiedenen Aufsichtsräten innerhalb einer Stadt stärker als bei niedrigerem VK. Die im Vergleich höheren VK in den Städten mit einem insgesamt niedrigeren Politikeranteil deuten daraufhin, dass einzelne politisch als wichtig erachtete Aufsichtsräte stark mit Politikern besetzt werden, auch wenn ansonsten weniger Politiker in die Aufsichtsräte entsandt werden. In Städten mit einem hohen Gesamtanteil von Politkern fällt die Streuung dagegen im Vergleich niedriger aus.

Zwecks eines differenzierten Einblicks veranschaulicht Abb. 8 folgend, wie stark weitere Personengruppen in den Aufsichtsräten vertreten sind. Dabei sind die Gruppen Politiker, Verwaltung, Wirtschaft/Externe, Arbeitnehmervertreter/Gewerkschaft und Sonstige kategorisiert – die Städte sind alphabetisch von oben beginnend angeführt.

Als „Wirtschaft/Externe" wurden Aufsichtsratsmitglieder eingestuft, die nach den Angaben im Jahresabschluss in der Wirtschaft tätig und nicht offensichtlich mit dem Unternehmen verbunden sind. Hierzu zählen z. B. örtliche Unternehmer, Mitglieder von Wirtschaftskammern/-verbänden, Geschäftsführer/Vorstände anderer Unternehmen, Wirtschaftsprüfer, Unternehmensberater und Professoren.

Die Zuordnung von Personen zu den Kategorien Politik (Abb. 7), Verwaltung und „Arbeitnehmer/Gewerkschaft" war in den allermeisten Fällen zweifelsfrei möglich. Zwischen den Kategorien „Wirtschaft/Externe" und „Sonstige" können durch nicht zuzuordnende oder fehlende Berufsbezeichnungen vereinzelt „kleine Verzerrungen" bei den Prozentwerten bzw. ein höherer Anteil in der Kategorie „Sonstige" auftreten. Ziel ist für diesen Teilaspekt der Analyse jedoch, strukturelle Besetzungsmuster bzw. die Besetzungspolitikunterschiede unabhängig von einzelnen Prozentwerten zu veranschaulichen, was nach den Angaben in den Jahresabschlüssen sachgerecht möglich ist.

Aus Abb. 8 ist im unten dargestellten Städtegesamtschnitt zu entnehmen, dass die Anteile in den jeweiligen Personengruppen im Längsschnitt seit 2006 um einige Prozentwerte schwanken, aber strukturell konstant sind. In 2009 waren in den Aufsichtsräten übergreifend etwa 16% aus der Kategorie „Wirtschaft/Externe" und 5% Verwaltungsangehörige vertreten. Der Anteil „Wirtschaft/Externe" ist von 2008 auf 2009 um gut 2% gestiegen.

Im Städtevergleich divergiert auch der Anteil von Verwaltungsangehörigen stark. Mit Abstand am höchsten liegen die Werte hier in den Gebietskörperschaften mit einem im Vergleich sehr niedrigen Politikeranteil wie beim Bund mit zuletzt knapp 30%, gefolgt von Bremen (15%), Hamburg (10%) und Berlin (8%). Im Längsschnitt innerhalb der Städte bleiben die Werte wiederum recht konstant.

Der Anteil von Mitgliedern der Kategorie „Wirtschaft/Externe" ist in Berlin und Hamburg mit knapp 30% am höchsten und auffällig höher als z. B. in Bremen (10%). Im Vergleich liegen auch noch die Werte in Düsseldorf (18%) und Frankfurt (16%) höher als z. B. in Dortmund (6%) und München (9%). Im Jahresvergleich innerhalb der Städte ist der Anteil in Düsseldorf leicht, aber kontinuierlich gestiegen – in den anderen Städten bleibt die Quote konstant.

Die übrigen Analyseergebnisse sollen auch hier nur durch die Abbildung veranschaulicht werden.

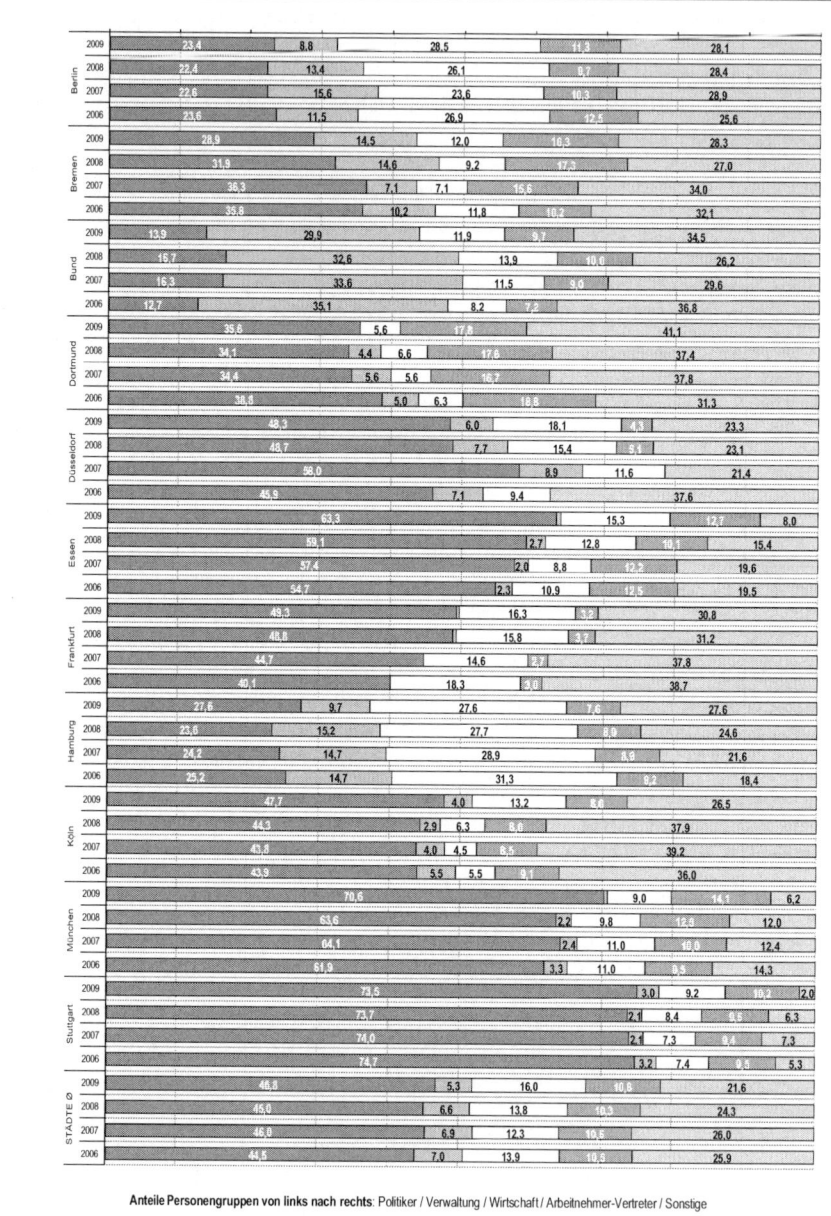

Anteile Personengruppen von links nach rechts: Politiker / Verwaltung / Wirtschaft / Arbeitnehmer-Vertreter / Sonstige

Abb. 8: Zusammensetzung der Aufsichtsräte nach Personengruppen

In der Gesamtbetrachtung zeigt die Analyse, dass trotz grundlegend gleicher Anforderungen substanzielle Unterschiede bei den Besetzungsmustern bzw. der Besetzungspolitik von Aufsichtsräten bestehen. Aus struktureller Gesamtsicht und insbesondere in einzelnen Städten erscheint der Anteil von externen Aufsichtsratsmitgliedern – gemessen an den herausgearbeiteten Empfehlungen in Wissenschaft und Praxis – nach wie vor gering. Im Gegensatz zu den Forderungen ist kein struktureller Trend zu erkennen, verstärkt Akteure aus der Kategorie „Wirtschaft/Externe" in die Aufsichtsräte öffentlicher Unternehmen zu berufen. Mit Blick auf die im Städtevergleich divergierenden Besetzungsmuster drängt sich im Gesamtkontext von Demokratiegebot und Professionalität die Frage auf, ob und ggf. welcher Governanceansatz sich für die öffentliche Hand als leistungsfähiger erweist. Hier bedürfte es die Spezifika öffentlicher Unternehmen klar im Blick behaltende Studien zu Auswirkungen der Zusammensetzung auf die Effektivität und Effizienz der Aufsichtsratsarbeit sowie auf den Unternehmenserfolg.

10.7 Berichterstattung über Aufsichtsratsausschüsse, insbesondere Prüfungsausschüsse

Als nächstes wird die Berichterstattung über Ausschüsse, insbesondere Prüfungsausschüsse, in den Blick genommen. Einem anforderungsgerechten Corporate Governance Reporting wird, wie in Abschnitt 6.2.15 veranschaulicht, sehr hohe Bedeutung beigemessen. Börsennotierte und kapitalmarktorientierte Aktiengesellschaften haben nach § 289a Abs. 1 HGB eine Erklärung zur Unternehmensführung in den Lagebericht aufzunehmen. Nach § 289a Abs. 2 ist über die Zusammensetzung und Arbeitsweise von Ausschüssen zu berichten, was bei der Einordnung der folgenden Befunde vor Augen sein sollte. Die spezielle Relevanz und die Argumentationslinien zur Einrichtung eines Prüfungsausschusses wurden in Abschnitt 6.3.1.8 erörtert.

Für die Privatwirtschaft werden die Ausgestaltung und Auswirkungen des Corporate Governance Reporting in Deutschland[810] und international[811] mit hoher Intensität untersucht. Insbesondere sind dabei die Bildung und Effekte von Prüfungsausschüssen Gegenstand von Forschungsvorhaben.[812] Im Gegensatz zum privatwirtschaftlichen Schrifttum liegen für öffentliche Unternehmen keinerlei repräsentative Erkenntnisse zur Berichterstattung über Ausschüsse und zur Bildung von Prüfungsausschüssen vor.

Die tatsächlich praktizierte PCG Berichterstattung wird folgend in Tab. 75 präsentiert; die Städte mit dem höchsten Anteil mit Informationen zu Prüfungsschüssen werden von oben beginnend aufgelistet. Die Unternehmen mit einem Aufsichtsrat gaben im Gesamtdurchschnitt der Städte im Geschäftsjahr 2009 nur in einem Fünftel der Fälle (19,0%) an, ob und ggf. welche Aufsichtsratsausschüsse sie gebildet haben.

Im Längsschnittvergleich zu 2006 ist die Berichterstattungsquote lediglich um 1,4% gestiegen. Im Städtevergleich zeigen sich erneut erhebliche Unterschiede und Defizite. In Berlin

---

[810] Vgl. Velte (2009a); Weber (2011); Quick/Höller/Koprivica (2008); Stiglbauer (2010); Graf/Stiglbauer (2010).

[811] Vgl. Bauwhede/Willekens (2008); Abdelsalam/Bryant/Street (2007); Ali/Chen/Radhakrishnan (2007); Collett/Hrasky (2005); Heal/Palepu (2001).

[812] Vgl. Brown/Beekes/Verhoeven (2011), S.113; Velte (2009a); Köhler (2005).

berichteten für 2009 immerhin knapp die Hälfte der Unternehmen (47,1%) über gebildete Ausschüsse, in München 29,4% und beim Bund gut ein Viertel (26,7%). Dagegen liegt die Informationsquote bei den Unternehmen aus vier Städten unter 10%; in drei Städten sogar bei null. Weitere drei Städte liegen 2009 unter dem Gesamtschnitt der Städte. Im Längsschnitt innerhalb der Städte bleibt der jeweilige Berichterstattungsanteil, abgesehen von einigen leichten Schwankungen, strukturell nahezu konstant.

In den PCGKs sind keine Empfehlungen oder Anregungen zur Berichterstattung über Ausschüsse aufgenommen, so dass diesbezüglich keine Rückschlüsse möglich sind. Die Bildung von Ausschüssen wird in Berlin nur angeregt und nicht wie in anderen Gebietskörperschaften empfohlen.

In der Gesamtschau entspricht die Corporate Governance Berichterstattung den Anforderungen bezüglich dieses Aspekts eindeutig nicht. Aus Perspektive der Prinzipal-Agent-Theorie werden Informationsasymmetrien nicht hinreichend abgebaut[813] und es entstehen zu hohe Agenturkosten für die verschiedenen Prinzipale, die sich über die Corporate Governance des Unternehmens informieren möchten. Aus Blickwinkel der Stewardship-Theorie ist zu konstatieren, dass die Chance zum Aufbau von Vertrauen auch hier nicht hinreichend genutzt wird. Die betonte Chance von Corporate Governance Reporting, aktiv mit Anteilseignern, Stakeholdern und Öffentlichkeit zu kommunizieren,[814] wird nicht hinreichend genutzt.

Die positiven Beispiele zeigen indessen erneut, dass transparente Corporate Governance Berichterstattung über Ausschüsse auch in der Praxis öffentlicher Unternehmen machbar ist. Gleichzeitig bieten sie wiederum Anknüpfungspunkte für andere Unternehmen und Städte.

Bei der Analyse wurden die Begriffe „Prüfungsausschuss", „Audit Committee" und ähnliche Bezeichnungen als Prüfungsausschuss gewertet. Ebenfalls wurden Ausschüsse unabhängig von ihrer Bezeichnung als Prüfungsausschuss gewertet, wenn dem Ausschuss explizit die Aufgaben eines Prüfungsausschusses zugewiesen wurden.

---

[813] Vgl. Velte (2009a), S.709; Schmalenbach-Gesellschaft (2006a), S.1071.
[814] Vgl. von Werder (2011), S.52; OECD (2005b), S.100; IFAC (2001), S.15.

Stadt	Jahr	Angaben über Ausschüsse		Prüfungs- ausschuss genannt	
		Abs.	%	Abs.	%
Berlin	2006	14	38,9	9	25,0
	2007	13	35,1	9	24,3
	2008	15	40,5	10	27,0
	2009	16	47,1	11	32,4
Bund	2006	11	28,2	2	5,1
	2007	10	22,7	5	11,4
	2008	12	28,6	4	9,5
	2009	12	26,7	7	15,6
München	2006	5	25,0	1	5,0
	2007	5	25,0	1	5,0
	2008	5	27,8	1	5,6
	2009	5	29,4	1	5,9
Hamburg	2006	4	21,1	1	5,3
	2007	4	19,0	1	4,8
	2008	3	13,6	1	4,5
	2009	4	20,0	1	5,0
Städte Gesamt	2006	29	17,6	12	7,3
	2007	29	16,9	14	8,1
	2008	30	17,6	16	9,4
	2009	31	19,0	16	9,8
Düsseldorf	2006	1	12,5	0	0
	2007	2	18,2	1	9,1
	2008	2	18,2	1	9,1
	2009	2	18,2	1	9,1
Köln	2006	3	21,4	1	7,1
	2007	3	21,4	1	7,1
	2008	2	14,3	1	7,1
	2009	2	15,4	1	7,7
Dortmund	2006	1	14,3	0	0
	2007	1	12,5	0	0
	2008	1	12,5	0	0
	2009	1	12,5	0	0
Bremen	2006	0	0	0	0
	2007	1	5,3	1	5,3
	2008	1	5,6	1	5,6
	2009	1	5,9	1	5,9
Stuttgart	2006	1	11,1	0	0
	2007	0	0	0	0
	2008	1	11,1	1	11,1
	2009	0	0	0	0
Essen	2006	0	0	0	0
	2007	0	0	0	0
	2008	0	0	0	0
	2009	0	0	0	0
Frankfurt	2006	0	0	0	0
	2007	0	0	0	0
	2008	0	0	0	0
	2009	0	0	0	0

Tab. 75: Berichterstattung über Aufsichtsratsausschüsse

Über Prüfungsausschüsse wurde nach den Angaben für 2009 nur in knapp jedem zehnten Unternehmen berichtet (9,8%). Im Vergleich zu 2006 stieg der Anteil nur um 2,5%. Im Städtevergleich treten erneut deutliche Unterschiede hervor.

Von den Berliner Unternehmen wurde die Bildung eines Prüfungsausschusses in 2009 von 32,4% und damit deutlich am häufigsten angegeben. Beim Bund berichten 15,6% über die Einrichtung eines Prüfungsausschusses. In allen anderen Städten liegt die Quote unter 10% und vielfach bei null.

Möglich wäre in einzelnen Fällen, dass Unternehmen einen Prüfungsausschuss gebildet haben, ohne hierüber im Jahresabschluss zu berichten. Gleichwohl deuten die Daten verstärkt daraufhin, dass Prüfungsausschüsse in öffentlichen Unternehmen noch nicht in dem von Literatur und Praxis geforderten Maße gebildet werden.

Die Unternehmen aus Städten mit einem früh etablierten PCGK wie Bremen und Stuttgart informieren in den Jahresabschlüssen nicht transparenter als in anderen Städten.

Die PCGKs von Berlin (Ziff. IV.4) und beim Bund (5.1.7) empfehlen die Einrichtung eines Prüfungsausschusses. Der bereits 2005 etablierte Berliner PCGK könnte mit Blick auf die im Vergleich hohe Quote ein relevanter Faktor für die verstärkte Einrichtung von Prüfungsausschüssen sein. Ebenso könnten hier jedoch auch andere Einflussfaktoren ausschlaggebend sein. Mögliche Effekte des erst im Juni 2009 verabschiedeten PCGK des Bundes können zu diesem Faktor erst bei der Analyse von späteren Geschäftsjahren einbezogen werden.

Die Befunde zur Ausschussberichterstattung in den Jahresabschlüssen sprechen eindeutig dafür, klare Empfehlungen zur Berichterstattung über die Bildung, Arbeitsweise und Besetzung von Ausschüssen zu formulieren.

Die Einrichtung, Arbeitsweise und Auswirkungen von Prüfungsausschüssen in öffentlichen Unternehmen verdient entsprechend der veranschaulichten Forderungen und der analysierten Kodexempfehlungen besondere Aufmerksamkeit in Forschung und Praxis. Ein Prüfungsausschuss könnte sich gerade in großen und mit vielen politischen Mandatsträgern besetzen Aufsichtsräten als wichtiger Schlüssel erweisen, um eine ausgewogene Balance zwischen politisch legitimierter Repräsentation und spezifisch qualifizierter Facharbeit zu realisieren.[815]

10.8 Vergütung von Aufsichtsräten

Für privatwirtschaftliche Unternehmen werden im Zuge der Professionalisierungsdebatten seit längerer Zeit wiederholt Studien zur Vergütung von Aufsichtsräten vorgelegt.[816] Für öffentliche Unternehmen liegen im Gegensatz hierzu trotz der Relevanz auch dieses Faktors bislang gar keine Studien vor. Mit Blick auf die Analyseziele wird zur Vereinfachung nur die Bezeichnung „Aufsichtsratsvergütung" verwendet, worunter hier ebenso Aufwandsentschädigungen gefasst werden.

10.8.1 Offenlegung der Vergütung

Die vergütungsbezogene Publizität veranschaulicht Tab. 76. Die Spaltenkürzel stehen für folgende Inhalte: AR: Anzahl gebildeter Aufsichtsräte; VG%: Anteil von Unternehmen mit Ausweis Vergütung als Gesamtsumme; VI%: Anteil von Unternehmen mit individualisiertem Vergütungsausweis. Bei den übrigen Aufsichtsräten wurde entweder keine Vergütung gezahlt oder diese nicht ausgewiesen.

Die individualisierte Offenlegungsquote bei der Aufsichtsratsvergütung liegt in 2009 bei 4,8% und damit nahezu gleich hoch wie in 2006. 58,8% der Unternehmen weisen die Vergütung als Gesamtsumme aus, wobei der Wert im Vergleich zu 2006 ebenfalls nahezu konstant bleibt. Im Städtevergleich bestehen bei der individualisierten Offenlegungsquote ebenfalls kaum Unterschiede. Die Transparenzquote bei der Offenlegung als Gesamtsumme schwankt 2009 dagegen beträchtlich und liegt in Stuttgart (88,9%) und Essen (83,3%) mehr als doppelt so hoch wie in Bremen (38,9%) und deutlich höher als in München (47,1%). Im Längsschnitt innerhalb der Städte bleiben die Publizitätsquoten nahezu konstant.

---

[815] Vgl. Cornforth (2005), S.252.
[816] Vgl. u. a. Metzner/Rapp/Wolff (2011); Deutsche Schutzvereinigung für Wertpapierbesitz (2011).

Stadt	Ausweis Vergütung Aufsichtsrat											
	2006			2007			2008			2009		
	AR	VG%	VI%	AR	VG%	VI%	AR	VG%	VI%	AR	VG%	VI%
Stuttgart	9	88,9	0	9	88,9	0	9	77,8	0	9	88,9	0
Essen	12	75,0	0	12	91,7	0	12	91,7	0	12	83,3	8,3
Köln	14	71,4	0	14	71,4	0	14	71,4	0	13	76,9	0
Dortmund	8	75	13	8	75,0	13	8	87,5	0	8	75,0	0
Städte Gesamt	176	59,7	4,0	174	60,9	4,0	173	59,5	3,5	165	58,8	4,8
Berlin	37	54	11	36	58,3	11	35	57,1	11	34	55,9	12
Hamburg	20	65,0	0	21	61,9	0	22	50,0	0	20	55,0	0
Frankfurt	22	63,6	0	21	57,1	0	21	57,1	0	22	54,5	0
Düsseldorf	12	41,7	0	12	41,7	0	12	50,0	0	12	50,0	0
München	21	52,4	4,8	21	47,6	4,8	20	50,0	5,0	17	47,1	11,8
Bremen	21	43	5	20	50,0	5	20	45,0	5	18	38,9	6

Tab. 76: Ausweis der Aufsichtsratsvergütung

Insgesamt entspricht die Vergütungspublizität auch hier noch nicht den Anforderungen. Zur Würdigung aus theoretischer Perspektive wird hier auf die Würdigung im Zusammenhang mit der Vergütungstransparenz von Geschäftsführergehältern in Abschnitt 10.4 verwiesen. Auch wenn die Vergütungen bzw. die Aufwandsentschädigungen vielfach nicht besonders hoch liegen, spricht sehr vieles dafür, die jeweiligen Bezüge im Sinne von Transparenz ebenfalls auszuweisen. Ebenfalls sollte stets mit angegeben werden, wenn keine Vergütung bzw. Aufwandsentschädigung gezahlt wird.

10.8.2 Höhe der Vergütung

Abb. 9 stellt die durchschnittliche Gesamtjahresvergütung der Aufsichtsräte für sämtliche Jahre und Städte heraus, um einen kompakten Gesamtüberblick für alle Untersuchungsperspektiven zu geben. Dies liefert unabhängig von der zwischen Aufsichtsräten schwankenden Mitgliederanzahl ein Gesamtbild darüber, in welcher Höhe öffentliche Finanzmittel für einen Aufsichtsrat im Städtevergleich aufgewendet werden.

Zur grafisch – nicht inhaltlich wertenden – Ordnung werden die Städte ausgehend von der höchsten durchschnittlichen Gesamtvergütung 2009 von oben beginnend dargestellt. Durch den eingeordneten Städtedurchschnitt (Städte gesamt) ist so illustriert, welche Städte eine durchschnittliche Gesamtvergütung über/unter dem Gesamtschnitt aufweisen. Rechts der Balken ist der Vergütungsbetrag in Euro, links ist der VK aufgeführt.

Die durchschnittliche Gesamtvergütung über alle Städte hinweg liegt in 2009 bei 17.869 Euro; knapp 700 Euro über dem Wert von 2006. Bei Betrachtung des städteübergreifenden Gesamtschnitts zeigt sich somit, dass die Debatten um eine Weiterentwicklung bzw. Professionalisierung der Aufsichtsratsarbeit nicht zu einer Erhöhung der Vergütung geführt haben bzw. diese von 2008 auf 2009 sogar gesunken ist.

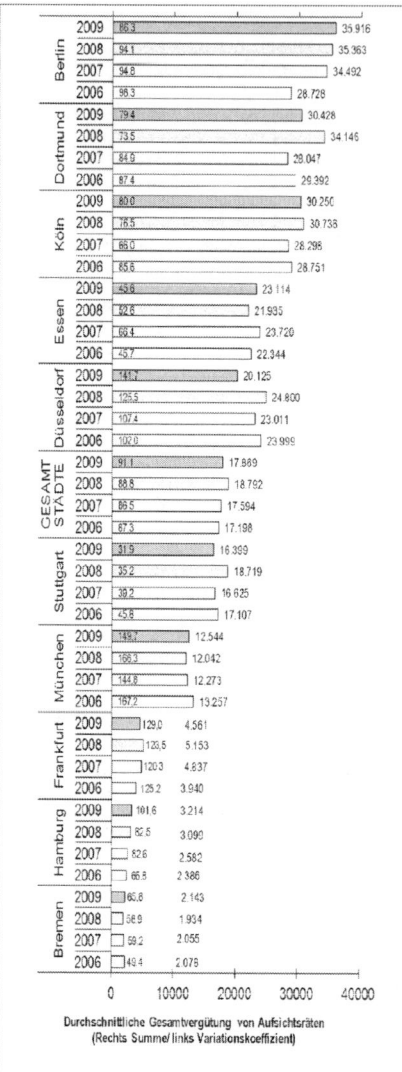

Abb. 9: Durchschnittliche Gesamtvergütung der Aufsichtsräte in Euro

Im Städtevergleich wird offensichtlich, dass die durchschnittliche Vergütungshöhe erheblich divergiert.

2009 liegt die durchschnittliche Gesamtvergütung z. B. in Berlin (35.916 Euro) und Dortmund (30.428 Euro) im Vergleich hoch, z. B. in Bremen (2.143 Euro), Hamburg (3.214 Euro) und Frankfurt (4.561 Euro) vergleichsweise niedrig. Im Längsschnitt innerhalb der Städte zeigen sich ebenfalls heterogene Entwicklungen. Z. B. geht die Vergütung betrachtet für 2008 auf 2009 in Dortmund, Düsseldorf, Stuttgart und Berlin – in unterschiedlichem Maße – zurück; z. B. in Essen ist dagegen ein deutlicherer Anstieg zu verzeichnen.

Ferner ist aufschlussreich, wie stark die Vergütung zwischen den verschiedenen Aufsichtsräten innerhalb der jeweiligen Städte schwankt. Je höher der Variationskoeffizient, desto deutlicher schwankt die Gesamtvergütung zwischen verschiedenen Aufsichtsräten innerhalb einer Stadt; je niedriger der VK desto gleichmäßiger ist die Vergütung. Die VK lassen erkennen, dass auch die Streuung im Städtevergleich sehr unterschiedlich ausgeprägt, die von Stuttgart (31,9) über Essen (45,6) bis München (149,7) und Düsseldorf (141,7) schwankt. Dies verdeutlicht, dass in einigen Städten sehr viel stärker bei der Vergütungshöhe von Aufsichtsräten differenziert wird als in anderen Städten.

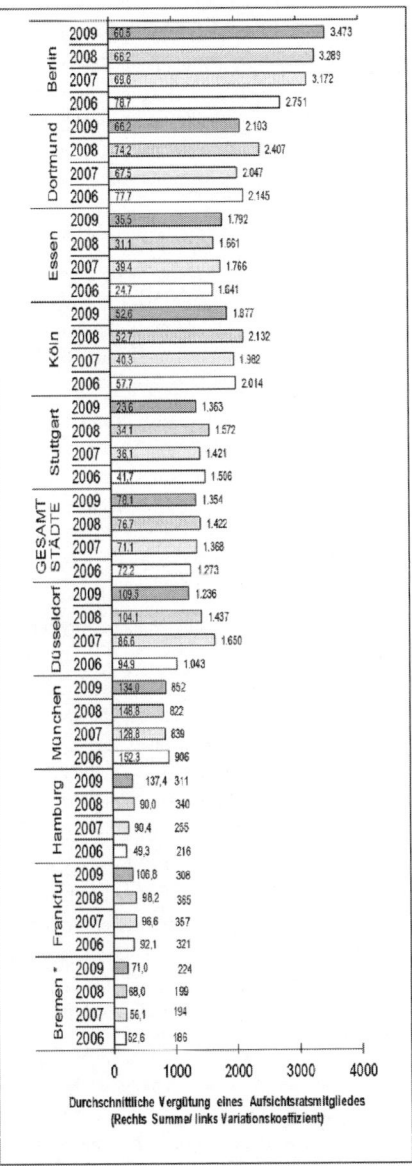

Abb. 10: Aufsichtsratsvergütung je Mitglied in Euro

Weitergehend ist steuerungsrelevant, wie hoch die durchschnittliche Vergütung eines einzelnen Aufsichtsratsmitglieds im Städtevergleich ausfällt (Abb. 10).

Erhielt ein Aufsichtsratsmitglied im Jahr 2009 in Berlin durchschnittlich 3.473 Euro, in Dortmund 2.103 Euro und in Essen 1.792 Euro, waren es in Bremen 224 Euro, in Frankfurt 308 Euro und in Hamburg 311 Euro.

Im Längsschnitt innerhalb der Städte treten wiederum sehr verschiedene Entwicklungen hervor. Von 2008 auf 2009 ist die Vergütung pro Kopf z. B. in Dortmund und Stuttgart gesunken, in Berlin und Essen gestiegen.

Der VK dokumentiert, dass die Vergütungshöhe einzelner Mitglieder zwischen verschiedenen Aufsichtsräten innerhalb der Städte und im Städtevergleich sehr unterschiedlich stark schwankt. Z. B. in München und Düsseldorf werden die Aufsichtsräte mit deutlich höheren Unterschieden entgolten als in Stuttgart und Essen.

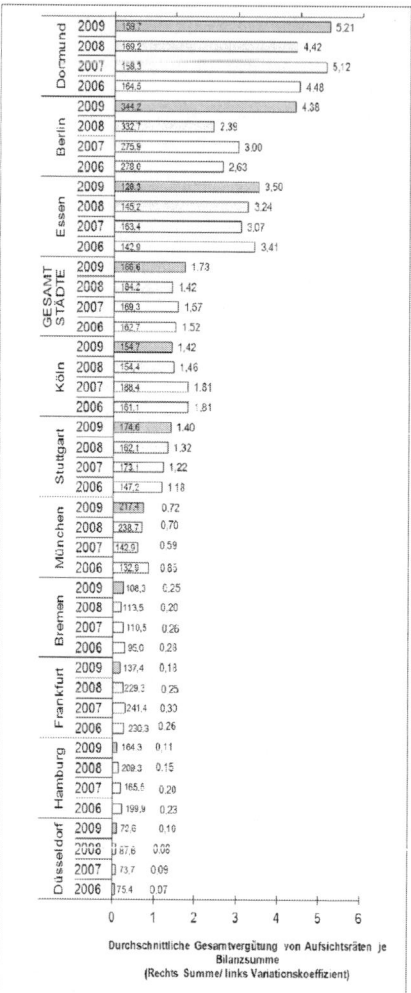

Abb. 11: Aufsichtsratsvergütung je 1000 Euro Bilanzsumme

Von zusätzlicher Erkenntnis und Gestaltungsrelevanz ist schließlich, die Gesamtvergütung in Bezug zur Bilanzsumme als Indikator für die Größe des Unternehmens zu betrachten. Wiederum treten bemerkenswerte Divergenzen hervor.

Z. B. betrug die durchschnittliche Gesamtvergütung je 1.000 Euro Bilanzsumme in Dortmund mit 5,21 Euro und damit deutlich mehr als in Städten aus dem Mittelfeld wie München (0,72) und Stuttgart (1,40).

Waren die absoluten Gesamtkosten für die Aufsichtsräte in Abb. 10 in Berlin am höchsten, ist der höchste Wert in Bezug auf die Bilanzsumme in Dortmund zu verzeichnen.

Zweifellos können die Ergebnisse zur Aufsichtsratsvergütung entsprechend durch Entwicklungen bei einzelnen Unternehmen beeinflusst werden. Zentrales Ziel ist jedoch wie skizziert das Herausarbeiten der strukturell divergierenden Vergütungskonzeptionen/-praktiken auf breiter wie differenzierter Empiriebasis. In Abhängigkeit der jeweiligen Erkenntnis- und Gestaltungsperspektiven finden sich zahlreiche Anknüpfungspunkte für Diskussionen und Weiterentwicklungen.

Erklären lassen sich die Differenzen durch die bei der Inhaltsanalyse der PCGKs in Abschnitt 9.6.10 herausgearbeiteten strukturellen Unterschiede bei den Konzepten und Kriterien für die Vergütungsmodelle. Die Studie liefert ein erstes repräsentatives Fundament für die Beurteilung der Aufsichtsratsvergütungen im Zuge der PCG. Im Städtevergleich sind bei den Vergütungsmodellen trotz in der Sache vergleichbarer Anforderungen substanzielle Unterschiede festzustellen. Die durchschnittliche Gesamtvergütung sowie die Gesamtvergütung je Mitglied und Bilanzsumme divergieren zwischen den Städten in ganz erheblicher Weise.

Hinsichtlich der unterschiedlichen Vergütungspraktiken drängen sich zwei Fragen auf: Wie viel Steuergeld muss für effektive und effiziente Aufsichtsratsarbeit bei öffentlichen Unternehmen investiert werden? Erfordern wachsende Anforderungen und die vielfach angemahnte Professionalisierung (stärkere) finanzielle Anreize oder lässt sich eine verbesserte Überwachung und Beratung im Sinne der öffentlichen Hand durch andere vorhandene Motive oder Anreize gewährleisten?

Ein Ansatz könnte mit Blick auf die illustrierten Aufsichtsratsgrößen u. a. auch sein, die Aufsichtsräte zu verkleinern und die Anzahl der Mitglieder dafür besser zu entgelten.

10.9 Dauer für die Aufstellung und Offenlegung von Jahresabschlüssen

Die Notwendigkeit und Berechtigung für eine schnellstmögliche Erstellung des Jahresabschlusses für Rechenschaft und Steuerung der öffentlichen Hand sind in Abschnitt 6.3.6 dargelegt worden.[817] Für die Privatwirtschaft wird auch dieser Governancefaktor intensiv untersucht.[818] Für öffentliche Unternehmen liegen keine repräsentativen Erkenntnisse vor.

Die wenigen öffentlichen Unternehmen, bei denen das Geschäftsjahr vom Kalenderjahr abweicht, wurden bei der Teilauswertung zur Aufstellung und Offenlegung von Jahresabschlüssen ausgeklammert. Basis für die Datenanalyse waren das Aufstellungs- und Veröffentlichungsdatum der im Bundesanzeiger veröffentlichten Jahresabschlüsse.

10.9.1 Aufstellung

Jahresabschluss und Lagebericht öffentlicher Unternehmen sind nach den Anforderungen für große Kapitalgesellschaften gemäß § 264 Abs. 1 Satz 3 HGB von den gesetzlichen Vertretern in den ersten drei Monaten des Geschäftsjahrs für das vergangene Geschäftsjahr aufzustellen. Abschnitt 6.3.6 zeigte, dass einer schnellen Aufstellung hohes Gewicht beigemessen wird. In den PCGKs sind die Anforderungen, wie in Abschnitt 9.11 untersucht, ebenfalls betont. Die durchschnittliche Aufstellungsdauer in der Unternehmenswirklichkeit illustriert Abb. 12. Der Wert rechts vom Balken zeigt die durchschnittlich benötigten Tage, der zweite Wert links im Balken stellt den VK als dimensionsloses Maß für die Schwankungen bei der Schnelligkeit der Aufstellung dar. Die Reihenfolge der Darstellung folgt dem besten/schnellsten Durchschnittswert bei der Aufstellung im Jahr 2009.

In Städten mit weniger Unternehmen kann der Gesamttagesschnitt entsprechend durch ein einzelnes Unternehmen überproportional stark beeinflusst sein, sofern eine einzelne Gesellschaft deutlich vom Durchschnitt abweicht, weshalb ergänzend stets der VK zu betrachten ist.

---

[817] Vgl. Bremeier/Brinkmann/Killian (2006), S.171f.
[818] Vgl. Eierle/Eich/Klug (2011), S.243ff.; Henselmann/Kaya (2009), S.497ff.; Schlauß (2010), S.153ff.

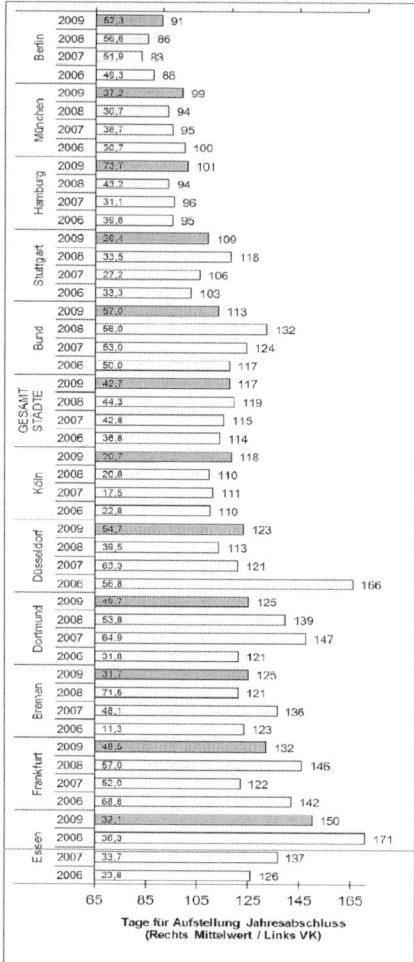

Abb. 12: Tage für Aufstellung Jahresabschluss

Im Gesamtschnitt liegt die Aufstellungsdauer von 2006 bis 2009 mit 114, 115, 119 und 117 Tagen andauernd gut einen Monat über den vorgesehenen 90 Tagen und bleibt im Längsschnittvergleich relativ konstant. Im Städtevergleich waren in 2009 allerdings die Unternehmen in Berlin (91 Tage), München (99) und Hamburg (101) relativ schnell bei der Aufstellung ihrer Jahresabschlüsse; z. B. in Essen (150), Frankfurt (132) und Bremen (125) sind die Unternehmen deutlich langsamer. Die Gesellschaften einiger Städte benötigen damit im Städtedurchschnitt fast drei Monate länger bzw. die doppelte Zeit für die Jahresabschlussaufstellung als die Unternehmen in anderen Städten.

Im Längsschnitt der Städte sind sowohl Verbesserungen als auch Verschlechterungen ersichtlich; insgesamt sind die Werte, abgesehen von Ausnahmen, relativ konstant. Z. B. sind in Essen und Frankfurt von 2008 auf 2009 deutliche Verbesserungen erzielt worden, wobei die Unternehmen der beiden Städte gleichwohl nach wie vor nicht die gesetzlich vorgesehen Anforderungen und das Schnelligkeitsniveau anderer Städte erreichen. U. a. in Köln, Düsseldorf und Bremen ist die Aufstellungsdauer von 2008 auf 2009 sogar um einige Tage gestiegen.

Von den Städten mit einem bis Anfang 2007 etablierten PCGK kommunizierten Berlin, Bremen und Stuttgart die gesetzlichen Anforderungen zur Aufstellung des Jahresabschlusses innerhalb von 90 Tagen in den Kodizes. Die Berliner Unternehmen entsprechen den Anforderungen im Gesamtschnitt. In Stuttgart und vor allem in Bremen liegt der Durchschnittswert dagegen deutlich über den Anforderungen, wo der PCGK keine zusätzliche Bindungswirkung zu entfalten scheint. Würden alle Städte mit einer klaren Empfehlung zur schnellen Jahresabschlussaufstellung über dem Gesamtschnitt liegen, könnte dies für mögliche Effekte durch den PCGK sprechen. Da die Bremer Unternehmen den Jahresabschluss jedoch deutlich

241

langsamer als der Städtedurchschnitt aufstellen, scheint hier zunächst keine zusätzliche Verhaltenssteuerung durch den Kodex vorzuliegen.

Durch den Variationskoeffizienten lässt sich erkennen, wie stark die benötigten Tage zwischen den einzelnen Unternehmen innerhalb einer Stadt streuen. In Hamburg, beim Bund und in Düsseldorf bestehen zwischen den Unternehmen innerhalb einer Stadt sehr viel deutlichere Schnelligkeitsunterschiede als z. B. in Köln, Stuttgart und Bremen. Ergänzend zum im Vergleich schnellen Durchschnittswert zeigt der VK z. B. für Hamburg, dass einige Unternehmen deutlich schneller als andere Unternehmen der Stadt sind.

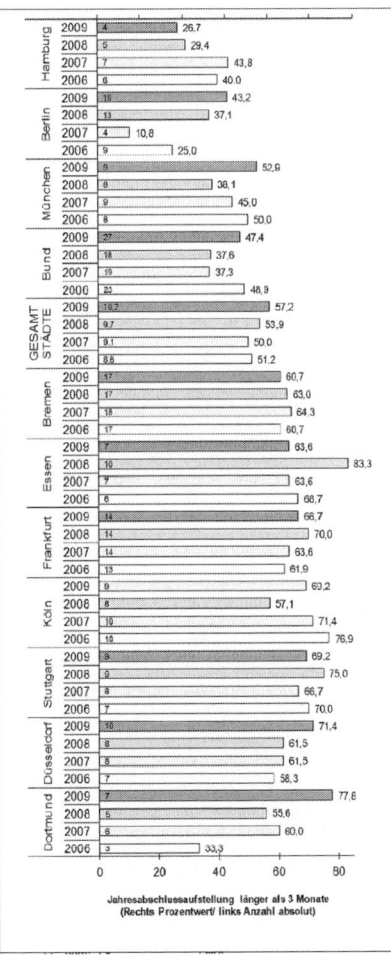

Die Defizite und das Abweichen von gesetzlichen Vorgaben treten insbesondere bei der gesonderten Betrachtung von Abb. 13 hervor, wie viele Unternehmen für die Aufstellung des Jahresabschlusses länger als drei Monate benötigen.

Im Widerspruch zu den gesetzlich vorgesehen Anforderungen haben im Gesamtschnitt der Städte in 2009 knapp über 57% der Unternehmen länger als drei Monate für die Aufstellung benötigt. Im Vergleich zu 2006 ist der Anteil sogar um 6% gestiegen.

Gerade bei diesem Governanceaspekt sind sehr große Unterschiede zwischen den Städten hervorzuheben, was die Defizite noch deutlicher werden lässt und besonderen Handlungsbedarf in Städten begründet, in denen die Unternehmen langsamer als der Gesamtschnitt aufstellen.

Im Jahr 2009 benötigte in Hamburg ein gutes Viertel der Unternehmen länger als drei Monate für die Aufstellung, in Berlin war es knapp die Hälfte. In Dortmund und Düsseldorf brauchten über 70% der Unternehmen länger als die Frist.

Abb. 13: Jahresabschlussaufstellung später als 3 Monate nach Geschäftsjahrabschluss

Für einen Gesamtüberblick zu diesem Faktor ist es schließlich lohnend, die Aufstellung nach Quartalen zu betrachten (Abb. 14). Die Städte mit dem höchsten Anteil von aufgestellten Jahresabschlüssen im links veranschaulichten ersten Quartal sind von oben beginnend dargestellt. Der Anteil von Unternehmen, der seinen Jahresabschluss im ersten Quartal aufstellt, fluktuiert von Hamburg (73,3%) und Berlin (56,8%) bis Dortmund (22,2%) und Düsseldorf (28,6%).

Weiterhin zeigt sich, dass in einigen Städten ein beachtenswerter Anteil von Unternehmen den Jahresabschluss sogar erst im dritten Quartal aufgestellt hat. Besonders hoch liegt dieser Wert in Essen (18,2%), Bremen (10,7%) und Frankfurt (9,5%) – in den übrigen Städten schaffen die Unternehmen die Aufstellung zumindest bis Ende des zweiten Quartals.

Aufstellungen im vierten Quartal waren für die Jahre 2006 bis 2008 in Frankfurt und Bremen vergleichsweise häufig anzutreffen; 2009 sind die Werte hier allerdings zurückgegangen.

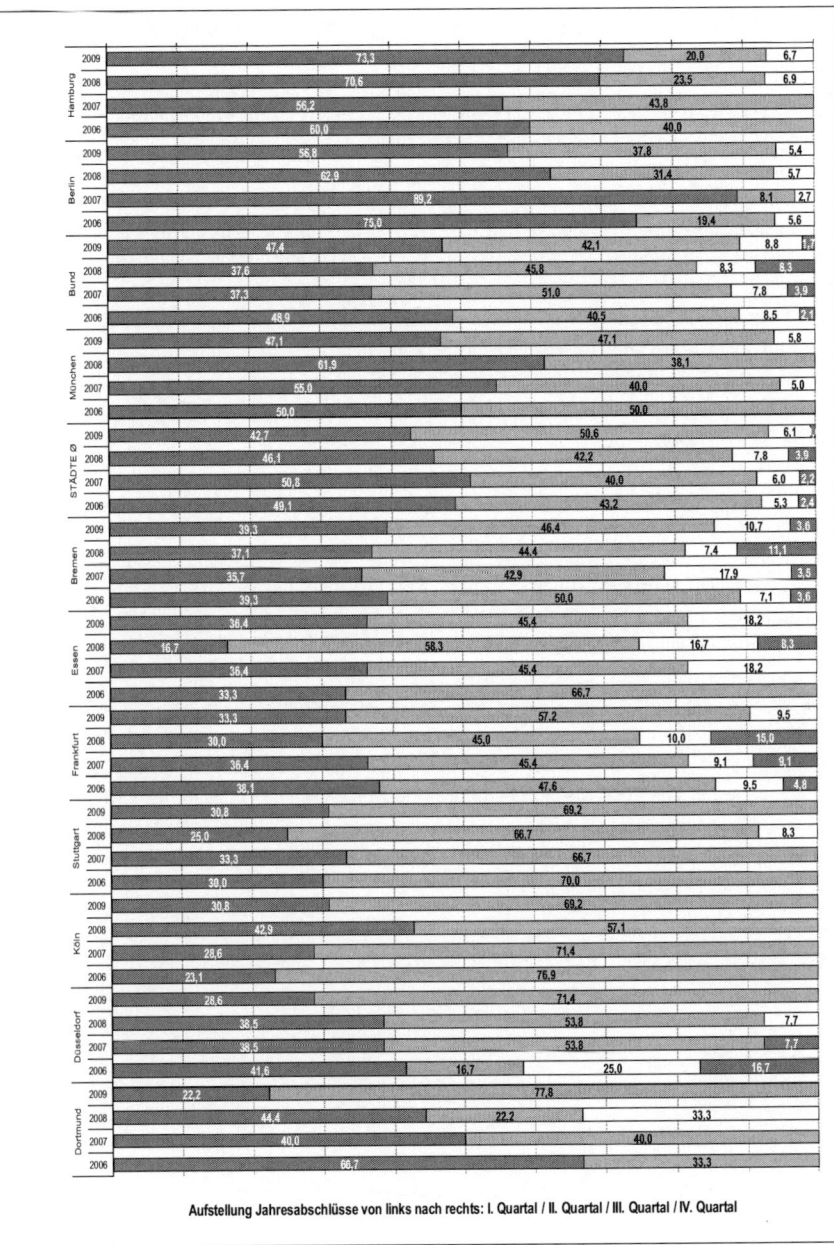

Aufstellung Jahresabschlüsse von links nach rechts: I. Quartal / II. Quartal / III. Quartal / IV. Quartal

Abb. 14: Aufstellung der Jahresabschlüsse nach Quartalen

Aus struktureller Gesamtsicht erweist sich die Dauer für die Aufstellung der Jahresabschlüsse nach den Daten in einigen Städten als nicht anforderungsgerecht. Häufiger wurden selbst die gesetzlich vorgesehenen Fristen nicht eingehalten. Auch den Regelungen der vor 2007 etablierten PCGKs folgten zumindest in Bremen und Stuttgart einige Unternehmen nicht. Bemerkenswert sind vor allem wiederum die ganz erheblichen Schnelligkeitsunterschiede zwischen den Städten.

Erklärungsfaktoren für die späte Aufstellung scheinen nach den Interviews verschiedene Aspekte zu sein. Genannt wurden in den Interviews Abstimmungserfordernisse mit dem Gesellschafter als auch Qualität und Quantität des Personals im Rechnungswesen bzw. in der Buchführung des Unternehmens.

Von Interesse ist hinsichtlich der Rechenschaftslegung und der Transparenz als Kernprinzipien der PCG im Weiteren, wie viele Tage zwischen der Aufstellung des Jahresabschlusses und der Offenlegung im Bundesanzeiger liegen.

10.9.2 Offenlegung

Die Offenlegung von Jahresabschlüssen ist in § 325 Abs. 1 HGB geregelt. Hiernach haben die gesetzlichen Vertreter von Kapitalgesellschaften den Jahresabschluss beim Betreiber des Bundesanzeigers *unverzüglich* nach seiner Vorlage an die Gesellschafter, jedoch spätestens vor Ablauf des zwölften Monats des dem Abschlussstichtag nachfolgenden Geschäftsjahrs einzureichen. Für die Offenlegungsdauer wurde hier die Differenz zwischen dem Aufstellungsdatum des Jahresabschlusses und dem im Bundesanzeiger genannten Veröffentlichungsdatum gemessen.

Die faktische Governance visualisiert Abb. 15; die Einordnung orientiert sich an den schnellsten Werten für 2009. Im Gesamtschnitt für 2009 benötigten die Unternehmen 199 Tage bzw. ca. 6,5 Monate. Von 2006 auf 2007 konnte eine deutliche Verbesserung erzielt werden. Nach einer Stagnation von 2007 auf 2008 wurde im letzten Untersuchungsjahr die Offenlegungsgeschwindigkeit wieder leicht gesteigert. Im Städtevergleich lässt die Analyse erneut beachtliche Divergenzen zwischen den Städten hervortreten.

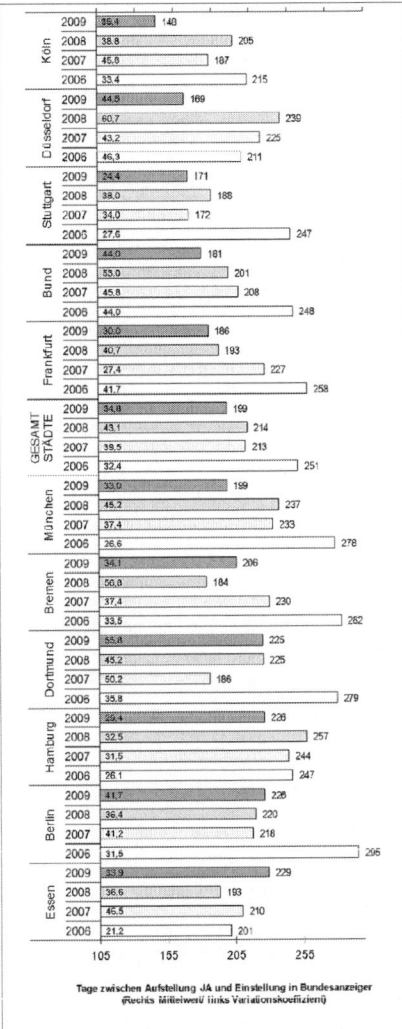

Abb. 15: Tage zwischen Aufstellung und Offenlegung des Jahresabschlusses

In 2009 war der Zeitraum zwischen Einstellung und Offenlegung bspw. in Essen (229 Tage) und Berlin (226) im Schnitt fast drei Monate länger als u. a. in Köln (148) und Düsseldorf (169).

Im Längsschnitt innerhalb der jeweiligen Städte konnte insbesondere von 2006 auf 2007 in fast allen Städten eine deutliche Offenlegungsgeschwindigkeit erzielt werden. Von 2008 auf 2009 sind in einigen Städten Verbesserungen zu erkennen wie etwa in Köln, Düsseldorf und Stuttgart; in anderen Städten verlängerte sich der Zeitraum hingegen teilweise deutlich wie in Essen, Berlin und Bremen.

Anhand des Variationskoeffizienten lässt sich erkennen, wie stark die benötigten Tage zwischen den einzelnen Unternehmen innerhalb einer Stadt streuen. Z. B. in Dortmund und Düsseldorf bestehen zwischen den städtischen Unternehmen sehr viel deutlichere Differenzen als z. B. in Stuttgart und Hamburg.

Es ist nicht zu erkennen, dass die Unternehmen in Städten mit einem früh etablierten PCGK wie Berlin, Bremen und Stuttgart die Jahresabschlüsse im Sinne von Transparenz strukturell schneller offenlegen.

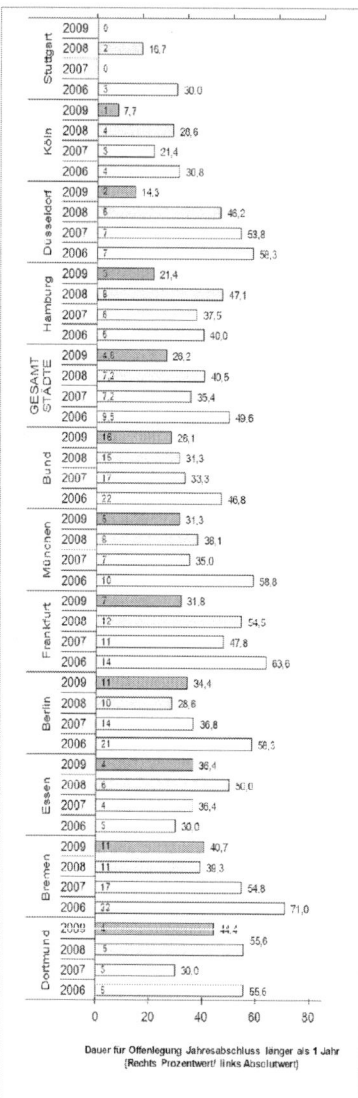

Dauer für Offenlegung Jahresabschluss länger als 1 Jahr
[Rechts Prozentwert/ links Absolutwert]

Abb. 16: Anzahl Unternehmen mit Offenlegung Jahresabschluss länger als 1 Jahr

Von Bedeutung ist weiterhin, wie viele Unternehmen entgegen der Vorschrift von § 325 HGB länger als ein Jahr für die Einreichung beim Bundesanzeiger benötigen, was in Abb. 16 aufbereitet ist.

Im Gesamtschnitt hat ein gutes Viertel der Unternehmen (26,2%) in 2009 länger als ein Jahr für die Offenlegung des Jahresabschlusses benötigt. Die Quote ist seit 2006 um die Hälfte und zwischen 2008 und 2009 nochmals deutlicher gesunken. Insgesamt sind indessen strukturelle Defizite schon im Gesamtschnitt zu erkennen.

Im Städtevergleich treten die – teilweise durchaus gravierenden – Defizite noch prägnanter hervor. Wird die Offenlegung in Stuttgart, Köln und Düsseldorf in 2009 von (fast) allen Unternehmen innerhalb eines Jahres realisiert, brauchen sehr viele Unternehmen u. a. in Dortmund (44,4%) und Bremen (40,7%) länger als ein Jahr für die Offenlegung.

Im Längsschnitt innerhalb der Städte sind in vielen Städten Verbesserungen festzustellen, die jedoch wie dargestellt unterschiedlich stark ausfallen.

Für Außenstehende ist nur das im Jahresabschluss aus dem Bundesanzeiger angeführte Veröffentlichungsdatum und nicht das gesetzlich maßgebliche Einreichungsdatum ersichtlich. Daher kann bei kurz nach dem Jahreswechsel erfolgten Veröffentlichungen nicht unmittelbar auf eine Verletzung der gesetzlichen der Einjahresfrist geschlossen werden. Die sehr deutlich später als ein Jahr nach Geschäftsjahrabschluss veröffentlichten Jahresabschlüsse deuten jedoch stark auf Gesetzesverstöße hin.

Bei einer Überschreitung der Einjahresgrenze wird nach § 335 Abs. 1 Satz 1 HGB ein Ordnungsgeldverfahren von Amts wegen eingeleitet. Das Ordnungsgeld beträgt mindestens 2.500 €, höchstens 25.000€ – dies würde öffentliche Finanzmittel in Anspruch nehmen.

Erkenntnisbringend ist auch bei der Offenlegung schließlich ein Gesamtüberblick, in welchen Quartalen die Jahresabschlüsse veröffentlicht werden (Abb. 17). Angeführt sind von oben beginnend die Städte, in denen der geringste Anteil von Unternehmen mehr als ein Jahr für die Offenlegung benötigt.

Eine schnelle Offenlegung im Bundesanzeiger im zweiten Quartal realisierten im Städtegesamtschnitt in 2009 lediglich 7,8% der Unternehmen – in der Längsschnittbetrachtung bleibt der Wert mit geringen Schwankungen um 3% recht konstant. In Berlin (15,5%) und Dortmund (11,1%) verwirklichen deutlich mehr Unternehmen eine Offenlegung im zweiten Quartal als in anderen Städten, in denen die Offenlegungsquote hier häufig bei null liegt.

Die Offenlegung im dritten Quartal hat sich im städteübergreifenden Gesamtschnitt von 13,6% in 2006 auf 33,2% in 2009 erhöht. Betrachtet für 2009 lagen die Anteile hier in Köln (61,5%), Stuttgart (53,8%) und Düsseldorf (50,0%) deutlich über den Werten von Essen (18,2%) und Berlin (25,0%). Im Längsschnitt innerhalb der Städte hat sich die Offenlegungsquote im dritten Quartal z. B. in Köln und Düsseldorf deutlich erhöht, z. B. in Berlin und Hamburg blieb sie strukturell konstant.

Im vierten Quartal verharrten die Offenlegungswerte im Städtegesamtschnitt um ca. 30% stabil. Im Städtevergleich schwankt der Anteil von Unternehmen mit einer Offenlegung in diesem Quartal für 2009 zwischen Hamburg (57,1%), Stuttgart (46,2%) und Essen (45,5%) bis Dortmund (11,1%) und Bremen (18,5%). Die Daten belegen, dass die in § 325 HGB geforderte maximale Einjahresfrist z. B. von den Hamburger Unternehmen deutlich bewusster ausgeschöpft wird, als dies in vielen anderen Städten der Fall ist.

Die Prozentwerte für die Unternehmen, welche die Einjahresfrist überschreiten, wurden schon vorangehend gesondert thematisiert. Sie lassen sich zur Identifizierung von Verbesserungspotenzialen im Gesamtbild von Abb. 17 aber ergänzend besonders gut in den Blick nehmen.

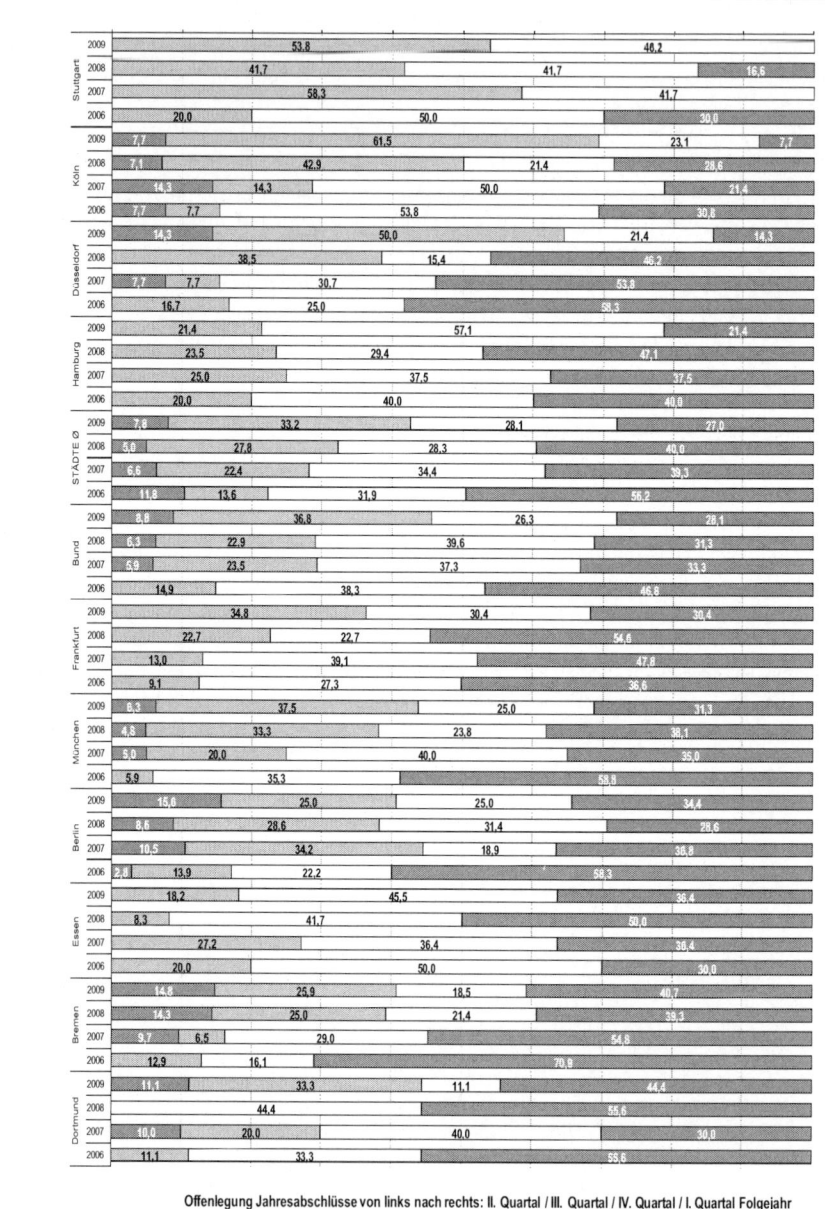

Abb. 17: Offenlegung Jahresabschlüsse nach Quartalen

Aus struktureller Gesamtsicht genügt das Offenlegungsverhalten der öffentlichen Unternehmen den Anforderungen nicht. Aus theoretischer Perspektive werden Informationsasymmetrien zu langsam und im Städtevergleich mit sehr beachtlichen Schnelligkeitsunterschieden abgebaut. Eine schnellere Offenlegung könnte das Vertrauen in öffentliche Unternehmen aus Sicht der Stewardship-Theorie stärken. Die Daten lassen zudem Zweifel aufkommen, ob die gesetzliche Anforderung von § 325 Abs. 1 HGB, den Jahresabschluss unverzüglich nach seiner Vorlage an die Gesellschafter im Bundesanzeiger offenzulegen, angemessen umgesetzt wird.

Das Offenlegungsdefizit könnte unterschiedliche Ursachen haben. Zum einen könnten Unternehmen bewusst eine Verzögerungsstrategie in der Absicht verfolgen, vor allem Wettbewerbern und weiteren Bilanzinteressenten relevante Informationen aus den Jahresabschlüssen möglichst lange nicht zur Verfügung zu stellen. Eine andere Möglichkeit sind entsprechend lange Abstimmungsprozeduren mit dem Gesellschafter bzw. der Gesellschafterversammlung bei der Feststellung des Jahresabschlusses. Auffällig ist u. a., dass die Unternehmen aus Berlin und Hamburg bei der Aufstellung der Jahresabschlüsse im Vergleich zu anderen Städten sehr schnell sind, bei der Offenlegung jedoch vergleichsweise langsam.

Bei Gesamtbetrachtung der Befunde für die Aufstellung und Offenlegung sprechen die Daten dafür, dass der Gesellschafter in einigen Städten noch stärker auf die Einhaltung der Anforderungen hinwirken und wünschenswerte Verbesserungen herbeiführen müsste.

Gerade aufgrund der strukturellen Defizite sind die ebenfalls zahlreichen positiven Beispiele hervorzuheben, welche die Machbarkeit einer schnellen Aufstellung und Offenlegung von Jahresabschlüssen in der Unternehmenspraxis unterstreichen und Anknüpfungspunkte für andere Unternehmen sein sollten.

10.10   Transparenz und Kosten bei der Abschlussprüfung

Für die Privatwirtschaft finden sich Analysen zur Auswahl des Abschlussprüfers,[819] für öffentliche Unternehmen ist dieser Aspekt bislang noch gar nicht untersucht worden. Die Jahresabschlussadressaten und Prinzipale sollten im Jahresabschluss informiert werden, wer bzw. welches Unternehmen den Jahresabschluss geprüft hat.

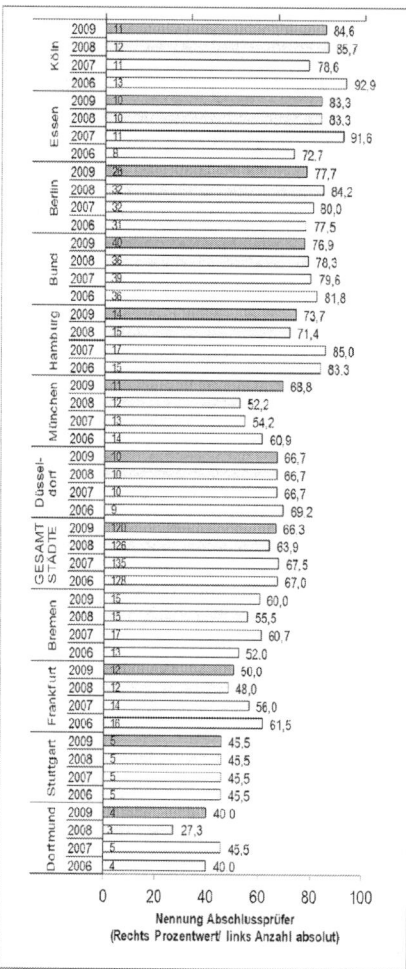

Die real praktizierte Governance zeigt Abb. 18. Die Städte sind nach dem höchsten Prozentwert „Nennung Abschlussprüfer" für das Geschäftsjahr 2009 von oben beginnend dargestellt.

Im Gesamtschnitt der Städte wurde das Abschlussprüfungsunternehmen 2009 in zwei Drittel der untersuchten Jahresabschlüsse genannt. Der Wert blieb über die Jahre seit 2006 abgesehen von einigen Ausnahmen wie in Frankfurt nahezu unverändert.

Im Städtevergleich divergiert die Angabequote von Köln (84,6%) und Essen (83,3%) bis Dortmund (40,0%) und Stuttgart (45,5%). Damit ist die Transparenzquote in Köln mehr als doppelt so hoch wie in Dortmund.

Im Längsschnitt innerhalb der Städte bleiben die Werte mit leichten Schwankungen insgesamt konstant. Trotz der seit Jahren andauernden Diskussion über Transparenz und professionelle Abschlussprüfung wird in deutlich zu wenig Fällen darüber informiert, welches Wirtschaftsprüfungsunternehmen bzw. welcher Prüfer den Abschluss geprüft hat. Der Städtevergleich lässt die Defizite noch klarer hervortreten.

Abb. 18: Nennung des Abschlussprüfers im Jahresabschluss

---

[819] Vgl. Lenz/Verleysdonk (1998), S.851ff.

10.10.1 Getrennter Ausweis der Abschlussprüfungs- und Beratungskosten

Der separate Ausweis der Kosten für die Abschlussprüfung und eventuelle Beratungsleistungen wird, wie in Abschnitt 6.3.7.2 aufgezeigt, als Pflichtinformation gefordert. Für die Privatwirtschaft wird die Offenlegung der Honorare untersucht.[820] Öffentliche Unternehmen sind diesbezüglich noch gar nicht von der Forschung betrachtet worden.

Zunächst illustriert Abb. 19, wie viele Unternehmen die Kosten für den Abschlussprüfer bzw. das Abschlussprüfungsunternehmen überhaupt ausweisen. Der städteübergreifende Durchschnitt lag 2009 bei 46,4%. Im Vergleich zu den Vorjahren ist er damit um 40% stark gestiegen. Orientiert an diesen Erfordernissen ist die Ausweisquote jedoch noch immer als gering einzuschätzen. Vor allem zeigt der Städtevergleich aufs Neue erhebliche Unterschiede. Weisen die Bundesunternehmen die Kosten in 76,9% der Fälle aus und in Essen (66,7%) und München (62,5%) immerhin noch deutlich über die Hälfte, liegen die Werte in Dortmund (0) und Stuttgart (18,2%) und Bremen (32%) beträchtlich darunter.

Im Längsschnitt innerhalb Städte tritt beim Anstieg von 2008 auf 2009 insbesondere hervor, dass dieser im Vergleich sehr unterschiedlich stark ausfällt. In den Vorjahren lag die Publizität bis auf in Berlin kontinuierlich unter 10%.

Abb. 20 betrachtet daneben, ob die Kosten für Prüfung und Beratung getrennt ausgewiesen wurden. In der PCG Praxis wird dies im Gesamtschnitt in 2009 lediglich bei jedem fünften Unternehmen realisiert (22,7%). Der Wert liegt deutlich unter der vorangehend in Abb. 19 aufgezeigten Ausweisquote für die Gesamtkosten von 46,4%. Im Städtevergleich für 2009 liegt die Offenlegungsquote beim Bund und in München doppelt so hoch wie in den anderen Städten. In den Jahren vor 2009 wurde die 10-Prozentmarke nur beim Bund überschritten.

---

[820] Vgl. z. B. Lenz/Möller/Höhn (2006).

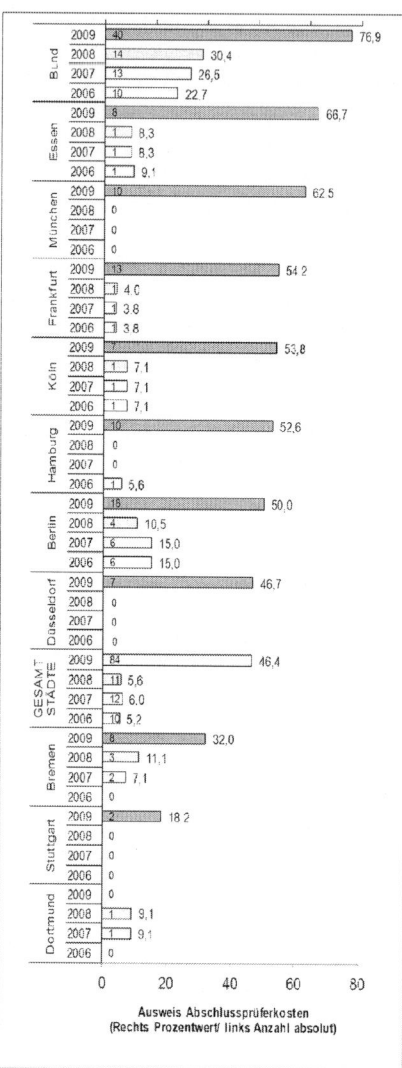

Ausweis Abschlussprüferkosten
(Rechts Prozentwert/ links Anzahl absolut)

Abb. 19: Ausweis Abschlussprüferkosten

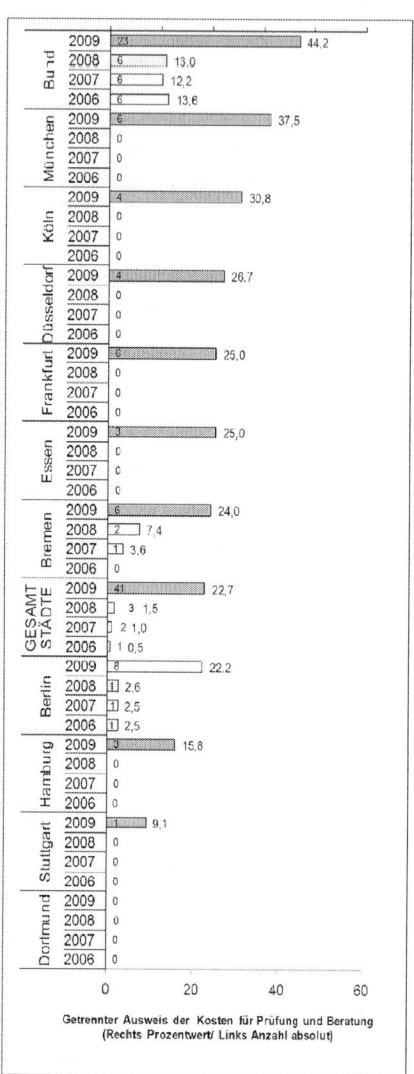

Getrennter Ausweis der Kosten für Prüfung und Beratung
(Rechts Prozentwert/ Links Anzahl absolut)

Abb. 20: Getrennter Ausweis Beratungs- und Prüfungskosten

10.10.2 Höhe der Abschlussprüfungskosten

Auch die Höhe der Prüfungshonorare wird für privatwirtschaftliche Unternehmen regelmäßig untersucht.[821] Für öffentliche Unternehmen liefert die Literatur dagegen keine einzige Studie. Tab. 77 stellt die Höhe der Prüfungskosten für das Geschäftsjahr 2009 in Tausend (T) Euro dar, um einen ersten groben Eindruck über die bei Ausgliederungen durch die Abschlussprüfung auftretenden monetären Agentur- und Transaktionskosten sowie die Notwendigkeiten für einen differenzierten Ausweis zu vermitteln.

Der Durchschnittswert ist hier aufgrund starker Einflüsse von einzelnen Unternehmen mit überproportional hohen Prüfungskosten in einigen Städten wenig aussagekräftig, was durch den VK veranschaulicht wird. Dennoch liefert die Übersicht einen ergänzenden ersten Überblick für die Corporate Governance in der öffentlichen Wirtschaft. In Dortmund wurden in den Jahresabschlüssen für 2009 bei keinem Unternehmen Angaben zu den Abschlussprüfungskosten gemacht. Auffällig ist zudem im Städtevergleich, dass in Berlin vier Unternehmen in den Jahresabschlüssen Kosten von über 300.000 Euro angeben.

	Durchschnitt	VK	bis 30T	bis 100T	bis 300T	größer 300T
Berlin	372.618,26	226,8	7	3	4	4
Bremen	56.222,81	131,2	6	0	2	0
Bund	704.705,89	479,7	19	12	5	5
Dortmund	k.A.	k.A.	k.A.	k.A.	k.A.	k.A.
Düsseldorf	39.221,43	69,7	4	3	0	0
Essen	39.256,25	89,2	5	2	1	0
Frankfurt	127.522,45	274,3	9	2	1	1
Hamburg	61.940,00	136,0	6	2	2	0
Köln	174.158,21	131,7	2	3	1	1
München	119.150,39	135,3	3	4	2	1
Stuttgart	43.500,00	58,6	1	1	0	0
Städte Gesamt	114.843,31	139,2	43	20	13	7

Tab. 77: Kosten für die Abschlussprüfung

---

[821] Vgl. Köhler et al. (2010).

10.10.3 Anteil der „Big Four"-Wirtschaftsprüfungsunternehmen an den vergebenen Prüfungsmandaten

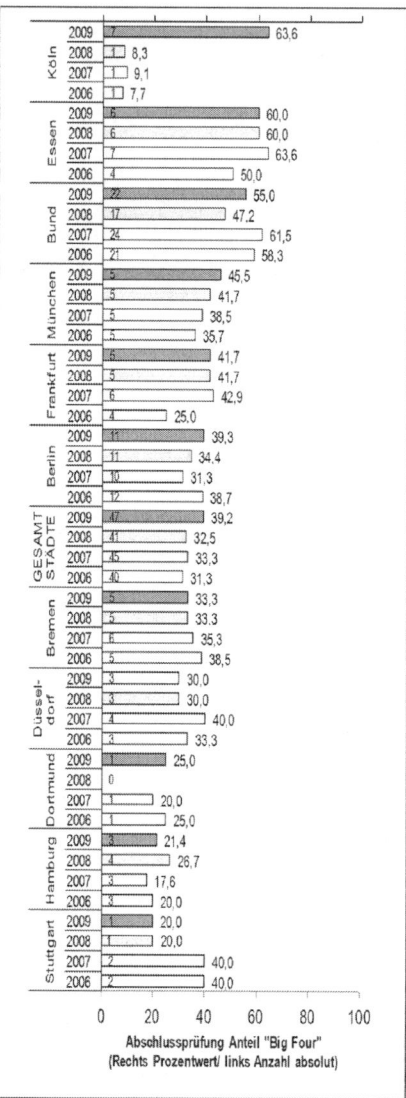

Schließlich ist u. a. bezüglich Anbieterkonzentration, Qualifikation, Unabhängigkeit und Mittelstandförderung, wie in Abb. 21 veranschaulicht, von Interesse, wie hoch der Anteil der sog. vier größte Wirtschaftsprüfungsunternehmen, sog. „Big Four", an den vergebenen Abschlussmandaten ist (Deloitte, PricewaterhouseCoopers (PwC), Ernst&Young, KPMG).

In 2009 beträgt der Anteil im Gesamtschnitt der Städte 39,2%. Blieb der Durchschnitt von 2006 bis 2008 mit einzelnen Ausnahmen wie beim Bund insgesamt recht konstant, stieg er in 2009 deutlicher an. Dies geht aber primär auf die deutlich geänderte Governancepraxis von Köln zurück.

Im Städtevergleich ist der Anteil der „Big Four" in Köln (63,6%) und Essen (60,0%) gut dreimal so hoch wie in Stuttgart (20,0) und Hamburg (21,4%).

Im Längsschnitt innerhalb der Städte fällt der starke Anstieg von 2008 auf 2009 in Köln ins Auge, wo die Vergabepraxis anscheinend grundlegend verändert wurde. Beim Bund wurden in 2008 sieben Mandate weniger an die „Big Four" vergeben als 2007, in 2009 jedoch wieder fünf Mandate bzw. knapp 8% mehr.

Aufgrund häufiger Nichtangabe in den Jahresabschlüssen sind die Prozentwerte entsprechend einzuordnen. Dennoch zeigt die Analyse, dass zwischen den Städten bei der Vergabe von Abschlussprüfermandaten strukturelle Unterschiede hinsichtlich der Beauftragung von großen und kleineren Abschlussprüfungsunternehmen bestehen.

Abb. 21: Anteil „Big Four" bei Abschlussprüfung

10.11 Bereitstellung von Informationen auf der Unternehmenshomepage

Die Offenlegung bzw. Bereitstellung von Informationen auf den Internetseiten von Unternehmen wird für die Privatwirtschaft viel untersucht.[822] Für öffentliche Unternehmen liegen für Deutschland keine repräsentativen Befunde vor. Daher wurde im vierten Quartal 2011 eine Untersuchung der Internetseiten bei allen 274 der zuvor betrachteten Unternehmen durchgeführt. Zunächst wird die Bereitstellung des Jahresabschlusses auf der Unternehmenshomepage betrachtet.

10.11.1 Verfügbarkeit des Jahresabschlusses

Vielfach wird mit Verweis auf besondere Rechenschafts- und Transparenzerfordernisse unterstrichen, dass öffentliche Unternehmen den Jahresabschluss wie börsennotierte Unternehmen transparent auf der Homepage veröffentlichen sollten.[823] Im Gegensatz hierzu, dokumentiert Abb. 22, dass von den 174 städtischen Unternehmen mit Internetauftritt nur 27,6% ihren Jahresabschluss auf der Homepage veröffentlichen. Zudem ist das Transparenzgefälle im Städtevergleich hervorzuheben. Veröffentlicht in Berlin immerhin knapp über die Hälfte der Unternehmen den Jahresabschluss auf der Homepage, liegt die Quote in Köln und Essen mit unter 10% bemerkenswert.

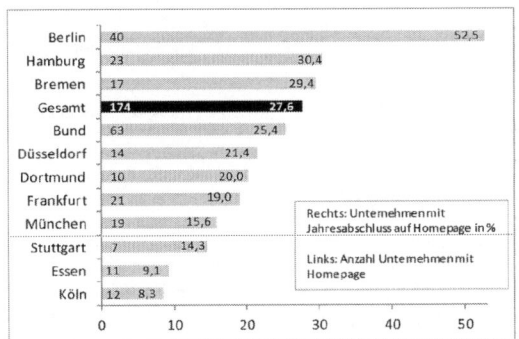

Abb. 22: Jahresabschluss auf Unternehmenshomepage

Den Anforderungen für Rechenschaft und Transparenz wird damit nicht hinreichend entsprochen. Aus Perspektive der Prinzipal-Agent-Theorie hat die Öffentlichkeit als oberster Prinzipal bei über 70% der Unternehmen keinen einfachen und transparenten Informationszugang.

---

[822] Vgl. Ostermeier (2009), S.133ff.; Kötzle/Grüning (2009), S.33ff.; Abdelsalam/Bryant/Street (2007); Nowland (2008); Collett/Hrasky (2005); Cormier/Ledoux/Magnan (2009); Heal/Palepu (2001); Eng/Mak (2003). Für eine tabellarische Übersicht zu empirischen Untersuchungen zur Internetpublizität deutscher Unternehmen vgl. z. B. Gassen (2001), S.410. Speziell zu öffentlichen Unternehmen liefert im internationalen Raum z. B. Ryan eine Studie auf kleiner Fallzahl für Australien. Vgl. Ryan (2000), S.261.

[823] Vgl. stellvertretend Bremeier/Brinkmann/Killian (2006), S.129; Dietrich/Struwe (2006), S.11 sowie die Anforderungen in den PCGKs.

Informationsasymmetrien werden nicht hinreichend angebaut und Agenturkosten nicht angemessen reduziert.

Gerade bezüglich dieses Governancefaktors wird die von der Stewardship-Theorie betonte Möglichkeit zum Aufbau von Vertrauen durch transparentes und aussagekräftiges Corporate Governance Reporting nicht adäquat genutzt. Die Offenlegung des Jahresabschlusses im Bundesanzeiger ersetzt die Einstellung auf der Homepage nicht, da sich die Öffentlichkeit über öffentliche Unternehmen auf der Internetseite informiert und in diesem Zusammenhang auch Zugriff auf den Jahresabschluss haben sollte.

Der PCGK des Bundes fordert in Teilziffer in Ziff. 6.3 zudem direkt: „Vom Unternehmen veröffentlichte Informationen, die das Unternehmen betreffen, sollen auch über dessen Internetseite zugänglich sein. Hierzu zählen der Corporate Governance Bericht und der um den Anhang erweiterte Jahresabschluss sowie gegebenenfalls der Lagebericht." Ähnliche Anforderungen verfassen die PCGKs von Berlin (V.2) und Hamburg (6.2).

Mit Blick auf die Befunde ist festzustellen, dass die PCGKs diesbezüglich keine umfassende Bindungswirkung entfalten konnten. Beim Bund und in Hamburg folgten gut 70% und in Berlin fast die Hälfte der Unternehmen der jeweiligen Empfehlung aus dem Kodex nicht. Nach den Daten hat sich auch hier in der Gesamtschau kein durchgreifendes Transparenzbewusstsein unter den „Public Managern" entwickelt. Allerdings schwanken Bewusstsein und/oder Handlungswille zwischen den Städten wie dargestellt. Obgleich auch für Berlin noch Transparenzdefizite zu beklagen sind, beweist das Veröffentlichungsverhalten vieler Berliner Unternehmen, dass Transparenz auch zu diesem Faktor möglich ist. Für die sehr viel stärker im Wettbewerb stehenden börsennotierten Unternehmen ist die zeitnahe Veröffentlichung des Jahresabschlusses auf der Unternehmenshomepage eine Selbstverständlichkeit. Für die allermeisten der öffentlichen Unternehmen erschließt sich nicht, warum das Transparenzniveau im öffentlichen Sektor hier niedriger ausfallen sollte.

10.11.2 Verfügbarkeit der Entsprechenserklärung

Eine Entsprechenserklärung war bei der Analyse der Internetseiten in Berlin bei 13 von 40 Unternehmen (32,5%), beim Bund bei 11 von 63 Unternehmen (17,4%), in Bremen bei 2 von 17 (11,8%) und in Hamburg bei 2 von 23 Unternehmen (8,7%) identifizierbar. Eine der beiden Hamburger Entsprechenserklärungen wurde von einer Anstalt öffentlichen Rechts abgegeben, in Berlin stammten vier Entsprechenserklärungen von Anstalten öffentlichen Rechts. Dies unterstreicht die Realisierbarkeit zur Abgabe und Veröffentlichung auch für öffentlich-rechtliche Rechtsformen. In Essen, Frankfurt und Stuttgart wurden keine Entsprechenserklärungen gefunden.

Somit muss aus struktureller Gesamtsicht festgestellt werden, dass die Anforderungen zur Informationsbereitstellung auf den Internetseiten bei Entsprechenserklärungen als dem „zentralen Kodexelement" eindeutig nicht erfüllt sind. Zur Einordnung aus der Perspektive der angesprochenen Theorien wird auf die Ausführungen in Abschnitt 10.11.1 verwiesen. Nach den Befunden muss noch mehr dafür Sorge getragen werden, dass die Philosophie eines PCGK hinsichtlich transparenter und aussagekräftiger Entsprechenserklärungen in der Breite hinreichend umgesetzt wird.

10.11.3 Verfügbarkeit des Gesellschaftsvertrags

Die PCGKs sehen wie ausgeführt vor, dass im Bundesanzeiger bekannt zu machende Unterlagen und Informationen auch auf der Internetseite des Unternehmens zugänglich sein sollen, wie etwa Bund (6.3) und Hamburg (6.2). In der Governancerealität stellt sich nach der Untersuchung jedoch heraus, dass im Gesamtschnitt der Städte lediglich bei 3,8% der Unternehmen ein Gesellschaftsvertrag bzw. eine Satzung auf der Unternehmensseite abrufbar war. Lediglich bei Anstalten öffentlichen Rechts und bei Aktiengesellschaften ist gelegentlich eine Satzung eingestellt. Dieser Befund steht im Widerspruch zu den einhellig formulierten Zielen und Forderungen für größtmögliche Transparenz. Zur Würdigung des Befunds aus der Sicht der verschiedenen Theorien wird auf die Ausführungen in Abschnitt 10.11.1 verwiesen.

Bei den stark im Wettbewerb stehenden börsennotierten Unternehmen sind die Satzungen vielfach auf der Unternehmenshomepage verfügbar. Im Unternehmensregister müssen die Gesellschaftsverträge von öffentlichen Unternehmen nach den gesetzlichen Vorschriften ohnehin für jedermann verfügbar gemacht werden. Allerdings ist hierfür eine Gebühr zu zahlen, auch wenn sie sehr niedrig ausfällt. Zudem informiert sich die interessierte Öffentlichkeit auf dem Internetauftritt des Unternehmens und sollte daher hier in transparenter Form alle entsprechenden Informationen finden. Somit könnte durch die transparente Einstellung auf der Unternehmenshomepage mit minimalem Aufwand ein lohnenswerter und greifbarer Entwicklungsbeitrag zur Stärkung von Transparenz und Vertrauen realisiert werden. Sofern die Unternehmen über keine eigenen Internetseiten verfügen, sollten die Gesellschaftsverträge auf der Homepage der Beteiligungsverwaltung eingestellt werden, wie es z. B. in Bremen für Entsprechenserklärungen zum PCGK praktiziert wird.[824] Ebenfalls sollten die Muster für Gesellschaftsverträge/Satzungen in jeder Stadt auf der Homepage des Beteiligungsmanagements transparent verfügbar sein, wie etwa in Berlin und Potsdam[825] bereits realisiert.

10.11.4 Verfügbarkeit der Geschäftsordnungen von Aufsichtsrat und Geschäftsführung

Die Geschäftsordnungen von Aufsichtsrat und Geschäftsführung sollten aufgrund der Anforderungen an die Corporate Governance Berichterstattung öffentlicher Unternehmen, wie in Abschnitt 9.14 erörtert, auf den Internetseiten der Gesellschaften veröffentlich werden.[826]

Bei börsennotierten Unternehmen stellen nach einer empirischen Analyse 25,0% der Dax-Unternehmen ihre Geschäftsordnungen auf die Homepage.[827] Dieser Wert blieb nach einer eigenen Prüfung bei den Dax-Unternehmen im ersten Quartal 2012 konstant, die bei acht der 30 Unternehmen eine Geschäftsordnung auf der Homepage identifizierte. Auf den Internetauftritten der untersuchten öffentlichen Unternehmen waren Geschäftsordnungen demgegenüber gar nicht zu finden. Aus theoretischer und praxisorientierter Perspektive sollten die Geschäftsordnungen zukünftig auf der Unternehmenshomepage veröffentlicht werden.

---

[824] Vgl. http://www.finanzen.bremen.de/sixcms/detail.php?gsid=bremen53.c.6195.de, Abruf: 27.02.2012.

[825] Vgl. http://www.potsdam.de/cms/beitrag/10046823/721524/, Abruf: 27.02.2012.

[826] Vgl. hierzu für börsennotierte Unternehmen Velte (2009a), S.703.

[827] Vgl. hierzu für börsennotierte Unternehmen Velte (2009a), S.703.

10.12   Zwischenbilanz zu Governancestrukturen/-praktiken

Die repräsentativen Befunde zu den faktisch praktizierten Governancestrukturen/-praktiken verdeutlichen, dass einige zentrale Reformanforderungen aus struktureller Gesamtsicht noch nicht umfassend umgesetzt wurden. Es finden sich verfolgenswerte Beispiele in vielen Unternehmen, was die Realisierbarkeit der Forderungen unterstreicht und unterstützende Anknüpfungspunkte für Weiterentwicklungen in anderen Gebietskörperschaften und Kommunen sein sollte. Positiven Weiterentwicklungen stehen aus statistischer Gesamtsicht jedoch vorherrschende Defizite gegenüber. Zwischen Anforderungen und Wirklichkeit ist ein beachtliches Gefälle in der PCG zu konstatieren.

Hervorzuheben sind vor allem auch die – trotz in der Sache vergleichbarer Anforderungen – substanziellen Governanceunterschiede zwischen den Städten. Bezüglich einiger Faktoren divergieren Bewusstsein und/oder Handlungsbereitschaft für eine anforderungsgerechte und transparente PCG in erheblichem Maße. Übergreifend ist für die öffentliche Wirtschaft festzustellen, dass auch die faktischen Governancepraktiken in wichtigen Feldern erheblich auseinanderdriften.

Aus Perspektive der Prinzipal-Agent-Theorie ist zu konstatieren, dass die vielfach betonten Informationsasymmetrien gegenüber der Öffentlichkeit/dem Bürger als oberstem Prinzipal nicht hinreichend abgebaut sowie Agentur- und Transaktionskosten nicht hinreichend minimiert wurden. Aus dem Blickwinkel der Stewardship-Theorie lassen sehr viele Unternehmen die Chance ungenutzt, das Vertrauen von Anteilseignern und Stakeholdern durch eine transparente Berichterstattung zu stärken.

In der öffentlichen Wirtschaft haben sich gemäß den Befunden in struktureller Sicht bezüglich der geprüften Faktoren kein spezifisches Transparenzbewusstsein von „Public Managern" bzw. keine strukturelle Offenlegungskultur entwickelt. Die Verhaltensmuster erweisen sich hier weiter als verfestigt.

Die Befunde zeigen, dass einige wichtige Grundsätze für Transparenz und verantwortungsvolle Corporate Governance, die gesetzlich nicht unmittelbar für öffentliche Unternehmen greifen oder nur im DCGK verankert sind, zwar in regelmäßigen positiven Einzelfällen, aber nicht in struktureller Breite proaktiv angewendet wurden. Sofern Maßnahmen und Grundsätze als Weiterentwicklung für die PCG erachtet werden, spricht dies für klare Empfehlungen in PCGKs sowie bei gesetzlichen Bestimmungen.

Gesamtbetrachtet sind orientiert an den dargelegten Anforderungen aus Theorie, Wissenschaft und Praxis – trotz bzw. gerade aufgrund vieler Positivbeispiele – folgende Verbesserungsnotwendigkeiten zu bilanzieren:

1) Die Geschäftsführervergütung hat zuletzt immer noch über die Hälfte der Unternehmen nicht offengelegt; nur jedes vierte Unternehmen wies die Vergütung individualisiert aus. Die individualisierte Offenlegungsquote divergiert im Städtevergleich zwischen 73% und 7%. Die Empfehlungen der PCGKs zu einem individualisierten Ausweis der Geschäftsführervergütung konnten keine durchschlagende Bindungswirkung entfalten. In Städten ohne PCGKs ist die Vergütungspublizität im Gesamtvergleich jedoch noch deutlich geringer ausgeprägt als in Städten mit PCGKs.

2) Aus struktureller Gesamtsicht sind die Aufsichtsräte nach wie vor zu groß. Dies unterstreichen die im Städtevergleich Unterschiede bei der Durchschnittsgröße, die von 8,1 bis 12,5 Mitgliedern bemerkenswert schwankt. Im Längsschnitt innerhalb der jeweiligen Städte zeigen sich nur teilweise Reduzierungen.

3) Trotz gleicher Anforderungen bestehen substanzielle Unterschiede bei den Besetzungsmustern von Aufsichtsräten. Der Anteil von Politikern in den Aufsichtsräten bleibt im städteübergreifenden Gesamtschnitt über die Jahre bei knapp 50% relativ konstant. Im Städtevergleich divergiert der Anteil jedoch zwischen 77% und 23%. Im Städtegesamtschnitt kommen etwa 16% der Aufsichtsratsmitglieder aus der Kategorie „Wirtschaft/Externe" – ca. 5% sind Verwaltungsangehörige. Der Anteil „Wirtschaft/Externe" ist in den letzten Jahren lediglich um 2% gestiegen. Im Städtevergleich bewegt sich der Anteil „Wirtschaft/Externe" in einer beachtlichen Spannbreite von 30% bis 6%.

4) Über Aufsichtsratsausschüsse informieren im städteübergreifenden Gesamtschnitt nur knapp 20% der Unternehmen. Im Städtevergleich schwankt die Informationsquote zwischen 47% und Null. Über Prüfungsausschüsse wird noch erheblich seltener berichtet.

5) Beim Ausweis der Aufsichtsratsvergütung liegt die Transparenzquote der Unternehmen, welche die Vergütung individualisiert oder als Gesamtposition ausweisen, in einigen Städten mit ca. 90% doppelt so hoch wie in mehreren anderen. Im städteübergreifenden Gesamtschnitt weisen knapp 65% der Unternehmen eine Vergütung individualisiert oder als Gesamtposition aus.

6) Bei der Vergütungshöhe von Aufsichtsräten bestehen substanzielle Unterschiede zwischen den Städten. Die Gesamtvergütung für alle Aufsichtsratsmitglieder, die im Durchschnitt von den Städten für ihre verschiedenen Aufsichtsräte gezahlt wird, schwankt zwischen knapp 36.000 Euro und etwas über 2.000 Euro. Die durchschnittliche Vergütung für ein einzelnes Aufsichtsratsmitglied divergiert im Städtevergleich zwischen 3.473 Euro und 224 Euro.

7) Bei der Aufstellung der Jahresabschlüsse wird die gesetzlich vorgesehene Frist von drei Monaten in einigen Städten von einer bemerkenswerten Anzahl von Unternehmen nicht eingehalten; insgesamt dauert die Aufstellung zu lange. Jedoch erfüllen die Unternehmen einiger Städte die Anforderungen im Vergleich bereits sehr gut, wogegen die Unternehmen anderer Städte deutlich langsamer aufstellen. Die Aufstellung erfolgt im Städtevergleich mit strukturellen Schnelligkeitsunterschieden.

8) Die Offenlegung der Jahresabschlüsse im Bundesanzeiger braucht gesamtbetrachtend in zahlreichen Fällen zu lange – viele Unternehmen benötigten länger als die nach nach § 325 HGB vorgesehene Frist von einem Jahr. In einigen Städten benötigen die Unternehmen im Schnitt zudem mit fast drei Monaten gewichtig länger für die Offenlegung als in anderen Städten.

9) Der Abschlussprüfer wird im Jahresabschluss im städteübergreifenden Gesamtschnitt von einem Drittel der Unternehmen nicht genannt. In einigen Städten liegt der Anteil mit 85% mehr als doppelt so hoch wie in anderen Städten.

10) Die Kosten für die Abschlussprüfung werden im städteübergreifenden Gesamtschnitt bei über der Hälfte der Unternehmen überhaupt nicht ausgewiesen. Legen in einigen Städten drei Viertel der Unternehmen die Kosten offen, wird dies in anderen Städten von gar keinem

Unternehmen praktiziert. Den getrennten Ausweis der Kosten für Prüfung und Beratung realisiert im städteübergreifenden Gesamtschnitt nur jedes fünfte Unternehmen. In mehreren Städten erfolgt gar kein differenzierter Ausweis.

11) Fast drei Viertel aller Unternehmen veröffentlichte ihren Jahresabschluss im städteübergreifenden Gesamtschnitt nicht auf der Unternehmenshomepage. Die Transparenzquote schwankt im Städtevergleich zwischen 52% und 8%.

12) Entsprechenserklärungen sind bei den Unternehmen in vielen Städten fast gar nicht auf dem Internetauftritt der Unternehmen abrufbar. Der höchste Wert ist mit knapp über 30% in Berlin zu verzeichnen, wobei orientiert an den Anforderungen selbst dieser als sehr niedrig einzustufen ist. Entsprechenserklärungen bzw. „Comply or explain" werden als zentraler Wirkungsmechanismus für einen PCGK herausgestellt. Dieser ist nach den Befunden in der Governancepraxis nicht transparent zur Entfaltung gebracht worden.

13) Gesellschaftsverträge sind im städteübergreifenden Gesamtschnitt lediglich bei 3,8% der Unternehmen transparent auf deren Internetauftritten abrufbar.

14) Die Geschäftsordnungen von Aufsichtsräten und Geschäftsführung werden auf den Internetseiten von öffentlichen Unternehmen bislang fast gar nicht veröffentlicht.

Neben den in der Arbeit bei den Einzelsachverhalten jeweils eingebrachten Handlungsempfehlungen werden im nächsten Kapitel übergreifende Reformvorschläge zur Entwicklung und Überarbeitung eines PCGK erarbeitet.

11 Übergreifende Reformvorschläge zur Etablierung und Fortschreibung eines PCGK

11.1 Übersichtliche und kohärente Gesamtkonzeption für eine geschlossene Gesamtsteuerung

Es bedarf in jeder Gebietskörperschaft einer übersichtlichen und widerspruchsfreien Gesamtkonzeption mit einem PCGK und ergänzenden Regelwerken bzw. Mustern. Insgesamt überzeugt ein Ansatz wie z. B. beim Bund mit einem einzigen Dachdokument (Grundsätze guter Unternehmens- und Beteiligungsführung), welches nach einer Präambel zentral vorangestellt den PCGK enthält. Daran anschließend folgen „Hinweise für die Verwaltung zur guten Beteiligungsführung" bzw. ein „Handbuch Beteiligungsmanagement". Dahinter sind als Anlagen u. a. zu integrieren: Berufungsrichtlinien für Aufsichtsratsmitglieder, Mustergesellschaftsverträge/Satzungen, Muster für Zielbilder, Muster zur Bestellung von Mitgliedern in Aufsichtsorgane, Muster einer Geschäftsordnung für die Geschäftsführung, Muster einer Geschäftsordnung für Aufsichtsräte, Muster für Quartalsberichte und Muster für den Bericht des Aufsichtsrats an die Gesellschafterversammlung.

In der Präambel sollte klar formuliert sein, welche Dokumente sich an welche Adressaten richten. Zu betonen ist, dass der PCGK aufgrund von Zielen und Bedeutung wie beim Bund zentral voranzustellen ist und nicht wie im Dachdokument von Berlin als Anlage in den Hintergrund geraten sollte.

In vielen Gebietskörperschaften sind die PCGKs bislang als Einzeldokumente ohne weitere „Hinweise für die Verwaltung zur guten Beteiligungsführung" o.ä. veröffentlicht. Zudem finden sich Verweise auf evt. „Hinweise für die Verwaltung zur guten Beteiligungsführung" o.ä. nur vereinzelt. Verwaltungshinweise sind nur bei wenigen Gebietskörperschaften im Internet abrufbar. Hierdurch ist ein transparenter Gesamtüberblick über die konzeptionelle Dokumentenlandschaft in einigen Gebietskörperschaften deutlich erschwert. Ein Dachdokument mit allen für die PCG relevanten Einzeldokumenten würde alle relevanten Konzepte/Anlagen in einem einzigen Dokument bündeln und so den besten Gesamtüberblick bieten. Ggf. könnten Dokumente wie Mustergesellschaftsverträge und Zielbilder zusätzlich gesondert ins Internet eingestellt, auf den Gewinn durch ein Dachdokument sollte aber dennoch nicht verzichtet werden.

Falls weiterhin eine Trennung von PCGKs und „Hinweisen für die Verwaltung zur guten Beteiligungsführung" verfolgt wird, sollte in den jeweiligen Vorbemerkungen für ein Gesamtverständnis klar auf die anderen Dokumente hingewiesen werden. Wie u. a. von Klemmt-Nissen vorgeschlagen, müssen die häufiger immer noch verwaltungsinternen „Hinweise für die Verwaltung zur guten Beteiligungsführung" und alle weiteren der genannten Muster/Anlagen aufgrund der Anforderungen ebenfalls im Internet veröffentlicht werden.[828] Die Einstellung der Muster/Anlagen ins Internet praktizieren einige Gebietskörperschaften wie

---

[828] Vgl. Klemmt-Nissen (2008), S.119.

z. B. Potsdam seit einigen Jahren beispielgebend.[829] Die anderen Gebietskörperschaften sollten an diese Transparenzbeispiele zeitnah anknüpfen.

Bislang stellen dem PCGK nur einige Gebietskörperschaften ein Inhaltsverzeichnis voran,
was zwecks einer größeren Übersicht und Arbeitserleichterung in allen Gebietskörperschaften
realisiert werden sollte.

11.2 Anforderungsgerechte PCG Berichterstattung und Koordination der Governancekommunikation

Derzeit werden die Entsprechenserklärungen und Informationen zur Corporate Governance
von öffentlichen Unternehmen wie analysiert an einer Vielzahl von unterschiedlichen Orten
veröffentlicht. Dies führt zu einer nicht gerechtfertigten Zersplitterung der Corporate Governance Informationen sowie zu großer Unübersichtlichkeit, vermeidbarer Intransparenz und
Arbeitserschwernis. Wie im DCGK für börsennotierte Unternehmen und einigen ersten
PCGKs implementiert, sollte ein PCG Bericht in allen PCGKs vorgesehen werden, in dem die
Entsprechenserklärungen und alle weiteren Corporate Governance Informationen gebündelt
werden. Der PCG Bericht sollte analog zu § 161 Abs. 2 AktG dauerhaft auf der Internetseite
des Unternehmens zugänglich sein. Neben der Veröffentlichung auf der Internetseite sollte im
PCGK einheitlich und präzise empfohlen werden, den PCG Bericht dem Jahresabschluss als
Anlage zum Lagebericht beizufügen.

Zusätzlich sollten alle PCG Berichte auf der Internetseite der Beteiligungsverwaltung eingestellt sein. Dies wird z. B. in Bremen seit einigen Jahren mit Entsprechenserklärungen bereits
praktiziert, die derzeit für die Geschäftsjahre von 2007 bis 2011 bei der Beteiligungsverwaltung abrufbar sind.[830] Dies bietet eine transparente Gesamtübersicht über die PCG Berichterstattung und ist zudem ein geeigneter und verbindlich vorzusehender Veröffentlichungsort für
die wenigen öffentlichen Unternehmen/Beteiligungen ohne eigenen Internetauftritt. Die Einstellung der Dokumente auf die Internetseite der Beteiligungsverwaltung bedeutet einen sehr
geringen Aufwand, der durch den Nutzen deutlich gerechtfertigt ist.

Die Anforderungen für Transparenz und Informationsqualität, von der Politik formulierte Ziele sowie die ersten positiven Praxisbeispiele aus verschiedenen PCGKs liefern stichhaltige
Gründe dafür, in jeden PCGK eine Empfehlung analog zum Wortlaut von § 161 AktG aufzunehmen: Die Geschäftsführung und der Aufsichtsrat erklären jährlich, dass den Empfehlungen und Anregungen[831] des PCGK entsprochen wurde und wird oder welche Empfehlungen
und Anregungen nicht angewendet wurden oder werden und warum nicht. Die Erklärung ist
auf der Internetseite der Gesellschaft dauerhaft, mindestens für 5 Jahre, öffentlich zugänglich
zu machen. Entsprechend ist diese Klausel in die Mustergesellschaftsverträge aufzunehmen
und die Umsetzung in die einzelnen Gesellschaftsverträge sicherzustellen.

Muster für Entsprechenserklärungen scheinen bei klaren Empfehlungen in den PCGKs nicht
erforderlich. Sofern Muster genutzt werden, muss klar geregelt sein, dass nur die Abweichungen von Empfehlungen und Anregungen zu erklären und zu begründen sind. Dagegen sieht

---

[829] Vgl. http://www.potsdam.de/cms/beitrag/10046823/721524/, Abruf: 27.02.2012.
[830] Vgl. http://www.finanzen.bremen.de/sixcms/detail.php?gsid=bremen53.c.6195.de, Abruf: 05.05.2012.
[831] Zur Begründung für die Aufnahmen von Anregungen vgl. den folgenden Kapitelabschnitt.

Berlin in einer als Anlage zum Kodex verfassten Mustervorlage Erklärungen von Aufsichtsrat und Geschäftsführung zu fast allen Bestimmungen des PCGK – unabhängig von der Befolgung der Regelungen – vor. Hierdurch veröffentlichen die Beteiligungen häufig seitenlange Dokumente, in denen durch Kopieren des Musters lediglich die Befolgung verschiedener Einzelbestimmungen bestätigt wird. Dieses bedingt einen unnötigen Umfang und gestaltet die Identifizierung der wesentlichen Informationen zu den Abweichungen vom Kodex überflüssig zeitaufwendig. Insgesamt entspricht diese Vorgehensweise nicht der übergreifend propagierten Philosophie von „Comply or explain". Aufsichtsrat und Geschäftsführung müssen sich durch „Comply or explain" und der gesellschaftsrechtlichen Verankerung ohnehin mit dem kompletten PCGK auseinandersetzen. Zentral muss sein, die Qualität und Entscheidungsnützlichkeit der über einen Kodex erwirkten Steuerungsinformationen zu erhöhen. Die Informationsquantität sollte demgegenüber durch entsprechende Empfehlungen deutlich reduziert werden.

Die Analyse von Entsprechenserklärungen sowohl aus dem privatwirtschaftlichen Bereich als auch beispielgebender Entsprechenserklärungen öffentlicher Unternehmen zeigt, wie diese mit kurzen, präzisen und aussagekräftigen Informationen/Formulierungen zu verfassen sind. So kann auch das vorgesehene situationsgerechte Abweichen von Empfehlungen und Anregungen vollumfänglich überzeugen. Hochwertige Entsprechenserklärungen mit Abweichungsbegründungen sind ein zentraler Gewinn für die PCG. Ein adäquat ausgestalteter und umgesetzter PCGK schafft explizit keine überflüssige Bürokratie, sondern nur klare Informationen mit Nutzen für das Zusammenwirken der Akteure, die Transparenz und die Steuerung.

Darüber hinaus sollten die PCGKs analog zu § 289a HGB zur Realisierung eines zusätzlichen Entwicklungsbeitrages eine klare Empfehlung formulieren, dass im PCG Bericht über folgende Aspekte berichtet werden soll:

1. Relevante Angaben zu Unternehmensführungspraktiken, die über die gesetzlichen Anforderungen hinaus angewandt werden
2. Eine Beschreibung der Arbeitsweise von Geschäftsführung und Aufsichtsrat sowie der Zusammensetzung und Arbeitsweise von deren Ausschüssen.

So wäre u. a. darüber zu informieren, ob ein Aufsichtsrat gebildet wurde und welche der namentlich zu nennenden Mitglieder in welchen der ggf. eingerichteten Ausschüsse vertreten sind.

Schließlich sollten die auf den Internetseiten der Unternehmen noch nicht ausgeschöpften Potenziale der PCG Berichterstattung verbindlich aktiviert werden. Hierzu zählt wie dargelegt u. a. die Bereitstellung von Jahresabschluss und Lagebericht, Gesellschaftsvertrag, Zielbild des Unternehmens sowie Geschäftsordnungen von Aufsichtsrat und Geschäftsführung.

11.3 Besondere Verantwortung: Entsprechenserklärung auch zu Anregungen mit sachgerechter Abweichungskultur

In den aktuellen Konzeptionen der PCGKs muss das Abweichen von einer Empfehlung erklärt und in einigen Gebietskörperschaften zudem begründet werden. Das Nichtbefolgen einer Anregung ist dagegen nicht erklärungsbedürftig.

Analysen von Entsprechenserklärungen zeigen, dass öffentliche Unternehmen die in den meisten PCGKs angesprochene Möglichkeit zur freiwilligen Stellungnahme zu Anregungen kaum nutzen. Aus dem derzeitigen Konzept resultiert aus jeder Regelung, die als Anregung und nicht als Empfehlung formuliert ist, aus theoretischer und praxisorientierter Perspektive zwangsläufig ein Verlust an Transparenz, Steuerungspotenzial und Bewusstseinsbildung. Öffentliche Unternehmen und Beteiligungen besitzen eine besondere Verantwortung bei der Wahrnehmung von öffentlichen Aufgaben und agieren mit öffentlichen Finanzmitteln. Daher sind die Ansprüche an Transparenz und Steuerung berechtigterweise weitreichender als bei privaten Unternehmen. Es darf als erwartbar gelten, dass sich Aufsichtsräte und Geschäftsführungen öffentlicher Unternehmen einmal im Jahr in Entsprechenserklärungen zu Grundsätzen verantwortungsvoller Unternehmensleitung/-überwachung äußern und Abweichungen sowohl bei Empfehlungen als auch bei Anregungen knapp erklären und begründen. Dies ist offenkundig keine Bürokratie sondern eine rentierliche Investition in gute Corporate Governance.

In der Interviewstudie wurde gefragt, ob ein Abweichen von im PCGK formulierten Anregungen wie bei Empfehlungen immer zu erläutern und zu begründen sein müsste („1: stimme überhaupt nicht zu" bis „4: stimme voll und ganz zu"). Der Antwortmittelwert lag bei 3,0 (SD 1,1). Zwar besitzen 24 Interviews keine Repräsentativität, gleichwohl zeigt das Einschätzungsbild jedoch, dass diese Maßnahme von Akteuren der PCG aus mehreren Gebietskörperschaften begrüßt und für realisierbar gehalten wird.

Die in dieser Arbeit behandelten Sachverhalte und Argumente sprechen klar dafür, dass eine verpflichtende Abweichungserklärung mit nachvollziehbarer Begründung gleichfalls bei Anregungen vorgesehen wird. Damit bliebe ein gestuftes System mit Anregungen und Empfehlungen erhalten, gleichzeitig würde aber den besonderen Anforderungen in der öffentlichen Wirtschaft angemessen Rechnung getragen. Die situationsgerechte Handlungsflexibilität bliebe eindeutig gewahrt. Ein Abweichen ist nach der Philosophie der PCGKs explizit vorgesehen.

Verpflichtende Entsprechenserklärungen auch zu Anregungen wären durch entsprechende Klauseln in PCGKs und Gesellschaftsverträgen ein leicht realisierbarer Mittelweg zwischen der gegenwärtigen Konzeption und Überlegungen in der Literatur „eine Unterscheidung in das Gesetz wiedergebende Vorschriften und erklärungsbedürftige Soll-Vorschriften zu treffen."[832] Transparente Entsprechenserklärungen mit Begründung sowohl bei Empfehlungen als auch bei Anregungen müssen bei den Fortschreibungen für alle PCGKs ganz oben auf der Tagesordnung stehen.

11.4 Ausschließliche Verwendung von „soll" und „sollte" in Einklang mit der Regierungskommission

Die Regierungskommission Deutscher Corporate Governance Kodex hat im Frühjahr 2012 eine Vereinfachung dahingehend beschlossen, dass im DCGK für Kodexanregungen nur noch der Begriff „sollte" und nicht mehr „kann" verwendet wird. Empfehlungen sind weiterhin mit

---

[832] Budäus/Srocke (2003), S.96.

dem Begriff „soll" gekennzeichnet. Die übrigen sprachlich anders benannten Kodexregelungen kommunizieren wie bisher geltende gesetzliche Bestimmungen.[833] Dieses ist für die PCGKs ebenfalls ein wichtiger Weiterentwicklungsschritt, weshalb er zeitnah umgesetzt werden sollte. In diesem Zusammenhang sollten die in einigen PCGKs mitunter bestehenden Unklarheiten in den Formulierungen klargestellt werden. In manchen PCGKs ist an einigen Stellen nicht ganz eindeutig, ob es sich um gesetzliche Regelungen oder um Empfehlungen und Anregungen handeln soll.

11.5 Integratives Konsultationsverfahren bei der Etablierung und Fortschreibung sowie transparente Vergleichsfassungen

Im Zuge der jährlichen Überprüfung des DCGK hat die Regierungskommission im Frühjahr 2012 erstmals ein schriftliches Konsultationsverfahren durchgeführt. Hierfür veröffentlichte die Regierungskommission konkrete Formulierungsvorschläge zu beabsichtigten Kodexänderungen[834] und bat am 1. Februar 2012 wie folgt um Stellungnahmen: „Die interessierte Öffentlichkeit ist eingeladen, zu den vorgeschlagenen Kodexänderungen bis zum 2. März 2012 schriftlich Stellung zu nehmen ... Fristgerecht eingereichte Stellungnahmen werden in die abschließende Beratung einfließen ... In Namen aller Mitglieder der Regierungskommission Deutscher Corporate Governance Kodex möchte ich alle Interessierten zur regen Nutzung dieser neuen Partizipationsmöglichkeit an der Kodexarbeit aufrufen."[835] Auf diesem Weg sind über 70 Stellungnahmen von Kodexanwendern, Verbänden, Juristen und aus der Wissenschaft in die Beratung eingeflossen.[836]

Das Konsultationsverfahren hat sich nach Auffassung der Regierungskommission bewährt und soll fortgesetzt werden. „Ziel der Regierungskommission ist es, den Dialog mit der Wirtschaft und insbesondere den Unternehmen, für die der Kodex unmittelbar gilt, weiter zu intensivieren. Der eingeschlagene Weg mit einer vorausgehenden schriftlichen Anhörung wird zu einer noch höheren Akzeptanz des Kodex als Instrument der Selbstregulierung der deutschen Wirtschaft beitragen. Wenn es der Kommission nur um Applaus gegangen wäre, dann hätte sie den Konsultationsprozess nicht angestoßen. Es ging um eine ergebnisoffene Diskussion, um Anregungen, die wir aus der Praxis und Theorie erhalten wollten. Die Kommission ist interessiert an einem transparenten Prozess, einem echten Diskurs."[837]

Anzumerken ist, dass bei der Erstellung der „OECD Guidelines of Corporate Governance" für öffentliche Unternehmen ebenfalls ein Konsultationsverfahren durchgeführt wurde.[838]

Für die PCGKs sollte ein transparentes und schriftliches Konsultationsverfahren für die jährliche Überprüfung gleichermaßen eingeführt werden. Ihre Überarbeitung sollte mit Blick auf die besondere Transparenz und Verantwortung nicht hinter dem Fortschreibungsprozess des DCGK zurückbleiben. So schlagen z. B. Dietrich/Struwe vor: „Fachkundige Interessierte sollten ebenso ihre Meinungen und Vorschläge an die Kommission richten können, um so

---

[833] Vgl. Regierungskommission Deutscher Corporate Governance Kodex (2012a), S.3.
[834] Vgl. Regierungskommission Deutscher Corporate Governance Kodex (2012b).
[835] Regierungskommission Deutscher Corporate Governance Kodex (2012c).
[836] Vgl. Regierungskommission Deutscher Corporate Governance Kodex (2012a), S.1.
[837] Regierungskommission Deutscher Corporate Governance Kodex (2012d), S.8.
[838] Vgl. OECD (2005a), S.9.

Impulse von Betroffenen zu liefern (ein Verfahren, dass sich z. B. bei der Kodifizierung von nationalen wie internationalen Rechnungslegungsstandards durchaus bewährt hat."[839] Es kann bei den jeweiligen Konsultationsverfahren von einer deutlich geringeren Beteiligung ausgegangen werden, sodass der Prozess alltagskompatibel zu organisieren ist. Jedoch sollte die Chance für Stellungnahmen aus Praxis und Wissenschaft bezüglich Transparenz, Partizipation, Ideen/Open Innovation, Verbesserungspotenzialen und Arbeitsunterstützung auf allen föderalen Ebenen keinesfalls ungenutzt bleiben. Hier wäre die Politik in Zusammenarbeit mit der Beteiligungsverwaltung gefordert, die geplanten Kodexänderungen vorab zu veröffentlichen und um Stellungnahmen an die Beteiligungsverwaltung zu bitten. Entsprechend ist der PCGK im verantwortlichen politischem Gremium in öffentlicher Sitzung zu diskutieren. Die auf Grundlage aller Stellungnahmen beschlossenen Änderungen im PCGK könnten weiterhin – wie vielfach empfohlen – auf einer Informationsveranstaltung vorgestellt werden.[840]

Daneben sollten auf der Internetseite der Beteiligungsverwaltung in allen Gebietskörperschaften neben dem beschlossenen und „bereinigten" PCGK immer auch die Vergleichsfassungen eingestellt sein, in denen die bei der Fortschreibung vorgenommenen Anpassungen „im Änderungsmodus" nachvollziehbar sind. Ebenfalls sind alle vorherigen Kodexversionen mit klaren Bezeichnungen einzustellen. Beim DCGK für börsennotierte Unternehmen sind übersichtliche Vergleichsfassungen und die Bereitstellung der älteren Kodexversionen seit Jahren bewährter Standard. Hier findet sich für alle Fortschreibungen ein Dokument mit z. B. folgender Bezeichnung: „Deutscher Corporate Governance Kodex, geltende Fassung vom 15. Mai 2012, Version mit markierten Änderungen."[841] Zudem stellt Berlin ein Dokument „Beteiligungshinweise 2009 – Vergleichsfassung zu 2005" bereits seit einigen Jahren ebenso transparent ins Internet.[842] Bei den anderen mittlerweile in der Fortschreibung vorliegenden PCGKs wie z. B. in Brandenburg, Hamburg oder Stuttgart befinden sich dagegen keine Vergleichsfassungen auf den Internetauftritten. Die Berliner Praxis ist hier beispielgebend und sollte Standard in allen Gebietskörperschaften werden.

Nach den Erfahrungen im öffentlichen Sektor und beim DCGK ist es von zentraler Bedeutung, die Kodexanwender und weiteren Kodexadressaten insbesondere auf vorgenommene Änderungen im PCGK aufmerksam zu machen. Vergleichsfassungen bieten für alle Beteiligten die beste Möglichkeit zu diskutieren, wie mit geänderten Kodexfassungen in der Praxis verfahren wird. Aufgrund der Anforderungen und Ziele muss die bewusste Auseinandersetzung mit Kodexänderungen gezielt gefördert werden, wofür transparente Vergleichsfassungen eine zwingende Voraussetzung sind. Pressemitteilungen mit Erläuterungen zu zentralen Änderungen wie in Brandenburg[843] sind ebenfalls ein verfolgenswertes Beispiel für alle Gebietskörperschaften. Sie können aber nicht die Chancen und Notwendigkeiten zur Bereitstellung der Vergleichsfassungen ersetzen.

---

[839] Dietrich/Struwe (2006), S.20f.
[840] Vgl. Bachert (2005), S.3.
[841] http://www.corporate-governance-code.de/ger/kodex/index.html, Abruf: 02.06.2010.
[842] Vgl. http://www.berlin.de/sen/finanzen/vermoegen/beteiligungen/bmc.html, Abruf: 02.06.2010.
[843] Vgl. http://www.mdf.brandenburg.de/cms/detail.php/bb1.c.225187.de, Abruf 05.02.2012.

11.6 Ganzheitliche und individuelle Vorteile durch einen bundeslandübergreifenden Grundlagenkodex

Es hat sich in Deutschland trotz vergleichbarer Anforderungen ein regelrechter „Flickenteppich" von unterschiedlichen PCGKs entwickelt. Dies wird den Anforderungen und angestrebten Zielen aus ganzheitlicher Perspektive nicht gerecht. Aus diesem Grund finden sich in Wissenschaft und Praxis vielfältige Kritik und Reformvorschläge.[844]

So mahnen Ruter/Häfele: „Allerdings darf die Frage gestellt werden, ob nicht allzu viele individuelle Lösungsansätze ohne einen verbindlichen Überbau in Form eines festgelegten Muster-Kodex die interessierte Öffentlichkeit eher irritieren als motivieren. Das Vertrauen der Öffentlichkeit ist ein wertvolles Gut. Es ist durch einen verbindlichen Muster-Kodex am wirksamsten zu unterstützen."[845] In die gleiche Richtung argumentiert Schürnbrand noch deutlicher: „Ein maßgeschneiderter 'Hauskodex' ist allerdings nicht unbedingt die bessere Alternative. Viele Kommunen als Eigentümer wären mit seiner Erstellung überfordert. Überdies wäre die Vergleichbarkeit der Unternehmensverfassungen aus Sicht der Allgemeinheit in Frage gestellt."[846] Harms – damaliger Präsident des Landesrechnungshofs von Berlin – unterbreitete auf dem Symposium der Gesellschaft für öffentliche Wirtschaft im Jahr 2006 prominent den Vorschlag: „Vielmehr wäre es vorstellbar, dass eine hochrangig zusammengesetzte Kommission …. einen Musterkodex entwirft, der … Grundlage für die jeweils eigenen Kodices der Gebietskörperschaften sein könnte."[847] Sehr ähnlich schlug Ruter zu Ansatz und Prozess vor: „Es sollte vielmehr anhand eines Muster-Kodex in den jeweiligen Gebietskörperschaften ein standardisierter Prozess zur Entwicklung eines jeweils spezifischen PCG-Kodex für jede Gebietskörperschaft durchgeführt werden."[848]

Forderungen zur Vereinheitlichung wurden gerade auch nach der Vorstellung des PCGK des Bundes im Sommer 2009 wie von Ellerich/Schult/Radde weiterhin erhoben: „Im Anschluss daran sollten die Länder und Kommunen ihrerseits schnellstmöglich vergleichbare Kodizes auf der Basis des überarbeiteten PCGK des Bundes verabschieden. Denn durch flächendeckende Transparenz und einheitliche Maßstäbe wird man das Vertrauen der Bürger eher und schneller erreichen können als durch heterogene Regelungen."[849] Gemkow bilanzierte 2010: „Es wäre daher wünschenswert, wenn die nun verabschiedeten Beteiligungsgrundsätze auch zu einer Vereinheitlichung auf der Landes- und Kommunalebene führen."[850]

In der PCG Diskussion hat das Präsidium des Deutschen Städtetags sog. Eckpunkte für einen PCGK in seinem Beschluss vom 12.5.2009 zur Kenntnis genommen. Die vier Seiten umfassenden Eckpunkte behandeln viele zentrale Regelungstatbestände nicht und sind zudem von

---

[844] Vgl. Schürnbrand (2010b), S.35; Ellerich/Schult/Radde (2009), S.208; Gemkow (2010), S.70; Harms (2008a), S.163; Ruter/Müller-Marqués-Berger (2005), S.464; Ruter (2008a), S.170; Ruter (2008b), S.103; Ruter/Häfele (2007), S.359.

[845] Vgl. Ruter/Häfele (2007), S.359.

[846] Schürnbrand (2010b), S.35.

[847] Harms (2008a), S.163.

[848] Ruter (2008a), S.170. Hierzu auch Ruter (2008b), S.103.

[849] Ellerich/Schult/Radde (2009), S.208.

[850] Gemkow (2010), S.70.

geringer Präzision, so dass sie den Anforderungen an einen Grundlagenkodex nicht genügen. Jedoch sollen sie diesen Zweck nach den Erläuterungen auf der Internetseite auch nicht erfüllen.[851]
Dagegen ist der PCGK vom Städtetag NRW deutlich umfangreicher. Allerdings muss an dieser Stelle nochmals deutlich darauf hingewiesen werden, dass der PCGK vom Städtetag NRW einige von einschlägiger Seite als wichtig herausgestellte Regelungsbereiche der PCG gar nicht behandelt oder geringere bzw. unpräzisere Anforderungen formuliert als in den vorliegenden PCGKs anderer Gebietskörperschaften. Daher ist es ratsam, den PCGK vom Städtetag NRW nicht ohne vorherigen Vergleich mit anderen vorliegenden PCGKs zu übernehmen bzw. bei der nächsten Fortschreibung verstärkt weitere andere PCGKs zur Identifizierung von zusätzlichen Weiterentwicklungsmöglichkeiten heranzuziehen.
Obgleich es mit Blick auf die föderalen Strukturen und Entwicklungen herausfordernd erscheint, sollte aufgrund der Bedeutung weiter nach Wegen für einen Grundlagenkodex gesucht werden. Möglicherweise ließen sich die gesammelten Erfahrungen bündeln und für gegenseitigen Nutzen in einen gemeinsamen Prozess überführen. Beispielsweise schildert Treuner aus seinen Erfahrungen: „Als besonders wichtig wurde der Ressort und Gebietskörperschaften übergreifende Austausch von Erfahrungen und die aktive Erörterung und Entwicklung von Modellen und Best-Practice-Beispielen gesehen."[852]
Ein Grundlagenkodex wäre keine unzulässige Einschränkung der kommunalen Selbstverwaltung. Es wäre ein fundiert ausgearbeitetes Angebot, dass die jeweiligen Gebietskörperschaften bzw. Kommunen inhaltlich und terminologisch flexibel im Hinblick auf die spezifischen Besonderheiten und Arbeitsabläufe vor Ort anpassen könnten. Eine transparente und integrative Diskussion zur situationsgerechten Anpassung des Grundlagenkodex würde in der jeweiligen Gebietskörperschaft die Funktion der gemeinsamen Bewusstseinsbildung ebenfalls erfüllen. Die vor Ort relevanten Akteursgruppen wären in den Anpassungsprozess weiterhin gleichermaßen eingebunden.
Mit Blick auf die Entwicklungen zog Schürnbrand im Jahr 2010 den Schluss: „Das Projekt eines übergreifenden Verhaltenskodexes für öffentliche Unternehmen verdient daher Unterstützung."[853] Diesem ist weiterhin zuzustimmen.
Der folgende Abschnitt setzt sich mit der Frage auseinander, von wem ein bundeslandübergreifender Grundlagenkodex erarbeitet werden könnte und stellt Forderungen für eine hochrangige PCG-Kommission heraus.

---

[851] Vgl.http://www.staedtetag.de/10/presseecke/dst_beschluesse/artikel/2009/05/12/00262/, http://www.staedtetag.de/imperia/md/content/beschluesse/11.pdf, Abruf: 03.06.2010.
[852] Treuner (2005b), S.351.
[853] Schürnbrand (2010b), S.35.

11.7 Übersicht zu Forderungen für eine hochrangige PCG-Kommission

Sowohl für börsennotierte Unternehmen als auch für Familienunternehmen wurden hochrangige Kommissionen zur kontinuierlichen Weiterentwicklung der Corporate Governance mit entsprechender Präsenz und Breitenwirkung etabliert.[854] Für öffentliche Unternehmen und Beteiligungen wurde eine hochrangige Kommission vergleichbar mit der Regierungskommission für börsennotierte Unternehmen bereits häufiger empfohlen.[855] Trotz bzw. gerade aufgrund der zu beobachtenden Entwicklungen sollte für die PCG daher auf der Agenda bleiben, ob bestehende Arbeitskreise und Initiativen über die föderalen Strukturen hinweg zu einem ganzheitlich vernetzten Ansatz aus Praxis und Wissenschaft weiterentwickelt werden könnten. Zur Untermauerung sowie als Grundlage für zukünftige Debatten ist es zweckmäßig einige der Forderungen zunächst wörtlich mit ihren verschiedenen Argumentationslinien zu veranschaulichen:

Budäus/Srocke (2003): „Erfolg versprechend wäre die Einberufung einer Kommission in Anlehnung an das Vorgehen beim DCGK im privaten Bereich. Diese sollte mit kompetenten Personen aus der Kommunal- und Staatsebene besetzt sein. Im Sinne eines neutralen Sachverwalters wäre auch der wissenschaftliche Bereich gefragt. Vertreter des Management öffentlicher Beteiligungen sollten ebenfalls beteiligt werden und eventuell auch Führungspersonen privater Unternehmen … Schließlich sind die Rechnungshöfe und Rechnungsprüfungsämter mit ihren Erfahrungen und Kompetenzen in einen derartigen Prozess einzubinden."[856]

Treuner (2005): „Die Entwicklung des DCGK kann für das geeignete Verfahren ein Beispiel sein … In der nächsten Stufe sollte unter Einbeziehung aller bisher auf Bundes-, Landes- oder Kommunal-Ebene bestehender Texte ein erster Rahmen-Entwurf erstellt werden, der dann einer Kommission (Regierungskommission unter Einbeziehung aller Sachkundigen, siehe Baums- oder Föderalismuskommission) zur abschließenden Bearbeitung und weiteren Pflege übergeben werden könnte."[857]

Dietrich/Struwe (2006): „Bei der Konzeption eines PCGK sollten nicht nur Mitglieder der Rechnungshöfe, Vertreter der öffentlichen Unternehmen bzw. ihrer Verbände, Mitglieder der Regierungskommission Deutscher Corporate Governance Kodex … beteiligt werden. Fachkundige Interessierte sollten ebenso ihre Meinungen und Vorschläge an die Kommission richten können, um so Impulse von Betroffenen zu liefern."[858]

Harms (2008): „Vielmehr wäre es vorstellbar und sinnvoll, dass eine hochrangig zusammengesetzte Kommission aus Bund, Ländern, kommunalen Spitzenverbänden, Rechnungshöfen, IDW und Wissenschaft … einen guten gemeinsamen Schritt voran tut auf dem Wege zu einer verbesserten Public Corporate Governance."[859]

---

[854] Vgl. http://www.kodex-fuer-familienunternehmen.de/index.html, http://www.corporate-governance-code.de, Abruf: 24.05.2012.

[855] Vgl. Budäus/Srocke (2003), S.99; Treuner (2005a), S.49; Dietrich/Struwe (2006), S.20f.; Harms (2008a), S.163.

[856] Budäus/Srocke (2003), S.99.

[857] Treuner (2005a), S.49.

[858] Dietrich/Struwe (2006), S.20f.

[859] Harms (2008a), S.163.

Ferner verweist Lenk in seiner Bilanz zur Diskussion in einem Forum auf dem Symposium der öffentlichen Wirtschaft zur Corporate Governance in der öffentlichen Wirtschaft darauf, das von einer hochrangig besetzten Kommission eine öffentlichkeitswirksame Wirkung ausgehen, Kontrolleffekte und eine intensivere Behandlung des Thema ausgehen könnte.[860] Auch Kersting plädiert für die Unterstützung durch einen breiten Kreis der genannten Akteursgruppen.[861] Aus den Ausführungen lassen sich die folgenden in Tab. 78 schlagwortartig verdichteten Argumente zusammenfassen.

Ganzheitliche und individuelle Vorteile durch einen Grundlagenkodex und eine PCG-Kommission
Bündelung von Erfahrungen, Kompetenzen und verschiedener Perspektiven für ausgewogene PCG Vorschläge, Nutzung der Kompetenz der Kommission.
Erhebliche Reduzierung von Arbeitsduplizierung bzw. Ressourceneinsparpotenziale und verminderte Administrativkosten in allen Gebietskörperschaften.
Alltagserleichterung für jeweilige Akteure im Beteiligungsmanagement mit zahlreichen Aufgaben bei wenig Personal.
Höhere Akzeptanz des PCGK bei den Kodexanwendern durch Erstellungsprozess.
Leichtere Einarbeitung von Änderungen bei der kontinuierlichen Fortschreibung.
Einfachere Kommunikation von notwendigen neuen Grundsätzen verantwortungsvoller Unternehmensleitung/-überwachung.
Stärkerer Aufbau von Vertrauen in der Öffentlichkeit.
Wahrung von überregionaler Transparenz als Chance zur gemeinsamen Weiterentwicklung der PCG.
Greifbarer überregionaler Anknüpfungspunkt im Rahmen der Aufnahme von Regelungen in den PCGK konkret über die Vorteile/Nachteile der einzelnen Bestimmungen zu diskutieren und ausgewogene Kompromissempfehlungen anzubieten.
Höhere mediale Aufmerksamkeit für den PCGK und stärkere Bewusstseinsbildung in der Öffentlichkeit.

Tab. 78: Ganzheitliche und individuelle Vorteile durch einen Grundlagenkodex und eine PCG-Kommission

Zur Realisierung einer PCG-Kommission wären nach wie vor unterschiedliche Ansätze vorstellbar. Hier könnte z. B. der Ausschuss „Kommunale Wirtschaft" des Arbeitskreises III der ständigen Konferenz der Innenminister und -senatoren eine Rolle spielen. Mit dem Gesetz zur Modernisierung des Haushaltsgrundsätzegesetzes wurde § 49a ins HGrG eingefügt, der ein gemeinsames Gremium von Bund und Ländern zur Standardisierung des staatlichen Rechnungswesens vorsieht.[862] In ähnlicher Weise wäre die Etablierung eines Gremiums erwägenswert, welches einen Grundlagenkodex auf Grundlage bestehender Erfahrungen zusammenführt, der von Gebietskörperschaften auf freiwilliger Basis mit situationsgerechten Anpassungen genutzt werden kann.

Möglich wäre ferner ein Ansatz über den länderübergreifenden Arbeitskreis der Beteiligungsreferenten von Bund/Ländern, dem entsprechenden Arbeitskreis von Landesrechnungshöfen/Bundesrechnungshof sowie den kommunalen Spitzenverbänden (Deutscher Städtetag, Deutscher Landkreistag, Deutscher Städte- und Gemeindebund). Verstärkt einzubeziehen wären renommierte Geschäftsführer und Aufsichtsräte öffentlicher Unternehmen.

---

[860] Vgl. Lenk (2008), S.176.

[861] Vgl. Kersting (2008), S.108.

[862] Vgl. u. a. die Gesetzesbegründung zu § 49a im Regierungsentwurf zum Gesetz zur Modernisierung des Haushaltsgrundsätzegesetzes; http://www.bundesfinanzministerium.de/DE/Wirtschaft__und__Verwaltung/ Finanz__und__Wirtschaftspolitik/Foederale__Finanzbeziehungen/003__Haushaltsgrundsaetzegesetz__ anl,templateId=raw,property=publicationFile.pdf, Abruf: 16.08.2010.

Von wissenschaftlicher Seite könnte z. B. der wissenschaftliche Beirat des Bundesverbandes öffentlicher Dienstleistungen die Zusammenführung eines Grundlagenkodexes begleiten. Die offizielle Einsetzung einer Kommission – vergleichbar mit der Grundlage der Regierungskommission DCGK für börsennotierte Unternehmen – erscheint vorzugswürdig. Ähnlich der Etablierung einer Kommission zur Weiterentwicklung der Corporate Governance von Familienunternehmen wäre eine hochrangige PCG-Kommission aber ebenso ohne eine derartige Basis entwickelbar. In dieser haben sich renommierte Akteure aus Praxis und Wissenschaft ohne „offiziellen Auftrag" zusammengefunden. Eine namhaft besetzte PCG-Kommission könnte in einem integrativen und transparenten Ansatz alle der voranstehend angesprochen Gruppen einbeziehen. Für erarbeitete Analysen und Angebote böte sich die Bereitstellung auf einem Internetauftritt vergleichbar mit den anderen Kommissionen an. Der Kontakt zur Regierungskommission DCGK und zur Kommission für Familienunternehmen könnte eng gehalten werden; eventuell wären einzelne Personalunionen vorstellbar. Eine Jahrestagung könnte analog zu vergleichbaren Kommissionen ein zusätzliches Forum für Austausch über Stand und Perspektiven der PCG bieten.

In jedem Fall ist PCG mit Blick auf empirische Daten zur Anzahl von öffentlichen Unternehmen/Beteiligungen, ihre Aufgaben und ihn ihnen gebundene Personal-/Finanzmittel und Schulden von hoher gesellschaftspolitischer und ökonomischer Relevanz. Darüber hinaus resultiert aus den in Praxis und Wissenschaft betonten Problemfeldern dringender Handlungsbedarf. PCG verdient trotz – bzw. gerade aufgrund der unterschiedlichen Gesetzeslagen und lokalspezifischen Strukturen eine bundeslandübergreifend vernetzte Behandlung. Die Bearbeitung sollte hinsichtlich Professionalität, Transparenz und Öffentlichkeitswirksamkeit nicht hinter den Kommissionen für börsennotierte Unternehmen und Familienunternehmen zurückbleiben.

11.8 Überblick zu Empfehlungen zur gesetzlichen Verankerung eines PCGK

In der Literatur finden sich mit Verweis auf eine bessere Verankerung und Umsetzung der Regelungen Forderungen, den PCGK gesetzlich zu verankern.[863] Nach Budäus/Srocke „sollte das Gesetz eine Erklärung einschließlich Begründung eventuell nicht beachteter Sollvorschriften verbindlich fordern."[864]

Hierfür schlagen Dietrich/Struwe eine Klausel für die Gemeindeordnungen der Bundesländer vor.[865] Treuner zielt dagegen mit präziser und schlüssig erscheinender Argumentation auf die BHO/LHO: „Wesentliche rechtliche Bestimmungen brauchen für eine solche Entwicklung weder entwickelt noch geändert werden. Eine einfache Anfügung in § 53 HGrG könnte einen solchen PCGK ins Leben rufen, wie dies auch mit der erweiterten Abschlussprüfung geschehen ist. Eine andere Möglichkeit ist die Aufnahme in § 65 Abs. 1 Nr. 5 BHO/LHO. Und die Ausdehnung über den Bereich der börsennotierten Unternehmen hinaus findet in der Bestimmung, dass öffentliche Unternehmen sich bei Jahresabschluss und Rechnungslegung … an die strengen Vorschriften des Handelsrechts für große Kapitalgesellschaften zu halten haben, ein gutes Vorbild."[866] Zusätzlich bietet wie angesprochen mittlerweile § 49a HGrG weitere Anknüpfungspunkte.

Angesichts der Entwicklungen sollte vor diesem Hintergrund für öffentliche Unternehmen verstärkt geprüft werden, den Selbstregulierungsansatz eines PCGK analog zum DCGK für börsennotierte Unternehmen zur Flankierung gesetzlich zu verankern.

---

[863] Vgl. Struwe/Dietrich (2005), S.203; Budäus/Srocke (2003), S.96; Treuner (2005a), S.49.
[864] Budäus/Srocke (2003), S.96.
[865] Vgl. Dietrich/Struwe (2006), S.20.
[866] Treuner (2005a), S.49.

12 Schlussbetrachtung

12.1 Fazit

Das Ziel der Arbeit bestand in der Bearbeitung von vier Forschungsfragen:

- Welche Problemfelder und Forderungen werden für die Public Corporate Governance (PCG) in Wissenschaft und Praxis besonders betont?
- Entsprechen die etablierten Public Corporate Governance Kodizes (PCGKs) in den jeweiligen Regelungsbereichen den aus Theorie und Praxis abgeleiteten Anforderungen und welche steuerungsrelevanten Unterschiede sind in den inhaltlichen Ausprägungen hinsichtlich Themenadressierung und Formulierung im Vergleich von Gebietskörperschaften festzustellen?
- Inwieweit wurden zentrale Reformforderungen in den faktischen Governancestrukturen und -praktiken im Verlauf der Diskussion um die PCG umgesetzt und welche Unterschiede treten im Vergleich der Gebietskörperschaften hervor?
- In welchen Bereichen konnten die PCGKs in der Wahrnehmung von Schlüsselakteuren der PCG sowie mit Blick auf im Längsschnitt analysierte Governancestrukturen/-praktiken feststellbare Bindungswirkung und Verhaltenssteuerungseffekte entfalten und in welchen nicht?

In den letzten Jahrzehnten wurden viele zuvor von der Kernverwaltung erfüllte Aufgaben auf öffentliche Unternehmen und Beteiligungen übertragen. Die angeführten statistischen Daten belegen, dass öffentliche Unternehmen insbesondere auf kommunaler Ebene große gesellschaftspolitische und ökonomische Relevanz besitzen. Ihr Leistungsangebot hat spürbare Auswirkungen auf die Gesellschaft in verschiedensten Feldern der „Daseinsvorsorge" wie etwa Elektrizitäts-/Gas-/Wasserversorgung, Verkehrs- und Beförderungswesen, Krankenhäuser, Müllabfuhr, Abwasser, Wohnungsbau, Schwimmbäder und Theater.

PCG bezeichnet den rechtlichen und faktischen Ordnungsrahmen für die Steuerung, Leitung und Überwachung öffentlicher Unternehmen. Ziel der Weiterentwicklung von PCG ist es, die Wirksamkeit, Qualität, Wirtschaftlichkeit und Nachhaltigkeit von öffentlichen Unternehmen bei ihrer Aufgabenwahrnehmung über verbesserte Strukturen, Instrumente und Prozesse sowie eine höhere Transparenz zu steigern. „Gutes besser tun" beschreibt treffend und motivierend, worum es bei PCG im Kern geht.

Im Zuge der Debatten haben mittlerweile zahlreiche Gebietskörperschaften PCGKs eingeführt, um die Steuerung, Corporate Governance und Transparenz von öffentlichen Unternehmen durch eine Zusammenstellung von bewährten Grundsätzen für die verantwortungsvolle Leitung und Überwachung zu verbessern.

Für privatwirtschaftliche Unternehmen liegen zahlreiche Studien zur Corporate Governance vor. Für öffentliche Unternehmen lieferte die Literatur in Deutschland bis zu dieser Forschungsarbeit hingegen trotz der Relevanz und vielfältig vorliegenden Forschungsforderungen bislang keine repräsentativen empirischen Untersuchungen zu den faktischen

Governancestrukturen/-praktiken öffentlicher Unternehmen sowie der Ausgestaltung von PCGKs und ihren Wirkungen.

Kapitel 4 zeigte, dass ein PCGK aus institutionenökonomischer Perspektive bzw. aus Sicht von Prinzipal-Agent-Theorie, Property-Rights-Theorie und Transaktionskostentheorie sowie aus der Perspektive von Stewardship-Theorie und Stakeholder-Theorie bei anforderungsgerechter Ausgestaltung nützliche Entwicklungsbeiträge liefert.

Kapitel 6 gliederte und verdichtete die bislang nicht strukturiert vorliegenden Kritikpunkte und Forderungen zur PCG für einen Überblick sowie gezielte Anknüpfungspunkte für Verbesserungschancen in Problemfelder. Die Untersuchung ließ hervortreten, dass in der PCG trotz vieler positiver Beispiele in struktureller Gesamtsicht noch übergreifend relevante Defizite bestehen. Die Kritikmuster zeigen, dass dabei insgesamt eher von Vollzugsdefiziten auszugehen ist, jedoch in einigen Bereichen ebenso relevante Regelungsdefizite bestehen. Zusätzlicher Handlungsbedarf ist unübersehbar.

Kapitel 7 arbeitete heraus, dass einem PCGK in Wissenschaft und Praxis große Potenziale zugewiesen werden, was den Sinn für eine intensive Auseinandersetzung mit dem Instrument sowie dessen kontinuierliche Weiterentwicklung untermauert. Die in Praxis, Wissenschaft und der durchgeführten Interviewstudie angeführten Argumente wurden in Funktionen kategorisiert, um den Nutzen und die Wirkungspotenziale differenziert und konkret zu veranschaulichen. Als zentrales Ergebnis der Befragung von 24 Schlüsselakteuren der PCG in Berlin, Brandenburg, Bremen und Stuttgart ist festzuhalten, dass diese Nutzen und Unterstützung durch einen PCGK sehen. In der Wahrnehmung der Befragten führt ein PCGK u. a. zu einer systematischeren Auseinandersetzung mit Grundsätzen verantwortungsvoller Unternehmensleitung/-überwachung und verändert das Bewusstsein für gute PCG im Sinne der öffentlichen Hand. Die teil-standardisierte Interviewstudie ist mit Blick auf die diesbezüglichen Analyseziele nicht repräsentativ, liefert jedoch ein aussagekräftiges Stimmungsbild.

Werden Inhalte und Umgang entsprechend der formulierten Ziele realisiert, ist ein PCGK mit gelebtem „Comply or explain" eindeutig mehr als eine zeitgeistige Verpackung alter Ansätze und kein bloßes Marketinginstrument einer vorbeiziehenden Modewelle. Zudem schafft ein PCGK bei anforderungsgerechter Ausgestaltung explizit keine Bürokratie, sondern generiert vielmehr ausschließlich alltagsrelevante Informationen.

Die vergleichende Inhaltsanalyse der PCGKs von 14 Gebietskörperschaften in *Kapitel 9* offenbart jedoch, dass zahlreiche von Praxis und Wissenschaft als bedeutsam eingestufte Problemfelder und Governancefaktoren bzw. Vollzugs- und Regelungsdefizite bislang überhaupt nicht mit Regelungen angesprochen werden. Teilweise weichen die Kodexregelungen zudem substanziell von einschlägigen Anforderungen und anerkannten Grundsätzen verantwortungsvoller Unternehmensleitung/-überwachung ab. In einigen Fällen entsprechen sie den Anforderungen sowie den von der Politik formulierten Zielsetzungen in wichtigen Bereichen noch nicht hinreichend. Trotz in der Sache vergleichbarer Anforderungen driften die Grundsätze verantwortungsvoller Unternehmensleitung/-überwachung im Vergleich der Gebietskörperschaften bei bedeutsamen Faktoren ganz erheblich auseinander.

Auffällige Defizite und Gestaltungsunterschiede zeigen sich im Vergleich u. a. in folgenden Regelungsfeldern: Ausgestaltung und Veröffentlichungsort von Entsprechenserklärungen, gesellschaftsrechtliche Verankerung, Ablauf und Verantwortlichkeiten bei der Entwicklung von Unternehmensstrategie und Zielen, Einbindung von politischen Gremien in die PCG, Aus-/Fort/-Weiterbildung von Aufsichtsratsmitgliedern, Bildung von Prüfungsausschüssen im Aufsichtsrat, Effizienzprüfung und (Selbst-)Evaluation beim Aufsichtsrat, Berichtsinhalte der Geschäftsführung an den Aufsichtsrat, Diversity und Teilhabe von Frauen, Ausgestaltung von D&O-Versicherungen, Vermeidung und Offenlegung von Interessenkonflikten, Veranschaulichung der Vergütungskriterien für Geschäftsführungen und Aufsichtsräte, Unabhängigkeit des Abschlussprüfers sowie Bereitstellung von Jahresabschlüssen, PCG Berichten und Zielbildern auf der Internetseite des Unternehmens. In den vorliegenden Fassungen muss den PCGKs aufgrund der gravierenden Ausgestaltungsunterschiede eine unterschiedliche Erfolgsfähigkeit bescheinigt werden.

Ebenso ist jedoch zu betonen, dass sich wie aufgezeigt in allen PCGKs viele lohnenswerte Beispiele für zusätzliche Weiterentwicklungen in anderen Gebietskörperschaften finden. Die betrachteten Gebietskörperschaften haben mit der Einführung der PCGKs wertvolle Beiträge für die verantwortungsvolle Leitung und Überwachung öffentlicher Unternehmen in Deutschland geleistet. Ihre mit der Etablierung von PCGKs eingenommene Vorreiterrolle sollte weiterhin intensiv unterstützt werden.

Die repräsentative Vierjahresstudie in *Kapitel 10* bei über 250 öffentlichen Unternehmen der zehn größten deutschen Städte sowie des Bundes mit über 1000 Jahresabschlüssen ließ deutlich werden, dass die faktischen Governancestrukturen/-praktiken öffentlicher Unternehmen im Städtevergleich strukturell divergieren und den herausgestellten Anforderungen häufiger nicht genügen. Es finden sich verfolgenswerte Beispiele in vielen Unternehmen, was die Realisierbarkeit der Forderungen unterstreicht und unterstützender Anknüpfungspunkt für Reformen in anderen Bereichen sein sollte. Positiven Weiterentwicklungen stehen in statistischer Gesamtbetrachtung jedoch vorherrschende Defizite gegenüber. Zwischen Anforderungen und Wirklichkeit ist für den Untersuchungszeitraum ein beachtliches Gefälle in der PCG zu konstatieren. Hervorzuheben sind vor allem auch die trotz sachlich vergleichbarer Anforderungen substanziellen Governanceunterschiede zwischen den Städten. Bezüglich einiger Faktoren divergieren Bewusstsein und/oder Handlungsbereitschaft für eine anforderungsgerechte und transparente PCG in erheblichem Maße.

Bei folgenden Governancefaktoren bestehen gemäß der empirischen Ergebnisse noch beachtenswerte Verbesserungschancen/-notwendigkeiten sowie beträchtliche Gestaltungsunterschiede zwischen den Gebietskörperschaften: Größe von Aufsichtsräten, Zusammensetzung von Aufsichtsräten und Berufung externer Gremienmitglieder mit Branchen- und Finanzexpertise, Offenlegung der Geschäftsführervergütung, Berichterstattung über Aufsichtsratsausschüsse, Bildung von Prüfungsausschüssen, Höhe und Offenlegung der Aufsichtsratsvergütung, Transparenz und Kosten bei der Abschlussprüfung sowie die Verfügbarkeit von Jahresabschlüssen, Gesellschaftsverträgen, Entsprechenserklärungen und Geschäftsordnungen auf den Internetseiten der Unternehmen.

Die Empfehlungen der PCGKs zu einem individualisierten Ausweis der Geschäftsführervergütung konnten nach den Daten keine durchgreifende Bindungswirkung entfalten. Jedoch ist die Vergütungspublizität in Städten ohne PCGKs im Gesamtvergleich noch deutlich niedriger ausgeprägt als in Städten mit PCGKs. Sofern die individualisierte Offenlegung der Geschäftsführervergütung angestrebt wird, deuten die Längsschnittbefunde daraufhin, dass dieses Ziel in absehbarer Zeit nur mit einer präzisen gesetzlichen Offenlegungspflicht zu erreichen sein wird. Bei der transparenten Bereitstellung von Entsprechenserklärungen auf den Internetseiten der Unternehmen konnten die PCGKs ebenfalls keine strukturelle Bindungswirkung entfalten. Bei der bezüglich Steuerung und Transparenz relevanten Dauer für die Aufstellung und Offenlegung des Jahresabschlusses sind in den Befunden desgleichen keine strukturellen Verhaltensteuerungseffekte der Kodizes erkennbar. Über die Jahresabschlüsse wird auf der Unternehmenshomepage von Unternehmen aus Städten mit einem PCGK insgesamt nicht transparenter informiert als in anderen Städten.

Kapitel 11 entwickelte übergreifende Reformvorschläge zur Etablierung und Fortschreibung von PCGKs. Erforderlich ist in jeder Gebietskörperschaft eine übersichtliche und widerspruchsfreie Gesamtkonzeption aus PCGK, Hinweisen der Verwaltung für gute Beteiligungsführung und entsprechenden Mustern für Gesellschaftsverträge, Zielbilder, Geschäftsordnungen etc. Ferner müssen die Anforderungen an Entsprechenserklärungen und die PCG Berichterstattung verbessert werden. Aufgrund der besonderen Verantwortung öffentlicher Unternehmen und der explizit vorgesehenen Abweichungskultur sollte eine Abweichungserklärung mit Kurzbegründung nicht nur bei Empfehlungen des PCGK, sondern ebenso bei Anregungen erfolgen. Die aufgezeigten Argumente und Forderungen begründen die Einführung eines transparenten Konsultationsverfahrens bei der Überarbeitung von PCGKs sowie die Entwicklung von einem bundeslandübergreifenden Grundlagenkodex und einer hochrangigen PCG-Kommission.

Ist die empirische Corporate Governance Forschung für die Privatwirtschaft inhaltlich und methodisch schon weit vorangeschritten, musste das Forschungsfeld der PCG mit empirisch von Grund auf erschlossen werden. Aufgrund der Entwicklungen in der PCG in den letzten Jahren und die andauernde wie umfangreiche Kritik sind die forschungsleitenden Fragestellungen der Arbeit breiter angelegt worden, um die sich derzeit aufdrängenden Fragen und Sachverhalte in einem geschlossenen Gesamtbild bearbeiten zu können. Mit Blick auf die Forschungsfragen und die in Abschnitt 1.4. formulierten Ziele für Wissenschaft und Praxis hofft die Arbeit sowohl einen Beitrag zum Erkenntnisfortschritt im Fachgebiet als auch konkrete Unterstützung für die Praxis bei der Bewältigung der Herausforderungen geliefert zu haben.

Für die Wissenschaft könnten die Befunde Anknüpfungspunkte bieten, die verschiedenen für die PCG gewichtigen Einzelfragen vertiefend zu untersuchen. Anliegen für die Praxis war es, alltagsnützliche Ergebnisse zu erarbeiten und einen fundierten Austausch über Weiterentwicklungsmöglichkeiten für einen breiten Adressatenkreis zu bieten, wie u. a.: Aufsichtsräte, Beteiligungsmanagement, Oberbürgermeister/Hauptverwaltungsbeamte, Verwaltungsspitzen, Geschäftsführungen/Führungs- und Fachkräfte öffentlicher Unternehmen, Rechnungshöfe, Gemeinderäte/Stadträte bzw. die entsprechenden Ausschüsse, Wirtschaftsprüfer und Berater. Für die entsprechenden Akteure von NPOs mit vielfach ähnlichen Governanceherausforderungen erhoffen sich die Ergebnisse, ebenfalls hilfreich zu sein.

Mit nüchternem Blick auf einschlägige Einschätzungen in Praxis und Wissenschaft sowie empirische Befunde ist konstruktive Kritik an der PCG in Deutschland berechtigt und notwendig. Gleichwohl darf keinesfalls in den Hintergrund geraten, dass in sehr vielen Bereichen keine derartigen Defizite vorliegen und zahlreiche Akteure tagtäglich mit außerordentlicher Motivation und tadellosem Verantwortungsbewusstsein agieren. In Literatur und Befragung wird gleichermaßen deutlich, dass bereits sehr viele Schritte in die richtige Richtung erfolgt sind. Diese verdienen, konsequent weitergeführt zu werden.

Die Diskussion um detaillierte Regelungen in der PCG bzw. in Corporate Governance Kodizes mag manchem „technisch" oder „bürokratisch" anmuten. Dabei dürfen jedoch Hintergründe, breite Kritik an der PCG und Ziele nie aus dem Auge verloren werden: Es geht um die verantwortungsvolle, wirksame, wirtschaftliche und transparente Erfüllung von mit Steuermitteln finanzierten öffentlichen Aufgaben im demokratischen Gemeinwesen. Man kann und sollte im menschlichen Miteinander auch in der PCG nicht alles schriftlich regeln. Die Auseinandersetzung mit der Thematik zeigt hingegen eindeutig, dass es bei vielen relevanten Faktoren offensichtlich mit Augenmaß dosierter, gezielter, präziser und sanktionierbarer Regelungen bedarf. Klare Spielregeln sind notwendig und können im Alltag im Interesse aller beteiligten Akteure helfen sowie konfliktmindernd wirken.

12.2 Chancen und Notwendigkeiten für Forschung und Praxis

Eine geschlossene Corporate Governance Theorie ist nach wie vor nicht in Sicht. Die diesbezüglichen Diskurse sind bezogen auf den spezifischen Kontext gleichwohl ebenso für die PCG Forschung wertvoll. Theoretischer und empirischer Forschungsbedarf besteht für die PCG u. a. im Hinblick auf die für privatwirtschaftliche Unternehmen intensiv geführte Diskussion um Prinzipal-Agent-Theorie und Stewardship-Theorie bzw. die Integration beider Theorien. Aufgrund des dualen Zielsystems öffentlicher Unternehmen mit Leistungs- und Finanzziel sowie möglichen besonderen Motivmustern der Akteure in der öffentlichen Wirtschaft sind die Erklärungen und Gestaltungsempfehlungen der jeweiligen Theorien zu prüfen und kontextspezifisch zu integrieren.

Eine besonders relevante Einzelfrage ist aufgrund der Rahmenbedingungen öffentlicher Unternehmen sowie der starken Auswirkungen auf verschiedene Corporate Governance Felder, ob die Vergütung von Geschäftsführern und Managern in der öffentlichen Wirtschaft tatsächlich variable bzw. erfolgsbezogene Elemente enthalten sollte oder sich dieses nach theoretischer und empirischer Prüfung als nicht sachdienlich erweist. Hier könnte an die internationale Diskussion und Thesen wie von Benz/Frey angeknüpft werden: „First, we argue that corporate governance can gain from realigning managers' compensation with the practice prevalent in the public sector – namely, fixed compensation not dependent on pay-for-performance."[867] Ebenfalls verdient die These von Frey/Osterloh eine theoretische Erörterung und empirische Tests im spezifischen Kontext der öffentlichen Wirtschaft: „Yes, Managers Should Be Paid Like Bureaucrats."[868]

---

[867] Benz/Frey (2007), S.93.
[868] Frey/Osterloh (2005), S.96.

Empirischer Forschungsbedarf besteht zudem dahingehend, gezielt weitere Transparenz über die Strukturen und Praktiken der PCG zu schaffen. Dabei sind zusätzliche Erklärungsfaktoren für die beträchtlichen Gestaltungsunterschiede zwischen den Gebietskörperschaften zu identifizieren. Insbesondere ist die Wirkung bzw. Bewährung der divergierenden Governancekonzepte/-praktiken bezüglich Aufgabenerfüllung und Organisationserfolg aus ganzheitlicher Perspektive zu analysieren. Hierfür wird die empirische PCG Forschung hybride branchenspezifische Erfolgsmaße entwickeln müssen, die im spezifischen Zielsystem öffentlicher Unternehmen ausgewogen sowohl an Leistungszielen (Sachzielen) als auch an Finanzzielen (Formalzielen) anknüpfen.

Aufgrund der in dieser Untersuchung bereits für Großstädte ermittelten Defizite und Gestaltungsunterschiede sollte die PCG Forschung ein besonderes Augenmerk auf kleinere Städte richten.

Es ist beabsichtigt, das angelaufene PCG Panel zu Strukturen und Praktiken der PCG langfristig fortzusetzen und zusätzlich auszubauen. So sollen wichtige Kennziffern und Governancegepflogenheiten kontinuierlich erhoben und in einem deutschlandweit vergleichenden PCG Report regelmäßig veröffentlicht werden. Durch die Längsschnittanalyse werden langfristige Entwicklungstrends und ihre Auswirkungen zusätzlich erkennbar.

Darüber hinaus soll die vergleichende Inhaltsanalyse von PCGKs angesichts ihrer sehr unterschiedlichen Ausgestaltung und ihre regelmäßige vorgesehene Anpassung langfristig fortgesetzt werden. Ebenfalls müssen die Entsprechenserklärungen öffentlicher Unternehmen in entsprechender Intensität wie für börsennotierte Unternehmen untersucht werden.

Vor allem ist besonders zu erforschen, wie die Gestaltungsspielräume belassenen Kodexregelungen in der Unternehmenspraxis tatsächlich angewendet werden und der Kodex faktisch „gelebt" wird. Dabei ist u. a. auf Unstimmigkeiten zwischen den Bekanntmachungen der Unternehmen zur Corporate Governance (Governancekommunikation) und ihren realen Führungsmodalitäten (Governanceverhalten) zu achten.

International vergleichende Forschungsvorhaben sind erforderlich und chancenreich, um zusätzliche Erkenntnisse, Gestaltungsperspektiven und Reformunterstützung für die PCG in den jeweiligen Ländern zu liefern.

Nicht vergessen werden sollte in der Forschung trotz Berechtigung der Überlegungen zu einer Übertragung von Elementen aus dem privatwirtschaftlichen Bereich insbesondere auch die umgekehrte Frage: Was könnte die Corporate Governance der Privatwirtschaft von der öffentlichen Wirtschaft lernen?

Wie von der Regierungskommission Corporate Governance bei der Überarbeitung des DCGK für börsennotierte Unternehmen eingeführt, sollte es zukünftig auch bei der Überarbeitung von PCGKs ein integratives und transparentes Konsultationsverfahren geben. Darüber hinaus begründen die in Praxis und Wissenschaft herausgestellten Chancen, weiterhin Wege zur Entwicklung einer hochrangigen PCG-Kommission und einem bundeslandübergreifenden Grundlagenkodex zu suchen. Dieser integrativ und transparent ausgearbeitete Grundlagenkodex könnte mit Blick auf die zahlreichen Vorteile ohne Einschränkung der kommunalen Selbstverwaltung freiwillig als Basis für die Anpassung jeweils eigener PCGKs in den Gebietskörperschaften und Kommunen genutzt werden.

Schließlich drängen sich im Feld der PCG grundsätzliche Fragen auf. Corporate Governance ist eines der am stärksten diskutierten Managementthemen und hat sich in den Augen renommierter Akteure wie in Abschnitt 1.2 veranschaulicht zu einer eigenständigen wissenschaftlichen Fachrichtung entwickelt. Beachtenswert erscheint diesbezüglich die von Walter Broadnax Ende 2011 entwickelte Argumentationslinie:

„As creative and important as our private sector is, we will need the best from our men and women in both sectors ... Structurally, what can we do as a nation to attract and retain our best men and women to the public's service? ... We must be bold about our need to educate and train people, especially for the leadership roles that they play in the public service."[869]

Auch für Deutschland wird hinsichtlich der „Ausbildung der Staatsdiener von morgen" auf erforderliche Anpassungen u. a. aufgrund neuer Governanceformen und der Auslagerung von Dienstleistungen aus der Kernverwaltung hingewiesen.[870] Es lässt sich diskutieren, in wieweit „Public Manager" öffentlicher Unternehmen im übertragenen Sinne als „Staatsdiener" verstanden werden können und sich dieses ggf. in Teilen ihrer Aus-/Fort-/Weiterbildung niederschlagen sollte.

Zur Forschungssituation schrieb Theo Thiemeyer im Jahr 1975:

„Innerhalb der Betriebswirtschaftslehre führte die Wirtschaflehre öffentlicher Betriebe bisher nur ein ´Dornröschendasein´.[871] Rudolf Seyffert sprach von einer ´mitunter ... recht willkürliche(n) Beschränkung des Untersuchungsobjektes auf die Großformen der Erwerbsunternehmungen ... und deren Wertung nach der Gewinnmaximierung.´ Klaus Chmielewicz hat mit Recht darauf hingewiesen, dass es gerade im Bereich der öffentlichen Betriebe eine Fülle von ´Rationalisierungsnotwendigkeiten und -möglichkeiten (gibt), um die sich die Betriebswirtschaftslehre aufgrund ihrer einseitigen Bevorzugung privater Unternehmen aber kaum kümmert´. Karl Oettle führt die ´bisherige Vernachlässigung der öffentlichen Wirtschaft durch unsere Disziplin´ auf entwicklungsgeschichtliche Gründe zurück."[872]

Demgegenüber blickten Brown/Beekes/Verhoeven 2011 in ihrem Reviewartikel zur privatwirtschaftlichen Corporate Governance Forschung resümierend nach vorne: „Despite the breadth, and depth, of the literature on CG, as with any academic endeavour there is always room for improvement, whether it be in the form of better theory, better models, better empirical proxies, better data, better estimators, better analysis or better interpretations. Because the literature already has a degree of maturity, most improvements will be incremental."[873]

Für die empirische PCG Forschung stimmt der letzte Teil der These von Brown/Beekes/Verhoeven eindeutig nicht. Hier bieten sich mit Blick auf die Corporate Governance Forschung und die Fülle der für privatwirtschaftliche Unternehmen in hochrangigen Publikationsorganen untersuchten Fragen geradezu überreichliche Chancen und Notwendigkeiten für zukünftige Forschungsvorhaben. Es erscheint zumindest diskussionswürdig, ob

---

[869] Broadnax (2011), S.13.
[870] Vgl. Reichard/Röber (2012), S.84.
[871] Potthoff (1969), S.444.
[872] Thiemeyer (1975), S.20. Für die von ihm angeführten Autoren vgl. Seyffert (1957), S.48; Chmielewicz (1971), S.585; Oettle (1966), S.241.
[873] Brown/Beekes/Verhoeven (2011), S.153.

die Ausführungen von Thiemeyer bzw. die der von ihm angeführten Akteure bezüglich der empirischen Forschung zu Corporate Governance und Rechnungslegung im Vergleich von Privatwirtschaft und öffentlicher Wirtschaft heute noch Gültigkeit besitzen.

Aufmerksamkeit verdienen in diesem Kontext auch die Einwendungen von Altbundeskanzler Helmut Schmidt zur Wissenschaft in seiner Festansprache zum 100. Geburtstag der Kaiser-Wilhelm-Gesellschaft/Max-Planck-Gesellschaft („Forschung heißt, Verantwortung für die Zukunft zu tragen"). In dieser betont Schmidt für die Wissenschaft „das Bewusstsein ihrer Verantwortung für das Gemeinwohl" und weist ihr eine besondere Verpflichtung als „eine der sozialen Verantwortung verpflichteten Erkenntnissuche"[874] zu.

Public Corporate Governance bleibt eine Chance für die Gesellschaft. Die interdisziplinäre und fachbezoge Forschung sowie das aufgeschlossene Zusammenwirken von Praxis und Wissenschaft können hier wertvolle Beiträge für die Bewältigung der Herausforderungen leisten.

---

[874] Schmidt (2011), S.31.

13 Literaturverzeichnis

Abdelsalam, Omneya H./Bryant, Stephanie M./Street, Donna L. (2007), An Examination of the Comprehensiveness of Corporate Internet Reporting Provided by London-Listed Companies, in: Journal of International Accounting Research, 6 (2), S. 1-33.

Abromeit, Heidrun (1985), Öffentlicher Zweck und öffentliche Kontrolle. Ansätze zu einer politischen Theorie der öffentlichen Unternehmen, in: Politische Vierteljahreszeitschrift, 26 (3), S. 287-305.

Adams, Renée/Ferreira, Daniel (2009), Women in the Boardroom and their Impact on Governance and Performance, in: Journal of Financial Economics, 94 (2), S. 291-309.

Ade, Klaus (2005), Handbuch Kommunales Beteiligungsmanagement, Stuttgart.

Aguilera, Ruth V./Cuervo-Cazurra, Alvaro (2009), Codes of Corporate Governance, in: Corporate Governance: An International Review, 17 (3), S. 367-387.

Aguilera, Ruth V./Cuervo-Cazurra, Alvaro (2004), Codes of Good Governance Worldwide: What is the Trigger?, in: Organization Studies, 25 (3), S. 417-446.

Albers, Heinrich (2011), Rechnungslegung und Prüfung kommunaler Unternehmen, Handbuch der kommunalen Wissenschaft und Praxis, in: Thomas Mann/Günter Püttner (Hrsg.), Kommunale Wirtschaft, 2, 3. Aufl., Berlin/Heidelberg, S. 267-304.

Ali, Ashiq/Chen, Tai-Yuan/Radhakrishnan, Suresh (2007), Corporate Disclosures by Family Firms, in: Journal of Accounting and Economics, 44 (1), S. 238-286.

Alsheimer, Constantin/Jakob, Hans-Joachim/von Wietzlow, Walther (2006), Grundsätze einer Public Corporate Governance für eine erfolgreiche Aufsicht in öffentlichen Unternehmen, in: Die Wirtschaftsprüfung, 59 (15), S. 937-940.

Alsheimer, Constantin (2003), Öffentliche Beteiligungen über Controlling besser steuern, in: Innovative Verwaltung, Heft 11, S. 24-26.

Ambrosius, Gerold (1989), Geschichte öffentlicher Unternehmen, in: Klaus Chmielewicz/Peter Eichhorn (Hrsg.), Handwörterbuch der öffentlichen Betriebswirtschaft, Stuttgart, S. 503-513.

Andres, Christian/Theissen, Erik (2007), Eine empirische Untersuchung der individualisierten Veröffentlichung der Vorstandsvergütung, in: Die Betriebswirtschaft, 67 (4), S. 167-178.

Arbeitskreis deutscher Aufsichtsrat (2012), Stellungnahme zu den vorgeschlagenen Kodexänderungen vom 17. Januar 2012, http://adar.info/literatur.html., Abruf: 15.06.2012.

Avenir Suisse (2009), Kantonsmonitoring: Kantone als Konzerne, Einblick in die kantonalen Unternehmensbeteiligungen und deren Steuerung, Zürich.

Arnegger, Martin/Hofmann, Christian/Pull, Kerstin/Vetter, Karin (2010), Unterschiede in der fachlichen und demographischen Zusammensetzung deutscher Aufsichtsräte, in: Die Betriebswirtschaft, 70 (3), S. 239-258.

Bachert, Robert (2006), Corporate Governance in Nonprofit Unternehmen, Planegg.

Bachert, Robert (2005), Ein Corporate Governance Kodex für gemeinnützige Organisationen: Projekt zur Entwicklung eines Kodexes für eine Nonprofit-Organisation – Umsetzung und konkrete Instrumente, in: Rudolf X. Ruter/Karin Sahr/Georg Waldersee (Hrsg.), Public Corporate Governance. Ein Kodex für öffentliche Unternehmen, Wiesbaden, S.195-218.

Bachmann, Gregor (2010), Die Erklärung zur Unternehmensführung, in: Zeitschrift für Wirtschaftsrecht, 31 (2), S. 1517-1527.

Bäuerlein, Udo/Bindschädel, Regina/Reich, Carola/Vogel, Roland (2002), Ein Mustergesellschaftsvertrag für kommunale Unternehmen, in: Zeitschrift für öffentliche und gemeinwirtschaftliche Unternehmen, 25 (3), S. 350-360.

Baier, Horst (2010), Kommunale Beteiligungen politisch steuern: Warum Beteiligungsmanagement für die Politik wichtig ist und was man tun kann, in: Handbuch Neues Verwaltungsmanagement, 26 (2), S. 176-185.

Banner, Gerhard (1993), Konzern Stadt, in: Hermann Hill/Helmut Klages (Hrsg.): Qualitäts- und erfolgsorientiertes Verwaltungsmanagement – Aktuelle Tendenzen und Entwürfe, Berlin, S. 57-67.

282

Bardt, Hubertus/Fuest, Winfried/Lichtblau, Karl (2010), Kommunale Unternehmen auf Expansionskurs, in: IW-Trends, Vierteljahresschrift zur empirischen Wirtschaftsforschung aus dem Institut der deutschen Wirtschaft, 37. Jg., Köln.

Barthel, Thomas (2008), Beteiligungscontrolling im öffentlichen Bereich: Dargestellt am Beispiel der Steuerung im Konzern Kommune, Hamburg.

Bassen, Alexander/Zöllner, Christine (2009), Erhöht gute Corporate Governance den Unternehmenswert?, in: Alfred Wagenhofer (Hrsg.), Controlling und Corporate Governance: Anforderungen, Konzepte, Maßnahmen, Umsetzungen, Berlin, S. 43-57.

Bassen, Alexander/Zöllner, Christine (2007), Corporate Governance. US-amerikanischer und deutscher Stand der Forschung, in: Die Betriebswirtschaft, 67 (1), S. 93-112.

Bassen, Alexander/Kleinschmidt, Maik/Prigge, Stefan/Zöllner, Christine (2006), Deutscher Corporate Governance Kodex und Unternehmenserfolg. Empirische Befunde, in: Die Betriebswirtschaft, 66 (4), S. 375-401.

Bauwhede, Heidi V./Willekens, Marleen (2008), Disclosure on Corporate Governance in the European Union, in: Corporate Governance: An International Review, 16 (2), S. 101-115.

Baysinger, Barry/Butler, Henry (1985), Corporate Governance and the Board of Directors: Performance Effects of Changes in Board Composition, in: Journal of Law, Economics and Organization, 1 (1), S. 101-124.

Beckmann, Markus/Pies, Ingo (2007), Freiheit durch Bindung – Zur ökonomischen Logik von Verhaltenskodizes, in: Zeitschrift für betriebswirtschaftliche Forschung, 59 (8), S. 615-645.

Bebchuk, Lucian A./Weisbach, Michael S. (2010), The State of Corporate Governance Research, in: The Review of Financial Studies, 23 (3), S. 939-961.

Benz, Matthias/Frey, Bruno (2007), Corporate Governance: What can we learn from Public Governance?, in: Academy of Management Review, 32 (1), S. 92-104.

Benz, Arthur (2004), Einleitung: Governance – Ein Modebegriff oder nützliches sozialwissenschaftliches Konzept?, in: Arthur Benz (Hrsg.), Governance – Regieren in komplexen Regelsystemen. Eine Einführung, Wiesbaden, S. 11-28.

Berle, Adolf A./Means, Gardiner C. (1933), The Modern Corporation and Private Property, New York.

Bermig, Andreas/Frick, Bernd (2011), Der Einfluss der Größe und der Zusammensetzung deutscher Aufsichtsräte auf die Performance börsennotierter Unternehmen, in: Der Aufsichtsrat, 11, S. 157-159.

Besselmann, Peter/Kötzle, Alfred (2006), Public Corporate Governance im öffentlichen Rundfunk, in: Medienwirtschaft, 1, S. 34-50.

Bettermann, Peter/Heneric, Oliver (2009), Corporate Governance in börsenfernen Familiengesellschaften, in: Peter Hommelhoff/Klaus Hopt/Axel von Werder (Hrsg.), Handbuch Corporate Governance, 2. Aufl., Stuttgart, S. 849-882.

Beyer, Rainer/Pech, Heiko/Wambach, Martin (2001), Strategisches Management von Beteiligungen, in: Peter Eichhorn/Matthias Wiechers (Hrsg.), Strategisches Management für Kommunalverwaltungen, Baden-Baden, S. 92-105.

Blum, Ulrich/Dudley, Leonard/Leibbrand, Frank/Weiske, Andreas (2005), Angewandte Institutionenökonomik: Theorien – Modelle – Evidenz, Wiesbaden.

Böcking, Hans-Joachim/Gros, Marius (2012), Stellungnahme zu den DCGK-Änderungsvorschlägen der Regierungskommission Deutscher Corporate Governance Kodex, http://www.hof.uni-rankfurt.de/administrator/components/com_jresearch/files/publications/Boeking_Gros_Stellungnahme_Regierungskommission_DCGK.pdf, Abruf: 04.05.2012.

Böcking, Hans-Joachim/Eibelshäuser, Beate/Arlt, Alexandra (2010), Kritische Würdigung der Veröffentlichung der Erklärung zur Unternehmensführung gemäß § 289a HGB – Ableitung eines Vorschlags zur einheitlichen Berichterstattung, in: Der Konzern, 8. Jg., S. 614-623.

Böcking, Hans-Joachim/Eibelshäuser, Beate (2009), Die Erklärung zur Unternehmensführung nach BilMoG (§ 289 a HGB), in: Der Konzern, 7 (11), S. 563-572.

Böcking, Hans-Joachim/Dutzi, Andreas/Müßig, Anke (2004), Ökonomische Funktion des Prüfungsausschusses im deutschen Corporate Governance-System, in: Betriebswirtschaftliche Forschung und Praxis, 56 Jg., S. 417-440.

Bogumil, Jörg/Grohs, Stephan/Kuhlmann, Sabine/Ohm, Anna (2007), Zehn Jahre Neues Steuerungsmodell – Eine Bilanz kommunaler Verwaltungsmodernisierung, Endbericht, Berlin.

Bolsenkötter, Heinz (2009), Modernisierung des Bilanzrechts – Auswirkungen auf öffentliche Unternehmen und Verwaltungen, in: Zeitschrift für öffentliche und gemeinwirtschaftliche Unternehmen, 32 (3), S. 258-271.

Bolsenkötter, Heinz (2002), Öffentliche Unternehmen, in: Wolfgang Ballwieser/Adolf G. Coenenburg/Klaus von Wysocki (Hrsg.), Handwörterbuch der Rechnungslegung und Prüfung, 3. Aufl., Stuttgart, S. 1589-1600.

Boot, Amoud/Gopalan, Radhakrishnan/Thakor, Anjan (2006), The Entrepreneur's Choice Between Private and Public Ownership, in: The Journal of Finance, 61 (2), S. 803-836.

Bovens, Mark (2007), Analyzing and Assessing Accountability: A Conceptual Framework, in: European Law Journal, 13 (4), S. 447-468.

Bräunig, Dietmar (2007), Öffentliche Betriebe, in: Richard Köhler/Hans-U. Küpper/Andreas Pfingsten (Hrsg.), Handwörterbuch der Betriebswirtschaft, 6. Aufl., S. 1259-1267.

Braun, Günther E./Jacobi, Klaus-Otto/Paffen, Klaus (1993), Führungsorganisation kommunaler Unternehmen, Baden-Baden.

Brede, Helmut (2007), Ethisch verpflichtete Führung öffentlicher Unternehmen, in: Dietmar Bräunig/Dorothea Greiling (Hrsg.), Stand und Perspektiven der öffentlichen Betriebswirtschaftslehre II, Berlin, S. 511-520.

Brede, Helmut (2003), In der Zange: Unternehmen der öffentlichen Hand unter dem Druck von Subsidiaritätsprinzip und Marktöffnung in Deutschland, in: Zeitschrift für öffentliche und gemeinwirtschaftliche Unternehmen, 26 (2), S. 176-185.

Brede, Helmut (2005), Grundzüge der öffentlichen Betriebswirtschaftslehre, 2. Aufl., München.

Bremeier, Wolfram/Brinkmann, Hans/Killian, Werner (2007), Kommunale Unternehmen im Konzern Stadt: Gewährleistung kommunaler Dienstleistungen und kohärenter Kommunalpolitik, in: Verwaltung & Management, 13 (2), S. 68-78.

Bremeier, Wolfram/Brinckmann, Hans/Killian, Werner (2006), Public Governance kommunaler Unternehmen – Vorschläge zur politischen Steuerung ausgegliederter Aufgaben auf der Grundlage einer empirischen Erhebung, Kassel.

Bremeier, Wolfram/Brinckmann, Hans/Kilian, Werner/Schneider, Karsten (2005), Die Bedeutung des Corporate Governance Kodex für kommunale Unternehmen, in: Zeitschrift für öffentliche und gemeinwirtschaftliche Unternehmen, 28 (3), S. 267-281.

Broadnax, Walter D. (2011), America Needs Its Best in the Public's Service, in: Public Administration Review, 72 (1), S. 13-14.

Brown, Philip/Beekes, Wendy/Verhoeven, Peter (2011), Corporate Governance, Accounting and Finance: A Review, in: Accounting and Finance, 51 (1), S. 96-172.

Buchholz, Gabriele/Hellenbrand, Andreas/Lasar, Andreas (2011), Integrierte Konzernsteuerung in der Kommunalverwaltung, in: Der moderne Staat, 4 (1), S. 225-247.

Budäus, Dietrich/Hilgers, Dennis (2009), Public Corporate Governance, in: Peter Hommelhoff/Klaus Hopt/Axel von Werder (Hrsg.), Handbuch Corporate Governance, 2. Aufl., Stuttgart, S. 883-904.

Budäus, Dietrich (2008), Public Corporate Governance in der öffentlichen Wirtschaft: Probleme – Ziele – Strukturen, in: Gesellschaft für öffentliche Wirtschaft (Hrsg.), Corporate Governance in der öffentlichen Wirtschaft, Berlin, S. 26-43.

Budäus, Dietrich (2007), Corporate Governance in öffentlichen Institutionen, in: Bernhard Schäfer (Hrsg.), Handbuch Regionalbanken, 2. Aufl., Wiesbaden, S. 625-648.

Budäus, Dietrich (2005), Public Corporate Governance Kodex – Ein Beitrag zur Bildung von Vertrauen und Management, in: Rudolf X. Ruter/Karin Sahr/Georg Waldersee (Hrsg.), Public Corporate Governance. Ein Kodex für öffentliche Unternehmen, Wiesbaden, S. 15-25.

Budäus, Dietrich/Srocke, Isabell (2003), Public-Corporate-Governance-Kodex – Ein Ansatz zur Verbesserung des Steuerungs- und Kontrollsystems im öffentlichen Sektor, in: Ernst Bernd Blümle/Helmut Pernsteiner/Robert Putschert/René Andeßner (Hrsg.), Öffentliche Verwaltung und Nonprofit-Organisation, Wien, S. 79-102.

Budäus, Dietrich (1993), Kommunale Verwaltungen in Deutschland zwischen Leistungsdefizit und Modernisierungsdruck, in: Gerhard Banner/Christoph Reichard (Hrsg.), Kommunale Managementkonzepte in Europa, Köln, S. 163-176.

Budäus, Dietrich (1984), Controlling als Ansatz zur Operationalisierung der Instrumentalfunktion öffentlicher Unternehmen, in: Zeitschrift für öffentliche und gemeinwirtschaftliche Unternehmen, 7 (2), S. 143-162.

Bundesregierung (2010), Regierungsprogramm Vernetzte und transparente Verwaltung, www.bmi.bund.de, Abruf: 05.07.2011.

Bushman, Robert M./Smith, Abbie J. (2001), Financial Accounting Information and Corporate Governance, Journal of Accounting and Economics, 32 (1-3), S. 237- 333.

Bussmann, Kai-D. (2009), Compliance in der Zeit nach Siemens – Corporate Integrity, das unterschätzte Konzept, in: Betriebswirtschaftliche Forschung und Praxis, 61 (5), S. 506-522.

Busson, Hans-P./Sahr, Karin/Heiling, Jens (2009), Neue Regeln für die Aufseher – Public Corporate Governance Kodex des Bundes mit Vorbildcharakter für das kommunale Beteiligungsmanagement, in: Der Neue Kämmerer, Ausgabe 5, Dezember 2009, S. 7.

Cadbury, Adrian (2000), The Corporate Governance Agenda, in: Corporate Governance – An International Review, 8 (1), S. 7-15.

Cadel, Georg (1994), Die Kontrolle der Treuhand-Anstalt und ihrer Unternehmen durch das Finanzministerium, den Rechnungshof und das Parlament: Teilbericht II aus dem Projekt "Kontrolle öffentlicher Unternehmen", Berlin.

Caspari, Britta (1995), Der Jahresabschluss öffentlicher Unternehmungen – Grundfragen und ausgewählte Einzelprobleme seiner inhaltlichen Ausgestaltung, München.

Chen, Shuping/Chen, Xia/Cheng, Qiang (2008), Do Family Firms Provide More or Less Voluntary Disclosure?, in: Journal of Accounting Research, 46 (3), S. 499-536.

Cheng, Shijun (2008), Board Size and the Variability of Corporate Performance, in: Journal of Financial Economics, 87 (1), S. 157-176.

Chmielewicz, Klaus (1993), Unternehmensverfassung, in: Waldemar Wittmann/Werner Kern/Richard Köhler/Hans-Ulrich Küppers/Klaus von Wysocki (Hrsg.), Handwörterbuch der Betriebswirtschaft, Teilband 3, 5. Aufl., Stuttgart, S. 4399-4417.

Chmielewicz, Klaus (1971), Überlegungen zu einer Betriebswirtschaftslehre der öffentlichen Verwaltung, in: Zeitschrift für Betriebswirtschaft, 41. Jg., S. 583-610.

Claessens, Stijn/Fan, Joseph P. H. (2002), Corporate Governance in Asia: A Survey, in: International Review of Finance, 3 (2), S. 71- 103.

Clarke, Thomas (2007), Theories of Corporate Governance: The Philosophical Foundations of Corporate Governance, London.

Clarke, Thomas (1998), Research on Corporate Governance, in: Corporate Governance: An International Review, 6 (1), S. 57-66.

Clarkson, Peter/Lammerts van Bueren, Ami/Walker, Julie (2006), Chief Executive Officer Remuneration Disclosure Quality: Corporate Responses to an Evolving Disclosure Environment, in: Accounting and Finance, 46 (5), S. 771-796.

Coenenberg, Adolf-G. (2009), Jahresabschluss und Jahresabschlussanalyse: Betriebswirtschaftliche, handelsrechtliche, steuerrechtliche und internationale Grundsätze – HGB, IFRS, US-GAAP, DRS, 21. Aufl., Stuttgart.

Collett, Peter/Hrasky, Sue (2005), Voluntary Disclosure of Corporate Governance Practices by Listed Australian Companies, in: Corporate Governance: An International Review, 13 (2), S. 188-196.

Conyon, Martin J./Peck, Simon I. (1998), Board Size and Corporate Performance: Evidence from European Countries, in: European Journal of Finance, 4 (3), S. 291-304.

Cormier, Denis/Ledoux, Marie-Josée/Magnan, Michael (2009), The Use of Web Sites as a Disclosure Platform for Corporate Performance, in: International Journal of Accounting Information Systems, 10 (1), S. 1-24.

Cornforth, Chris (2011), Nonprofit Governance Research: Limitations of the Focus on Boards and Suggestions for New Directions, in: Nonprofit and Voluntary Sector Quarterly, 11, S. 1-21.

Cornforth, Chris (2005), The Changing Context of Governance – Emerging Issues and Paradoxes, in: Chris Cornforth (Hrsg.), The Governance of Public and Nonprofit Organisations: What Do Boards Do?, London, S. 1-19.

Cronauge, Ulrich/Westermann, Georg (2006), Kommunale Unternehmen, Berlin.

Daily, Catherine/Dalton, Dan/Cannella, Albert (2003), Corporate Governance: Decades of Dialogue and Data, in: Academy of Management Review, 28 (3), S. 371-382.

Davis, James H./Schoorman, F. David/Donaldson, Lex (1997), Toward a Stewardship Theory of Management, in: Academy of Management Review, 22 (1), S. 20-47.

Dawson, Ian/Dunn, Alison (2006), Governance Codes of Practice in the Not-for-Profit Sector, in: Corporate Governance: An International Review, 14 (1), S. 33-42.

De Alessi, Louis (1983), Proberty Rights, Transaction Costs and X-Efficiency: An Essay, in: American Economic Review, 73 (1), S. 64-81.

De Andres, Pablo/Azofra, Valentin/Lopez, Felix (2005), Corporate Boards in OECD Countries: Size, Composition, Functioning and Effectiveness, in: Corporate Governance: An International Review, 13 (2), S. 197-210.

Debus, Malte (2010), Evaluation des Aufsichtsrats – Theoretische Grundlagen und empirische Befunde, Wiesbaden.

Demsetz, Harold (1967), Toward a Theory of Property Rights, in: American Economic Review, 57 (2), S. 347-359.

Denis, Diane K./McConnell, John J. (2003), International Corporate Governance, in: Journal of Financial and Quantitative Analysis, 38 (1), S. 1-36.

Deutsches Institut für Urbanistik (2011), Rekommunalisierung – Eine Bestandsaufnahme, Deutsches Institut für Urbanistik, Berlin.

Deutsches Institut für Urbanistik (2006), Die Sachinvestitionen der Kommunen und ihrer Unternehmen – Eine Bestandsaufnahme, Berlin.

Deutsche Schutzvereinigung für Wertpapierbesitz (2011), DSW-Aufsichtsratsstudie, Düsseldorf.

Dexia, Crediop (2004), Local Public Companies in the 25 Countries of the European Union, Paris.

Diederich, Nils (1994), Kontrolle öffentlicher Unternehmen: Die Steuerung und Überwachung wirtschaftlicher Beteiligungen des Staates durch Exekutive, Legislative, Rechnungshof und Wirtschaftsprüfer, Teilbericht I aus dem Projekt „Kontrolle öffentlicher Unternehmen", Berlin.

Diederich, Helmut (1989), Ziele öffentlicher Unternehmen, in: Klaus Chmielewicz/Peter Eichhorn (Hrsg.), Handwörterbuch der Öffentlichen Betriebswirtschaft, Stuttgart, S. 1856- 1867.

Dietrich, Mike/Struwe, Jochen (2006), Corporate Governance in der kommunalen Daseinsvorsorge – Effizientere Unternehmensführung bei öffentlichen Ver- und Entsorgern, in: Zeitschrift für öffentliche und gemeinwirtschaftliche Unternehmen, 29 (1), S. 1-21.

Dittmer, Nora, (2008), Öffentliche Unternehmen und der Begriff des öffentlichen Auftraggebers, Berlin.

Donaldson, Lex/Davis, James (1991), Stewardship Theory or Agency Theory: CEO Governance and Shareholder Returns, in: Australian Journal of Management, 16 (1), S. 49-64.

Dutzi, Andreas (2005), Der Aufsichtsrat als Instrument der Corporate Governance: ökonomische Analyse der Veränderungen im Corporate Governance-System börsennotierter AGs, Wiesbaden.

Dühnfort, Alexander M./Klein, Christian/Lampenius, Niklas (2008), Theoretical Foundations of Corporate Governance Revisited: A Critical Review, in: Corporate Ownership & Control, 6 (2), S. 424-433.

Edeling, Thomas/Reichard, Christoph/Richter, Peter/Brandt, Steven (2004), Kommunale Betriebe in Deutschland. Ergebnisse einer empirischen Analyse der Beteiligungen deutscher Städte der GK1-4, Köln.

Edeling, Thomas/Stölting, Erhard/Wagner, Dieter (2004), Öffentliche Unternehmen zwischen Privatwirtschaft und öffentlicher Verwaltung. Eine empirische Studie im Feld kommunaler Versorgungsunternehmen, Wiesbaden.

Edeling, Thomas (2003), Rollenverständnis des Managements in kommunalen Unternehmen, in: Jens Harms/Christoph Reichard (Hrsg.), Die Ökonomisierung des öffentlichen Sektors. Instrumente und Trends, Baden-Baden, S. 235-254.

Edeling, Thomas/Lieske, Sören/Rogas, Karsten/Sitter, Roger (2001), Öffentliche Unternehmen zwischen Privatwirtschaft und öffentlicher Verwaltung, Forschungsbericht im DFG-Schwerpunkt: Regulierung und Restrukturierung der Arbeit in den Spannungsfeldern von Globalisierung und Dezentralisierung, Potsdam.

Edeling, Thomas (1999), Einführung: Der Neue Institutionalismus in Ökonomie und Soziologie, in: Thomas Edeling/Werner Jann/Dieter Wagner (Hrsg.), Institutionenökonomie und neuer Institutionalismus, Opladen, S. 7-16.

Eibelshäuser, Manfred (2002), Staatliche Betätigungsprüfung, in: Wolfgang Ballwieser/Adolf G. Coenenberg/Klaus von Wysocki (Hrsg.), Handwörterbuch der Rechnungslegung und Prüfung, 3. Aufl., Stuttgart, Sp. 320-329.

Eibelshäuser, Manfred/Breidert, Ulrike (2002), Öffentliche Unternehmen und externe Finanzkontrolle, in: Gesellschaft für öffentliche Wirtschaft (Hrsg.), Finanzpolitik und Finanzkontrolle – Partner für Veränderung, Baden-Baden, S. 223-235.

Eichhorn, Peter (2008), Erste Konzepte eines Public Corporate Governance Kodex in der Praxis, in: Gesellschaft für öffentliche Wirtschaft (Hrsg.), Corporate Governance in der öffentlichen Wirtschaft, Berlin, S. 108-112.

Eichhorn, Peter (2003), New Governance bei öffentlichen Unternehmen, in: Jens Harms/ Christoph Reichard (Hrsg.), Die Ökonomisierung des öffentlichen Sektors: Instrumente und Trends, Baden-Baden, S. 175-181.

Eichhorn, Peter (1989), Unternehmensverfassung, Managementtheorie und Effektivität öffentlicher Unternehmen, in: Peter Eichhorn/Peter Friedrich (Hrsg.), Unternehmensverfassung in der privaten und öffentlichen Wirtschaft, Baden-Baden, S. 15-20.

Eichhorn, Peter (1984), Identitätskrise öffentlicher Manager, Managementverhalten in öffentlichen Unternehmen, in: Zeitschrift für öffentliche und gemeinwirtschaftliche Unternehmen, Beiheft 6, S. 22-30.

Eichhorn, Peter (1977), Auftrag und Führung öffentlicher Unternehmen: Vorträge und Diskussionsbeiträge der 45. Staatswissenschaftlichen Fortbildungstagung 1977 der Hochschule für Verwaltungswissenschaften Speyer, Berlin.

Eierle, Brigitte/Eich, Benedikt/Klug, Christine (2011), Das Offenlegungsverhalten kleiner und mittelgroßer Kapitalgesellschaften sowie Kapitalgesellschaften & Co. nach dem EHUG – Eine empirische Untersuchung, in: Kapitalmarktorientiere Rechnungslegung, 11 (5), S. 243-253.

Eilenfeld, Frank (2011), Kommunales Beteiligungsmanagement – Aufgaben, Instrumente und Organisationsmodelle aus der Praxis, in: Praxis Handbuch Kämmerei, S. 407-427.

Eisenberg, Theodore/Sundgren, Stefan/Wells, Martin T. (1998), Larger Board Size and Decreasing Firm Value in Small Firms, in: Journal of Financial Economics, 48 (1), S. 35-54.

Eisenhardt, Kathleen M. (1989), Agency Theory: An Assessment and Review, in: Academy of Management Review, 14 (1), S. 57-74.

Ellerich, Marian/Schult, Franz/Radde, Jens (2009), Der Public Corporate Governance Kodex des Bundes: Ein erster Schritt in die richtige Richtung, in: Zeitschrift für Corporate Governance, 4 (5), S. 201-208.

Eng, Li Li/Mak, Yuen Teen (2003), Corporate Governance and Voluntary Disclosure, in: Journal of Accounting and Public Policy, 22 (4), S. 325-345.

Erlei, Mathias/Leschke, Martin/Sauerland, Dirk (2007), Neue Institutionenökonomik, Stuttgart.

Europäische Kommission (2011), Grünbuch europäischer Corporate Governance-Rahmen, KOM (2011) 164/3, Brüssel.

Fabry, Beatrice/Augsten, Ursula (2011), Unternehmen der öffentlichen Hand, 2. Aufl., Baden-Baden.

Fama, Eugene F./Jensen, Michael C. (1983a), Seperation of Ownership and Control, in: The Journal of Law & Economics, 26 (2), S. 301-325.

Fama, Eugene F./Jensen, Michael C. (1983b), Agency Problems and Residual Claims, in: The Journal of Law & Economics, 26 (2), S. 327-349.

Fama, Eugene F. (1980), Agency Problems and the Theory of the Firm, in: Journal of Political Economy, 88 (2), S. 288-307.

Filatotchev, Igor/Boyd, Brian (2009), Taking Stock of Corporate Governance Research While Looking to the Future, in: Corporate Governance: An International Review, 17 (3), S. 257-265.

Fischer-Heidlberger, Heinz (2009), Der Staat ist der Vertrauensanker in der Krise, Ansprache des Präsidenten des Bayerischen Obersten Rechnungshofs auf der KPMG Partner Manager Conference am 09.07.2009, http://www.orh.bayern.de/presse/reden-und-interviews/ archiv/item/17-09072009-kpmg-partner-manager-conference.html, Abruf: 28.05.2012.

Fischer-Heidlberger, Heinz (2006), Corporate Governance bei öffentlichen Unternehmen – Rechte und Pflichten des Aufsichtsrats, Rede des Präsidenten des Bayerischen Obersten Rechnungshofs am 04.10.2006 in München, http://www.orh.bayern.de/files/reden, Abruf: 04.08.2007.

Florio, Massimo/Fecher, Fabienne (2011), The Future of Public Enterprises: Contributions to a New Discourse, in: Annals of Public and Cooperative Economics, 82 (4), S. 361-373.

Föll, Michael (2009), Public Corporate Governance ist eine gute Hilfestellung, in: Public Governance, Heft Winter 2008/2009, S. 4-5.

Frauen in die Aufsichtsräte/FidAR (2011), Women-On-Board-Index, http://www.fidar.de/wob-index.html, Abruf: 20.04.2012.

Freeman, Robert E. (1984), Strategic Management: A Stakeholder Approach, Boston.

Freidank, Carl C./Velte, Patrick/Weber, Stefan (2010), Rezension zu Peter Hommelhoff/Klaus J. Hopt/Axel von Werder (Hrsg.), Handbuch Corporate Governance – Leitung und Überwachung börsennotierter Unternehmen in der Rechts- und Wirtschaftspraxis, 2. Aufl., in: Zeitschrift für Betriebswirtschaft, 80 Jg., S. 995-999.

Frey, Bruno S./Osterloh, Margit (2005), Yes, Managers Should Be Paid Like Bureaucrats, in: Journal of Management Inquiry, 14 (1), S. 96-111.

Frey, Bruno/Osterloh, Margit (1997), Sanktionen oder Seelenmassage?, Motivationale Grundlagen der Unternehmensführung, in: Die Betriebswirtschaft, 57 (3), S. 307-321.

Friedrich, Peter (1977), Führungsprobleme öffentlicher Unternehmen, in: Peter Eichhorn (Hrsg.), Auftrag und Führung öffentlicher Unternehmen, Berlin, S. 107-127.

Frick, Bernd/Bermig, Andreas (2009), Determinanten der „Übergröße" deutscher Aufsichtsräte, in: Schmollers Jahrbuch: Zeitschrift für Wirtschafts- und Sozialwissenschaften, 131 (1), S. 169-194.

Ganske, Matthias (2005), Corporate Governance im öffentlichen Unternehmen, Berlin.

Gassen, Joachim (2001), Internetbasierte deutsche Jahresabschlusspublizität: Eine experimentelle Analyse der HTML- vs. PDF-Entscheidung, in: Die Betriebswirtschaft, 61 (4), S. 409-426.

Geis, Martina/Nowak, Karsten (2011), Beteiligungsmanagement als Aufgabe der Beteiligungsverwaltung – Interessengerechtes strategisches Management bei Gebietskörperschaften, in: Der Konzern, 9 (3), S. 98-110.

Geißler, René (2011), Kommunale Haushaltskonsolidierung: Einflussfaktoren lokaler Konsolidierungspolitik, Wiesbaden.

Gemkow, Stephan (2010), Public Corporate Governance: Zur Ausgestaltung und Vorbildfunktion staatlichen Handelns, in: Zeitschrift für Corporate Governance, 5 (2), S. 65-70.

Gerum, Elmar (2007), Das deutsche Corporate Governance-System: Eine empirische Untersuchung, Stuttgart.

Gerum, Elmar (2005), Corporate Governance, gesellschaftliche Verantwortung der Unternehmensführung und Kodices, in: Dietrich Budäus (Hrsg.), Governance von Profit- und Nonprofit-Organisationen in gesellschaftlicher Verantwortung, Wiesbaden, S. 15-33.

Gerum, Elmar/Richter, Bernd/Steinmann, Horst (1986), Zur Steuerung öffentlicher Konzerne, in: Zeitschrift für öffentliche und gemeinwirtschaftliche Unternehmen, 9 (3), S. 279-296.

Gesellschaft für öffentliche Wirtschaft (2008), Corporate Governance in der öffentlichen Wirtschaft, Berlin.

Gesellschaft für öffentliche Wirtschaft (2002), Rollenwechsel kommunaler Unternehmen, Baden-Baden.

Gesellschaft für öffentliche Wirtschaft (1998), Organisationswandel öffentlicher Aufgabenwahrnehmung, Baden-Baden.

Gesellschaft für öffentliche Wirtschaft (1983), Öffentliche Bindung von Unternehmen – Beiträge zur Regulierungsdebatte, Baden-Baden.

Gesellschaft für öffentliche Wirtschaft (1982a), Empfehlungen des wissenschaftlichen Beirats, in: Gesellschaft für öffentliche Wirtschaft (Hrsg.), Kontrolle öffentlicher Unternehmen, Band 2, Baden-Baden, S.13-14.

Gesellschaft für öffentliche Wirtschaft (1982b), Kontrolle öffentlicher Unternehmen, Band 1, Baden-Baden.

Gesellschaft für öffentliche Wirtschaft (1982c), Kontrolle öffentlicher Unternehmen, Band 2, Baden-Baden.

Gillan, Stuart L. (2006), Recent Developments in Corporate Governance: An Overview, in: Journal of Corporate Finance, 12 (3), S. 381-402.

Gillenkirch, Robert M. (2008), Entwicklungslinien in der Managementvergütung, in: Betriebswirtschaftliche Forschung und Praxis, 60 (1), S. 1-17.

Göbel, Elisabeth (2003), Neue Institutionenökonomik und ihre mögliche Bedeutung für die Organisation der Wahrnehmung öffentlicher Aufgaben, in: Elisabeth Göbel/Wolf Gottschalk/Jens Lattmann (Hrsg.), Neue Institutionenökonomik – Public Private Partnership – Gewährleistungsstaat, Referate der Tagung des Wissenschaftlichen Beirats der Gesellschaft für öffentliche Wirtschaft, Berlin, S. 3-21.

Göbel, Elisabeth (2002), Neue Institutionenökonomie, Konzeptionen und betriebswirtschaftliche Anwendungen, Stuttgart.

Göhner, Frank/Zipfel, Lars (2005), Transparenz, in: Norbert Pfitzer/Peter Oser/Christian Orth (Hrsg.), Deutscher Corporate Governance Kodex, Ein Handbuch für Entscheidungsträger, Stuttgart, S. 205-252.

Göx, Robert E./Heller, Uwe (2008), Risiken und Nebenwirkungen der Offenlegungspflicht von Vorstandsbezügen: Individual- vs. Kollektivausweis, in: Schmalenbachs Zeitschrift für betriebswirtschaftliche Forschung, 60 (3), S. 98-123.

Graef, Michael (2001), Der öffentliche Auftrag in den Geschäftsberichten öffentlicher Unternehmen, Mannheim.

Graf, Andrea/Stiglbauer, Markus (2010), Branchenspezifische Compliance-Erklärung zum DCGK und Transparenz der Corporate Governance Berichterstattung, in: Zeitschrift für Corporate Governance, 5 (1), S. 17-25.

Graf, Andrea/Stiglbauer, Markus (2009), Board Size and Firm Operating Performance: Evidence from Germany, in: Corporate Board: Role, Duties & Composition, 5 (1), S. 37-46.

Greiling, Dorothea (2011), Ausgliederungen und Public Private Partnership als Instrumente zur Erfüllung öffentlicher Aufgaben: Ein österreichischer Erfahrungsbericht, in: Zeitschrift für öffentliche und gemeinwirtschaftliche Unternehmen, 34 (1), S. 52-80.

Greiling, Dorothea/Spraul, Katharina (2010), Accountability and the Challenges of Information Disclosure, in: Public Administration Quarterly, 34 (3), S. 338-377.

Greiling, Dorothea (1999), Informationspflichten und Informationsrechte der Organe öffentlicher Unternehmen, in: Dietmar Bräunig/Dorothea Greiling (Hrsg.), Stand und Perspektiven der öffentlichen Betriebswirtschaftslehre, Berlin, S. 157-166.

Greiling, Dorothea (1996), Aufgabenbezogene Eigentümerüberwachung öffentlicher Unternehmen, in: Zeitschrift für öffentliche und gemeinwirtschaftliche Unternehmen, 19 (3), S. 286-299.

Grigoleit, Jens (2010), Effekte des institutionenökonomischen Paradigmas der Corporate Governance: Eine kritische Analyse, in: Publikationsserver, http://nbn-resolving.de/urn:nbn:de:bsz:105-qucosa-26718, Abruf: 18.12.2011.

Grossi, Giuseppe/Marcou, Gérard/Reichard, Christoph (2010), Comparative Aspects of Institutional Variants for Local Public Service Provision, in: Helmut Wollmann/Gérard Marcou, (Hrsg.), The Provision of Public Services in Europe between State, Local Government and Market, Cheltenham, S. 217-239.

Grothe, Phillip (2006), Unternehmensüberwachung durch den Aufsichtsrat – Ein Beitrag zur Corporate Governance Diskussion in Deutschland, Frankfurt am Main.

Grundei, Jens (2008), Are Managers Agents or Stewards of Their Principals? – Logic, Critique, and Reconciliation of Two Conflicting Theories of Corporate Governance, in: Journal für Betriebswirtschaft, 58 (3), S. 141-166.

Guest, Paul (2009), The Impact of Board Size on Firm Performance: Evidence from the UK, in: European Journal of Finance, 15 (4), S. 385-404.

Günther, Thomas/Niepel, Mirko (2006), Kommunales Beteiligungscontrolling – Ergebnisse einer empirischen Studie, in: Zeitschrift für Planung und Unternehmenssteuerung, 17 (3), S. 323-343.

Habersack, Mathias (2008), Aufsichtsrat und Prüfungsausschuss nach dem BilMoG, in: Die Aktiengesellschaft, 53 (4), Köln, S. 98-107.

Hachmeister, Dirk (2002), Corporate Governance, in: Wolfgang Ballwieser/Adolf G. Coenenberg/Klaus von Wysocki (Hrsg.), Handwörterbuch der Rechnungslegung und Prüfung, 3. Aufl., Stuttgart, Sp. 487-504.

Häfele, Markus (2005), Effektive Corporate Governance – Der Wechsel des Abschlussprüfers in Unternehmen der öffentlichen Hand, in: Rudolf X. Ruter/Karin Sahr/Georg Graf Waldersee (Hrsg.), Public Corporate Governance – Ein Kodex für öffentliche Unternehmen, Wiesbaden, S. 147-162.

Haeseler, Herbert (1989), Gemischtwirtschaftliche Unternehmen, in: Klaus Chmielewicz/Peter Eichhorn (Hrsg.), Handwörterbuch der öffentlichen Betriebswirtschaft, Stuttgart, S. 479-485.

Hack, Andreas (2005), Kommunales Beteiligungscontrolling unter der Lupe, in: Zeitschrift für Kommunalfinanzen, 55 (1), S. 1-4.

Haiber, Thomas (1997), Controlling für öffentliche Unternehmen – Konzeption und instrumentelle Umsetzung aus der Perspektive des New Public Managements, Dortmund.

Haller, Axel/Stiglbauer, Markus (2010), Die Vorteile richtig kommunizierter Unternehmensführung, in: IO Management, 79 (9), S. 13-16.

Hammerschmid, Gerhard (2010), Public Corporate Governance – Modewelle oder tatsächlicher Bedarf?, in: Bundesverband Öffentliche Dienstleistungen (Hrsg.), Zukunft der öffentlichen Wirtschaft, Eppstein, S. 5-16.

Hammerschmid, Gerhard (2009), Public Corporate Governance Kodices in Deutschland, Focus Article on the Website of the Swiss Society of Administrative Sciences, http://www.sgvw.ch /d/fokus/Seiten/091120_kodices_hammerschmid.aspx, Abruf: 25.08.2011.

Harms, Jens (2008a), Musterkodex als Grundlage für PCGKs der Gebietskörperschaften, in: Gesellschaft für öffentliche Wirtschaft (Hrsg.), Corporate Governance in der öffentlichen Wirtschaft, Berlin, S. 161-163.

Harms, Jens (2008b), Kontrolle und Kontrolldefizite öffentlicher Unternehmen: Ein Beitrag zur Public Corporate Governance, in: Christina Schaefer/Ludwig Theuvsen (Hrsg.): Public Corporate Governance: Bestandsaufnahme und Perspektiven, Beiheft 36, Baden-Baden, S. 69-85.

Harms, Jens (2007), Finanzkontrolle und Wirtschaftsprüfung als Kontrolleure öffentlicher Unternehmen, in: Dietmar Bräuning/Dorothea Greiling (Hrsg.), Stand und Perspektiven der öffentlichen Betriebswirtschaftslehre II, Berlin, S. 685-692.

Harms, Jens (2006), Organisations-PPP. Kontrolle, Controlling und Governance, in: Dietrich Budäus (Hrsg.), Kooperationsformen zwischen Staat und Markt, Baden-Baden, S. 115-129.

Harms, Jens (1998), Öffentliche Unternehmen und ihre Kontrolle in Zeiten der Modernisierung des Staates, in: Zeitschrift für öffentliche und gemeinwirtschaftliche Unternehmen, 21 (1), S. 87-98.

Hart, Oliver (1995), Corporate Governance: Some Theory and Implications, in: The Economic Journal, 105 (430), S. 678-689.

Haug, Peter (2009), Kommunale Unternehmen als Schattenhaushalte – Wie sieht die tatsächliche Haushaltssituation der deutschen Kommunen aus?, in: Institut für Wirtschaftsforschung Halle, Wirtschaft im Wandel, 5. Jg., S. 220-228.

Hauptmann, Torsten/Rust, Daniel/Schröder, Alexander (2011), Inwiefern kann die erweiterte Abschlussprüfung nach § 53 HGrG den Aufsichtsrat bei seinen Überwachungspflichten nach § 107 Abs. 3 AktG unterstützen?, in: Die Wirtschaftsprüfung, 64 (9), S. 408-417.

Hauptmann, Torsten/Sailer, Pier Stefano/Benz, Andrea (2010), Anhangangaben zu Geschäften mit nahe stehenden Unternehmen und Personen am Beispiel von Unternehmen des öffentlichen Sektors, in: Der Konzern, 12 (3), S. 112-118.

Hauptmann, Thorsten/Nowak, Karsten (2008), Auswirkungen des BilMoG auf die Überwachung öffentlicher Unternehmen, in: Der Konzern, 6 (8), S. 426-436.

Hauser, Dirk (2004), Wirtschaftliche Betätigung von Kommunen – Beschränkungen durch Verfassung, Gemeindeordnung und Wettbewerbsrecht, Stuttgart.

Haxhi, Ilier/van Ees, Hans (2010), Explaining Diversity in the Worldwide Diffusion of Codes of Good Governance, in: Journal of International Business Studies, 41 (4), S. 710-726.

Healy, Paul M./Palepu, Krishna G. (2001), Information Asymmetry, Corporate Governance Disclosure, and the Capital Markets: A Review of the Empirical Disclosure Literature, in: Journal of Accounting and Economics, 31 (1-3), S. 405-440.

Heller, Robert (2010), Haushaltsgrundsätze für Bund, Länder und Gemeinden: Handbuch zum Management der öffentlichen Finanzen, 2. Aufl., Heidelberg.

Helm, Thorsten (2003), Die Tücken des Gesellschaftsvertrages kommunaler Unternehmen, in: Zeitschrift für öffentliche und gemeinwirtschaftliche Unternehmen, 26 (1), S. 65-75.

Helmig, Bernd/Boenigk, Silke (2012), Nonprofit Management, München.

Henke, Hans J./Hillebrand, Rainer/Steltmann, Silke (2005), Müssen öffentliche Unternehmen anders gesteuert werden als private Unternehmen?, in: Rudolf X. Ruter/Karin Sahr/Georg Graf Waldersee (Hrsg.), Public Corporate Governance – Ein Kodex für öffentliche Unternehmen, Wiesbaden, S. 27-36.

Henselmann, Klaus/Kaya, Devrimi (2009), Empirische Analyse des Offenlegungszeitpunkts von Jahresabschlüssen nach dem EHUG, in: Die Wirtschaftsprüfung, 9, S. 497-501.

Hermalin, Benjamin/Weisbach, Michael (1998), Endogenously Chosen Boards of Directors and Their Monitoring of the CEO, in: American Economic Review, 88 (1), S. 96-118.

Heyd, Reinhard/Beyer, Michael (2010), Bedeutung des Corporate Governance-Reportings nach § 289a HGB als Publizitätsinstrument – Wesentliche Neuerungen und deren Auswirkungen auf die bestehenden Informationsasymmetrien, in: Zeitschrift für Planung & Unternehmenssteuerung, 20 (4), S. 373-392.

Hilgers, Dennis (2008), Performance Management – Leistungserfassung und Leistungssteuerung in Unternehmen und öffentlichen Verwaltungen, Wiesbaden.

Hill, Charles/Jones, Thomas (1992), Stakeholder-Agency Theory, in: Journal of Management Studies, 29 (2), S. 131-154.

Hille, Dietmar (2003), Grundlagen des kommunalen Beteiligungsmanagements – Kommunale Unternehmen gründen, steuern und überwachen, München.

Hirschman, Albert O. (1970), Exit, Voice, Loyalty, Cambridge.

Hodges, Ron/Wright, Mike/Keasy, Kevin (1996), Corporate Governance in the Public Services: Concepts and Issues, in: Public Money and Management, 16 (2), S. 34-40.

Höflinger, Peter (2008), Der Stuttgarter Public Corporate Governance Kodex – Seine Bedeutung für die betroffenen Unternehmen, in: Gesellschaft für öffentliche Wirtschaft (Hrsg.), Corporate Governance in der öffentlichen Wirtschaft, Berlin, S. 51-60.

Hofmann, Michael/Strunz, Herbert (1991), Probleme des Managements öffentlicher Unternehmen, in: Zeitschrift für öffentliche und gemeinwirtschaftliche Unternehmen, 14 (1), S. 42-64.

Hofmann, Christian (2006), Unternehmenspublizität und Eigenkapitalkosten, in: Zeitschrift für betriebswirtschaftliche Forschung, 58 (55), S. 109-146.

Hofmeister, Albert (2005), Public Governance in der Schweiz – Rückblick, heutiger Stand und Ausblick, in: Rudolf X. Ruter/Karin Sahr/Georg Graf Waldersee (Hrsg.), Public Corporate Governance – Ein Kodex für öffentliche Unternehmen, Wiesbaden, S. 255-272.

Holtkamp, Lars (2010), Governance-Konzepte in der Verwaltungswissenschaft – Neue Perspektiven auf alte Probleme von Verwaltungsreformen, in: Die Verwaltung, 43 (2), S. 167-194.

Hommelhoff, Peter/Schwab, Martin (2009), Regelungsquellen und Regelungsebenen der Corporate Governance: Gesetz, Satzung, Codices, unternehmensinterne Grundsätze, in: Peter Hommelhoff/Klaus Hopt/Axel von Werder (Hrsg.), Handbuch Corporate Governance – Leitung und Überwachung börsennotierter Unternehmen in der Rechts- und Wirtschaftspraxis, 2. Aufl., Stuttgart, S. 71-122.

Hommelhoff, Peter/Hopt, Klaus-J./von Werder, Axel (2010), Handbuch Corporate Governance – Leitung und Überwachung börsennotierter Unternehmen in der Rechts- und Wirtschaftspraxis, 2. Aufl., Köln.

Hoppe, Werner/Uechtritz, Michael (2007), Handbuch Kommunale Unternehmen, Berlin/Stuttgart.

Hopt, Klaus J. (2005), Corporate Governance in Nonprofit-Organisationen, in: Klaus J. Hopt/Thomas von Hippel/Rainer Walz (Hrsg.), Nonprofit-Organisationen in Recht, Wirtschaft und Gesellschaft, Tübingen, S. 243-258.

Hopt, Klaus J. (2011), Corporate Governance – Zur nationalen und internationalen Diskussion, in: Klaus J. Hopt/Gottfried Wohlmannstetter (Hrsg.), Handbuch Corporate Governance von Banken, München, S. 3-29.

Hucke, Anja (2008), Der Prüfungsausschuss nach dem Bilanzrechtsmodernisierungsgesetz (BilMoG) – Weiter steigende Anforderungen an den Aufsichtsrat, in: Zeitschrift für Corporate Governance, 3 (3), S. 122-127.

Huffmann, Harald (2011), Kommunales Beteiligungsmanagement, in: Thomas Mann/Günter Püttner (Hrsg.), Handbuch der kommunalen Wissenschaft und Praxis, Band 2, Kommunale Wirtschaft, 3. Aufl., Berlin/Heidelberg, S. 379-408.

Huse, Morten (2007), Boards, Governance and Value Creation: The Human Side of Corporate Governance, New York.

Huwer, Wolfram (2008), Der Prüfungsausschuss des Aufsichtsrats – Aufgaben, Anforderungen und Arbeitsweise in den Aktiengesellschaften und im Aktienkonzern, Berlin.

International Federation of Accountants/IFAC (2001), Public Governance in the Public Sector: A Governing Body Perspective International Public Sector Study, Study 13, New York.

Institut für den öffentlichen Sektor (2012), Der Beitrag öffentlicher Unternehmen zur Haushaltskonsolidierung, in: Public Governance, Heft Frühjahr 2012, S. 6-11.

Institut für den öffentlichen Sektor (2009a), Der Public Corporate Governance Kodex des Bundes, in: Public Governance, Heft Herbst 2009, S. 12-15.

Institut für den öffentlichen Sektor (2009b), Public Corporate Governance Kodizes auf dem Prüfstand, in: Public Governance, Heft Winter 2008/2009, S. 6-12.

Institut für den öffentlichen Sektor (2009c), Kommunaler Gesamtabschluss – Die Gestaltung des „Konzerns Kommune", Berlin.

Institut für den öffentlichen Sektor (2007a), Public Corporate Governance Kodizes im Vergleich, in: Public Governance, Heft Winter 2007, S. 12-15.

Institut für den öffentlichen Sektor (2007b), Anforderungen und Gestaltungsmerkmale für ein erfolgreiches Beteiligungsmanagement von Kommunen, in: Public Governance, Heft Frühjahr 2007, S. 6-15.

Institut für den öffentlichen Sektor (2006), Organisation und Ausschussbildung im Aufsichtsrat, in: Public Governance, Heft Herbst 2006, S. 6-15.

Institut für den öffentlichen Sektor (2005a), Corporate Governance in Unternehmen mit öffentlicher Beteiligung, in: Public Governance, Heft Sommer 2005, S. 6-16.

Jann, Werner (2011), Neues Steuerungsmodell, in: Bernhard Blanke/Stephan von Bandemer/Frank Nullmeier/Göttrik Wewer (Hrsg), Handbuch zur Verwaltungsreform, Wiesbaden, S. 98-108.

Jost, Peter-J. (2007), Institutionenökonomik, in: Richard Köhler/Hans-U. Küpper/Andreas Pfingsten (Hrsg.), Handwörterbuch Betriebswirtschaftslehre, 6. Aufl., Stuttgart, S.781-789.

Jost, Peter (2001), Die Prinzipal-Agenten-Theorie im Unternehmenskontext, in: Peter Jost (Hrsg.), Die Prinzipal-Agenten-Theorie in der Betriebswirtschaftslehre, Stuttgart, S. 9-43.

Junkernheinrich, Martin/Micosatt, Gerhard (2008), Kommunaler Finanz- und Schuldenreport Deutschland, Bertelsmann Stiftung, Gütersloh.

292

Kalyta, Paul (2009), Compensation Transparency and Managerial Opportunism: A Study of Supplemental Retirement Plans, in: Strategic Management Journal, 30 (4), S. 405-423.

Kamran, Ahmed/Hossain, Mahmud/Adams, Mike B. (2006), The Effects of Board Composition and Board Size on the Informativeness of Annual Accounting Earnings, in: Corporate Governance: An International Review, 14 (5), S. 418-431.

Katz, Alfred (2007), Neue Entwicklungen im Beteiligungsmanagement, in: Dietmar Bräunig/Dorothea Greiling (Hrsg.), Stand und Perspektiven der Öffentlichen Betriebswirtschaftslehre II, Berlin, S. 582-592.

Katz, Alfred (2004), Kommunale Wirtschaft: Öffentliche Unternehmen zwischen Gemeinwohl und Wettbewerb, Stuttgart.

Keller, Bernd/Paetzelt, Sebastian (2005), Der Aufsichtsrat in öffentlichen Unternehmen im Spannungsverhältnis zwischen öffentlichem Recht und Gesellschaftsrecht, in: Kommunalwirtschaft, 8, S. 519-521.

Kersting, Friedrich-Wilhelm (2008), Corporate Governance im öffentlichen Sektor – Notwendigkeit und Herleitung eines Kodex für kommunale Unternehmen in Deutschland, St. Gallen.

Killian, Werner/Richter, Peter/Trapp, Jan Hendrik (2006), Ausgliederung und Privatisierung in Kommunen – Empirische Befunde zur Struktur kommunaler Aufgabenwahrnehmung, Berlin.

Kirchner, Christian (2002a), Regulierung durch Unternehmensführungskodizes, in: Zeitschrift für betriebswirtschaftliche Forschung, Sonderheft 48, BWL und Regulierung, S. 93-120.

Kirchner, Christian (2002b), Publizität, in: Wolfgang Ballwieser/Adolf G. Coenenberg/Klaus von Wysocki (Hrsg.), Handwörterbuch der Rechnungslegung und Prüfung, 3. Aufl., Stuttgart, S. 1938-1950.

Klaus, Peter (1989), Unternehmensverfassung, Managementtheorie und Effektivität öffentlicher Unternehmen, in: Peter Eichhorn (Hrsg.), Unternehmensverfassung in der privaten und öffentlichen Wirtschaft, Baden-Baden, S. 76-104.

Klemmt-Nissen, Rainer (2008), Gute Unternehmensführung und öffentliche Verantwortung, in: Gesellschaft für öffentliche Wirtschaft (Hrsg.), Corporate Governance in der öffentlichen Wirtschaft, Berlin, S. 113-127.

Knoll, Leonhard/Wenger, Ekkehard (2007), Shareholder-/Stakeholder-Ansatz, in: Richard Köhler/Hans-U. Küpper/Andreas Pfingsten (Hrsg.), Handwörterbuch Betriebswirtschaftslehre, 6. Aufl., Stuttgart, S. 1614-1623.

Koch, Christian/Madre, Christoph (2009), Risikomanagement aus Sicht der öffentlichen Finanzkontrolle, in: Frank Scholz/Andreas Schuler/Hans-Peter Schwintowski (Hrsg.), Risikomanagement der öffentlichen Hand, Heidelberg.

Koch, Robert (2009), Einführung des obligatorischen Selbstbehalts in der D&O-Versicherung durch das VorstAG, in: Die Aktiengesellschaft, 54 (18), S. 637-647.

Kohl, Christian/Rapp, Marc Steffen/Wolff, Michael (2011), Kodexakzeptanz: Analyse der Entsprechenserklärungen zum DCGK, in: Der Aufsichtsrat, Heft 07/08, S. 108-110.

Köhler, Annette G./Marten, Kai-Uwe/Ratzinger, Nicole V. S./Wagner, Marco (2010), Prüfungshonorare in Deutschland – Determinanten und Implikationen; in: Zeitschrift für betriebswirtschaftliche Forschung, 80 (1), S. 5-29.

Köhler, Annette (2005), Audit Committees in Germany – Theoretical Reasoning and Empirical Evidence, in: Schmalenbach Business Review, 57 (3), S. 229-252.

Kosiol, Erich (1966), Die Unternehmen als wirtschaftliches Aktionszentrum, Hamburg.

Kötzle, Alfred/Grüning, Michael (2009), Unternehmenspublizität aus Sicht der Praxis, in: Zeitschrift für internationale und kapitalmarktorientierte Rechnungslegung, 9 (1), S. 33-44.

Kolbe, Peter (2006), Public Corporate Governance – Grundsätze, Probleme und Spannungsfelder der Überwachung öffentlicher Unternehmen, in: Kai Birkholz/Christian Maaß/Patrick von Maravić/Patricia Siebart (Hrsg.), Public Management – Eine neue Generation in Wissenschaft und Praxis, Potsdam, S. 61-74.

Kommunale Gemeinschaftsstelle für Verwaltungsmanagement/KGSt (2012), Steuerung kommunaler Unternehmen, KGSt-Bericht Nr. 3, Köln.

Kommunale Gemeinschaftsstelle für Verwaltungsmanagement/KGSt (2010a), Kommunale Organisationspolitik – Teil 1: Entwicklungslinien, Konzepte, Erscheinungsformen (G 1/2010), Köln.

Kommunale Gemeinschaftsstelle für Verwaltungsmanagement/KGSt (2010b), Kommunale Organisationspolitik – Teil 2: Auswahl, Gestaltung und Einführung organisationspolitischer Lösungen (G 1/2010), Köln.

Kommunale Gemeinschaftsstelle für Verwaltungsmanagement/KGSt (1986a), Kommunale Beteiligungen IV – Verselbständigung kommunaler Einrichtungen, Arbeitshilfen (B 8/1986), Köln.

Kommunale Gemeinschaftsstelle für Verwaltungsmanagement/KGSt (1986b), Kommunale Beteiligungen III – Verselbständigung kommunaler Einrichtungen, Entscheidungshilfen (B 7/1986), Köln.

Kopp, Reinhold (2008), Corporate Governance, Compliance und Responsibility – Referenzsysteme für gute Unternehmensführung, in: Zeitschrift für öffentliche und gemeinwirtschaftliche Unternehmen, 31 (4), S. 427-437.

Korndörfer, Wolfgang (2003), Allgemeine Betriebswirtschaftslehre: Aufbau, Ablauf, Führung, Leitung, 13. Aufl., Wiesbaden.

Koss, Claus (2005), Prinzipal-Agent-Konflikte in Nonprofit-Organisationen, in: Klaus Hopt/Thomas von Hippel/Rainer Walz (Hrsg.), Nonprofit-Organisationen in Recht, Wirtschaft und Gesellschaft, Tübingen, S. 197-219.

Krönes, Gerhard (1998), Operationalisierung von Zielen öffentlicher Unternehmen, in: Zeitschrift für öffentliche und gemeinwirtschaftliche Unternehmen, 21 (3), S. 277- 292.

Kuck, Dieter (2006), Aufsichtsräte und Beiräte in Deutschland – Rahmenbedingungen, Anforderungen, professionelle Auswahl, Wiesbaden.

Küting, Karlheinz/Busch, Julia (2009), Zum Wirrwarr der Überwachungsbegriffe, in: Der Betrieb, 62 (26), S. 1361-1367.

Laksmana, Indrarini (2008), Corporate Board Governance and Voluntary Disclosure of Executive Compensation Practises, in: Contemporary Accounting Research, 25 (4), S. 1147-1182.

Lammert, Norbert (2012), Tischrede aus Anlass des 10-jährigen Bestehens der Regierungskommission Corporate Governance am 13.06.2012 in Berlin, http://www.corporate-governance-code.de/ger/news/index.html, Abruf: 29.06.2012.

Landeshauptstadt Stuttgart (2012), Beschlussantrag Gemeinderatsdrucksache 827/2011 27.09.2011: Fortschreibung der Public Corporate Governance für die Landeshauptstadt Stuttgart, http://www.domino1.stuttgart.de/web/ksd/ksdredsystem.nsf/AlleDok/2666B97D39C7902C1257918005D8252/$File/Vorlage82720 11.pdf? OpenElement, Abruf: 21.04.2012.

Lane, Jan-Erik (2005), Public Administration and Public Management – The Principal-Agent Perspective, London.

Lederer, Klaus/Sandberg, Berit (2011), Corporate Social Responsibility in kommunalen Unternehmen: Wirtschaftliche Betätigung zwischen öffentlichem Auftrag und gesellschaftlicher Verantwortung, Heidelberg.

Leitstelle Gemeindeprüfung im Innenministerium Nordrhein-Westfahlen (2001), Bericht über die vergleichende Untersuchung „Beteiligungsverwaltung", Düsseldorf.

Lenk, Thomas (2008), Public Corporate Governance, in: Gesellschaft für öffentliche Wirtschaft (Hrsg.), Corporate Governance in der öffentlichen Wirtschaft, Berlin, S. 175-177.

Lenk, Thomas/Rottmann, Oliver (2008), Public Corporate Governance – Konzept und Wirkungen, in: Christina Schaefer/Ludwig Theuvsen (Hrsg.), Public Corporate Governance: Bestandsaufnahme und Perspektiven, in: Zeitschrift für öffentliche und gemeinwirtschaftliche Unternehmen, Beiheft 36, Berlin, S. 45-56.

Lenk, Thomas/Rottmann, Oliver (2007), Public Corporate Governance in öffentlichen Unternehmen – Transparenz unter divergierender Interessenlage, in: Zeitschrift für öffentliche und gemeinwirtschaftliche Unternehmen, 30 (3), S. 344-356.

Lenz, Hansrudi/Verleysdonk, Jan (1998), Eine empirische Analyse der Wahl des Abschlussprüfers bei der kleinen Aktiengesellschaft, in: Zeitschrift für Betriebswirtschaft, 68 (8), S. 851- 869.

Lenz, Hansrudi/Möller, Manuela/Höhn, Balthasar (2006), Offenlegung der Honorare für Abschluss-prüferleistungen im Geschäftsjahr 2005 bei DAX-Unternehmen, in: Betriebs-Berater, 61 (33), S. 1787-1793.

Lienhard, Andreas (2009), Grundlagen der Public Corporate Governance, in: Schweizerische Vereinigung für Verwaltungsorganisationsrecht (Hrsg.), Verwaltungsorganisationsrecht – Staatshaftungsrecht – Öffentliches Dienstrecht, Bern, S. 43-77.

Lienhard, Andreas (2008), Steuerung und Kontrolle ausgelagerter Verwaltungträger durch das Parlament, in: Mitteilungsblatt der Schweizerischen Gesellschaft für Parlamentsfragen, 11 (8), S. 5-12.

Lieschke, Uwe (2002), Die Weisungsbindungen der Gemeindevertreter in Aufsichtsräten kommunaler Unternehmen – Ein Beitrag zur Beseitigung von Widersprüchen bei der Auslegung des Gesellschafts-, des Kommunal- und des Beamtenrechts, Frankfurt am Main.

Lindstädt, Hagen/Wolff, Michael/Fehre, Kerstin (2011), Frauen in Führungspositionen – Auswirkungen auf den Unternehmenserfolg. Eine Untersuchung vom Institut für Unternehmensführung – Karlsruher Institut für Technologie und Professur für Management und Controlling, Georg-August-Universität Göttingen für das Bundesministerium für Familie, Senioren, Frauen und Jugend, Berlin.

Linhos, Ramon (2006a), Der Konzern Stadt. Zum veränderten Bild der Kommunen und ihrer Beteiligungen, Kommunalwissenschaftliches Institut, Arbeitshefte 11, Potsdam.

Linhos, Ramon (2006b), Das Management des kommunalen Konzerns, in: Zeitschrift für öffentliche und gemeinwirtschaftliche Unternehmen, 29 (4), S. 367-389.

Littger, Michael (2006), Deutscher Corporate Governance Kodex – Funktion und Verwendungschancen. Eine interdisziplinäre Untersuchung mit Begründung einer Methodik zur Auswahl geeigneter Regelungsinstrumente, Baden-Baden.

Loitz, Rüdiger (2001), Die Prüfung von öffentlichen Unternehmen, Wiesbaden.

Löffler, Elke (2001), Governance. Die neue Generation von Staats- und Verwaltungsmodernisierung, in: Verwaltung und Management, 7 (4), S. 212-215.

Lutter, Marcus (2009), Professionalisierung des Aufsichtsrats, in: Der Betrieb, 62 (15), S. 775-779.

Machura, Stefan (1996), Die Gemeinde als Unternehmer: Betrachtungen zum Steuerungsverhalten der Kommunen gegenüber ihren Unternehmen und zum Modell "Konzern Stadt", in: Staatswissenschaften und Staatspraxis, 7, S. 533-569.

Machura, Stefan (1994), Kontrolle öffentlicher Unternehmen durch eine mehrdimensionale Strategie, in: Zeitschrift für öffentliche und gemeinwirtschaftliche Unternehmen, 17 (2), S. 156-178.

Machura, Stefan (1993), Die Kontrolle öffentlicher Unternehmen: Für eine mehrdimensionale Strategie zur Instrumentalisierung öffentlicher Unternehmen, Wiesbaden.

Maier, Thomas (2005), Beamte als Aufsichtsratsmitglieder der öffentlichen Hand in der Aktiengesellschaft: Weisungsgebundene Werkzeuge des öffentlichen Gesellschafters?, München.

Malik, Fredmund (2008), Die richtige Corporate Governance: Mit wirksamer Unternehmensaufsicht Komplexität meistern, Frankfurt.

Mann, Thomas/Püttner, Günter (Hrsg.) (2011), Handbuch der kommunalen Wissenschaft und Praxis, Band 2, Kommunale Wirtschaft, 3. Aufl., Berlin/Heidelberg.

Maßmann, Jens (2011), Gerechter Lohn für kommunale Topmanager, in: Der Neue Kämmerer – Jahrbuch 2011, Friedberg, S. 77-79.

Matzka, Manfred/Holzer, Karin/Eidkum, Bernhard/Bürger, Susanne/Ohnewas, Yvonne (2011), Evaluierung ausgegliederter Rechtsträger, Wien.

Meckel, Miriam/Fieseler, Christian/Mohr, Kathrin/Vater, Hendrik (2008), Unternehmenskommunikation und Corporate Governance als qualitative Erfolgsfaktoren in der Kapitalmarktpraxis, in: Zeitschrift für Corporate Governance, 3 (2), S. 59-64.

Metzner, Yves/Rapp, Marc S./Wolff, Michael (2011), Vergütung deutscher Aufsichtsratsorgane – Analyse der Unternehmen des deutschen Prime Standards, Düsseldorf.

Meyer, Michael/Maier, Florentine (2012) Corporate Governance in Non-Profit-Organisationen – Verständnisse und Entwicklungsperspektiven, in: Zeitschrift für Wirtschafts- und Unternehmensethik, 13 (1), S. 9-21.

Millward, Robert (2011), Public Enterprise in the Modern Western World: An Historical Analysis, in: Annals of Public and Cooperative Economics, 82 (4), S. 375-398.

Mirow, Thomas (2005), Öffentliche Unternehmen im Wettbewerb – Erfahrungen aus einem Stadtstaat, in: Rudolf X. Ruter/Karin Sahr/Georg Graf Waldersee (Hrsg.), Public Corporate Governance – Ein Kodex für öffentliche Unternehmen, Wiesbaden, S. 111-118.

Monschke, Julian/Gally, Birgit/Schuster, Ferdinand (2012), Sponsoring durch öffentliche Unternehmen – Ein Minenfeld?, in: Public Governance, Heft Sommer 2012, S. 18-19.

Moxter, Adolf (1976), Fundamentalgrundsätze ordnungsmäßiger Rechenschaft, in: Jörg Baetge/Dieter Schneider (Hrsg.), Bilanzfragen, Düsseldorf, S. 87-100.

Mühl-Jäckel, Margarete (2010), Der Public Corporate Governance Kodex des Bundes: Ein Modell für kommunale Unternehmen, in: Landes- und Kommunalverwaltung, 5, S. 209-213.

Mühlenkamp, Holger (2008), Public Corporate Governance aus der Sicht von Stakeholdern kommunaler Unternehmen, in: Gesellschaft für öffentliche Wirtschaft (Hrsg.), Corporate Governance in der öffentlichen Wirtschaft, Berlin, S. 153-158.

Mühlenkamp, Holger/Schulz-Nieswandt, Frank (2008), Öffentlicher Auftrag und Public Corporate Governance, in: Christina Schaefer/Ludwig Theuvsen (Hrsg.), Public Corporate Governance: Bestandsaufnahme und Perspektiven, in: Zeitschrift für öffentliche und gemeinwirtschaftliche Unternehmen, Beiheft 36, S. 26-44.

Mühlenkamp, Holger (2006), Öffentliche Unternehmen aus der Sicht der Neuen Institutionenökonomik, in: Zeitschrift für öffentliche und gemeinwirtschaftliche Unternehmen, 29 (4), S. 390-417.

Mühlenkamp, Holger (1994), Öffentliche Unternehmen: Einführung unter Berücksichtigung betriebswirtschaftlicher, volkswirtschaftlicher und rechtlicher Aspekte, München/Wien.

Müller, Stefan (2009), Die Modernisierung der Rechnungslegung nach HGB und deren Auswirkungen auf die Corporate Governance, in: Zeitschrift für Corporate Governance 4 (3), S. 126-134.

Müller, Stefan (2003), Konvergentes Management-Rechnungswesen – Führungsgemäße Ausgestaltung des externen und internen Rechnungswesens unter Konvergenzgesichtspunkten, Wiesbaden.

Müller-Marqués Berger, Thomas/Srocke, Isabell (2005), Evaluation des Aufsichtsrats als Instrument des Beteiligungscontrollings von Gebietskörperschaften, in: Rudolf X. Ruter/Karin Sahr/Georg Graf Waldersee (Hrsg.), Public Corporate Governance – Ein Kodex für öffentliche Unternehmen, Wiesbaden, S. 131-146.

Münch, Paul (1984), Managementverhalten in kommunalen Unternehmen, in: Managementverhalten in öffentlichen Unternehmen, Zeitschrift für öffentliche und gemeinwirtschaftliche Unternehmen, Beiheft 6, S. 80-94.

Muth, Melinda M./Donaldson, Lex (1998), Stewardship Theory and Board Structure: A Contingency Approach, in: Corporate Governance – An International Review, 6 (1), S. 5-28.

Neumann, Heiko (1997), Beteiligungsmanagement und -controlling: Unter besonderer Berücksichtigung kommunaler Unternehmen, München.

Nippa, Michael (2002), Alternative Konzepte für eine effiziente Corporate Governance. Von Trugbildern, Machtansprüchen und vernachlässigten Ideen, in: Michael Nippa/Kerstin Petzold/Wolfgang Kürsten (Hrsg.), Corporate Governance: Herausforderungen und Lösungsansätze, Heidelberg, S. 3-40.

Nowland, John (2008), The Effect of National Governance Codes on Firm Disclosure Practices: Evidence from Analyst Earnings Forecasts, Corporate Governance, in: An International Review, 16 (6), S. 475-491.

Obermann, Gabriel/Obermair, Anna/Weigel, Wolfgang (2002), Evaluierung von Ausgliederungen – Kriterien für eine umfassende Bewertung, in: Journal für Rechtspolitik, 10 (3), S. 162-192.

OECD (2011a), The Size and Composition of the SOE Sector in OECD Countries, OECD Corporate Governance, Working Paper Nr. 5, www.oecd.org/daf/corporateaffairs/wp, Abruf: 02.06.2011.

OECD (2011b), Enhancing the Role of the Boards of Directors of State-Owned Enterprises, OECD Corporate Governance Working Paper 2, www.oecd.org/daf/corporateaffairs/wp, Abruf: 02.06.2011.

OECD (2010), Corporate Governance Accountability and Transparency: A Guide for State Ownership.

OECD (2006), OECD-Leitsätze zur Corporate Governance in staatseigenen Unternehmen.

OECD (2005a), Guidelines on Corporate Governance of State-Owned Enterprises.

OECD (2005b), Corporate Governance of State-Owned Enterprises: A Survey of OECD Countries.

Oettle, Karl (1966), Über den Charakter öffentlich-wirtschaftlicher Zielsetzungen, in: Zeitschrift für betriebswirtschaftliche Forschung, 18, S. 241-259.

Ohrtmann, Nicola (2009), Compliance: Anforderungen an rechtskonformes Verhalten öffentlicher Unternehmen, Köln.

Ordelheide, Dieter (1993), Institutionelle Theorie und Unternehmung, in: Waldemar Wittmann/Werner Kern/Richard Köhler/Hans-Ulrich Küppers/Klaus von Wysocki (Hrsg.), Handwörterbuch der Betriebswirtschaft, Teilband 3, 5. Aufl., Stuttgart, Sp. 1838-1855.

Osann, Isabell (2012), Die Beratungsfunktion von Aufsichtsorganen öffentlicher Unternehmen am Beispiel Krankenhaus – Eine verhaltensorientierte Prozessperspektive der Public Corporate Governance, Berlin.

Ostermeier, Stefan (2009), Transparenzberichterstattung in Deutschland. Eine Untersuchung zum aktuellen Stand, in: Die Wirtschaftsprüfung, 62 (3), S. 133-142.

Otto, Raimund (2002), Beteiligungsmanagement in Kommunen, Stuttgart.

Paetzmann, Karsten (2009), Das neue Corporate-Governance-Statement nach § 289a HGB – Anforderungen an den Inhalt und Besonderheiten hinsichtlich der Abschlussprüfung, in: Zeitschrift für Corporate Governance, 9 (2), S. 64-66.

Parker, Lee/Gould, Grame (1999), Changing Public Sector Accountability: Critiquing New Directions, in: Accounting Forum, 23 (2), S. 109-135.

Pech, Heiko/Bahn, Jan-Hendrik (2002), Wie gut ist das Beteiligungsmanagement/-controlling der Großstädte Deutschlands? Studie zum Beteiligungsmanagement/-controlling der 100 größten Städte Deutschlands, Nürnberg.

Peiner, Wolfgang (2008), Corporate Governance in Hamburgs öffentlichen Unternehmen, in: Gesellschaft für öffentliche Wirtschaft (Hrsg.), Corporate Governance in der öffentlichen Wirtschaft, Berlin, S. 44-50.

Pfeifer, Axel (1991), Möglichkeiten und Grenzen der Steuerung kommunaler Aktiengesellschaften durch ihre Gebietskörperschaften, München.

Pfitzer, Norbert/Oser, Peter/Orth, Christian (2005), Deutscher Corporate Governance Kodex – Ein Handbuch für Entscheidungsträger, Stuttgart.

Picot, Arnold/Kaulmann, Thomas (1985), Industrielle Großunternehmen in Staatseigentum aus verfügungsrechtlicher Sicht. Theoretische Aussagen und empirischer Befund, in: Zeitschrift für betriebswirtschaftliche Forschung, 37 (11), S. 956-980.

Picot Arnold/Michaelis, Elke (1984), Verteilung von Verfügungsrechten in Großunternehmen und Unternehmensverfassung, in: Zeitschrift für Betriebswirtschaft, 54 (3), S. 252-272.

Picot, Arnold/Schuller, Susanne (2001), Corporate Governance, in: Peter J. Jost (Hrsg.), Der Transaktionskostenansatz in der Betriebswirtschaftslehre, Stuttgart, S. 79-106.

Picot, Arnold (1981), Der Beitrag der Theorie der Verfügungsrechte zur ökonomischen Analyse von Unternehmensverfassungen, in: Kurt Bohr/Jochen Drukarczyk/Hans-Jürgen Drumm/Gerhard Scherrer (Hrsg.), Unternehmensverfassung als Problem der Betriebswirtschaftslehre, Regensburg, S. 153-197.

Plamper, Harald (2005), Herrschaft der Beschäftigten und Herrschaft des Volkes – Mitbestimmung als Teil des Corporate Governance Kodexes, in: Rudolf X. Ruter/Karin Sahr/Georg Graf Waldersee (Hrsg.), Public Corporate Governance – Ein Kodex für öffentliche Unternehmen, Wiesbaden, S. 63-78.

Pollitt, Christopher/Bathgate, Karen/Caulfield, Janice/Smullen, Amanda/Talbot, Colin (2001), Agency Fever? Analysis of an International Policy Fashion, in: Journal of Comparative Policy Analysis, 3 (3), S. 271-290.

Potthoff, Erich (1969), Betriebswirtschaftliche Fragen der Gemeindewirtschaft, in: Zeitschrift für betriebswirtschaftliche Forschung, 21 (6), S. 444-451.

Prigge, Rolf (2004), Die Steuerung öffentlicher Unternehmen in den Stadtstaaten Berlin, Hamburg und Bremen, in: Hermann Hill (Hrsg.), Aufgabenkritik, Privatisierung und Neue Verwaltungssteuerung, Baden-Baden, S. 97-116.

Proeller, Isabella (2006), Trends in Local Government in Europe, in: Public Management Review, 8 (1), S. 7-29.

Püttner, Günter (1989), Unternehmensverfassung, Managementtheorie und Effektivität öffentlicher Unternehmen, in: Peter Eichhorn/Peter Friedrich (Hrsg.), Unternehmensverfassung in der privaten und öffentlichen Wirtschaft, Baden-Baden, S. 21-30.

Püttner, Günter (1985), Die öffentlichen Unternehmen – Ein Handbuch zu Verfassungs- und Rechtsfragen der öffentlichen Wirtschaft, 2. Aufl., Boorberg/Stuttgart.

Püttner, Günter (1980), Sorgfaltspflicht und Verantwortlichkeit von Mitgliedern der Überwachungsorgane, in: Gesellschaft für öffentliche Wirtschaft und Gemeinwirtschaft (Hrsg.), Kontrolle öffentlicher Unternehmen, Band 1, S. 137-158.

Quick, Reiner/Wiemann, Daniela/Wiltfang, Imke (2009), Corporate-Governance-Berichterstattung. Empirische Befunde zur Qualität der Berichterstattung, in: Die Wirtschaftsprüfung, 62 (4), S. 205-215.

Quick, Reiner/Höller, Florian/Koprivica, Rasmus (2008), Prüfungsausschüsse in deutschen Aktiengesellschaften, in: Zeitschrift für Corporate Governance, 3 (1), S. 25-35.

Quick, Reiner/Warming-Rasmussen, Bent (2007), Unabhängigkeit des Abschlussprüfers. Zum Einfluss von Beratungsleistungen auf Unabhängigkeitswahrnehmungen von Aktionären, in: Zeitschrift für Betriebswirtschaft, 77 (10), S. 1007-1033.

Quick, Reiner (2004), Externe Pflichtrotation. Eine adäquate Maßnahme zur Stärkung der Unabhängigkeit des Abschlussprüfers?, in: Die Betriebswirtschaft, 64 (4), S. 487-508.

Quick, Reiner (2002), Abschlussprüfung und Beratung. Zur Vereinbarkeit mit der Forderung nach Urteilsfreiheit, in: Die Betriebswirtschaft, 62 (6), S. 622-643.

Raiser, Thomas (2011), Grenzen der rechtlichen Zulässigkeit von Public Corporate Governance Kodizes, in: Zeitschrift für Wirtschaftsrecht, 32 (8), S. 353-360.

Raiser, Thomas (2010), Kommunale Corporate Governance Kodizes – Zum Verhältnis von Aktienrecht und Kommunalrecht, Arbeitspapier 226, Hans-Böckler-Stiftung (Hrsg.), Düsseldorf.

Rat der Bundesregierung für Nachhaltige Entwicklung (2011), Deutscher Nachhaltigkeitskodex – Empfehlungen des Rates für Nachhaltige Entwicklung und Dokumentation des Multistakeholderforums am 06.09.2011, http://www.nachhaltigkeitsrat.de/uploads/media/RNE_Der_Deutsche_Nachhaltigkeitskodex_DNK_texte_ Nr_41_Januar_2012.pdf, Abruf: 26.06.2012.

Reck, Hans-J. (2012), Corporate Governance in der kommunalen Wirtschaft, in: Public Governance, Heft Frühjahr 2012, S. 4-5.

Reck, Hans-J. (2008), Geleitwort – Public Corporate Governance, in: Christina Schaefer/Ludwig Theuvsen (Hrsg.), Public Corporate Governance: Bestandsaufnahme und Perspektiven, in: Zeitschrift für öffentliche und gemeinwirtschaftliche Unternehmen, Beiheft 36, S. 7-15.

Regierungskommission Deutscher Corporate Governance Kodex (2012a), Pressemitteilung zu Kodexanpassungen 2012 vom 16.05.2012, http://www.corporate-governance-code.de/ger/news/index.html, Abruf: 20.06.2012.

Regierungskommission Deutscher Corporate Governance Kodex (2012b), Erläuterungen der Änderungsvorschläge der Kodexkommission aus der Plenarsitzung vom 17.01.2012, S. 1-5, http://www.corporate-governance-code.de/ger/news/index.html, Abruf: 20.06.2012.

Regierungskommission Deutscher Corporate Governance Kodex (2012c), Einladung für Stellungnahmen zu geplanten Kodexanpassungen vom 01.02.2012, http://www.corporate-governance-code.de/ger/download/aenderungen_2012/Vorspann_Klaus_Peter_Mueller.pdf, Abruf: 20.06.2012.

Regierungskommission Deutscher Corporate Governance Kodex (2012d), „Gute Corporate Governance – Vertrauen durch Transparenz und Klarheit der Information, Rede von Klaus-Peter Müller, Vorsitzender Regierungskommission, 11. Deutscher Corporate Governance Kodex-Konferenz am 14. Juni 2012 in Berlin, http://www.corporate-governance-code.de/ger/ download/D_CorGov_Kodex_Mueller_Hauptrede_Pressefassung.pdf, Abruf: 20.06.2012.

298

Röber, Manfred/Reichard, Christoph (2012), Ausbildung der Staatsdiener von morgen. Bestandsaufnahme – Reformtendenzen – Perspektiven, Berlin.

Reichard, Christoph (2012), Flucht aus der Kernverwaltung: Erfahrungen mit der Verselbständigung öffentlicher Einrichtungen, in: Manfred Röber (Hrsg.), Institutionelle Vielfalt und neue Unübersichtlichkeit, Berlin, S. 55-68.

Reichard, Christoph/Röber, Manfred (2011), Verselbständigung, Auslagerung und Privatisierung, in: Bernhard Blanke/Frank Nullmeier/Christoph Reichard/Göttrik Wewer (Hrsg.), Handbuch zur Verwaltungsreform, 4. Aufl., Wiesbaden, S. 168-176.

Reichard, Christoph (2008a), Public Corporate Governance im Spannungsfeld zwischen Eigentümern und Management öffentlicher Unternehmen, in: Gesellschaft für öffentliche Wirtschaft (Hrsg.), Corporate Governance in der öffentlichen Wirtschaft, Berlin, S. 135-140.

Reichard, Christoph (2008b), PCGKs lassen nur begrenzten Nutzen erwarten, in: Gesellschaft für öffentliche Wirtschaft (Hrsg.), Corporate Governance in der öffentlichen Wirtschaft, Berlin, S. 159-160.

Reichard, Christoph/Grossi, Giuseppe (2008), Corporate Governance von städtischen Holdings, in: Christina Schaefer/Ludwig Theuvsen (Hrsg.), Public Corporate Governance: Bestandsaufnahme und Perspektiven, in: Zeitschrift für öffentliche und gemeinwirtschaftliche Unternehmen, Beiheft 36, S. 86-100.

Reichard, Christoph (2007), Wirkungsorientiertes Verwaltungsmanagement, in: Martin Brüggemeier/ Reinbert Schauer/Kuno Schedler (Hrsg.), Management, Controlling und Performance im öffentlichen Sektor – Ein Handbuch, Berlin, S. 3-12.

Reichard, Christoph (2006), Organisations-PPP-Typologie und praktische Ausprägungen, in: Dietrich Budäus (Hrsg.), Kooperationsformen zwischen Staat und Markt, Baden-Baden, S. 77-94.

Reichard, Christoph (2004), Das Konzept des Gewährleistungsstaates, in: Gesellschaft für öffentliche Wirtschaft (Hrsg.), Neue Institutionenökonomik, Public Private Partnership, Gewährleistungsstaat, Berlin, S. 48-60.

Reichard, Christoph (2002a), Institutionenökonomische Ansätze und New Public Management, in: Klaus König (Hrsg.), Deutsche Verwaltung an der Wende zum 21. Jahrhundert, Baden-Baden, S. 585-603.

Reichard, Christoph (2002b), Governance öffentlicher Dienstleistungen, in: Dietrich Budäus/Reinbert Schauer/Christoph Reichard (Hrsg.), Public und Nonprofit Management – Neuere Entwicklungen und aktuelle Problemfelder, Linz, S. 25-42.

Reichard, Christoph (1994), Umdenken im Rathaus, 3. Aufl., Berlin.

Richter, Martin (2002), Audit Committees, in: Wolfgang Ballwieser/Adolf G. Coenenberg/Klaus von Wysocki (Hrsg.), Handwörterbuch der Rechnungslegung und Prüfung, 3. Aufl., Stuttgart, S. 111-119.

Richter, Peter (2007), Die Bedeutung der kommunalen Wirtschaft – Eine vergleichende Ost-West-Analyse, Berlin.

Richter, Peter/Edeling, Thomas/Reichard, Christoph (2006), Kommunale Betriebe in größeren Städten – Ergebnisse einer empirischen Analyse der Beteiligungen deutscher Städte über 50.000 Einwohner, in: Werner Killian (Hrsg.), Ausgliederung und Privatisierung in Kommunen – Empirische Befunde zur Struktur kommunaler Aufgabenwahrnehmung, Berlin, S. 55-84.

Richter, Rudolf/Furubotn, Eirik (2003), Neue Institutionenökonomik – Eine Einführung und kritische Würdigung, 3. Aufl., Tübingen.

Rieckmann, Paul (2008), Öffentliche Unternehmen und Public Corporate Governance – Balanced Audit, in: Carl-Christian Freidank/Volker H. Peemöller, (Hrsg.), Corporate Governance und Interne Revision – Handbuch für die Neuausrichtung des Internal Auditings, Berlin, S. 813-828.

Ringleb, Henrik-Michael/Kremer, Thomas/Lutter, Marcus/ von Werder, Axel (2010), Kommentar zum Deutschen Corporate Governance Kodex: Kodex-Kommentar, 4. Aufl., München.

Ringleb, Henrik-Michael (2010), Kommentierung zum Corporate Governance Kodex, Vorbemerkung, in: Henrik-Michael Ringleb/Thomas Kremer/Marcus Lutter/Axel von Werder (2010), Kommentar zum Deutschen Corporate Governance Kodex: Kodex-Kommentar, 4. Aufl., München.

Röber, Manfred (2012), Institutionelle Differenzierung und Integration im Kontext des Gewährleistungsmodells, in: Manfred Röber (Hrsg.), Institutionelle Vielfalt und neue Unübersichtlichkeit – Zukunftsperspektiven effizienter Steuerung öffentlicher Aufgaben zwischen Public Management und Public Governance, Berlin, S. 15-27.

Röber, Manfred (2009), Privatisierung adé? – Rekommunalisierung öffentlicher Dienstleistungen im Lichte des Public Managements, in: Verwaltung & Management, 15 (5), S. 227-240.

Röber, Manfred (2008), Die Sphäre des Politischen – Ein blinder Fleck in der Public Corporate Governance?, in: Christina Schaefer/Ludwig Theuvsen (Hrsg.), Public Corporate Governance: Rahmenbedingungen, Instrumente, Wirkungen, in: Zeitschrift für öffentliche und gemeinwirtschaftliche Unternehmen, Beiheft 36, S. 57-68.

Röber, Manfred (2001), Das Parteibuch – Schattenwirtschaft der besonderen Art?, in: Aus Politik und Zeitgeschichte, B32-33, S. 6-14.

Ruhwedel, Peter/Epstein, Rolf (2003), Eine empirische Analyse der Strukturen und Prozesse in den Aufsichtsräten deutscher Aktiengesellschaften, in: Betriebs-Berater, 58 (4), S. 161-166.

Ruter, Rudolf X. (2008a), Zehn Thesen zum PCG-Kodex, in: Gesellschaft für öffentliche Wirtschaft (Hrsg.), Corporate Governance in der öffentlichen Wirtschaft, Berlin, S. 170-171.

Ruter, Rudolf X. (2008b), Public Corporate Governance – Der Weg ist das Ziel, in: Gesellschaft für öffentliche Wirtschaft (Hrsg.), Corporate Governance in der öffentlichen Wirtschaft, Berlin, S. 102-107.

Ruter, Rudolf X./Sahr, Karin/Häfele, Markus (2007), Zwischen wirtschaftlicher Freiheit und politischer Kontrolle: Wieviel Governance brauchen öffentliche Unternehmen, in: Dietmar Bräunig/Dorothea Greiling (Hrsg.), Stand und Perspektiven der öffentlichen Betriebswirtschaftslehre II, Berlin, S. 395-401.

Ruter, Rudolf X./Häfele, Markus (2007), Public Corporate Governance Kodex – Herausforderung für die öffentliche Hand, in: Martin Brüggemeier/Reinbert Schauer/Kuno Schedler (Hrsg.), Controlling und Performance Management im Öffentlichen Sektor – Ein Handbuch, Bern, S. 355-362.

Ruter, Rudolf X./Sahr, Karin/Waldersee, Georg (2005), Public Corporate Governance – Ein Kodex für öffentliche Unternehmen, Wiesbaden.

Ruter, Rudolf X./Müller-Marques Berger, Thomas (2005), Corporate Governance und öffentliche Unternehmen, in: Norbert Pfitzer/Peter Oser (Hrsg.), Deutscher Corporate Governance Kodex: Ein Handbuch für Entscheidungsträger, Stuttgart, S. 437-468.

Ruter, Rudolf. X. (2004), Ein Corporate Governance Kodex für öffentliche Unternehmen?, in: Zeitschrift für öffentliche und gemeinwirtschaftliche Unternehmen, 27 (4), S. 389-393.

Ryan, Christine (2000), Public Sector Corporate Governance Disclosures: An Examination of Annual Reporting Practise in Queensland, in: Australian Journal of Public Administration, 59 (2), S. 261-289.

Schaefer, Christina/Theuvsen, Ludwig (2012), Renaissance öffentlicher Wirtschaft: Fakt oder Fiktion?, in: Christina Schaefer/Ludwig Theuvsen (Hrsg.), Renaissance öffentlicher Wirtschaft: Bestandsaufnahme – Kontexte – Perspektiven, Baden-Baden, S. 11-18.

Schaefer, Christina/Theuvsen, Ludwig (2008), Public Corporate Governance: Rahmenbedingungen, Instrumente, Wirkungen, in: Christina Schaefer/Ludwig Theuvsen (Hrsg.), Public Corporate Governance: Bestandsaufnahme und Perspektiven, in: Zeitschrift für öffentliche und gemeinwirtschaftliche Unternehmen, Beiheft 36, S. 7-16.

Schaefer, Christina (2008), Ziele des Öffentlichen Rechnungswesens im Kontext der Public Corporate Governance – Anspruch und Wirklichkeit, in: Christina Schaefer/Ludwig Theuvsen (Hrsg.), Public Corporate Governance: Bestandsaufnahme und Perspektiven, in: Zeitschrift für öffentliche und gemeinwirtschaftliche Unternehmen, Beiheft 36, S. 101-114.

Schaefer, Christina (2005), Öffentliches Beteiligungscontrolling im Spannungsfeld zwischen politischem Handlungsdruck und nachhaltiger Daseinsvorsorge, in: Frank Keuper/Christina Schaefer (Hrsg.), Führung und Steuerung öffentlicher Unternehmen, Berlin, S. 331-353.

Schaefer, Christina (2004a), Öffentliches Beteiligungscontrolling vor dem Hintergrund aktueller Reformentwicklungen im öffentlichen Rechnungswesen, in: Verwaltung & Management, 10 (3), S. 120-125

Schaefer, Christina (2004b), Steuerung und Kontrolle von Investitionsprozessen: Theoretischer Ansatz und Konkretisierung für das öffentliche Beteiligungscontrolling, Wiesbaden.

Schaefer, Christina (2000), Konzeption eines öffentlichen Beteiligungscontrolling, in: Dietrich Budäus/Willi Küpper/Lothar Streitfeld (Hrsg.), Neues öffentliches Rechnungswesen: Stand und Perspektiven, Wiesbaden, S. 521-547.

Schäfer, Ute (2008), Die komparativen Besonderheiten des Leipziger Corporate Governance Kodex für eine zielführende und wirkungsvolle Beteiligungssteuerung und Unternehmensführung, in: Gesellschaft für öffentliche Wirtschaft (Hrsg.), Corporate Governance in der öffentlichen Wirtschaft, Berlin, S. 161-163.

Schäffer, Utz (2007), Kontrolle, in: Richard Köhler/Hans-U. Küpper/Andreas Pfingsten (Hrsg.), Handwörterbuch der Betriebswirtschaftslehre, 6. Aufl., Stuttgart, S. 937-943.

Schauer, Reinbert (2010), Öffentliche Betriebswirtschafslehre – Public Management, Grundzüge betriebswirtschaftlichen Denkens und Handelns in öffentlichen Einrichtungen, 2. Aufl., Wien.

Schedler, Kuno/Müller, Roland/Roger W. Sonderegger (2011), Public Corporate Governance – Handbuch für die Praxis, Bern.

Schedler, Kuno/Proeller, Isabella (2009), New Public Management, Bern/Stuttgart/Wien.

Schedler, Kuno/Gulde, Alexander/Suter, Simone (2007), Corporate Governance öffentlicher Unternehmen – Ausgewählte Fragen zur Führung staatlicher Beteiligungen, St. Gallen.

Schedler, Kuno/Kolbe, Peter (2004), Corporate Governance und Public Management, in: Ruth C. Voggensperger/Jürg Schneider/Huber J.Bienek/Gregor O. Thaler (Hrsg.), Gutes besser tun – Corporate Governance in Nonprofit-Organisationen, Bern, S. 129-150.

Schefzyk, Olaf (2000), Der kommunale Beteiligungsbericht, ein Instrument zur verbesserten Berichterstattung über die Unternehmenstätigkeit der Kommunen, Stuttgart.

Schewe, Gerhard (2010), Unternehmensverfassung. Corporate Governance im Spannungsfeld von Leitung, Kontrolle und Interessenvertretung. 2. Aufl., Heidelberg.

Schlauß, Stefan (2010), Die neue Offenlegungskultur seit Inkrafttreten des EHUG, in: Der Betrieb, 63 (14), S. 153-156.

Schmalenbach-Gesellschaft/Arbeitskreis Externe Unternehmensrechnung (2009), Anforderungen an die Überwachungsaufgaben von Aufsichtsrat und Prüfungsausschuss nach § 107 Abs. 3 Satz 2 AktG i.d.F. des Bilanzrechtsmodernisierungsgesetzes, in: Der Betrieb, 62 (24), S. 1279-1282.

Schmalenbach-Gesellschaft/Arbeitskreis Externe Unternehmensrechnung (2006a), Externe Corporate Governance Berichterstattung, in: Der Betrieb, 59 (20), S. 1069-1071.

Schmalenbach-Gesellschaft/Arbeitskreis Externe Unternehmensrechnung (2006b), Best Practice des Aufsichtsrats der AG – Empfehlungen zur Verbesserung der Effektivität und Effizienz der Aufsichtsratstätigkeit, in: Der Betrieb, 59 (31), S. 1625-1632.

Schmalenbach-Gesellschaft/Arbeitskreis Externe und Interne Überwachung der Unternehmung (2006c), Best Practice für die Interne Revision, in: Der Betrieb, 59 (5), S. 225-229.

Schmalenbach-Gesellschaft/Arbeitskreis Externe und interne Überwachung der Unternehmung (2000), Prüfungsausschüsse in deutschen Aktiengesellschaften, in: Der Betrieb, 53 (46), S. 2281-2285.

Schmalhardt, Herbert (2005), Public Corporate Governance in Österreich – Stand der Diskussion, in: Rudolf X. Ruter/Karin Sahr/Georg Graf Waldersee (Hrsg.), Public Corporate Governance – Ein Kodex für öffentliche Unternehmen, Wiesbaden, S. 273-288.

Schmidt, Helmut (2011), Forschung heißt, Verantwortung für die Zukunft zu tragen, Festansprache von Helmut Schmidt zu Ehren der Gründung der Kaiser-Wilhelm-Gesellschaft 1911 am 11.01.2011, Dokumentation der Rede in Die Zeit vom 13.11.2011, Nr. 3, S. 30-31.

Schmidt, Reinhard H./Weiß, Marco (2009), Shareholder vs. Stakeholder: Ökonomische Fragen, in: Peter Hommelhoff/Klaus Hopt/Axel von Werder (Hrsg.), Handbuch Corporate Governance – Leitung und Überwachung börsennotierter Unternehmen in Rechts- und Wirtschaftspraxis, 2. Aufl., Köln, S. 161-183.

Schneider, Uwe (2005), Corporate Governance für Staatsunternehmen, in: Die Aktiengesellschaft, 50 (13/14), S. 493-497.

Schröter, Eckhard (2011), New Public Management, in: Bernhard Blanke/Frank Nullmeyer/Christoph Reichard/Göttrick Wewer (Hrsg.), Handbuch zur Verwaltungsreform, 4. Aufl., Wiesbaden, S. 79-89.

Staub, Peter (2005), Corporate Governance Reporting – Eine theoretische und empirische Analyse, Zürich.

Schürnbrand, Jan (2010a), Public Corporate Governance Kodex für öffentliche Unternehmen, in: Zeitschrift für Wirtschaftsrecht, 31 (23), S. 1105-1111.

Schürnbrand, Jan (2010b), Der Public Corporate Governance Kodex – Transparenz in öffentlichen Unternehmen, in: Publicus, 1, S. 34-35.

Schuhen, Axel (2005), Kontrollprobleme in Nonprofit-Organisationen und Lösungsansätze – Überlegungen auf Basis der Theorie und Praxis der Nonprofit Governance, in: Klaus J. Hopt/Thomas von Hippel/Rainer Walz (Hrsg.), Nonprofit-Organisationen in Recht, Wirtschaft und Gesellschaft, Tübingen, S. 221-242.

Schuhen, Axel (2002), Nonprofit Governance in der Freien Wohlfahrtspflege, Baden-Baden.

Schulte, Gerd (1994), Öffentliches Beteiligungscontrolling, Baden-Baden.

Schulz-Nieswandt, Frank (2008), Zur Einführung: Ein Corporate Governance Kodex für das öffentliche Wirtschaften, in: Gesellschaft für öffentliche Wirtschaft (Hrsg.), Corporate Governance in der öffentlichen Wirtschaft, Berlin, S. 7-18.

Schuppert, Gunnar F. (2003), Staatswissenschaft, Baden-Baden.

Schuppert, Gunnar F. (2000),Verwaltungswissenschaft, Baden-Baden.

Schuppert, Gunnar F. (1990), Probleme der Steuerung öffentlicher Unternehmen, in: Theo Thiemeyer (Hrsg.), Instrumentalfunktion Öffentlicher Unternehmen, Baden-Baden, S. 141-162.

Schuppert, Gunnar F. (1985), Zur Kontrollierbarkeit öffentlicher Unternehmen – Normative Zielvorgaben und ihre praktische Erfüllung, in: Zeitschrift für öffentliche und gemeinwirtschaftliche Unternehmen, 31 (3), S. 310-332.

Schwalbach, Joachim (2004), Effizienz des Aufsichtsrats, in: Die Aktiengesellschaft, 49 (4), Köln, S. 186-190.

Schwalbach, Joachim (2011), Vergütungsstudie 2011: Vorstandsvergütung, Pay-for-Performance und Fair Pay DAX30-Unternehmen 1987-2010, Berlin.

Schwarting, Gunnar (2004), Beteiligungsmanagement und -controlling in der Kommunalverwaltung – Einige wenig beachtete Aspekte, in: Betriebswirtschaftliche Forschung und Praxis, 56 (4), S. 342-354.

Schwarz, Sebastian H. (2005), Regulierung durch Corporate Governance Kodizes, Berlin.

Schwarz, Peter/von Schnurbein, Georg (2005), Gemeinsamkeiten und strukturelle Unterschiede der Corporate und Nonprofit Governance, in: Zeitschrift für öffentliche und gemeinwirtschaftliche Unternehmen, 28 (4), S. 358-375.

Schwintowski, Hans-Peter (1995), Gesellschaftsrechtliche Bindung für entsandte Aufsichtsratsmitglieder in öffentlichen Unternehmen, in: Neue Juristische Wochenschrift, 48 (20), S. 1316-1321.

Schwintowski, Hans-Peter (2012), Public Corporate Governance öffentlicher Unternehmen für Stadtwerke, in: Dietmar Bräunig/Wolfgang Gottschalk (Hrsg.), Stadtwerke – Grundlagen, Rahmenbedingungen, Führung und Betrieb, Baden-Baden, S. 319-342.

Schwintowski, Hans-Peter (2001), Corporate Governance im öffentlichen Unternehmen, in: Neue Zeitschrift für Verwaltungsrecht, 20 (6), S. 607-613.

Seibicke, Ralf (2005), Ansätze zur verbesserten Steuerung öffentlicher Unternehmen, in: Rudolf X. Ruter/Karin Sahr/Georg Graf Waldersee (Hrsg.), Public Corporate Governance – Ein Kodex für öffentliche Unternehmen, Wiesbaden, S. 89-100.

Seyffert, Rudolf (1957), Über Begriff, Aufgaben und Entwicklung der Betriebswirtschaftslehre, 4. Aufl., Stuttgart.

Shleifer, Andrei/Vishny, Robert W. (1997), A Survey of Corporate Governance, in: The Journal of Finance, 52 (2), S. 737-783.

Sicililano, Julie (1996), The Relationship of Board Member Diversity to Organizational Performance, in: Journal of Business Ethics, 15 (12), S. 1313-1320.

Siebart, Patricia (2006a), Corporate Governance von Nonprofit-Organisationen – Ausgewählte Aspekte der Organisation und Führung, Bern.

Siebart, Patricia (2006b), Ein Kodex für Nonprofit-Organisationen?, in: Kai Birkholz/Christian Maas/Patrick von Maravic/Patricia Siebart (Hrsg.), Public Management – Eine neue Generation in Wissenschaft und Praxis, Potsdam.

Siekmann, Helmut (2002), Haftung der Kommunen für ihre privatrechtlich organisierten Unternehmen, in: Günter Püttner (Hrsg.), Zur Reform des Gemeindewirtschaftsrechts, Baden-Baden, S. 159-180.

Siekmann, Helmut (1996), Corporate Governance und öffentlich-rechtliche Unternehmen, in: Jahrbuch für neue politische Ökonomie, Band 15, Tübingen, S. 282-313.

Siewert, Jürgen (2005), Deutscher Corporate Governance Kodex und Unternehmen des Bundes: Bedeutung des Kodexes aus der Sicht der Beteiligungssteuerung, in: Rudolf X. Ruter/Karin Sahr/Georg Graf Waldersee (Hrsg.), Public Corporate Governance – Ein Kodex für öffentliche Unternehmen, Wiesbaden, S. 79-88.

Sonderegger, Roger (2004), Public Governance in kommunalen Elektrizitätsunternehmen, Schriftenreihe des Instituts für öffentliche Dienstleistungen und Tourismus, Bern.

Srocke, Isabell (2005), Sanktionsmechanismen eines Public Corporate Kodex, in: Dietrich Budäus (Hrsg.), Governance von Profit- und Nonprofit-Organisationen in gesellschaftlicher Verantwortung, Wiesbaden, S. 311-324.

Statistisches Bundesamt (2011a): Statistisches Jahrbuch 2011, https://www.destatis.de/ DE/Publikationen/StatistischesJahrbuch/StatistischesJahrbuch.html, Abruf: 23.04.2012.

Statistisches Bundesamt (2011b), Auszug aus dem Datenreport 2011 – Wirtschaft und öffentlicher Sektor, https://www.destatis.de/DE/Publikationen/Datenreport/DatenreportDownload.html, Abruf: 22.04.2012.

Stiglbauer, Markus (2011), Bedeutung und Attraktivität der Erklärung zur Unternehmensführung, in: Zeitschrift für Corporate Governance, 6 (3), S. 105-109.

Stiglbauer, Markus (2010), Corporate Governance Berichterstattung und Unternehmenserfolg – Eine empirische Untersuchung für den deutschen Aktienmarkt, Wiesbaden.

Stößlein, Martin/Mertens, Peter (2008), Situierte und rollenorientierte Anspruchskommunikation im Netz, in: Zeitschrift Führung & Organisation, 77 (4), S. 200-207.

Strauss, Bernd (1983), Private und öffentliche Unternehmen im Effizienzvergleich – Unternehmensverfassung „im Lichte" der Proberty Rights-Theorie, in: Zeitschrift für öffentliche und gemeinwirtschaftliche Unternehmen, 6 (3), S. 278-298.

Strieder, Thomas (2007), Effizienzprüfung des Aufsichtsrats im Sinne des DCGK mittels Fragebogen. Kostengünstige Verfahren für Unternehmen mit der Verpflichtung zur Abgabe einer Entsprechenserklärung, in: Zeitschrift für Corporate Governance, 2 (4), S. 168-178.

Strobel, Brigitte (2005), Weisungsfreiheit oder Weisungsgebundenheit kommunaler Vertreter in Eigen- und Beteiligungsgesellschaften?, in: Deutsches Verwaltungsblatt, 120 (2), Köln, S. 77-81.

Strobel, Brigitte (2004), Der Beteiligungsbericht als Informationsinstrument des Gemeinderates, in: Die Verwaltung, 57 (11), S. 477-482.

Strobel, Brigitte (2002), Verschwiegenheits- und Auskunftspflicht kommunaler Vertreter im Aufsichtsrat öffentlicher Unternehmen, Baden-Baden.

Struwe, Jochen (2009), Public Corporate Governance: Professionalisierung der ehrenamtlichen Mitglieder von Aufsichtsgremien öffentlicher Unternehmen, in: Michael von Hauff/Bülent Tarkan (Hrsg.), Nachhaltige kommunale Finanzpolitik für eine intergenerationelle Gerechtigkeit, Baden-Baden, S. 83-102.

Struwe, Jochen/Dietrich, Mike (2005), Public Corporate Governance, in: Verwaltung & Management, 11 (4), S. 199-203.

Talaulicar, Till/von Werder, Axel (2010), Kodex Report 2010: Die Akzeptanz der Empfehlungen und Anregungen des Deutschen Corporate Governance Kodex, in: Der Betrieb, 63 (16), S.853-861.

Talaulicar, Till (2007), Normierungsansätze unternehmensethischer Kodizes, in: Schmalenbachs Zeitschrift für betriebswirtschaftliche Forschung, 59 (6), S. 752-774.

Terjesen, Siri/Sealy, Ruth/Singh, Val (2009), Women Directors on Corporate Boards: A Review and Research Agenda, in: Corporate Governance: An International Review, 17 (3), S. 320-337.

Theisen, Manuel R. (2011), Kodex und Gesetz à la discrétion, Herausgeberkommentar, in: Der Aufsichtsrat, 8 (9), S. 121.

Theisen, Manuel R. (2009), Stärkung der Corporate Governance durch das BilMoG?, in: Carl-Christian Freidank/Peter Altes (Hrsg.), Das Gesetz zur Modernisierung des Bilanzrechts (BilMoG) – Neue Herausforderungen für Rechnungslegung und Corporate Governance, Berlin, S. 341-357.

Theisen, Manuel R./Linn, Alexander/Schöll, Sebastian (2007), Die Berichterstattung des Aufsichtsrats im Wandel. Eine empirische Analyse der Aufsichtsratsberichte 2005 im Vergleich zu 1984 bis 1994, in: Der Betrieb, 60 (46), S. 2493-2501.

Theisen, Manuel R. (2004), Zwölf Hürden für eine „gute Unternehmensüberwachung" in Deutschland, in: Betriebswirtschaftliche Forschung und Praxis, 56 (5), S. 480-492.

Theisen, Manuel R. (2003), Herausforderung Corporate Governance, in: Die Betriebswirtschaft, 63, S. 441-461.

Theisen, Manuel R. (1996), Grundsätze ordnungsgemäßer Überwachung (GoÜ). Probleme, Systematik und erste inhaltliche Vorschläge, in: Zeitschrift für Betriebswirtschaft, Sonderheft 36, S. 75-106.

Theisen, Manuel R. (1995), Grundsätze ordnungsgemäßer Kontrolle und Beratung der Geschäftsführung durch den Aufsichtsrat, in: Die Aktiengesellschaft, 40 (5), S. 193-203.

Theuvsen, Ludwig (2012a), Instrumentalfunktion von Stadtwerken, in: Dieter Bräunig/Wolf Gottschalk (Hrsg.), Stadtwerke. Grundlagen, Rahmenbedingungen, Führung und Betrieb, Baden-Baden, S. 101-121.

Theuvsen, Ludwig (2012b), Public Corporate Governance – Eine neue Chance für gute Verwaltungsführung?, in: Manfred Röber (Hrsg.), Institutionelle Vielfalt und neue Unübersichtlichkeit – Zukunftsperspektiven effizienter Steuerung öffentlicher Aufgaben zwischen Public Management und Public Governance, Berlin, S. 167-185.

Theuvsen, Ludwig (2011), Corporate Governance Codes in the Public Sector: A Contribution to Greater Transparency?, in: Dorothea Greiling/Arie Halachmi/Reinbert Schauer (Hrsg.), Accounting, Accountability and Governance in the Public Sector, Linz, S. 251-273.

Theuvsen, Ludwig/Zschache, Ulrike (2011), Die Privatisierung kommunaler Unternehmen im Spiegel massenmedialer Diskurse, in: Zeitschrift für öffentliche und gemeinwirtschaftliche Unternehmen, 34 (1), S. 3-24.

Theuvsen, Ludwig (2009), Transparenz von Nonprofit-Organisationen: Eine Analyse am Beispiel des Swiss NPO-Code, in: Betriebswirtschaftliche Forschung und Praxis, 61 (1), S. 22-40.

Theuvsen, Ludwig/Mechthild Frentrup (2008), Public Corporate Governance und Transparenz öffentlicher Unternehmen, in: Christina Schaefer/Ludwig Theuvsen (Hrsg.), Public Corporate Governance: Bestandsaufnahme und Perspektiven, in: Zeitschrift für öffentliche und gemeinwirtschaftliche Unternehmen, Beiheft 36, S. 131-149.

Theuvsen, Ludwig (2001), Ergebnis- und Marktsteuerung öffentlicher Unternehmen: Eine Analyse aus organisationstheoretischer Sicht, Stuttgart.

Theuvsen, Ludwig (1999), Transaktionskostentheorie: Anwendungen auf Non-Profit-Organisationen, in: Thomas Edeling/Werner Jann/Dieter Wagner (Hrsg.), Institutionenökonomie und Institutionalismus – Überlegungen zur Organisationstheorie, Opladen, S. 221-245.

Thiemeyer, Theo (1990), Vorwort und einleitende Bemerkung zum Thema, in: Theo Thiemeyer, Instrumentalfunktion Öffentlicher Unternehmen, Baden-Baden, S. 5-6.

Thiemeyer, Theo (1990), Instrumentalfunktion öffentlicher Unternehmen: Referate und Diskussionsbeiträge eines Kolloquiums des Wissenschaftlichen Beirats der Gesellschaft für Öffentliche Wirtschaft am 6. und 7. April 1989 in der Universität Göttingen, Baden-Baden.

Thiemeyer, Theo (1989), Instrumentalfunktion öffentlicher Unternehmen, in: Klaus Chmielewicz/Peter Eichhorn (Hrsg.), Handwörterbuch der öffentlichen Betriebswirtschaft, Stuttgart, S. 672-683.

Thiemeyer, Theo (1975), Wirtschaftslehre öffentlicher Betriebe, Hamburg.

Thümmel, Roderich C. (1999), Aufsichtsräte in Unternehmen der öffentlichen Hand – Professionell genug?, in: Der Betrieb, 52 (3), S. 1891-1893.

Töller, Annette (2009), Freiwillige Regulierung zwischen Staat und Markt, Der Deutsche Corporate Governance Kodex (DCGK), in: Der moderne Staat – Zeitschrift für Public Policy, Recht und Management, 2, S. 293-313.

Trapp, Jan-H./Bolay, Sebastian (2003), Privatisierung in Kommunen – Eine Auswertung kommunaler Beteiligungsberichte, Berlin.

Treuner, Jens-H. (2005a), Besondere Anforderungen an die Führung staatlicher Unternehmen, in: Rudolf X. Ruter/Karin Sahr/Georg Graf Waldersee (Hrsg.), Public Corporate Governance – Ein Kodex für öffentliche Unternehmen, Wiesbaden, S. 37-50.

Treuner, Jens-H. (2005b), Beteiligungscontrolling des Staates, in: Péter Horvárth (Hrsg.), Organisationsstrukturen und Geschäftsprozesse wirkungsvoll steuern: Beiträge des Stuttgarter Controller Forum, Stuttgart, S. 345-354.

Tricker, Bob (2009), Corporate Governance: Principles, Policies and Practices, Oxford.

Uechtritz, Michael (2004), Rechtsformen kommunaler Unternehmen: Rechtliche Vorgaben und Entscheidungskriterien, in: Werner Hoppe/Michael Uechtritz (Hrsg.), Handbuch kommunale Unternehmen, Köln, S. 681-718.

Valcárel, Sylvia (2002), Theorie der Unternehmung und Corporate Governance – Eine vertrags- und ressourcenbezogene Betrachtung, Wiesbaden.

van Ees, Hans/Gabrielsson, Jonas/Huse, Morton (2009), Toward a Behavioral Theory of Boards and Corporate Governance, in: Corporate Governance: An International Review, 17 (3), S. 307-319.

van Kann, Jürgen (2009), Zwingender Selbstbehalt bei der D&O-Versicherung – gut gemeint, aber auch gut gemacht? Änderungsbedarf an D&O-Versicherungen durch das VorstAG, in: Neue Zeitschrift für Gesellschaftsrecht, 12 (26), S. 1010-1013.

Walz, Rainer (2005), Rechnungslegung für Nonprofit-Organisationen, in: Klaus J. Hopt/Thomas von Hippel/Rainer Walz (Hrsg.), Nonprofit-Organisationen, in: Recht, Wirtschaft und Gesellschaft, Tübingen, S. 259-282.

Vater, Hendrik/Meckel, Miriam/Hoffmann, Christian/Fieseler, Christian (2008), Zur Bedeutung qualitativer Erfolgsfaktoren der Kapitalmarktkommunikation für die Unternehmensbewertung und deren Auswirkungen, in: Der Betrieb, 61 (48), S. 2605-2611.

Velte, Patrick (2010a), Stewardship-Theorie, in: Zeitschrift für Planung & Unternehmenssteuerung, 20 (3), S. 285-293.

Velte, Patrick (2010b), Zustimmungsvorbehalte des Aufsichtsrats als Instrument der Corporate Governance, in: Zeitschrift für Corporate Governance, 5 (1), S. 39-45.

Velte, Patrick (2009a), Die Corporate Governance-Berichterstattung des Aufsichtsrats – Eine empirische Untersuchung im deutschen Prime Standard zum Einfluss auf die Unternehmensperformance, in: Zeitschrift für betriebswirtschaftliche Forschung, 61 (7), S. 702-737.

Velte, Patrick (2009b), Die Implementierung von Prüfungsausschüssen/Audit Committees des Aufsichtsrats/Board of Directors mit unabhängigen und finanzkompetenten Mitgliedern – Eine normative Analyse aus Sicht des One- und Two Tier-Systems sowie eine Bestandsaufnahme der empirischen Corporate Governance-Forschung, in: Journal für Betriebswirtschaft, 59 (2/3), S. 123-174.

Verhoest, Koen/van Thiel, Sandra/Bouckaert, Geert/Laegreid, Per (Hrsg.) (2012), Government Agencies: Practices and Lessons from 30 Countries, Basingstoke.

Vetter, Eberhard (2009), Zusammensetzung und Größe des Aufsichtsrates, in: Reinhard Marsch-Barner/Frank A. Schäfer (Hrsg.), Handbuch börsennotierte AG – Aktien- und Kapitalmarktrecht, 2. Aufl., Köln, S. 856-867.

Vogel, Rick (2006), Zur Institutionalisierung von New Public Management – Disziplindynamik der Verwaltungswissenschaft unter dem Einfluss ökonomischer Theorie, Wiesbaden.

Vogel, Roland (2005), Gute Unternehmensführung für kommunale Kapitalgesellschaften, in: Zeitschrift für öffentliche und gemeinwirtschaftliche Unternehmen, 28 (3), S. 234-249.

Voggensperger, Ruth/Schneider, Jürg/Bienek, Hubert J./Thaler, Gregor O. (2004), Gutes besser tun. Corporate Governance in Nonprofit-Organisationen, Bern.

von Falckenhausen, Joachim/Kocher, Dirk (2009), Die Begründungspflicht für Abweichungen vom Deutschen Corporate Governance Kodex, in: Zeitschrift für Wirtschaftsrecht, 30 (24), S. 1149-1151.

von Schnurbein, Georg/Stöckli, Sabrina (2010), Die Gestaltung von Nonprofit Governance Kodizes in Deutschland und der Schweiz – Eine komparative Inhaltsanalyse, in: Die Betriebswirtschaft, 70 (6), S. 493-509.

von Werder, Axel/Bartz, Jenny (2012), Corporate Governance Report 2012: Kodexregime und Kodexinhalt im Urteil der Praxis, in: Der Betrieb, 65 (16), S. 869-878.

von Werder, Axel (2011), Neue Entwicklungen der Corporate Governance in Deutschland, in: Zeitschrift für betriebswirtschaftliche Forschung, 63 (1), S. 48-62.

von Werder, Axel/Böhme, Jenny (2011), Betriebswirtschaft – Corporate Governance Report 2011 – Zur tatsächlichen Anwendung ausgewählter Kodexbestimmungen für Hauptversammlung und Aufsichtsrat (Teil I), in: Der Betrieb, 64 (23), S. 1285-1291.

von Werder, Axel/Talaulicar, Till/Pissarczyk, Anja (2010), Das Kommentierungsverhalten bei Abweichungen vom Deutschen Corporate Governance Kodex, in: Die Aktiengesellschaft, 55 (3), S. 62-72.

von Werder, Axel (2009), Ökonomische Grundfragen der Corporate Governance, in: Peter Hommelhoff/Klaus Hopt/Axel von Werder (Hrsg.), Handbuch Corporate Governance – Leitung und Überwachung börsennotierter Unternehmen in der Rechts- und Wirtschaftspraxis, 2. Aufl., Stuttgart, S. 3-37.

von Werder, Axel (2008a), Der Deutsche Corporate Governance Kodex und seine Bedeutung für öffentliche Unternehmen, in: Gesellschaft für öffentliche Wirtschaft (Hrsg.), Corporate Governance in der öffentlichen Wirtschaft, Berlin, S. 61-79.

von Werder, Axel (2008b), Führungsorganisation: Grundlage der Corporate Governance, Spitzen- und Leitungsorganisation, 2. Aufl., Wiesbaden.

von Werder, Axel (2007), Corporate Governance, in: Richard Köhler/Hans-U. Küpper/Andreas Pfingsten (Hrsg.), Handwörterbuch der Betriebswirtschaftslehre, 6. Aufl., Stuttgart, S. 221-229.

Weber, Stefan (2011), Externes Corporate Governance Reporting börsennotierter Publikumsgesellschaften – Konzeptionelle Vorschläge zur Weiterentwicklung der unternehmerischen Berichterstattung, Wiesbaden.

Weiblein, Willi (2011), Beteiligungscontrolling und -management, in: Beatrice Fabry/Ursula Augsten (Hrsg.), Handbuch Unternehmen der öffentlichen Hand, 2. Aufl., Baden-Baden, S. 596-658.

Werner, Rüdiger (2010), Wie viel Öffentlichkeit verträgt der Aufsichtsrat einer kommunalen GmbH?, in: Zeitschrift für Corporate Governance, 5 (6), S. 279-284.

Westermann, Georg (2006), Kommunale Unternehmen: Eigenbetriebe – Kapitalgesellschaften – Zweckverbände, 5. Aufl., Berlin.

Whincop, Michael A. (2005), Corporate Governance in Government Corporations, Aldershot.

Wilke, Vanessa (2011), Licht ins Dunkel – Public Corporate Governance gewinnt für Kommunen an Bedeutung, in: Der Neue Kämmerer, 03.07.2011, S. 9.

Witt, Peter (2008), Corporate Governance in Familienunternehmen, in: Zeitschrift für Betriebswirtschaft, Sonderheft, 78 (2), S. 1-19.

Witt, Peter (2003), Corporate Governance Systeme im Wettbewerb, Wiesbaden.

Witt, Peter (2001), Corporate Governance, in: Peter J. Jost (Hrsg.), Die Prinzipal-Agenten-Theorie in der Betriebswirtschaftslehre, S. 85-115.

Williamson, Oliver E. (1990), Die ökonomischen Institutionen des Kapitalismus Unternehmen, Märkte, Kooperationen, Tübingen.

Withus, Karl-Heinz (2010), Die Erklärung zur Unternehmensführung – Umsetzungsprobleme, in: Der Aufsichtsrat, 7 (4), S. 52-54.

Wöhe, Günter/Döring, Ullrich (2010), Einführung in die Allgemeine Betriebswirtschaftslehre, 24. Aufl., München.

Woolley, Anita W./Chabris, Christopher/Pentland, Alex/Hashmi, Nada/Malone, Thomas (2010), Evidence for a Collective Intelligence Factor in the Performance of Human Groups, in: Science, 29 (330), S. 686-688.

Yermack, David (1996), Higher Market Valuation of Companies with a Small Board of Directors, in: Journal of Financial Economics, 40 (2), S. 185-211.

Zattoni, Alessandro/Cuomo, Francesca (2008), Why Adopt Codes of Good Governance? A Comparison of Institutional and Efficiency Perspectives, in: Corporate Governance: An international Review, 16 (1), S. 1-15.

Zypries, Brigitte (2008), Ein Corporate Governance Kodex für öffentliche Unternehmen – Warum wir ihn brauchen und was er leisten kann, in: Gesellschaft für öffentliche Wirtschaft (Hrsg.), Corporate Governance in der öffentlichen Wirtschaft, Berlin, S. 19-25.

Zypries, Brigitte (2005), Unterstützung der Corporate Governance durch den Gesetzgeber, Gastkommentar, in: Public Governance, Heft Sommer 2005, S. 4-5.

Anhang: Fragebogen zur Public Corporate Governance als Interviewgrundlage

Zum Einstieg würde ich Ihnen vor einigen präziseren Fragen gern zwei bewusst offene Fragen stellen:
1) Hat sich durch die Einführung des Public Corporate Governance Kodex (PCGK) in Ihren Augen etwas verbessert bzw. verändert?
2) Wo sehen Sie persönlich die größten Herausforderungen bei der Steuerung und Kontrolle öffentlicher Beteiligungen bzw. der Public Corporate Governance (PCG)?

1) Wie wirkt sich der PCGK auf folgend genannte Aspekte in Ihren Augen aus?
(1: überhaupt keine Auswirkungen / 4: sehr stark verbessert)
(nb steht bei jeder Frage für „nicht beurteilbar / kann ich nicht beurteilen")

	1	2	3	4	nb
Zusammenarbeit und Informationsfluss zwischen Aufsichtsräten und Geschäftsleitungen?					
Transparenz bei der Steuerung der öffentlichen Beteiligungen?					
Zuordnung klarer Verantwortlichkeiten für die Steuerung öffentlicher Beteiligungen?					
Sind die Beteiligungen mit ihren jeweiligen Zielen seit der Kodexeinführung systematischer in eine Gesamtstrategie der Gebietskörperschaft einbezogen?					

2) Unterstützung durch PCGK bei Ihrer Arbeit
(1: stimme überhaupt nicht zu / 4: stimme voll und ganz zu / nb)

	1	2	3	4	nb
Fühlen Sie sich durch den PCGK bei Ihrer Arbeit unterstützt?					
Kann man das Verhalten von Menschen im Zuge der PCG über einen Kodex in Ihren Augen positiv beeinflussen?					
Behindert Sie der PCGK?					
Ist der PCGK für Sie nur ein modisches Marketinginstrument ohne faktische Wirkungen?					

3) Wie hat sich der PCGK in Ihren Augen bezüglich der Aufsichtsräte/ Überwachungsorgane im Hinblick auf folgende Faktoren ausgewirkt?
(1: überhaupt keine Auswirkungen / 4: sehr stark verbessert / nb)

	1	2	3	4	nb
Beratung und Überwachung der Geschäftsleitung allgemein?					
Qualifikation und Sachverstand?					
Angemessene Zeit für die Mandatsausübung?					
Ausgewogene Balance von betriebswirtschaftlichen und politischen Zielen?					
Teilnahme an Fort- und Weiterbildungen?					
Selbstevaluation des Aufsichtsrats?					
Wahrnehmung von Rechten und Einflussmöglichkeiten durch die Mitglieder?					

4) Wie wirkt sich der PCGK in Ihren Augen bezüglich der Geschäftsleitung im Hinblick auf folgende Faktoren aus? (1: überhaupt keine Auswirkungen / 4: sehr stark verbessert / nb)

	1	2	3	4	nb
Bewusstsein für die öffentliche Aufgabe zusätzlich gestärkt?					
Unternehmensführung in öffentlichen Beteiligungen im Allgemeinen?					

5) Funktionen eines PCGK (1: stimme überhaupt nicht zu / 4: stimme voll und ganz zu / nb)					
Ein PCGK gibt einen hilfreichen Überblick über die wichtigen gesetzlichen und nicht gesetzlichen Bestimmungen mit den Verantwortlichkeiten?	1	2	3	4	nb
Ein PCGK gibt Hinweise zu wichtigen Aspekten, die nicht in Gesetzen geregelt sind?					
Die Diskussion um Inhalte des PCGK war an sich ein sehr lohnender Prozess, der wichtige Sachverhalte bewusster werden ließ?					
Ein PCGK ermöglicht eine konzeptionelle Verzahnung der Regelungskreise von öffentlich-rechtlicher und gesellschaftsrechtlicher Governance?					
Durch den PCGK wird stärker diskutiert, ob die gesetzlichen Vorgaben für die Gründung oder Beteiligung von/an einem privatrechtlichen Unternehmen, z. B. für ein wichtiges öffentliches Interesse, vorliegen?					

6) Grundsätzliche Aspekte zur Steuerung und Kontrolle von öffentlichen Beteiligungen (1: überhaupt nicht / 4: sehr stark /nb)					
Besteht ein konzeptionelles Problem im Sinne von unzureichend formulierten oder nicht vorhandenen gesetzlichen Regelungen?	1	2	3	4	nb
Besteht ein Vollzugsdefizit bei vorhandenen gesetzlichen Bestimmungen?					
Trägt der PCGK zu einer besseren Umsetzung von wichtigen gesetzlichen Regelungen bei?					

7) Mögliche Überarbeitung des PCGK (1: stimme überhaupt nicht zu / 4: stimme voll und ganz zu / nb)	1	2	3	4	nb
In den PCGK sollten mehr für den öffentlichen Sektor spezifisch wichtige Bestimmungen aufgenommen werden?					
Der PCGK muss noch häufiger in Gesellschaftsverträgen bzw. Satzungen verankert werden?					

8) Bedeutung von „Comply or explain" und Entsprechenserklärungen (1: stimme überhaupt nicht zu / 4: stimme voll und ganz zu / nb) *(Die Beteiligungen können von den Empfehlungen abweichen, sind aber verpflichtet, dies zu erklären. Von Anregungen kann ohne Erläuterung abgewichen werden)*					
Das in den PCGKs verankerte Prinzip von „Comply or explain" ist von zentraler Bedeutung?	1	2	3	4	nb
Entsprechenserklärungen tragen zu einem zusätzlichen Hinterfragen der Unternehmensführung in den Unternehmensorganen und der Beteiligungsverwaltung bei?					

9) Sollte ein Abweichen von im Kodex formulierten Anregungen wie bei Empfehlungen immer erläutert und begründet werden müssen? (1: stimme überhaupt nicht zu / 4: stimme voll und ganz zu/nb)	1	2	3	4	nb

10) Reaktionen auf Abweichungen vom Kodex (1: überhaupt nicht / 4: sehr stark / nb)

	1	2	3	4	nb
Wird ein Abweichen von den Empfehlungen und Anregungen des PCGK wahrgenommen?					
Kommen aus der Politik kritische Fragen beim Abweichen vom PCGK?					
Kommen aus der Beteiligungsverwaltung kritische Fragen beim Abweichen vom PCGK?					
Kommen von den Rechnungshöfen kritische Fragen beim Abweichen vom PCGK?					
Kommen von den Wirtschaftsprüfern kritische Fragen beim Abweichen vom PCGK?					
Kommen von Seiten der Medien kritische Fragen beim Abweichen vom PCGK?					

11) Sind die Unternehmensgegenstände/Unternehmensziele in den Gesellschaftsverträgen der Beteiligungen in Rechtsform einer GmbH bzw. in vergleichbaren Dokumenten bei anderen Rechtsformen seit der Kodexeinführung präziser formuliert worden?
(1: überhaupt nicht / 4: sehr stark / nb)

	1	2	3	4	nb

12) Haben die Aufsichtsräte seit der Kodexeinführung durch eine Aufgabenverlagerung an Bedeutung gewonnen?
(1: überhaupt nicht / 4: sehr stark / nb)

	1	2	3	4	nb

13) Politische Steuerung und unternehmerischer Gestaltungsspielraum
(1: überhaupt nicht / 4: sehr stark / nb)

	1	2	3	4	nb
Hat sich die Anzahl der durch den Aufsichtsrat zustimmungspflichtigen Geschäfte durch den PCGK erhöht?					
Werden mehr Weisungen an die Geschäftsleitungen durch Beschlüsse von Gesellschafterversammlungen gegeben?					
Spielen politische Ziele bei der Steuerung der Beteiligungen durch den PCGK eine größere Rolle?					

14) Grundsätzliche Aspekte zu Geschäftsleitungen
(1: stimme überhaupt nicht zu / 4: stimme voll und ganz zu / nb)

	1	2	3	4	nb
Sollte bei D&O-Versicherungen immer ein Selbstbehalt vorgesehen sein?					
Sollte bei D&O-Versicherungen ein Selbstbehalt von mindestens 10 Prozent des Schadens bis mindestens des 1,5fachen der festen jährlichen Vergütung vorgesehen sein?					
Sollte die Vergütung individualisiert ausgewiesen werden?					

15) Grundsätzliche Aspekte zu Aufsichtsräten
(1: stimme überhaupt nicht zu / 4: stimme voll und ganz zu / nb)

	1	2	3	4	nb
Die Räte haben häufig zu viele Mitglieder, was eine effektive und effiziente Arbeit erschwert?					
Bei den einzelnen Aufsichtsratsmitgliedern ist im Allgemeinen hinreichend Qualifikation vorhanden?					
Die Kenntnisse der gesetzlichen und satzungsgemäßen Aufgaben müssten verbessert werden?					
Es sollten verstärkt politisch unabhängige Mitglieder mit spezifischen Fachkenntnissen und unternehmerischer Erfahrung in die Aufsichtsräte berufen werden?					
Politische Mandatsträger sollten nicht mehr in die Aufsichtsräte berufen werden?					
Sollte bei D&O-Versicherungen immer ein angemessener Selbstbehalt vereinbart sein?					

	1	2	3	4	nb
17) Könnte man bei öffentlichen Beteiligungen in der Rechtsform einer GmbH auf Aufsichtsräte verzichten und eine Steuerung und Überwachung nur durch die Gesellschafterversammlungen vollziehen? (1: stimme überhaupt nicht zu / 4: stimme voll und ganz zu / nb)					

18) In welcher Funktion sind Sie tätig?

Aufsichtsrat	Beteiligungsverwaltung	Geschäftsleitung	Rechnungshof	Sonstige Tätigkeit

Seit wann sind Sie in Ihrer Funktion tätig?	
In welcher Stadt bzw. welchem Bundesland arbeiten Sie?	

Zum Abschluss würde ich Ihnen sehr gern noch drei offene Fragen stellen:

1) Was wäre in den nächsten Monaten und Jahren in Ihren Augen wirklich entscheidend, um die Steuerung und Kontrolle öffentlicher Unternehmen im Zusammenwirken von allen Beteiligten gemeinsam noch einmal weiterzuentwickeln?

2) Welche aus Ihrer Sicht wichtigen Fragen haben wir im Interview eventuell noch gar nicht, nicht genug oder falsch angesprochen?

3) Es wird in der Wissenschaft teilweise gefordert, dass man im Kontext der Public Corporate Governance bei der Rolle der öffentlichen Hand stärker eine Eigentümerfunktion und eine Gewährleisterfunktion unterscheiden und ausgestalten sollte. Wird das mit diesen Begrifflichkeiten in Ihrer Gebietskörperschaft diskutiert bzw. könnte das in der Praxis helfen?

Vielen Dank für Ihre Teilnahme an der Befragung!

Druck: KN Digital Printforce GmbH · Schockenriedstraße 37 · 70565 Stuttgart